新款 高档汽车正时校对 图解大全

XINKUAN GAODANG QICHE ZHENGSHI JIAODUI TUJIE DAQUAN

顾惠烽　等编著

化学工业出版社
·北京·

图书在版编目（CIP）数据

新款高档汽车正时校对图解大全/顾惠烽等编著．—北京：化学工业出版社，2019.2
ISBN 978-7-122-33539-5

Ⅰ.①新… Ⅱ.①顾… Ⅲ.①汽车-发动机-车辆修理-图解 Ⅳ.①U472.43-64

中国版本图书馆CIP数据核字（2018）第295154号

责任编辑：黄　滢　　　　　　　　　　　文字编辑：冯国庆
责任校对：王素芹　　　　　　　　　　　装帧设计：王晓宇

出版发行：化学工业出版社（北京市东城区青年湖南街13号　邮政编码100011）
印　　刷：大厂聚鑫印刷有限责任公司
装　　订：三河市宇新装订厂

880mm×1230mm　1/16　印张33¼　字数943千字　2019年5月北京第1版第1次印刷

购书咨询：010-64518888　　　　　　　　售后服务：010-64518899
网　　址：http://www.cip.com.cn

凡购买本书，如有缺损质量问题，本社销售中心负责调换。

定　　价：189.00元　　　　　　　　　　　　　　　　　　　　版权所有　违者必究

前言

发动机凸轮轴链轮和曲轴链轮上都有正时标记，在进行发动机拆装和维修时必须校对正时标记，即进行正时校对，否则发动机就不能正常运行。在进行正时校对时必须按照规定一步一步地进行，各个车型发动机的正时校对方法不同，维修人员必须参考相关资料才能进行工作。

由于正时校对使用频率相当高，可以说贯穿了整个维修过程，因而正时校对相关资料受到了广大读者的热烈欢迎。为了方便广大维修人员查找新款高档汽车正时校对方法，我们编写了本书。

本书的特点如下。

1. 车型全

书中几乎涵盖了2010～2018年上市的所有高档汽车车型，包括10种车系的上百种主流车型。

2. 车型新

书中包括很多新款车型及新款发动机。如宝马新车型：宝马1系、宝马2系、宝马3系、宝马4系、宝马5系、宝马6系、宝马7系、宝马X系、宝马i系；宝马新款发动机：全新B系列汽油发动机和柴油发动机。奔驰新车型：A系列（A176）、B系列（B242、B246.2）、CLA系列（CLA117）、GLA系列（GLA156）、C系列（C204、C203）、CLC系列（CLC203）、E系列（E211）等；奔驰新款发动机：M27X系列及主流的柴油发动机。奥迪新车型及发动机：进口奥迪、一汽奥迪。捷豹路虎新车型：路虎极光L538、神行者2（Freelander2）L359、路虎揽胜运动L494、发现神行L550、路虎发现L462、路虎揽胜VELARL560等；捷豹路虎新型发动机：2.0L汽油机INGENIUM I4等。其他主流车型：凯迪拉克、保时捷、进口大众；豪华车型：劳斯莱斯、宾利、玛莎拉蒂等。

3. 实用性强

本书详细介绍了正时校对方法，图文并茂，直观易懂，查找方便，实用性强。可以说，本书是一本价值很高的汽车正时校对手册。

本书由顾惠烽、罗永志、冼绕泉、杨沛洪、彭川、陈豪、刘晓明、李金胜、钟民安、杨立、郑启森、潘平生、冼锦贤、李浪、李志松、杨志平、卢世勇、黄木带、黄俊飞、陈志雄、冼志华、何志贤、孙立聪编著。在编写过程中参考了相关文献、资料及原车维修手册，在此一并表示感谢！

由于笔者水平有限，书中不妥之处在所难免，敬请广大读者批评指正。

编著者

目 录

第一章　宝马车系

第一节　宝马 …………………………… 1
　一、1.5T B38B15（2014～2018 年）…… 1
　二、2.0T B48B20（2013～2018 年）…… 5
　三、3.0T B58B30（2014～2018 年）…… 10
　四、1.6L N13B16（2010～2016 年）…… 13
　五、2.0L N20B20（2010～2017 年）…… 17
　六、3.0L N52B30（2004～2015 年）…… 23
　七、3.0T N55B30（2008～2018 年）…… 27
　八、4.4T N63B44（2007～2018 年）…… 32
　九、6.0L N74B66U1（2008～
　　　2017 年）………………………… 43
　十、4.4L S63B44（2008～2017 年）…… 52
　十一、1.5L B37D15（2013～
　　　2018 年）………………………… 59
　十二、2.0L B47D20（2013～
　　　2018 年）………………………… 63
第二节　MINI …………………………… 68
　十三、1.6L N16（2008～2016 年）…… 68
　十四、1.6T N18B16（2008～
　　　2015 年）………………………… 71
　十五、1.2T B38A12A、1.5T B38A15A
　　　（2013～2017 年）……………… 76
　十六、2.0T B48A20A（2013～
　　　2017 年）………………………… 81

第二章　奥迪车系

　一、1.0T CHZB 发动机 EA211 正时皮带
　　　（2015～2016 年）……………… 87
　二、1.4T CPTA、CZEA 发动机 EA211 正时
　　　皮带（2012～2018 年）………… 93
　三、1.4T CAXA 发动机 EA111 正时皮带
　　　（2011～2014 年）……………… 99
　四、1.8T、2.0T CUFA、CNCD、CUJA、
　　　CUHA、CYPA、CHHC、CYRB 发动
　　　机 EA888 第三代正时链
　　　（2014～2018 年）……………… 106
　五、2.0T CDZA、CDAD 发动机 EA888 第二
　　　代正时链（2009～2015 年）…… 114
　六、2.0T CGMA 发动机 EA888 第二代正时
　　　链（2013～2015 年）…………… 120
　七、2.5L、2.8L V6 CLXA、CLXB、CNYB、
　　　CHVA 发动机（2012～2018 年）… 127
　八、3.0T V6 CJTC、CJTB、CJWB、CJWC、
　　　CJWE、CNAA、CTWA、CTWB、CTTA

发动机（2011～2015 年）……… 135

九、3.0T V6 CREC、CREG 发动机
（2012～2018 年）……………… 144

十、4.0T V8 CTGE、CTFA 发动机
（2015～2017 年）……………… 151

十一、4.2L V8 CFSA 发动机
（2013～2016 年）……………… 158

十二、5.2L V10 CSPA 发动机
（2016 年）……………………… 165

十三、6.3L W12 CTNA 发动机
（2014～2017 年）……………… 173

十四、1.4 TDI CUSB 共轨柴油发动机 EA288
第 1 代（2016 年）……………… 178

十五、2.0 TDI CLJA 共轨柴油发动机 EA189
第 2 代（2015～2016 年）……… 187

十六、3.0T TDI V6 CPNB 共轨柴油发动机
第 2 代（2014～2016 年）……… 192

第三章　奔驰车系

第一节　奔驰 ………………………… 202

一、M270、M270 DE 16 AL、M270 DE 20 AL
（2011～2018 年）……………… 202

二、M271 DE18AL（2008～2013 年）……………………… 208

三、M272、M272 E25、M272 E30、M272 E35
（2004～2010 年）……………… 216

四、M273、M273 KE 55（2004～2010 年）……………………… 225

五、M274、M274 DE16 AL、M274 DE20 AL
（2013～2018 年）……………… 231

六、M275、M275 E55 AL、M275 E60 AL
（2002～2015 年）……………… 236

七、M276、M276 DE 35、M276 DE 30 AL
（2010～2018 年）……………… 245

八、M277 DE 60 AL（2013～2015 年）……………………… 254

九、M278、M278 DE 46 AL、M157 DE 55 AL、M152 DE 55（2010～2018 年）……………………… 258

十、M279 DE 60 AL（2013～2018 年）……………………… 265

十一、OM642 CDI（2010～2018 年）… 267

十二、OM651（2011～2017 年）…… 274

第二节　SMART 车系 ………………… 278

十三、M132（2010～2017 年）……… 278

第四章　捷豹路虎车系

一、2.0T GTDi 汽油机（2012～2018 年）……………………… 283

二、2.0L 汽油机 INGENIUM I4（2016～2018 年）……………………… 287

三、2.0L 柴油机 INGENIUM I4（2016～2018 年）……………………… 297

四、2.2L TD4 柴油机（2007～2017 年）……………………… 306

五、3.0L TDV6 柴油机（2011～2018年） ………… 309

六、3.0L V6 SC 汽油机（2013～2018年） ………… 311

七、3.6L TDV8 柴油机（2007～2012年） ………… 313

八、4.0L V6 汽油机（2005～2011年） ………… 318

九、5.0L V8 SC 汽油机（机械增压型）（2009～2018年） ………… 320

第五章 进口大众车系

第一节 途锐 ………… 330

一、3.0T V6 发动机（以 CJTA、CGEA 发动机为例）（2011～2017年）…… 330

二、3.6L 直列6缸发动机（以 CGRA、CMTA 发动机为例）（2011～2014年）………… 341

三、4.2L V8 发动机（以 CGNA 发动机为例）（2011～2014年）………… 349

四、3.0TDI V6 柴油发动机（以 CRCA、CJGD、CJMA 发动机为例）（2011～2015年）………… 356

第二节 甲壳虫 ………… 365

五、1.2TSI 发动机（以 CBZB 发动机为例）（2013～2018年）………… 365

六、1.4TSI 发动机（以 CTHD、CTKA、CNWA、CAVD 发动机为例）（2013～2018年）………… 373

七、2.0TSI 发动机（以 CPLA 发动机为例）（2013～2016年）………… 382

第三节 辉腾 ………… 388

八、3.0L（以 CPFA 发动机为例）、3.6L（以 CMVA 发动机为例）直列6缸发动机（2011～2016年）………… 388

九、4.2LV8 发动机（以 BGH 发动机为例）（2012～2016年）………… 395

十、6.0L W12 发动机（以 BGH 发动机为例）（2011～2016年）………… 398

十一、3.0TDI V6 柴油发动机（以 CEXB 发动机为例）（2012～2016年）………… 406

第六章 凯迪拉克车系

一、2.0T LTG 发动机（2013～2018年）………… 416

二、2.0T LNF 发动机（2011～2012年）………… 421

三、3.0L LFW V6 发动机（2012～2015年）………… 427

四、3.6L LFX V6 发动机（2013～2015年）………… 435

五、6.2L L94 V8 发动机（2011～2017年）………… 442

第七章　高档豪华车系

第一节　保时捷 …………… 446
　一、2.0T 发动机（2014～2017 年）…… 446
　二、3.0T M06EC 发动机（2011～2017 年）………………… 451
　三、2.7L、3.4L、3.8L、3.8T 发动机（2011～2016 年）………………… 456
　四、3.6L 发动机（2010～2013 年）…… 462
　五、4.8L DFI、4.8T DFI 发动机（2011～2016 年）………………… 468
第二节　劳斯莱斯 …………… 477
　六、6.7L N73B68A（2004～2016 年）………………… 477
　七、6.6T N74B66（2008～2017 年）………………… 483
第三节　玛莎拉蒂 …………… 489
　八、3.0T（2013～2017 年）………… 489
　九、3.8T（2013～2017 年）………… 495
　十、4.7L（2010～2016 年）………… 505
第四节　宾利 ………………… 513
　十一、4.0T V8 发动机（以 CYCB 发动机为例）（2014～2017 年）………… 513
　十二、6.8T V8 发动机（以 CKBB 发动机为例）（2004～2017 年）………… 517
　十三、6.0T W12 发动机（2010～2017 年）………………… 520

视频索引

为便于读者学习时对照，同一视频会在本书相关章节重复出现

- 宝马 B48B20 发动机检查配气相位 / P5，P6
- 宝马 B48B20 发动机调整配气相位 / P5，P7
- 宝马 N20B20 发动机检查配气相位 / P17，P18
- 宝马 N55B30 发动机检查配气相位 / P27
- 宝马 N55B30 发动机调整配气相位 / P27，P28
- 宝马 S63 发动机检查配气相位 / P52，P54
- 宝马 S63 发动机调整配气相位 / P52，P55，P57
- EA888 发动机安装正时链 / P114，P117
- EA888 发动机拆卸正时链 / P115，P120
- 奔驰 M270 发动机调节凸轮轴基本位置 / P202，P208
- 奔驰 M272 发动机检查正时 / P216，P220
- 奔驰 M272 发动机检查凸轮轴的基本位置 / P216，224
- 奔驰 M276 发动机检查凸轮轴的基本位置 / P245，P250
- 2.0升汽油发动机更换正时链条 / P287，P290，291，P293，P295
- 2.0升汽油发动机正时校对 / P287，P289，P292，P296
- 2.2升 TD4 柴油发动机检查进排气凸轮轴正时 / P306
- 2.2升 TD4 柴油发动机检查平衡器与曲轴正时 / P306，P308
- 2.2升 TD4 柴油发动机检查曲轴和凸轮轴正时 / P306
- 2.2升 TD4 柴油发动机正时皮带的拆卸与安装 / P306，P307
- 3.0升柴油发动机检查高压油泵正时 / P309
- 3.0升柴油发动机检查气门正时 / P309
- 3.0升柴油发动机正时校对 / P309
- 3.0升 SC 汽油发动机检查气门正时 / P311
- 3.0升 SC 汽油发动机检查前后平衡器 / P311
- 3.0升 SC 汽油发动机检查燃油泵凸轮轴正时 / P311，312
- 3.0升 SC 汽油发动机正时校对 / P311，P313

第一章 宝马车系

第一节 宝马

一、1.5T B38B15（2014～2018 年）

1. 适用车型

宝马 1 系（F20、F21、F52）、宝马 2 系（F22、F23、F45、F46）、宝马 3 系（F30、F31、F34、F35）、宝马 4 系（F32、F36）、宝马 i 系（I12）、宝马 X 系（F48、F49）。

2. 检查凸轮轴的配气相位

（1）需要的专用工具

a. 11 6 480；b. 2 365 488；c. 2 288 380；d. 2 358 122。

注意：发动机有损坏危险，必须严格遵守检查和调整配气相位的提示。

（2）需要的准备工作

a. 拆下气缸盖罩；b. 拆下火花塞；c. 拆下前部机组防护板；d. 拆下前部隔音板；e. 对于装有自动变速箱的车辆，还要拆下启动电动机。

（3）检查步骤

❶ 利用螺栓起子从减振器上松开盖板（图 1-1-1 中①）。

❷ 用专用工具 11 6 480 将发动机旋转到气缸 1 点火上止点位置（图 1-1-2）。

注意：不要让发动机反向旋转。

❸ 对于装有自动变速箱的车辆（图 1-1-3），操作方法如下。

a. 定位安放专用工具 2 365 488 并用螺栓固定。

b. 使用专用工具 2 288 380 在气缸 1 点火上止点位置上卡住曲轴。

图 1-1-1

图 1-1-2

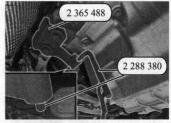
图 1-1-3

❹ 对于装有手动变速箱的车辆（图 1-1-4），操作方法如下。

a. 拆下油底壳上的饰盖①。

b. 用专用工具 11 6 480 在中心螺栓处旋转发动机。

c. 使用专用工具 2 288 380 在气缸 1 点火上止点位置上卡住曲轴。

d. 务必遵守配气相位检查和调整的相关提示。

❺ 进气和排气凸轮轴上的标记可以从上方读取（图 1-1-5 中①）。

❻ 注意事项如下。
a. 当凸轮轴扭转 180°时，也可以安装专用工具。
b. 进气和排气凸轮轴上的三个加工平面①里中间的一个加工平面必须朝上（图 1-1-6）。

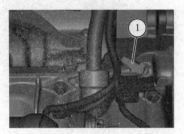
图 1-1-4

图 1-1-5

图 1-1-6

❼ 第一缸排气凸轮轴Ⓐ的凸轮向右倾斜并指向内部（图 1-1-7）。
❽ 第一缸进气凸轮轴Ⓔ的凸轮向左倾斜（图 1-1-8）。
❾ 专用工具 2 358 122 由多个部件构成（图 1-1-9）。
a. 底架①；b. 气缸盖上的底架螺栓②；c. 固定排气凸轮轴的量规③；d. 固定进气凸轮轴的量规④；e. 底架上的量规螺栓⑤。

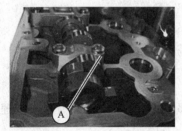
图 1-1-7

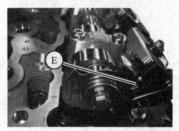
图 1-1-8

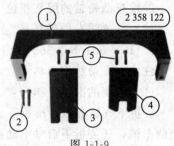
图 1-1-9

❿ 将底架①用螺栓②固定在气缸盖上（图 1-1-10）。
⓫ 量规③利用凹口定位在排气凸轮轴的双平面段上（图 1-1-10）。
⓬ 量规③利用螺栓⑤固定在底架上（图 1-1-10）。
⓭ 量规④利用凹口定位在进气凸轮轴的双平面段上（图 1-1-10）。
⓮ 量规④利用螺栓⑤固定在底架上（图 1-1-10）。
⓯ 所需的修整如下。
a. 拆下所有专用工具；b. 安装火花塞；c. 安装气缸盖罩；d. 安装前部机组防护板；e. 安装前部隔音板；f. 对于自动变速箱的车型，还要安装启动电动机。

3. 调整凸轮轴的配气相位
❶ 需要的专用工具。
a. 11 9 340；b. 00 9 460；c. 2 358 122；d. 11 6 480；e. 0 496 855；f. 2 288 380。

图 1-1-10

图 1-1-11

图 1-1-12

注意：发动机有损坏危险，务必遵守检查和调整配气相位的提示。

❷ 需要的准备工作。

a.检查配气相位；b.拆下链条张紧器。

❸ 调整步骤。

a.将专用工具11 9 340旋入气缸盖（图1-1-11）。

b.用专用工具00 9 460将正时链预紧至0.3N·m（图1-1-12）。

❹ 如果不能安装专用工具2 358 122，那么必须重新调整配气相位（图1-1-13）。

❺ 安装专用工具2 358 122的底架①（图1-1-13）。

❻ 必要时用专用工具11 6 480稍微旋转曲轴（图1-1-14）。

❼ 安装量规③并用专用工具0 496 855松开进气凸轮轴的VANOS中央阀（图1-1-13和图1-1-15）。

❽ 必要时用专用工具11 6 480稍微继续旋转曲轴（图1-1-14）。

❾ 安装量规②并用专用工具0 496 855松开排气凸轮轴的VANOS中央阀（图1-1-13和图1-1-15）。

❿ 将两个凸轮轴旋转到位。

提示：进气和排气凸轮轴上的标记①可以从上方读取（图1-1-5）。

图1-1-13

图1-1-14

图1-1-15

⓫ 注意事项如下。

a.当凸轮轴扭转180°时，也可以安装专用工具。

b.进气和排气凸轮轴上的三个平台，中间的必须朝上。

⓬ 将底架①用螺栓②固定在气缸盖上（图1-1-10）。

⓭ 量规③利用凹口定位在排气凸轮轴的双平面段上（图1-1-10）。

⓮ 量规③利用螺栓⑤固定在底架上（图1-1-10）。

⓯ 量规④利用凹口定位在进气凸轮轴的双平面段上（图1-1-10）。

⓰ 量规④利用螺栓⑤固定在底架上（图1-1-10）。

⓱ 用专用工具0 496 855拉紧进气调整装置①的VANOS中央阀（图1-1-16）。拧紧力矩：第一遍紧固30N·m，第二遍紧固50N·m，第三遍旋转25°。

⓲ 用专用工具0 496 855拉紧排气调整装置①的VANOS中央阀（图1-1-17）。拧紧力矩：第一遍紧固30N·m，第二遍紧固50N·m，第三遍旋转25°。

图1-1-16

图1-1-17

图1-1-18

⓳ 移开专用工具2 288 380（图1-1-18）和2 358 122（图1-1-19）。

⓴ 用专用工具11 6 480沿发动机旋转方向将发动机转动两次（图1-1-20）。

注意：不要让发动机反向转动。

㉑ 所需的修整：检查凸轮轴的配气相位；安装链条张紧器；安装气缸盖罩。

4. 更换进气和排气调整装置

（1）需要的专用工具

a. 2 358 122；b. 0 496 855；c. 11 9 340；d. 00 9 460；e. 11 6 480。

（2）需要的准备工作

a. 拆卸气缸盖罩；b. 检查配气相位。

（3）拆卸进气和排气调整装置

❶ VANOS 中央阀①仅在已安装专用工具 2 358 122 时松开（图 1-1-21）。有关正确安装的操作请参见检查配气相位。

图 1-1-19

图 1-1-20

图 1-1-21

❷ 将排气调整装置①的 VANOS 中央阀用专用工具 0 496 855 松开（图 1-1-17）。

❸ 将进气调整装置①的 VANOS 中央阀用专用工具 0 496 855 松开（图 1-1-16）。

❹ 拆下进气侧的 VANOS 中央阀①（图 1-1-22）。

❺ 首先将进气调整装置①从进气凸轮轴上拆下（图 1-1-23），然后将进气调整装置①倾斜向下抽出。

❻ 拆下排气侧的 VANOS 中央阀①（图 1-1-24）。

图 1-1-22

图 1-1-23

图 1-1-24

❼ 首先将排气调整装置①从排气凸轮轴上拆下（图 1-1-25），然后将排气调整装置①倾斜向下抽出。

（4）安装进气和排气调整装置

注意：进气和排气调整装置有混淆危险，小心发动机损坏。

❶ 进气和排气凸轮轴的调整装置是不同的（图 1-1-26）。进气凸轮轴的调整装置标有 IN。排气凸轮轴的调整装置标有 EX。

❷ 将进气凸轮轴的调整装置①插入正时链②，并定位在进气凸轮轴③上（图 1-1-27）。

❸ 拧紧进气侧的 VANOS 中央阀①（图 1-1-28）。

❹ 将排气凸轮轴的调整装置①插入正时链②，并定位在排气凸轮轴③上（图 1-1-29）。

❺ 拧紧排气侧的 VANOS 中央阀①（图 1-1-30）。

❻ 拆卸链条张紧器。

❼ 将专用工具 11 9 340 旋入气缸盖（图 1-1-11）。

图 1-1-25　　　　　　　　图 1-1-26　　　　　　　　图 1-1-27

图 1-1-28　　　　　　　　图 1-1-29　　　　　　　　图 1-1-30

❽ 用专用工具 00 9 460 将正时链预紧至 0.3N·m（图 1-1-12）。

❾ 将进气凸轮轴的调整装置①的 VANOS 中央阀用专用工具 0 496 855 拧紧（图 1-1-16）。拧紧力矩：第一遍紧固 30N·m，第二遍紧固 50N·m，第三遍旋转 25°。

❿ 将排气凸轮轴的调整装置①的 VANOS 中央阀用专用工具 0 496 855 拧紧（图 1-1-17）。拧紧力矩：第一遍紧固 30N·m，第二遍紧固 50N·m，第三遍旋转 25°。

⓫ 用专用工具 11 6 480 沿发动机旋转方向将发动机转动两次（图 1-1-20）。

注意：不要往回旋转发动机。

⓬ 所需的修整如下。

a.安装链条张紧器；b.检查配气相位；c.安装气缸盖罩。

操作视频　　　操作视频

二、2.0T B48B20（2013～2018 年）

1. 适用车型

宝马 1 系（F20、F21、F52）、宝马 2 系（F22、F23、F45、F46）、宝马 3 系（F30、F31、F34、F35）、宝马 4 系（F32、F33、F36）、宝马 5 系（G30、G31、G38）、宝马 7 系（G11、G12）、宝马 X 系（F48、F49）。

2. 检查凸轮轴的配气相位

（1）需要的专用工具

a.11 6 480；b.2 365 488；c.2 288 380；d.2 358 122。

注意：发动机有损坏危险，必须严格遵守检查和调整配气相位的提示。

（2）需要的准备工作

a.拆下气缸盖罩；b.拆下火花塞；c.拆下前部机组防护板；d.拆下前部隔音板；e.对于装有自动变速箱的车辆，还要拆下启动电动机。

（3）检查步骤

❶ 利用螺栓起子从减振器上松开盖板（图 1-2-1 中①）。

❷ 用专用工具 11 6 480 将发动机旋转到气缸 1 点火上止点位置（图 1-2-2）。

注意：不要让发动机反向旋转。

图 1-2-1

图 1-2-2

图 1-2-3

❸ 对于装有自动变速箱的车辆（图 1-2-3），操作方法如下。
a. 定位安放专用工具 2 365 488 并用螺栓固定。
b. 使用专用工具 2 288 380 在气缸 1 点火上止点位置上卡住曲轴。
❹ 对于装有手动变速箱的车辆（图 1-2-4），操作方法如下。
a. 拆下油底壳上的饰盖①。
b. 使用专用工具 11 6 480 在中心螺栓处旋转发动机。
c. 使用专用工具 2 288 380 在气缸 1 点火上止点位置上卡住曲轴。
d. 务必遵守配气相位检查和调整的相关提示。
❺ 进气和排气凸轮轴上的标记可以从上方读取（图 1-2-5 中①）。
❻ 注意事项如下。
a. 当凸轮轴扭转 180°时，也可以安装专用工具。
b. 进气和排气凸轮轴上的三个平台①，中间的必须朝上（图 1-2-6 中）。

操作视频

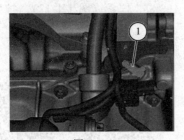

图 1-2-4

图 1-2-5

图 1-2-6

❼ 第一缸排气凸轮轴Ⓐ的凸轮向右倾斜并指向内部（图 1-2-7）。
❽ 第一缸进气凸轮轴Ⓔ的凸轮向左倾斜（图 1-2-8）。

图 1-2-7

图 1-2-8

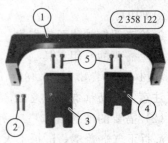

图 1-2-9

❾ 专用工具 2 358 122 由多个部件构成（图 1-2-9）。
a. 底架①；b. 气缸盖上的底架螺栓②；c. 固定排气凸轮轴的量规③；d. 固定进气凸轮轴的量规④；e. 底架上的量规螺栓⑤。
❿ 将底架①用螺栓②固定在气缸盖上（图 1-2-10）。
⓫ 量规③利用凹口定位在排气凸轮轴的双平面段上（图 1-2-10）。

⑫ 量规③利用螺栓⑤固定在底架上（图1-2-10）。
⑬ 量规④利用凹口定位在进气凸轮轴的双平面段上（图1-2-10）。
⑭ 量规④利用螺栓⑤固定在底架上（图1-2-10）。
⑮ 所需的修整如下。
a.拆下所有专用工具；b.安装火花塞；c.安装气缸盖罩；d.安装前部机组防护板；e.安装前部隔音板；f.对于装有自动变速箱的车辆，还要安装启动电动机。

3. 调整凸轮轴的配气相位

（1）需要的专用工具

a. 11 9 340；b. 00 9 460；c. 2 358 122；d. 11 6 480；e. 0 496 855；f. 2 288 380。

注意：发动机有损坏危险，务必遵守检查和调整配气相位的提示。

（2）需要的准备工作

a.检查配气相位；b.拆下链条张紧器。

（3）调整步骤

❶ 将专用工具 11 9 340 旋入气缸盖（图1-2-11）。

❷ 用专用工具 00 9 460 将正时链预紧至 0.3N·m（图1-2-11）。

操作视频

图1-2-10

图1-2-11

图1-2-12

提示：如果不能安装专用工具 2 358 122，则必须重新调整配气相位。

❸ 安装专用工具 2 358 122 的底架①（图1-2-12）。必要时用专用工具 11 6 480 稍微旋转曲轴（图1-2-13）。

❹ 安装量规③并用专用工具 0 496 855 松开进气凸轮轴的 VANOS 中央阀（图1-2-12）。必要时用专用工具 11 6 480 稍微继续旋转曲轴（图1-2-13）。

❺ 安装量规②并用专用工具 0 496 855 松开排气凸轮轴的 VANOS 中央阀（图1-2-12）。

❻ 将两个凸轮轴旋转到位。

提示：进气和排气凸轮轴上的标记①可以从上方读取（图1-2-14）。

注意：当凸轮轴扭转180°时，也可以安装专用工具。进气和排气凸轮轴上的三个平台①，中间的必须朝上（图1-2-15）。

图1-2-13

图1-2-14

图1-2-15

❼ 将底架①用螺栓②固定在气缸盖上（图1-2-16）。

a.量规③利用凹口定位在排气凸轮轴的双平面段上（图1-2-16）。

b.量规③利用螺栓⑤固定在底架上（图1-2-16）。

c. 量规④利用凹口定位在进气凸轮轴的双平面段上（图1-2-16）。

d. 量规④利用螺栓⑤固定在底架上（图1-2-16）。

❽ 用专用工具0 496 855拉紧进气调整装置①的VANOS中央阀（图1-2-17）。拧紧力矩：第一遍紧固30N·m，第二遍紧固50N·m，第三遍转旋28°。

❾ 用专用工具0 496 855拉紧排气调整装置①的VANOS中央阀（图1-2-18）。拧紧力矩：第一遍紧固30N·m，第二遍紧固50N·m，第三遍转旋28°。

图1-2-16

图1-2-17

图1-2-18

❿ 移开专用工具2 288 380（图1-2-19）和2 358 122（图1-2-20）。

⓫ 用专用工具11 6 480沿发动机旋转方向将发动机转动两次（图1-2-21）。

注意：不要让发动机反向转动。

⓬ 所需的修整如下。

a. 检查凸轮轴的配气相位；b. 安装链条张紧器；c. 安装气缸盖罩。

图1-2-19

图1-2-20

图1-2-21

4. 更换进气和排气调整装置

（1）需要的专用工具。

a. 2 358 122；b. 0 496 855；c. 11 9 340；d. 00 9 460；e. 11 6 480。

（2）需要的准备工作

拆卸气缸盖罩；检查配气相位。

（3）拆卸进气和排气调整装置

注意：VANOS中央阀①仅在已安装专用工具2 358 122时松开（图1-2-22）。有关正确安装的操作请参见检查配气相位。

❶ 将排气调整装置①的VANOS中央阀用专用工具0 496 855松开（图1-2-23）。

❷ 将进气调整装置①的VANOS中央阀用专用工具0 496 855松开（图1-2-24）。

❸ 拆下进气侧的VANOS中央阀①（图1-2-25）。

❹ 将进气调整装置①从进气凸轮轴上拆下（图1-2-26）。将进气调整装置①倾斜向下抽出。

❺ 拆下排气侧的VANOS中央阀①（图1-2-27）。

❻ 将排气调整装置①从排气凸轮轴上拆下（图1-2-28）。将排气调整装置①倾斜向下抽出。

（4）安装进气和排气调整装置

注意：进气和排气调整装置有混淆危险，小心发动机损坏。

图 1-2-22

图 1-2-23

图 1-2-24

图 1-2-25

图 1-2-26

图 1-2-27

❶ 进气和排气凸轮轴的调整装置是不同的（图1-2-29）。进气凸轮轴的进气调整装置标有IN。排气凸轮轴的调整装置标有EX。

❷ 将进气调整装置①插入正时链②，并定位在进气凸轮轴③上（图1-2-30）。

图 1-2-28

图 1-2-29

图 1-2-30

❸ 拧紧进气侧的VANOS中央阀①（图1-2-31）。

❹ 将排气调整装置①插入正时链②，并定位在排气凸轮轴③上（图1-2-32）。

❺ 拧紧排气侧的VANOS中央阀①（图1-2-33）。

图 1-2-31

图 1-2-32

图 1-2-33

❻ 拆卸链条张紧器。

❼ 将专用工具 11 9 340 旋入气缸盖（图1-2-34）。

❽ 用专用工具 00 9 460 将正时链预紧至0.3N·m（图1-2-34）。

❾ 将进气调整装置①的VANOS中央阀用专用工具 0 496 855 拧紧（图1-2-35）。拧紧力矩：第一遍

紧固30N·m，第二遍紧固50N·m，第三遍旋转28°。

❿将排气调整装置①的VANOS中央阀用专用工具0 496 855拧紧（图1-2-36）。拧紧力矩：第一遍紧固30N·m，第二遍紧固50N·m，第三遍旋转28°。

图1-2-34

图1-2-35

图1-2-36

⓫用专用工具11 6 480沿发动机旋转方向将发动机转动两次（图1-2-21）。

注意：不要让发动机反向转动。

⓬所需的修整如下。

a.安装链条张紧器；b.检查配气相位；c.安装气缸盖罩。

三、3.0T B58B30（2014～2018年）

1. 适用车型

宝马1系（F20、F21）、宝马2系（F22、F23）、宝马3系（F30、F31、F34）、宝马4系（F32、F33、F36、F82、F83）、宝马5系（G30、G31、G38）、宝马7系（G11、G12）。

2. 检查凸轮轴的配气相位

（1）需要的专用工具

a. 0 493 380（11 6 480）；b. 2 365 488；c. 2 288 380；d. 2 358 122。

（2）需要的准备工作

a.断开蓄电池负极；b.拆下隔音板；c.拆下进气滤清器壳；d.拆卸纯空气管道；e.拆下集风罩；f.拆卸左侧发动机室内的盖板；g.拆卸右侧发动机室内的盖板；h.拆卸前围板上部总成（中间）的隔音装置；i.拆下两根刮水臂；j.拆卸风窗框板盖板；k.拆卸减振支柱盖上的拉杆；l.拆卸后部隔音板（防腐蚀）；m.拆下点火线圈；n.拆卸油轨和高压泵之间的高压管路；o.拆下进油管路；p.拆下气缸1～3的喷油嘴；q.拆下气缸4～6的喷油嘴；r.拆下高压泵；s.拆下两个执行器；t.拆卸前部发动机隔热隔音罩；u.拆下气缸盖罩；v.拆下所有火花塞；w.拆下前部机组防护板；x.拆卸机组防护板的支架；y.拆下加强板；z.拆下启动电动机。

（3）检查步骤

注意：如果用手沿错误旋转方向转动发动机，可能损坏发动机。只能用手沿正确旋转方向转动发动机：a.沿顺时针方向，面向减振器；b.沿逆时针方向，面向链条传动；c.仅当安装了后部正时链时才适用。

❶将发动机用专用工具0 493 380（11 6 480）转动至气缸1的点火上止点位置（图1-3-1）。

❷将曲轴锁定在气缸1的点火上止点位置（自动变速箱）。

装有自动变速箱的车辆：将专用工具2 365 488定位并用相应螺栓固定。将曲轴用专用工具2 288 380在气缸1的点火上止点位置卡住（图1-3-2）。

❸检查是否能从上面读取到排气凸轮轴的标记A①和进气凸轮轴的标记E②（图1-3-3）。

结果：无法从上面读取到标记A①和E②（图1-3-3）。

措施：将凸轮轴转到正确的位置或者重新调整配气相位。

❹检查两个凸轮轴上三个加工平面①里中间的一个加工平面（图1-3-4）。当凸轮轴旋转180°后（中间的平整面指向下方），也可以安装专用工具组2 358 122（图1-3-5）。

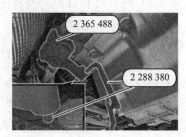
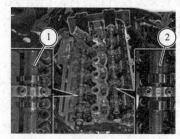

图 1-3-1　　　　　　　　　图 1-3-2　　　　　　　　　图 1-3-3

结果：三个加工平面①里中间的一个加工平面不朝上（图 1-3-4）。
措施：将凸轮轴转到正确的位置，使两个凸轮轴上三个加工平面①里中间的一个加工平面朝上。
❺ 检查气缸 1 上排气凸轮轴①和进气凸轮轴②的凸轮位置是否如图 1-3-6 所示。

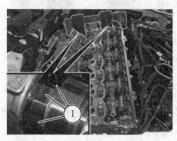
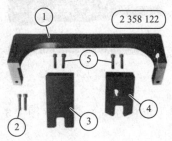

图 1-3-4　　　　　　　　　图 1-3-5　　　　　　　　　图 1-3-6

❻ 专用工具组 2 358 122 如下（图 1-3-5）。
a. 底架①；b. 气缸盖上底架螺栓②；c. 用于固定排气凸轮轴的量规③；d. 用于固定进气凸轮轴的量规④；e. 底架上的量规螺栓⑤。
❼ 将专用工具 2 358 122 的底架①用螺栓②固定在气缸盖上（图 1-3-7）。
❽ 将量规③以凹口定位在排气凸轮轴上并用螺栓⑤固定在底架①上（图 1-3-7）。
❾ 将量规④以凹口定位在进气凸轮轴上并用螺栓⑤固定在底架①上（图 1-3-7）。
提示：若无法安装专用工具 2 358 122，则必须重新调整配气相位。
❿ 拆除所有专用工具。
⓫ 复原车辆。
a. 安装所有火花塞；b. 安装气缸盖罩；c. 安装前部发动机隔热隔音罩；d. 安装两个执行器；e. 安装高压泵；f. 喷油嘴准备工作；g. 安装气缸 1～3 的喷油嘴；h. 安装气缸 4～6 的喷油嘴；i. 安装供给管路；j. 安装油轨和高压泵之间的高压管路；k. 安装点火线圈；l. 安装后部隔音板（防腐蚀）；m. 安装减振支柱盖上的拉杆；n. 安装风窗框板盖板；o. 安装两个刮水臂；p. 检查左右刮水臂接触角度；q. 安装（中间）前围上部件隔音装置；r. 安装左侧发动机室内的盖板；s. 安装右侧发动机室内的盖板；t. 安装集风罩；u. 安装纯空气管道；v. 安装进气滤清器壳；w. 安装隔音板；x. 安装启动电动机；y. 安装加强板；z. 安装机组防护板的支架。

图 1-3-7

3. 调整凸轮轴的配气相位
(1) 需要的专用工具
a. 0 493 971（11 9 340）；b. 0 496 778（00 9 460）；c. 2 358 122；d. 0 493 380（11 6 480）；e. 0 496 855；f. 2 288 380；g. 2 365 488。
(2) 需要的准备工作
a. 拆卸调控用传感器；b. 拆卸监控用传感器；c. 拆下后部发动机底护板；d. 拆卸连接支架；e. 拆卸连

接支架及拉杆；f.拆卸拉杆（在后部车身上）；g.拆卸拉杆（在后桥上）；h.拆下排气装置；i.拆下废气催化剂转换器；j.拆下链条张紧器。

(3) 调整步骤

❶ 将专用工具 0 493 971（11 9 340）旋入气缸盖（图 1-3-8）。

❷ 用专用工具 0 496 778（00 9 460）将正时链预紧至 0.3N·m（图 1-3-9）。

❸ 专用工具组 2 358 122 如下（图 1-3-10）。

a.底架①；b.气缸盖上底架螺栓②；c.用于固定排气凸轮轴的量规③；d.用于固定进气凸轮轴的量规④；e.底架上的量规螺栓⑤。

图 1-3-8

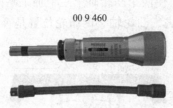
图 1-3-9

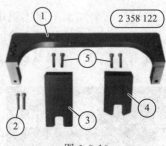
图 1-3-10

❹ 将专用工具组 2 358 122 的底架①定位在气缸盖上（图 1-3-10）。必要时，用专用工具 0 493 380（11 6 480）旋转发动机的曲轴（图 1-3-11）。

❺ 将用于固定进气凸轮轴的量规定位在进气凸轮轴上并用螺栓固定在底架上。

❻ 将进气调整装置①的 VANOS 中央阀用专用工具 0 496 855 松开（图 1-3-12）。

必要时，用专用工具 0 493 380（11 6 480）旋转发动机的曲轴（图 1-3-11）。

❼ 将用于固定排气凸轮轴的量规定位在排气凸轮轴上并用螺栓固定在底架上。

❽ 将排气调整装置①的 VANOS 中央阀用专用工具 0 496 855 松开（图 1-3-13）。

图 1-3-11

图 1-3-12

图 1-3-13

❾ 将两个凸轮轴旋转到正确位置，确保排气凸轮轴的标记 A①和进气凸轮轴的标记 E②可以从上方查看（图 1-3-14）。

❿ 两个凸轮轴上三个加工平面①里中间一个加工平面必须指向上方（图 1-3-15）。

⓫ 将量规③以凹口定位在排气凸轮轴上并用螺栓⑤固定在底架①上（图 1-3-16）。

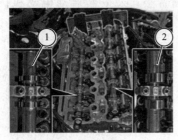
图 1-3-14

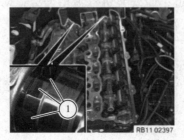
图 1-3-15

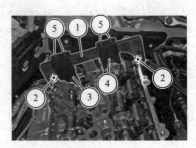
图 1-3-16

⑫ 将量规④以凹口定位在进气凸轮轴上并用螺栓⑤固定在底架①上（图1-3-16）。
⑬ 将进气调整装置①的VANOS中央阀用专用工具0 496 855拧紧（图1-3-12）。
⑭ 将排气调整装置①的VANOS中央阀用专用工具0 496 855拧紧（图1-3-13）。
⑮ 转动两次发动机（手动变速箱）。
a. 将螺栓⑤从专用工具2 358 122上松开并取下量规③和④（图1-3-16）。
b. 拆卸专用工具2 288 380（图1-3-17）。
注意：如果用手沿错误旋转方向转动发动机，可能损坏发动机。只能用手沿正确旋转方向转动发动机：沿顺时针方向，面向减振器；沿逆时针方向，面向链条传动；仅当安装了后部正时链时才适用。
c. 用专用工具0 493 380（11 6 480）沿发动机旋转方向转动减振器上的发动机两次（图1-3-18）。
d. 执行如前所述的工作步骤"将曲轴锁定在气缸1的点火上止点位置"和"将凸轮轴用专用工具锁定"。
⑯ 转动两次发动机（自动变速箱）。
a. 将螺栓⑤从专用工具2 358 122上松开并取下量规③和④（图1-3-16）。
b. 拆卸专用工具2 288 380（图1-3-19）。

图1-3-17

图1-3-18

图1-3-19

c. 用专用工具0 493 380（11 6 480）沿发动机旋转方向转动减振器上的发动机两次（图1-3-18）。
d. 执行如前所述的工作步骤"将曲轴锁定在气缸1的点火上止点位置"和"将凸轮轴用专用工具锁定"。
⑰ 拆除所有专用工具。
⑱ 复原车辆。
a. 安装链条张紧器；b. 安装废气催化剂转换器；c. 安装排气装置；d. 安装拉杆（在后桥上）；e. 安装拉杆（在后部车身上）；f. 安装连接支架与拉杆；g. 安装连接支架；h. 安装后部发动机底护板；i. 安装监控用传感器；j. 安装调控用传感器。

四、1.6L N13B16（2010～2016年）

1. 适用车型
宝马1系（F20、F21）、宝马3系（F30、F31、F35）。
2. 检查凸轮轴的配气相位
（1）需要的专用工具
a. 0 496 709；b. 2 299 362；c. 11 9 340；d. 00 9 460；e. 11 7 440。
注意：a. 配气相位的工作步骤已更改；b. 在气缸的点火上止点位置1未确定配气相位；c. 所有柱塞都在90°位置；d. 检查调整装置的锁止件；e. 注意旋转方向（朝正时机构侧观看时，旋转方向始终是顺时针方向）；f. 发动机不允许反向转动，否则检查调整值会出错。
（2）需要的准备工作
拆下气缸盖罩。
（3）检查步骤
手动变速箱：需要专用工具0 496 709（图1-4-1）。

自动变速箱：需要专用工具 2 299 362（图 1-4-2）。

注意：平衡孔和标定孔可能被混淆。所有柱塞必须位于 90°位置。如有必要，通过火花塞孔确定。

❶ 将曲轴旋到中心螺栓上。

❷ 用专用工具 0 496 709 定位曲轴（图 1-4-3）。在修理过程中不要取下专用工具 0 496 709。

注意：检查 VANOS 调整装置的锁止件。沿旋转方向转动六角段中的凸轮轴。如果凸轮轴与调整装置动力连接，则调整装置联锁在原位置。如果不与凸轮轴建立牢固的连接，说明调整装置损坏。

图 1-4-1

图 1-4-2

图 1-4-3

❸ 当进气凸轮轴的标记 IN 和排气凸轮轴的标记 EX 朝上时，说明两根凸轮轴处于正确的安装位置（图 1-4-4）。

❹ 进气凸轮轴 E 的位置向左倾斜，指向上部外侧（图 1-4-5）。

❺ 排气凸轮轴 A 的位置向右倾斜，指向上部外侧（图 1-4-6）。

图 1-4-4

图 1-4-5

图 1-4-6

❻ 松开部分蓄电池正极导线。

❼ 松开链条张紧器①（图 1-4-7）。拧紧力矩为 80N·m。

注意：随时准备好抹布。松开螺栓连接之后，会流出少量机油。确保不要让机油流到皮带传动上。

安装说明：在售后服务中，必须在链条张紧器装配时安装一个新密封环。

❽ 将专用工具 11 9 340 旋入气缸盖中（图 1-4-8）。

❾ 用专用工具 00 9 460 将正时链预紧至 0.6N·m（图 1-4-9）。

图 1-4-7

图 1-4-8

图 1-4-9

❿ 将专用工具 11 7 440 松松地安放到排气凸轮轴双平面段（定位）。利用塞尺①确定空气间隙（图 1-4-10）。若排气凸轮轴上的测量值小于 1.6mm，则说明配气相位正常。

⓫ 将专用工具 11 7 440 松松地安放到进气凸轮轴双平面段（定位）。利用塞尺①确定空气间隙（图 1-4-11）。若进气凸轮轴上的测量值小于 3.0mm，则说明配气相位正常。

注意：没有专用工具 11 9 340 或链条张紧器时不要转动发动机，否则正时链可能跳过进气凸轮轴的齿轮。

⓬ 拆下专用工具 11 9 340（图 1-4-8）。

  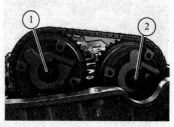

图 1-4-10　　　　　　　　　　图 1-4-11　　　　　　　　　　图 1-4-12

注意旋转方向（朝正时机构侧观看时，旋转方向始终是顺时针方向）。发动机不允许反向旋转，否则检查调整值会出错。

3. 调整凸轮轴的配气相位

（1）需要的专用工具

a.0 496 709；b.11 7 440；c.32 2 100；d.11 9 340；e.00 9 460；f.00 9 120。

注意：配气相位调整的工作步骤已更改。配气相位不在气缸1点火上止点位置调整。所有柱塞都在90°位置。检查调整装置的锁止件。在打开凸轮轴上的中心螺栓时，在后部固定住凸轮轴的六角段。有损坏危险！

（2）需要的准备工作

a.拆卸气缸盖罩；b.检查配气相位。

注意：平衡孔和标定孔可能被混淆。所有柱塞必须位于90°位置。如有必要，通过火花塞孔确定。

（3）调整步骤

❶ 将曲轴旋到中心螺栓上。

❷ 推入专用工具 0 496 709 并卡住曲轴（图 1-4-13）。

❸ 要松开凸轮轴上的中心螺栓①和②时（图 1-4-12），安装专用工具 11 7 440（图 1-4-14）。如果无法定位调节量规，则松开中心螺栓时必须用一把开口扳手固定凸轮轴。拧紧力矩：第一遍紧固20N·m，第二遍旋转180°。

❹ 将专用工具 11 7 440 定位在排气凸轮轴的双平面段上，若有必要，使用专用工具 32 2 100 扭转（图 1-4-14）。

❺ 将专用工具 11 7 440 用螺栓①固定在气缸盖上（图 1-4-14）。

❻ 将专用工具 11 7 440 定位在进气凸轮轴的双平面段上，若有必要，使用专用工具 32 2 100 扭转。

❼ 将专用工具 11 7 440 用螺栓①固定在气缸盖上（图 1-4-15）。

图 1-4-13　　　　　　　　　　图 1-4-14　　　　　　　　　　图 1-4-15

❽ 链条张紧器①（图1-4-16）用专用工具32 2 100松开（准备好抹布）。拧紧力矩为80N·m。

❾ 进气凸轮轴的零件名称ⅠN和排气凸轮轴的零件名称EX朝上（图1-4-17）。进气和排气凸轮轴具有三个已加工的表面，因此能够安装专用工具11 7 440。第四个表面是未加工的，并作为半月形部位执行。

❿ 排气凸轮轴Ⓐ的凸轮向右倾斜，指向上部（图1-4-18）。

⓫ 进气凸轮轴Ⓔ的凸轮向左倾斜，指向上部（图1-4-19）。

图1-4-16

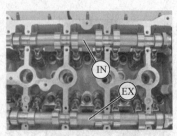
图1-4-17

图1-4-18

⓬ 将专用工具11 9 340旋入气缸盖。

⓭ 用专用工具00 9 460将正时链预紧至0.6N·m（图1-4-19）。

⓮ 用专用工具00 9 120或电子扭力扳手固定中心螺栓①（图1-4-20）。拧紧力矩：第一遍紧固20N·m，第二遍旋转180°。

⓯ 用专用工具00 9 120或电子扭力扳手固定中心螺栓①（图1-4-21）。拧紧力矩：第一遍紧固20N·m，第二遍旋转180°。

图1-4-19

图1-4-20

图1-4-21

⓰ 拆卸所有专用工具。

⓱ 转动发动机两次。

⓲ 再次检查配气相位。

⓳ 装配好发动机。

4. 更换正时链

(1) 需要的专用工具

a. 11 9 280；b. 0 496 709；c. 11 7 440。

注意：配气相位的工作步骤已更改。在气缸1的点火上止点位置未确定配气相位。所有柱塞都在90°位置。注意旋转方向（朝正时机构侧观看时，旋转方向始终是顺时针方向）。发动机不允许反向旋转，否则检查调整值会出错。

(2) 需要的准备工作

a. 拆卸气缸盖罩；b. 拆下所有火花塞；c. 拆下摩擦轮；d. 拆下扭振减振器；e. 拆卸VANOS调整装置。

(3) 更换步骤

❶ 用专用工具0 496 709定位曲轴（图1-4-22）。在修理过程中不要取下专用工具0 496 709。

❷ 不要拆下专用工具11 7 440（图1-4-15）。

❸ 将专用工具11 9 280用螺栓②安装到减振器轮毂上。松开中心螺栓①（图1-4-23）。

注意：要松开中心螺栓①，需要第二个人对它进行固定。在安装状态下必须找到适合专用工具11 9 280的位置。

第一章 宝马车系   17

❹ 沿箭头方向松开中心螺栓（图1-4-24）。拆卸专用工具11 9 280。将曲轴轮毂向前拉约3mm。

提示：无需更新径向密封环。

❺ 松开承载轴销①和②（图1-4-25）。拧紧力矩为24N·m。

❻ 向上小心地拆下正时链模块（图1-4-26）。

注意：曲轴轴颈上的机油泵链轮②必须保持定位。①表示正时链的链轮。图1-4-26中不带轮毂。

图1-4-22

图1-4-23

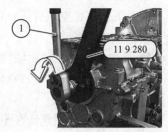
图1-4-24

图1-4-25

图1-4-26

❼ 用一个橡胶件③固定链模块，从而方便装配（图1-4-27）。将正时链②向上拉，直至链轮④靠在链条导向机构①上。将正时链②和链轮④安装在该位置处。

安装说明：要保持正时链②张紧。正时链②可能会卡在链条导向机构①上。

❽ 两个链轮的安装位置如图1-4-28所示。

a. 机油泵的链轮①；b. 正时链的导轨②；c. 曲轴的轮毂③；d. 正时链的链轮④。

❾ 注意油泵链轮②的正确安装位置（图1-4-29）。导入链模块与正时链固定。旋入中心螺栓以及轮毂①。

❿ 安装VANOS调整装置。

⓫ 转动发动机两次。

⓬ 检查配气相位。

⓭ 装配好发动机。

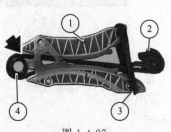
图1-4-27

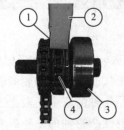
图1-4-28

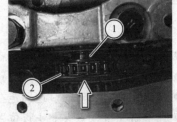
图1-4-29

操作视频

五、2.0L N20B20（2010～2017年）

1. 适用车型

宝马1系（F20、F21）、宝马2系（F22、F23）、宝马3系（F30、F31、F34、

F35)、宝马 4 系（F32、F33、F36）、宝马 5 系（F07、F10、F11、F18）、宝马 X 系（E84、F15、F16、F25、F26）、宝马 Z 系（E89）。

2. 检查凸轮轴的配气相位

（1）需要的专用工具

a. 2 219 548；b. 2 212 831；c. 2 212 830。

（2）需要的准备工作

a. 拆下上部纯空气管道；b. 拆下火花塞；c. 拆下气缸盖罩；d. 拆下前部和后部机组防护板。

操作视频

（3）检查步骤

❶ 将中心螺栓上的曲轴转到上止点位置。将专用工具 2 219 548 推入标定孔并固定曲轴（图1-5-1）。

注意：当用专用工具 2 219 548 在正确的标定孔上固定好飞轮时，就不能再通过中心螺栓移动发动机。

❷ 沿箭头方向用螺栓起子拆下密封盖①（图1-5-2）。

提示：专用工具 2 219 548 只能固定在飞轮①上规定的位置（图1-5-3中箭头）。

图1-5-1

图1-5-2

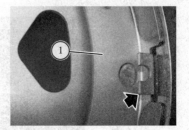
图1-5-3

❸ 用专用工具 2 219 548 通过标定孔固定曲轴（图1-5-4）。

安装说明：用机油浸润专用工具 2 219 548。

❹ 将专用工具①用螺栓②固定在气缸盖上（图1-5-5）。

提示：采用专用工具 2 212 831。

❺ 将专用工具①用螺栓②固定在气缸盖上（图1-5-6）。

提示：采用专用工具 2 212 830。

图1-5-4

图1-5-5

图1-5-6

❻ 将专用工具①无凹口地固定在排气凸轮轴的双平面段上（图1-5-7中箭头）。

❼ 在气缸 1 处于点火上止点位置时，排气凸轮轴的凸轮倾斜指向上部。

❽ 将专用工具①有凹口地固定在进气凸轮轴的双平面段上（图1-5-8中箭头）。

❾ 在气缸 1 处于点火上止点位置时，进气凸轮轴的凸轮斜着指向上部。

❿ 将凸轮轴传感器齿盘量规①安装在气缸盖上（图1-5-9）。

⓫ 检查凸轮轴传感器齿盘的调整情况。

⓬ 使用销子①沿箭头方向定位排气凸轮轴的凸轮轴传感器齿盘（图1-5-10）。

⓭ 使用销子②沿箭头方向定位进气凸轮轴的凸轮轴传感器齿盘（图1-5-10）。

安装说明：如果错误调整了凸轮轴传感器齿盘，则必须松开中心螺栓。

第一章 宝马车系   19

图 1-5-7

图 1-5-8

图 1-5-9

提示：如果专用工具 2 219 548 由于活动困难而无法取下，则可借助于尖嘴钳（弯头）①通过转动及拉动动作将其取下（图 1-5-11）。

3. 调整凸轮轴的配气相位

（1）需要的专用工具

a. 2 212 831；b. 11 9 340；c. 00 9 250。

（2）需要的准备工作

a. 拆下气缸盖罩；b. 检查配气相位。

（3）调整步骤

❶ 在气缸 1 处于点火上止点位置时，进气凸轮轴的凸轮斜着指向上部。

将测尺①定位在进气凸轮轴的双平面段上（图 1-5-8）。

❷ 在气缸 1 处于点火上止点位置时，排气凸轮轴的凸轮斜着指向上部。

❸ 进气和排气凸轮轴上的标记或零件号码①可以从上方读取（图 1-5-12）。

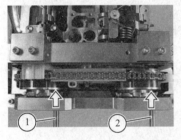
图 1-5-10

图 1-5-11

图 1-5-12

❹ 将承桥①固定在气缸盖上（图 1-5-13）。

❺ 将测尺②和③固定在承桥①上（图 1-5-13）。

❻ 用螺栓②固定测尺①（图 1-5-14）。

注意：松开和固定中心螺栓时，务必进行螺栓连接。

❼ 为了固定螺栓②，必须拆除螺栓①（图 1-5-15）。用螺栓②固定测尺。

图 1-5-13

图 1-5-14

图 1-5-15

注意：VANOS 调整装置的中心螺栓只能使用专用工具松开。如果不能安装该专用工具，必须支承在各个凸轮轴的双平面段上（有损坏危险）。

⑧ 松开中心螺栓②和③（图1-5-9）。

⑨ 松开真空罐①并将其置于一侧（图1-5-16）。

⑩ 松开链条张紧器螺栓②（图1-5-16）。拧紧力矩为80N·m。

注意：随时准备好抹布，在松开螺栓后会流出少量的机油，确保机油不会流到皮带传动机构上。

安装说明：更换密封环。

⑪ 转动凸轮轴传感器齿盘，直到定位销①和②对准调节量规为止（图1-5-10）。

⑫ 固定凸轮轴传感器齿盘。

⑬ 使用专用工具11 9 340和00 9 250将正时链预紧至0.6N·m（图1-5-17）。

图1-5-16

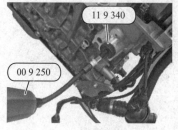
图1-5-17

图1-5-18

⑭ 仅可使用专用工具固定进气调整装置的中心螺栓①（图1-5-18）。拧紧力矩：第一遍紧固55N·m，第二遍旋转55°。

⑮ 仅可使用专用工具固定排气调整装置的中心螺栓①（图1-5-19）。拧紧力矩：第一遍紧固55N·m，第二遍旋转55°。

⑯ 拆卸所有专用工具。

⑰ 沿发动机旋转方向转动发动机中心螺栓两次并检查配气相位。

⑱ 装配好发动机。

4．更换正时链

（1）需要的专用工具

a．11 4 120；b．11 9 260；c．11 0 300；d．11 8 180；e．2 222 742；f．00 9 140；g．2 212 825。

图1-5-19

（2）需要的准备工作

a．拆下气缸盖罩；b．拆卸所有火花塞；c．拆卸扭振减振器；d．拆下前部曲轴密封环；e．检查配气相位；f．拆下油底壳。

（3）更换步骤

❶ 将链条张紧器和张紧导轨①压回（图1-5-20）。

❷ 用专用工具11 4 120（图1-5-21）固定链条张紧器（图1-5-20）。

❸ 用专用工具11 9 260将曲轴卡在飞轮上（图1-5-22）。

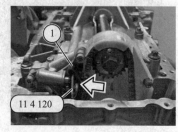
图1-5-20

图1-5-21

图1-5-22

注意：松开中心螺栓时，拆卸专用工具11 0 300。

❹ 装有手动变速箱的车辆操作如下。

a. 用现有的变速箱螺栓①加装手动变速箱上的专用工具11 8 180（图1-5-23）。

b. 用专用工具沿箭头方向卡住曲轴。

❺ 装有自动变速箱的车辆操作如下。

a. 用专用工具2 222 742卡住曲轴（图1-5-24）。

b. 穿入专用工具，将螺栓向前推动并拧紧。

注意中心螺栓的启动转矩＞600N·m。在松开中心螺栓时需要一个3/4in（1in＝2.54cm）的工具。

❻ 松开中心螺栓①（图1-5-25）。

力矩：第一遍紧固100N·m，第二遍旋转270°。

注意：松开进气和排气调整装置的中心螺栓时，必须安装专用工具②（图1-5-25）。

图1-5-23

图1-5-24

图1-5-25

❼ 拆卸进气和排气调整装置（图1-5-26）。

❽ 拆卸链条张紧器。

❾ 旋入减振器①的螺栓（图1-5-27）。

❿ 沿箭头方向向上拉出曲轴上的轮毂②（图1-5-27）。

⓫ 松开螺旋塞①（图1-5-28）（力矩为25N·m）。

图1-5-26

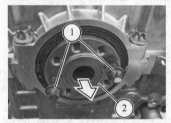
图1-5-27

图1-5-28

⓬ 将正时链模块的承载轴销①从气缸盖上松开（图1-5-29）（力矩为14N·m）。

⓭ 松开放油螺塞①和②（图1-5-30）（力矩为10N·m）。

⓮ 将左右承载轴销①从曲轴箱正时链的链模块上松开（图1-5-31）。

安装说明：用制动器清洁剂冲洗承载轴销的螺纹。

力矩为24N·m。

图1-5-29

图1-5-30

图1-5-31

⓯ 将正时链模块的螺栓①从气缸盖上松开（图1-5-32）（力矩为10N·m）。从上面将链模块连同正时链和链轮一起拆卸下来。

⓰ 从上面拆下正时链模块①（图1-5-33）。

注意链轮①的安装方向，链轮①上的凸肩（见箭头）指向发动机，错误安装会导致发动机损坏（图1-5-34）。

图1-5-32

图1-5-33

图1-5-34

⓱ 将正时链向上推，直到链轮卡到链条导向机构①中（图1-5-35），在这个位置安装正时链和链轮。

安装说明：正时链始终保持张紧状态。正时链可能卡在链条导向机构①上。

⓲ 用螺钉起子松开密封盖（图1-5-36）。

安装说明：将发动机悬放在中心螺栓上，直到专用工具2 212 825定位到平衡轴上。

⓳ 用螺栓①将专用工具2 212 825固定在油泵壳上（图1-5-37）。

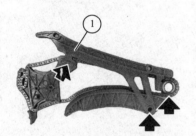
图1-5-35

图1-5-36

图1-5-37

⓴ 装入轮毂和中心螺栓①（图1-5-38）。

㉑ 拆卸专用工具11 4 120（图1-5-39）。

㉒ 装入曲轴的轮毂与中心螺栓①（图1-5-39）。

㉓ 拧紧中心螺栓①（图1-5-39）。拧紧力矩：第一遍紧固100N·m，第二遍旋转270°。

㉔ 用专用工具00 9 140安装进气和排气调整装置①（图1-5-40）。

㉕ 拆卸所有专用工具。

㉖ 转动发动机两次。

㉗ 检查配气相位。

图1-5-38

图1-5-39

图1-5-40

㉘ 更换前部曲轴密封环。

㉙ 装配好发动机。

六、3.0L N52B30（2004~2015年）

1.适用车型

宝马1系（E81、E82、E87、E88）、宝马3系（E90、E91、E92、E93）、宝马5系（E60、E61、F10、F11、F18）、宝马6系（E63、E64）、宝马7系（E65、E66、F01、F02）、宝马X系（E70、E83、E84、F25）、宝马Z系（E85、E86、E89）。

2.检查凸轮轴的配气相位

(1) 需要的专用工具

a. 11 0 300；b. 11 4 281；c. 11 4 282；d. 11 4 283。

注意：关闭发动机时，进气和排气调整装置一般都锁定在起始位置。为避免配气相位的调整有误，必须检查调整装置的锁止件，如有必要，旋转凸轮轴进行联锁。

(2) 需要的准备工作

a.拆下气缸盖罩；b.拆下防护板。

(3) 检查步骤

❶ 沿箭头方向拆卸锁止件①（图1-6-1）。

安装说明：向外部安装带孔的锁止件①。

❷ 将中心螺栓上的曲轴转到上止点位置。

❸ 将专用工具11 0 300沿箭头方向推入标定孔并固定曲轴（图1-6-2）。

注意：在带特种装备SA205（自动变速箱）的车辆上，紧靠标定孔前有一个用于上止点位置的大孔，这个孔可能与标定孔混淆。

当用专用工具11 0 300在正确的标定孔上固定好飞轮时，就不能再通过中心螺栓移动发动机。

❹ 当气缸1处于点火上止点位置时，气缸1上进气凸轮轴①的凸轮倾斜朝上（图1-6-3）。

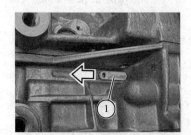  

图1-6-1　　　　　　图1-6-2　　　　　　图1-6-3

❺ 当进气和排气凸轮轴上的标记或零件号码①朝上时，说明配气相位正确（图1-6-4）。

❻ 当气缸1处于点火上止点位置时，气缸6上排气凸轮轴②的凸轮倾斜朝下（图1-6-5）。

提示：凸轮推杆①不受操纵。

❼ 在安装后的发动机上，排气凸轮轴②的配气相位位置只能使用镜子进行检查。

❽ 将专用工具11 4 283用螺栓①固定在气缸盖上（图1-6-6）。

提示：将专用工具11 4 282垫到进气凸轮轴侧下面。将专用工具11 4 281安装到进气和排气凸轮轴上。

  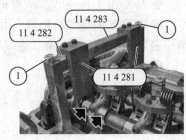

图1-6-4　　　　　　图1-6-5　　　　　　图1-6-6

3. 调整凸轮轴的配气相位

(1) 需要的专用工具

a. 00 9 120；b. 00 9 250；c. 11 0 300；d. 11 4 280；e. 11 4 281；f. 11 4 282；g. 11 4 283；h. 11 4 290；i. 11 9 340。

(2) 需要的准备工作

拆下气缸盖罩。

(3) 调整步骤

❶ 沿箭头方向拆卸锁止件①（图1-6-1）。

安装说明：向外部安装带孔的锁止件①。

❷ 将中心螺栓上的曲轴转到上止点位置。

❸ 将专用工具11 0 300沿箭头方向推入标定孔并固定曲轴（图1-6-2）。

注意：在带特种装备SA205（自动变速箱）的车辆上，紧靠标定孔前有一个用于上止点位置的大孔，这个孔可能与标定孔混淆。

当用专用工具11 0 300在正确的标定孔上固定好飞轮时，就不能再通过中心螺栓移动发动机。

❹ 当气缸1处于点火上止点位置时，气缸1上进气凸轮轴①的凸轮倾斜朝上（图1-6-3）。

❺ 进气和排气凸轮轴①上的零件号码或读取代码②朝上（图1-6-7）。

❻ 当气缸1处于点火上止点位置时，气缸6上排气凸轮轴②的凸轮倾斜朝下（图1-6-5）。凸轮推杆①不受操纵。

提示：在安装后的发动机上，排气凸轮轴②的配气相位位置只能使用镜子进行检查。

❼ 将专用工具11 4 283用螺栓①固定在气缸盖上（图1-6-6）。

提示：将专用工具11 4 282垫到进气凸轮轴侧下面。将专用工具11 4 281安装到进气和排气凸轮轴上。

❽ 松开中心螺栓①（图1-6-8）。中心螺栓①只能用专用工具11 4 280松开。松开链条张紧器②（准备好抹布）。

❾ 沿箭头方向转动脉冲信号齿②，直到与专用工具11 4 290上的定位销①一致（图1-6-9）。沿箭头方向将专用工具11 4 290推入。

图1-6-7

图1-6-8

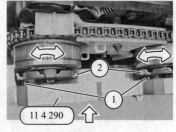
图1-6-9

❿ 用螺栓①固定专用工具11 4 290（图1-6-10）。

⓫ 将专用工具11 9 340旋入气缸盖。

⓬ 用专用工具00 9 250将正时链预紧至0.6N·m。

⓭ 在进气和排气凸轮轴上用专用工具00 9 120固定进气和排气调整装置的两个中心螺栓。拧紧力矩：第一遍紧固20N·m，第二遍旋转120°。

⓮ 装配好发动机。

4. 更换正时链

(1) 需要的专用工具

a. 00 9 140；b. 11 0 300；c. 11 4 280；d. 11 4 281；e. 11 4 282；f. 11 4 283；g. 11 4 360；h. 11 4 362；i. 11 5 200；j. 11 9 280。

(2) 需要的准备工作

a.拆下气缸盖罩；b.拆下所有火花塞；c.拆下链条张紧器；d.拆下前部曲轴径向密封环；e.拆下传动带夹紧装置；f.拆下减振器。

(3) 更换步骤

❶ 沿箭头方向拆卸锁止件①（图1-6-1）。

安装说明：向外部安装带孔的锁止件①。

❷ 将中心螺栓上的曲轴转到上止点位置。

❸ 将专用工具11 0 300沿箭头方向推入标定孔并固定曲轴（图1-6-2）。

注意：

a.在带特种装备SA205（自动变速箱）的车辆上，紧靠标定孔前有一个用于上止点位置的大孔，这个孔可能与标定孔混淆。

b.当用专用工具11 0 300在正确的标定孔上固定好飞轮时，就不能再通过中心螺栓移动发动机。

c.松开中心螺栓时，不得拆下专用工具11 0 300，需要第二个人对它进行固定。

❹ 将专用工具11 9 280用螺栓①拧到减振器轮毂上（图1-6-11）。

❺ 松开中心螺栓①（图1-6-11）（拧紧力矩：第一遍紧固100N·m，第二遍旋转360°）。

❻ 向前拆下轮毂。

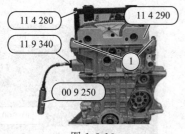  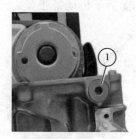

图1-6-10　　　　　　　　　图1-6-11　　　　　　　　　图1-6-12

❼ 松开螺旋塞①（图1-6-12）（拧紧力矩为25N·m）。

❽ 松开螺旋塞①（图1-6-13）（拧紧力矩为50N·m）。

安装说明：更新铝螺栓。

❾ 将正时链模块的承载轴销①从气缸盖上松开（图1-6-14）（力矩为14N·m）。

❿ 将正时链模块的承载轴销①从曲轴箱上松开（图1-6-15）（力矩为20N·m）。

  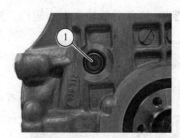

图1-6-13　　　　　　　　　图1-6-14　　　　　　　　　图1-6-15

注意：松开进气和排气调整装置的中心螺栓时，必须安装专用工具11 4 280。

⓫ 将专用工具11 4 283用螺栓①固定在气缸盖上（图1-6-16）。

提示：将专用工具11 4 282垫到进气凸轮轴侧下面。将专用工具11 4 281安装到进气和排气凸轮轴上。不要拆下专用工具11 4 281。

⓬ 拆下进气和排气调整装置（图1-6-17）。

⓭ 将正时链模块的螺栓①（图1-6-17）从气缸盖上松开。力矩为8N·m。

⓮ 将链模块连同正时链和链轮一起向上沿箭头方向拆卸。

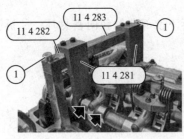
图1-6-16

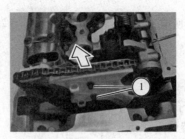
图1-6-17

图1-6-18

注意链轮①的安装方向。链轮①上的凸肩（见箭头）指向发动机。错误安装会导致发动机损坏（图1-6-18）。

⓯ 向上拉正时链①，直到链轮②嵌入链条导向机构③中（图1-6-19），将正时链①和链轮②安装在该位置处。

安装说明：正时链①要始终保持张紧。正时链①可能卡在链条导向机构③上。

⓰ 装入轮毂及中心螺栓。

⓱ 将专用工具11 5 200用螺栓①在轮毂上拧紧（图1-6-20）。

⓲ 拆下传动带张紧装置（图1-6-21）。

图1-6-19

图1-6-20

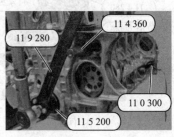
图1-6-21

⓳ 旋入专用工具组件11 4 360中的专用工具11 4 362。

⓴ 将专用工具11 9 280安装到11 5 200上。

㉑ 将专用工具11 9 280支撑在专用工具11 4 362上。

㉒ 用专用工具11 0 300固定曲轴。

㉓ 用接合力矩拧紧中心螺栓。拧紧力矩：第一遍紧固100N·m，第二遍旋转360°。用颜色对中心螺栓和轮毂进行标识。

㉔ 用色条①标记专用工具（图1-6-22）。

注意：在拧紧中心螺栓时，不允许取下专用工具，否则有损坏危险。如有必要，用专用工具00 9 140拧紧中心螺栓。拧紧力矩：第一遍紧固100N·m，第二遍旋转360°。

图1-6-22

㉕ 在另一个人的帮助下拧紧中心螺栓。拧紧力矩：第一遍紧固100N·m，第二遍旋转360°。

㉖ 安装进气和排气调整装置。

㉗ 安装链条张紧器。

㉘ 转动发动机两次。

㉙ 检查配气相位。

如有必要，可调整配气相位。

㉚ 装配好发动机。

七、3.0T N55B30（2008~2018年）

操作视频

操作视频

1. 适用车型

宝马1系（E82、E88、F20、F21）、宝马2系（F22、F23、F87）、宝马3系（E90、E91、E92、F30、F31、F34、F35）、宝马4系（F32、F33、F36）、宝马5系（F07、F10、F11、F18）、宝马6系（F06、F12、F13）、宝马7系（F01、F02）、宝马X系（E70、E71、E84、F15、F16、F25、F26）。

2. 检查凸轮轴的配气相位

（1）需要的专用工具

a. 11 0 300；b. 11 4 281；c. 11 4 282；d. 11 4 285。

注意：关闭发动机时，进气和排气调整装置一般都锁定在起始位置。为避免配气相位的调整有误，必须检查调整装置的锁止件，如有必要，旋转凸轮轴进行联锁。为了在进气凸轮轴的双平面段上定位专用工具11 4 281，可以触碰气缸1节气门复位弹簧。

专用工具11 4 281按照下列说明进行修整。

a. 检测气缸1中心杆上节气门复位弹簧的灵活性。

b. 修整专用工具11 4 281。

c. 如图1-7-1所示，专用工具11 4 281上的倒角在50mm长和8.5mm宽的区域进行修整。

将专用工具11 4 281上的倒角修整为8.5mm（图1-7-2）。

（2）需要的准备工作

a. 拆下气缸盖罩；b. 拆下机组防护板；c. 拆卸集风罩（不适用于E70、E71、F25）；d. 拆下加强板（仅限四轮驱动）。

（3）检查步骤

❶ 沿箭头方向拆卸锁止件①（图1-7-3）。

安装说明：向外部安装带孔的锁止件①。

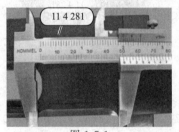
图1-7-1

图1-7-2

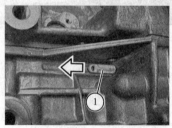
图1-7-3

❷ 将中心螺栓上的曲轴转到上止点位置。

❸ 将专用工具11 0 300沿箭头方向推入标定孔并固定曲轴（图1-7-4）。

注意：在带特种装备SA205（自动变速箱）的车辆上，紧靠标定孔前有一个用于上止点位置的大孔，这个孔可能与标定孔混淆。

当用专用工具11 0 300在正确的标定孔上固定好飞轮时，就不能再通过中心螺栓移动发动机。

提示：装配自动变速箱的车辆只能在飞轮①（图1-7-5）上预先规定的位置进行修整（图1-7-5中箭头）。

❹ 在气缸1处于点火上止点位置时，进气凸轮轴①的凸轮斜着向上部（图1-7-6）。

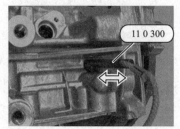
图1-7-4

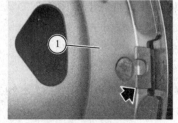
图1-7-5

图1-7-6

❺ 在气缸 1 处于点火上止点位置时，排气凸轮轴①的凸轮斜着向上部（图 1-7-7）。

❻ 当进气和排气凸轮轴上的零件号码或读取设码编号①朝上部时，说明配气相位正确（图 1-7-8）。

❼ 将专用工具 11 4 285 用螺栓①固定在气缸盖上（图 1-7-9）。

提示：将专用工具 11 4 282 垫到进气凸轮轴侧下面。

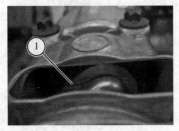
图 1-7-7

图 1-7-8

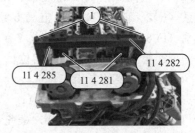
图 1-7-9

❽ 将修整过的专用工具 11 4 281 安装在进气凸轮轴上。

❾ 将专用工具 11 4 281 安装在排气凸轮轴上。

❿ 当专用工具 11 4 281 面向进气侧略微立起时，表明排气凸轮轴的配气相位正确（图 1-7-10）。

⓫ 当专用工具 11 4 281 面向进气侧略微立起时，表明进气凸轮轴的配气相位正确（图 1-7-11）。

⓬ 将专用工具 11 4 281 手动沿箭头方向旋转至极限位置。

两个连滚必须都放置在专用工具 11 4 281 上（图 1-7-12）。

图 1-7-10

图 1-7-11

图 1-7-12

3. 调整凸轮轴的配气相位

（1）需要的专用工具

a. 00 9 120；b. 00 9 250；c. 11 4 280；d. 11 4 281；e. 11 4 282；f. 11 4 285；g. 11 4 290；h. 11 9 340。

注意：为了在进气凸轮轴的双平面段上定位专用工具 11 4 281，可以触碰气缸 1 节气门复位弹簧。

将专用工具 11 4 281 按照下列说明进行修整。

（2）需要的准备工作

a. 拆下气缸盖罩；b. 检查配气相位。

（3）调整步骤

❶ 当气缸①处于点火上止点位置时，气缸①上进气凸轮轴①的凸轮倾斜朝上部（图 1-7-6）。

❷ 在气缸 1 处于点火上止点位置时，排气凸轮轴①的凸轮斜着向上部（图 1-7-7）。

❸ 将专用工具 11 4 285 用螺栓①固定在气缸盖上（图 1-7-9）。

提示：将专用工具 11 4 282 垫到进气凸轮轴侧下面。

❹ 将修整过的专用工具 11 4 281 安装在进气凸轮轴上。

❺ 将专用工具 11 4 281 安装在排气凸轮轴上。

注意：VANOS 调整装置的中心螺栓只能使用专用工具 11 4 280 松开。

❻ 松开中心螺栓①和②（图 1-7-13）。

❼ 松开链条张紧器①（图 1-7-14）（拧紧力矩为 55N·m）。

操作视频

注意：随时准备好抹布，在松开螺栓后会流出少量的发动机油，确保发动机油不会流到皮带传动机构上。

安装说明：更换密封环。

❽ 如图1-7-16所示，沿箭头方向转动信号齿轮②，直到与专用工具11 4 290（图1-7-15）上的定位销①一致。

图1-7-13　　　　　　　　　　图1-7-14　　　　　　　　　　图1-7-15

❾ 沿箭头方向将专用工具11 4 290推入（图1-7-16）。

❿ 用螺栓固定专用工具11 4 290（图1-7-17）。

安装说明：更换两个中心螺栓。旋入两个中心螺栓，将两个中心螺栓旋转90°。

⓫ 将专用工具11 9 340旋入气缸盖。

⓬ 使用专用工具11 9 340和00 9 250将正时链预紧至0.6N·m（图1-7-18）。

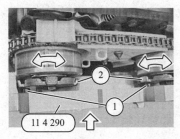 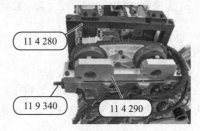 

图1-7-16　　　　　　　　　　图1-7-17　　　　　　　　　　图1-7-18

⓭ 进气调整装置的中心螺栓必须使用专用工具00 9 120固定（图1-7-19）。拧紧力矩：第一遍紧固20N·m，第二遍旋转180°。

⓮ 排气调整装置的中心螺栓必须使用专用工具00 9 120固定（图1-7-20）。拧紧力矩：第一遍紧固20N·m，第二遍旋转180°。

⓯ 拆卸所有专用工具。

⓰ 沿发动机旋转方向转动发动机中心螺栓两次并检查配气相位。

⓱ 装配好发动机。

⓲ 发动机已拆卸：用专用工具11 9 260卡住曲轴（图1-7-21）。

注意：松开中心螺栓①时，拆卸专用工具11 0 300。

图1-7-19　　　　　　　　　　图1-7-20　　　　　　　　　　图1-7-21

注意：如果松开了曲轴的中心螺栓，那么与正时机构之间将不再存在固定的连接。

4. 更换正时链

(1) 需要的专用工具

a. 11 0 300；b. 11 4 280；c. 11 8 180；d. 11 8 660；e. 11 9 260。

(2) 需要的准备工作

a. 拆下气缸盖罩；b. 拆卸所有火花塞；c. 拆下前部曲轴密封环；d. 拆下传动带张紧装置；e. 拆卸扭振减振器；f. 检查配气相位；g. 拆下真空泵密封盖；h. 拆卸油泵链条张紧器的密封盖。

(3) 更换步骤

❶ 用颜色线①标记曲轴的位置（图1-7-22），借此将简化稍后安装的专用工具11 0 300。

a. 装有自动变速箱的车辆：用专用工具11 8 660卡住曲轴（图1-7-23）。

图1-7-22　　　　　　　　　图1-7-23　　　　　　　　　图1-7-24

b. 带手动变速箱的车辆：用现有的变速箱螺栓（图1-7-24）加装手动变速箱上的专用工具11 8 180（图1-7-25）。

❷ 用专用工具沿箭头方向卡住曲轴（图1-7-26）。

注意：松开中心螺栓之前，必须排空液压链条张紧器。

❸ 使用合适的螺栓起子②沿箭头方向小心按压张紧导轨①（图1-7-27）。

❹ 因为只能以脉动方式排空链条张紧器中的油压，因此，必须重复按压张紧导轨①。

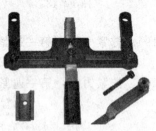  

图1-7-25　　　　　　　　　图1-7-26　　　　　　　　　图1-7-27

❺ 向下压张紧导轨①并按住（图1-7-28）。

❻ 利用适当的锁止杆②固定链条张紧器柱塞（图1-7-28）。

注意：中心螺栓的启动转矩>600N·m。为了松开中心螺栓，需要一个3/4in（1in=2.54cm）的工具（大号的传动方头）。

❼ 用3/4in的工具②松开中心螺栓①（图1-7-29）（拧紧力矩：第一遍紧固100N·m，第二遍旋转270°）。

❽ 拆卸链条张紧器（图1-7-30）。旋入减振器的螺栓①。沿箭头方向向前拆卸曲轴上的轮毂②。

❾ 松开螺旋塞①（图1-7-31）。拧紧力矩为25N·m。

❿ 松开螺旋塞①（图1-7-32）。拧紧力矩为50N·m。

安装说明：更新铝螺栓。

⓫ 将正时链模块的承载轴销①从气缸盖上松开（图1-7-33）（拧紧力矩为14N·m）。

图 1-7-28　　　　　　　　图 1-7-29　　　　　　　　图 1-7-30

图 1-7-31　　　　　　　　图 1-7-32　　　　　　　　图 1-7-33

注意：松开进气和排气调整装置的中心螺栓时，必须安装专用工具 11 4 280。

⑫ 拆卸进气和排气调整装置①（图 1-7-34）。

⑬ 将正时链模块的承载轴销①从曲轴箱上松开（图 1-7-35）（拧紧力矩为 20N·m）。

⑭ 将正时链模块的螺栓①从气缸盖上松开（图 1-7-36）。拧紧力矩为 8N·m。将链模块连同正时链和链轮一起向上沿箭头方向拆卸。

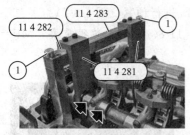

图 1-7-34　　　　　　　　图 1-7-35　　　　　　　　图 1-7-36

注意链轮①的安装方向（图 1-7-37）。链轮①上的凸肩（箭头）指向发动机。错误安装会导致发动机损坏。

⑮ 向上拉正时链①，直到链轮②嵌入链条导向机构③中（图 1-7-38）。

⑯ 将正时链①和链轮②安装在该位置处。

安装说明：正时链①要始终保持张紧。正时链①可能卡在链条导向机构③上。

⑰ 装入曲轴的轮毂与中心螺栓①（图 1-7-39）。

⑱ 拧紧中心螺栓①（图 1-7-39）。拧紧力矩：第一遍紧固 100N·m，第二遍旋转 270°。

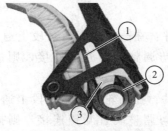

图 1-7-37　　　　　　　　图 1-7-38　　　　　　　　图 1-7-39

⑲ 安装进气和排气调整装置。
⑳ 安装链条张紧器。
㉑ 转动两次发动机。
㉒ 检查配气相位。
㉓ 如有必要，调整配气相位。
㉔ 更换前部曲轴密封环。
㉕ 装配好发动机。

八、4.4T N63B44（2007～2018年）

1. 适用车型

宝马5系（F07、F10、F11、G30）、宝马6系（F06、F12、F13）、宝马7系（F01、F02、F04、G11、G12）、宝马X系（E70、E71、E72、F15、F16）。

2. 检查右侧凸轮轴的配气相位（气缸1～4）

（1）需要的专用工具

a.00 9 250；b.11 8 570；c.11 9 190；d.11 9 893；e.11 9 900；f.2 249 162；g.00 9 460；h.2 249 137；i.2 249 140。

注意：配气相位只能用专用工具2 249 162检查。如果不使用专用工具2 249 162检查配气相位，可能导致配气相位的错误解释。

（2）需要的准备工作

a.拆下右侧气缸盖罩；b.拆下空调器皮带轮；c.拆下右侧链条张紧器

（3）检查步骤

❶ 安装专用工具2 249 162代替链条张紧器（图1-8-1）。螺栓①采用0.6N·m进行预紧。

❷ 专用工具2 249 162与专用工具00 9 250或00 9 460采用0.6N·m进行预紧（图1-8-2）。

提示：标记（MP=安装位置，见图1-8-3中箭头所指）对于专用工具11 8 570的安装很重要。MP=第1缸点火上止点位置前150°。

图1-8-1

图1-8-2

图1-8-3

❸ 在中心螺栓处旋转发动机。

❹ 用专用工具11 8 570和11 9 190将减振器固定在气缸1点火上止点位置前150°处（图1-8-4）。

注意：发动机熄火时，进气和排气调整装置一般都锁定在原位置。少数情况下，无法达到起始位置，而凸轮轴仍可在调整装置的调整范围内旋转。为避免配气相位的调整有误，必须检查调整装置的锁止件，如有必要，旋转凸轮轴进行联锁。

❺ 检查原位置中进气调整装置的锁止件：在凸轮轴②六角段上通过开口扳手①小心地按照与旋转方向相反的方向旋转。如果凸轮轴已经与调整装置互锁连接，则进气调整装置在原位置已联锁（图1-8-5）。

❻ 检查原位置中排气调整装置的锁止件：在凸轮轴②六角段上通过开口扳手①小心地按照与旋转方向相反的方向旋转。如果凸轮轴已经与调整装置互锁连接，则排气调整装置在原位置已联锁（图1-8-6）。

图 1-8-4　　　　　　　　　图 1-8-5　　　　　　　　　图 1-8-6

注意：之后所有凸轮轴必须就位。如果凸轮轴的进气或排气调整装置无法如上所述进行联锁，则调整装置肯定损坏，必须更换。

安装说明：凸轮轴的打磨面朝上（图 1-8-7）。

❼ 如果凸轮向内倾斜，则气缸 4 的排气凸轮轴位置Ⓐ正确（图 1-8-8）。

❽ 如果凸轮向下倾斜，则气缸 4 上的进气凸轮轴位置Ⓑ正确（图 1-8-8）。

❾ 将专用工具 2 249 137 安装在进气凸轮轴上，检查配气相位调整（图 1-8-9）。

提示：当专用工具 2 249 137 无间隙地安装在气缸盖上时，说明配气相位已正确调整好。为检测配气相位不需要螺栓①（图 1-8-9）。

图 1-8-7　　　　　　　　　图 1-8-8　　　　　　　　　图 1-8-9

❿ 将专用工具 2 249 140 安装在排气凸轮轴上，检查配气相位调整（图 1-8-10）。

提示：当专用工具 2 249 140 无间隙地安装在气缸盖上时，说明配气相位已正确调整好。为检测配气相位不需要螺栓①（图 1-8-10）。如有必要，调整左侧凸轮轴的配气相位。

⓫ 拆卸所有专用工具。

⓬ 装配好发动机。

3. 检查左侧凸轮轴的配气相位（气缸 5~8）

（1）需要的专用工具

a. 00 9 250；b. 11 8 570；c. 11 9 190；d. 11 9 893；e. 11 9 900；f. 2 249 162；g. 00 9 460；h. 2 249 117；i. 2 249 144；j. 2 249 159。

注意：配气相位只能用专用工具 2 249 162 检查。如果不使用专用工具 2 249 162 检查配气相位，可能导致配气相位的错误解释。

（2）需要的准备工作

a. 拆下左侧气缸盖罩；b. 拆下空调器皮带轮；c. 拆下左侧链条张紧器。

（3）检查步骤

❶ 安装专用工具 2 249 162 代替链条张紧器（图 1-8-1）。螺栓①采用 0.6N·m 进行预紧。

❷ 专用工具 2 249 162 与专用工具 00 9 250 或 00 9 460 采用 0.6N·m 进行预紧（图 1-8-11，气缸 1~4 图像）。

提示：标记（MP＝安装位置）对于专用工具 11 8 570 的安装很重要。MP＝第 1 缸点火上止点位置前 150°（图 1-8-3）。

❸ 在中心螺栓处旋转发动机。

❹ 用专用工具 11 8 570 和 11 9 190 将减振器固定在第 1 缸点火上止点位置前 150°处（图 1-8-4）。

注意：发动机熄火时，进气和排气调整装置一般都锁定在原位置。少数情况下，无法达到起始位置，而凸轮轴仍可在调整装置的调整范围内旋转。

为避免配气相位的调整有误，必须检查调整装置的锁止件，如有必要，则旋转凸轮轴进行联锁。

❺ 检查原位置中进气调整装置的锁止件。

a. 在凸轮轴②六角段上通过开口扳手①小心地按照旋转方向相反的方向旋转（图 1-8-12）。

b. 如果凸轮轴已经与调整装置互锁连接，则进气调整装置在原位置已联锁。

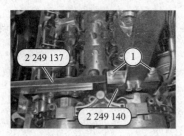
图 1-8-10

图 1-8-11

图 1-8-12

❻ 检查原位置中排气调整装置的锁止件。

a. 在凸轮轴②六角段上通过开口扳手①小心地按照旋转方向相反的方向旋转（图 1-8-13）。

b. 如果凸轮轴已经与调整装置互锁连接，则排气调整装置在原位置已联锁。

安装说明：如果进气凸轮轴的打磨面朝上，那么只能安装专用工具 2 249 117（图 1-8-14）。排气凸轮轴的打磨面朝上如图 1-8-15 所示。

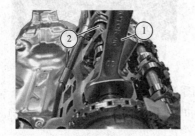
图 1-8-13

图 1-8-14

图 1-8-15

❼ 如果凸轮向下，则气缸 8 上的排气凸轮轴位置Ⓐ正确（图 1-8-16）。

❽ 如果凸轮向上倾斜，则气缸 8 上的进气凸轮轴位置Ⓑ正确（图 1-8-16）。

注意：如果凸轮轴的进气或排气调整装置无法如上所述进行联锁，则调整装置肯定损坏，必须更换。

❾ 将专用工具 2 249 144 安装在进气凸轮轴上，检查配气相位调整（图 1-8-17）。

提示：当专用工具 2 249 144 无间隙地安装在气缸盖上时，说明配气相位已正确调整好。

❿ 为检测配气相位不需要螺栓①（图 1-8-17）。

⓫ 将专用工具 2 249 159 安装在排气凸轮轴上，检查配气相位调整（图 1-8-18）。

提示：当专用工具 2 249 159 无间隙地安装在气缸盖上时，说明配气相位已正确调整好。

图 1-8-16

图 1-8-17

图 1-8-18

⑫ 为检测配气相位不需要螺栓①（图1-8-18）。如有必要，则调整左侧凸轮轴的配气相位。

⑬ 拆卸所有专用工具。

⑭ 装配好发动机。

4. 调整右侧凸轮轴的配气相位（气缸1～4）

（1）需要的专用工具

a. 2 249 117；b. 2 249 137；c. 2 249 140；d. 11 9 190；e. 11 8 570；f. 11 4 350；g. 00 9 120。

注意：调整装置上的中心螺栓只可用专用工具2 249 117松开。正时机构有损坏危险。

（2）需要的准备工作

a. 拆下右正时齿轮箱盖；b. 检查右侧凸轮轴的配气相位。

（3）调整步骤

❶ 准备用于固定凸轮轴的专用工具组2 249 117（图1-8-19）。

❷ 在进气凸轮轴上定位专用工具2 249 137。

❸ 用专用工具2 249 140定位排气凸轮轴并将其固定在专用工具2 249 137上（图1-8-20）。

❹ 松开进气和排气调整装置的中心螺栓①和②（图1-8-21）。

安装说明：松开后更换中心螺栓。

图1-8-19

图1-8-20

图1-8-21

注意：检查中心螺栓①的螺栓头是否有油脂（图1-8-22中箭头）。在新的中心螺栓①接触面上涂上铜涂料。

❺ 装配中心螺栓①和②（图1-8-23）。

注意：将中心螺栓①和②松开最大40°。

❻ 拆卸专用工具11 9 190（图1-8-24）。

注意：将发动机中心螺栓反向旋转8°。

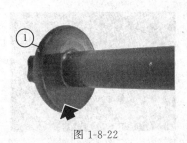
图1-8-22

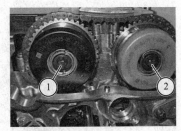
图1-8-23

图1-8-24

❼ 用专用工具11 9 190将发动机在专业工具前11 8 570定位（图1-8-25）。

安装说明：采用排气凸轮轴开始的拧紧顺序。

❽ 用专用工具11 4 350装配排气凸轮轴的中心螺栓①（图1-8-26）。接合力矩为5N·m。

❾ 用专用工具11 4 350装配进气凸轮轴的中心螺栓①（图1-8-27）。接合力矩为5N·m。

图 1-8-25

图 1-8-26

图 1-8-27

⑩ 去除专用工具 11 9 190（图 1-8-28）。

⑪ 继续在中心螺栓上旋转发动机，直到专用工具 11 9 190 定位在正时齿轮箱盖上（图 1-8-24）。发动机现在处于气缸 1 点火上止点前的 150°曲轴位置上。

安装说明：开始以排气凸轮轴拧紧中心螺栓。

⑫ 拉紧排气凸轮轴的中心螺栓①（图 1-8-29）。扭矩为 30N·m。

⑬ 拉紧进气凸轮轴的中心螺栓①（图 1-8-30）。扭矩为 30N·m。

图 1-8-28

图 1-8-29

图 1-8-30

⑭ 用专用工具 00 9 120 固定排气凸轮轴的中心螺栓①（图 1-8-31）。转角拧紧 90°。

⑮ 用专用工具 00 9 120 固定进气凸轮轴的中心螺栓①（图 1-8-32）。转角拧紧 90°，拆卸专用工具 2 249 117。

⑯ 拆卸专用工具 11 9 190 和 11 8 570（图 1-8-28）。

⑰ 在中心螺栓上沿发动机旋转方向转动发动机两次，直至发动机重新达到气缸 1 点火上止点位置 150°处。

⑱ 用专用工具 11 8 570 和 11 9 190 将减振器固定在气缸 1 点火上止点位置 150°处（图 1-8-24）。

⑲ 将专用工具 2 249 137 安装在进气凸轮轴上，检查配气相位调整（图 1-8-33）。

提示：当专用工具 2 249 137 无间隙地安装在气缸盖上时，说明配气相位已正确调整好。

图 1-8-31

图 1-8-32

图 1-8-33

⑳ 将专用工具 2 249 140 安装在排气凸轮轴上，检查配气相位调整（图 1-8-34）。

提示：当专用工具 2 249 140 无间隙地安装在专用工具 2 249 137 上时，说明配气相位已正确调整好。

㉑ 拆卸所有专用工具。

㉒ 装配好发动机。

5.调整左侧凸轮轴的配气相位(气缸5~8)

(1)需要的专用工具

a.2 249 117;b.2 249 144;c.2 249 159;d.11 9 190;e.11 8 570;f.11 4 350;g.00 9 120。

(2)需要的准备工作

a.拆下左正时齿轮箱盖;b.检查左侧凸轮轴的配气相位。

(3)调整步骤

❶ 准备用于固定凸轮轴的专用工具组2 249 117(图1-8-35)。

❷ 在进气凸轮轴上定位专用工具2 249 144(图1-8-36)。

❸ 用专用工具2 249 159定位排气凸轮轴并将其固定在专用工具2 249 144上(图1-8-36)。

注意:安装专用工具2 249 117。

图1-8-34

图1-8-35

图1-8-36

❹ 松开排气和进气调整装置的中心螺栓①和②(图1-8-37)。

安装说明:松开后更换中心螺栓;在新中心螺栓①(图1-8-22)接触面涂上铜涂料。

❺ 装配中心螺栓①和②(图1-8-37)。

注意:将中心螺栓①和②松开最大40°;将发动机中心螺栓反向旋转8°。

❻ 用专用工具11 9 190将发动机在专业工具前11 8 570定位(图1-8-38)。

安装说明:从进气凸轮轴开始拧紧中心螺栓。

❼ 用专用工具11 4 350装配进气凸轮轴的中心螺栓①(图1-8-39)。接合力矩为5N·m。

图1-8-37

图1-8-38

图1-8-39

❽ 用专用工具11 4 350装配排气凸轮轴的中心螺栓①(图1-8-40)。接合力矩为5N·m。

❾ 去除专用工具11 9 190(图1-8-41)。

❿ 继续在中心螺栓上旋转发动机,直到专用工具11 9 190定位在正时齿轮箱盖上(图1-8-24)。

发动机现在处于气缸1点火上止点前的150°曲轴位置上。

安装说明:从进气凸轮轴开始拧紧中心螺栓。

⓫ 拉紧进气凸轮轴的中心螺栓①(图1-8-42)。扭矩为30N·m。

⓬ 拉紧排气凸轮轴的中心螺栓①(图1-8-43)。扭矩为30N·m。

⓭ 用专用工具00 9 120固定进气凸轮轴的中心螺栓①(图1-8-44)。转角拧紧90°。

⓮ 用专用工具00 9 120固定排气凸轮轴的中心螺栓①(图1-8-45)。转角拧紧90°。查配气相位:拆卸专用工具2 249 117。

图 1-8-40

图 1-8-41

图 1-8-42

图 1-8-43

图 1-8-44

图 1-8-45

⓯ 拆卸专用工具 11 9 190 和 11 8 570。

⓰ 在中心螺栓上沿发动机旋转方向转动发动机两次，直至发动机重新达到气缸 1 点火上止点位置 150°处。

⓱ 用专用工具 11 8 570 和 11 9 190 将减振器固定在气缸 1 点火上止点位置 150°处（图 1-8-24）。

⓲ 将专用工具 2 249 144 安装在进气凸轮轴上，检查配气相位调整（图 1-8-46）。

提示：当专用工具 2 249 144 无间隙地安装在气缸盖上时，说明配气相位已正确调整好。

⓳ 将专用工具 2 249 159 安装在排气凸轮轴上，检查配气相位并调整（图 1-8-47）。

提示：当专用工具 2 249 159 无间隙地安装在专用工具 2 249 144 上时，说明配气相位已正确调整好。

⓴ 拆卸所有专用工具。

㉑ 装配好发动机。

6. 更换右侧进气及排气调整装置

（1）需要的专用工具

a. 2 249 117；b. 2 249 162；c. 2 249 137；d. 2 249 140；e. 00 9 250；f. 00 9 460；g. 11 9 190；h. 11 8 570；i. 11 4 350；j. 00 9 120；k. 2 249 137。

（2）需要的准备工作

a. 读取故障码存储器的故障记忆并记录；b. 拆下右气缸盖罩；c. 拆下右正时齿轮箱盖；d. 检查配气相位。

注意：如果无法安装专用工具 2 249 117，则在松开中心螺栓时必须固定相应凸轮轴的六角段。

（3）更换步骤

❶ 松开进气和排气调整装置的中心螺栓①和②（图 1-8-48）。

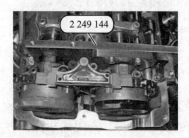
图 1-8-46

图 1-8-47

图 1-8-48

安装说明：松开后更换中心螺栓。

注意：检查中心螺栓①的螺栓头是否有油脂（参见图1-8-22中箭头）。

安装说明：在新的中心螺栓①接触面涂上铜涂料。

❷ 松开螺栓①（图1-8-49）。

❸ 拆卸专用工具2 249 162。

❹ 松开螺栓①（图1-8-50）。

❺ 拆下上部张紧导轨②（图1-8-50）。

❻ 拆下排气调整装置的中心螺栓①（图1-8-48）。

安装说明：松开后更换中心螺栓。

❼ 将排气调整装置①沿箭头方向从排气凸轮轴上松开（图1-8-51）。

 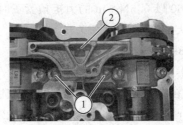 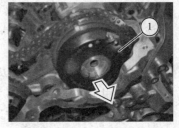

　　图1-8-49　　　　　　　　　　　图1-8-50　　　　　　　　　　　图1-8-51

❽ 将排气调整装置②从正时链①中抽出（图1-8-52）。

❾ 向上拆下排气调整装置②（图1-8-52）。

❿ 拆下进气调整装置的中心螺栓②（图1-8-48）。

安装说明：松开后更换中心螺栓。

⓫ 将进气调整装置①沿箭头方向从进气凸轮轴上松开（图1-8-53）。

⓬ 将进气调整装置②从正时链①中抽出（图1-8-54）。

⓭ 向上拆下进气调整装置②（图1-8-54）。

 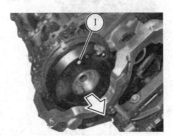 

　　图1-8-52　　　　　　　　　　　图1-8-53　　　　　　　　　　　图1-8-54

注意：有混淆危险；进气和排气调整装置是不同的（图1-8-55）；混淆进气和排气调整装置将会导致发动机损坏；进气调整装置以"EIN"标出；排气调整装置以"AUS"标出。

安装说明：在新的中心螺栓①接触面涂上铜涂料（图1-8-22）。

提示：可以自由选择调整装置相对于正时链的位置。

⓮ 将调整装置插入正时链中，然后安装到凸轮轴上。

⓯ 将中心螺栓①和②无间隙地装到调整装置上（图1-8-48）。

⓰ 将中心螺栓①和②松开45°。

⓱ 安放上部滑轨②并用螺栓①固定（图1-8-56）。拧紧力矩为10N·m。

⓲ 将专用工具2 249 137安装在进气凸轮轴上并用螺栓①固定（图1-8-57）。

⓳ 将专用工具2 249 140安装在专用工具2 249 137上，并用螺栓①固定（图1-8-58）。

图 1-8-55

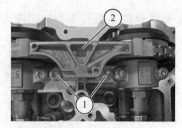

图 1-8-56

图 1-8-57

⑳ 旋入专用工具 2 249 162。

㉑ 用专用工具 2 249 162 预紧正时链。

㉒ 用专用工具 00 9 250 或 00 9 460 以 0.6N·m 的力矩预紧正时链（图 1-8-59）。

注意：将中心螺栓①和②松开最大 45°（图 1-8-23）。

㉓ 拆卸专用工具 11 9 190（图 1-8-24）。

注意：将发动机中心螺栓反向旋转 45°。

㉔ 用专用工具 11 9 190 将发动机在专用工具 11 8 570 前定位（图 1-8-25）。

㉕ 用专用工具 11 4 350 安装进气凸轮轴的中心螺栓①（图 1-8-27）。接合力矩为 5N·m。

㉖ 用专用工具 11 4 350 安装排气凸轮轴的中心螺栓①（图 1-8-26）。接合力矩为 5N·m。

㉗ 去除专用工具 11 9 190（图 1-8-25）。

㉘ 将发动机悬放在中心螺栓上，直到专用工具 11 9 190 定位到正时齿轮箱盖上（图 1-8-24）。

㉙ 现在发动机以 150°位于气缸 1 上止点点火处。

安装说明：开始以进气凸轮轴拧紧中心螺栓。

㉚ 拉紧进气凸轮轴的中心螺栓①（图 1-8-60）。扭矩为 30N·m。

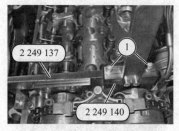

图 1-8-58

图 1-8-59

图 1-8-60

㉛ 拉紧排气凸轮轴的中心螺栓①（图 1-8-61）。扭矩为 30N·m。

㉜ 专用工具 00 9 120 固定进气凸轮轴的中心螺栓①（图 1-8-62）。转角拧紧 90°。

㉝ 用专用工具 00 9 120 固定排气凸轮轴的中心螺栓①（图 1-8-63）。转角拧紧 90°。

图 1-8-61

图 1-8-62

图 1-8-63

㉞ 拆卸专用工具 2 249 117。

㉟ 再次检查配气相位。

㊱ 拆卸所有专用工具。

7. 更换左侧进气和排气调整装置（气缸5～8）

（1）需要的专用工具

a. 2 249 162；b. 2 249 144；c. 2 249 159；d. 2 249 140；e. 00 9 250；f. 00 9 460；g. 11 9 190；h. 11 8 570；i. 11 4 350；j. 00 9 120；k. 2 249 117。

（2）需要的准备工作

a. 读取和记录故障码存储器；b. 拆下左气缸盖罩；c. 拆下左侧正时齿轮箱盖；d. 检查配气相位。

注意：如果无法安装专用工具，则在松开中心螺栓时必须固定住相应凸轮轴的六角段。

（3）更换步骤

❶ 松开排气和进气调整装置的中心螺栓①和②（图1-8-64）。

安装说明：松开后更换中心螺栓。在新中心螺栓①的接触面上涂上铜涂料（图1-8-22）。

❷ 松开螺栓①（图1-8-65）。

❸ 松开滚花螺钉上的专用工具2 249 162并拆下。

❹ 松开螺栓①（图1-8-64）。

❺ 拆下上部张紧导轨②（图1-8-37）。

提示：见无专用工具的更清晰图像。

图1-8-64

图1-8-65

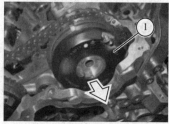
图1-8-66

❻ 将进气调整装置①沿箭头方向从进气凸轮轴上松开（图1-8-66）。

❼ 将进气调整装置②从正时链①中抽出（图1-8-67）。

❽ 向上拆下进气调整装置②。

❾ 将排气调整装置①沿箭头方向从排气凸轮轴上松开（图1-8-68）。

❿ 将排气调整装置②从正时链①中抽出（图1-8-69）。

⓫ 向上拆下排气调整装置②。

注意：有混淆危险；进气和排气调整装置是不同的。混淆进气和排气调整装置将会导致发动机损坏。进气调整装置以"EIN"标出。排气调整装置以"AUS"标出。

图1-8-67

图1-8-68

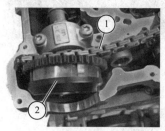
图1-8-69

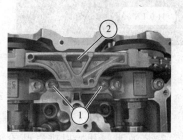
图1-8-70

安装说明：在新中心螺栓①接触面上涂上铜涂料（图1-8-22）。

提示：可以自由选择调整装置相对于正时链的位置。

⓬ 将调整装置插入正时链中，然后安装到凸轮轴上。

⑬ 将中心螺栓①和②无间隙地装到调整装置上（图1-8-64）。
⑭ 将中心螺栓①和②松开45°。
⑮ 安放滑轨②并用螺栓①固定（图1-8-70）。拧紧力矩为10N·m。
⑯ 在进气凸轮轴上定位专用工具2 249 144。
⑰ 用螺栓①固定专用工具2 249 144（图1-8-71）。
⑱ 在排气凸轮轴上定位专用工具2 249 159。
⑲ 将专用工具2 249 159与专用工具2 249 140用螺栓①互相拧紧（图1-8-72）。
⑳ 旋入专用工具2 249 162（图1-8-73）。

图1-8-71

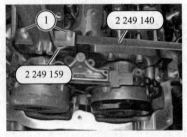
图1-8-72

图1-8-73

㉑ 用专用工具2 249 162预紧正时链。
㉒ 用专用工具00 9 250或00 9 460以0.6N·m的力矩预紧正时链。
㉓ 将中心螺栓①和②松开45°（图1-8-64）。
㉔ 拆卸专用工具11 9 190（图1-8-74）。
注意：将发动机中心螺栓反向旋转45°。
㉕ 将正时齿轮箱盖上的专用工具11 9 190拔下。
㉖ 将中心螺栓处的曲轴朝发动机旋转方向转动，直至专用工具11 8 570紧靠在专用工具11 9 190前（图1-8-75）。
㉗ 用专用工具11 4 350装配排气凸轮轴的中心螺栓①（图1-8-76）。接合力矩为5N·m。
㉘ 用专用工具11 4 350装配进气凸轮轴的中心螺栓①（图1-8-77）。接合力矩为5N·m。
㉙ 去除专用工具11 9 190（图1-8-75）。

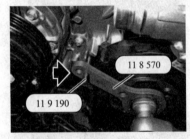
图1-8-74

图1-8-75

图1-8-76

㉚ 继续在中心螺栓上旋转发动机，直到专用工具11 9 190定位在正时齿轮箱盖上（图1-8-74）。
现在发动机以150°位于气缸1上止点点火处。
安装说明：开始以排气凸轮轴拧紧中心螺栓。
㉛ 用扭矩拉紧排气凸轮轴的中心螺栓①（图1-8-78）。扭矩为30N·m。
㉜ 用扭矩拉紧进气凸轮轴的中心螺栓①（图1-8-79）。扭矩为30N·m。
㉝ 用专用工具00 9 120固定排气凸轮轴的中心螺栓①（图1-8-80）。转角拧紧90°。
㉞ 用专用工具00 9 120固定进气凸轮轴的中心螺栓①（图1-8-81）。转角拧紧90°。

第一章 宝马车系　43

图 1-8-77

图 1-8-78

图 1-8-79

图 1-8-80

图 1-8-81

㉟ 拆下专用工具 2 249 117。
㊱ 再次检查配气相位。
㊲ 拆卸所有专用工具。

九、6.0L N74B66U1（2008～2017 年）

1. 适用车型
宝马 7 系（F02、F02、G12）。

2. 检查右侧凸轮轴的配气相位（气缸 1～6）
（1）需要的专用工具
a. 00 9 250；b. 11 8 570；c. 11 9 190；d. 11 9 893；e. 11 9 900。
注意：配气相位只能用专用工具 11 9 900 检查。
如果不使用专用工具 11 9 900 检查配气相位，可能导致配气相位的错误解释。
（2）需要的准备工作
a. 拆下右侧气缸盖罩；b. 拆下风扇罩及电动风扇；c. 拆下空调器皮带轮；d. 拆下右侧链条张紧器。
（3）检查步骤
❶ 安装专用工具 11 9 900 代替链条张紧器（图 1-9-1）。
❷ 用专用工具 00 9 250 以 0.6N·m 的力矩预紧内六角螺栓。
注意：关闭发动机时，进气和排气调整装置一般都锁定在起始位置。
少数情况下，无法达到起始位置，而凸轮轴仍可在调整装置的调整范围内旋转。
为避免配气相位的调整有误，必须检查调整装置的锁止件，如有必要，旋转凸轮轴进行联锁。
❸ 检查进气和排气调整装置在起始位置上的锁定情况（图 1-9-2）。
安装在凸轮轴的六角段②上，并尝试用一把开口扳手①小心地逆旋转方向转动凸轮轴。
如果凸轮轴与调整装置动力传递连接，则进气和排气调整装置锁定起始位置。
注意：如果凸轮轴的进气或排气调整装置"无法"如上所述进行联锁，则调整装置肯定损坏，必须更换。
提示：插图对应气缸 7～12。假设凸轮轴位于点火上止点位置气缸 1 上，就可以从其上读取排气凸轮轴的说明①和②。A 表示排气凸轮轴。16 表示气缸 1～6（图 1-9-3）。

  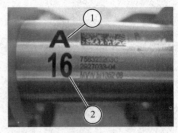

图 1-9-1　　　　　　　　　图 1-9-2　　　　　　　　　图 1-9-3

❹ 在点火上止点位置气缸 1 中倾斜向内显示第一气缸排气凸轮轴①的凸轮（图 1-9-4 中箭头）。

提示：假设凸轮轴位于点火上止点位置气缸 1 上，就可以从其上读取进气凸轮轴的说明①和②。E 表示进气凸轮轴。16 表示气缸 1~6（图 1-9-5）。

❺ 在点火上止点位置气缸 1 中倾斜向内显示第一气缸进气凸轮轴①的凸轮（图 1-9-6 中箭头）。

 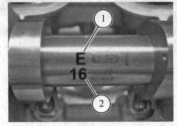 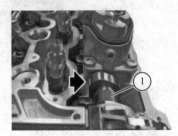

图 1-9-4　　　　　　　　　图 1-9-5　　　　　　　　　图 1-9-6

❻ 松开螺栓①（图 1-9-7）。
❼ 将辅助水泵的支架置于一侧。
❽ 用减振器双平面定位专用工具 11 8 570 在 OT 上标记（图 1-9-8）。
❾ 用螺栓①固定专用工具 11 8 570。
❿ 在中心螺栓上沿发动机转动方向转动发动机。
⓫ 用专用工具 11 8 570 和 11 9 190 将减振器推入上孔内（图 1-9-9）。

图 1-9-7　　　　　　　　　图 1-9-8　　　　　　　　　图 1-9-9

⓬ 正确定位曲轴，将专用工具 11 8 570 用 11 9 190 固定在凹槽里（图 1-9-10 中箭头）。
⓭ 将曲轴固定在点火上止点位置气缸 1 内。
⓮ 将专用工具 11 9 893 安装在进气凸轮轴上，检查配气相位调整（图 1-9-11）。

提示：当专用工具 11 9 893 无间隙地安装在气缸盖上时，说明配气相位已正确调整好。

⓯ 将专用工具 11 9 893 安装在排气凸轮轴上，检查配气相位调整（图 1-9-12）。

提示：当专用工具 11 9 893 无间隙地安装在气缸盖上时，说明配气相位已正确调整好。如有必要，调整右侧凸轮轴的配气相位。

⓰ 拆下所有专用工具。
⓱ 装配好发动机。

图 1-9-10　　　　　　　　　图 1-9-11　　　　　　　　　图 1-9-12

3. 检查左侧凸轮轴的配气相位（气缸 7～12）

（1）需要的专用工具

a.00 9 250；b.11 8 570；c.11 9 190；d.11 9 893；e.11 9 900。

注意：配气相位只能用专用工具 11 9 900 检查。

如果不使用专用工具 11 9 900 检查配气相位，可能导致配气相位的错误解释。

（2）需要的准备工作

a.拆下左侧气缸盖罩；b.拆下集风罩及电动风；c.拆下空调器皮带轮；d.拆下左侧链条张紧器。

（3）检查步骤

❶ 安装专用工具 11 9 900 代替链条张紧器（图 1-9-13）。

❷ 用专用工具 00 9 250 以 0.6N·m 的力矩预紧内六角螺栓。

注意：关闭发动机时，进气和排气调整装置一般都锁定在起始位置。

少数情况下，无法达到起始位置，而凸轮轴仍可在调整装置的调整范围内旋转。

为避免配气相位的调整有误，必须检查调整装置的锁止件，如有必要，旋转凸轮轴进行联锁。

❸ 检查进气和排气调整装置在起始位置上的锁定情况（图 1-9-2）。

安装在凸轮轴的六角段②上，尝试用一把开口扳手①小心地逆旋转方向转动凸轮轴。

如果凸轮轴与调整装置动力传递连接，则进气和排气调整装置锁定起始位置。

注意：如果凸轮轴的进气或排气调整装置无法如上所述进行联锁，则调整装置肯定损坏，必须更换。

提示：假设凸轮轴位于点火上止点位置气缸 1 上，就可以从其上读取排气凸轮轴的说明①和②。A 表示排气凸轮轴，712 表示气缸 7～12（图 1-9-14）。

 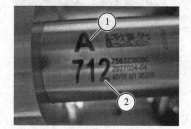 

图 1-9-13　　　　　　　　　图 1-9-14　　　　　　　　　图 1-9-15

❹ 在气缸 1 点火上止点位置，第一气缸排气凸轮轴①的凸轮向内倾斜（图 1-9-4 箭头）。

提示：假设凸轮轴位于点火上止点位置气缸 1 上，就可以从其上读取进气凸轮轴的说明①和②。E 表示进气凸轮轴，712 表示气缸 7～12（图 1-9-14）。

❺ 在点火上止点位置气缸 1 中倾斜向内显示第一气缸进气凸轮轴①的凸轮（图 1-9-6 箭头）。

❻ 松开螺栓①（图 1-9-7）。

❼ 将辅助水泵的支架置于一侧。

❽ 用减振器双平面定位专用工具 11 8 570 在箭头处标记。

❾ 用一个螺栓①固定专用工具 11 8 570（图 1-9-8）。

❿ 在中心螺栓上沿发动机转动方向转动发动机（图 1-9-9）。

⑪ 用专用工具11 8 570和11 9 190将减振器推入到上孔内。

⑫ 当专用工具11 8 570与11 9 190固定在凹槽内时，曲轴定位正确（图1-9-10箭头）。

⑬ 将曲轴固定在点火上止点位置气缸1内。

⑭ 将专用工具11 9 893安装在进气凸轮轴上，检查配气相位调整（图1-9-11）。

提示：当专用工具11 9 893无间隙地安装在气缸盖上时，说明配气相位已正确调整好。

⑮ 将专用工具11 9 893安装在排气凸轮轴上，检查配气相位调整（图1-9-12）。

提示：如有必要，调整左侧凸轮轴的配气相位。

⑯ 拆卸所有专用工具。

⑰ 装配好发动机。

4. 调整右侧凸轮轴的配气相位（气缸1～6）

(1) 需要的专用工具

a.00 9 120；b.11 8 570；c.11 9 190；d.11 9 890；e.11 9 891；f.11 9 892；g.11 9 893；h.11 9 895。

注意：调整装置上的中心螺栓只可用专用工具11 9 890松开。正时机构有损坏危险。如果无法安装专用工具11 9 890，则在松开中心螺栓时必须固定相应凸轮轴的六角段。

(2) 需要的准备工作

a.拆下右正时齿轮箱盖；b.检查右侧凸轮轴的配气相位。

(3) 调整步骤

❶ 准备用于固定凸轮轴的专用工具组11 9 890（图1-9-15）。

提示：专用工具11 9 891为滚花螺栓，专用工具11 9 892为压板，专用工具11 9 893为进气和排气凸轮轴的卡规，专用工具11 9 895为定距支架。

注意：如果无法安装专用工具11 9 890，则在松开中心螺栓时必须固定相应凸轮轴的六角段。

❷ 松开排气和进气调整装置的中心螺栓①和②（图1-9-16）。

安装说明：松开后更新中心螺栓。新的中心螺栓①在接触面上涂上铜涂料（图1-9-17）。

注意：VANOS调整装置电磁阀必须拆下。

❸ 将专用工具11 9 895旋入气缸盖中（图1-9-18）。

图1-9-16

图1-9-17

图1-9-18

❹ 将专用工具11 9 893定位在进气和排气凸轮轴的双平面段上（图1-9-19）。

❺ 将专用工具11 9 892定位到专用工具11 9 893上（图1-9-20）。

❻ 用专用工具11 9 891固定两个专用工具11 9 893。

提示：手动拧紧专用工具11 9 891。

图1-9-19

图1-9-20

图1-9-21

⑦ 装配进气调整装置②中心螺栓①（图1-9-21）。拧紧力矩为紧固30N·m。
⑧ 装配排气调整装置②中心螺栓①（图1-9-22）。拧紧力矩为紧固30N·m。
⑨ 用专用工具00 9 120固定排气调整装置②中心螺栓①（图1-9-23）。旋转90°拧紧。
⑩ 用专用工具00 9 120固定进气调整装置②中心螺栓①（图1-9-24）。旋转90°拧紧。拆卸专用工具11 9 890。

图1-9-22

图1-9-23

图1-9-24

⑪ 拆卸专用工具11 9 190和11 8 570。
⑫ 在中心螺栓上沿发动机旋转方向转动发动机两次，直至发动机重新达到气缸1点火上止点位置处。
⑬ 用专用工具11 9 190将减振器固定在气缸1点火上止点位置处（图1-9-9）。
⑭ 将专用工具11 9 893安装在进气凸轮轴上，检查配气相位调整（图1-9-25）。
提示：当专用工具11 9 893无间隙地安装在气缸盖上时，说明配气相位已正确调整好。
⑮ 将专用工具11 9 893安装在排气凸轮轴上，检查配气相位调整（图1-9-26）。
提示：当专用工具11 9 893无间隙地安装在气缸盖上时，说明配气相位已正确调整好。
⑯ 拆下所有专用工具。
⑰ 装配好发动机。

5. 调整左侧凸轮轴的配气相位（气缸7~12）

（1）需要的专用工具

a. 00 9 120；b. 11 8 570；c. 11 9 190；d. 11 9 890；e. 11 9 891；f. 11 9 892；g. 11 9 893；h. 11 9 895。

注意：调整装置上的中心螺栓只可用专用工具11 9 890松开。正时机构有损坏危险。如果无法安装专用工具11 9 890，则在松开中心螺栓时必须固定相应凸轮轴的六角段。

（2）需要的准备工作

a. 拆下左正时齿轮箱盖；b. 检查左侧凸轮轴的配气相位。

（3）调整步骤

❶ 准备用于固定凸轮轴的专用工具组11 9 890（图1-9-15）。

提示：专用工具11 9 891为滚花螺栓，专用工具11 9 892为压板，专用工具11 9 893为进气和排气凸轮轴的卡规，专用工具11 9 895为定距支架。

注意：如果无法安装专用工具11 9 890，则在松开中心螺栓时必须固定相应凸轮轴的六角段。

❷ 松开进气和排气调整装置的中心螺栓①和②（图1-9-16）。

安装说明：松开后更新中心螺栓。新的中心螺栓①在接触面上涂上铜涂料（图1-9-17）。

注意：VANOS调整装置电磁阀必须拆下。

❸ 将专用工具11 9 895旋入气缸盖中（图1-9-27）。

图1-9-25

图1-9-26

图1-9-27

④ 将专用工具11 9 893安装到进气凸轮轴上和排气凸轮轴上。
⑤ 专用工具11 9 893必须无间隙地安装在气缸盖上，如有必要，在六角段上调整凸轮轴（图1-9-28）。
⑥ 将专用工具11 9 892定位到专用工具11 9 893上（图1-9-29）。
⑦ 用专用工具11 9 891固定两个专用工具11 9 893。

提示：手动拧紧专用工具11 9 891。

⑧ 装配进气调整装置②中心螺栓①（图1-9-30）。拧紧力矩为紧固30N·m。

图1-9-28

图1-9-29

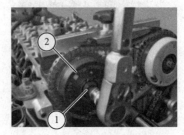
图1-9-30

⑨ 装配排气调整装置②中心螺栓①（图1-9-31）。拧紧力矩为紧固30N·m。
⑩ 用专用工具00 9 120固定进气调整装置②中心螺栓①（图1-9-32）。旋转90°拧紧。
⑪ 用专用工具00 9 120固定排气调整装置②中心螺栓①（图1-9-33）。旋转90°拧紧。

拆卸专用工具11 9 890。

⑫ 拆卸专用工具11 9 190和11 8 570。
⑬ 在中心螺栓上沿发动机旋转方向转动发动机两次，直至发动机重新达到气缸1点火上止点位置处。
⑭ 用专用工具11 9 190将减振器固定在气缸1点火上止点位置处（图1-9-9）。

图1-9-31

图1-9-32

图1-9-33

⑮ 将专用工具11 9 893安装在进气凸轮轴上，检查配气相位调整（图1-9-34）。

提示：当专用工具11 9 893无间隙地安装在气缸盖上时，说明配气相位已正确调整好。

⑯ 将专用工具11 9 893安装在进气凸轮轴上，检查配气相位调整（图1-9-35）。

提示：当专用工具11 9 893无间隙地安装在气缸盖上时，说明配气相位已正确调整好。

⑰ 拆下所有专用工具。
⑱ 装配好发动机。

6. 更换右侧进气和排气调整装置

(1) 需要的专用工具

a. 00 9 120；b. 00 9 250；c. 11 8 570；d. 11 9 190；e. 11 9 890；f. 11 9 891；g. 11 9 892；h. 11 9 893；i. 11 9 894；j. 11 9 900。

注意：关闭发动机时，进气和排气调整装置一般都锁定在起始位置。少数情况下，无法达到起始位置，而凸轮轴仍可在调整装置的调整范围内旋转（气缸1~6侧）。

(2) 需要的准备工作

a. 读取故障码存储器的故障记忆并记录；b. 拆下右气缸盖罩；c. 拆下右正时齿轮箱盖；d. 检查配气

相位。

（3）更换步骤

❶ 松开中心螺栓时，使用专用工具11 9 891和11 9 892并在凸轮轴的六角段上固定（图1-9-36）。

注意：如果不能安装专用工具11 9 891和11 9 892，则在松开中心螺栓时必须固定相应凸轮轴的六角段。

图1-9-34

图1-9-35

图1-9-36

❷ 松开进气和排气调整装置的中心螺栓①和②（图1-9-16）。

安装说明：松开后更换中心螺栓。

❸ 松开内六角螺栓。通过滚花螺栓松开专用工具11 9 900并拆下（图1-9-37）。

❹ 松开螺栓①（图1-9-38）。

❺ 拆下上部张紧导轨②（图1-9-38）。

❻ 拆下调整装置。

图1-9-37

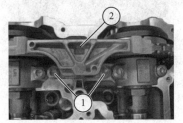

图1-9-38

图1-9-39

注意：有混淆危险。

排气和进气调整装置是不同的。

混淆进气和排气调整装置将会导致发动机损坏。

a. 进气调整装置用EIN标明（图1-9-39）。

b. 排气调整装置用AUS标明（图1-9-39）。

在气缸1～6上排气调整装置是用真空泵上的定位件装配的。

安装说明：只为接触面上的进气调节单元中央螺栓①涂抹铜涂料（图1-9-17）。

禁止为排气调节单元接触面上油脂。

提示：可以自由选择调整装置相对于正时链的位置。

❼ 将调整装置插入正时链中，然后安装到凸轮轴上。

❽ 将中心螺栓①和②无间隙地装到调整装置上（图1-9-16）。

❾ 将中心螺栓①和②松开90°（图1-9-16）。

❿ 安放滑轨②并用螺栓①固定（图1-9-40）。拧紧力矩为13N·m。

⓫ 准备用于固定凸轮轴的专用工具组11 9 890（图1-9-15）。

⓬ 将专用工具11 9 893装到进气凸轮轴上（图1-9-34）。

⓭ 将专用工具11 9 893装到排气凸轮轴上（图1-9-35）。

安装说明：校正排气和进气凸轮轴，使专用工具11 9 893无间隙地安装在气缸盖上。

图 1-9-40

⓮ 将专用工具 11 9 895 旋入气缸盖中（图 1-9-41）。
⓯ 将专用工具 11 9 892 用专用工具 11 9 891 向下压（图 1-9-36）。
⓰ 旋入专用工具 11 9 900（图 1-9-13）。
⓱ 用专用工具 11 9 900 预紧正时链。
⓲ 用专用工具 00 9 250 以 0.6N·m 的力矩预紧内六角螺栓。
⓳ 检查专用工具 11 9 190 的位置是否正确（图 1-9-42）。
⓴ 装配排气调整装置②中心螺栓①（图 1-9-43）。拧紧力矩为 30N·m。

图 1-9-41

图 1-9-42

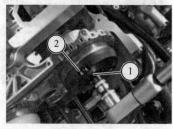

图 1-9-43

㉑ 装配进气调整装置②中心螺栓①（图 1-9-44）。拧紧力矩为 30N·m。
㉒ 用专用工具 00 9 120 固定排气调整装置②中心螺栓①（图 1-9-45）。旋转 90°拧紧。
㉓ 用专用工具 00 9 120 固定进气调整装置中心螺栓①（图 1-9-46）。旋转 90°拧紧。

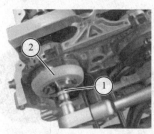

图 1-9-44

图 1-9-45

图 1-9-46

㉔ 拆卸专用工具 11 9 190 和 11 8 570（图 1-9-42）。
㉕ 将中心螺母处的发动机沿旋转方向转动两次。
㉖ 将专用工具 11 8 570 用一个螺栓安装在减振器上。
㉗ 固定专用工具 11 9 190。
㉘ 再次检查配气相位。
㉙ 拆下所有专用工具。

7. 更换左侧进气和排气调整装置（气缸 7～12）

（1）需要的专用工具

a. 00 9 120；b. 00 9 250；c. 11 8 570；d. 11 9 190；e. 11 9 890；f. 11 9 891；g. 11 9 892；h. 11 9 893；i. 1 9 895；j. 11 9 900。

注意：关闭发动机时，进气和排气调整装置一般都锁定在起始位置。少数情况下，无法达到起始位置，而凸轮轴仍可在调整装置的调整范围内旋转。

（2）需要的准备工作

a. 读取故障码存储器的故障记忆并记录；b. 拆下左气缸盖罩；c. 拆下左正时齿轮箱盖；d. 检查配气相位。

（3）更换步骤

❶ 松开中心螺栓时，使用专用工具 11 9 891 并在凸轮轴的六角段上固定（图 1-9-47）。

注意：如果不安装专用工具 11 9 891，则在松开中心螺栓时必须固定相应凸轮轴的六角段。

❷ 松开进气和排气调整装置的中心螺栓①和②（图1-9-16）。

安装说明：松开后更新中心螺栓。

注意：检查中心螺栓①螺栓头是否有油脂（参见图1-9-17中箭头）。如果在中心螺栓①螺栓头上没有油脂，则出于安全方面考虑必须更新Vanos传动机构。

安装说明：在中心螺栓①的接触面上涂铜涂料（图1-9-17）。

❸ 松开内六角螺栓（图1-9-48）。通过滚花螺栓松开专用工具11 9 900并拆下。

❹ 松开螺栓①（图1-9-49）。

❺ 拆下上部张紧导轨②（图1-9-49）。

❻ 取下调整装置。

提示：为达到更好的图示效果，未画出专用工具。

注意：有混淆危险：排气和进气调整装置是不同的，混淆进气和排气调整装置将会导致发动机损坏。

a. 进气调整装置用EIN标明（图1-9-38）。

b. 排气调整装置用AUS标明（图1-9-38）。

安装说明：在中心螺栓①的接触面上涂铜涂料（图1-9-17）。

提示：调整装置③和④至正时链的位置可以自由选择（图1-9-16）。

❼ 将调整装置插入正时链中，然后安装到凸轮轴上。

❽ 将中心螺栓①和②无间隙地装到调整装置上（图1-9-16）。

❾ 将中心螺栓①和②松开90°（图1-9-16）。

❿ 安放滑轨②并用螺栓①固定（图1-9-41）。拧紧力矩为13N·m。

⓫ 准备用于固定凸轮轴的专用工具组11 9 890（图1-9-15）。

⓬ 将专用工具11 9 893安放到进气凸轮轴上（图1-9-50）。

图1-9-47

图1-9-48

图1-9-49

图1-9-50

⓭ 将专用工具11 9 893安放到排气凸轮轴上（图1-9-51）。

⓮ 将专用工具11 9 895旋入气缸盖中（图1-9-52）。

安装说明：校正排气和进气凸轮轴，使专用工具11 9 893无间隙地安装在气缸盖上（图1-9-53）。

图1-9-51

图1-9-52

图1-9-53

⓯ 将专用工具11 9 892与专用工具11 9 891向下压（图1-9-54）。

⓰ 旋入专用工具11 9 900（图1-9-48）。

⑰ 用专用工具 11 9 900 预紧正时链。

⑱ 用专用工具 00 9 250 以 0.6N·m 的力矩预紧内六角螺栓。

⑲ 检查专用工具 11 9 190 的位置是否正确（图 1-9-41）。

图 1-9-54

⑳ 装配进气调整装置②中心螺栓①（图 1-9-30）。拧紧力矩为 30N·m。

㉑ 装配排气调整装置②中心螺栓①（图 1-9-31）。拧紧力矩为 30N·m。

㉒ 用专用工具 00 9 120 固定排气调整装置②中心螺栓①（图 1-9-32）。旋转 90°拧紧。

㉓ 用专用工具 00 9 120 固定进气调整装置②中心螺栓①（图 1-9-33）。旋转 90°拧紧。

㉔ 拆卸专用工具 11 9 190 和 11 8 570（图 1-9-9）。

㉕ 沿发动机转动方向在中心螺栓上转动发动机两次，直至发动机重新到达气缸 1 点火上止点位置处。

㉖ 将专用工具 11 8 570 用一个螺栓安装在减振器上。

㉗ 将专用工具 11 9 190 固定在气缸 1 点火上止点位置处。

㉘ 再次检查配气相位。

㉙ 拆下所有专用工具。

操作视频

操作视频

十、4.4L S63B44（2008～2017 年）

1. 适用车型

宝马 5 系（F10）、宝马 6 系（F06、F12、F13）、宝马 X 系（E70、E71、F85、F86）。

2. 检查右侧凸轮轴的配气相位（气缸 1～4）

(1) 需要的专用工具

a. 00 9 250；b. 11 8 570；c. 11 9 190；d. 11 9 893；e. 11 9 900；f. 2 249 162；g. 00 9 460；h. 2 249 137；i. 2 249 140。

注意：配气相位只能用专用工具 2 249 162 检查。

如果不使用专用工具 2 249 162 检查配气相位，可能导致配气相位的错误解释。

(2) 需要的准备工作

a. 拆下右侧气缸盖罩；b. 拆下空调器皮带轮；c. 拆下右侧链条张紧器。

(3) 检查步骤

❶ 安装专用工具 2 249 162 代替链条张紧器（图 1-10-1）。

❷ 螺栓①采用 0.6N·m 进行预紧（图 1-10-1）。

❸ 专用工具 2 249 162 与专用工具 00 9 250 或 00 9 460 采用 0.6N·m 进行预紧（图 1-10-2）。

提示：标记 MP 对于专用工具 11 8 570 的安装很重要。MP 表示第 1 缸点火上止点位置前 150°（图 1-10-3）。

❹ 在中心螺栓处旋转发动机。

❺ 用专用工具 11 8 570 和 11 9 190 将减振器固定在第 1 缸点火上止点位置前 150°处（图 1-10-4）。

图 1-10-1

图 1-10-2

图 1-10-3

注意：发动机熄火时，进气和排气调整装置一般都锁定在原位置。

少数情况下，无法达到起始位置时，凸轮轴仍可在调整装置的调整范围内旋转。

为避免配气相位的调整有误，必须检查调整装置的锁止件，如有必要，旋转凸轮轴进行联锁。

⑥ 检查原位置中进气调整装置的锁止件。

⑦ 在凸轮轴②六角段上通过开口扳手①小心地按照与旋转方向相反的方向旋转（图 1-10-5）。

⑧ 如果凸轮轴已经与调整装置互锁连接，则进气调整装置在原位置已联锁。

⑨ 检查原位置中排气调整装置的锁止件。

⑩ 在凸轮轴②六角段上通过开口扳手①小心地按照与旋转方向相反的方向旋转（图 1-10-6）。

⑪ 如果凸轮轴已经与调整装置互锁连接，则排气调整装置在原位置已联锁。

图 1-10-4

图 1-10-5

图 1-10-6

注意：之后所有凸轮轴必须就位。

如果凸轮轴的进气或排气调整装置无法如上所述进行联锁，则调整装置肯定损坏，必须更换。

安装说明：凸轮轴①的研磨面朝上（图 1-10-7）

⑫ 如果凸轮向内倾斜，则气缸 4 上的排气凸轮轴位置 A 正确（图 1-10-8）。

⑬ 如果凸轮向下倾斜，则气缸 4 上的进气凸轮轴位置 B 正确（图 1-10-8）。

⑭ 将专用工具 2 249 137 安装在进气凸轮轴上，检查配气相位调整（图 1-10-9）。

提示：当专用工具 2 249 137 无间隙地安装在气缸盖上时，说明配气相位已正确调整好。

⑮ 为检测配气相位不需要螺栓①（图 1-10-9）。

⑯ 将专用工具 2 249 140 安装在排气凸轮轴上，检查配气相位调整（图 1-10-10）。

提示：当专用工具 2 249 140 无间隙地安装在气缸盖上时，说明配气相位已正确调整好。

⑰ 为检测配气相位不需要螺栓①（图 1-10-10）。

如有必要，调整左侧凸轮轴的配气相位。

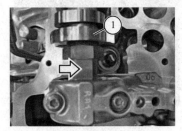
图 1-10-7

图 1-10-8

图 1-10-9

3. 检查左侧凸轮轴的配气相位（气缸 5~8）

（1）需要的专用工具

a. 00 9 250；b. 11 8 570；c. 11 9 190；d. 11 9 893；e. 11 9 900；f. 2 249 162；g. 00 9 460；h. 2 249 144；i. 2 249 159。

注意：配气相位只能用专用工具 2 249 162 检查。如果不使用专用工具 2 249 162 检查配气相位，可能导致配气相位的错误解释。

（2）需要的准备工作

a．拆下左侧气缸盖罩；b．拆下空调器皮带轮；c．拆下左侧链条张紧器。

（3）检查步骤

❶ 安装专用工具 2 249 162 代替链条张紧器。

❷ 螺栓①采用 0.6N·m 进行预紧（图 1-10-11）。

❸ 专用工具 2 249 162 与专用工具 00 9 250 或 00 9 460 采用 0.6N·m 进行预紧（图 1-10-12）。

图 1-10-10

图 1-10-11

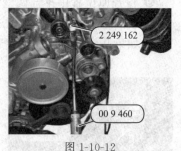
图 1-10-12

提示：标记 MP 对于专用工具 11 8 570 的安装很重要。MP 表示第 1 缸点火上死点位置前 150°（图 1-10-3）。

❹ 在中心螺栓处旋转发动机。

❺ 用专用工具 11 8 570 和 11 9 190 将减振器固定在第 1 缸点火上止点位置前 150°处（图 1-10-4）。

注意：发动机熄火时，进气和排气调整装置一般都锁定在原位置。

少数情况下，无法达到起始位置时，凸轮轴仍可在调整装置的调整范围内旋转。

为避免配气相位的调整有误，必须检查调整装置的锁止件，如有必要，旋转凸轮轴进行联锁。

❻ 检查原位置中进气调整装置的锁止件。

在凸轮轴②六角段上通过开口扳手①小心地按照与旋转方向相反的方向旋转（图 1-10-13）。

如果凸轮轴已经与调整装置互锁连接，则进气调整装置在原位置已联锁。

❼ 检查原位置中排气调整装置的锁止件。

在凸轮轴②六角段上通过开口扳手①小心地按照与旋转方向相反的方向旋转（图 1-10-14）。

如果凸轮轴已经与调整装置互锁连接，则排气调整装置在原位置已联锁。

安装说明：进气凸轮轴的研磨面朝上（图 1-10-7）；排气凸轮轴的研磨面朝上（图 1-10-15）。

图 1-10-13

图 1-10-14

图 1-10-15

❽ 如果凸轮向下，则气缸 8 上的排气凸轮轴位置正确。

❾ 如果凸轮向上倾斜，则气缸 8 上的进气凸轮轴位置正确（图 1-10-16）。

注意：如果凸轮轴的进气或排气调整装置无法如上所述进行联锁，则调整装置肯定损坏，必须更换。

❿ 将专用工具 2 249 144 安装在进气凸轮轴上，检查配气相位调整。

提示：当专用工具 2 249 144 无间隙地安装在气缸盖上时，说明配气相位已正确调整好。

⓫ 为检测配气相位不需要螺栓①（图 1-10-17）。

⓬ 将专用工具 2 249 159 安装在排气凸轮轴上，检查配气相位调整。

提示：当专用工具 2 249 159 无间隙地安装在气缸盖上时，说明配气相位已正确调整好。

⑬ 为检测配气相位不需要螺栓①（图 1-10-18）。如有必要，调整左侧凸轮轴的配气相位。

  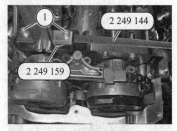

图 1-10-16　　　　　　　　图 1-10-17　　　　　　　　图 1-10-18

4. 调整右侧凸轮轴的配气相位（气缸 1~4）

（1）需要的专用工具

a. 2 249 117；b. 2 249 137；c. 2 249 140；d. 11 9 190；e. 11 8 570；f. 11 4 350；g. 00 9 120。

注意：调整装置上的中心螺栓只可用专用工具 2 249 117 松开。正时机构有损坏危险。

（2）需要的准备工作

a. 拆下右正时齿轮箱盖；b. 检查右侧凸轮轴的配气相位。

（3）调整步骤

❶ 准备用于固定凸轮轴的专用工具组 2 249 117（图 1-10-19）。

❷ 在进气凸轮轴上定位专用工具 2 249 137。

❸ 用专用工具 2 249 140 定位排气凸轮轴并将其固定在专用工具 2 249 137 上（图 1-10-20）。

❹ 松开进气和排气调整装置的中心螺栓①和②（图 1-10-21）。

安装说明：松开后更换中心螺栓。

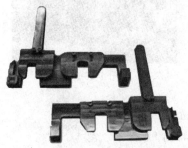  

图 1-10-19　　　　　　　　图 1-10-20　　　　　　　　图 1-10-21

注意：检查中心螺栓①螺栓头是否有油脂（图 1-10-22 中箭头）。

安装说明：为新的中心螺栓在接触面①涂上铜涂料（图 1-10-22）。

❺ 装配中心螺栓①和②（图 1-10-23）。

注意：将中心螺栓①和②松开最大 40°。

❻ 拆卸专用工具 11 9 190（图 1-10-24）。

操作视频

图 1-10-22　　　　　　　　图 1-10-23　　　　　　　　图 1-10-24

注意：将发动机中心螺栓反向旋转8°。

❼ 用专用工具11 9 190将发动机在专业工具前11 8 570定位（图1-10-25）。

安装说明：按排气凸轮轴开始的拧紧顺序。

❽ 用专用工具11 4 350装配排气凸轮轴的中心螺栓①（图1-10-26）。接合力矩为5N·m。

❾ 用专用工具11 4 350装配进气凸轮轴的中心螺栓①（图1-10-27）。接合力矩为5N·m。

❿ 去除专用工具11 9 190（图1-10-25）。

图1-10-25

图1-10-26

图1-10-27

⓫ 继续在中心螺栓上旋转发动机，直到专用工具11 9 190定位在正时齿轮箱盖上（图1-10-28）。

⓬ 发动机处于气缸1点火上止点前的150°曲轴位置上。

安装说明：从排气凸轮轴开始拧紧中心螺栓。

⓭ 用扭矩拉紧排气凸轮轴的中心螺栓①（图1-10-29）。扭矩为30N·m。

图1-10-28

图1-10-29

图1-10-30

⓮ 用扭矩拉紧进气凸轮轴的中心螺栓①（图1-10-30）。扭矩为30N·m。

⓯ 用专用工具00 9 120固定排气凸轮轴的中心螺栓①（图1-10-31）。转角90°拧紧。

⓰ 拆卸专用工具11 9 190和11 8 570（图1-10-28）。

⓱ 在中心螺栓上沿发动机旋转方向转动发动机两次，直至发动机重新达到气缸1点火上止点位置150°处。

⓲ 用专用工具11 8 570和11 9 190将减振器固定在气缸1点火上止点位置150°处。

⓳ 将专用工具2 249 137安装在进气凸轮轴上，检查配气相位调整（图1-10-32）。

图1-10-31

图1-10-32

图1-10-33

提示：当专用工具2 249 137无间隙地安装在气缸盖上时，说明配气相位已正确调整好。

⑳ 将专用工具 2 249 140 安装在排气凸轮轴上，检查配气相位调整（图 1-10-33）。

提示：当专用工具 2 249 140 无间隙地安装在专用工具 2 249 137 上时，说明配气相位已正确调整好。

5. 调整左侧凸轮轴的配气相位（气缸 5~8）

（1）需要的专用工具

a. 2 249 117；b. 2 249 144；c. 2 249 159；d. 11 9 190；e. 11 8 570；f. 11 4 350；g. 00 9 120。

（2）需要的准备工作

a. 拆下左正时齿轮箱盖；b. 检查左侧凸轮轴的配气相位。

（3）调整步骤

操作视频

❶ 准备用于固定凸轮轴的专用工具组 2 249 117（图 1-10-34）。

❷ 在进气凸轮轴上定位专用工具 2 249 144。

❸ 用专用工具 2 249 159 定位排气凸轮轴并将其固定在专用工具 2 249 144 上（图 1-10-35）。

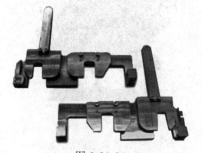
图 1-10-34

图 1-10-35

图 1-10-36

注意：安装专用工具 2 249 117。

❹ 松开排气和进气调整装置的中心螺栓①和②（图 1-10-37）。

安装说明：松开后更换中心螺栓。在新中心螺栓接触面上①涂上铜涂料（图 1-10-22）。

❺ 用图 1-10-38 中专用工具装配中心螺栓（①和②）（图 1-10-36）。

注意：将中心螺栓（1 和 2）松开最大 40°（图 1-10-36）。

安装说明：从进气凸轮轴开始拧紧中心螺栓①。

❻ 用专用工具 11 4 350 装配进气凸轮轴的中心螺栓①（图 1-10-38）。接合力矩为 5N·m。

❼ 用专用工具 11 4 350 装配排气凸轮轴的中心螺栓①（图 1-10-39）。接合力矩为 5N·m。

图 1-10-37

图 1-10-38

图 1-10-39

❽ 去除专用工具 11 9 190（图 1-10-37）。

❾ 继续在中心螺栓上旋转发动机，直到专用工具 11 9 190 定位在正时齿轮箱盖里（图 1-10-40）。

❿ 发动机位于气缸 1 点火上止点前 150°曲轴的位置。

安装说明：从进气凸轮轴开始拧紧中心螺栓①（图 1-10-41）。

⓫ 用扭矩拉紧进气凸轮轴的中心螺栓①（图 1-10-41）。扭矩为 30N·m。

⓬ 用扭矩拉紧排气凸轮轴的中心螺栓①（图 1-10-42）。扭矩为 30N·m。

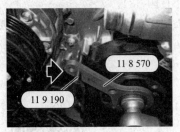
图 1-10-40

图 1-10-41

图 1-10-42

⑬ 用专用工具 00 9 120 固定进气凸轮轴的中心螺栓①（图 1-10-43）。转角 90°拧紧。

⑭ 用专用工具 00 9 120 固定排气凸轮轴的中心螺栓①（图 1-10-44）。转角 90°拧紧。

图 1-10-43

图 1-10-44

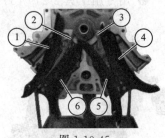
图 1-10-45

⑮ 检查配气相位：拆卸专用工具 2 249 117。

⑯ 拆卸专用工具 11 9 190 和 11 8 570（图 1-10-4）。

⑰ 在中心螺栓上沿发动机旋转方向转动发动机两次，直至发动机重新达到气缸 1 点火上死点位置 150°处。

⑱ 用专用工具 11 8 570 和 11 9 190 将减振器固定在气缸 1 点火上止点位置 150°处。

⑲ 将专用工具 2 249 144 安装在进气凸轮轴上，检查配气相位调整（图 1-10-17）。

提示：当专用工具 2 249 144 无间隙地安装在气缸盖上时，说明配气相位已正确调整好。

⑳ 将专用工具 2 249 159 安装在排气凸轮轴上，检查配气相位调整（图 1-10-18）。

提示：当专用工具 2 249 159 无间隙地安装在专用工具 2 249 144 上时，说明配气相位已正确调整好。

6. 更换两条正时链

(1) 需要的专用工具

a. 00 2 300；b. 11 2 001；c. 11 2 002；d. 11 2 003；e. 11 2 007。

警告：有烧伤危险，戴上手套和防护眼镜！

(2) 需要的准备工作（气缸 1～4 正时机构）

a. 拆下下部正时齿轮箱盖。

b. 为便于拆卸和装配正时链，用专用工具 00 2 300 转动发动机。

(3) 更换步骤

❶ 将导轨⑤从轴承螺栓上拆下（图 1-10-45）。

❷ 将正时链③与张紧导轨④从轴承螺栓上拆下（气缸 5～8 正时机构）（图 1-10-45）。

❸ 将导轨①从轴承螺栓上拆下（图 1-10-45）。

❹ 将正时链②与张紧导轨⑥从轴承螺栓上拆下（气缸 1～4 正时机构）（图 1-10-45）。

❺ 用合适的工具松开轴承螺栓②（气缸 5～8 正时机构）（图 1-10-46）。拧紧力矩为 46N·m。

❻ 松开轴承螺栓①（图 1-10-46）拧紧力矩为 20N·m。

❼ 将专用工具 11 2 001 和 11 2 002 安装到曲轴上（图 1-10-47）。

❽ 装入专用工具 11 2 007 并用专用工具 11 2 003 拆下链轮。

安装说明：检查链轮的磨损，如有必要，进行更新。将链轮加热到 60℃。

警告：烧伤危险，请戴手套！

安装说明：注意半圆键①在曲轴②中的正确安装位置（图1-10-48）。将链轮加热到60℃。

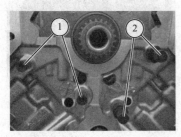 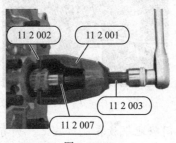 

图1-10-46　　　　　　　　　　图1-10-47　　　　　　　　　　图1-10-48

❾ 将经加热的链轮流畅地滑到曲轴上。

❿ 通过冷却收缩将链轮置于曲轴之上。

安装说明：在装配正时齿轮箱盖时保持正时链张紧。注意正时齿轮箱盖上的跳过保护。将正时链挂入导轨中时注意正确的安装位置。装配好发动机。

十一、1.5L B37D15（2013～2018年）

1. 适用车型

宝马1系（F20、F21）、宝马2系（F45、F46）、宝马X系（F48）。

2. 检查凸轮轴的配气相位

（1）需要的专用工具

a. 11 6 480；b. 2 288 380；c. 11 8 760。

注意：发动机有损坏危险！必须严格遵守检查和调整配气相位提示！

（2）需要的准备工作

a. 拆卸气缸盖罩；b. 拆下右前轮罩饰板。

（3）检查步骤

❶ 用专用工具11 6 480将发动机旋转到气缸1点火上止点位置（图1-11-1）。

注意：不要让发动机反向旋转。

❷ 取下油底壳上的饰盖①（图1-11-2）。

❸ 用专用工具11 6 480在中心螺栓处旋转发动机。

注意：针对带手动变速箱的车辆，标定孔前还有一个可能与标定孔混淆的孔。专用工具2 288 380必须滑入油底壳的曲柄（图1-11-3）。

❹ 使用专用工具2 288 380在气缸1点火上止点位置上卡住曲轴。

图1-11-1　　　　　　　　　　图1-11-2　　　　　　　　　　图1-11-3

❺ 第一缸进气凸轮轴Ⓔ的凸轮倾斜朝上（图1-11-4）。

❻ 第一缸排气凸轮轴Ⓐ的凸轮向左倾斜并指向外部（图1-11-4）。

❼ 两根凸轮轴Ⓐ和Ⓔ上的标记必须一致（图1-11-5）。

❽ 将专用工具11 8 760安放到排气凸轮轴上（图1-11-6）。

 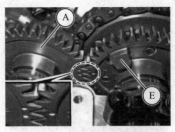 

图 1-11-4　　　　　　　　　图 1-11-5　　　　　　　　　图 1-11-6

提示：专用工具 11 8 760 必须无间隙地平放在气缸盖上。如有必要，调整凸轮轴的配气相位。

注意：在启动发动机前去除专用工具 2 288 380。

❾ 安装饰盖①（图 1-11-2）。

所需的修整：安装气缸盖罩；安装右前轮罩饰板；装配车辆。

3. 调整凸轮轴的配气相位

(1) 需要的专用工具

a.11 6 480；b.2 288 380；c.11 4 480；d.11 8 760。

注意：发动机有损坏危险！务必遵守检查和调整配气相位的提示！

(2) 需要的准备工作

a.拆下右前轮罩饰板；b.拆卸气缸盖罩；c.拆下废气再循环冷却器。

(3) 调整步骤

❶ 用专用工具 11 6 480 在中心螺栓处旋转发动机（图 1-11-1）。

注意：不要倒转发动机。

❷ 拆下油底壳上的护罩（图 1-11-2）。

注意：针对带手动变速箱的车辆，标定孔前还有一个可能与标定孔混淆的孔。

❸ 在气缸 1 点火上止点位置上用专用工具 2 288 380 卡住曲轴（图 1-11-3）。专用工具 2 288 380 必须可以推到油底壳中的凹口前。

❹ 排气及进气凸轮轴Ⓐ和Ⓔ的零件号码必须能从上方读取（图 1-11-7）。

❺ 第一缸进气凸轮轴Ⓔ的凸轮倾斜朝上（图 1-11-7）。

❻ 第一缸排气凸轮轴Ⓐ的凸轮向左倾斜并指向外部（图 1-11-4）。

❼ 两根凸轮轴Ⓐ和Ⓔ上的标记必须一致（图 1-11-5）。

提示：如果标记不一致，就必须拆下排气凸轮轴。

❽ 必要时，应从外向内，将凸轮轴轴承盖Ⓐ1～Ⓐ4的所有螺栓松开 1/2 圈（图 1-11-8）。

❾ 向上拆下排气凸轮轴。

❿ 将所有部件有序地放置在专用工具 11 4 480 上。

⓫ 松开链条张紧器①（图 1-11-9）。

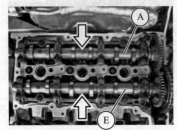 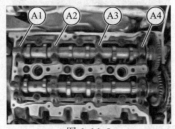 

图 1-11-7　　　　　　　　　图 1-11-8　　　　　　　　　图 1-11-9

⓬ 松开螺栓①（图 1-11-10）。

⓭ 拆卸吊板②（图 1-11-10）。

⑭ 拆卸承载轴销①（图1-11-11）。

⑮ 沿箭头方向拆卸导轨②（图1-11-11）。

注意：防止正时链掉下来，对喷油嘴有损坏危险。

⑯ 拆下凸轮轴螺栓①（图1-11-12），并取下链轮。

图1-11-10

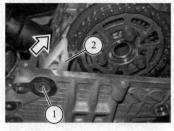
图1-11-11

图1-11-12

⑰ 对凸轮轴Ⓐ和Ⓔ进行相应定位（图1-11-5）。

⑱ 必要时应在装入排气凸轮轴Ⓐ时，令两个标记相一致（图1-11-5）。

安装说明：检查滚轮拖杆的安装位置。

⑲ 从内向外，将所有凸轮轴轴承盖Ⓐ1～Ⓐ4拧紧1/2圈（图1-11-8）。拧紧力矩为10N·m。

⑳ 将带正时链的链轮安放在进气凸轮轴上，使螺栓①位于深孔中部（图1-11-12）。

㉑ 装入螺栓①（图1-11-12）。

㉒ 用10N·m的力矩接合螺栓①（图1-11-12）。

㉓ 将螺栓①重新松开90°（图1-11-12）。

提示：零件：更换承载轴销。

㉔ 反向于箭头方向安装导轨②（图1-11-11）。

㉕ 旋入承载轴销①（图1-11-11）。拧紧力矩为20N·m。

㉖ 安装吊板②（图1-11-10）。

㉗ 拧紧螺栓①（图1-11-10）。

㉘ 装入链条张紧器①并拧紧（图1-11-9）。拧紧力矩为70N·m。

更新密封环。将专用工具11 8 760安放到排气凸轮轴上（图1-11-6）。

提示：专用工具11 8 760必须无间隙地平放在气缸盖上。

拧紧螺栓①（图1-11-12）。拧紧力矩为17N·m。

用专用工具11 6 480沿旋转方向将发动机转动两次（图1-11-1）。

检查凸轮轴的配气相位。注意不要反向旋转发动机。

注意：在发动机试运行前必须去除专用工具2 288 380。

所需的修整：安装废气再循环冷却器；安装气缸盖罩；安装右前轮罩饰板。

4. 更换两条正时链

(1) 需要的专用工具

a. 2 357 904；b. 11 8 030；c. 11 4 120。

(2) 需要的准备工作

a. 拆卸发动机及变速箱；b. 拆下变速箱；c. 将发动机装到装配架上；d. 拆下飞轮；e. 拆下气缸盖；f. 拆下机油泵；g. 拆下后部正时齿轮箱盖。

(3) 拆卸步骤

❶ 拆下油泵驱动链条①（图1-11-13）。

❷ 取下凸轮轴正时链①（图1-11-14）。

❸ 取下承载轴销③的张紧导轨②（图1-11-14）。

提示：承载轴销③一定不要拆下。

❹ 为了松开高压泵的中心螺栓①（图1-11-15），必须固定曲轴。

❺ 用导向销定位曲轴（图1-11-14中箭头）。用螺栓②（图1-11-15）将专用工具2 357 904定位在曲轴箱上。

❻ 松开高压泵的中心螺栓①（图1-11-15）。

 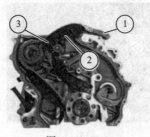 

图1-11-13　　　　　　　　图1-11-14　　　　　　　　图1-11-15

注意：中心螺栓只可松开，不得拆下。

❼ 将专用工具11 8 030旋入高压泵链轮中（图1-11-16）。

❽ 旋出高压泵的中心螺栓①，直至中心螺栓可以支撑在专用工具11 8 030上（图1-11-16）。

❾ 继续旋转中心螺栓①，直至链轮从高压泵轴上松开（图1-11-16）。

❿ 使用张紧导轨①手动将链条张紧器按照箭头方向尽量按压，直到专用工具11 4 120可以定位为止（图1-11-17）。

⓫ 松开螺栓②（图1-11-17）。拆下链条张紧器。

⓬ 松开两个承载轴销①（图1-11-18）。

⓭ 拆出导轨②（图1-11-18）。

⓮ 松开承载轴销④（图1-11-18）。

⓯ 拆下张紧导轨③（图1-11-18）。

图1-11-16　　　　　　　　图1-11-17　　　　　　　　图1-11-18

⓰ 取下高压泵①的螺栓和链轮（图1-11-19）。

⓱ 拆下专用工具2 357 904。拆卸正时链①（图1-11-20）。

（4）安装步骤　**注意**：高压泵和曲轴必须相互定位。

❶ 安放正时链①（图1-11-20）。

❷ 用专用工具2 357 904定位曲轴（图1-11-20）。

❸ 用螺栓②将专用工具2 357 904固定在曲轴箱上（图1-11-20）。

安装说明：注意高压泵①上的键槽（图1-11-21）；高压泵和曲轴箱上的标记和凹槽必须对齐（图1-11-22）；小齿轮上的楔形件和标记在一个平面上（图1-11-23）。

❹ 在高压泵上定位泵轮①与正时链②（图1-11-24）。

❺ 标记和铸造凸耳必须在一条直线上（图1-11-24）。

❻ 旋入高压泵的中心螺栓①并接合（图1-11-25）。

第一章 宝马车系 63

图 1-11-19

图 1-11-20

图 1-11-21

图 1-11-22

图 1-11-23

图 1-11-24

注意：清洁承载轴销的所有螺纹（如有必要，使用螺钉攻）。零件：更换承载轴销。

❼ 定位导轨②（图 1-11-18）。

❽ 旋入两个承载轴销①（图 1-11-18）。拧紧力矩为 20N·m。

❾ 定位张紧导轨③（图 1-11-18）。

❿ 旋入承载轴销④（图 1-11-18）。拧紧力矩为 20N·m。

注意：用压缩空气清洁密封面①（图 1-11-26）。

⓫ 安装液压链条张紧器。拧紧螺栓②（图 1-11-17）。拧紧力矩为 9N·m。

⓬ 拆下专用工具 11 4 120（图 1-11-17）。

提示：为了固定高压泵的中心螺栓①（图 1-11-17），必须保持固定曲轴。

⓭ 拧紧高压泵中心螺栓①（图 1-11-17）。拧紧力矩为 65N·m。

⓮ 安装张紧导轨②与凸轮轴正时链③（图 1-11-14）。

⓯ 将油泵驱动链条①安装在曲轴上（图 1-11-13）。

图 1-11-25

图 1-11-26

所需的修整：安装后部正时齿轮箱盖；装上油泵；安装飞轮；安装气缸盖；将发动机从装配架上拆下；装上变速箱；安装发动机及变速箱。

十二、2.0L B47D20（2013～2018 年）

1. 适用车型

宝马 1 系（F20、F21）、宝马 2 系（F22、F23、F45、F46）、宝马 3 系（F30、F31、F34）、宝马 4 系（F32、F33、F36）、宝马 5 系（F10、F11、G30、G31）、宝马 7 系（G11、G12）、宝马 X 系（F15、F25、F26、F48）。

2. 更新进气凸轮轴

(1) 需要的专用工具

a. 11 6 480；b. 2 288 380；c. 11 8 760。

(2) 需要的准备工作

a. 拆下轮罩饰板；b. 拆卸气缸盖罩；c. 拆下废气再循环冷却器。

(3) 拆卸步骤

❶ 用专用工具 11 6 480 将发动机旋转到气缸 1 点火上止点位置（图 1-12-1）。

注意：发动机不得反转！

❷ 拆卸盖板①（图 1-12-2）。

❸ 用专用工具 11 6 480 在减振器上旋转发动机（图 1-12-3）。

图 1-12-1

图 1-12-2

图 1-12-3

注意：针对带手动变速箱的车辆，标定孔前还有一个可能与标定孔混淆的孔。专用工具 2 288 380 必须滑入油底壳的曲柄。

❹ 在气缸 1 点火上止点位置上用专用工具 2 288 380 卡住曲轴（图 1-12-3）。

❺ 第一缸进气凸轮轴Ⓔ的凸轮倾斜朝上（图 1-12-4）。

❻ 第一缸排气凸轮轴Ⓐ的凸轮向左倾斜并指向外部（图 1-12-4）。

❼ 两根凸轮轴Ⓐ和Ⓔ上的标记必须一致（图 1-12-5）。

❽ 松开链条张紧器①（图 1-12-6）。

图 1-12-4

图 1-12-5

图 1-12-6

❾ 松开螺栓①（图 1-12-7）。

❿ 拆卸吊板②（图 1-12-7）。

⓫ 拆卸承载轴销①（图 1-12-8）。

⓬ 沿箭头方向拆卸导轨②（图 1-12-8）。

图 1-12-7

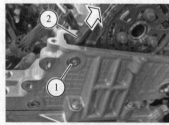
图 1-12-8

图 1-12-9

注意：固定住正时链以防脱落，对喷油嘴有损坏危险。

⓭ 松开螺栓①（图 1-12-9）。

⓮ 将链轮从进气凸轮轴上拆下并从正时链中抽出（图 1-12-9）。

⑮ 将正时链放置在气缸盖上（图 1-12-9）。

提示：在拆卸进气凸轮轴时，需要调整配气相位。

⑯ 从外向内，将凸轮轴轴承盖㉛～㉟松开 1/2 圈（图 1-12-10）。

⑰ 向上抽出进气凸轮轴①并放下（图 1-12-11）。

（4）安装步骤

❶ 给所有轴承位置①涂机油（图 1-12-12）。

图 1-12-10

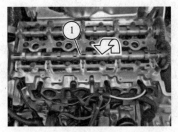

图 1-12-11

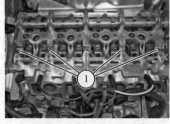

图 1-12-12

❷ 给所有进气凸轮轴轴承位置①涂机油（图 1-12-13）。

❸ 检查凸轮推杆①的安装位置（有损坏危险，见图 1-12-14）。

提示：标记 Ⓔ 必须指向上方（图 1-12-15）。

❹ 装入进气凸轮轴①（图 1-12-15）。

❺ 在装入进气凸轮轴（E）时，两根凸轮轴（A 和 E）的标记必须一致（图 1-12-5）。

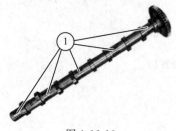

图 1-12-13

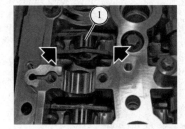

图 1-12-14

图 1-12-15

❻ 从内向外，将凸轮轴轴承盖 E1～E5 在凸轮轴支架上拧紧 1/2 圈（图 1-12-10）。拧紧力矩为 10N·m。

❼ 将带正时链的链轮安放在进气凸轮轴上，使螺栓①位于深孔中部（图 1-12-9）。

❽ 装入螺栓①（图 1-12-9）。

❾ 用 10N·m 的力矩接合螺栓①（图 1-12-9）。

❿ 将螺栓①重新松开 90°（图 1-12-9）。

零件：更换承载轴销①（图 1-12-16）。

⓫ 沿箭头方向安装导轨②（图 1-12-16）。

提示：注意正确安装下部承载轴销上的导轨。

⓬ 旋入承载轴销①（图 1-12-16）。拧紧力矩为 20N·m。

⓭ 安装吊板②（图 1-12-17）。

⓮ 拧紧螺栓①（图 1-12-17）。

零件：更新密封环。

⓯ 装入链条张紧器①（图 1-12-6）并拧紧。拧紧力矩为 70N·m。

⓰ 将专用工具 11 8 760 安放到排气凸轮轴上（图 1-12-18）。

提示：专用工具 11 8 760 必须无间隙地平放在气缸盖上（图 1-12-18）。

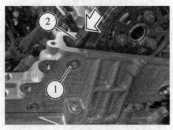  

图 1-12-16　　　　　　　　图 1-12-17　　　　　　　　图 1-12-18

⑰ 拧紧凸轮轴螺栓①（图 1-12-9）。拧紧力矩为 17N·m。
⑱ 将发动机用专用工具 11 6 480 沿发动机旋转方向转动两圈，直至到达气缸 1 点火上止点位置（图 1-12-1）。
⑲ 检查凸轮轴调整情况（图 1-12-1）。
注意：发动机不得反转！
注意：在启动发动机前去除专用工具 2 288 380。
需要的修整：安装废气再循环冷却器；安装气缸盖罩；装入轮罩饰板。

3. 检查凸轮轴的配气相位
(1) 需要的专用工具
a. 11 6 480；b. 2 288 380；c. 11 8 760。
注意：发动机有损坏危险，必须严格遵守检查和调整配气相位提示！
(2) 需要准备的工作：
a. 拆卸气缸盖罩；b. 拆下右前轮罩盖。
(3) 检查步骤
❶ 用专用工具 11 6 480 将发动机旋转到气缸 1 点火上止点位置（图 1-12-1）。
注意：不要让发动机反向旋转。
❷ 拆卸盖板①（图 1-12-2）。
❸ 用专用工具 11 6 480 在减振器上旋转发动机。
注意：针对带手动变速箱的车辆，标定孔前还有一个可能与标定孔混淆的孔。专用工具 2 288 380 必须滑入油底壳的曲柄（图 1-12-3）。
❹ 在气缸 1 点火上止点位置上用专用工具 2 288 380 卡住曲轴（图 1-12-3）。
❺ 第一缸进气凸轮轴Ⓔ的凸轮倾斜朝上（图 1-12-4）。
❻ 第一缸排气凸轮轴Ⓐ的凸轮向左倾斜并指向外部（图 1-12-4）。
❼ 两根凸轮轴Ⓐ和Ⓔ上的标记必须一致（图 1-12-5）。
❽ 将专用工具 11 8 760 安放到排气凸轮轴上（图 1-12-18）。
提示：专用工具 11 8 760 必须无间隙地平放在气缸盖上（图 1-12-18）。如有必要，调整凸轮轴的配气相位。
注意：在启动发动机前去除专用工具 2 288 380。
❾ 安装饰盖①（图 1-12-1）。
需要的修整：安装气缸盖罩；安装右前轮罩盖板；装配车辆。

4. 调整凸轮轴的配气相位
(1) 需要的专用工具
a. 11 6 480；b. 2 288 380；c. 11 4 480；d. 11 8 760。
注意：发动机有损坏危险，务必遵守检查和调整配气相位的提示！
(2) 需要的准备工作
a. 拆下右前轮罩盖；b. 拆卸气缸盖罩；c. 拆下废气再循环冷却器。

第一章 宝马车系

（3）调整步骤

❶ 用专用工具11 6 480将发动机旋转到气缸1点火上止点位置（图1-12-2）。

注意：不要让发动机反向旋转。

❷ 拆卸盖板①（图1-12-1）。

❸ 用专用工具11 6 480在减振器上旋转发动机（图1-12-3）。

注意：针对带手动变速箱的车辆：标定孔前还有一个可能与标定孔混淆的孔。专用工具2 288 380必须滑入油底壳的曲柄。

❹ 在气缸1点火上死点位置上用专用工具2 288 380卡住曲轴（图1-12-3）。

❺ 第一缸进气凸轮轴Ⓔ的凸轮倾斜朝上（图1-12-4）。

❻ 第一缸排气凸轮轴Ⓐ的凸轮向左倾斜并指向外部（图1-12-4）。

❼ 两根凸轮轴Ⓐ和Ⓔ上的标记必须一致（图1-12-5）。

❽ 必要时，应从外向内，将凸轮轴轴承盖Ⓐ1～Ⓐ5的所有螺栓松开1/2圈（图1-12-19）。

❾ 向上拆下排气凸轮轴。

❿ 将所有部件有序地放置在专用工具11 4 480上（图1-12-19）。

⓫ 松开链条张紧器①（图1-12-6）。

⓬ 松开螺栓①（图1-12-20）。

⓭ 拆卸吊板②（图1-12-20）。

⓮ 拆卸承载轴销①（图1-12-21）。

⓯ 沿箭头方向拆卸导轨②（图1-12-21）。

注意：防止正时链掉下来。对喷油嘴有损坏危险。

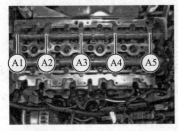
图1-12-19

图1-12-20

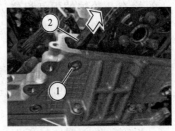
图1-12-21

⓰ 拆下凸轮轴螺栓①，并取下链轮（图1-12-9）。

⓱ 对凸轮轴Ⓐ和Ⓔ进行相应定位（图1-12-5）。

⓲ 必要时应在装入排气凸轮轴Ⓐ时，令两个标记相一致（图1-12-5）。

提示：检查滚轮拖杆的安装位置。

⓳ 从内向外，将所有凸轮轴轴承盖A1～A5拧紧1/2圈（图1-12-19）。拧紧力矩：10N·m。

⓴ 将带正时链的链轮安放在进气凸轮轴上，使螺栓①位于深孔中部（图1-12-9）。

㉑ 装入螺栓①（图1-12-9）。

㉒ 用10N·m的力矩接合螺栓①（图1-12-9）。

㉓ 将螺栓①重新松开90°（图1-12-9）。

㉔ 更换承载轴销（图1-12-16）。

㉕ 沿箭头方向安装导轨②（图1-12-16）。

提示：注意正确安装下部承载轴销上的导轨②（图1-12-16）。拧紧力矩：20N·m。

㉖ 安装吊板②（图1-12-17）。

㉗ 拧紧螺栓①（图1-12-17）。

零件：更新密封环。

㉘ 装入链条张紧器①并拧紧（图1-12-6）。拧紧力矩：70N·m。

图 1-12-22

㉙ 将专用工具 11 8 760 安放到排气凸轮轴上（图 1-12-22）。

提示：专用工具 11 8 760 必须无间隙地平放在气缸盖上（图 1-12-22）。

㉚ 拧紧螺栓①。（图 1-12-9）拧紧力矩为 17N·m

㉛ 用专用工具 11 6 480 沿旋转方向将发动机转动两次（图 1-12-1）

㉜ 检查凸轮轴的配气相位（图 1-12-1）。**注意**：不要反向旋转发动机。

注意：在发动机试运行前必须去除专用工具 2 288 380。

所需的修整：安装废气再循环冷却器；安装气缸盖罩；安装右前轮罩盖。

第二节 MINI

十三、1.6L N16（2008～2016 年）

1. 适用车型

MINI CLUBMAN ONE（R55），2009～2014 年；MINI CLUBMAN COOPER（R55），2009～2014 年；MINI ONE（R56），2009～2013 年；MINI COOPER（R56），2009～2013 年；MINI ONE（R57），2009～2015 年；MINI COOPER（R57），2009～2015 年；MINI COOPER（R58），2011～2015 年；MINI COOPER（R59），2011～2015 年；MINI ONE（R60），2010～2016 年；MINI COOPER（R60），2010～2016 年；MINI COOPER ALL4（R60），2012～2016 年；MINI COOPER ALL4（R61），2013～2016 年；MINI COOPER（R61），2012～2016 年。

2. 检查凸轮轴的配气相位

(1) 需要的专用工具

a. 11 9 540；b. 11 9 590。

注意：配气相位调整的工作步骤已更改；配气相位不在第 1 缸点火上死点确定；所有活塞都在 90°位置；检查调整装置的锁止件；注意发动机旋转方向（朝正时机构侧观看时，旋转方向始终顺时针）。

(2) 需要的准备工作

a. 拆下气缸盖罩；b. 拆下右轮罩盖。

注意：标定孔有混淆的危险。平衡孔和标定孔可能混淆，所有活塞都必须处在 90°位置。如有必要，通过火花塞孔确定。

(3) 检查步骤

❶ 将曲轴旋到中心螺栓上。

❷ 用专用工具 11 9 590 定位曲轴（图 1-13-1）。

注意：

a. 检查 Vanos 调整装置的锁止件。

b. 在六角段上沿发动机旋转方向扭转凸轮轴。

c. 如果凸轮轴与调整装置动力传递连接，则调整装置联锁在原位置。

d. 如果未能与凸轮轴建立牢固连接，说明调整装置损坏，必须更新。

❸ 当进气凸轮轴的零件名称⑰朝上时，两根凸轮轴处于正确的安装位置（图 1-13-2）。

❹ 对于排气凸轮轴，零件名称⑱必须朝上（图 1-13-2）。

❺ 排气凸轮轴Ⓐ的位置向右倾斜，指向上部外侧（图 1-13-3）。

❻ 进气凸轮轴Ⓔ的位置向左倾斜，指向上部外侧（图 1-13-4）。

❼ 将专用工具 11 9 540 安放在排气凸轮轴的双平面段上（定位），并用螺栓①固定（图 1-13-5）。

❽ 将专用工具 11 9 540 安放在进气凸轮轴的双平面段上（定位），并用螺栓①和②固定（图 1-13-6）。

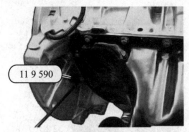
图 1-13-1

图 1-13-2

图 1-13-3

图 1-13-4

图 1-13-5

图 1-13-6

❾ 如有必要，调整配气相位。

❿ 装配好发动机。

3. 调整凸轮轴的配气相位

（1）需要的专用工具

a. 00 9 120；b. 00 9 250；c. 11 9 340；d. 11 9 450；e. 11 9 540；f. 11 9 590；g. 32 2 100。

注意：

a. 配气相位调整的工作步骤已更改。

b. 配气相位不在第1缸点火上止点确定。

c. 所有活塞都在90°位置。

d. 检查调整装置的锁止件。

e. 注意发动机旋转方向（朝正时机构侧观看时，旋转方向始终顺时针）。

f. 在打开凸轮轴上的中心螺栓时，在后部固定住凸轮轴的六角段。

（2）需要的准备工作

a. 拆下气缸盖罩；b. 检查配气相位。

注意： 标定孔有混淆的危险。平衡孔和标定孔可能混淆，所有活塞都必须处在90°位置。如有必要，通过火花塞孔确定。

（3）调整步骤

❶ 将曲轴旋到中心螺栓上。

❷ 推入专用工具11 9 590，并卡住曲轴（图1-13-1）。

注意： 有损坏危险！

为了打开凸轮轴上的中心螺栓，需要安装专用工具11 9 540（图1-13-6）。

如果无法定位调节规，则松开中心螺栓时必须用一把开口扳手固定凸轮轴。

❸ 松开链条张紧器①（准备好抹布）（图1-13-7）。拧紧力矩为80N·m。

❹ 要打开凸轮轴上的中心螺栓①和②时，安装专用工具11 9 540（图1-13-8）。

❺ 松开中心螺栓①和②（图1-13-10）。拧紧力矩：第一遍紧固20N·m，第二遍旋转180°。

❻ 进气凸轮轴的零件名称⑭和排气凸轮轴的零件名称㊊朝上（图1-13-2）。

❼ 两个进气和排气凸轮轴具有三个已加工的表面，因此能够安装专用工具11 9 450。第四个面未加工，结构为半月形，此面必须朝下。

⑧ 排气凸轮轴Ⓐ的位置向右倾斜，指向上部外侧（图1-13-3）。

⑨ 进气凸轮轴Ⓔ的位置向左倾斜，指向上部外侧（图1-13-4）。

⑩ 用专用工具32 2 100沿箭头方向旋转排气凸轮轴（图1-13-9）。

 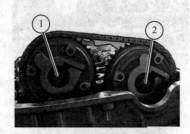 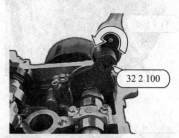

图1-13-7　　　　　　　　　　图1-13-8　　　　　　　　　　图1-13-9

⑪ 用专用工具32 2 100预紧凸轮轴。

⑫ 将专用工具11 9 540在排气侧插到双平面段上，然后用螺栓①固定（图1-13-10）。

⑬ 将专用工具11 9 540在进气侧插到双平面段上，然后用螺栓①和②固定（图1-13-6）。

⑭ 将专用工具11 9 340旋入气缸盖（图1-13-11）。

⑮ 用专用工具00 9 250将正时链预紧至0.6N·m。

⑯ 用专用工具00 9 120或电子扭力扳手固定中心螺栓①（图1-13-12）。

拧紧力矩：第一遍紧固20N·m；第二遍旋转180°。

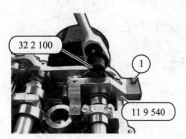  

图1-13-10　　　　　　　　　　图1-13-11　　　　　　　　　　图1-13-12

⑰ 用专用工具00 9 120或电子扭力扳手固定中心螺栓①（图1-13-13）。

拧紧力矩：第一遍紧固20N·m；第二遍旋转180°。

⑱ 拆下所有专用工具。

⑲ 装配好发动机。

4.更换进气和排气调整装置

（1）需要的专用工具：

a.00 9 120；b.00 9 250；c.11 9 340；d.11 9 540；e.11 9 590。

注意：

a.每次调整配气相位时都必须松开两个中心螺栓；b.配气相位不在第1气缸点火上止点确定；c.配气相位调整的工作步骤已更改；d.所有柱塞都在90°位置；e.检查调整装置的锁止件。

（2）需要的准备工作

a.拆卸气缸盖罩；b.检查配气相位。

（3）更换步骤

❶ 将曲轴旋到中心螺栓上。

❷ 推入专用工具11 9 590（图1-13-1），并卡住曲轴。

❸ 松开螺栓①（图1-13-14）。

❹ 拆下滑轨②（图1-13-14）。

图 1-13-13　　　　　图 1-13-14　　　　　图 1-13-15

注意：

a. 有损坏危险！

b. 为了打开凸轮轴上的中心螺栓，需要安装专用工具 11 9 540（图 1-13-6）。

c. 如果无法定位调节规，松开中心螺栓时必须用一把开口扳手固定凸轮轴。

d. 参见调整配气相位下的内容。

❺ 松开链条张紧器①（准备好抹布）（图 1-13-7）。拧紧力矩为 80N·m。

❻ 松开导轨的承载轴销①（图 1-13-15）。

❼ 松开进气调整装置①和排气调整装置②的中心螺栓（图 1-13-8）。

❽ 将进气调整装置从进气凸轮轴上松开。

❾ 将排气调整装置从排气凸轮轴上松开。

注意：排气调整装置有混淆危险。排气调整装置混淆会导致发动机损坏。

❿ 进气和排气调整装置是不同的（图 1-13-16）。进气凸轮轴的 VANOS 标有⑪。排气凸轮轴的 VANOS 标有⑫。

⑪ 将标有 EX 的排气凸轮轴调整装置安放到正时链上。

⑫ 将调整装置定位在排气凸轮轴上并用中心螺栓①固定（图 1-13-17）。

⑬ 调整装置的安装位置可以任意选择。

⑭ 将标有 IN 的进气凸轮轴调整装置安放到正时链上。

⑮ 将调整装置定位在进气凸轮轴上并用中心螺栓①固定（图 1-13-8）。

⑯ 调整装置的安装位置可以任意选择。

⑰ 安装滑轨②（图 1-13-14）。

⑱ 装入螺栓①（图 1-13-14）。

⑲ 松开导轨的承载轴销①（图 1-13-15）。拧紧力矩为 25N·m。

安装说明：更新密封环。

⑳ 将专用工具 11 9 340 旋入气缸盖（图 1-13-11）。

㉑ 用专用工具 00 9 250 将正时链预紧至 0.6N·m。

㉒ 用专用工具 00 9 120 固定中心螺栓①（图 1-13-12）。

拧紧力矩：第一遍紧固 20N·m，第二遍旋转 180°。

㉓ 用专用工具 00 9 120 固定中心螺栓（1）（图 1-13-13）。

拧紧力矩：第一遍紧固 20N·m，第二遍旋转 180°。

㉔ 安装链条张紧器。

㉕ 检查配气相位。

㉖ 装配好发动机。

图 1-13-16

图 1-13-17

十四、1.6T N18B16（2008～2015 年）

1. 适用车型

MINI COOPER S（R55），2009～2014 年；MINI JOHN COOPER WORKS（R55），2011～2014

年；MINI COOPER S（R56），2009～2013 年；MINI JOHN COOPER WORKS（R56），2012～2013 年；MINI COOPER S（R57），2009～2015 年；MINI JOHN COOPER WORKS（R57），2012～2015 年；MINI COOPER S（R58），2011～2015 年；MINI JOHN COOPER WORKS（R58），2012～2015 年；MINI COOPER S（R58），2011～2015 年；MINI JOHN COOPER WORKS（R58），2012～2015 年；MINI COOPER S（R59），2011～2015 年；MINI JOHN COOPER WORKS（R59），2012～2015 年；MINI COOPER ALL4（R60），2012～2016 年；MINI COOPER S（R60），2010～2016 年；MINI COOPER S ALL4（R60），2010～2016 年；MINI JOHN COOPER WORKS（R60），2011～2016 年；MINI COOPER ALL4（R61），2012～2016 年；MINI COOPER S（R61），2012～2016 年；MINI COOPER S ALL4（R61），2012～2016 年；MINI JOHN COOPER WORKS（R61），2012～2016 年。

2. 检查凸轮轴的配气相位

(1) 需要的专用工具

a. 11 9 590；b. 11 9 340；c. 00 9 460；d. 11 7 440。

注意：
- 配气相位的工作步骤已更改。
- 配气相位不在第 1 气缸点火上止点测定。
- 所有柱塞都在 90°位置。
- 检查调整装置的锁止件。
- 注意旋转方向（朝正时机构侧观看时，旋转方向为顺时针方向）。
- 发动机不允许往回旋转，否则检查调整值会出错。

(2) 需要的准备工作

拆下气缸盖罩。

注意：
- 检查 VANOS 调整装置的锁止件。
- 尝试在六角段上按顺时针和逆时针方向旋转凸轮轴。
- 如果凸轮轴与调整装置动力连接，则调整装置联锁在原位置。
- 如果未与凸轮轴建立牢固的连接，说明调整装置损坏。

(3) 检查步骤

❶ 检查 VANOS 调整装置的锁止件。

❷ 使用开口扳手①按逆时针方向旋转进气凸轮轴（图 1-14-1）。

❸ 顺旋转方向旋转排气凸轮轴。

安装说明：

a. 最大作用力 10～15N·m。

b. VANOS 调节单元的间隙小于 1°，调节单元正常。

c. 如果未与凸轮轴建立牢固的连接，则说明可调式凸轮轴控制装置损坏，必须更换。

❹ 松开部分蓄电池正极导线。

❺ 松开链条张紧器①（图 1-14-2）。拧紧力矩为 80N·m。

注意：随时准备好抹布。松开螺栓连接之后，会流出少量机油。确保不要让机油流到皮带传动上。

安装说明：在售后服务中，必须在链条张紧器装配时安装一个新密封环。

❻ 将专用工具 11 9 340 旋入到气缸盖中（图 1-14-3）。

❼ 用专用工具 00 9 460 将正时链预紧至 0.6N·m。

注意：

a. 标定孔有混淆危险。

b. 平衡孔和标定孔可能混淆，所有活塞都必须处在 90°位置。

c. 如有必要，通过火花塞孔确定。

图 1-14-1　　　　　　　　　图 1-14-2　　　　　　　　　图 1-14-3

⑧ 将曲轴旋到中心螺栓上（图 1-14-4）。
⑨ 用专用工具 11 9 590 定位曲轴。
⑩ 在维修过程中不要去除专用工具 11 9 590。
⑪ 当进气凸轮轴的标记ⓘN朝上时，两根凸轮轴处于正确的安装位置（图 1-14-5）。
⑫ 对于排气凸轮轴，标记ⒺX必须朝上。
⑬ 进气凸轮轴Ⓔ的位置向左倾斜，指向上部外侧（图 1-14-6）。

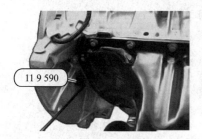  

图 1-14-4　　　　　　　　　图 1-14-5　　　　　　　　　图 1-14-6

⑭ 排气凸轮轴Ⓐ的位置向右倾斜，指向上部外侧（图 1-14-7）。
⑮ 用专用工具 00 9 460 将正时链张紧至 0.6N·m。
⑯ 将排气专用工具 11 7 440 松松地安放到排气凸轮轴双平面段（定位）。
⑰ 利用塞尺①确定空气间隙（图 1-14-8）。
⑱ 若排气凸轮轴上的测量值小于 1.6mm 则说明配气相位正常。
⑲ 将排气专用工具 11 7 440 松松地安放到排气凸轮轴双平面段（定位）。
⑳ 利用塞尺①确定空气间隙（图 1-14-9）。

图 1-14-7　　　　　　　　　图 1-14-8　　　　　　　　　图 1-14-9

㉑ 若排气凸轮轴上的测量值小于 3.0mm 则说明配气相位正常。
注意：没有专用工具 11 9 340 或链条张紧器时不要转动发动机，正时链可能跳过进气凸轮轴的齿轮。
㉒ 拆下专用工具 11 9 340（图 1-14-3）。

3. 调整凸轮轴的配气相位

（1）需要的专用工具

a. 00 9 120；b. 00 9 250；c. 11 9 340；d. 11 9 551；e. 11 9 590；f. 11 7 440；g. 00 9 460。

注意：

❶ 在打开凸轮轴上的中心螺栓时，不能固定住凸轮轴的六角段。只能使用专用工具松开中心螺栓。

❷ 有损坏危险！

(2) 需要的准备工作

❶ 拆卸气缸盖罩。

❷ 检查配气相位。

注意：a.标定孔有混淆危险；b.平衡孔和标定孔可能被混淆；c.所有柱塞必须位于90°位置；d.如有必要，通过火花塞孔确定；e.将曲轴旋到中心螺栓上（图1-14-4）。

(3) 调整步骤

❶ 推入专用工具11 9 590并卡住曲轴。

注意：有损坏危险！在链条传动和专用工具上。

❷ 为了打开中心螺栓①和②，必须在气缸盖上拧紧调节量规11 7 440（图1-14-10）。

❸ 如果不能无电势安装调节量规11 7 440，必须从链条传动中松开专用工具11 9 340。

❹ 松开专用工具11 9 340上的主轴螺栓，直至完整的链条传动是无电势的。

❺ 进气凸轮轴的零件名称⒤和排气凸轮轴的零件名称㉃朝上（图1-14-11）。

❻ 两个进气和排气凸轮轴具有三个已加工的表面，因此能够安装专用工具11 7 440。

❼ 第四个表面是未加工的，并作为半月形部位执行。

❽ 排气凸轮轴Ⓐ的位置向右倾斜，指向上部（图1-14-7）。

❾ 进气凸轮轴Ⓔ的位置向左倾斜，指向上部（图1-14-6）。

❿ 在六角段上沿位置扭转排气凸轮轴（图1-14-8）。

⓫ 将专用工具11 7 440定位在排气凸轮轴的双平面段上。

⓬ 在六角段上沿位置扭转进气凸轮轴（图1-14-12）。

图1-14-10

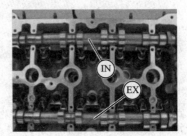
图1-14-11

图1-14-12

⓭ 将两个专用工具11 7 440定位在凸轮轴上。

⓮ 专用工具11 7 440必须无间隙地位于气缸盖上（图1-14-13）。

⓯ 将专用工具11 7 440用螺栓①固定在气缸盖上（图1-14-14）。

⓰ 松开中心螺栓①和②（图1-14-10）。

拧紧力矩：第一遍紧固20N·m；第二遍旋转180°。

⓱ 再次旋入专用工具11 9 340。

图1-14-13

图1-14-14

图1-14-15

⑱ 用专用工具00 9 460将正时链预紧至0.6N·m。

安装说明：沿旋转方向以10～15N·m的力矩预张紧六角段上的进气凸轮轴。

⑲ 用专用工具00 9 120或电子扭力扳手固定中心螺栓①（图1-14-15）。拧紧力矩：第一遍紧固20N·m；第二遍旋转180°。

安装说明：沿旋转方向以10～15N·m的力矩预张紧六角段上的排气凸轮轴。

⑳ 用专用工具00 9 120或电子扭力扳手固定中心螺栓。

拧紧力矩：第一遍紧固20N·m；第二遍旋转180°。

㉑ 拆卸所有专用工具。

㉒ 装配好发动机。

4. 更换进气调整装置

(1) 需要的专用工具

a. 00 9 120；b. 11 9 550；c. 11 9 551；d. 11 9 552；e. 11 9 590；f. 11 7 440；g. 11 9 340。

注意：

- 为打开进气调整装置和凸轮轴上的中心螺栓，安装专用工具11 9 550。
- 在第一个气缸的点火上止点位置未确定配气相位。
- 配气相位调整的工作步骤已更改。
- 所有柱塞都在90°位置。
- 检查调整装置的锁止件。

(2) 需要的准备工作

a. 拆下气缸盖罩；b. 检查配气相位。

(3) 更换步骤

❶ 将专用工具11 9 590沿箭头方向推入（图1-14-4）。

❷ 通过中心螺栓转动飞轮直至达到点火上止点位置（第1气缸）。

注意：

a. OT孔可能混淆。

b. 检查Vanos调整装置的联锁情况。

c. 沿旋转方向旋转六角段中的凸轮轴。

d. 如果凸轮轴与调整装置动力传递连接，则调整装置在原位置已联锁。

e. 如果未能与凸轮轴建立牢固的连接，说明调整装置损坏，必须更新。

❸ 放置专用工具11 7 440到凸轮轴上并用两个螺栓①固定（图1-14-16）。

❹ 松开链条张紧器①（准备好抹布）（图1-14-17）。拧紧力矩为80N·m。

❺ 松开螺栓①（图1-14-18）。

❻ 松开螺栓②（图1-14-19）。

❼ 取下滑轨①（图1-14-19）。

图1-14-16

图1-14-17

图1-14-18

注意：中心螺栓只能用专用工具11 7 440松开和固定。

❽ 松开中心螺。

⑨ 拆下正时链的VANOS调整装置。
⑩ 进气和排气调整装置是不同的（图1-14-20）。进气凸轮轴的VANOS标有⑩。排气凸轮轴的VANOS标有⑩。
⑪ 定位排气凸轮轴的排气调整装置①（图1-14-21）。
⑫ 调整装置的安装位置可以任意选择。
⑬ 旋入中心螺栓②（图1-14-21），然后将其再次松开约90°。

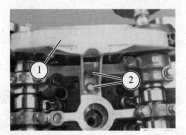
图1-14-19

图1-14-20

图1-14-21

⑭ 定位进气调整装置的进气凸轮轴。
⑮ 调整装置的安装位置可以任意选择。
⑯ 旋入中心螺栓，然后将其再次松开约90°。
⑰ 安装张紧导轨①（图1-14-19）。
⑱ 装入螺栓②（图1-14-19）。
⑲ 装入螺栓①（图1-14-18）。拧紧力矩为25N·m。
⑳ 将专用工具11 9 340旋入到气缸盖中（图1-14-3）。
㉑ 用专用工具将正时链预紧至0.6N·m。
㉒ 用专用工具00 9 120固定中心螺栓①（图1-14-22）。
拧紧力矩：第一遍紧固20N·m；第二遍旋转180°。
㉓ 用专用工具00 9 120固定中心螺栓①（图1-14-15）。
拧紧力矩：第一遍紧固20N·m；第二遍旋转180°。
㉔ 安装链条张紧器。
㉕ 检查配气相位。
㉖ 装配好发动机。

图1-14-22

十五、1.2T B38A12A、1.5T B38A15A（2013～2017年）

1. 适用车型

MINI ONE（F54），（1.5T B38A15A），2015～2017年；MINI COOPER（F54）（1.5T B38A15A），2014～2017年；MINI ONE（F55），（1.2T B38A12A），2014～2017年；MINI COOPER（F55）（1.5T B38A15A），2013～2017年；MINI ONE（F56），（1.2T B38A12A），2013～2017年；MINI COOPER（F56）（1.5T B38A15A），2013～2017年；MINI ONE（F57），（1.2T B38A12A），2015～2017年；MINI COOPER（F57）（1.5T B38A15A），2014～2017年；MINI COOPER ALL4（R60），2015～2017年；MINI COOPER（R60），2015～2017年；MINI COOPER S ALL4（R60），2015～2017年；MINI ONE（R60），2016～2017年。

2. 检查凸轮轴的配气相位

(1) 需要的专用工具

a.2 288 380；b.11 6 480；c.2 358 122。

(2) 需要的准备工作

❶ 拆下气缸盖罩。

第一章 宝马车系

❷ 拆下火花塞。

❸ 拆下右前轮罩饰板。

注意：

a. 发动机有损坏危险！

b. 必须严格遵守检查和调整配气相位提示！

c. 如果曲轴已正确拨下，则减振器上的电动机既不向前转动，也不向后转动！

❹ 装有手动变速箱的车辆：尺寸（X）=56mm。将专用工具 2 288 380 插入标定孔中直至尺寸（X）（图 1-15-1）。专用工具 2 288 380 定位正确（图 1-15-2）；发动机在第一个气缸处于上止点；专用工具 2 288 380 定位错误（图 1-15-3），未达到第一气缸上止点位置。

❺ 装有自动变速箱的车辆：尺寸（Y）=66mm。将专用工具 2 288 380 插入标定孔中直至尺寸（Y）（图 1-15-4）。专用工具 2 288 380 定位正确（图 1-15-5），发动机在第一个气缸处于上止点；专用工具 2 288 380 定位错误（图 1-15-6），未达到第一气缸上死点位置。

图 1-15-1

图 1-15-2

图 1-15-3

图 1-15-4

图 1-15-5

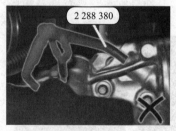

图 1-15-6

（3）检查步骤

❶ 用专用工具 11 6 480 将发动机旋转到气缸 1 点火上止点位置（图 1-15-7）。

注意：不要往回旋转发动机。

❷ 取下油底壳上的饰盖①（图 1-15-8）。

❸ 用专用工具 11 6 480 在中心螺栓处旋转发动机。

注意：针对带手动变速箱的车辆，标定孔前还有一个可能与标定孔混淆的孔。专用工具 2 288 380 必须滑入油底壳的曲柄中（图 1-15-9）。

图 1-15-7

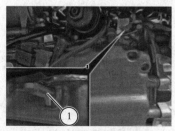

图 1-15-8

图 1-15-9

❹ 用专用工具 2 288 380 将曲轴卡在气缸 1 点火上止点位置上。

❺ 进气和排气凸轮轴上的标记①可以从上方读取（图 1-15-10）。

注意：当凸轮轴扭转 180°时，也可以安装专用工具。进气和排气凸轮轴上的三个平台①中间的必须朝上（图 1-15-11）。

❻ 第一缸排气凸轮轴Ⓐ的凸轮向右倾斜并指向内部（图 1-15-12）。

图 1-15-10

图 1-15-11

图 1-15-12

❼ 第一缸进气凸轮轴Ⓔ的凸轮向左倾斜（图 1-15-13）。

提示：专用工具 2 358 122 由多个部件构成（图 1-15-14）。

❽ 将底架①用螺栓②固定在气缸盖上（图 1-15-15）。

量规③利用凹口定位在排气凸轮轴的双平面段上。

量规③利用螺栓⑤固定在底架上。

量规④利用凹口定位在进气凸轮轴的双平面段上。

量规④利用螺栓⑤固定在底架上。

如有必要，调整配气相位。

图 1-15-13

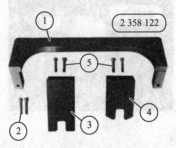
图 1-15-14

图 1-15-15

① 底架；② 气缸盖上的底架螺栓；③ 固定排气凸轮轴的量规；
④ 固定进气凸轮轴的量规；⑤ 底架上的量规螺栓

❾ 所需的修整：a. 拆下所有专用工具；b. 安装火花塞；c. 安装气缸盖罩；d. 安装右前轮罩饰板。

3. 调整凸轮轴的配气相位

(1) 需要的专用工具

a. 2 288 380；b. 11 9 340；c. 00 9 460；d. 2 358 122；e. 11 6 480；f. 0 496 855。

(2) 需要的准备工作

❶ 拆下废气催化剂转换器。

❷ 检查配气相位。

注意：

a. 发动机有损坏危险！

b. 务必遵守检查和调整配气相位的提示！

c. 如果曲轴已正确拔下，则减振器上的电动机既不向前转动，也不向后转动！

❸ 装有手动变速箱的车辆：尺寸 $(X)=56mm$。

将专用工具 2 288 380 插入标定孔中直至尺寸（X）（图 1-15-1）。专用工具 2 288 380 定位正确（图 1-15-2），发动机在第一个气缸处于上止点；专用工具 2 288 380 定位错误（图 1-15-3），未达到第一气缸上止点位置。

❹装有自动变速箱的车辆：尺寸（Y）= 66mm。

将专用工具 2 288 380 插入标定孔中直至尺寸（Y）（图 1-15-4）。专用工具 2 288 380 定位正确（图 1-15-5）；发动机在第一个气缸处于上止点；专用工具 2 288 380 定位错误（图 1-15-6），未达到第一气缸上止点位置。

（3）调整步骤

❶ 松开链条张紧器①（图 1-15-16）。

注意：随时准备好抹布。松开螺栓连接之后，会流出少量机油。

安装说明：在售后服务中，必须在链条张紧器装配时安装一个新密封环。

❷ 将专用工具 11 9 340 旋入气缸盖（图 1-15-17）。

❸ 用专用工具 00 9 460 将正时链预紧至 0.3N·m。

提示：如果不能安装专用工具 2 358 122，则必须重新调整配气相位。

❹ 安装专用工具 2 358 122 的量规①（图 1-15-18）。必要时用专用工具 11 6 480 稍微旋转曲轴。

图 1-15-16

图 1-15-17

图 1-15-18

❺ 安装夹具③并用专用工具 0 496 855 松开进气凸轮轴的 VANOS 中央阀（图 1-15-18）。必要时用专用工具 11 6 480 稍微继续旋转曲轴。

❻ 安装夹具②并用专用工具 0 496 855 松开排气凸轮轴的 VANOS 中央阀（图 1-15-18）。

❼ 将两个凸轮轴旋转到位（图 1-15-10）。

提示：进气和排气凸轮轴上的标记①可以从上方读取。

注意：当凸轮轴扭转 180°时，也可以安装专用工具。

❽ 进气和排气凸轮轴上的三个平台①中间的必须朝上（图 1-15-11）。

❾ 将底架①用螺栓②固定在气缸盖上（图 1-15-15）。

量规③利用凹口定位在排气凸轮轴的双平面段上。

量规③利用螺栓⑤固定在底架上。

量规④利用凹口定位在进气凸轮轴的双平面段上。

量规④利用螺栓⑤固定在底架上。

❿ 拧紧进气调整装置 VANOS 中央阀①（图 1-15-19）。

拧紧力矩：第一遍紧固 30N·m；第二遍紧固 50N·m；第三遍旋转 65°。

⓫ 拧紧排气调整装置 VANOS 中央阀①（图 1-15-20）。

拧紧力矩：第一遍紧固 30N·m；第二遍紧固 50N·m；第三遍旋转 65°。

⓬ 移开专用工具 2 288 380 和 2 358 122。

⓭ 用专用工具 11 6 480 沿发动机旋转方向将发动机转动 2 次（图 1-15-21）。

注意：不要往回旋转发动机。

⓮ 所需的修整：a.检查凸轮轴的配气相位；b.安装链条张紧器；c.安装废气催化剂转换器；d.安装气缸盖罩；e.安装右前轮罩饰板。

图 1-15-19

图 1-15-20

图 1-15-21

4. 更换两条正时链

（1）需要的专用工具

a. 2 357 904；b. 11 4 120。

（2）需要的准备工作

a. 拆下发动机及变速箱；b. 拆下变速箱；c. 将发动机装到装配架上；d. 拆下飞轮；e. 拆卸气缸盖；f. 拆卸机油泵；g. 拆下后部正时齿轮箱盖。

（3）拆卸步骤

❶ 拆下油泵驱动链条①（图 1-15-22）。

❷ 取下凸轮轴正时链①（图 1-15-23）。

❸ 取下承载轴销③的张紧导轨②（图 1-15-23）。

提示：承载轴销③一定不要拆下。

❹ 松开链轮的中心螺栓①时，必须固定曲轴（图 1-15-24）。

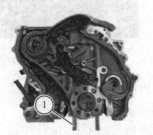
图 1-15-22

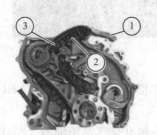
图 1-15-23

图 1-15-24

❺ 用导向销定位曲轴（图 1-15-24 中箭头）。用螺栓②将专用工具 2 357 904 定位在曲轴箱上。

❻ 松开链轮的中心螺栓。

❼ 用螺栓起子②将链条张紧器的柱塞①压入至极限位置，并用专用工具 11 4 120 固定（图 1-15-25）。

❽ 松开螺栓③。拆下链条张紧器。

❾ 松开两个承载轴销①（图 1-15-26）。

❿ 拆出导轨②。

⓫ 松开承载轴销④。

⓬ 拆下张紧导轨③。

⓭ 取下螺栓和链轮①（图 1-15-27）。

图 1-15-25

图 1-15-26

图 1-15-27

⑭ 拆下专用工具 2 357 904。拆卸正时链①（图 1-15-28）。

（4）安装步骤

❶ 安放正时链①（图 1-15-28）。

❷ 用专用工具 2 357 904 定位曲轴。

❸ 用螺栓②将专用工具 2 357 904 固定在曲轴箱上（图 1-15-28）。

注意：清洁承载轴销的所有螺纹（如有必要，使用螺钉攻）。

零件：更换承载轴销。

❹ 安装链轮并拧紧螺栓。

❺ 定位导轨②（图 1-15-29）。

❻ 旋入两个承载轴销①（图 1-15-29）。拧紧力矩为 20N·m。

❼ 定位张紧导轨③（图 1-15-29）。

❽ 旋入承载轴销④（图 1-15-29）。拧紧力矩为 20N·m。

注意：用压缩空气清洁密封面①（图 1-15-30）。

图 1-15-28　　　　　　　图 1-15-29　　　　　　　图 1-15-30

❾ 安装液压链条张紧器（图 1-15-25）。

❿ 拧紧螺栓③（图 1-15-25）。拧紧力矩为 10N·m。

⓫ 用螺栓起子②固定链条张紧器的柱塞①，拆下专用工具 11 4 120 并缓慢移除螺栓起子②（图 1-15-25）。

提示：固定链轮的中心螺栓①时，曲轴必须保持固定（图 1-15-31）。

零件：更换中心螺栓①。

⓬ 拧紧链轮的中心螺栓①。拧紧力矩为 108N·m。

⓭ 安装张紧导轨②与凸轮轴正时链①（图 1-15-23）。

⓮ 将油泵驱动链条①安装在曲轴上（图 1-15-22）。

⓯ 所需的修整：a.安装后部正时齿轮箱盖；b.装上油泵；c.装上飞轮；d.装上气缸盖；e.将发动机从装配架上拆下；f.装上变速箱；g.安装发动机及变速箱。

图 1-15-31

十六、2.0T B48A20A（2013～2017 年）

1.适用车型

MINI COOPER S（F54），2014～2017 年；MINI COOPER S ALL4（F54），2015～2017 年；MINI JOHN COOPER WORKS ALL4（F54），2015～2017 年；MINI COOPER S（F55），2013～2017 年；MINI COOPER S（F56），2013～2017 年；MINI JOHN COOPER WORKS（F56），2014～2017 年；MINI COOPER S（F57），2013～2017 年；MINI JOHN COOPER WORKS（F57），2015～2017 年；MINI COOPER S（F60），2015～2017 年；MINI COOPER S ALL4（F60），2015～2017 年；MINI JOHN COOPER WORKS ALL4（F60），2015～2017 年。

2. 检查凸轮轴配气相位

（1）需要的专用工具

a. 2 288 380；b. 11 6 480；c. 2 358 122。

（2）需要的准备工作

❶ 拆下气缸盖罩。

❷ 拆下火花塞。

❸ 拆下右前轮罩饰板。

注意：

a. 发动机有损坏危险！

b. 必须严格遵守检查和调整配气相位提示！

c. 如果曲轴已正确拔下，则减振器上的电动机既不向前转动，也不向后转动！

❹ 装有手动变速箱的车辆：尺寸（X）=56mm。将专用工具 2 288 380 插入标定孔中直至尺寸（X）（图1-16-1）。专用工具 2 288 380 定位正确（图1-16-2），发动机在第一个气缸处于上止点；专用工具 2 288 380 定位错误（图1-16-3），未达到第一气缸上止点位置。

❺ 装有自动变速箱的车辆（图1-16-4）：尺寸（Y）=66mm。将专用工具 2 288 380 插入标定孔中直至尺寸（Y）。专用工具 2 288 380 定位正确（图1-16-5），发动机在第一个气缸处于上止点；专用工具 2 288 380 定位错误（图1-16-6），未达到第一气缸上止点位置。

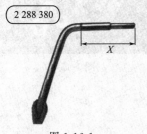

图1-16-1

图1-16-2

图1-16-3

图1-16-4

图1-16-5

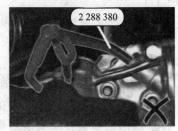

图1-16-6

（3）检查步骤

❶ 用专用工具 11 6 480 将发动机旋转到气缸1点火上止点位置（图1-16-7）。

注意：不要往回旋转发动机。

❷ 取下油底壳上的饰盖①（图1-16-8）。

❸ 用专用工具 11 6 480 在中心螺栓处旋转发动机（图1-16-9）。

注意：针对带手动变速箱的车辆，标定孔前还有一个可能与标定孔混淆的孔。

❹ 专用工具 2 288 380 必须滑入油底壳的曲柄中。

❺ 用专用工具 2 288 380 将曲轴卡在气缸1点火上止点位置上。

❻ 进气和排气凸轮轴上的标记①可以从上方读取（图1-16-10）。

注意：当凸轮轴扭转180°时，也可以安装专用工具。

 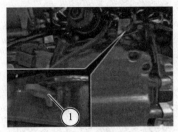 

图 1-16-7　　　　　　　　　　　图 1-16-8　　　　　　　　　　　图 1-16-9

❼ 进气和排气凸轮轴上的三个平台①中间的必须朝上（图1-16-11）。

❽ 第一缸排气凸轮轴Ⓐ的凸轮向右倾斜并指向内部（图1-16-12）。

图 1-16-10　　　　　　　　　　　图 1-16-11　　　　　　　　　　　图 1-16-12

❾ 第一缸进气凸轮轴Ⓔ的凸轮向左倾斜（图1-16-13）。

提示：用工具2 358 122由多个部件构成。

❿ 将底架①用螺栓②固定在气缸盖上（图1-16-14）。

量规③利用凹口定位在排气凸轮轴的双平面段上。

量规③利用螺栓⑤固定在底架上。

量规④利用凹口定位在进气凸轮轴的双平面段上。

量规④利用螺栓⑤固定在底架上。

⓫ 所需的修整：a.拆下所有专用工具；b.安装火花塞；c.安装气缸盖罩；d.安装右前轮罩饰板。

3. 调整凸轮轴的配气相位

（1）需要的专用工具

a.2 288 380；b.11 9 340；c.00 9 460；d.2 358 122；e.11 6 480；f.0 496 855。

（2）需要的准备工作

❶ 拆下废气催化剂转换器。

❷ 检查配气相位

注意：发动机有损坏危险；务必遵守检查和调整配气相位的提示；如果曲轴已正确拔下，则减振器上的电动机既不向前转动，也不向后转动！

❸ 装有手动变速箱的车辆：尺寸（X）=56mm。将专用工具2 288 380插入标定孔中直至尺寸（X）（图1-16-1）。专用工具2 288 380定位正确（图1-16-2），发动机在第一个气缸处于上止点；专用工具2 288 380定位错误（图1-16-3），未达到第一气缸上止点位置。

❹ 装有自动变速箱的车辆（图1-16-4）：尺寸（Y）=66mm。将专用工具2 288 380插入标定孔中直至尺寸（Y）。专用工具2 288 380定位正确（图1-16-5），发动机在第一个气缸处于上止点；专用工具2 288 380定位错误（图1-16-6），未达到第一气缸上止点位置。

（3）调整步骤

❶ 松开链条张紧器①（图1-16-15）。

注意：随时准备好抹布。松开螺栓连接之后，会流出少量机油。

图 1-16-13

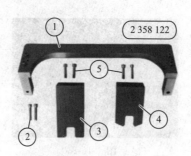
图 1-16-14

图 1-16-15

安装说明：在售后服务中，必须在链条张紧器装配时安装一个新密封环。

❷ 将专用工具 11 9 340 旋入气缸盖（图 1-16-16）。

❸ 用专用工具 00 9 460 将正时链预紧至 0.3N·m。

提示：如果不能安装专用工具 2 358 122，则必须重新调整配气相位。

❹ 安装专用工具 2 358 122 的量规①（图 1-16-17）。必要时用专用工具 11 6 480 稍微旋转曲轴。

❺ 安装夹具③（图 1-16-17）并用专用工具 0 496 855 松开进气凸轮轴的 VANOS 中央阀。必要时用专用工具 11 6 480 稍微旋转曲轴。

❻ 安装夹具②（图 1-16-17）并用专用工具 0 496 855 松开排气凸轮轴的 VANOS 中央阀。

❼ 将两个凸轮轴旋转到位（图 1-16-10）。

提示：进气和排气凸轮轴上的标记①可以从上方读取。

注意：当凸轮轴扭转 180°时，也可以安装专用工具。

❽ 进气和排气凸轮轴上的三个平台①中间的必须朝上（图 1-16-11）。

❾ 将底架①用螺栓②固定在气缸盖上（图 1-16-18）。

图 1-16-16

图 1-16-17

图 1-16-18

量规③利用凹口定位在排气凸轮轴的双平面段上。

量规③利用螺栓⑤固定在底架上。

量规④利用凹口定位在进气凸轮轴的双平面段上。

量规④利用螺栓⑤固定在底架上。

❿ 拧紧进气调整装置 VANOS 中央阀①（图 1-16-19）。

拧紧力矩：第一遍紧固 30N·m；第二遍紧固 50N·m；第三遍旋转 65°。

⓫ 拧紧排气调整装置 VANOS 中央阀①（图 1-16-20）。拧紧力矩：第一遍紧固 30N·m；第二遍紧固 50N·m；第三遍旋转 65°。

⓬ 用专用工具 11 6 480 沿发动机旋转方向将发动机转动 2 次（图 1-16-21）。

注意：不要往回旋转发动机。

⓭ 所需的修整：a.检查凸轮轴的配气相位；b.安装链条张紧器；c.安装废气催化剂转换器；d.安装气缸盖罩；e.安装右前轮罩饰板。

4. 替换两条正时链

（1）需要的专用工具

第一章 宝马车系 85

a. 2 357 904；b. 11 4 120。

（2）需要的准备工作

a.拆下发动机及变速箱；b.拆下变速箱；c.将发动机装到装配架上；d.拆下飞轮；e.拆卸气缸盖；f.拆卸机油泵；g.拆下后部控制装置外壳盖板。

图 1-16-19

图 1-16-20

图 1-16-21

（3）拆卸步骤

❶ 拆下油泵驱动链条①（图 1-16-22）。

❷ 取下凸轮轴正时链①（图 1-16-23）。

❸ 取下承载轴销③的张紧导轨②（图 1-16-23）。**提示**：承载轴销③一定不要拆下。

❹ 如要松开中心螺栓①，必须固定曲轴（图 1-16-24）。

❺ 将曲轴用导向销定位。用螺栓②将专用工具 2 357 904 固定在曲轴箱上（图 1-16-24）。

❻ 松开中心螺栓①（图 1-16-24）。

图 1-16-22

图 1-16-23

图 1-16-24

❼ 将链条张紧器的活塞③用螺栓起子②压入到极限位置，并用专用工具 11 4 120 固定（图 1-16-25）。

❽ 松开螺栓①。（图 1-16-25）拆下链条张紧器。

❾ 松开两个承载轴销①（图 1-16-26）。

❿ 拆出导轨②。

⓫ 松开承载轴销④。

⓬ 拆下张紧导轨③。

⓭ 松开螺栓①并取下链轮②（图 1-16-27）。

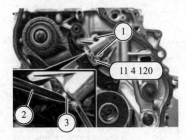
图 1-16-25

图 1-16-26

图 1-16-27

⓮ 松开螺栓②并拆下专用工具 2 357 904（图 1-16-28）。

⓯ 拆卸正时链（1）。

(4) 安装步骤

❶ 安放正时链①（图 1-16-28）。

❷ 用专用工具 2 357 904 定位曲轴。

❸ 用螺栓②将专用工具 2 357 904 固定在曲轴箱上。

图 1-16-28　　　　　　　　　　　图 1-16-29

注意：清洁承载轴销的所有螺纹（如有必要，使用螺钉攻）。零件：更换承载轴销。

❹ 安装链轮并拧紧螺栓（图 1-16-26）。

❺ 定位导轨②。

❻ 旋入两个承载轴销①。拧紧力矩为 20N·m。

❼ 定位张紧导轨③。

❽ 旋入承载轴销④。拧紧力矩为 20N·m。

注意：用压缩空气清洁密封面①（图 1-16-29）。

❾ 安装液压链条张紧器。拧紧螺栓①（图 1-16-25）。拧紧力矩为 10N·m。

❿ 用螺栓起子②固定链条张紧器的柱塞③。

⓫ 拆下专用工具 11 4 120 并缓慢移除螺钉起子②。

提示：如要紧固中心螺栓①，曲轴必须保持固定。零件：更换中心螺栓①。

⓬ 拧紧中心螺栓①（图 1-16-24）。拧紧力矩为 108N·m。

⓭ 安装张紧导轨②与凸轮轴正时链①（图 1-16-23）。

⓮ 将油泵驱动链条①安装在曲轴上（图 1-16-22）。

⓯ 所需的修整：a.安装后部控制装置外壳盖板；b.装上油泵；c.装上飞轮；d.装上气缸盖；e.将发动机从装配架上拆下；f.装上变速箱；g.安装发动机及变速箱。

第二章 奥迪车系

一、1.0T CHZB 发动机 EA211 正时皮带（2015～2016 年）

1. 适用车型

奥迪 A1。

2. 装配齿形皮带护罩（图 2-1-1）

3. 装配齿形皮带（图 2-1-2）

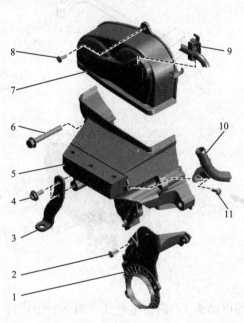

图 2-1-1

1—下部齿形皮带护罩；2,8,11—螺栓（8N·m）；3—支架；4—螺栓（20N·m）；5—发动机支撑；6—螺栓（第一遍紧固 7N·m，第二遍紧固 40N·m，第三遍旋转 90°）；7—上部齿形皮带护罩；9—支架（用于燃油和冷却液软管）；10—冷却液管路

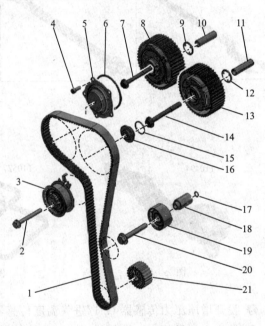

图 2-1-2

1—齿形皮带（拆卸前用粉笔或记号笔标记运转方向，检查磨损情况）；2—螺栓（25N·m）；3—张紧轮；4—螺栓（拆卸后更换，8N·m+45°）；5—封盖；6,15,17—O 形环（拆卸后更换）；7,14—螺栓（拆卸后更换，50N·m+135°）；8—排气侧凸轮轴正时齿轮（带凸轮轴调节器）；9—金刚石垫圈（拆卸后更换）；10,11—导向套；12—金刚石垫圈（拆卸后更换）；13—进气侧凸轮轴正时齿轮（带凸轮轴调节器）；16—螺旋塞（20N·m）；18—间隔轴套；19—导向辊；20—螺栓（45N·m）；21—曲轴齿形带轮（在齿形带轮和曲轴之间的接触面上不允许有油，只能在一个位置安装）

4. 拆卸和安装齿形皮带

（1）所需要的专用工具和维修设备

扭矩扳手（VAS 6583）、固定支架（T10172）、固定螺栓（T10340）、固定支架（T10475）、环形扳手 SW 30（T10499）、扳手头 SW 13（T10500），如图 2-1-3 所示。

Torx T 30 工具头（T10405）、装配工具（T10476）、装配工具（T10487）、凸轮轴固定装置（T10494），如图 2-1-4～图 2-1-7 所示。

松脱工具（T10527）和适配接头（T10475/1、T10475/2）如图 2-1-8 及图 2-1-9 所示。

（2）拆卸步骤

❶ 拆卸空气滤清器壳。

图 2-1-3　　　图 2-1-4　　　图 2-1-5　　　图 2-1-6　　　图 2-1-7　　　图 2-1-8　　　图 2-1-9

❷ 脱开增压压力传感器 G31/进气温度传感器 G299 上的电插头 1，露出电导线（图 2-1-10）。

❸ 露出空气导管 2 上的软管（图 2-1-10 中箭头）。

❹ 用松脱工具 T10527 解锁卡子，取下空气导管（图 2-1-10）。

❺ 按压解锁按钮，拆下至活性炭罐的软管 2（图 2-1-11）。

❻ 拧出螺栓（图 2-1-11 中箭头），取下曲轴箱排气软管 1。

❼ 露出导线束 2 和冷却液软管 4，然后压至一侧（图 2-1-12）。

图 2-1-10

图 2-1-11

图 2-1-12

❽ 将螺栓 1 用 Torx T 30 工具头（T10405）拧下（图 2-1-12）。

❾ 将谐振器 3 从废气涡轮增压器上朝左侧拔出并向后按压（图 2-1-12）。

第二章 奥迪车系

⑩ 拧出螺栓（图2-1-13中箭头），取下冷却液泵的齿形皮带护罩1。
⑪ 拧出螺栓（图2-1-14中箭头），取下端盖1。
⑫ 露出软管和支架3（图2-1-15）。
⑬ 旋出螺栓2（图2-1-15）。
⑭ 松开夹子（图2-1-15中箭头），取下上部齿形皮带护罩1。

当心：
a. 齿形皮带沾油会有使发动机损坏的危险。
b. 为收集溢出的机油，应将一块抹布放在下面。

 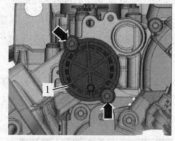 

图2-1-13　　　　　　　图2-1-14　　　　　　　图2-1-15

⑮ 拧出螺栓（图2-1-16中箭头）。
⑯ 将盖板从排气凸轮轴的正时齿轮上取下。
提示：为了拧下全部螺栓，沿发动机转动方向通过减振器转动曲轴（图2-1-17中箭头）。
⑰ 拆卸隔音垫。
⑱ 拆卸右前车轮。
⑲ 拧出用于右侧主销的螺母（图2-1-18中箭头）。

图2-1-16　　　　　　　图2-1-17　　　　　　　图2-1-18

⑳ 将主销从横摆臂中取出。
提示：在装配期间注意不要损坏主销的橡胶波纹管，必要时对主销的橡胶波纹管进行保护，防止损坏。
㉑ 从变速箱上拆下右侧万向轴并向后放置。
提示：确保万向轴的表面保护层未被损坏。
㉒ 按以下方式将曲轴转到"上止点"。
a. 拧出气缸体上"上止点"孔的螺旋塞。
b. 将固定螺栓T10340拧入气缸体到极限位置（图2-1-19），并用30N·m的力矩拧紧。
c. 沿发动机运转方向转动曲轴到限位位置。
d. 将固定螺栓紧贴在曲轴曲柄臂上。
提示：只有当曲轴沿发动机运转方向转动时，曲轴曲柄臂贴靠在固定螺栓T10340上，"上止点"位置才正常。
当心：有损坏发动机的危险。

如果固定螺栓 T10340 不能拧入气缸体到极限位置，则说明曲轴未处于正确位置。

当出现这种情况时可采取下列办法。

a. 拧出固定螺栓。

b. 将曲轴沿发动机运转方向转动 90°。

c. 将固定螺栓 T10340 拧入气缸体到极限位置，并用 30N·m 的力矩拧紧。

d. 继续沿发动机运转方向转动曲轴到极限位置。

㉓ 如图 2-1-20 所示，对于两个凸轮轴来说，变速箱侧不对称布置的凹槽必须朝上（上部和下部箭头）。

对于排气凸轮轴 A 来说，可通过冷却液泵驱动轮内的开口接触到凹槽（图 2-1-20 中上部箭头）。

对于进气凸轮轴 E 来说，可直接接触到凹槽（图 2-1-20 中下部箭头）。

如果凸轮轴不处于所述位置，则拧出固定螺栓 T10340，然后继续转动曲轴一圈并使其转到"上止点"位置。

提示：凸轮轴固定装置 T10494 必须很容易插入（图 2-1-21）。不允许通过工具敲入凸轮轴固定装置。

㉔ 如果凸轮轴不处于所述位置，则将凸轮轴固定装置 T10494 插入凸轮轴内至限位位置，然后用手拧紧螺栓（图 2-1-21 中箭头）。

图 2-1-19

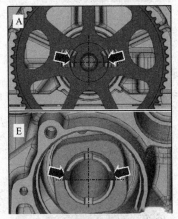

图 2-1-20

图 2-1-21

提示：如果无法插入凸轮轴固定装置（T10494），则用装配工具 T10487 压到齿形皮带上（图 2-1-22 中箭头），同时将凸轮轴固定装置 T10494 插入凸轮轴内至限位位置，然后用手拧紧螺栓。

㉕ 拧出减振器螺栓（图 2-1-23 中箭头），为此使用固定支架 T10475 及其适配接头 T10475/1 和 T10475/2。

㉖ 取下减振器。

当心：密封面有损坏的危险。凸轮轴固定装置 T10494 不允许作为固定支架使用。

㉗ 拧出进气侧凸轮轴正时齿轮上的螺旋塞，为此使用固定支架 T10172（图 2-1-24）。

㉘ 将螺栓 1、2 松开约一圈（图 2-1-24）。

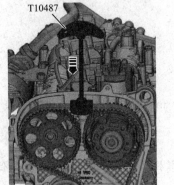

图 2-1-22

图 2-1-23

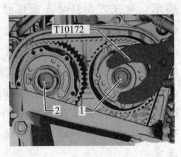

图 2-1-24

㉙ 拧下螺栓（图 2-1-25 中箭头），取下下部齿形皮带护罩。

㉚ 将环形扳手 SW 30（T10499）安装在张紧辊的偏心轮 2 上（图 2-1-26）。

㉛ 将螺栓 1 用扳手头 SW 13（T10500）松开。

㉜ 用环形扳手 SW 30（T10499）松开偏心轮 2 上的张紧辊。

当心：已使用过的齿形皮带如果颠倒了运转方向会导致损坏。在拆卸齿形皮带之前，用粉笔或记号笔记下运转方向，以方便重新安装。

㉝ 取下齿形皮带。

㉞ 取下曲轴齿形皮带轮 1（图 2-1-27）。

图 2-1-25

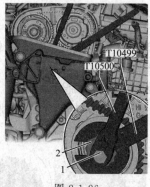
图 2-1-26

图 2-1-27

(3) 安装（调整配气相位）步骤

提示：拆卸后更换 O 形环；拆卸后更换那些需要继续旋转一个角度拧紧的螺栓。

❶ 检查凸轮轴和曲轴的"上止点"位置（图 2-1-21）。

a. 凸轮轴固定装置 T10494 已安装在凸轮轴壳体上。

b. 固定螺栓 T10340 已拧入气缸体到极限位置（图 2-1-19），并用 30N·m 的力矩拧紧。

c. 曲轴已沿发动机转动方向放置到固定螺栓 T10340 的"上止点"位置。

当心：密封面有损坏的危险。凸轮轴固定装置 T10494 不允许作为固定支架使用。

❷ 更换凸轮轴正时齿轮螺栓 1、2，松动时拧入（图 2-1-28）。

凸轮轴正时齿轮必须能在凸轮轴上转动，同时不允许倾斜。

提示：凸轮轴正时齿轮是三棱椭圆形的。如果一个或两个凸轮轴正时齿轮松动，必须用装配工具 T10476A 重新相互定位。

❸ 将进气侧凸轮轴正时齿轮 1 上的标记 3 对准凸轮轴外壳的棱边 2（图 2-1-29）。

❹ 将排气侧凸轮轴正时齿轮 1 上的标记 3 对准凸轮轴外壳的棱边 2（图 2-1-30）。

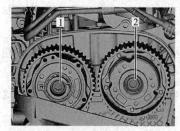
图 2-1-28

图 2-1-29

图 2-1-30

❺ 凸轮轴正时齿轮上的点标记 2 和 3 略微相互错开（图 2-1-31）。

提示：凹槽 1 用于正确安装装配工具 T10476A。

❻ 将装配工具 T10476A 插到凸轮轴正时齿轮之间。

T10476A 上的标记 1 必须和凸轮轴正时齿轮上的点标记 2 齐平（图 2-1-32）。

❼ 装配工具 T10476A 必须能轻松地推入到极限位置。

T10476A 的芯棒 2 必须卡入排气侧凸轮轴正时齿轮的凹槽 1（图 2-1-33）。

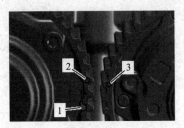
图 2-1-31

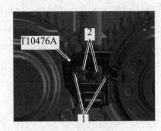
图 2-1-32

图 2-1-33

❽ 张紧辊的钢板凸耳（图 2-1-34 中箭头）必须嵌入气缸盖的铸造凹槽中。

❾ 将曲轴齿形皮带轮装到曲轴上（图 2-1-35）。

减振器与曲轴齿形皮带轮之间的接触面必须无机油和油脂。

曲轴齿形皮带轮上的铣削面（图 2-1-35 中箭头）必须靠在曲轴轴颈的铣削面上。

图 2-1-34

图 2-1-35

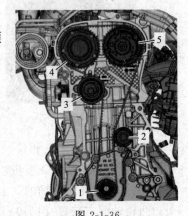
图 2-1-36
1—曲轴齿形皮带轮；2—导向辊；3—张紧轮；4—排气侧凸轮轴正时齿轮；5—进气侧凸轮轴正时齿轮

❿ 按照图 2-1-36 中 1～5 所示顺序安装。

⓫ 安装齿形皮带护罩下部。

⓬ 将减振器置于安装位置，然后用 40N·m 的力矩预拧紧。

⓭ 将张紧轮的偏心轮 2 用环形扳手 SW 30（T10499）向图 2-1-37 中箭头方向转动，直至调节指针 3 位于调节窗右侧约 10mm。

⓮ 转回偏心轮，使调节指针准确位于调节窗内。

当心：

a. 错误的拧紧力矩有损坏发动机的危险。

b. 拧紧时必须使用扭矩扳手 VAS 6583！

c. 设置扭矩扳手 VAS 6583 上的拧紧力矩时，必须将扳手头 SW 13（T10500）上给出的净尺寸转到扭矩扳手上。

⓯ 将偏心件保持在这一位置，然后拧紧螺栓 1（图 2-1-37），为此使用扳手头 SW 13（T10500）和扭矩扳手 VAS 6583。

提示：如果继续转动发动机或发动机在运转，则可能导致调节指针相对调节窗的位置略微偏离，这种情况不影响齿形皮带张紧。

当心：

a. 凸轮轴有损坏的危险。

b. 凸轮轴固定装置 T10494 不允许作为固定支架使用。

⓰ 用 50N·m 的力矩预拧紧螺栓 1、2（图 2-1-28）。

⓱ 拧出固定螺栓 T10340（图 2-1-19）。

⓲ 拧出螺栓（图 2-1-21 中箭头），取下凸轮轴固定装置 T10494。

第二章 奥迪车系

提示：检查配气相位时不需要装配工具 T10476A。

⑲ 拧紧减振器螺栓（图 2-1-38 中箭头），为此使用固定支架 T10475 及其适配接头 T10475/1 和 T10475/2，紧固力矩为 150N·m+180°。

⑳ 将曲轴沿发动机运转方向转动 2 圈（图 2-1-39 中箭头）。

㉑ 将固定螺栓 T10340 拧入气缸体到极限位置，并用 30N·m 的力矩拧紧（图 2-1-19）。

㉒ 继续沿发动机运转方向转动曲轴到限位位置。

㉓ 将固定螺栓紧贴在曲轴曲柄臂上。

提示：

a. 只有当曲轴沿发动机运转方向转动时，曲轴曲柄臂贴靠在固定螺栓 T10340 上，"上止点"位置才正常。

b. 凸轮轴固定装置 T10494 必须很容易装入。不允许通过工具敲入凸轮轴固定装置。

㉔ 将凸轮轴固定装置 T10494 插入凸轮轴内至限位位置，然后通过螺栓（图 2-1-21 中箭头）用手拧紧。

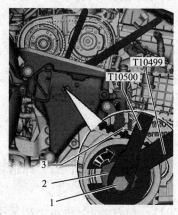

图 2-1-37

图 2-1-38

图 2-1-39

提示：如果无法插入凸轮轴固定装置 T10494，则用装配工具 T10487 压到齿形皮带上（图 2-1-22 中箭头），同时将凸轮轴固定装置 T10494 插入凸轮轴内至限位位置，然后用手拧紧螺栓。

㉕ 如果无法装入凸轮轴固定装置 T10494，则说明配气相位不正常，应再次调节配气相位。如果能够装入凸轮轴固定装置 T10494，则说明配气相位正常。

㉖ 拧出固定螺栓 T10340（图 2-1-19）。

㉗ 拧出螺栓（图 2-1-21 中箭头），取下凸轮轴固定装置 T10494。

㉘ 用最终拧紧力矩拧紧螺栓 1、2，为此使用固定支架 T10172A 及适配接头 T10172/1（图 2-1-28）。

㉙ 拧紧螺旋塞 1，为此使用固定支架 T10172A 及适配接头 T10172/1（图 2-1-24）。

当心：发动机有损坏的危险。最后检查是否取下了固定螺栓 T10340 和凸轮轴固定装置 T10494。

二、1.4T CPTA、CZEA 发动机 EA211 正时皮带（2012～2018 年）

1. 适用车型

奥迪 A1、一汽大众奥迪 A3、一汽大众奥迪 Q3。

2. 装配齿形皮带护罩（图 2-2-1）

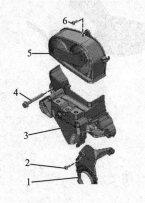

图 2-2-1
1—下部齿形皮带护罩；2、6—螺栓（8N·m）；3—发动机支撑；
4—螺栓（20N·m）；5—上部齿形皮带护罩

3. 装配齿形皮带（图2-2-2）

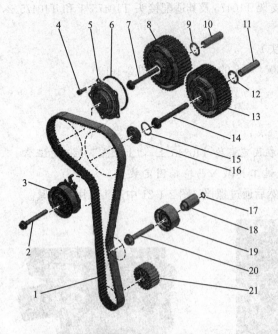

图2-2-2

1—齿形皮带[拆卸前用粉笔或记号笔标记运转方向；检查磨损情况；从凸轮轴上取下；拆卸；安装（调整配气相位）]；2—螺栓（25N·m）；3—张紧轮（拆卸和安装时拆卸发动机支撑）；4—螺栓（拆卸后更换，8N·m+45°）；5—封盖；6,15—O形环（拆卸后更换）；7,14—螺栓（拆卸后更换，50N·m+135°）；8—排气凸轮轴的凸轮轴正时齿轮（带凸轮轴调节器）；9,12—金刚石垫圈（不是在所有型号上都存在，拆卸后更换）；10,11—导向套；13—进气凸轮轴的凸轮轴正时齿轮（带凸轮轴调节器）；16—螺旋塞（20N·m）；17—O形环（防丢失装置，拆卸后更换）；18—间隔轴套；19—导向辊；20—螺栓（45N·m）；21—曲轴齿形带轮（在齿形带轮和曲轴之间的接触面上不允许有油，只能在一个位置安装）

4. 拆卸和安装齿形皮带（图2-2-3）

（1）所需要的专用工具和维修设备

扭矩扳手（VAS 6583）、固定支架（T10172）、固定螺栓（T10340）、固定支架（T10475）、环形扳手SW 30（T10499）、扳手头SW 13（T10500），如图2-2-3所示。

Torx T 30工具头（T10405），如图2-2-4所示。凸轮轴固定装置（T10504），如图2-2-5所示。松脱工具（T10527），如图2-2-6所示。

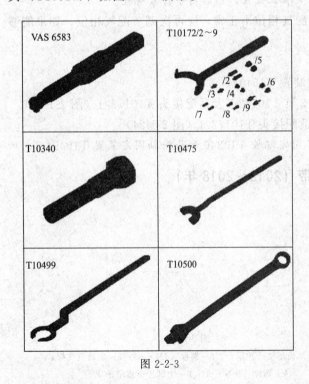

图2-2-3

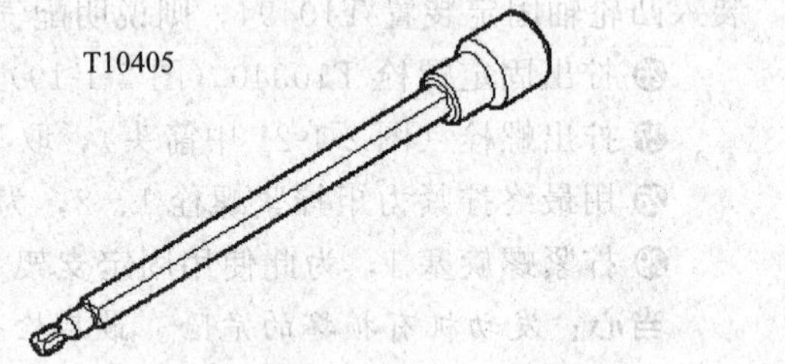

图2-2-4

图2-2-5

（2）拆卸步骤

❶ 松开软管夹圈1、2，拆下空气导流管（图2-2-7）。

❷ 脱开增压压力传感器G31/进气温度传感器G299上的电插头1（图2-2-8）。

提示：无需理会箭头。

图 2-2-6

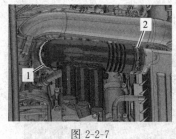
图 2-2-7

图 2-2-8

❸ 露出空气导流管上的空气导流软管。

❹ 用松脱工具 T10527 松开卡子（图 2-2-9 中箭头），取下空气导流管 1。

❺ 按压解锁按钮，拆下至活性炭罐的软管 1（图 2-2-10）。

❻ 拧出螺栓（图 2-2-10 中箭头），取下曲轴箱排气软管。

❼ （如果已经装入）拧出连接套管上的螺栓（图 2-2-11 中箭头）并将冷却液软管略微向前推。

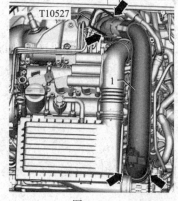
图 2-2-9

图 2-2-10

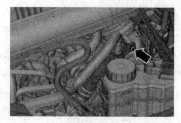
图 2-2-11

❽ 将螺栓（图 2-2-12 中箭头）用工具头 Torx T 30（T10499）拧出，取下连接套管 1（图 2-2-12）。

❾ 露出电导线束（图 2-2-13 中箭头）。

❿ 拧出螺栓 1、3，取下冷却液泵齿形皮带的齿形皮带护罩 2（图 2-2-13）。

⓫ 拧出螺栓（图 2-2-14 中箭头），取下端盖 1。

图 2-2-12

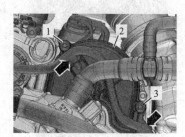
图 2-2-13

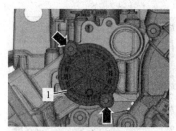
图 2-2-14

⓬ 露出支架 3 上的软管（图 2-2-15）。

⓭ 旋出螺栓 2（图 2-2-15）。

⓮ 松开夹子（图 2-2-15 中箭头），取下上部齿形皮带护罩 1。

当心：齿形皮带沾机油时会有发动机损坏的危险。为收集溢出的机油，将一块抹布放在下面。

⓯ 拧出螺栓（图 2-2-16）。

⓰ 为了拧下全部螺栓，沿发动机运转方向通过皮带盘/减振器转动曲轴（图 2-2-17）。

⓱ 取下排气凸轮轴的凸轮轴调节器的盖。

⓲ 按以下方式将曲轴转到"上止点"。

a. 拧出气缸体上"上止点"孔的螺旋塞。
b. 将固定螺栓 T10340 拧入气缸体到极限位置，并用 30N·m 的力矩拧紧。
c. 沿发动机运转方向转动曲轴到限位位置。

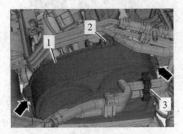
图 2-2-15

图 2-2-16

图 2-2-17

⑲ 将固定螺栓 T10340 紧贴在曲轴曲柄臂上（图 2-2-18）。

提示：固定螺栓 T10340 只在发动机运转方向上卡住曲轴。

当心：有损坏发动机的危险。

⑳ 如果固定螺栓 T10340 不能拧入气缸体到极限位置，则说明曲轴未处于正确位置。当出现这种情况时可采取下列办法。

a. 拧出固定螺栓 T10340。
b. 将曲轴沿发动机运转方向转动 90°。
c. 将固定螺栓 T10340 拧入气缸体到极限位置，并用 30N·m 的力矩拧紧。
d. 继续沿发动机运转方向转动曲轴到极限位置。
e. 对于排气凸轮轴 A 来说，冷却液泵驱动轮中的孔必须与凸轮轴壳体中的孔位置相对（图 2-2-19）。
f. 对于进气凸轮轴 E 来说，凹槽必须位于凸轮轴中心上方。

如果凸轮轴不处于所述位置，则拧出固定螺栓 T10340，然后继续转动曲轴一圈并使其转到"上止点"位置。

㉑ 如果凸轮轴位于描述中的位置，则将凸轮轴固定装置 T10504 插入进气凸轮轴直至限位位置，然后将螺栓插上（图 2-2-20）。

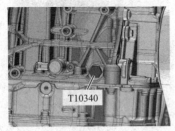
图 2-2-18

图 2-2-19

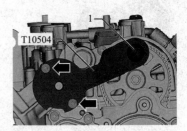
图 2-2-20

㉒ 将固定销 1 插入至限位位置。
㉓ 用手拧紧螺栓。

当心：密封面有损坏的危险；凸轮轴固定装置 T10504 不允许作为固定支架使用。

㉔ 拧出进气侧凸轮轴正时齿轮上的螺旋塞 1，为此使用固定支架 T10172（图 2-2-21）。
㉕ 将螺栓 1、2 松开约一圈，为此使用固定支架 T10172（图 2-2-22）。
㉖ 拆卸皮带盘。
㉗ 拧下螺栓，取下下部齿形皮带护罩（图 2-2-23）。

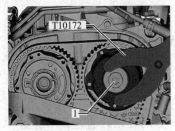
图 2-2-21

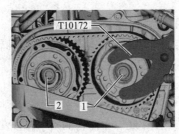
图 2-2-22

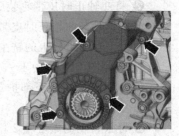
图 2-2-23

㉘ 将环形扳手 SW 30（T10499）安装在张紧辊的偏心轮 2 上（图 2-2-24）。
㉙ 将螺栓 1 用扳手头 SW 13（T10500）松开。
㉚ 用环形扳手 SW 30（T10499）松开偏心件 2 上的张紧辊。

当心：
a. 已使用过的齿形皮带如果颠倒了运转方向会导致损坏。
b. 在拆卸齿形皮带之前，用粉笔或记号笔记下运转方向，以方便重新安装。

㉛ 取下齿形皮带。
㉜ 取下曲轴正时皮带轮 1（图 2-2-25）。

（3）安装步骤（调整配气相位）

提示：更新时更换需要继续旋转一个角度拧紧的螺栓。损坏时更换螺旋塞的 O 形环。

❶ 检查凸轮轴和曲轴的"上止点"位置。
❷ 将凸轮轴固定装置 T10504 用固定销安装在凸轮轴外壳上。

当心：未正确调整的配气相位有损坏发动机的危险。将固定销插入至限位位置。

图 2-2-24

图 2-2-25

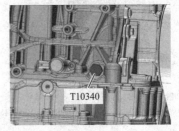
图 2-2-26

❸ 将固定螺栓 T10340 拧入气缸体中极限位置，并用 30N·m 的力矩拧紧（图 2-2-26）。
❹ 将曲轴沿发动机运转方向放置到固定螺栓 T10340 上"上止点"位置。

当心：凸轮轴有损坏的危险。凸轮轴固定装置 T10504 不允许作为固定支架使用。

❺ 更换凸轮轴正时齿轮螺栓 1、2，松动时拧入（图 2-2-27）。
凸轮轴正时齿轮必须能在凸轮轴上转动，同时不允许倾斜。
❻ 张紧辊的钢板凸耳必须嵌入气缸盖的铸造凹槽中（图 2-2-28）。

图 2-2-27

图 2-2-28

图 2-2-29

❼ 将曲轴正时皮带轮装到曲轴上。

多楔带轮与曲轴正时皮带轮之间的接触面必须无机油和油脂。

曲轴正时皮带轮上的铣削面（图 2-2-29 中箭头）必须靠在曲轴轴颈的铣削面上。

❽ 按照图 2-2-30 中 1～5 所示顺序安装齿形皮带。

❾ 安装齿形皮带下部护罩（图 2-2-30）。

❿ 安装皮带盘。

⓫ 将张紧轮的偏心轮 2 用环形扳手 SW 30（T10499）向图 2-2-31 中箭头方向转动，直至调节指针 1 位于调节窗右侧约 10mm（图 2-2-31）。

⓬ 转回偏心轮，使调节指针准确位于调节窗内。

当心：错误的拧紧力矩有损坏发动机的危险。拧紧时必须使用扭矩扳手 VAS 6583！设置扭矩扳手 VAS 6583 上的拧紧力矩时，必须将扳手头 SW 13（T10500）上给出的净尺寸转到扭矩扳手上。将偏心件保持在这一位置，然后拧紧螺栓 1（图 2-2-30），为此使用扳手头 SW 13（T10500）和扭矩扳手 VAS 6583。

凸轮轴有损坏的危险。凸轮轴固定装置 T10504 不允许作为固定支架使用。

提示：如果继续转动发动机或发动机在运转，则可能导致调节指针相对调节窗的位置略微偏离，这种情况不影响齿形皮带张紧。

⓭ 用 50N·m 的力矩预拧紧螺栓 1、2（图 2-2-32）。

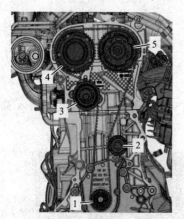

图 2-2-30

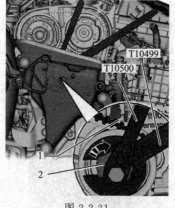

图 2-2-31

图 2-2-32

1—曲轴齿形皮带轮；2—导向辊；3—张紧轮；4—排气侧凸轮轴正时齿轮；5—进气侧凸轮轴正时齿轮

⓮ 拧出固定螺栓 T10340（图 2-2-33）。

⓯ 拉出固定销 1（图 2-2-34）。

⓰ 拧出螺栓，取下凸轮轴固定装置 T10504。

（4）检查配气相位

❶ 将曲轴沿发动机运转方向转 2 圈（图 2-2-35 中箭头）。

❷ 将固定螺栓 T10340 拧入气缸体到极限位置，并用 30N·m 的力矩拧紧。

❸ 继续沿发动机运转方向转动曲轴到限位位置。

❹ 将固定螺栓紧贴在曲轴曲柄臂上。

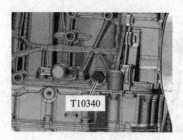

图 2-2-33

图 2-2-34

图 2-2-35

第二章 奥迪车系

提示：固定螺栓T10340只在发动机运转方向上卡住曲轴。凸轮轴固定装置T10504必须很容易装入。不允许通过工具敲入凸轮轴固定装置。

❺ 将凸轮轴固定装置T10504插入进气凸轮轴直至限位位置，而螺栓（图2-2-34中箭头）在开始时只是安放上。

❻ 将检测棒①插入至限位位置（图2-2-36）。

❼ 用手拧紧螺栓（图2-2-34中箭头）。

❽ 检查检测棒①上的凹槽（图2-2-36中箭头）是否与凸轮轴固定装置T10504齐平。

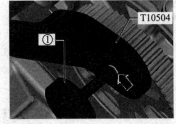

图2-2-36

当心：未正确调整的配气相位有损坏发动机的危险。如果凹槽（图2-2-36中箭头）未与凸轮轴固定装置T10504齐平，则表明检测棒①插入得还不够深。

❾ 如果无法装入凸轮轴固定装置T10504和检测棒①，则说明配气相位不正常。

❿ 再次调节配气相位。

⓫ 如果可插入凸轮轴固定装置T10504和检测棒①，则说明配气相位正常。

⓬ 拧出固定螺栓T10340。

⓭ 拧出螺栓（图2-2-34中箭头），取下凸轮轴固定装置T10504和检测棒。

⓮ 用最终拧紧力矩拧紧螺栓1、2（图2-2-32），为此使用固定支架T10172。

⓯ 拧紧螺旋塞1（图2-2-21），为此使用固定支架T10172。

当心：发动机有损坏的危险。最后检查是否取下了固定螺栓T10340和凸轮轴固定装置T10504。

三、1.4T CAXA发动机EA111正时皮带（2011～2014年）

1. 适用车型

奥迪A1。

2. 装配正时链（图2-3-1）

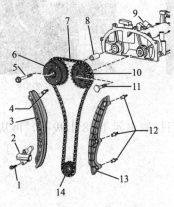

图2-3-1

1—螺栓（9N·m）；2—链条张紧器（处于弹簧张紧状态，拆卸前用定位销T40011固定住）；3—张紧轨；4, 12—导向销（18N·m）；5—螺栓（当心：左旋螺纹螺栓！更换；松开和拧紧时用固定支架T10172锁住凸轮轴链轮。40N·m+90°）；6—凸轮轴调节器（用于进气凸轮轴，不允许分解）；7—凸轮轴正时链（拆卸前，用颜色标记转动方向）；8—轴套（用于凸轮轴调节器）；9—凸轮轴外壳（拆卸和安装）；10—凸轮轴链轮（用于排气凸轮轴，拆卸和安装）；11—螺栓（更换；松开和拧紧时用固定支架T10172锁住凸轮轴链轮。50N·m+90°）；13—滑轨；14—链轮（用于机油泵驱动链和凸轮轴正时链）

3. 拆卸和安装凸轮轴正时链

（1）所需要的专用工具和维修设备

千分表组件（VAS 6341）、拔出器（T10094 A）、千分表适配接头（T10170 A）、凸轮轴固定装置（T10171 A）、固定支架（T10172）、定位销T40011如图2-3-2所示。火花塞扳手（3122B）如图2-3-3所示。固定螺栓（T10340）如图2-3-4所示。

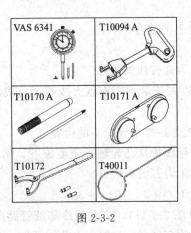

图2-3-2

图2-3-3

固定支架 3415 如图 2-3-5 所示。软管夹圈钳 VAS 6362 如图 2-3-6 所示。

图 2-3-4

图 2-3-5

图 2-3-6

提示：如果另外带有一个下文所述的孔，那么也可以使用原来的凸轮轴固定装置 T10171 代替凸轮轴固定装置 T10171 A。

❶ 如图 2-3-7 所示，将模板 1 安装到凸轮轴固定装置 T10171 上。
❷ 在标记 2 上用冲头冲一个印记。
❸ 用直径 7mm 的钻头钻穿冲头标记位置，去除孔上的毛刺。
❹ 在工具名称 T10171 上再附加一个"A"做标记。

（2）拆卸步骤

❶ 拆卸多楔带。
❷ 拆下发动机罩。
❸ 将真空软管从空气导流软管上拔下。
❹ 拆下空气导流软管，为此松开软管卡箍 1、2（图 2-3-8）。
❺ 拧下螺栓 2，取下固定卡箍 1（图 2-3-9）。
❻ 脱开增压压力传感器 G31/进气温度传感器 G299 上的电插头 3（图 2-3-9）。

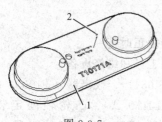
图 2-3-7

图 2-3-8

图 2-3-9

❼ 松开卡止装置（图 2-3-9 中箭头），将空气导流管先从节气门控制单元 J338 上拔下，再从废气涡轮增压器上拔下。
❽ 露出空气导流管上的软管。
❾ 拔下真空管路。
❿ 脱开真空管路，为此按压解锁环。
⓫ 将拔出器 T10094 A 安装到所有点火线圈上，拔出点火线圈，同时脱开气缸 1～4 的点火线圈上的电插头。
⓬ 用火花塞扳手 3122 B 拧出气缸 1 的火花塞。
⓭ 脱开电插头，把导线槽从凸轮轴外壳上拔下，然后向左翻到旁边。
⓮ 将电插头从机油压力开关上脱开。
⓯ 旋出接地线螺栓 1（图 2-3-10）。
⓰ 旋出螺栓 1、2（图 2-3-11），将左侧冷却液管路向左推到旁边。
⓱ 将千分表适配接头 T10170 A 拧入火花塞螺纹内，直至极限位置（图 2-3-12）。

  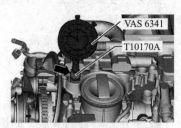

图 2-3-10　　　　　　　　　图 2-3-11　　　　　　　　　图 2-3-12

⑱ 将千分表 VAS 6341 用加长件 T10170 A/1 插入并用锁紧螺母固定（图 2-3-12 中箭头）。

⑲ 将曲轴沿发动机运转方向拧到"上止点"。"上止点"是指千分表上的最大测量值。

⑳ 凸轮轴内的孔（图 2-3-13 中箭头）必须处于图示位置。必要时继续转动曲轴一圈（360°）。

㉑ 将凸轮轴固定装置 T10171 A 装入凸轮轴开口，直至极限位置。

㉒ 止动螺栓必须卡入孔中。

㉓ 必须能从上面看到"TOP"（顶部）字样。

㉔ 为了固定凸轮轴固定装置 10171 A，用手拧入螺栓，不要拧紧。

当心：凸轮轴有损坏的危险。凸轮轴固定装置 T10171 A 不允许作为固定支架使用。

㉕ 拧出气缸体"上止点"孔的螺旋塞（图 2-3-14 中箭头）。

㉖ 将固定螺栓 T10340 拧入气缸体到极限位置，并用 30N·m 的力矩拧紧（图 2-3-15）。

提示：用固定螺栓 T10340 只在发动机运转方向上卡住曲轴。

当心：有损坏发动机的危险。为了避免曲轴上的链轮从从动件中滑出，松开多楔带轮后不得转动曲轴。

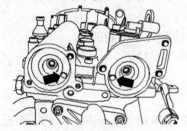  

图 2-3-13　　　　　　　　　图 2-3-14　　　　　　　　　图 2-3-15

㉗ 松开多楔带轮螺栓，为此用固定支架 3415 和螺栓 1 固定住（图 2-3-16）。

㉘ 拧出螺栓并取下多楔带轮。

㉙ 拆卸正时链盖板。

㉚ 为了把链轮固定在曲轴上，装上轴套 2，并用手拧入曲轴多楔带轮的螺栓 1（图 2-3-17）。

㉛ 将张紧轨 2 沿箭头方向按压，将链条张紧器的活塞 1 用定位销 T40011 锁住（图 2-3-18）。

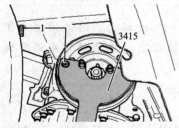 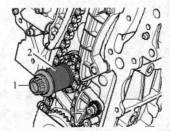 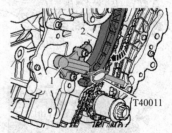

图 2-3-16　　　　　　　　　图 2-3-17　　　　　　　　　图 2-3-18

当心：

a. 对于用过的凸轮轴正时链，运转方向相反时有损坏的危险。

b.为了重新安装凸轮轴正时链,用带颜色的箭头标记运转方向。不得通过冲窝、刻槽等方式对凸轮轴正时链做标记。

c.凸轮轴有损坏的危险。

d.凸轮轴固定装置T10171 A不允许作为固定支架使用。

e.螺纹有损坏危险。

f.凸轮轴调节器的螺栓为左旋螺纹。

㉜ 松开凸轮轴调节器1的螺栓2和凸轮轴链轮5的螺栓4,为此用固定支架T10172固定住凸轮轴链轮(图2-3-19)。

㉝ 将凸轮轴链轮连同凸轮轴正时链3一起取下。

提示:凸轮轴调节器可以保留在凸轮轴上。

(3) 安装步骤

提示:更新时更换需要继续旋转一个角度拧紧的螺栓。更换凸轮轴封盖的密封件和O形环。用标准型软管卡箍固定所有软管连接。

❶ 检查凸轮轴和曲轴的"上止点"位置。

❷ 凸轮轴固定装置T10171 A必须安装在凸轮轴外壳上。

当心:气门机构有损坏危险。转动时不得沿轴向移动凸轮轴。

❸ 固定螺栓T10340必须拧入气缸体到极限位置,并用30N·m的力矩拧紧。

曲轴必须沿发动机运转方向安装到固定螺栓T10340上。

当心:螺纹有损坏危险。凸轮轴调节器的螺栓为左旋螺纹。

❹ 松松地拧入凸轮轴调节器的螺栓。凸轮轴调节器必须还能在凸轮轴上转动并且不得翻倒。

❺ 按照拆卸时做好的标记安装凸轮轴正时链。

❻ 将凸轮轴正时链连同排气凸轮轴的凸轮轴链轮一起安装到曲轴的凸轮轴链轮和凸轮轴调节器上。

❼ 松松地拧入凸轮轴链轮的螺栓。凸轮轴链轮必须还能在凸轮轴上转动并且不得翻倒。

❽ 张紧凸轮轴正时链,为此把定位销T40011从链条张紧器中拉出(图2-3-18)。

❾ 再次检查凸轮轴和曲轴"上止点"位置。

当心:螺纹有损坏危险。凸轮轴调节器的螺栓为左旋螺纹。

❿ 将凸轮轴调节器1的螺栓2以40N·m的力矩拧紧,将凸轮轴链轮5的螺栓4以50N·m的力矩拧紧,为此用固定支架T10172固定住凸轮轴链轮(图2-3-19)。

提示:检查正时链之后才以最终拧紧力矩拧紧凸轮轴调节器和凸轮轴链轮的螺栓。

拧紧螺栓时不得扭转曲轴,且凸轮轴正时链3(图2-3-19)必须在两侧保持张紧。

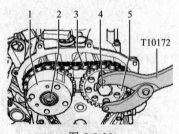

图2-3-19

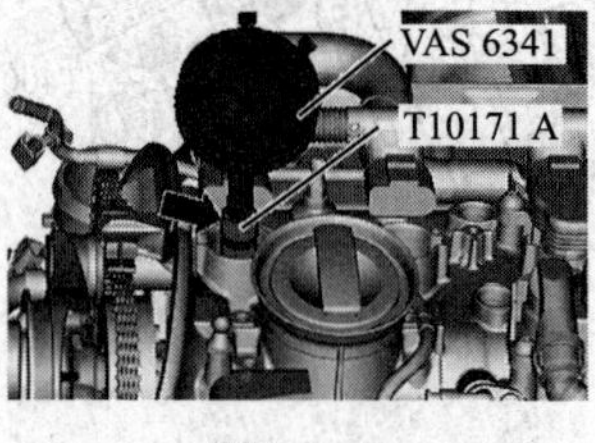

⓫ 拆卸凸轮轴固定装置T10171 A。

⓬ 拧出固定螺栓T10340。

⓭ 将曲轴沿发动机运转方向转动2圈并调节到"上止点"。"上止点"表示千分表上的最大测量值。

提示:

a.如果曲轴被转动超过"上止点"0.01mm以上,则必须逆着发动机运转方向转动曲轴约45°。接着将曲轴沿发动机运转方向调节到"上止点"。

b.与上止点之间的允许偏差为±0.01mm。

c.无需理会图2-3-20中的箭头。

⓮ 将固定螺栓T10340拧入气缸体到极限位置,并用30N·m的力矩拧紧。

⓯ 沿发动机运转方向转动曲轴,把它装到固定螺栓上。

图2-3-20

⓰ 将凸轮轴固定装置T10171 A装入凸轮轴开口,直至极限位置。

止动螺栓必须卡入孔中。必须能从上面看到"TOP"（顶部）字样。

⑰ 如果凸轮轴固定装置 T10171 A 不能装入凸轮轴开口内到极限位置，则重新调节。

⑱ 如果能装入凸轮轴固定装置 T10171 A，则重新把它取下。

⑲ 拧出固定螺栓 T10340。

当心：螺纹有损坏危险。凸轮轴调节器的螺栓为左旋螺纹。

⑳ 将凸轮轴调节器 1 的螺栓 2 和凸轮轴链轮 5 的螺栓 4 继续旋转一定角度直至拧紧，为此用固定支架 T10172 固定住凸轮轴链轮（图 2-3-19）。

㉑ 将曲轴沿发动机运转方向再次转动 2 圈并调节到"上止点"。

㉒ 检查调节情况，必要时重新调节。

当心：有损坏发动机的危险。为了避免曲轴上的链轮从从动件中滑出，松开多楔带轮螺栓后不得转动曲轴。

㉓ 拧下多楔带轮的螺栓 1（图 2-3-17）。

提示：轴套 2 保留在曲轴上。后续组装以倒序进行。

㉔ 安装正时链盖板。

㉕ 安装前在凸轮轴封盖的 O 形环上涂油。

㉖ 安装曲轴多楔带轮。

㉗ 拧紧"上止点"孔的螺旋塞。

㉘ 安装左侧冷却液管。

㉙ 电接口和线路布置。

㉚ 安装火花塞。

㉛ 安装空气导管。

㉜ 安装发动机罩。

㉝ 安装多楔带。

4. 检测配气相位

(1) 所需要的专用工具和维修设备

火花塞扳手（3122B）、扭矩扳手（5～50N·m）（VAG 1331）、千分表（VAS 6079）、拔出器（T10094 A）、千分表适配接头（T10170）或千分表适配器（T10170 A）、凸轮轴固定装置（T10171 A）如图 2-3-21 所示。

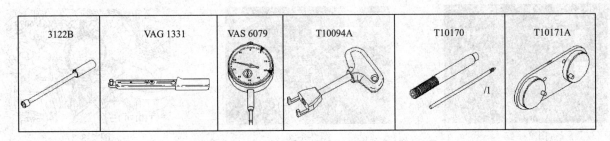

图 2-3-21

提示：用于固定凸轮轴固定装置的固定点已经改变。采用的新专用工具的名称为凸轮轴固定装置 T10171 A。

原来的凸轮轴固定装置 T10171 还可继续使用，但需按以下方式进行处理。

a. 如图 2-3-22 所示，将模板 1 放到凸轮轴固定装置 T10171 上。

b. 在凸轮轴固定装置 T10171 的标记 2 处冲一个固定标记。

c. 用一个 7mm 的钻头钻穿凸轮轴固定装置 T10171。

d. 去除钻孔两侧的毛刺。

e. 在工具名称 T10171 上再附加一个"A"做标记。

(2)检测步骤

❶ 拆卸右前轮罩内板的下部分。

❷ 排放出冷却液。

❸ 拧出发动机罩的紧固螺栓(图2-3-23中箭头)。

❹ 将机油尺2从导管中拉出(图2-3-23)。

❺ 从发动机罩上摘下冷却液软管1并将发动机罩向上拉(图2-3-23)。

❻ 将冷却液软管从冷却液管1上拔下,然后从下面将冷却液管从凸轮轴壳体和气缸体上拔下(图2-3-24)。

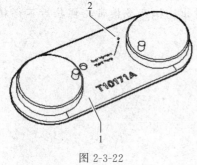

图2-3-22

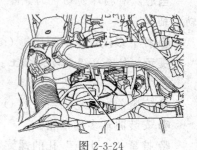

图2-3-23　　　　　图2-3-24

❼ 松开并拔出插头2(图2-3-25)。

❽ 拆卸机油压力开关1(图2-3-25)。

❾ 旋出两块凸轮轴盖板3的螺栓(图2-3-26)。

❿ 松开发动机预置导线1(图2-3-26)。

⓫ 将冷却液管2和发动机预置导线1从气缸盖上拔下(图2-3-26)。

⓬ 将两块凸轮轴盖板3从气缸盖中撬出(图2-3-26)。

⓭ 从气缸1上拆下火花塞,为此使用拔出器T10094 A和火花塞扳手3122 B。

⓮ 将千分表适配接头T10170拧入火花塞螺纹内,直至限位位置。

⓯ 将千分表VAS 6079和加长件T10170/1插入到极限位置并用锁紧螺母(图2-3-27中箭头)将其固定。

⓰ 将曲轴沿发动机运转方向转到气缸1的"上止点",记住千分表小指针的位置。

图2-3-25　　　　　图2-3-26　　　　　图2-3-27

提示:

a.如果转动曲轴时超过"上止点"0.01mm,则必须再次将曲轴沿发动机运转方向转动2圈,以便将曲轴置于气缸1的"上止点"位置。

b.气缸1"上止点"的允许偏差为±0.01mm。

c.当心:在装入凸轮轴固定装置T10171 A前,必须检查工具的销钉是否突出至少7mm。如果不是这样,则说明凸轮轴固定装置损坏,必须更换。

d.不允许通过工具敲入凸轮轴固定装置!

⓱ 将凸轮轴固定装置T10171 A装入凸轮轴开口内,直至限位位置。

止动螺栓必须卡入孔中。必须能从上面看到"TOP"(顶部)字样。

如果无法将凸轮轴固定装置 T10171 A 装入凸轮轴开口内的限位位置，则说明配气相位不一致并且必须进行调整。

如果能够将凸轮轴固定装置 T10171 A 装入凸轮轴开口内的限位位置，则说明配气相位正常。

其余的组装工作以与拆卸相反的顺序进行。

同时要注意下列事项。

a. 更换凸轮轴端盖密封环并在安装前涂油。

b. 拆卸后必须更换油压力开关，因为密封环无法单独更换。

c. 机油压力开关的拧紧力矩为 20N·m。

d. 加注冷却液。

5. 检查正时链

（1）所需要的专用工具和维修设备

a. 扭矩扳手 VAS 6583（图 2-3-28）；b. 检测工具 T10550（图 2-3-29）；c. 凸轮轴固定装置 T10550/1；d. 指针 T10550/2；e. 刻度导套 T10550/3。

发动机机油温度必须至少为 40℃。

（2）检查步骤

❶ 将两块凸轮轴盖板 3 从气缸盖中撬出（图 2-3-26）。

图 2-3-28

图 2-3-29

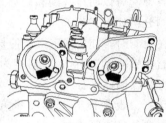
图 2-3-30

❷ 左侧排气凸轮轴的孔（左侧箭头）必须位于图示位置（图 2-3-30）。

❸ 必要时将曲轴沿发动机运转方向转动。

❹ 将凸轮轴固定装置 T10550/1 装入凸轮轴开口，直至极限位置（图 2-3-31）。

a. 止动螺栓（箭头 A）必须卡入排气凸轮轴的孔（箭头 B）中。

b. 必须能从上面看到"TOP"（顶部）字样。

❺ 将凸轮轴固定装置 T10550/1 手动拧紧（图 2-3-32），为此使用一个凸轮轴盖板螺栓（箭头）。

❻ 将指针 T10550/2 拧入油底壳的孔中（图 2-3-33）。

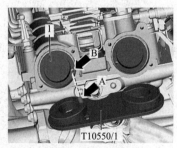
图 2-3-31

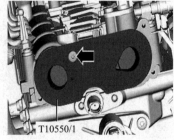
图 2-3-32

图 2-3-33

❼ 将定心顶尖调整为垂直，此时顶尖必须朝上。

❽ 用滚花螺母拧紧定心顶尖。

❾ 将刻度导套 T10550/3 在皮带盘上定位（图 2-3-34）。

当心：

a. 夹住手指有造成人身伤害的危险；b. 刻度导套 T10550/3 带有磁铁；c. 小心地组合部件；d. 组合时

注意，部件会快速相互吸引；e.如图2-3-35所示，调整刻度导套T10550/3与指针T10550/2。

⑩ 将扭矩扳手VAS 6583用合适的工具头装到曲轴螺栓上（图2-3-36）。

⑪ 将扭矩扳手VAS 6583顺时针按下并用40N·m的力矩按住。

⑫ 将刻度导套T10550/3朝指针T10550/2方向调到"0"。

⑬ 将扭矩扳手VAS 6583换位并逆时针慢慢按压（图2-3-35）。

⑭ 用40N·m的力矩按住扭矩扳手VAS 6583。

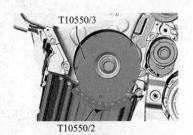 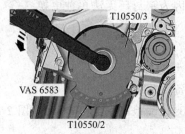 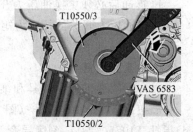

图2-3-34　　　　　　　　图2-3-35　　　　　　　　图2-3-36

⑮ 读取刻度上显示的数值。

如果在检查过程中出现链条弹起的现象，则必须更换链条。

链条弹起可以明显听到和感觉到。

检测分析如下。

a.在检测时，如果确定链条伸长，即刻度指针指到28°，那么正时链即为正常。

b.自指针指到29°起，正时链为不正常，必须更换。

c.组装以倒序进行。

提示：刻度导套T10550/3带有磁铁。

同时要注意下列事项。

a.从皮带盘上拆卸刻度导套T10550/3时不可使用撬动工具！

b.将刻度导套T10550/3向右转动约45°，使刻度区域不再位于指针T10550/2之上。

c.用双手在后面抓住刻度导套T10550/3。

d.用拇指顶住皮带盘螺栓，拔出刻度导套T10550/3。

e.更换凸轮轴封盖的密封环，安装前上油。

f.加注冷却液。

四、1.8T、2.0T CUFA、CNCD、CUJA、CUHA、CYPA、CHHC、CYRB发动机EA888第三代正时链（2014～2018年）

1.适用车型

奥迪A3、一汽奥迪A3、一汽奥迪A4L、奥迪A5、一汽奥迪A6L、奥迪A7、一汽奥迪Q3、一汽奥迪Q5、奥迪Q7、奥迪TT、奥迪A8L。

2.装配凸轮轴正时链（图2-4-1）

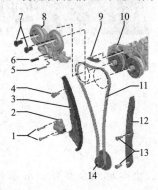

图2-4-1

1—螺栓（更换，4N·m+90°）；2—链条张紧器（处于弹簧张紧状态。拆卸前用插入定位工具T40267固定）；3—正时链张紧轨；4,13—导向销（20N·m）；5—螺栓（更换）；6—张紧套（根据结构情况，不是在每个轴承桥上都安装）；7—控制阀（左旋螺纹，35N·m，用装配工具T10352/2进行拆卸）；8—轴承桥；9—凸轮轴正时链的滑轨；10—凸轮轴外壳；11—凸轮轴正时链（拆卸前，用颜色标记转动方向）；12—凸轮轴正时链的滑轨；14—二级链轮曲轴

轴承桥的拧紧力矩和拧紧顺序见表2-4-1和表2-4-2。

表2-4-1 用于钢螺栓

挡	螺栓	拧紧力矩
1	1～6	手动拧入至贴紧
2	1～6	9N·m

表2-4-2 用于铝螺栓

挡	螺栓	拧紧力矩/继续拧紧角度
1	1～6	手动拧入至贴紧
2	1～6	预拧紧力矩4N·m
3	1～6	继续拧紧180°

三级链轮的安装位置，两面（图2-4-2中箭头）必须相对。

3. 安装平衡轴驱动链（图2-4-3）

图2-4-2

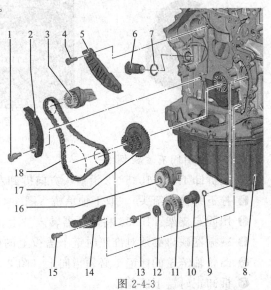

图2-4-3

1,4,15—导向销（20N·m）；2—张紧轨（用于正时链）；3—平衡轴（排气侧，用机油涂抹支座，仅成对更新）；5—滑轨（用于正时链）；6—链条张紧器（85N·m。涂防松剂后装入）；7—密封环；8—气缸体；9—O形环（用机油涂抹）；10—轴承螺栓（用机油涂抹）；11—中间齿轮（如果螺栓松过，则必须更换中间齿轮）；12—止推垫片；13—螺栓（更换）；14—滑轨（用于平衡轴正时链）；16—平衡轴（进气侧，用机油涂抹支座，仅成对更新）；17—三级链轮；18—平衡轴驱动链

轴承螺栓安装：更换并用机油润滑O形环1（图2-4-4），轴承螺栓的配合销（图2-4-5中箭头）卡入气缸体孔中，用机油润滑轴承螺栓。

当心：

a. 务必更换中间齿轮，否则无法调整齿隙，会导致发动机损坏。

b. 新的中间齿轮带一层油漆减摩覆层，在短时运行后会被磨去，这样齿隙便会自动调整。用新的螺栓按如下方式拧紧。

ⓐ 用扭矩扳手以10N·m的力矩预紧。

ⓑ 旋转中间齿轮。中间齿轮不允许有间隙存在，否则松开并再次拧紧。

图2-4-4

图2-4-5

ⓒ 用扭矩扳手以25N·m的力矩拧紧。

ⓓ 用刚性扳手将螺栓继续转动90°。

4. 拆卸和安装凸轮轴正时链

(1) 所需要的专用工具和维修设备

拆卸工具（T10352）、固定支架（T10355）、定位销（T40011）、装配杆（T40243）、插入定位工具（T40267）、凸轮轴固定装置（T40271）如图2-4-6所示。装配工具T40266如图2-4-7所示。

(2) 拆卸步骤

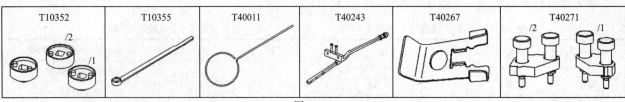

图 2-4-6

图 2-4-7

图 2-4-8

图 2-4-9

当心：控制阀有左旋螺纹。

❶ 用拆卸工具 T10352/2 沿箭头方向拆卸左侧和右侧控制阀（图 2-4-8）。

❷ 拧下螺栓（箭头），取下轴承桥（图 2-4-9）。

❸ 用固定支架 T10355 将减振器转入"上止点"位置。

❹ 减振器缺口必须对准正时链下盖板上的标记（图 2-4-10 中箭头）。

❺ 凸轮轴链轮的标记 1 必须指向上（图 2-4-10）。

❻ 拆卸正时链下部盖板。

❼ 再次检查"上止点"位置。

❽ 沿图 2-4-11 中箭头方向按压机油泵的链条张紧器张紧卡箍，并用定位销 T40011 卡住。

❾ 拆卸机油泵链条张紧器 1（图 2-4-11）。

❿ 拧出螺栓（图 2-4-12 中箭头）。

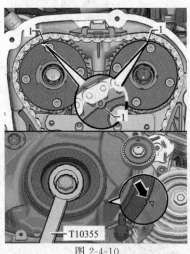

图 2-4-10

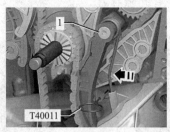

图 2-4-11

图 2-4-12

⓫ 拧入装配杆 T40243（图 2-4-13）。

⓬ 压紧并固定链条张紧器的卡环。

⓭ 沿图 2-4-13 中箭头方向缓慢地按压并固定装配杆 T40243。

⓮ 用插入定位工具 T40267 固定链条张紧器（图 2-4-14）。

⓯ 拆卸装配杆 T40243。

⓰ 将凸轮轴固定装置 T40271/2 拧到气缸盖上并沿箭头方向 2 推入链轮的啮合齿中，必要时用装配工具 T40266 沿箭头方向 1 转动进气凸轮轴（图 2-4-15）。

⓱ 将凸轮轴固定装置 T40271/1 拧到气缸盖上（图 2-4-16）。

接下来的工作步骤需要另一位机械师协助。

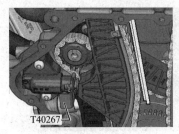
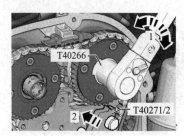

图 2-4-13　　　　　图 2-4-14　　　　　图 2-4-15

⑱ 将排气凸轮轴用装配工具 T40266 沿箭头方向 A 固定。拧出螺栓 1，将张紧轨 2 向下推（图 2-4-16）。

⑲ 将排气凸轮轴顺时针沿箭头方向 A 继续旋转，直到凸轮轴固定装置 T40271/1 能够沿箭头方向 B 推入链轮啮合齿 C。

⑳ 拆卸滑轨 1，为此用螺丝刀打开卡子（图 2-4-17 中箭头），然后将滑轨向前推开。

㉑ 拧下螺栓（图 2-4-18 中箭头），拆下链条张紧器 1。

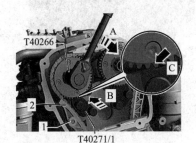

图 2-4-16　　　　　图 2-4-17　　　　　图 2-4-18

㉒ 拧出螺栓 1，拆下滑轨 2（图 2-4-19）。
㉓ 将凸轮轴正时链从凸轮轴齿轮上取下并挂到凸轮轴的销轴上（图 2-4-20 中箭头）。
㉔ 拆卸平衡轴正时链的链条张紧器 1（图 2-4-21）。

图 2-4-19　　　　　图 2-4-20　　　　　图 2-4-21

㉕ 拧出螺栓 1。拆卸张紧轨 2、滑轨 3 和 4（图 2-4-22）。
㉖ 松开夹紧螺栓 A，拧出夹紧螺栓 B（图 2-4-23）。
㉗ 取出三级链轮，同时卸下机油泵驱动装置的正时链。
㉘ 取下凸轮轴正时链和平衡轴驱动链。

（3）安装步骤

❶ 检查曲轴的"上止点"1，曲轴的平端（图 2-4-24 中箭头）必须水平。
❷ 用防水销钉将标记标注到气缸 1 上。
❸ 用防水记号笔在三级链轮的齿 1 上做标记 2（图 2-4-25）。
❹ 将中间齿轮和平衡轴转至标记（箭头），螺栓 1 不得松开（图 2-4-26）。

提示：链条的彩色链节必须定位在链轮的标记上。无需理会可能存在的附加彩色链节的位置。

 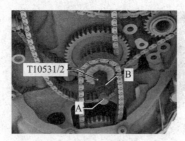 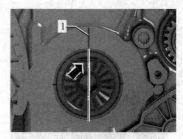

图 2-4-22　　　　　　　　图 2-4-23　　　　　　　　图 2-4-24

⑤ 放上平衡轴驱动链,将彩色链节(箭头)定位到链轮的标记上(图 2-4-27)。
⑥ 安装滑轨 1 并拧紧螺栓(箭头)(图 2-4-28)。

图 2-4-25　　　　　　　　图 2-4-26　　　　　　　　图 2-4-27

⑦ 将带彩色链节的凸轮轴正时链(图 2-4-20 中箭头)挂到凸轮轴销轴上。
⑧ 将机油泵驱动装置的正时链放到三级链轮上(图 2-4-29)。
⑨ 沿箭头方向将三级链轮向发动机侧翻转并在曲轴上固定。标记(箭头)必须相对(图 2-4-29)。
⑩ 将夹紧螺栓 T10531/2 拧入曲轴并用手拧紧(图 2-4-30 中Ⅰ)。

  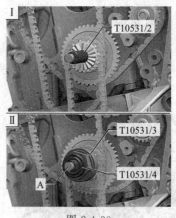

图 2-4-28　　　　　　　　图 2-4-29　　　　　　　　图 2-4-30

⑪ 装上旋转工具 T10531/3。用手拧上带肩螺母 T10531/4。用开口扳手略微来回移动旋转工具,同时再拧紧带肩螺母,直到链轮牢固地装到曲轴啮合齿上,再拧紧夹紧螺栓 A(图 2-4-30 中Ⅱ)。
⑫ 将平衡轴驱动链的彩色链节(箭头)定位在三级链轮的标记上。安装张紧轨 1 和滑轨 2。拧紧螺栓 3(图 2-4-31)。
⑬ 安装链条张紧器 1(图 2-4-32)。
⑭ 再次检查调整情况,彩色链节(箭头)必须对准链轮的标记(图 2-4-33)。
⑮ 将凸轮轴正时链放到进气凸轮轴上,排气凸轮轴放到曲轴上。将彩色链节(箭头)定位到链轮的标记上(图 2-4-34)。
⑯ 安装滑轨 2 并拧紧螺栓 1(图 2-4-35)。
⑰ 安装上部滑轨 1(图 2-4-17)。

图 2-4-31

图 2-4-32

图 2-4-33

图 2-4-34

图 2-4-35

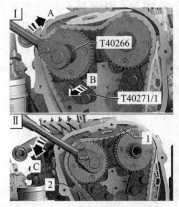
图 2-4-36

接下来的工作步骤需要另一位机械师协助。

⑱ 将排气凸轮轴用装配工具 T40266 沿箭头方向 A 略微转动，并将凸轮轴固定装置 T40271/1 从链轮的啮合齿中推出（图 2-4-36 中箭头方向 B）。

⑲ 将凸轮轴沿箭头方向 C 松开，直到正时链紧贴到滑轨 1 上。将凸轮轴固定在这个位置，拧上张紧轨 2 并拧紧螺栓（图 2-4-36）。

⑳ 安装链条张紧器 1 并拧紧螺栓（图 2-4-18 中箭头）。

㉑ 用装配工具 T40266 沿箭头方向 1 转动进气凸轮轴，沿箭头方向 2 从链轮的啮合齿中推出凸轮轴固定装置 T40271/2 并松开凸轮轴（图 2-4-37）。

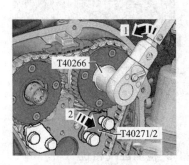
图 2-4-37

㉒ 拆卸凸轮轴固定装置 T40271/2。

㉓ 检查调整情况，彩色链节（箭头）必须对准链轮的标记（图 2-4-38）。

㉔ 安装链条张紧器 2 并拧紧螺栓 1。拆下定位销 T40011，钢丝夹必须在开口中（箭头）紧贴油底壳上部件（图 2-4-39）。

㉕ 拧入并拧紧螺栓（图 2-4-40 中箭头）。拧紧力矩：第一遍为 40N·m，第二遍为旋转 90°。

㉖ 用机油润滑开孔（图 2-4-41 中箭头）。

提示：不是每个轴承桥上都装有夹紧套。

㉗ 套上轴承桥并用手拧紧螺栓（箭头）（图 2-4-42）。

㉘ 拆除插入定位工具 T40267（图 2-4-43）。

㉙ 拧紧用于轴承桥的螺栓。

图 2-4-38

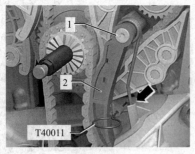 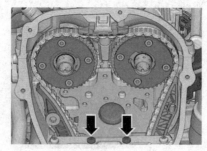 

图 2-4-39　　　　　图 2-4-40　　　　　图 2-4-41

㉚ 安装控制阀。

㉛ 将发动机沿运转方向转动两次。

提示：根据传动比，彩色链节在发动机运转之后不再相一致。

其他安装以相反顺序进行。

㉜ 取下旋转工具并安装正时链的下部盖板。

提示：在安装减振器后才用继续旋转角度拧紧螺栓 1 和 2（图 2-4-44）。在安装减振器时，必须再次拧出螺栓。

a. 安装减振器。
b. 安装正时链的上部盖板。
c. 安装多楔带的张紧装置。
d. 安装多楔带。
e. 操作链条传动后，必须调整链条长度。

 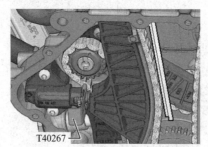 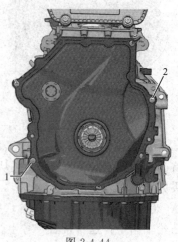

图 2-4-42　　　　　图 2-4-43　　　　　图 2-4-44

5. 检测配气相位

（1）所需要的专用工具和维修设备

a. 千分表组件 VAS 6341，如图 2-4-45 所示。

b. 千分表适配接头 T10170 A（图 2-4-46）。

（2）检测步骤

❶ 拆卸正时链上部盖板。

❷ 拆卸隔音垫。

❸ 使用套筒扳手的工具头或固定支架将减振器上的曲轴沿发动机运转方向转动，直至标记（箭头）几乎位于上部（图 2-4-47）。

  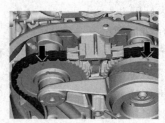

图 2-4-45　　　　　图 2-4-46　　　　　图 2-4-47

❹ 拆卸气缸1的火花塞。
❺ 将千分表适配接头T10170 A拧入火花塞螺纹内至极限位置（图2-4-48）。
❻ 将千分表组件VAS 6341插入到极限位置，用锁紧螺母固定住。
❼ 沿发动机运转方向缓慢转动曲轴，直到达到最大指针偏向角。当指针到达最大偏转位置（指针的反转点）时，活塞位于"上止点"。

提示：为转动减振器，使用棘轮和套筒扳手的工具头或固定支架。如果曲轴转到"上止点"上方，则将曲轴再次沿发动机运转方向转动两周。请勿逆发动机运转方向转动发动机。

图2-4-48

a.气缸盖上带有标记：减振器缺口必须对准正时链下盖板上的标记（图2-4-49中箭头）；凸轮轴链轮的标记1必须对准气缸盖上的标记2和3。

b.气缸盖上不带标记：减振器上的缺口和正时链下方盖板上的标记必须相互对着（图2-4-50中箭头）；凸轮轴链轮的标记1必须指向上（图2-4-50）；测量从棱边1到排气凸轮轴链轮上的标记2的距离（图2-4-51），标准值：74～77mm。

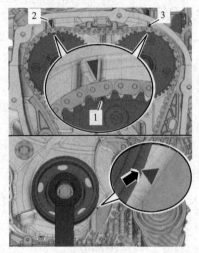

图2-4-49

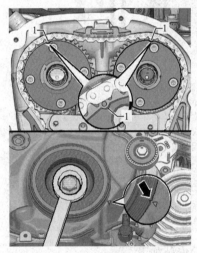

图2-4-50

❽ 如果已达到标准值，则测量排气凸轮轴链轮上的标记1和进气凸轮轴链轮上的标记2之间的距离（图2-4-52）。标准值：124～127mm。

提示：一个齿的偏差意味着和标准值偏差约6mm。如果确认有偏差，则重新铺放正时链。

图2-4-51

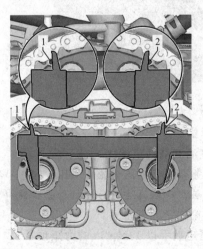

图2-4-52

五、2.0T CDZA、CDAD 发动机 EA888 第二代正时链（2009~2015 年）

操作视频

1. 适用车型

一汽奥迪 A3、一汽大众奥迪 A4L、奥迪 A5、一汽奥迪 A6L、一汽奥迪 Q3、一汽奥迪 Q5、奥迪 Q7。

2. 装配凸轮轴正时链（图 2-5-1）

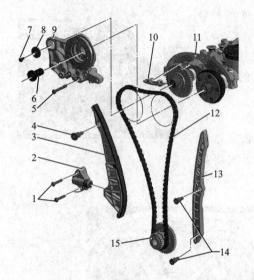

图 2-5-1

曲轴三级链轮安装：两面（箭头）必须相对（图 2-5-2）。

图 2-5-2

1、5—螺栓（9N·m）；2—链条张紧器（处于弹簧张紧状态。拆卸前用定位销 T40011 固定住）；3—正时链张紧轨；4、14—导向销 20N·m；6—控制阀（左旋螺纹。采用拆卸工具 T10352/1 拆卸。35N·m）；7—螺栓（更换。20N·m+继续转动 90°）；8—垫圈；9—轴承桥；10—凸轮轴正时链的滑轨；11—凸轮轴外壳；12—凸轮轴正时链（拆卸前，用颜色标记转动方向。拆卸和安装）；13—凸轮轴正时链的滑轨；15—三级链轮（曲轴）

3. 装配平衡轴驱动链（图 2-5-3）

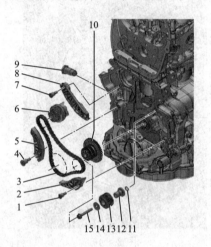

图 2-5-3

1、4、7—导向销（20N·m）；2、8—滑轨（用于正时链）；3—平衡轴驱动链；5—张紧轨（对于平衡轴驱动链）；6—平衡轴（排气侧。拆卸后必须更新。用机油涂抹支座）；9—链条张紧器（85N·m。在密封环上涂抹密封剂）；10—三级链轮；11—O 形环（用机油涂抹）；12—轴承螺栓（用机油涂抹）；13—中间齿轮（如果螺栓松开过，则必须更换中间齿轮）；14—垫圈；15—螺栓（更换。如果螺栓松开过，则必须更换中间齿轮）

轴承螺栓安装如下。

❶ 更换并用机油润滑 O 形环 1（图 2-5-4）。

图 2-5-4

❷ 轴承螺栓的配合销（图 2-5-4 中箭头）卡入气缸体孔中。

❸ 用机油润滑轴承螺栓。

当心：务必更换中间齿轮 1（图 2-5-5），否则无法调整齿隙，导致发动机损坏。新的中间齿轮带一层油漆减摩覆层，在短时运行后会被磨去，这样齿隙便会自动调整。

中间齿轮拧紧顺序如下。

❶ 用扭矩扳手以 10N·m 的力矩预紧。

❷ 旋转中间齿轮。中间齿轮不允许有间隙存在，否则松开并再次拧紧。

❸ 用扭矩扳手以 25N·m 的力矩拧紧。
❹ 用刚性扳手将螺栓继续转动 90°。

图 2-5-5

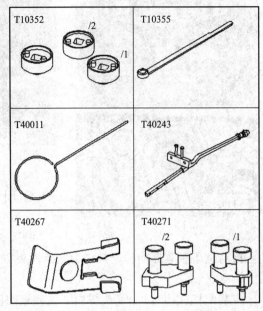

图 2-5-6

4. 拆卸和安装凸轮轴正时链

(1) 所需要的专用工具和维修设备

拆卸工具（T10352）、固定支架（T10355）、定位销（T40011）、装配杆（T40243）、插入定位工具（T40267）、凸轮轴固定装置（T40271）如图 2-5-6 所示。

(2) 拆卸准备工作

❶ 拆卸防撞梁。
❷ 进入维护位置。
❸ 拆卸正时链的上部盖板。

当心：控制阀为左旋螺纹。

❹ 用拆卸工具 T10352/1 沿箭头方向拆卸（图 2-5-7）。
❺ 拧下螺栓（箭头），取下轴承桥（图 2-5-8）。
❻ 采用混合动力驱动的车辆：a.拧出螺栓 1，然后将扭矩支撑从横梁 3 中取出（图 2-5-9）；b.露出横梁上的电导线；c.拧出螺栓 2，取下横梁。

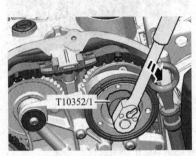

图 2-5-7

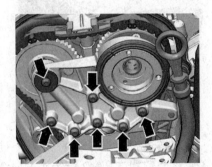

图 2-5-8

图 2-5-9

(3) 拆卸步骤

❶ 用固定支架 T10355 将减振器转入位置"上止点"。
❷ 减振器缺口必须对准正时链下盖板上的（箭头）标记（图 2-5-10）。
❸ 凸轮轴标记 1 必须指向上（图 2-5-10）。
❹ 拆卸正时链下部盖板。
❺ 沿箭头方向将机油泵链条张紧器压入并用定位销 T40011 锁定（图 2-5-11）。
❻ 拆卸机油泵链条张紧器 1。
❼ 取下机油泵驱动链。
❽ 拧出螺栓（图 2-5-12 中箭头）。

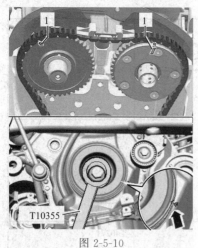

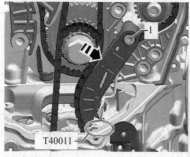

图 2-5-11

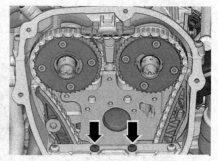

图 2-5-12

图 2-5-10

❾ 固定链条张紧器（有2种型号）。

a. 型号1：

拧入装配杆 T40243（图 2-5-13 中箭头）；

抬高链条张紧器的锁定楔，为此沿箭头方向1用划线针或合适的螺丝刀插入并固定在链条张紧器的孔中；

将装配杆 T40243 沿箭头方向2缓慢地按压并固定；

用定位销 T40011 固定链条张紧器（图 2-5-14）。

b. 型号2：

拧入装配杆 T40243（图 2-5-15 中箭头）；

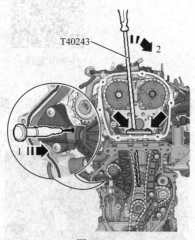

图 2-5-13

图 2-5-14

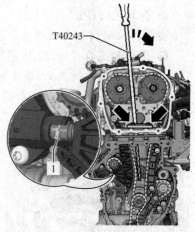

图 2-5-15

将链条张紧器的卡环1压到一起并固定；

将装配杆 T40243 沿箭头方向缓慢地按压并固定；

用插入定位工具 T40267 固定链条张紧器（图 2-5-16）。

❿ 拆卸装配杆 T40243。

⓫ 将凸轮轴固定装置 T40271/2 拧到气缸盖上（图 2-5-17），沿箭头方向2推入链轮啮合齿中，必要时用扳手拧转进气凸轮轴箭头方向1。

⓬ 拆卸正时链张紧轨2（图 2-5-18）。

⓭ 将凸轮轴固定装置 T40271/1 拧到气缸盖上。

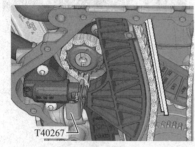

图 2-5-16

⓮ 用扳手沿箭头方向1旋转排气凸轮轴，然后将凸轮轴固定装置 T40271 推入链轮的啮合齿（箭头方向2）（图 2-5-19）。

⓯ 用螺丝刀打开卡子，拆下上部滑轨（箭头），将滑轨向前推开（图 2-5-20）。

⓰ 拆卸凸轮轴正时链滑轨1（图 2-5-18）。

⑰ 取下正时链。

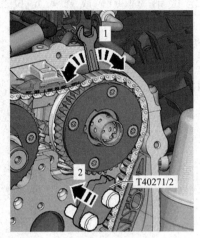
图 2-5-17

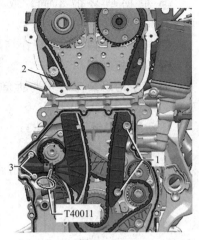
图 2-5-18

图 2-5-19

（4）安装步骤

提示：正时链的彩色链节必须定位在链轮的标记上。

❶ 将正时链放到进气凸轮轴上（图 2-5-21）。
❷ 将正时链置于排气凸轮轴上。
❸ 将正时链放到曲轴上并固定。
❹ 安装凸轮轴正时链滑轨 1 并拧紧螺栓（图 2-5-18）。
❺ 安装上部滑轨（图 2-5-20 中箭头）。
❻ 沿箭头方向 1 旋转排气凸轮轴，将凸轮轴固定装置 T40271/1 从链轮的啮合齿中推出（箭头方向 2）并松开凸轮轴（图 2-5-22）。

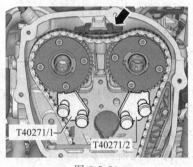
图 2-5-20

❼ 拆卸凸轮轴固定装置 T40271/1。
❽ 安装正时链张紧轨并拧紧螺栓 2（图 2-5-18）。
❾ 沿箭头方向 1 旋转进气凸轮轴，将凸轮轴固定装置 T40271/2 推出链轮的啮合齿中（箭头方向 2）并松开凸轮轴（图 2-5-23）。
❿ 拆卸凸轮轴固定装置 T40271/2。
⓫ 检查有颜色的链节与标记的位置（图 2-5-21）。
⓬ 安装油泵和链条张紧器的驱动链。紧固螺栓 1 并去除固定销 T40011（图 2-5-24）。
⓭ 拧入并拧紧螺栓（图 2-5-12 中箭头）。

操作视频

图 2-5-21

图 2-5-22

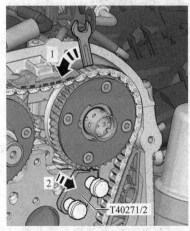
图 2-5-23

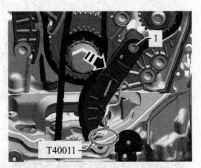

图 2-5-24

⑭ 套上轴承桥并用手拧紧螺栓（箭头）（图 2-5-8）。

⑮ 根据型号的不同，取下定位销 T40011 或插入定位工具 T40267。

⑯ 拧紧用于轴承桥的螺栓（箭头）。

⑰ 安装控制阀。

⑱ 其余的组装工作按与拆卸相反的顺序进行。同时要注意下列事项：

a. 安装正时链下部盖板 1；

b. 安装正时链上部盖板；

c. 安装扭矩支撑和横梁采用混合动力驱动的车辆；

d. 进入维护位置及复位；

e. 安装防撞梁。

5. 拆卸和安装平衡轴驱动链

（1）拆卸步骤

❶ 拆卸正时链上部盖板。

❷ 拆卸正时链下部盖板。

❸ 拆卸凸轮轴正时链。

❹ 拆卸凸轮轴正时链滑轨。

❺ 拆卸凸轮轴正时链的链条张紧器 3（图 2-5-18）。

❻ 拆卸平衡轴驱动链的链条张紧器 1（图 2-5-25）。

❼ 拆卸张紧轨 2（图 2-5-25）。

❽ 拆卸滑轨 3（图 2-5-25）。

❾ 拆卸滑轨 4（图 2-5-25）。

❿ 取下正时链。

（2）安装步骤

❶ 中间齿轮/平衡轴转至标记（图 2-5-26 中箭头）。

提示：正时链的彩色链节必须定位在链轮的标记上。

❷ 放上正时链，正时链的彩色链节必须定位在链轮的标记上（图 2-5-27）。

❸ 安装正时链滑轨并拧紧螺栓 4（图 2-5-25）。

图 2-5-25

图 2-5-26

图 2-5-27

❹ 安装正时链滑轨 3 并拧紧螺栓（图 2-5-25）。

❺ 安装正时链张紧轨 2 并拧紧螺栓（图 2-5-25）。

❻ 在链条张紧器 1 的密封环上涂抹密封剂（图 2-5-25）。

❼ 拧入正时链的链条张紧器 1（图 2-5-25）。

❽ 再次检查是否正确调整（图 2-5-27）。

❾ 检查中间齿轮/平衡轴的标记（图 2-5-28 中箭头）。

提示：为了看得更清楚，图中为拆去链条后的中间齿轮/平衡轴标记。

❿ 其余的组装工作以相反的顺序进行，同时要注意下列事项：

a. 安装凸轮轴正时链；

b. 安装正时链下部盖板；

c. 安装正时链上部盖板。

6. 检测配气相位

(1) 所需要的专用工具和维修设备

a. 千分表 VAS 6079（图 2-5-29）；b. 千分表适配接头 T10170 A（图 2-5-30）。

图 2-5-28

图 2-5-29

(2) 检测步骤

❶ 拆卸正时链上部盖板。

❷ 拆卸隔音垫。

❸ 将减振器上的曲轴，带有套筒扳手的工具头 SW 24，沿发动机转动方向转动，直至标记（箭头）几乎位于上方（图 2-5-31）。

❹ 从气缸 1 上拆下火花塞。

❺ 将千分表适配器 T10170 A 拧入到火花塞螺纹内，一直到底（图 2-5-32）。

❻ 插入千分表 VAS 6079 和延长件 T10170A/1 到底，用锁紧螺母按箭头方向夹紧（图 2-5-32）。

❼ 将曲轴缓慢地沿发动机转动方向旋转至指针最大的极限位置。如果达到了指针最大极限位置（指针转折点），则活塞位于"上止点"。

提示：为转动减振器，使用带套筒扳手工具头 SW 24 的棘轮。

如果曲轴转到"上止点"上，则必须将曲轴再次沿发动机转动方向再次转动 2 圈。请勿逆发动机转动方向转动发动机。

图 2-5-30

图 2-5-31

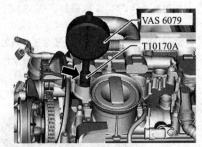
图 2-5-32

❽ 测量从左侧外边缘棱边 1 到进气凸轮轴上的标记 2 的距离（图 2-5-33）。标准值为 61～64mm。

❾ 如果已达到标准值，则测量排气凸轮轴上的标记 1 和进气凸轮轴上的标记 2 之间的距离（图 2-5-34）。标准值为 124～126mm。

提示：一个齿的偏差意味着和标准值偏差约 6mm。如果确认有偏差，则重新铺放正时链。

❿ 减振器缺口必须对准正时链下盖板上的标记（图 2-5-35 中箭头）。

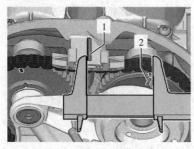
图 2-5-33

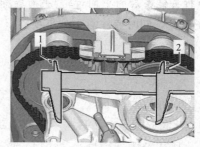
图 2-5-34

图 2-5-35

六、2.0T CGMA 发动机 EA888 第二代正时链（2013~2015 年）

1. 适用车型

奥迪 Q3。

2. 装配凸轮轴正时链（图 2-6-1）

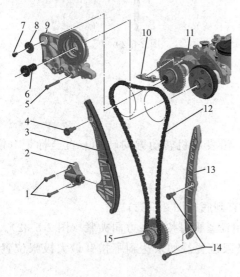

图 2-6-1

1、5—螺栓（9N·m）；2—链条张紧器（处于弹簧张紧状态。拆卸前用定位销 T40011 固定住）；3—正时链张紧轨；4、14—导向销（20N·m）；6—控制阀（左旋螺纹，35N·m。根据型号用拆卸工具 T10352 或拆卸工具 T10352/1A 拆卸）；7—螺栓（M6；8N·m，继续转动 90°。M8；20N·m，继续转动 90°）；8—垫圈；9—轴承；10—凸轮轴正时链的滑轨；11—凸轮轴外壳；12—凸轮轴正时链（拆卸前，用颜色标记转动方向。拆卸和安装）；13—凸轮轴正时链的滑轨；15—三级链轮（曲轴）

三级链轮安装位置：两面（图 2-6-2 中箭头）必须相对。

图 2-6-2

3. 平衡轴驱动链装配（图 2-6-3）

轴承螺栓安装位置：更换并用机油润滑 O 形环 1（图 2-6-4）；轴承螺栓的配合销（图 2-6-4 中箭头）卡入气缸体孔中；用机油润滑轴承螺栓。

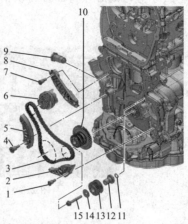

图 2-6-3

1、4、7—导向销（20N·m）；2—滑轨（用于正时链）；3—平衡轴驱动链；5—张紧轨（对于平衡轴驱动链）；6—平衡轴（排气侧。拆卸后必须更新。用机油涂抹支座）；8—滑轨（用于正时链）；9—链条张紧器（85N·m，在密封环上涂抹密封剂）；10—三级链轮；11—O 形环（用机油涂抹）；12—轴承螺栓（用机油涂抹）；13—中间齿轮（如果螺栓松开过，则必须更换中间齿轮）；14—垫圈；15—螺栓（更换。如果螺栓松开过，则必须更换中间齿轮）

中间齿轮-拧紧顺序

当心：

❶ 务必更换中间齿轮，否则无法调整齿隙，导致发动机损坏。

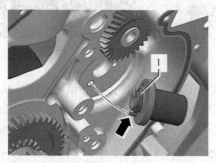

图 2-6-4

❷ 新的中间齿轮带一层油漆减摩覆层，在短时运行后会被磨去，这样齿隙便会自动调整。

❸ 用新的螺栓按如下方式拧紧。

a. 用扭矩扳手以 10N·m 的力矩预紧。

b. 旋转中间齿轮。中间齿轮不允许有间隙存在，否则松开并再次拧紧（图 2-6-5）。

c. 用扭矩扳手以 25N·m 的力矩拧紧。

d. 用刚性扳手将螺栓继续转动 90°。

4. 拆卸和安装凸轮轴正时链

（1）所需要的专用工具和维修设备

a. 拆卸工具 T10352（图 2-6-6）；b. 拆卸工具 T10352/1（图 2-6-7）；c. 固定支架 T10355（图 2-6-8）；d. 定位销 T40011（图 2-6-9）；e. 装配杆 T40243（图 2-6-10）；f. 凸轮轴固定装置 T40271（图 2-6-11）；g. 装配工装 T10531（图 2-6-12）。

图 2-6-5

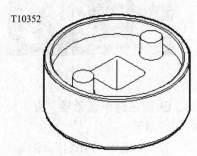
图 2-6-6

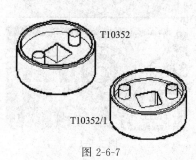
图 2-6-7

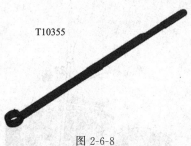
图 2-6-8

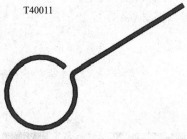
图 2-6-9

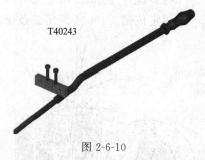
图 2-6-10

（2）拆卸步骤

当心：控制阀为左旋螺纹。

❶ 用拆卸工具 T10352 沿（箭头方向）拆卸（图 2-6-13）。

❷ 拧下螺栓（箭头），取下轴承桥（图 2-6-13）。

❸ 用固定支架 T10355 将减振器转入位置"上止点"（图 2-6-14）。

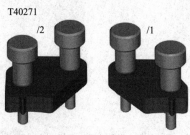
图 2-6-11

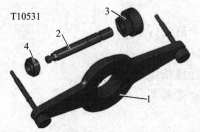
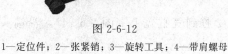
图 2-6-12

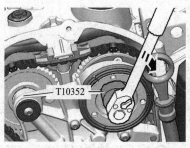
图 2-6-13

1—定位件；2—张紧销；3—旋转工具；4—带肩螺母

④ 减振器缺口必须对准正时链下盖板上的（箭头）标记1（图2-6-14）。

⑤ 凸轮轴标记1必须指向上。

⑥ 拆卸正时链下部盖板。

⑦ 沿箭头方向将机油泵链条张紧器压入并用定位销T40011锁定（图2-6-15）。

⑧ 拆卸机油泵链条张紧器1。

⑨ 取下机油泵驱动链。

⑩ 拧出螺栓（图2-6-16中箭头）。

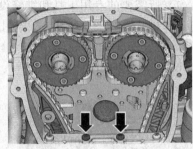

图2-6-14　　　　　　　　　　图2-6-15　　　　　　　　　　图2-6-16

⑪ 固定链条张紧器（有2种型号）。

a. 型号1：

拧入装配杆T40243（图2-6-17中箭头）；

抬高链条张紧器的锁定楔，为此沿箭头方向1用划线针或合适的螺丝刀插入并固定在链条张紧器的孔中；

将装配杆T40243沿箭头方向2缓慢地按压并固定；

用定位销T40011固定链条张紧器（图2-6-18）。

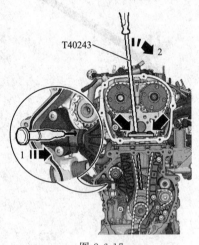

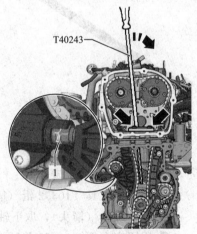

图2-6-17　　　　　　　　　　图2-6-18　　　　　　　　　　图2-6-19

b. 型号2：

拧入装配杆T40243（图2-6-19中箭头）；

将链条张紧器的卡环1压到一起并固定；

将装配杆T40243沿箭头方向缓慢地按压并固定；

用插入定位工具T40267固定链条张紧器（图2-6-20）。

⑫ 拆卸装配杆T40243。

⑬ 将凸轮轴固定装置T40271/2拧到气缸盖上（图2-6-21），沿箭头方向2推入链轮啮合齿中，必要时用扳手拧转进气凸轮轴（箭头方向1）。

⓮ 将凸轮轴固定装置 T40271/1 推入链轮啮合齿 2。

a.有螺丝刀间隙时：

将凸轮轴固定装置 T40271/1 拧到气缸盖上。凸轮轴用开口扳手沿顺时针方向（箭头）把定（图 2-6-22）。

拧出螺栓 A 并安装张紧轨，此时继续要把定凸轮轴。

将凸轮轴固定装置 T40271/1 推入链轮啮合齿 2。在必要时，沿顺时针方向 1 继续旋转排气凸轮轴，直到可以推入凸轮轴固定装置。在链轮之间凸轮轴正时链必须为"松动状态"（图 2-6-23）。

b.没有螺丝刀间隙时：

将凸轮轴固定装置 T40271/1 拧到气缸盖上。

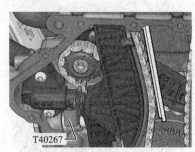

图 2-6-20

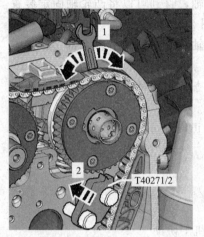

图 2-6-21

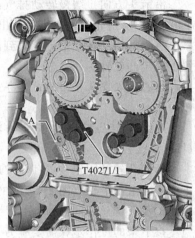

图 2-6-22

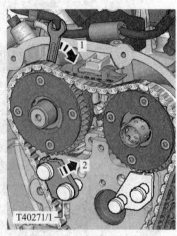

图 2-6-23

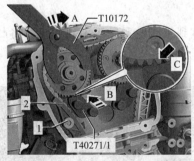

图 2-6-24

接下来的工作步骤需要有另一位机工协助。

将排气凸轮轴用反向固定器 T10172 沿箭头方向 A 把定。拧出螺栓 1，将张紧轨 2 向下推（图 2-6-24）。

将排气凸轮轴顺时针（箭头方向 A）继续旋转，直到凸轮轴固定装置 T40271/1 能够沿箭头方向 B 推入链轮啮合齿 C。

拆卸正时链张紧轨 2（图 2-6-25）。

将凸轮轴固定装置 T40271/1 拧到气缸盖上。

用扳手沿箭头方向 1 旋转排气凸轮轴，然后将凸轮轴固定装置 T40271/1 推入链轮的啮合齿（箭头方向 2）（图 2-6-23）。

⓯ 用螺丝刀打开卡子，拆下上部滑轨（箭头），将滑轨向前推开（图 2-6-26）。

⓰ 拧出螺栓 A，拆下凸轮轴正时链的滑轨（图 2-6-27）。

图 2-6-25

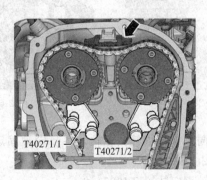

图 2-6-26

图 2-6-27

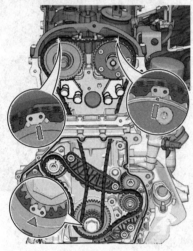

图 2-6-28

⑰ 取下正时链。

(3) 安装步骤

提示：正时链的彩色链节必须定位在链轮的标记上。

❶ 将正时链放到进气凸轮轴上（图 2-6-28）。

❷ 将正时链置于排气凸轮轴上。

❸ 将正时链放到曲轴上并固定。

❹ 安装凸轮轴正时链滑轨并拧紧螺栓 A（图 2-6-27）。

❺ 固定凸轮轴。

a. 有螺丝刀间隙时：

提示：需要另一位机工帮助固定排气凸轮轴。

沿箭头方向 1 缓慢转动排气凸轮轴，直到可以将凸轮轴固定装置 T40271/1 从链轮的啮合齿中拉出（图 2-6-29）。

小心地给凸轮轴松绑，直到凸轮轴正时链贴在滑轨上部。在该位置上固定凸轮轴。

当心：在安装张紧轨前，务必检查有色的链节是否与曲轴上的标记对齐。

继续固定凸轮轴并安装凸轮轴正时链的张紧轨。拧紧螺栓 A（图 2-6-22）。

拆卸凸轮轴固定装置 T40271/1。

安装上部滑轨（图 2-6-22 中箭头）。

b. 没有螺丝刀间隙时：

接下来的工作步骤需要有另一位机工协助。

将排气凸轮轴用反向固定器 T10172 A 沿箭头方向 A 略微转动，并将凸轮轴固定装置 T40271/1 从链轮的啮合齿中推出（箭头方向 B）（图 2-6-30）。

将凸轮轴沿箭头方向 C 松开，直到正时链紧贴到滑轨 1 上。将凸轮轴固定在这个位置，拧上张紧轨 2 并拧紧螺栓。

图 2-6-29

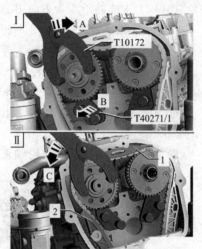

图 2-6-30

图 2-6-31

❻ 沿箭头方向 1 旋转进气凸轮轴，将凸轮轴固定装置 T40271/2 推出链轮的啮合齿中（箭头方向 2）并松开凸轮轴（图 2-6-31）。

❼ 拆卸凸轮轴固定装置 T40271/2。

❽ 检查有颜色的链节与标记的位置（图 2-6-28）。
❾ 安装油泵和链条张紧器的驱动链。紧固螺栓 1 并去除固定销 T40011（图 2-6-32）。
❿ 拧入并拧紧螺栓（箭头）（图 2-6-16）。
⓫ 用机油给开孔（箭头）上油（图 2-6-33）。

  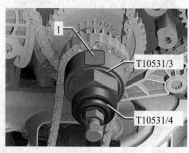

图 2-6-32　　　　　　　　　图 2-6-33　　　　　　　　　图 2-6-34

⓬ 套上轴承桥并用手拧紧螺栓。
⓭ 根据型号的不同，取下定位销 T40011 或插入定位工具 T40267。
⓮ 安装控制阀。
⓯ 装上旋转工具 T10531/3。在"上止点位置"平端部位 1 指向上方。拧上带肩螺母 T10531/4。用开度为 32 开口扳沿发动机运行方向将曲轴全转两圈（图 2-6-34）。

提示：因为传动比的原因，有色的链节在发动机转动之后不再对齐。

⓰ 其余的组装工作以相反的顺序进行，同时要注意下列事项。
a. 安装正时链的下部盖板。
b. 安装正时链的上部盖板。
c. 安装多楔带的张紧装置。
d. 安装多楔带。
e. 调整动力机组支承。

5. 拆卸和安装平衡轴的驱动链

（1）拆卸步骤

❶ 拆卸正时链上部盖板。
❷ 拆卸正时链下部盖板。
❸ 拆卸凸轮轴正时链。
❹ 拆卸凸轮轴正时链的链条张紧器 1（图 2-6-35）。
❺ 拆卸平衡轴 1（图 2-6-36）驱动链的链条张紧器。
❻ 拆卸张紧轨 2（图 2-6-36）。
❼ 拆卸滑轨 3（图 2-6-36）。
❽ 拆卸滑轨 4（图 2-6-36）。
❾ 取下正时链（图 2-6-36）。

（2）安装步骤

❶ 将中间齿轮和平衡轴转至标记（箭头）（图 2-6-37）。

提示：正时链的彩色链节必须定位在链轮 1 的标记上。

❷ 放上正时链，正时链的彩色链节必须定位在链轮的标记上（图 2-6-38）。

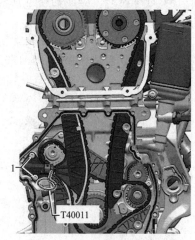

图 2-6-35

图 2-6-36　　　　　　　　图 2-6-37　　　　　　　　图 2-6-38

❸ 安装正时链滑轨并拧紧螺栓 4（图 2-6-36）。
❹ 安装正时链滑轨并拧紧螺栓 3。
❺ 安装正时链张紧轨并拧紧螺栓 2。
❻ 在链条张紧器 1 的密封环上涂抹密封剂。
❼ 拧入正时链的链条张紧器 1。
❽ 再次检查调整情况（图 2-6-38）。
❾ 检查中间齿轮/平衡轴的标记（箭头）（图 2-6-37）。

提示：为了看得更清楚，图中为拆去链条后的中间齿轮/平衡轴标记。
其余的组装工作以相反的顺序进行，同时要注意下列事项。
a. 安装凸轮轴正时链。
b. 安装正时链的下部盖板。
c. 安装正时链的上部盖板。
d. 安装多楔带的张紧装置。
e. 安装多楔带。

图 2-6-39

6. 检测配气相位

（1）所需要的专用工具和维修设备
a. 分表 VAS 6079（图 2-6-39）；b. 千分表适配接头 T10170 A（图 2-6-40）。

（2）检测步骤
❶ 将减振器上的曲轴，带有套筒扳手的工具头 SW 24，沿发动机转动方向转动，直至标记（箭头）几乎位于上方（图 2-6-41）。
❷ 拆卸气缸 1 上的火花塞。
❸ 将千分表适配接头 T10170 A 拧入火花塞螺纹内，直至极限位置（图 2-6-42）。

 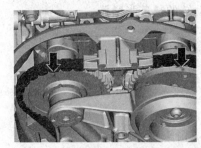 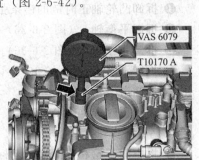

图 2-6-40　　　　　　　　图 2-6-41　　　　　　　　图 2-6-42

❹ 将千分表 VAS 6079 用加强件 T10170 A 插入到极限位置，用锁紧螺母（箭头）固定住。
❺ 缓慢地沿发动机转动方向旋转曲轴直至指针打到极限。在指针达到极限部位（指针回返点）时，活塞位于上止点。

提示：为转动减振器，使用棘轮和套筒扳手的工具头 SW24。如果曲轴转到"上止点"上，则必须将曲轴沿发动机转动方向再次转动2圈。请勿逆向转动发动机。

❻ 测量从左侧外边缘棱边1到进气凸轮轴上的标记2的距离（图2-6-43）。标准值为61～64mm。

❼ 如果已达到标准值，则测量排气凸轮轴上的标记1和进气凸轮轴上的标记2之间的距离（图2-6-44）。标准值为124～126mm。

提示：一个齿的偏差意味着和标准值偏差约6mm。如果确认有偏差，则重新铺放正时链。

❽ 减振器缺口必须对准正时链下盖板上的（箭头）标记（图2-6-45）。

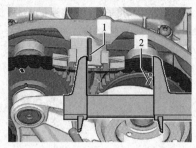
图2-6-43

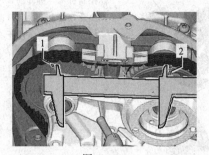
图2-6-44

图2-6-45

七、2.5L、2.8L V6 CLXA、CLXB、CNYB、CHVA 发动机（2012～2018年）

1. 适用车型

一汽奥迪A6L、奥迪A7。

2. 装配凸轮轴正时链

左侧凸轮轴正时链如图2-7-1所示。　　　　右侧凸轮轴正时链如图2-7-2所示。

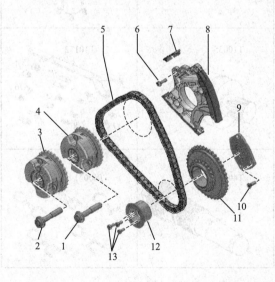

图2-7-1

1, 2—螺栓（更换，80N·m+90°）；3—凸轮轴调节器（用于排气凸轮轴，标记"EX"）；4—凸轮轴调节器（用于进气凸轮轴，标记"IN"）；5—左侧凸轮轴正时链（为了能够重新安装，要用颜色标出转动方向。从凸轮轴上取下。拆卸和安装）；6—螺栓（9N·m）；7—滑块；8—链条张紧器（用于左侧凸轮轴正时链）；9—轴承板（用于驱动链轮）；10, 13—螺栓；11—驱动链轮（用于左侧凸轮轴正时链）；12—轴承螺栓（用于左侧凸轮轴正时链的驱动链轮）

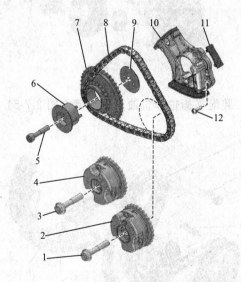

图2-7-2

1, 3—螺栓（更换，80N·m+90°）；2—凸轮轴调节器（用于排气凸轮轴，标记"EX"）；4—凸轮轴调节器（用于进气凸轮轴，标记"IN"）；5—螺栓；6—轴承螺栓（用于右侧凸轮轴正时链的驱动链轮。结构不对称）；7—驱动链轮（用于右侧凸轮轴正时链）；8—右侧凸轮轴正时链（为了能够重新安装，要用颜色标出转动方向。从凸轮轴上取下）；9—止推垫片（用于右侧凸轮轴正时链的驱动链轮。结构不对称）；10—链条张紧器（用于右侧凸轮轴正时链）；11—滑块；12—螺栓（9N·m）

3. 装配正时驱动系统驱动链（图2-7-3）

右侧凸轮轴正时链驱动链轮轴承螺栓的安装位置（图2-7-4）：右侧凸轮轴正时链驱动链轮轴承销3内的固定销必须卡入止推垫片1的孔内和气缸体的孔内；2为右侧凸轮轴正时链的驱动链轮；4为螺栓。

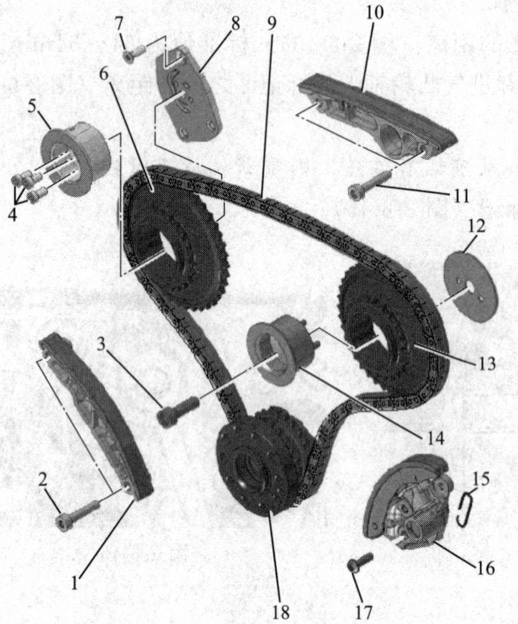

图 2-7-3

1—滑轨;2,11—螺栓(更换,10N·m+90°);3—螺栓(更换,30N·m+90°);4—螺栓(更换,5N·m+90°);5—轴承螺栓(用于左侧凸轮轴正时链的驱动链轮);6—驱动链轮(用于左侧凸轮轴正时链);7—螺栓(更换,8N·m+45°);8—轴承板(用于左侧凸轮轴正时链的驱动链轮。结构不对称);9—驱动链(用于控制机构。拆卸前,用颜色标记转动方向);10—滑轨;12—止推垫片(结构不对称);13—驱动链轮(用于右侧凸轮轴正时链);14—轴承螺栓(用于右侧凸轮轴正时链的驱动链轮。结构不对称);15—密封环(更换);16—链条张紧器;17—螺栓(9N·m);18—曲轴

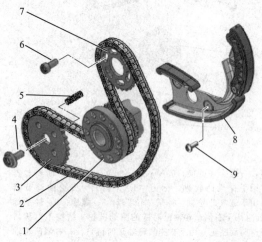

图 2-7-4

4. 装配平衡轴和机油泵驱动链（图 2-7-5）

图 2-7-5

1—曲轴;2—驱动链(用于取力器。为了能够重新安装,要用颜色标出转动方向);3—驱动链轮(用于机油泵);4—螺栓(更换,30N·m+90°);5—压簧;6—螺栓(更换,15N·m+90°);7—平衡轴的链轮;8—链条张紧器(带滑轨);9—螺栓(更换,10N·m+45°)

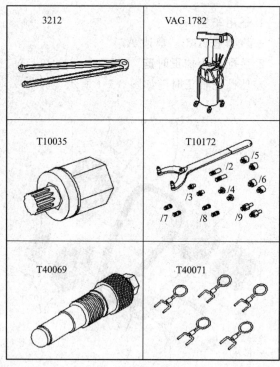

图 2-7-6

5. 从凸轮轴上拆下凸轮轴正时链

（1）所需要的专用工具和维修设备

双孔螺母扳手（3212）、旧油收集和抽吸装置（VAS 6622A 或 VAG 1782）、工具头（T10035）、固定支架（T10172）、固定螺栓（T40069）、定位销（T40071）如图 2-7-6 所示。

2 个凸轮轴固定装置（T40133）如图 2-7-7 所示。扳手 SW 21（T40263）如图 2-7-8 所示。旋转工具（T40272）如图 2-7-9 所示。

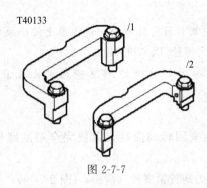
图 2-7-7

图 2-7-8

图 2-7-9

（2）拆卸步骤

注意：自行启动的散热器风扇有造成人身伤害的危险。即使是在点火开关已关闭的情况下，散热器风扇也可能自行启动，例如通过发动机舱内的积热效应。

提示：在下面的描述中，凸轮轴正时链保留在发动机上。即使只在一个气缸盖上实施工作，均必须在两个气缸列上进行该工作步骤。

❶ 拆卸正时链左侧和右侧盖板。
❷ 拆卸左右侧气缸盖罩。
❸ 拆卸隔音垫。
❹ 将多楔带从张紧元件上取下。
❺ 将旧油收集和抽吸装置 VAS 6622A 放在下面。
❻ 旋出螺栓，将发动机油散热器和相连的冷却液软管绑到旁边。

注意：制冷剂有人身伤害危险。空调器制冷剂循环回路不允许打开。

❼ 旋出空调压缩机的螺栓（箭头）（图 2-7-10）。

当心：制冷剂管路和制冷剂软管有损坏的危险；不要过度拉伸、弯折或扭曲制冷剂管路和制冷剂软管。

❽ 将空调压缩机从支架上取下，然后与连接在左侧纵梁上的管路一起绑在高处。

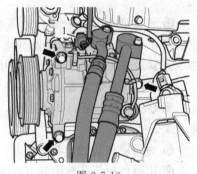
图 2-7-10

提示：不需注意图 2-7-10 中位置 1。

❾ 将旋转工具 T40272 插到扳手 SW 21（T40263）上（图 2-7-11）。
❿ 将适配接头插到减振器螺栓上。
⓫ 旋转工具 T40272 上的孔（箭头 A），必须在减振器上的标记（箭头 B）之间。

提示：如有必要，拆卸散热器风扇控制器。

⓬ 将曲轴用扳手 SW 21（T40263）和旋转工具 T40272 沿发动机转动方向（箭头）转动至"上止点"。
⓭ 将用于"上止点"标记的螺旋塞从气缸体中拧出（图 2-7-12 中箭头）。

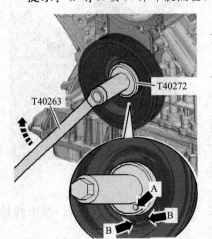
图 2-7-11

图 2-7-12

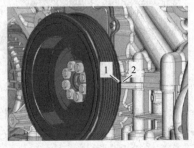
图 2-7-13

提示：

a. 安装好发动机后，很难找到曲轴的固定孔。因此转动发动机，使左侧（沿行驶方向）减振器上的小缺口1与气缸体和梯形架之间的外壳接合线2相对，这样就可以方便地拧入固定螺栓T40069（图2-7-13）。

b. 减振器上的标记仅仅是辅助工具。只有拧入固定螺栓T40069后，才能达到准确的"上止点"位置。

⑭ 凸轮轴里的螺纹孔（箭头）必须指向上面（图2-7-14）。

⑮ 以20N·m的力矩将固定螺栓T40069拧入孔中，必要时稍微来回转动曲轴，以便完全对准螺栓（图2-7-15）。

⑯ 将凸轮轴固定装置T40133安装到两个气缸盖上，并用25N·m的力矩拧紧螺栓（箭头）（图2-7-16）。

提示：图2-7-16中是左侧气缸盖的示意图。

图 2-7-14

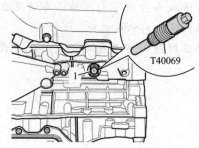
图 2-7-15

图 2-7-16

⑰ 气缸列1（右）：用一把螺丝刀1向内按压右侧凸轮轴正时链链条张紧器的滑轨到极限位置，用定位销T40071卡住链条张紧器（图2-7-17）。气缸列2（左）：用一把螺丝刀1向内按压左侧凸轮轴正时链链条张紧器的滑轨到极限位置，用定位销T40071卡住链条张紧器（图2-7-18）。

提示：链条张紧器以油减振，因此必须缓慢地均匀用力压紧。

当心：凸轮轴有损坏的危险。松开凸轮轴调节器螺栓时，绝不允许将凸轮轴固定装置T40133用作固定支架。

⑱ 为固定在凸轮轴调节器上，安装扳手（T40269）2并松开螺栓1（图2-7-19）。

⑲ 用颜色标记凸轮轴调节器的安装位置，以便重新安装。

当心：发动机有损坏的危险。为了避免小零件通过正时链箱开口意外落入发动机内，请用干净的抹布遮住开口。

⑳ 用颜色标记凸轮轴调节器的安装位置，以便重新安装。

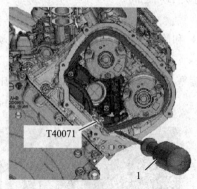
图 2-7-17

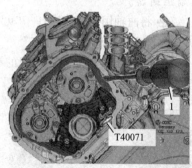
图 2-7-18

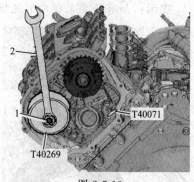
图 2-7-19

㉑ 气缸列1（右）：拧出螺栓1、2，取下两个凸轮轴调节器（图2-7-20）。气缸列2（左）：拧出螺栓1、2，取下两个凸轮轴调节器（图2-7-21）。

(3) 安装步骤

第二章 奥迪车系

提示：更新时需要继续旋转一个角度拧紧的螺栓；用标准型软管卡箍固定所有软管连接→电子版配件目录。

当心：气门和活塞头有损坏的危险。在旋转凸轮轴时，活塞不允许停在"上止点"。

❶ 控制机构驱动链已安装。

❷ 曲轴已用固定螺栓 T40069 固定在"上止点"位置（图 2-7-22）。

❸ 凸轮轴固定装置 T40133 已安装在两个气缸盖上，且已用 25N·m 的力矩拧紧（箭头）（图 2-7-16）。

提示：图 2-7-16 中是左侧气缸盖的示意图。

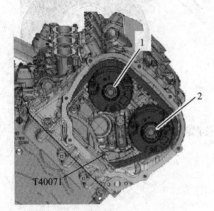
图 2-7-20

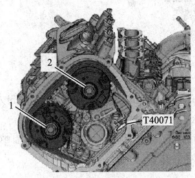
图 2-7-21

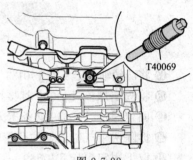
图 2-7-22

当心：有损坏发动机的危险。在以下工作步骤中安装凸轮轴调节器时，必须使凹槽 1 和 4 与调节窗口（磨削面）2 和 3 相对（图 2-7-23）。

图 2-7-23

❹ 按照拆卸时所做标记重新安装凸轮轴调节器（图 2-7-20 和图 2-7-21）。

❺ 将凸轮轴正时链放到驱动链轮和凸轮轴调节器上，并松松地拧入螺栓 1、2。

注意：两个凸轮轴调节器必须在凸轮轴上能旋转并且不得翻转。

❻ 拆除定位销 T40071。

❼ 将扳手 T40269 装到排气凸轮轴调节器上。

❽ 将扭矩扳手 VAG 1332 用插入工具 VAG 1332/9 安装到扳手 T40269 上（图 2-7-24）。

❾ 让另一位机械师用 40N·m 的力矩沿箭头方向预紧凸轮轴调节器。

❿ 在凸轮轴调节器仍旧保持预紧期间，按表 2-7-1 所示的方式拧紧螺栓。

⓫ 取下扳手 T40269。

⓬ 拆除凸轮轴固定装置 T40133（图 2-7-16 中箭头）。

提示：图 2-7-16 中标出的是左侧气缸盖。

⓭ 按表 2-7-2 所示的方式拧紧两侧气缸盖上的凸轮轴调节器螺栓。

表 2-7-1

挡	螺栓	拧紧力矩
1	1	在凸轮轴 60N·m 上
1	2	在凸轮轴 60N·m 上

表 2-7-2

挡	螺栓	拧紧力矩
2	1	凸轮轴上的拧紧力矩
2	2	凸轮轴上的拧紧力矩

⓮ 取下固定螺栓 T40069（图 2-7-22）。

⓯ 将曲轴用扳手 SW 21（T40263）和旋转工具 T40272 沿发动机转动方向（箭头 A 和箭头 B）转动 2 圈，直至曲轴重新转动至"上止点"（图 2-7-25）。

提示：如果意外转过了"上止点"，则必须将曲轴再次转回约30°，重新转到"上止点"。

⓰ 凸轮轴里的螺纹孔（箭头）必须指向上面（图2-7-14）。

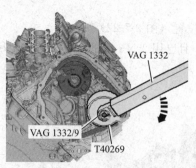

图 2-7-24

图 2-7-25

⓱ 将凸轮轴固定装置 T40133 安装到两个气缸盖上并用 25N·m 的力矩拧紧螺栓（箭头）（图2-7-16）。

⓲ 将固定螺栓 T40069 直接拧入孔内（图2-7-22）。

⓳ 固定螺栓 T40069 必须卡入曲轴的固定孔里，否则应再次调整。

⓴ 拆除两个气缸盖上的凸轮轴固定装置。

㉑ 取下固定螺栓 T40069。

㉒ 其他安装以相反顺序进行，安装过程中请注意以下事项。

a. 安装发动机油散热器。

b. 安装多楔带。

c. 安装气缸盖罩。

d. 安装正时链左侧和右侧盖板。

6. 拆卸和安装凸轮轴正时链

(1) 拆卸步骤

❶ 变速箱已拆卸。

❷ 拆下正时链下部盖板。

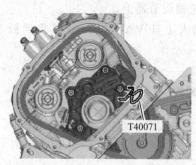

图 2-7-26

❸ 将凸轮轴正时链从凸轮轴上取下。

当心：对于用过的凸轮轴正时链，转动方向相反时有损坏的危险。

为了便于重新安装左侧和右侧凸轮轴正时链，用彩色箭头标记记下转动方向。不得通过冲窝、刻槽等对凸轮轴正时链做标记。

❹ 拆除定位销 T40071，并取下左侧凸轮轴正时链（图2-7-26）。

❺ 旋出螺栓 1 和 2 并取下右侧链条张紧器（图2-7-27）。

(2) 安装步骤

提示：

a. 如果张紧件已被从链条张紧器中取出，那么请注意安装位置：壳体底部的孔指向链条张紧器，活塞指向张紧轨道。

b. 更新时需要继续旋转一个角度拧紧的螺栓。

当心：气门和活塞头有损坏的危险。在旋转凸轮轴时，活塞不允许停在"上止点"。

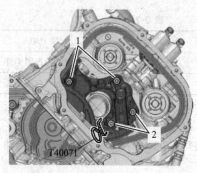

图 2-7-27

❶ 将左侧凸轮轴正时链放到拆卸时记下的标记上。

❷ 向下按压左侧凸轮轴正时链张紧器的滑轨，并用定位销 T40071 卡住链条张紧器（图2-7-26）。

❸ 在右侧气缸盖上安装链条张紧器，并放上凸轮轴正时链

(图2-7-27)。

❹拧紧螺栓1和2。

其他安装以相反顺序进行,安装过程中请注意以下事项。

a.将凸轮轴正时链放到凸轮轴上。

b.安装正时链下部盖板

7. 拆卸和安装控制机构驱动链

(1) 所需要的专用工具和维修设备

定位销T40071(图2-7-28)

(2) 拆卸步骤

❶变速箱已拆卸。

❷拆卸凸轮轴正时链。

❸拆卸取力器驱动链。

❹拧下左侧凸轮轴正时链的链条张紧器(图2-7-29)。

❺沿箭头方向按压驱动链链条张紧器的滑轨,并用定位销T40071卡住链条张紧器(图2-7-30)。

当心:

a.对于用过的驱动链,转动方向相反时有损坏的危险。

b.为重新安装驱动链,用彩色箭头标记记下转动方向。不得通过冲窝、刻槽等对驱动链做标记。

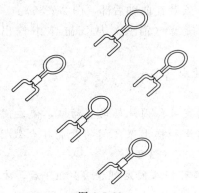

图2-7-28

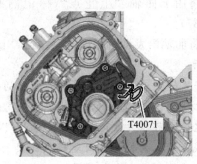

图2-7-29

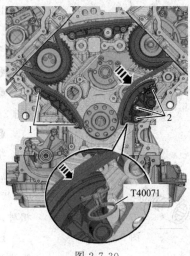

图2-7-30

❻旋出螺栓1并取下滑轨。

❼旋出螺栓2并取下链条张紧器。

❽取下控制机构驱动链。

(3) 安装步骤

提示:更新时需要继续旋转一个角度拧紧的螺栓。

根据拆卸时记下的标记把控制机构驱动链放到驱动链轮上。

安装以倒序进行,同时要注意下列事项。

❶安装滑轨并拧紧螺栓1(图2-7-30)。

❷安装链条张紧器并拧紧螺栓2。

❸沿箭头方向按压驱动链的链条张紧器滑轨并取下定位销T40071。

❹安装取力器驱动链。

❺安装凸轮轴正时链。

❻安装正时链下部盖板。

8. 拆卸和安装平衡轴和机油泵驱动链

(1) 所需要的专用工具和维修设备

a.钥匙T40049(图2-7-31);b.固定螺栓T40069(图2-7-32);c.定位销T40071(图2-7-33);d.固

定销 T40116（图 2-7-34）。

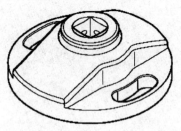

图 2-7-31

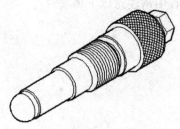

图 2-7-32

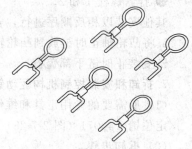

图 2-7-33

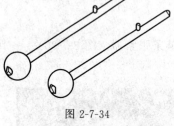

图 2-7-34

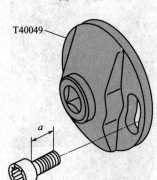

图 2-7-35

（2）拆卸步骤

❶ 变速箱已拆卸。

❷ 拆下正时链下部盖板

当心：

a. 由于螺纹过长，驱动链有损坏的危险。

b. 拧上扳手 T40049 时只允许使用螺纹螺杆长 a 最长为 22mm 的螺栓（图 2-7-35）。如果只有更长的螺栓可供使用，则尽量垫上螺栓头，使剩余的螺纹长仍为 22mm。

❸ 将扳手 T40049 用 2 个螺栓（箭头）安装在曲轴后部（图 2-7-36）。

❹ 将用于曲轴"上止点"标记的螺旋塞（箭头）从气缸体中拧出（图 2-7-37）。

❺ 将曲轴沿发动机转动方向拧到"上止点"。

提示：

a. 安装好发动机后，很难找到曲轴的固定孔。因此转动发动机，使左侧（沿行驶方向）减振器上的小缺口 1 与气缸体和梯形架之间的外壳接合线 2 相对。这样就可以方便地拧入固定螺栓 T40069（图 2-7-38）。

b. 减振器上的标记仅仅是辅助工具。只有拧入固定螺栓 T40069 后，才能达到准确的"上止点"位置。

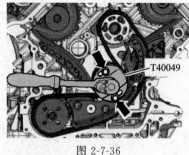

图 2-7-36

图 2-7-37

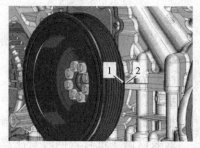

图 2-7-38

❻ 将固定螺栓 T40069 用 20N·m 的力矩拧入孔中；必要时稍微来回转动曲轴1，以便完全对准螺栓（图 2-7-39）。

❼ 沿箭头方向按压链条张紧器的滑轨，并用定位销 T40071 卡住链条张紧器（图 2-7-40）。

当心：对于用过的驱动链，转动方向相反时有损坏的危险；为重新安装驱动链，用彩色箭头标记记下转动方向；不得通过冲窝、刻槽等对驱动链做标记。

❽ 旋出螺栓 3 并取下平衡轴链轮。

❾ 旋出螺栓 1 和 2 并取下链条张紧器及链子。

(3) 安装步骤

❶ 将曲轴 1 用固定螺栓 T40069 固定在"上止点"位置（图 2-7-39）。
❷ 安装链条张紧器及链条和平衡轴链轮。
❸ 用固定销 T40116 将平衡轴卡在"上止点"位置（图 2-7-41）。
平衡轴链轮中的长孔必须相对于平衡轴螺纹孔处于中间位置。必要时将链条移动一个齿。

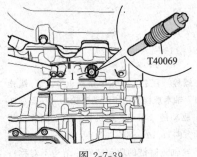  

图 2-7-39　　　　　　　图 2-7-40　　　　　　　图 2-7-41

❹ 拧紧链条张紧器螺栓。
❺ 拧入链轮螺栓 1，不要拧紧。链轮必须在平衡轴上还能转动但不得翻转。
❻ 松开链条张紧器时去除定位销 T40071。
❼ 用螺丝刀按压链条张紧器的滑轨（箭头）并同时拧紧链轮螺栓 1。
❽ 从平衡轴中拔出固定销 T40116。
❾ 安装正时链下部盖板。

八、3.0T V6 CJTC、CJTB、CJWB、CJWC、CJWE、CNAA、CTWA、CTWB、CTTA 发动机（2011~2015 年）

1. 适用车型
奥迪 Q7、一汽奥迪 A6L、奥迪 A8。

2. 装配凸轮轴正时链
左侧凸轮轴正时链如图 2-8-1 所示。　　右侧凸轮轴正时链如图 2-8-2 所示。

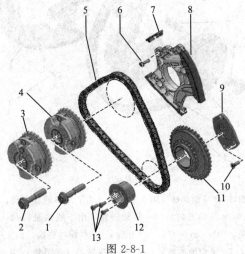 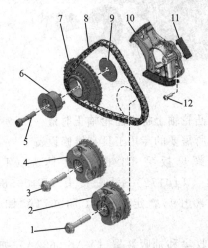

图 2-8-1　　　　　　　　　　　　　　图 2-8-2

1,2—螺栓（更换，80N·m+90°）；3—凸轮轴链轮（用于排气凸轮轴）；4—凸轮轴调节器（用于进气凸轮轴，标记"进气"。提示：根据型号，凸轮轴调节器有三个或四个凹陷。图中所示为一个有四个凹陷的凸轮轴调节器）；5—左侧凸轮轴正时链（为了能够重新安装，要用颜色标出转动方向。从凸轮轴上取下）；6—螺栓（9N·m）；7—滑块；8—链条张紧器（用于左侧凸轮轴正时链）；9—轴承板（用于驱动链轮）；10,13—螺栓；11—驱动链轮（用于左侧凸轮轴正时链）；12—轴承螺栓（用于左侧凸轮轴正时链的驱动链轮）

1,3—螺栓（更换，80N·m+90°）；2—凸轮轴链轮。用于排气凸轮轴；4—凸轮轴调节器（用于进气凸轮轴，标记"进气"。提示：根据型号，凸轮轴调节器有三个或四个凹陷。图中所示为一个有四个凹陷的凸轮轴调节器）；5—螺栓；6—轴承螺栓（用于右侧凸轮轴正时链的驱动链轮，结构不对称）；7—驱动链轮（用于右侧凸轮轴正时链）；8—右侧凸轮轴正时链（为了能够重新安装，要用颜色标出转动方向。从凸轮轴上取下）；9—止推垫片（用于右侧凸轮轴正时链的驱动链轮，结构不对称）；10—链条张紧器（用于右侧凸轮轴正时链）；11—滑块；12—螺栓（9N·m）

3. 装配正时驱动系统驱动链（图2-8-3）

右侧凸轮轴正时链驱动链轮轴承螺栓的安装位置（图2-8-4）：右侧凸轮轴正时链驱动链轮轴承销3内的固定销必须卡入止推垫片1的孔内和气缸体的孔内；2为右侧凸轮轴正时链的驱动链轮；4为螺栓。

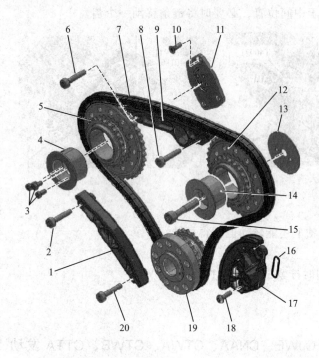

图2-8-3

1,9—滑轨；2,6,8,20—螺栓（更换，10N·m+90°）；3—螺栓（更换，5N·m+60°）；4—轴承螺栓（用于驱动链轮）；5—驱动链轮（用于左正时链）；7—驱动链（用于控制机构。为了能够重新安装，要用颜色标出转动方向）；10—螺栓（更换，8N·m+45°）；11—轴承板（用于右侧凸轮轴正时链的驱动链轮，结构不对称）；12—驱动链轮（用于右侧正时链）；13—止推垫片（结构不对称）；14—轴承螺栓（用于驱动链轮，结构不对称）；15—螺栓（更换，30N·m+90°）；16—密封件（更换）；17—链条张紧器；18—螺栓（9N·m）；19—曲轴

图2-8-4

5. 从凸轮轴上拆下凸轮轴正时链

（1）所需要的专用工具和维修设备

双孔螺母扳手（3212）、工具头（T10035）、固定支架（T10172）、适配接头（T40058）、固定螺栓（T40069）、定位销（T40071）如图2-8-6所示。

旧油收集和抽吸装置（VAS 6622A）如图2-8-7所示。带三个凹陷的凸轮轴调节器扳手（T40269）如图2-8-8所示。带四个凹陷的凸轮轴调节器扳手（T40079）如图2-8-9所示。凸轮轴固定装置（T40133）如图2-8-10所示。

4. 装配平衡轴和机油泵驱动链（图2-8-5）

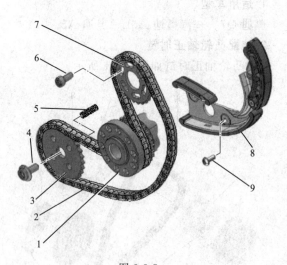

图2-8-5

1—曲轴；2—驱动链（用于取力器。为了能够重新安装，要用颜色标出转动方向）；3—驱动链轮（用于机油泵）；4—螺栓（更换，30N·m+90°）；5—压簧；6—螺栓（更换，15N·m+90°）；7—平衡轴的链轮；8—链条张紧器（带滑轨）；9—螺栓（更换，10N·m+45°）

第二章 奥迪车系 137

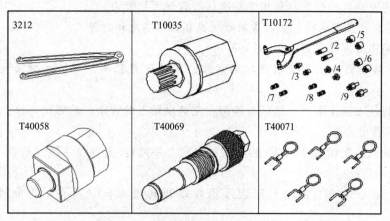
图 2-8-6

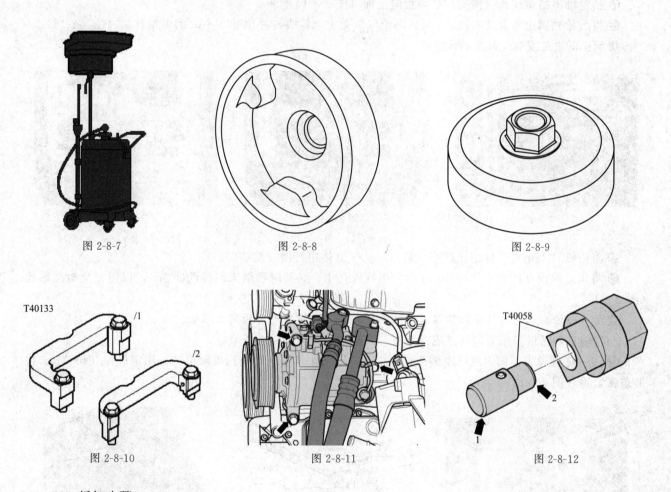

图 2-8-7　　　　图 2-8-8　　　　图 2-8-9

图 2-8-10　　　　图 2-8-11　　　　图 2-8-12

(2) 拆卸步骤

注意：自行启动的散热器风扇有造成人身伤害的危险。即使是在点火开关已关闭的情况下，散热器风扇也可能自行启动，例如通过发动机舱内的积热效应。

提示：在下面的描述中，凸轮轴正时链保留在发动机上。即使只在一个气缸盖上实施工作，也必须在两个气缸列上进行该工作步骤。

❶ 拆卸正时链左侧和右侧盖板。
❷ 拆卸左右侧气缸盖罩。
❸ 拆卸隔音垫。
❹ 将多楔带从张紧元件上取下。
❺ 将旧油收集和抽吸装置 VAS 6622A 置于发动机下。

❻ 旋出螺栓，将发动机油散热器和相连的冷却液软管绑到旁边。

注意：制冷剂有人身伤害危险。空调器制冷剂循环回路不允许打开。

❼ 旋出空调压缩机的螺栓（箭头）（图2-8-11）。

当心：制冷剂管路和制冷剂软管有损坏的危险。不要过度拉伸、弯折或扭曲制冷剂管路和制冷剂软管。

❽ 将空调压缩机从支架上取下，然后与连接在左侧纵梁上的管路一起绑在高处。

提示：不需注意图中位置1。

❾ 按下面方式插入适配接头T40058的导向销（图2-8-12）：大直径一端（箭头1）指向发动机；小的直径（箭头2）指向适配接头。

❿ 用适配接头T40058和弯曲的环形扳手沿发动机转动方向（箭头）将曲轴转动到"上止点"（图2-8-13）。

⓫ 凸轮轴里的螺纹孔（箭头）必须指向上面（图2-8-14）。

⓬ 将凸轮轴固定装置T40133安装到两个气缸盖上（箭头）并用25N·m的力矩拧紧（图2-8-15）。

提示：图中是左侧气缸盖的示意图。

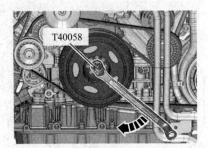
图 2-8-13

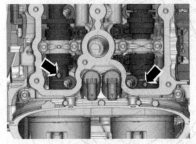
图 2-8-14

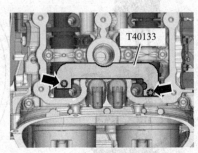
图 2-8-15

⓭ 将曲轴"上止点"标记螺旋塞（箭头）从气缸体中拧出（图2-8-16）。

⓮ 将固定螺栓T40069用20N·m的力矩拧入孔中；必要时稍微来回转动曲轴1，以便完全对准螺栓（图2-8-17）。

提示：凸轮轴正时链链条张紧器通过机油减震，只能缓慢均匀的用力压紧。

凸轮轴正时链链条张紧器通过机油减震，只能缓慢均匀的用力压紧。

⓯ 用一把螺丝刀1向内按压左侧凸轮轴正时链链条张紧器的滑轨到极限位置，用定位销T40071卡住链条张紧器（图2-8-18）。

图 2-8-16

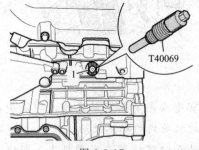
图 2-8-17

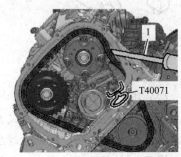
图 2-8-18

⓰ 用一把螺丝刀1向内按压右侧凸轮轴正时链链条张紧器的滑轨到极限位置，用定位销T40071卡住链条张紧器（图2-8-19）。

⓱ 固定凸轮轴调节器。

当心：凸轮轴有损坏的危险。松开凸轮轴调节器或凸轮轴链轮螺栓时，绝不允许将凸轮轴固定装置T40133用作固定支架。

提示：无需理会图中位置1和流动方向箭头。

a.有四个凹陷的凸轮轴调节器：固定相关凸轮轴调节器时，将扳手 T40079 装上扭矩扳手 VAG 1332 和插入工具 VAG 1332/9 并松开螺栓 2（图 2-8-20）。

b.有三个凹陷的凸轮轴调节器：固定相关凸轮轴调节器时，将扳手 T40269 装上扭矩扳手 VAG 1332 和环形换插扳手 VAG 1332/9 并松开螺栓 2（图 2-8-21）。

提示：无需注意图中位置1和运动方向箭头。

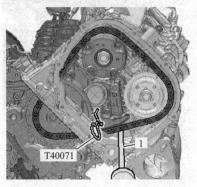 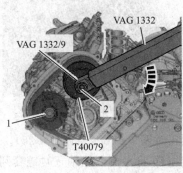 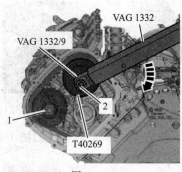

图 2-8-19　　　　　　　　　　　图 2-8-20　　　　　　　　　　　图 2-8-21

⑱ 固定相关凸轮轴链轮时，安装双孔螺母扳手 3212 并用工具头 T10035 松开螺栓（图 2-8-22）。

提示：无需注意图中位置1和运动方向箭头。

⑲ 用颜色标记凸轮轴调节器和凸轮轴链轮的安装位置，以便重新安装。

当心：发动机有损坏的危险。为了避免小零件通过正时链箱开口意外落入发动机内，请用干净的抹布遮住开口。

⑳ 拧出左侧气缸盖上的螺栓1和2，取下凸轮轴调节器和凸轮轴链轮（图 2-8-23）。

㉑ 用颜色标记凸轮轴调节器和凸轮轴链轮的安装位置，以便重新安装。

㉒ 拧出右侧气缸盖上的螺栓1和2，取下凸轮轴调节器和凸轮轴链轮（图 2-8-24）。

（3）安装步骤

提示：更新时需要继续旋转一个角度拧紧螺栓。

当心：气门和活塞头有损坏的危险。在旋转凸轮轴时，活塞不允许停在"上止点"。

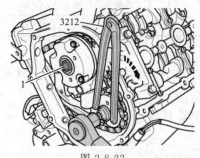 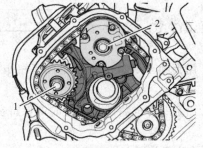 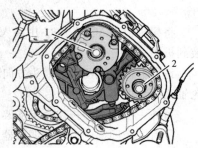

图 2-8-22　　　　　　　　　　　图 2-8-23　　　　　　　　　　　图 2-8-24

❶ 控制机构驱动链已安装。

❷ 将曲轴1用固定螺栓 T40069 固定在"上止点"位置（图 2-8-17）。

❸ 两个气缸盖的凸轮轴已用凸轮轴固定装置 T40133 固定在"上止点"位置（箭头）（25N·m）（图 2-8-15）。

提示：图中标出的是气缸列2（左侧）的气缸盖。

当心：有损坏发动机的危险。

❹ 按照拆卸时所做标记重新安装凸轮轴链轮（图 2-8-25）。

❺ 在安装凸轮轴链轮时要注意，凸轮轴链轮上的销轴要卡入凸轮轴上的孔中（图 2-8-25 中箭头）。

⑥ 将凸轮轴链轮在凸轮轴上逆时针转至极限位置（箭头）（图2-8-26）。

⑦ 标记点1必须正对调节窗口2（图2-8-27）。

当心：有损坏发动机的危险。

⑧ 按照拆卸时所做标记重新安装左侧气缸盖上的凸轮轴调节器。

图2-8-25

图2-8-26

图2-8-27

⑨ 凸轮轴调节器上的凹槽1必须正对调节窗口2（图2-8-28）。

图2-8-28

⑩ 将左侧凸轮轴正时链套到驱动链轮、凸轮轴调节器和凸轮轴链轮上，松松地拧入螺栓1和2（图2-8-23）。

凸轮轴调节器和凸轮轴链轮必须在凸轮轴上还能旋转并且不得翻转。拆除定位销T40071。

根据拆卸时做好的标记重新装上右侧气缸盖上的凸轮轴调节器。

⑪ 将右侧凸轮轴正时链套到驱动链轮、凸轮轴调节器和凸轮轴链轮上，松松地拧入螺栓1和2（图2-8-24）。拆除定位销T40071。

⑫ 将双孔螺母扳手3212安装到右侧排气凸轮轴的凸轮轴链轮上。

⑬ 请另一位机械师沿箭头方向按压凸轮轴链轮，将凸轮轴正时链保持预紧（图2-8-22）。

⑭ 在凸轮轴链轮仍旧保持预紧期间，按表2-8-1所示方式拧紧螺栓。

⑮ 固定凸轮轴调节器

a.有四个凹陷的凸轮轴调节器：

将扳手T40079装到左侧的进气凸轮轴调节器上（图2-8-20）。

将扭矩扳手VAG 1332用插入工具VAG 1332/9安装到扳手T40079上。

请另一位机械师沿（箭头方向）用大约40N·m的力矩按压扭矩扳手VAG 1332（图2-8-20），将凸轮轴正时链保持预紧。

另外一位机械师按住固定支架，沿箭头方向将凸轮轴正时链保持在预紧力上（图2-8-20）。

b.有三个凹陷的凸轮轴调节器

将扳手T40269装到左侧进气凸轮轴调节器上（图2-8-21）。

用插入工具VAG 1332/9将扭矩扳手VAG 1332安装到扳手T40269上。

请另一位机械师沿箭头方向按压扭矩扳手VAG 1332，将凸轮轴正时链保持预紧（图2-8-21）。

⑯ 在凸轮轴调节器仍旧保持预紧期间，按表2-8-2所示方式拧紧螺栓。

⑰ 按如表2-8-3所示方式拧紧左侧气缸盖上的凸轮轴调节器和凸轮轴链轮的螺栓。

表2-8-1

挡	螺栓	拧紧力矩
1		安装到排气凸轮轴上,80N·m
1	1	安装到进气凸轮轴上,80N·m

表2-8-2

挡	螺栓	拧紧力矩
1	1	安装到排气凸轮轴上,80N·m
1		安装到进气凸轮轴上,80N·m

表2-8-3

挡	螺栓	拧紧力矩
2	1	排气凸轮轴上,80N·m+90°
2	2	进气凸轮轴上,80N·m+90°

⑱ 按如表 2-8-3 所示方式拧紧右侧气缸盖上的凸轮轴调节器和凸轮轴链轮的螺栓。

⑲ 将凸轮轴固定装置 T40133 从两个气缸盖上取下（箭头）（图 2-8-15）。

提示：图中标出的是气缸列 2（左侧）的气缸盖。

⑳ 取下固定螺栓 T40069（图 2-8-17）。

㉑ 将曲轴用适配接头 T40058 和弯曲的环形扳手沿发动机转动方向转动 2 圈（箭头），直至曲轴重新到达"上止点"（图 2-8-13）。

提示：如果意外转过了"上止点"，则必须将曲轴再次转回约 30°，重新转到"上止点"。

㉒ 凸轮轴里的螺纹孔（箭头）必须指向上面（图 2-8-14）。

㉓ 将凸轮轴固定装置 T40133 安装到两个气缸盖上（箭头），并用 25N·m 的力矩拧紧（图 2-8-15）。

㉔ 将固定螺栓 T40069 直接拧入孔内（图 2-8-17）。

㉕ 固定螺栓 T40069 必须卡入曲轴 1 的固定孔里，否则再次调整。

㉖ 拆除两个气缸盖上的凸轮轴固定装置。

㉗ 取下固定螺栓。

㉘ 其他安装以相反顺序进行，安装过程中请注意以下事项。

a. 安装发动机机油散热器。

b. 安装多楔带。

c. 安装气缸盖罩。

d. 安装正时链左侧和右侧盖板。

6. 拆卸和安装凸轮轴正时链

(1) 拆卸步骤（变速箱已拆卸）

❶ 拆下正时链下部盖板。

❷ 拆卸气缸盖罩。

❸ 将相关凸轮轴正时链从凸轮轴上取下。

当心：对于用过的凸轮轴正时链，转动方向相反时有损坏的危险。

为了便于重新安装左侧和右侧凸轮轴正时链，用彩色箭头标记记下转动方向。不得通过冲窝、刻槽等对凸轮轴正时链做标记。

❹ 拆除定位销 T40071，并取下左侧凸轮轴正时链（图 2-8-29）。

❺ 旋出螺栓 1 和 2 并取下右侧链条张紧器（图 2-8-30）。

❻ 沿箭头方向按压正时机构驱动链张紧器的滑轨，并用定位销 T40071 卡住链条张紧器。

❼ 拧出驱动链轮螺栓 1（图 2-8-31）。

❽ 拔下驱动链轮与轴承螺栓，将右侧凸轮轴正时链向上取出。

(2) 安装步骤

提示：如果张紧件已被从链条张紧器中取出，那么请注意安装位置：壳体底部的孔指向链条张紧器，活塞指向张紧轨道。更新时需要继续旋转一个角度拧紧的螺栓。

当心：气门和活塞头有损坏的危险。在旋转凸轮轴时，活塞不允许停在"上止点"。

❶ 如图 2-8-29 所示，将左侧凸轮轴正时链放到拆卸时下的标记上。

❷ 向下按压左侧凸轮轴正时链张紧器的滑轨，并用定位销 T40071 卡住链条张紧器。

❸ 将凸轮轴正时链向上引至气缸盖。此时注意拆卸时做的标记。

❹ 安装驱动链轮。

❺ 拧紧驱动链轮的轴承销螺栓 1（图 2-8-31）。

❻ 拆除定位销 T40071。

提示：无需理会箭头。

❼ 在右侧气缸盖上安装链条张紧器，并放上凸轮轴正时链。

❽ 拧紧螺栓 1 和 2（图 2-8-30）。

❾ 其他安装以相反顺序进行，安装过程中请注意以下事项。

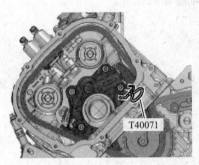

图 2-8-29

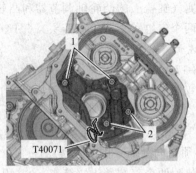

图 2-8-30

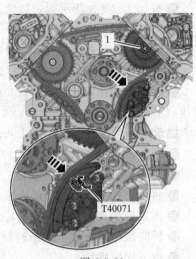

图 2-8-31

a. 将凸轮轴正时链放到凸轮轴上。

b. 安装正时链下部盖板。

7. 拆卸和安装控制机构驱动链

(1) 所需要的专用工具和维修设备

定位销 T40071 如图 2-8-32 所示。

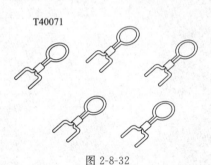

图 2-8-32

(2) 拆卸步骤

❶ 变速箱已拆卸。

❷ 拆下正时链下部盖板。

❸ 从凸轮轴上取下凸轮轴正时链。

❹ 拆卸取力器驱动链。

❺ 沿箭头方向按压驱动链链条张紧器的滑轨,并用定位销 T40071 卡住链条张紧器(图 2-8-33)。

当心:

a. 对于用过的驱动链,转动方向相反时有损坏的危险。

b. 为重新安装驱动链,用彩色箭头标记记下转动方向。不得通过冲窝、刻槽等对驱动链做标记。

❻ 旋出螺栓 1 并取下滑轨(图 2-8-33)。

❼ 旋出螺栓 2 并取下链条张紧器。

❽ 取下控制机构驱动链。

(3) 安装步骤

提示:更新拧紧时需要继续旋转一个角度的螺栓。

安装以倒序进行,同时要注意下列事项。

❶ 根据拆卸时记下的标记把控制机构驱动链放到驱动链轮上。

❷ 安装滑轨并拧紧螺栓 1(图 2-8-34)。

❸ 安装链条张紧器并拧紧螺栓 2。

❹ 沿箭头方向按压驱动链的链条张紧器滑轨并取下定位销 T40071(图 2-8-34)。

❺ 安装取力器驱动链。

❻ 将凸轮轴正时链放到凸轮轴上。

❼ 安装正时链下部盖板。

8. 拆卸和安装平衡轴和机油泵驱动链

(1) 所需要的专用工具和维修设备

a. 钥匙 T40049(图 2-8-35);b. 固定螺栓 T40069(图 2-8-36);c. 定位销 T40071(图 2-8-37);d. 固定销 T40116(图 2-8-38)。

(2) 拆卸步骤

❶ 变速箱已拆卸。

图 2-8-33

图 2-8-34

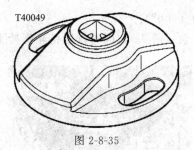

图 2-8-35

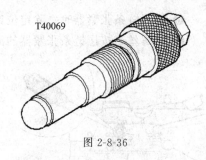

图 2-8-36

当心：

a. 由于螺纹过长，驱动链有损坏的危险。

b. 拧上扳手 T40049 时只允许使用螺纹 a 最长为 22mm 的螺栓（图 2-8-39）。

c. 如果只有更长的螺栓可供使用，则尽量垫上螺栓头，使剩余的螺纹长仍为 22mm。

❷ 将扳手 T40049 用 2 个螺栓（箭头）安装在曲轴后部（图 2-8-40）。

❸ 将用于曲轴"上止点"标记的螺旋塞（箭头）从气缸体中拧出（图 2-8-41）。

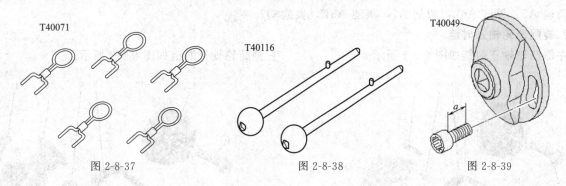

图 2-8-37　　　　图 2-8-38　　　　图 2-8-39

❹ 将曲轴沿发动机转动方向拧到"上止点"。

❺ 将固定螺栓 T40069 用 20N·m 的力矩拧入孔中；必要时稍微来回转动曲轴 1，以便完全对准螺栓（图 2-8-42）。

❻ 沿箭头方向按压链条张紧器的滑轨，并用定位销 T40071 卡住链条张紧器。

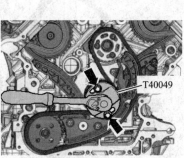

图 2-8-40

当心：

a. 对于用过的驱动链，转动方向相反时有损坏的危险。

b. 为重新安装驱动链，用彩色箭头标记记下转动方向。不得通过冲窝、刻槽等对驱动链做标记。

❼ 旋出螺栓 3 并取下平衡轴链轮（图 2-8-43）。

❽ 旋出螺栓 1 和 2 并取下链条张紧器及链子。

（3）安装步骤

❶ 将曲轴 1 用固定螺 T40069 固定在"上止点"位置（图 2-8-42）。

❷ 安装链条张紧器及链条和平衡轴链轮。

❸ 用固定销 T40116 将平衡轴卡在"上止点"位置。

平衡轴链轮中的长孔必须相对于平衡轴螺纹孔处于中间位置。必要时将链条移动一个齿。

图 2-8-41

❹ 拧紧链条张紧器螺栓。

❺ 拧入链轮螺栓 1，不要拧紧（图 2-8-44）。链轮必须在平衡轴上能转动并且不得翻转。

❻ 松开链条张紧器时去除定位销 T40071。
❼ 用螺丝刀按压链条张紧器的滑轨（箭头），同时拧紧链轮螺栓 1（图 2-8-44）。

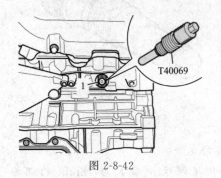
图 2-8-42

图 2-8-43

图 2-8-44

❽ 从平衡轴中拔出固定销 T40116。
❾ 安装正时链下部盖板。

九、3.0T V6 CREC、CREG 发动机（2012～2018 年）

1. 适用车型

奥迪 A5、奥迪 A6L，奥迪 A7，奥迪 A8L、奥迪 Q7。

2. 装配凸轮轴正时链

左侧凸轮轴正时链如图 2-9-1 所示。　　　　　　　　右侧凸轮轴正时链如图 2-9-2 所示。

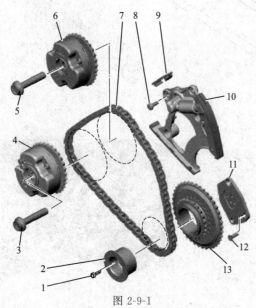

图 2-9-1

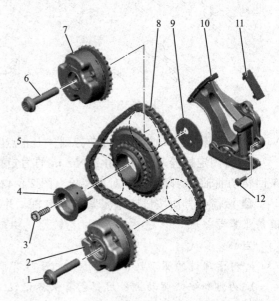

图 2-9-2

1—螺栓；2—轴承螺栓（用于左侧凸轮轴正时链的驱动链轮）；3,5—螺栓（拆卸后更换，80N·m＋90°）；4—凸轮轴调节器（用于排气凸轮轴，标记"EX"）；6—凸轮轴调节器（用于进气凸轮轴，标"IN"）；7—左侧凸轮轴正时链（为了能够重新安装，要用颜色标出转动方向）；8—螺栓（9N·m）；9—滑块；10—链条张紧器（用于左侧凸轮轴正时链）；11—轴承板（用于驱动链轮）；12—螺栓；13—驱动链轮（用于左侧凸轮轴正时链）

1,6—螺栓（拆卸后更换，80N·m＋90°）；2—凸轮轴调节器（用于排气凸轮轴，标记"EX"）；3—螺栓；4—轴承螺栓（用于右侧凸轮轴正时链的驱动链轮，结构不对称）；5—驱动链轮（用于右侧凸轮轴正时链）；7—凸轮轴调节器（用于进气凸轮轴，标记"IN"）；8—右侧凸轮轴正时链（为了能够重新安装，要用颜色标出转动方向）；9—止推垫片（用于右侧凸轮轴正时链的驱动链轮，结构不对称）；10—链条张紧器（用于右侧凸轮轴正时链）；11—滑块；12—螺栓（9N·m）

3. 装配正时驱动系统驱动链（图 2-9-3）

右侧凸轮轴正时链驱动链轮轴承螺栓的安装位置（图 2-9-4）：右侧凸轮轴正时链驱动链轮轴承销 3 内

的固定销必须卡入止推垫片 1 的孔内和气缸体的孔内。2 为右侧凸轮轴正时链的驱动链轮。4 为螺栓。

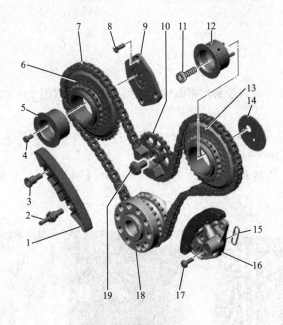

图 2-9-3

1—滑轨；2,3—螺栓（16N·m）；4—螺栓（拆卸后更换，5N·m+90°）；5—轴承螺栓（用于左侧凸轮轴正时链的驱动链轮）；6—驱动链轮（用于左侧凸轮轴正时链）；7—驱动链（用于控制机构。为了能够重新安装，要用颜色标出转动方向）；8—螺栓（拆卸后更换，8N·m+45°）；9—轴承板（用于左侧凸轮轴正时链的驱动链轮）；10—平衡轴的链轮（带变速箱侧平衡重）；11—螺栓（30N·m+90°）；12—轴承螺栓（用于右侧凸轮轴正时链的驱动链轮，结构不对称）；13—驱动链轮（用于右侧凸轮轴正时链）；14—止推垫片（用于右侧凸轮轴正时链的驱动链轮，结构不对称）；15—密封件（拆卸后更换）；16—链条张紧器；17—螺栓（9N·m）；18—曲轴；19—螺栓

图 2-9-4

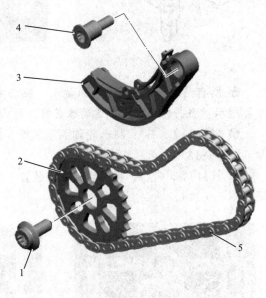

图 2-9-5

1—螺栓（拆卸后更换，30N·m+90°）；2—驱动链轮（用于机油泵，只能在一个位置上安装）；3—链条张紧器（带滑轨）；4—螺栓（20N·m）；5—驱动链（用于机油泵。为了能够重新安装，要用颜色标出转动方向）

4. 装配机油泵驱动链（图 2-9-5）

5. 从凸轮轴上拆下凸轮轴正时链

（1）所需要的专用工具和维修设备

　　a. 适配接头 T40058（图 2-9-6）；b. 固定螺栓 T40069（图 2-9-7）；c. 定位销 T40071（图 2-9-8）；d. 凸轮轴固定装置 T40133（图 2-9-9）。

（2）拆卸步骤

　　提示：在下面的描述中，凸轮轴正时链保留在发动机上。即使只在一个气缸盖上实施工作，也必须在两个气缸列上进行该工作步骤。

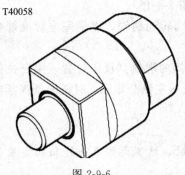

图 2-9-6

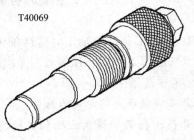

图 2-9-7

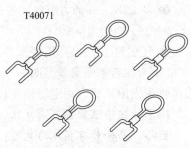

图 2-9-8

❶ 拆卸拱顶横梁。
❷ 拆卸正时链左侧和右侧盖板。
❸ 拆卸左右侧气缸盖罩。
❹ 将空调压缩机从支架上拆下，然后向前绑到高处。
❺ 拆卸和安装支架上的空调压缩机。
❻ 用适配接头 T40058 和弯曲的环形扳手沿发动机转动方向（箭头）将曲轴转动到"上止点"（图 2-9-10）。

提示：

a. 转动发动机，使左侧（沿行驶方向）减振器上的小缺口1与气缸体和梯形架之间的外壳接合线2相对（图 2-9-11）。这样稍后就可以方便地拧入固定螺栓 T40069。

b. 减振器上的标记仅仅是辅助工具。只有拧入固定螺栓 T40069 后，才能达到准确的"上止点"位置。

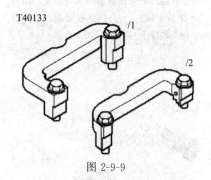
图 2-9-9

图 2-9-10

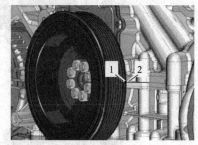
图 2-9-11

❼ 所有凸轮轴上的螺纹孔（箭头）都必须朝上（图 2-9-12）。

提示：当凸轮轴不在所述的位置时，将曲轴继续旋转一圈，然后再次转到"上止点"。

❽ 气缸列1（右）：将凸轮轴固定装置 T40133/1 安装到气缸盖上（箭头），然后用 25N·m 的力矩拧紧（图 2-9-13）。

❾ 气缸列2（左）：将凸轮轴固定装置 T40133/2 安装到气缸盖上（箭头），然后用 25N·m 的力矩拧紧（图 2-9-14）。

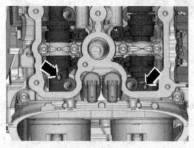
图 2-9-12

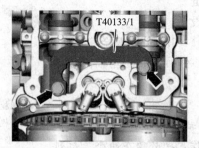
图 2-9-13

图 2-9-14

❿ 将用于曲轴"上止点"标记的螺旋塞（箭头）从气缸体中拧出（图 2-9-15）。

⓫ 以 20N·m 的力矩将固定螺栓 T40069 拧入孔中；必要时稍微来回转动曲轴，以便完全对准螺栓（图 2-9-16）。

⓬ 气缸列1（右）：用螺丝刀1向内按压右侧凸轮轴正时链链条张紧器的滑轨到极限位置，用定位销 T40071 卡住链条张紧器（图 2-9-17）。气缸列2（左）：用螺丝刀1向内按压左侧凸轮轴正时链链条张紧器的滑轨到极限位置，用定位销 T40071 卡住链条张紧器（图 2-9-20）。

提示：链条张紧器以油减振，因此必须缓慢地均匀用力压紧。

当心：凸轮轴有损坏的危险；松开凸轮轴调节器或凸轮轴链轮螺栓时，绝不允许将凸轮轴固定装置 T40133 用作固定支架。

第二章 奥迪车系　　147

图 2-9-15

图 2-9-16

图 2-9-17

⑬ 为卡住相关的凸轮轴调节器，安装扳手 T40297 与环形扳手 2（图 2-9-18 和图 2-9-21）。

⑭ 松开进气侧凸轮轴调节器的螺栓 1。

⑮ 松开排气侧凸轮轴调节器螺栓 3，为此同样要用扳手 T40297 顶住。

当心：发动机有损坏的危险；为了避免小零件通过正时链箱开口意外落入发动机内，请用干净的抹布遮住开口。

⑯ 用颜色标记凸轮轴调节器的安装位置，以便重新安装。

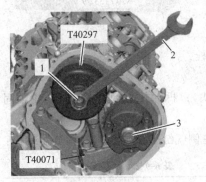
图 2-9-18

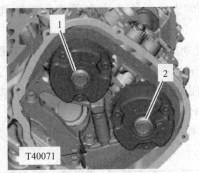
图 2-9-19

图 2-9-20

⑰ 拧出螺栓 1、2，取下两个凸轮轴调节器（图 2-9-19 和图 2-9-22）。

（3）安装步骤

提示：拆卸后更换那些拧紧时需要继续旋转一个角度的螺栓；当心气门和活塞头有损坏的危险；在旋转凸轮轴时，活塞不允许停在"上止点"。

❶ 控制机构驱动链已安装（图 2-9-16）。

❷ 曲轴已用固定螺栓 T40069 固定在"上止点"位置。

❸ 将凸轮轴固定装置 T40133/1 在气缸列 1（右侧）上用 25N·m 的力矩拧紧（图 2-9-13 中箭头）。

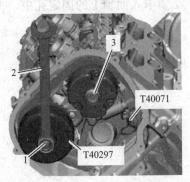
图 2-9-21

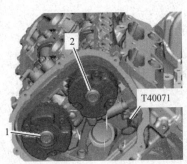
图 2-9-22

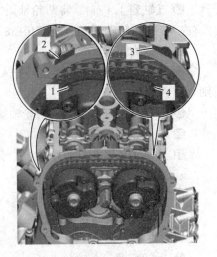
图 2-9-23

❹ 将凸轮轴固定装置 T40133/2 在气缸列 2（左侧）上用 25N·m 的力矩拧紧（图 2-9-14 中箭头）。

❺ 气缸列 1（右）和气缸列 2（左）：按照拆卸时所做标记重新安装凸轮轴调节器。

❻ 凸轮轴调节器内的凹槽 1 或 4 必须正对着所涉及的调节窗口 2 或 3（图 2-9-23）。

❼ 按照拆卸时所做标记重新安装凸轮轴调节器。

❽ 将凸轮轴正时链放到驱动链轮和凸轮轴调节器上，并松松地拧入螺栓 1、2，气缸列 1（右）见图 2-9-19，气缸列 2（左）见图 2-9-22。两个凸轮轴调节器必须在凸轮轴上还能旋转并且不得翻转。

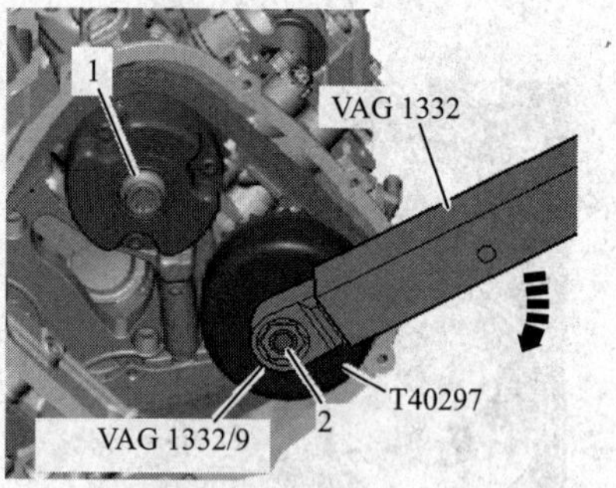

❾ 拆除定位销 T40071。

❿ 气缸列 1（右）：将扳手 T40297 装到排气凸轮轴调节器上（图 2-9-24）；气缸列 2（左）：将扳手 T40297 装到进气凸轮轴调节器上（图 2-9-25）。

⓫ 将扭矩扳手 VAG 1332 用插入工具 VAG 1332/9 安装到扳手 T40297 上。

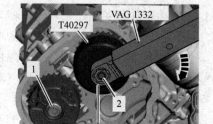

图 2-9-24

图 2-9-25

⓬ 让另一位机械师用 40N·m 的力矩沿箭头方向预紧凸轮轴调节器。

⓭ 在凸轮轴调节器仍旧保持预紧期间，按表 6-9-1 所示方式拧紧螺栓。

⓮ 取下扳手 T40297。

⓯ 拆除气缸列 1（右）凸轮轴固定装置 T40133/1（图 2-9-13 中箭头）；拆除气缸列 2（右）凸轮轴固定装置 T40133/2（图 2-9-14 中箭头）。

⓰ 按表 6-9-2 所示方式拧紧气缸列 1（右）右侧和气缸列 2（左）左侧气缸盖上的凸轮轴调节器螺栓：

表 6-9-1

挡	螺栓	拧紧力矩
1	1	在凸轮轴 60N·m 上
1	2	在凸轮轴 60N·m 上

表 6-9-2

挡	螺栓	拧紧力矩
2	1	凸轮轴上的拧紧力矩 80N·m+90°
2	2	凸轮轴上的拧紧力矩 80N·m+90°

⓱ 将曲轴用适配接头 T40058 和弯曲的环形扳手沿发动机转动方向转动 2 圈（箭头），直至曲轴重新到达"上止点"（图 2-9-10）。

提示：如果意外转过了"上止点"，则必须将曲轴再次转回约 30°，重新转到"上止点"。

⓲ 气缸列 1（右）：将凸轮轴固定装置 T40133/1 安装在气缸盖上并拧紧（图 2-9-13 中箭头）；气缸列 2（左）：将凸轮轴固定装置 T40133/2 安装在气缸盖上并拧紧（图 2-9-16 中箭头）。

⓳ 拧紧力矩：25N·m。

⓴ 将固定螺栓 T40069 直接拧入孔内（图 2-9-16）。固定螺栓 T40069 必须卡入曲轴上的固定孔中，否则要重复调整。

㉑ 拆除两个气缸盖上的凸轮轴固定装置。

㉒ 取下固定螺栓。

㉓ 其他安装以相反顺序进行，安装过程中请注意以下事项：

a. 安装气缸盖罩。

b. 安装正时链左侧和右侧盖板。

6. 拆卸和安装凸轮轴正时链

（1）拆卸步骤

❶ 拆卸变速箱。

❷ 拆卸正时链下部盖板。

❸ 从凸轮轴上取下凸轮轴正时链。

当心：对于用过的凸轮轴正时链，转动方向相反时有损坏的危险；为了便于重新安装左侧和右侧凸轮轴正时链，用彩色箭头标记记下转动方向；不得通过冲窝、刻槽等对凸轮轴正时链做标记。

❹ 拆除定位销 T40071，并取下左侧凸轮轴正时链（图 2-9-26）。

❺ 拧出螺栓 1、2，取下右侧链条张紧器（图 2-9-27）。

❻ 沿箭头方向按压正时机构驱动链张紧器的滑轨，并用定位销 T40071 卡住链条张紧器。

❼ 旋出驱动链轮的轴承销螺栓 1（图 2-9-28）。

❽ 拔下驱动链轮与轴承螺栓，将右侧凸轮轴正时链向上取出。

(2) 安装步骤

提示：如果张紧件已被从链条张紧器中取出，那么请注意安装位置：壳体底部的孔指向链条张紧器，活塞指向张紧轨道。拆卸后更换那些拧紧时需要继续旋转一个角度的螺栓。

当心：气门和活塞头有损坏的危险。在旋转凸轮轴时，活塞不允许停在"上止点"。

❶ 按照拆卸时所做的标记将左侧凸轮轴正时链装到驱动链轮上，然后向上引到气缸盖上。

❷ 向下按压左侧凸轮轴正时链张紧器的滑轨，并用定位销 T40071 卡住链条张紧器（图 2-9-26）。

❸ 按照拆卸时所做的标记将右侧凸轮轴正时链装到驱动链轮上，然后向上引到气缸盖上。

❹ 安装驱动链轮。

❺ 拧紧驱动链轮的轴承销螺栓 1（图 2-9-28）。

图 2-9-26

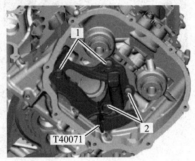

图 2-9-27

图 2-9-28

❻ 拆除定位销 T40071。

❼ 在右侧气缸盖上装入链条张紧器。

❽ 拧紧螺栓 1 和 2（图 2-9-27）。

❾ 其他安装以相反顺序进行，安装过程中请注意以下事项。

a. 将凸轮轴正时链放到凸轮轴上。

b. 安装正时链的下部盖板。

7. 拆卸和安装控制机构驱动链

(1) 所需要的专用工具和维修设备

固定销 T40116 如图 2-9-29 所示。

(2) 拆卸步骤

❶ 变速箱已拆卸。

❷ 拆卸正时链下部盖板。

❸ 拆卸凸轮轴正时链。

❹ 拧出螺栓 1、2，取下链条张紧器（图 2-9-30）。

❺ 拆卸取力器驱动链。

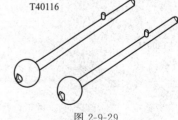

图 2-9-29

当心：对于用过的驱动链，转动方向相反时有损坏的危险；为重新安装，通过带颜色的箭头标记驱动链的转动方向。

❻ 旋出螺栓 1 并取下滑轨（图 2-9-31）。

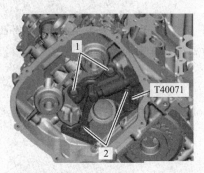

❼ 旋出螺栓2并取下链条张紧器。

❽ 取下控制机构驱动链。

（3）安装步骤

提示：拆卸后更换那些拧紧时需要继续旋转一个角度的螺栓。

安装以倒序进行，同时要注意下列事项。

❶ 曲轴已用固定螺栓 T40069 固定在"上止点"位置（图2-9-32）。

❷ 将平衡轴链轮用固定销 T40116 在"上止点"位置固定在链轮调节范围（箭头）内（图2-9-33）。

❸ 根据拆卸时记下的标记把控制机构驱动链放到驱动链轮上。

❹ 安装滑轨并拧紧螺栓1（图2-9-31）。

❺ 安装链条张紧器并拧紧螺栓2。

❻ 固定销 T40116 必须大概处于平衡轴的链轮调节范围中部（箭头）（图2-9-33）。

图 2-9-30

图 2-9-31

图 2-9-32

图 2-9-33

❼ 固定销绝不允许靠在左侧或右侧。必要时，将驱动链移动一个齿。

❽ 安装取力器驱动链。

❾ 安装凸轮轴正时链。

❿ 安装正时链的下部盖板。

8. 拆卸和安装机油泵驱动链

（1）所需要的专用工具和维修设备

定位销 T40071 如图 2-9-34 所示。

（2）拆卸步骤

❶ 变速箱已拆卸。

❷ 拆卸正时链下部盖板。

❸ 将链条张紧器的弹簧用一个钳子向下压（箭头），并用定位销 T40071 固定住（图2-9-35）。

当心：对于用过的驱动链，转动方向相反时有损坏的危险。

为重新安装驱动链，用彩色箭头标记记下转动方向。不得通过冲窝、刻槽等对驱动链做标记。

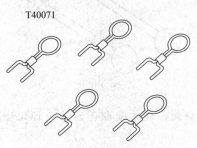

图 2-9-34

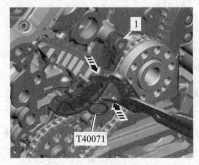

图 2-9-35

图 2-9-36

❹ 拧出螺栓1，取下链条张紧器（图2-9-35）。
❺ 拧出螺栓1，为此用螺丝刀2固定住链轮（图2-9-36）。
❻ 将驱动链和链轮取下。
安装以倒序进行，同时要注意安装正时链的下部盖板。

十、4.0T V8 CTGE、CTFA发动机（2015～2017年）

1. 适用车型
奥迪A6L、奥迪A7、奥迪A8。

2. 装配凸轮轴正时链
左侧凸轮轴正时链如图2-10-1所示。右侧凸轮轴正时链如图2-10-2所示。

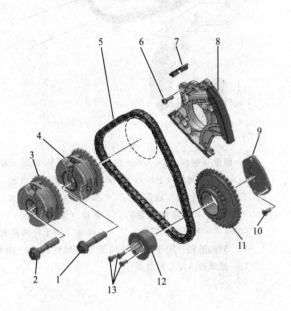

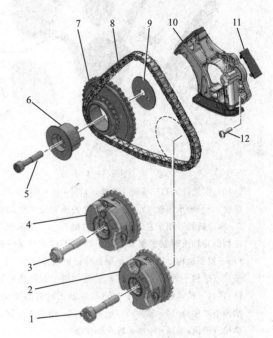

图2-10-1

1,2—螺栓（更换，80N·m+90°）；3—凸轮轴调节器（用于进气凸轮轴，标记"IN"）；4—凸轮轴调节器（用于排气凸轮轴，标记"EX"）；5—左侧凸轮轴正时链（为了能够重新安装，要用颜色标出转动方向）；6,13—螺栓（更换，5N·m+90°）；7—滑块；8—链条张紧器（用于左侧凸轮轴正时链）；9—轴承板（用于驱动链轮）；10—螺栓（9N·m）；11—驱动链轮（用于左侧凸轮轴正时链）；12—轴承螺栓（用于左侧凸轮轴正时链的驱动链轮）

图2-10-2

1—螺栓（带真空泵从动件。更换，80N·m+90°）；2—凸轮轴调节器（用于进气凸轮轴，标记"IN"）；3—螺栓（更换，80N·m+90°）；4—凸轮轴调节器（用于排气凸轮轴，标记"EX"）；5—螺栓（更换，20N·m+45°）；6—轴承螺栓（用于右侧凸轮轴正时链的驱动链轮，结构不对称）；7—驱动链轮（用于右侧凸轮轴正时链）；8—右侧凸轮轴正时链（为了能够重新安装，要用颜色标出转动方向）；9—止推垫片（用于右侧凸轮轴正时链的驱动链轮，结构不对称）；10—链条张紧器（用于右侧凸轮轴正时链）；11—滑块；12—螺栓（更换，5N·m+90°）

右侧凸轮轴正时链驱动链轮轴承螺栓的安装位置（图2-10-3）：右侧凸轮轴正时链驱动链轮轴承销3内的固定销必须卡入止推垫片1的孔内和气缸体的孔内。2为右侧凸轮轴正时链的驱动链轮；4为螺栓。

图2-10-3

3. 装配正时驱动系统驱动链（图2-10-4）

4. 装配取力器驱动链（图2-10-5）

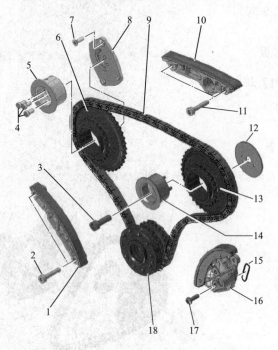

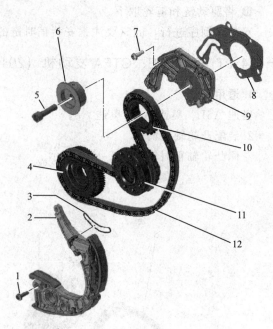

图 2-10-4

1、10—滑轨；2、11—螺栓（更换，17N·m+90°）；3、4、7—螺栓；5—轴承螺栓（用于左侧凸轮轴正时链的驱动链轮）；6—驱动链轮（用于左侧凸轮轴正时链）；8—轴承板（用于左侧凸轮轴正时链的驱动链轮，结构不对称）；9—驱动链（用于控制机构。拆卸前，用颜色标记转动方向）；12—止推垫片（结构不对称）；13—驱动链轮（用于右侧凸轮轴正时链）；14—轴承螺栓（用于右侧凸轮轴正时链的驱动链轮，结构不对称）；15—密封环（更换）；16—链条张紧器；17—螺栓（更换，5N·m+90°）；18—曲轴

图 2-10-5

1—螺栓（更换，5N·m+90°）；2—链条张紧器（带滑轨）；3—密封件（更换）；4—驱动链轮（用于取力器，正齿轮传动装置的组成部分）；5—螺栓（42N·m）；6—轴承螺栓（用于转向链轮）；7—螺栓（更换，5N·m+90°）；8—密封件（更换）；9—支撑座（用于转向链轮）；10—转向链轮（用于辅助传动装置驱动链）；11—曲轴；12—驱动链（用于取力器）

5. 从凸轮轴上拆下凸轮轴正时链

（1）所需要的专用工具和维修设备

扭矩扳手（VAG 1332）、工具头（VAG 1332/9）、定位销（T40071）、扳手 SW 21（T40263）、凸轮轴固定装置（T40264）、钥匙（T40269）如图2-10-6所示。

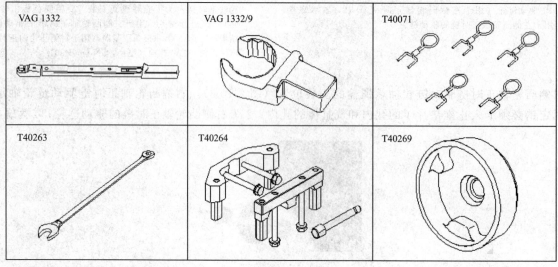

图 2-10-6

第二章 奥迪车系

旋转工具（T40272）如图 2-10-7 所示。

（2）拆卸步骤

提示：以下所述内容，凸轮轴正时链保留在发动机上。

❶ 拆卸气缸列 1（右）正时链的相关盖板。
❷ 将右摆动半轴从变速箱法兰轴上拧下。
❸ 拧出螺栓（箭头），取下右侧隔热板 1（图 2-10-8）。
❹ 拧出螺栓（箭头），取出右侧摆动半轴的隔热板（图 2-10-9）。

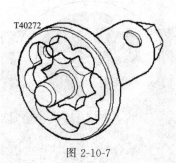

图 2-10-7

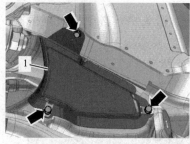

图 2-10-8

图 2-10-9

❺ 拆下空气滤清器滤芯。
❻ 从活性炭罐装置上脱开软管，为此要松开软管卡箍 1（图 2-10-10）。
❼ 露出软管。

提示：图 2-10-10 示意性地展示了奥迪 S6/S7 上的安装位置，不需注意图中位置 2。

❽ 脱开活性炭罐电磁阀（N80）上的电插头 1（图 2-10-11）。
❾ 拧出螺栓（箭头）。
❿ 拧下螺母 1、2 和螺栓 3，露出布线并压向一侧（图 2-10-12）。

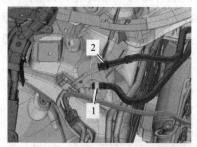

图 2-10-10

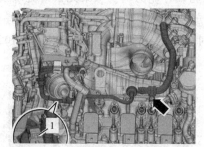

图 2-10-11

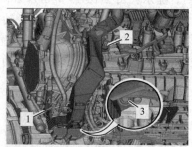

图 2-10-12

⓫ 拧出双螺栓（箭头），取下防护板 1（图 2-10-13）。
⓬ 露出废气涡轮增压器真空执行元件上的软管。
⓭ 拔下真空软管 1（图 2-10-14）。

提示：不要拔出球头，图 2-10-14 中位置 2。图 2-10-14 示意性地展示了奥迪 S6/S7 上的安装位置。

⓮ 脱开电插头 1、2，并将电导线束压向一侧（图 2-10-15）。

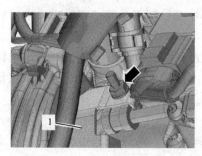

图 2-10-13

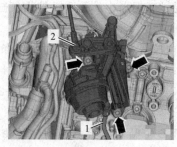

图 2-10-14

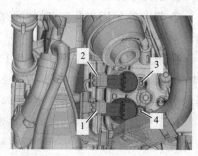

图 2-10-15

提示：不必理会图 2-10-15 中位置 3、4。

⑮ 拆卸高压管。

⑯ 在右侧凸轮轴外壳上通过向左旋转松开并取下密封塞（箭头）（图 2-10-16）。

⑰ 拆卸气缸列 2（左）气缸"7"的点火线圈（图 2-10-17）。

⑱ 在左侧凸轮轴外壳上通过向左旋转松开并取下密封塞（箭头）。

⑲ 奥迪 S6/RS6/RS7：拆卸冷却液散热器及风扇罩。奥迪 S7：拆卸风扇罩。

⑳ 将旋转工具 T40272 插到扳手 SW 21（T40263）上（图 2-10-18）。

㉑ 将适配接头插到减振器螺栓上。

㉒ 旋转工具 T40272 上的半圆形铣槽（箭头 A）必须指向减振器半圆形的铣槽（箭头 B）。

提示：无需注意旋转工具 T40272 上的缺口。

㉓ 将曲轴沿发动机运转方向转动到（箭头）"上止点"。

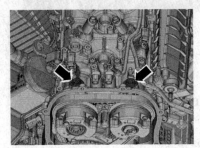
图 2-10-16

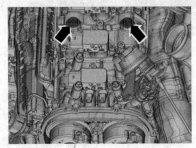
图 2-10-17

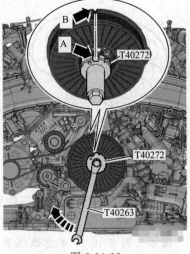
图 2-10-18

㉔ 通过之前在凸轮轴外壳中用密封塞密封的孔必须可以看见凸轮轴中的螺纹孔（箭头）（图 2-10-19）。

提示：图 2-10-19 所示以右侧凸轮轴外壳为例。如果无法看见螺纹孔，则将曲轴继续旋转一圈。

㉕ 气缸列 1（右）：将凸轮轴固定装置 T40264/1 装到右侧气缸盖上并拧紧（箭头），为此必要时略微来回转动曲轴（图 2-10-20）。气缸列 2（左）：将凸轮轴固定装置 T40264/2 装到左侧气缸盖上并拧紧（箭头），为此必要时略微来回转动曲轴（图 2-10-21）。

图 2-10-19

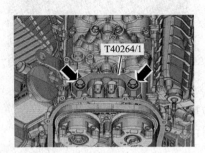
图 2-10-20

图 2-10-21

拧紧力矩为 12N·m。

㉖ 将凸轮轴固定装置 T40264/3 通过减振器中的孔手动拧入气缸体中至贴紧，为此必要时略微来回转动曲轴（图 2-10-22）。

㉗ 气缸列 1（右）：用螺丝刀 1 向内按压右侧凸轮轴正时链链条张紧器的滑轨到极限位置，用定位销 T40071 卡住链条张紧器（图 2-10-23）；气缸列 2（左）：用螺丝刀 1 向内按压左侧凸轮轴正时链链条张紧器的滑轨到极限位置，用定位销 T40071 卡住链条张紧器（图 2-10-24）。

提示：链条张紧器以油减振，因此必须缓慢地均匀用力压紧。

当心：凸轮轴有损坏的危险；松开凸轮轴调节器或凸轮轴链轮的螺栓时，绝对不允许将凸轮轴固定装置 T40264/1 和 T40264/2 作为固定支架使用。

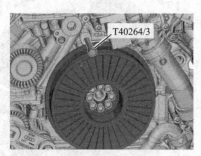

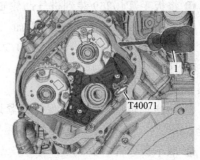

图 2-10-22　　　　　　　图 2-10-23　　　　　　　图 2-10-24

㉘ 将扳手 T40269 顶在涉及的凸轮轴调节器上 2，然后松开螺栓 1（图 2-10-25）。

㉙ 用颜色标记凸轮轴调节器的安装位置，以便重新安装。

当心： 发动机有损坏的危险；为了避免小零件通过正时链箱开口意外落入发动机内，请用干净的抹布遮住开口。

㉚ 拧出螺栓 1、2，取下两个凸轮轴调节器。气缸列 1（右）见图 2-10-26，气缸列 2（左）见图 2-10-27。

㉛ 将凸轮轴正时链放到滑块上。

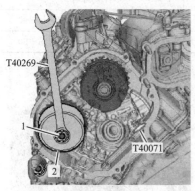
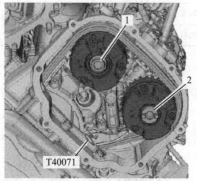
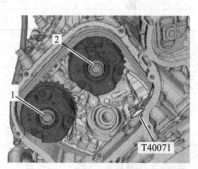

图 2-10-25　　　　　　　图 2-10-26　　　　　　　图 2-10-27

(3) 安装步骤

提示： 更新拧紧时需要继续旋转一个角度的螺栓。

❶ 用标准型软管卡箍固定所有软管连接。

❷ 控制机构驱动链已安装。

❸ 曲轴已用凸轮轴固定装置 T40264/3 卡止在"上止点"位置（图 2-10-22）。

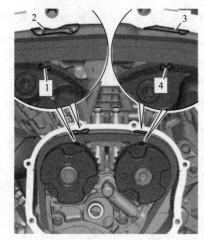

图 2-10-28

❹ 用 12N·m 的力矩拧紧左侧气缸盖上的凸轮轴固定装置 T40264/2（箭头）（图 2-10-21）。

❺ 用 12N·m 的力矩拧紧右侧气缸盖上的凸轮轴固定装置 T40264/1（箭头）（图 2-10-20）。

❻ 按照拆卸时所做标记重新安装凸轮轴调节器。

❼ 凸轮轴调节器内的凹槽 1 或 4 必须正对着所涉及的调节窗口 2 或 3。气缸列 1（右）见图 2-10-28，气缸列 2（左）见图 2-10-29。

❽ 按照拆卸时所做标记重新安装凸轮轴调节器。气缸列 1（右）见图 2-10-26，气缸列 2（左）见图 2-10-27。

❾ 将凸轮轴正时链放到驱动链轮和凸轮轴调节器上，并松松地拧入螺栓 1、2。两个凸轮轴调节器必须在凸轮轴上能旋转并且不得翻转。

❿ 拆除定位销 T40071。

⑪ 将扳手 T40269 装到进气凸轮轴调节器上。

⑫ 将扭矩扳手 VAG 1332 用插入工具 VAG 1332/9 安装到扳手 T40269 上气缸列 1（右）见图 2-10-30，气缸列 2（左）见图 2-10-31。

⑬ 让另一位机械师用 40N·m 的力矩沿箭头方向预紧凸轮轴调节器。

⑭ 在凸轮轴调节器仍旧保持预紧期间，按表 2-10-1 所示方式拧紧螺栓。

⑮ 取下扳手 T40269。

⑯ 拆除凸轮轴固定装置 T40264/1（箭头）。气缸列 1（右）见图 2-10-20，气缸列 2（左）见图 2-10-21。

⑰ 按表 2-10-2 所示方式拧紧两侧气缸盖上的凸轮轴调节器螺栓。

⑱ 拆除凸轮轴固定装置 T40264/3（图 2-10-22）。

⑲ 将曲轴用扳手 SW 21（T40263）和旋转工具 T40272 沿发动机转动方向（箭头）转动 2 圈，直至曲轴重新转动至"上止点"（图 2-10-18）。

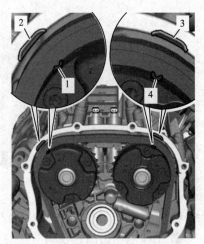

图 2-10-29

表 2-10-1

挡	螺栓	拧紧力矩
1	1	在凸轮轴 60N·m 上
1	2	在凸轮轴 60N·m 上

表 2-10-2

挡	螺栓	拧紧力矩
2	1	凸轮轴上的拧紧力矩 80N·m+90°
2	2	凸轮轴上的拧紧力矩 80N·m+90°

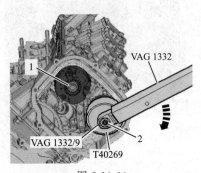

图 2-10-30

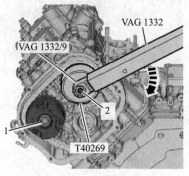

图 2-10-31

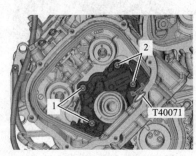

图 2-10-32

提示：如果意外转过了"上止点"，则必须将曲轴再次转回约 30°，重新转到"上止点"。

⑳ 凸轮轴里的螺纹孔（箭头）必须指向上面（图 2-10-19）。

提示：图 2-10-19 以右侧凸轮轴外壳为例。

㉑ 将凸轮轴固定装置 T40264/1 装到气缸盖上并拧紧（箭头）。气缸列 1（右）见图 2-10-20，气缸列 2（左）见图 2-10-21。

拧紧力矩为 12N·m。

㉒ 将凸轮轴固定装置 T40264/3 通过减振器中的孔手动拧入气缸体中至贴紧（图 2-10-22）。凸轮轴固定装置 T40264/3 必须卡入气缸体的固定孔内，否则要重新调整。

㉓ 拆除凸轮轴固定装置 T40264/1 和 T40264/2。

㉔ 拆除凸轮轴固定装置 T40264/3。

㉕ 其他安装以相反顺序进行，安装过程中请注意以下事项。

奥迪 S6/RS6/RS7：安装冷却液散热器及风扇罩。

奥迪 S7：安装风扇罩。

㉖ 安装气缸"7"的点火线圈。

㉗ 安装电导线。

㉘ 安装废气涡轮增压器的真空执行元件。
㉙ 安装高压管路。
㉚ 安装空气滤清器滤芯。
㉛ 安装正时链盖板。

6. 拆卸和安装凸轮轴正时链

❶ 拆下正时链下部盖板。
❷ 从凸轮轴上取下凸轮轴正时链。

当心：
a. 对于用过的凸轮轴正时链，转动方向相反时有损坏的危险。
b. 为重新安装，通过带颜色的箭头标记凸轮轴正时链的转动方向。
c. 凸轮轴正时链可以在不拆卸链条张紧器的状态下取下。此时，左侧凸轮轴正时链必须正好准确地在链条张紧器的导向槽上穿过。

7. 拆卸和安装凸轮轴正时链的链条张紧器

(1) 拆卸步骤

❶ 从凸轮轴上取下凸轮轴正时链（图2-10-32）。
❷ 旋出螺栓1和2，取下左侧链条张紧器和左侧凸轮轴正时链。
❸ 拧出螺栓1和2，取下右侧链条张紧器和右侧凸轮轴正时链（图2-10-33）。

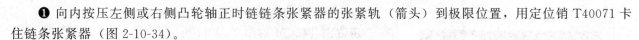

图 2-10-33

(2) 安装步骤

提示：如果张紧件已被从链条张紧器中取出，那么必须注意安装位置：壳体底部的孔指向链条张紧器，活塞指向张紧轨道。更新拧紧时需要继续旋转一个角度的螺栓。

❶ 向内按压左侧或右侧凸轮轴正时链链条张紧器的张紧轨（箭头）到极限位置，用定位销T40071卡住链条张紧器（图2-10-34）。
❷ 如图2-10-35所示在左侧气缸盖上装入链条张紧器，放上凸轮轴正时链。
❸ 拧紧螺栓1和2。
❹ 如图2-10-36所示在右侧气缸盖上装入链条张紧器，放上凸轮轴正时链。

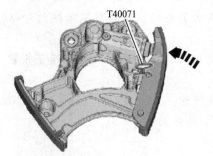

图 2-10-34

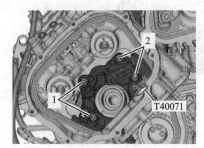

图 2-10-35

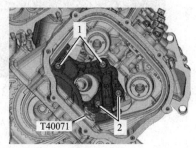

图 2-10-36

❺ 拧紧螺栓1和2。
❻ 将凸轮轴正时链放到凸轮轴上。

8. 拆卸和安装控制机构驱动链

(1) 所需要的专用工具和维修设备
定位销T40071（图2-10-37）

(2) 拆卸步骤

❶ 变速箱已拆卸。
❷ 从凸轮轴上取下凸轮轴正时链。

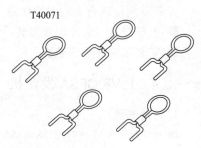

图 2-10-37

图 2-10-38

图 2-10-39

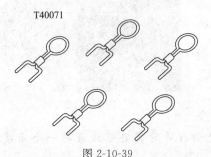

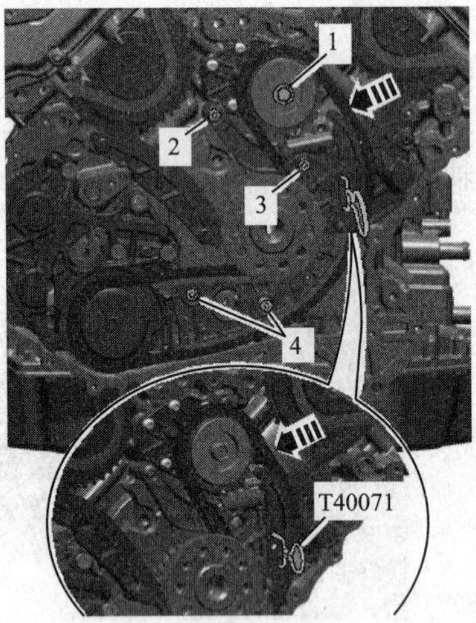

图 2-10-40

❸ 拆卸凸轮轴正时链的链条张紧器。

❹ 拆卸取力器驱动链。

❺ 沿箭头方向按压驱动链链条张紧器的滑轨,并用定位销 T40071 卡住链条张紧器。

当心:对于用过的驱动链,转动方向相反时有损坏的危险;为重新安装,通过带颜色的箭头标记驱动链的转动方向。

❻ 旋出螺栓 1 并取下滑轨(图 2-10-38)。

❼ 旋出螺栓 2 并取下链条张紧器。

❽ 取下控制机构驱动链。

(3) 安装步骤

提示:更新拧紧时需要继续旋转一个角度的螺栓。

安装以倒序进行,同时要注意下列事项。

❶ 根据拆卸时记下的标记把控制机构驱动链放到驱动链轮上。

❷ 安装滑轨并拧紧螺栓 1(图 2-10-38)。

❸ 安装链条张紧器并拧紧螺栓 2。

❹ 沿箭头方向按压传动链张紧器的滑轨并将定位销 T40071 从链条张紧器中拔出(图 2-10-38)。

❺ 安装取力器驱动链。

❻ 安装凸轮轴正时链的链条张紧器。

❼ 将凸轮轴正时链放到凸轮轴上。

9. 拆卸和安装辅助驱动装置的驱动链

(1) 所需要的专用工具和维修设备

定位销 T40071 如图 2-10-39 所示。

(2) 拆卸步骤

❶ 变速箱已拆卸。

❷ 拆下正时链下部盖板。

当心:对于用过的驱动链,转动方向相反时有损坏的危险;为重新安装,通过带颜色的箭头标记取力器驱动链的转动方向。

❸ 沿箭头方向按压张紧轨并用定位销 T40071 卡住链条张紧器(图 2-10-40)。

❹ 拧下螺栓 1 并取下转向链轮。

❺ 旋出螺栓 2~4 并取下链条张紧器。

❻ 取下取力器驱动链。

(3) 安装步骤

提示:更新密封。

安装以倒序进行,同时要注意下列事项。

❶ 更新拧紧时需要继续旋转一个角度的螺栓。

❷ 安装正时链下部盖板。

十一、4.2L V8 CFSA 发动机(2013~2016 年)

1. 适用车型

奥迪 A5、奥迪 A6L、奥迪 A7、奥迪 A8L。

2. 装配凸轮轴正时链

左侧凸轮轴正时链如图 2-11-1 所示。右侧凸轮轴正时链如图 2-11-2 所示。

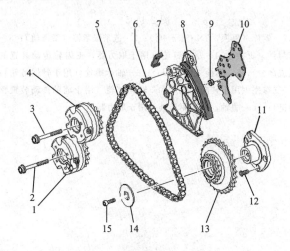

图 2-11-1

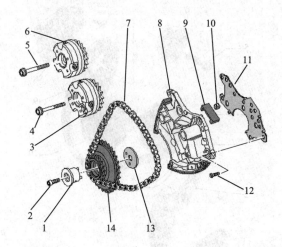

图 2-11-2

1—凸轮轴调节器（用于排气凸轮轴，标记"EX"）；2,3—螺栓（更换，80N·m+90°）；4—凸轮轴调节器（用于进气凸轮轴，标记"IN"）；5—左侧凸轮轴正时链（从凸轮轴上取下。拆卸前，用颜色标记转动方向）；6—螺栓（更换，5N·m+90°）；7—滑块；8—链条张紧器（用于左侧凸轮轴正时链）；9—油滤网（装入张紧器，注意外围上的止动凸缘）；10—密封件（更换，卡到链条张紧器上）；11—支撑座（用于驱动链轮，图示与车内型号不符）；12—螺栓（9N·m）；13—驱动链轮（用于左侧凸轮轴正时链）；14—止推垫片（用于驱动链轮）；15—螺栓（22N·m）

1—轴承螺栓（用于右侧凸轮轴正时链的驱动链轮，结构不对称）；2—螺栓（42N·m）；3—凸轮轴调节器（用于排气凸轮轴，标记"EX"）；4—螺栓（更换，80N·m+90°）；5,12—螺栓（更换，80N·m+90°）；6—凸轮轴调节器（用于进气凸轮轴，标记"IN"）；7—右侧凸轮轴正时链（从凸轮轴上取下。拆卸前，用颜色标记转动方向）；8—链条张紧器（用于右侧凸轮轴正时链，图示与车内型号不符）；9—滑块；10—油滤网（装入张紧器。安装位置：注意外围上的止动凸缘）；11—密封件（更换，卡到链条张紧器上）；13—止推垫片（用于驱动链轮）；14—驱动链轮（用于右侧凸轮轴正时链）

右侧凸轮轴正时链驱动链轮轴承螺栓的安装位置（图 2-11-3）：右侧凸轮轴正时链驱动链轮轴承销 3 内的固定销必须卡入止推垫片 1 的孔内和气缸体的孔内。2 为右侧凸轮轴正时链的驱动链轮。4 为螺栓。

3. 装配正时驱动系统驱动链（图 2-11-4）

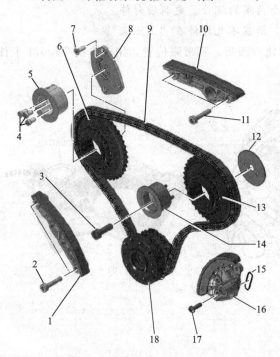

图 2-11-3

图 2-11-4

1—滑轨；2—螺栓（更换，17N·m+90°）；3,4,7—螺栓；5—止推垫片（用于驱动链轮）；6—驱动链轮（用于左正时链）；8—轴承螺栓（用于右侧凸轮轴正时链的驱动链轮，结构不对称）；9—驱动链（用于控制机构。拆卸前，用颜色标记转动方向）；10—滑轨；11—螺栓（更换，17N·m+90°）；12—止推垫片；13—驱动链轮（用于右侧正时链）；14—轴承螺栓（用于驱动链轮）；15—密封环（更换）；16—链条张紧器；17—螺栓（更换，5N·m+90°）；18—曲轴

4. 装配取力器驱动链（图 2-11-5）

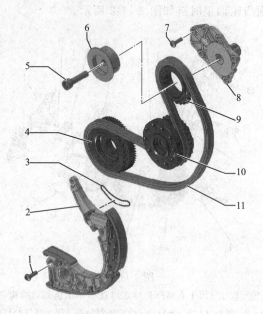

图 2-11-5

1,7—螺栓（更换，5N·m+90°）；2—链条张紧器（带滑轨）；3—密封件（更换）；4—驱动链轮（用于取力器，正齿轮传动装置的组成部分）；5—螺栓（42N·m）；6—轴承螺栓（用于转向链轮）；8—支撑座（用于转向链轮）；9—转向链轮（用于辅助传动装置驱动链）；10—曲轴；11—驱动链（用于取力器）

5. 拆卸和安装凸轮轴正时链

（1）拆卸步骤

❶ 发动机/变速箱总成已拆卸，发动机和变速箱已分开。

❷ 发动机已用万向节定位支架 VAS 6131/13-7 固定。

❸ 拆下正时链下部盖板。

❹ 从凸轮轴上取下凸轮轴正时链。

当心：对于用过的凸轮轴正时链，转动方向相反时有损坏的危险；为重新安装，通过带颜色的箭头标记凸轮轴正时链的转动方向。

❺ 旋出螺栓 1 和 2，取下左侧链条张紧器和左侧凸轮轴正时链（图 2-11-6）。

❻ 拧出螺栓 1 和 2，取下右侧链条张紧器和右侧凸轮轴正时链（图 2-11-7）。

（2）安装步骤

提示：如果张紧件已被从链条张紧器中取出，则必须注意安装位置：壳体底部敞开的一侧指向链条张紧器，活塞指向张紧轨道。更新拧紧时需要继续旋转一个角度的螺栓。更新密封件。

当心：气门和活塞头有损坏的危险。在旋转凸轮轴时，活塞不允许停在"上止点"。

❶ 向内按压左侧或右侧凸轮轴正时链链条张紧器的滑轨（箭头）到极限位置，用定位销 T40071 卡住链条张紧器（图 2-11-8）。

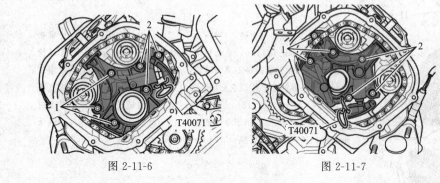

图 2-11-6　　　　图 2-11-7

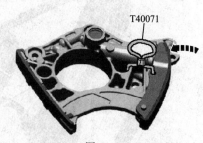

图 2-11-8

❷ 必要时清洁两个链条张紧器内的滤油网 2（图 2-11-9）。

❸ 将新密封件 3 放到链条张紧器 1 后部。

❹ 如图 2-11-6 所示，把链条张紧器装在左侧气缸盖上，根据拆卸时标出的标记放上凸轮轴正时链。拧紧螺栓 1 和 2。

❺ 如图 2-11-7 所示，把链条张紧器装在右侧气缸盖上，根据拆卸时标出的标记放上凸轮轴正时链。拧紧螺栓 1 和 2。

其他安装以相反顺序进行，安装过程中请注意：将凸轮轴正时链放到凸轮轴上；安装正时链下部盖板。

6. 从凸轮轴上拆下凸轮轴正时链

（1）所需要的专用工具和维修设备

扭矩扳手（VAG 1332）、工具头（VAG 1332/9）、凸轮轴固定装置（T40070）、定位销（T40071）、钥匙（T40079）、定位销（T40227）如图 2-11-10 所示。旋转工具（T40257）如图 2-11-11 所示。扳手 SW 21（T40263）如图 2-11-12 所示

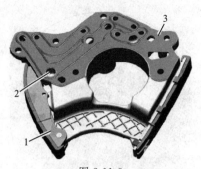

图 2-11-9

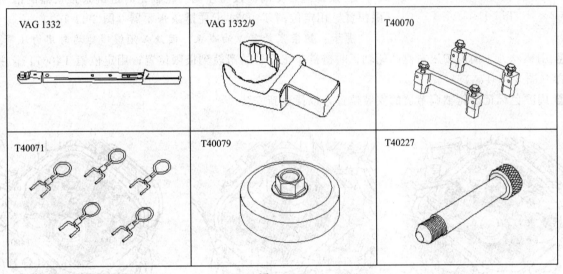

图 2-11-10

（2）拆卸步骤

❶ 发动机/变速箱总成已拆下并放到剪式升降台 VAS 6131 A 上。

提示：在下面的描述中，凸轮轴正时链保留在发动机上。

❷ 拆卸相关的气缸盖罩。

❸ 拆卸正时链的相关盖板。

❹ 拆卸多楔带。

❺ 将旋转工具 T40257 插到扳手 SW 21（T40263）上。

❻ 将旋转工具 T40257 安放在减振器螺栓上。

❼ 旋转工具 T40257 上的半圆形铣槽（箭头 A）必须指向减振器半圆形的铣槽箭头 B（图 2-11-13）。

提示：无需注意旋转工具 T40257 上的缺口。

❽ 将曲轴沿发动机运转方向转动到（箭头）"上止点"（图 2-11-13）。

❾ 凸轮轴里的螺纹孔（箭头）必须指向上面（图 2-11-14）。

❿ 将凸轮轴固定装置 T40070 以 25N·m 的力矩拧紧到两个气缸盖上（箭头）（图 2-11-15）。

如果对着气缸盖螺栓的孔仍是空的，则说明凸轮轴固定装置 T40070 安装正确。

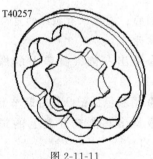

图 2-11-11

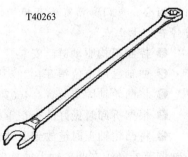

图 2-11-12

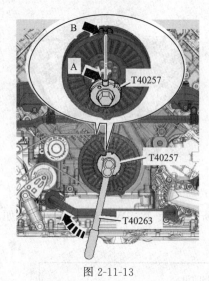
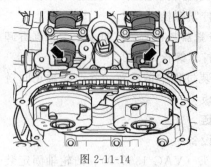
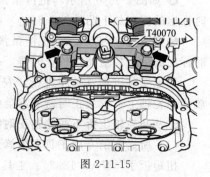

图 2-11-13　　　　　　　图 2-11-14　　　　　　　图 2-11-15

⑪ 将定位销 T40227 用手拧入气缸体至贴紧，需要时稍微来回转动曲轴，使螺栓完全对中。

⑫ 用螺丝刀 1 向内按压左侧凸轮轴正时链链条张紧器的滑轨到极限位置，用定位销 T40071 卡住链条张紧器（图 2-11-16）。

提示：链条张紧器以油减振，因此必须缓慢地均匀用力压紧。

⑬ 用螺丝刀 1 向内按压右侧凸轮轴正时链链条张紧器的滑轨到极限位置，用定位销 T40071 卡住链条张紧器（图 2-11-17）。

⑭ 用颜色标记凸轮轴调节器的安装位置，以便重新安装。

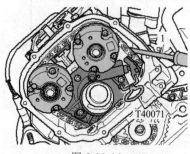
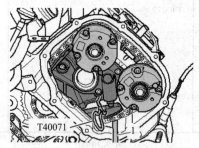
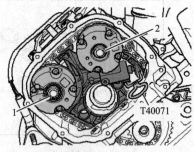

图 2-11-16　　　　　　　图 2-11-17　　　　　　　图 2-11-18

当心：发动机有损坏的危险；为了避免小零件通过正时链箱开口意外落入发动机内，请用干净的抹布遮住开口。

⑮ 旋出左侧气缸盖上的螺栓 1 和 2，取下两个凸轮轴调节器（图 2-11-18）。

⑯ 用颜色标记凸轮轴调节器的安装位置，以便重新安装。

⑰ 旋出右侧气缸盖上的螺栓 1 和 2，取下两个凸轮轴调节器（图 2-11-19）。

(3) 安装步骤

提示：更新时需要继续旋转一个角度拧紧的螺栓。

当心：气门和活塞头有损坏的危险。在旋转凸轮轴时，活塞不允许停在"上止点"。

❶ 控制机构驱动链已安装。

❷ 曲轴已用定位销 T40227 固定在"上止点"位置。

❸ 将凸轮轴固定装置 T40070 以 25N·m 的力矩拧紧在两个气缸盖上（箭头）（图 2-11-15）。

❹ 根据拆卸时做好的标记重新装上左侧气缸盖上的凸轮轴调节器。

❺ 将凸轮轴正时链放到驱动链轮和凸轮轴调节器上，并松松的拧入螺栓 1 和 2（图 2-11-18）。两个凸轮轴调节器必须在凸轮轴上能旋转，并且不得翻转。

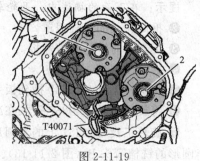

图 2-11-19

第二章　奥迪车系　　163

⑥ 拆除定位销 T40071。
⑦ 根据拆卸时做好的标记重新装上右侧气缸盖上的凸轮轴调节器。
⑧ 将凸轮轴正时链放到驱动链轮和凸轮轴调节器上，并松松地拧入螺栓 1 和 2（图 2-11-19）。两个凸轮轴调节器必须在凸轮轴上能旋转，并且不得翻转。
⑨ 拆除定位销 T40071。
⑩ 把扳手 T40079 装到左侧气缸盖上的进气凸轮轴调节器上。
⑪ 将扭矩扳手 VAG 1332 用插入工具 VAG 1332/9 安装到扳手 T40079 上（图 2-11-20）。

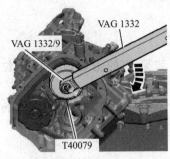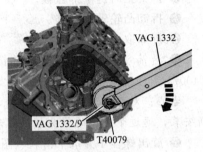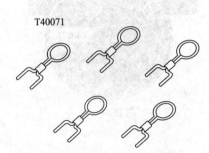

图 2-11-20　　　　　　　图 2-11-21　　　　　　　图 2-11-22

⑫ 让另一位机械师用 40N·m 的力矩沿（箭头方向）预紧凸轮轴调节器（图 2-11-20）。
⑬ 在凸轮轴调节器仍旧保持预紧期间，按表 2-11-1 所示方式拧紧螺栓。
⑭ 把扳手 T40079 装到右侧气缸盖上的排气凸轮轴调节器上。
⑮ 将扭矩扳手 VAG 1332 用插入工具 VAG 1332/9 安装到扳手 T40079 上（图 2-11-21）。
⑯ 让另一位机械师用 40N·m 的力矩沿（箭头方向）预紧凸轮轴调节器（图 2-11-21）。
⑰ 在凸轮轴调节器仍旧保持预紧期间，按表 2-11-1 所示方式拧紧螺栓。
⑱ 取下扳手 T40079。
⑲ 将凸轮轴固定装置 T40070 从两个气缸盖上取下（箭头）（图 2-11-17）。
⑳ 按表 2-11-2 所示方式拧紧左侧气缸盖上的凸轮轴调节器螺栓。

表 2-11-1

挡	螺栓	拧紧力矩
1	1	安装到排气凸轮轴上，60N·m
1	2	安装到进气凸轮轴上，60N·m

表 2-11-2

挡	螺栓	拧紧力矩
2	1	排气凸轮轴上，80N·m+90°
2	2	进气凸轮轴上，80N·m+90°

㉑ 按表 2-11-2 所示方式拧紧右侧气缸盖上的凸轮轴调节器螺栓。
㉒ 拆除定位销 T40227。
㉓ 将曲轴沿发动机运转方向（箭头）转动 2 圈，直至曲轴重新到达"上止点"（图 2-11-13）。
提示：如果无意间转过了"上止点"，则必须将曲轴再次转回约 30°，并重新转到"上止点"。
㉔ 凸轮轴里的螺纹孔（箭头）必须指向上面（图 2-11-14）。
㉕ 凸轮轴固定装置 T40070 以 25N·m 的力矩拧紧到两个气缸盖上（箭头）（图 2-11-14）。
㉖ 如果对着气缸盖螺栓的孔仍是空的，则说明凸轮轴固定装置 T40070 安装正确（图 2-11-15）。
㉗ 将定位销 T40227 用手拧入气缸体至贴紧。
㉘ 定位销 T40227 必须卡入气缸体的固定孔内，否则要重新调整。
㉙ 拆除两个气缸盖上的凸轮轴固定装置。
㉚ 拆除定位销 T40227。
其他安装以相反顺序进行，安装过程中请注意以下事项。
a. 安装正时链盖板。
b. 安装气缸盖罩。

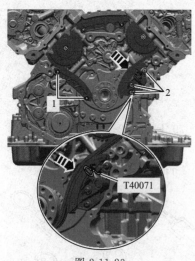

图 2-11-23

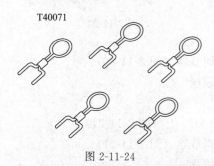

图 2-11-24

图 2-11-25

c. 安装多楔带。

7. 拆卸和安装控制机构驱动链

(1) 所需要的专用工具和维修设备

定位销（T40071）如图 2-11-22 所示。

(2) 拆卸步骤

❶ 发动机/变速箱总成已拆卸，发动机和变速箱已分开。

❷ 发动机已用万向节定位支架 VAS 6131/13-7 固定。

❸ 拆下正时链下部盖板。

❹ 拆卸凸轮轴正时链。

❺ 拆卸取力器驱动链。

❻ 沿箭头方向按压驱动链链条张紧器的滑轨，并用定位销 T40071 卡住链条张紧器（图 2-11-23）。

当心：对于用过的驱动链，转动方向相反时有损坏的危险；为重新安装，通过带颜色的箭头标记驱动链的转动方向。

❼ 旋出螺栓 1 并取下滑轨（图 2-11-23）。

❽ 旋出螺栓 2 并取下链条张紧器（图 2-11-23）。

❾ 取下控制机构驱动链。

(3) 安装步骤

提示：更新时需要继续旋转一个角度拧紧的螺栓。

安装以倒序进行，同时要注意下列事项。

❶ 根据拆卸时记下的标记把控制机构驱动链放到驱动链轮上。

❷ 安装滑轨并拧紧螺栓 1（图 2-11-23）。

❸ 安装链条张紧器并拧紧螺栓 2（图 2-11-23）。

❹ 沿箭头方向按压传动链张紧器的滑轨，并将定位销 T40071 从链条张紧器中拔出（图 2-11-23）。

❺ 安装取力器驱动链。

❻ 安装凸轮轴正时链。

❼ 安装正时链下部盖板。

8. 拆卸和安装辅助驱动装置的驱动链

(1) 所需要的专用工具和维修设备

定位销（T40071）如图 2-11-24 所示。

(2) 拆卸步骤

❶ 发动机/变速箱总成已拆卸，发动机和变速箱已分开。

❷ 发动机已用万向节定位支架 VAS 6131/13-7 固定。

❸ 拆下正时链下部盖板。

当心：对于用过的驱动链，转动方向相反时有损坏的危险；为重新安装，通过带颜色的箭头标记取力器驱动链的转动方向。

❹ 沿箭头方向按压张紧轨，并用定位销 T40071 卡住链条张紧器。

❺ 拧下螺栓 1 并取下转向链轮（图 2-11-25）。

❻ 旋出螺栓 2~4 并取下链条张紧器（图 2-11-25）。

❼ 取下取力器驱动链。

(3) 安装步骤

提示：更新密封。

安装以倒序进行，同时要注意下列事项。

a. 更新时需要继续旋转一个角度拧紧的螺栓。

b. 安装正时链下部盖板。

十二、5.2L V10 CSPA 发动机（2016 年）

1. 适用车型

奥迪 R8。

2. 装配凸轮轴正时链（图 2-12-1）

右侧凸轮轴正时链如图 2-12-2 所示。

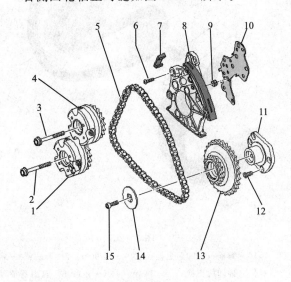

图 2-12-1

1—排气凸轮轴调节器（标记"排气"）；2,3—螺栓（拆卸后更换，预拧紧力矩为 60N·m，最终拧紧力矩为 80N·m+90°）；4—进气凸轮轴调节器（标记"进气"）；5—左侧凸轮轴正时链（拆卸前，用颜色标记转动方向）；6,12—螺栓（拆卸后更换，5N·m+90°）；7—滑块；8—左侧凸轮轴正时链的链条张紧器；9—油滤网（装入张紧器。安装位置：外圈上的止动凸缘必须卡入链条张紧器上的凹槽中）；10—密封件（拆卸后更换，卡到链条张紧器上）；11—驱动链轮支撑座；13—左侧凸轮轴正时链的驱动链轮；14—驱动链轮止推垫片；15—螺栓（22N·m）

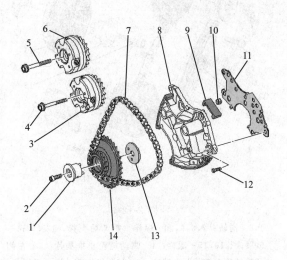

图 2-12-2

1—驱动链轮轴承螺栓（用于右侧凸轮轴正时链，结构不对称）；2—螺栓（42N·m）；3—排气凸轮轴调节器（标记"排气"）；4,5—凸轮轴螺栓（拆卸后更换，预拧紧力矩为 60N·m，最终拧紧力矩为 80N·m+90°）；6—进气凸轮轴调节器（标记"进气"）；7—右侧凸轮轴正时链（拆卸前，用颜色标记转动方向）；8—右侧凸轮轴正时链的链条张紧器；9—滑块；10—油滤网（装入张紧器。安装位置：外圈上的止动凸缘必须卡入链条张紧器上的凹槽中）；11—密封件（拆卸后更换，卡到链条张紧器上）；12—螺栓（拆卸后更换，5N·m+90°）；13—驱动链轮止推垫片；14—右侧凸轮轴正时链的驱动链轮

右侧凸轮轴正时链驱动链轮轴承螺栓的安装位置（图 2-12-3）：右侧凸轮轴正时链驱动链轮轴承销 3 内的固定销必须卡入止推垫片 1 的孔内和气缸体的孔内。2 为右侧凸轮轴正时链的驱动链轮。4 为螺栓。

图 2-12-3

3. 装配正时驱动系统驱动链（图2-12-4）

4. 装配驱动链（图2-12-5）

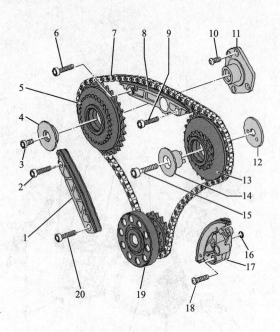

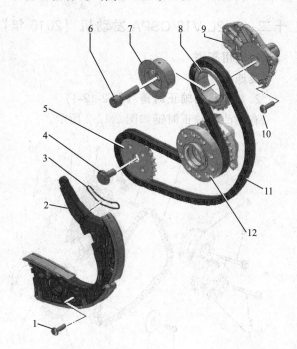

图2-12-4

1,8—滑轨；2,6,9,20—螺栓（拆卸后更换，17N·m+90°）；3,10,15—螺栓；4—驱动链轮止推垫片；5—左侧凸轮轴正时链的驱动链轮；7—控制机构驱动链（拆卸前，用颜色标记转动方向）；11—驱动链轮支撑座（用于右侧凸轮轴正时链，结构不对称）；12—驱动链轮止推垫片；13—右侧凸轮轴正时链的驱动链轮；14—驱动链轮轴承螺栓；16—O形环（图示与车内型号不符，拆卸后更换，用机油浸润）；17—链条张紧器；18—螺栓（拆卸后更换，5N·m+90°）；19—曲轴

图2-12-5

1,10—螺栓（拆卸后更换，5N·m+90°）；2—滑轨；3—密封件（拆卸后更换）；4—螺栓（64N·m）；5—取力器驱动链轮；6—螺栓（42N·m）；7—导向链轮轴承销；8—转向链轮；9—导向链轮支撑座；11—辅助传动装置驱动链（拆卸前，用颜色标记转动方向）；12—曲轴

5. 从凸轮轴上拆下凸轮轴正时链

（1）所需要的专用工具和维修设备

a. 扭矩扳手 VAG 1332。

b. 扳手头 VAG 1332/9（图2-12-6）。

c. 废油收集和抽吸装置 VAS 6622 A（图2-12-7）。

d. 凸轮轴固定装置 T40070（2个）（图2-12-8）。

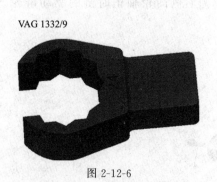

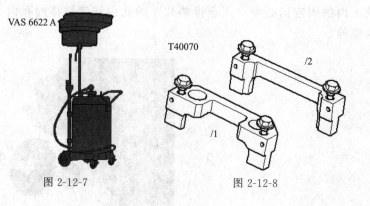

图2-12-6　　　图2-12-7　　　图2-12-8

e. 定位销 T40071（图2-12-9）。

f. 钥匙 T40079（图2-12-10）。

g. 固定螺栓 T40237（固定螺栓 3242 为备选）（图 2-12-11）。

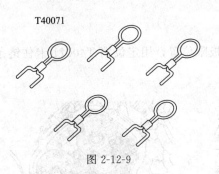

图 2-12-9

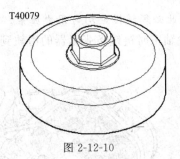

图 2-12-10

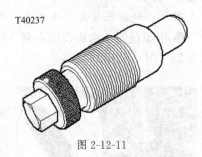

图 2-12-11

h. 旋转工具 T40257（图 2-12-12）。

i. 扳手 SW 21（T40263）（图 2-12-13）。

（2）拆卸步骤

提示：在下面的描述中，凸轮轴正时链保留在发动机上。

❶ 拆卸气缸盖罩。

❷ 拆卸正时链盖板。

❸ 将旋转工具 T40257 插到扳手 SW 21（T40263）上。

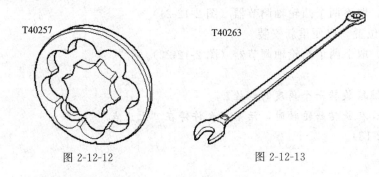

图 2-12-12　　　　　图 2-12-13

图 2-12-14

❹ 将旋转工具安放在减振器螺栓上。

提示：旋转工具 T40257 只能采用一种位置。

❺ 将曲轴沿发动机运转方向转动到（箭头）"上止点"（图 2-12-14）。

❻ 凸轮轴里的螺纹孔（箭头）必须指向上面（图 2-12-15）。

❼ 将凸轮轴固定装置 T40070 安装到两个气缸盖上，并用 25N·m 的力矩拧紧螺栓（箭头）（图 2-12-16）。如果对着气缸盖螺栓的孔仍是空的，则说明凸轮轴固定装置 T40070 安装正确。

❽ 将废油收集和抽吸装置 VAS 6622A 放在下面。

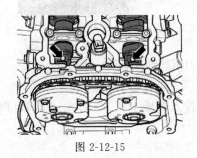

图 2-12-15

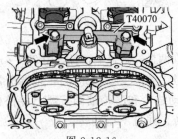

图 2-12-16

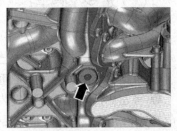

图 2-12-17

❾ 将用于"上止点"标记的螺旋塞（箭头）从进气模块上拧出（图 2-12-17）。

❿ 将固定螺栓 T40237 用 20N·m 的力矩拧入固定凹槽中。如果需要，略微来回转动曲轴使螺栓完全居中（图 2-12-18）。

⑪ 用螺丝刀1向内按压左侧凸轮轴正时链链条张紧器的滑轨到极限位置，用定位销T40071卡住链条张紧器（图2-12-19）。

提示：链条张紧器以油减振，因此必须缓慢地均匀用力压紧。

⑫ 用螺丝刀1向内按压右侧凸轮轴正时链链条张紧器的滑轨到极限位置，用定位销T40071卡住链条张紧器（图2-12-20）。

 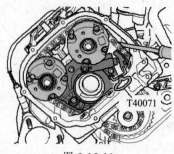 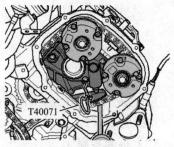

图2-12-18　　　　　　　　图2-12-19　　　　　　　　图2-12-20

⑬ 用颜色标记凸轮轴调节器的安装位置，以便重新安装。

当心：发动机有损坏的危险；为了避免小零件通过正时链箱开口意外落入发动机内，请用干净的抹布遮住开口。

⑭ 拧出左侧气缸盖上的螺栓1和2，取下两个凸轮轴调节器（图2-12-21）。

⑮ 用颜色标记凸轮轴调节器的安装位置，以便重新安装。

⑯ 拧出右侧气缸盖上的螺栓1和2，取下两个凸轮轴调节器（图2-12-22）。

（3）安装步骤

提示：拆卸后更换那些拧紧时需要继续旋转一个角度的螺栓。

当心：气门和活塞头有损坏的危险；在旋转凸轮轴时，活塞不允许停在"上止点"。

❶ 控制机构驱动链已安装（图2-12-18）。

❷ 曲轴已用固定螺栓T40237锁定。

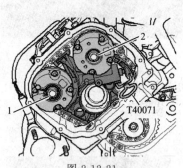 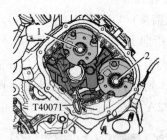 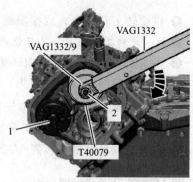

图2-12-21　　　　　　　　图2-12-22　　　　　　　　图2-12-23

❸ 凸轮轴固定装置T40070已安装在两个气缸盖上，且已用25N·m的力矩拧紧（箭头）（图2-12-16）。

❹ 根据拆卸时做好的标记重新装上左侧气缸盖上的凸轮轴调节器。

❺ 将左侧凸轮轴正时链安装在驱动链轮和凸轮轴调节器上并松松地拧入螺栓1和2（图2-12-21）。两个凸轮轴调节器必须在凸轮轴上能旋转，并且不得翻转。

❻ 拆除定位销T40071。

❼ 根据拆卸时做好的标记重新装上右侧气缸盖上的凸轮轴调节器。

❽ 将右侧凸轮轴正时链安装在驱动链轮和凸轮轴调节器上并松松地拧入螺栓1和2（图2-12-22）。两个凸轮轴调节器必须在凸轮轴上能旋转，并且不得翻转。

❾ 拆除定位销T40071。

提示：进一步操作时需要另外一位机械师帮助。

⑩ 把扳手 T40079 装到左侧气缸盖上的进气凸轮轴调节器上。

⑪ 将扭矩扳手 VAG 1332 用插入工具 VAG 1332/9 安装到扳手 T40079 上。

⑫ 请另一位机械师用 40N·m 的力矩顺时针（箭头）预紧凸轮轴调节器，并保持预紧力（图 2-12-23）。
在凸轮轴调节器仍旧保持预紧期间，按如下方式拧紧螺栓。

a. 用 60N·m 的力矩预紧排气凸轮轴上的螺栓 1。

b. 用 60N·m 的力矩预紧进气凸轮轴上的螺栓 2。

⑬ 把扳手 T40079 装到右侧气缸盖上的排气凸轮轴调节器上。

⑭ 将扭矩扳手 VAG 1332 用插入工具 VAG 1332/9 安装到扳手 T40079 上。

⑮ 请另一位机械师用 40N·m 的力矩顺时针（箭头）预紧凸轮轴调节器，并保持预紧力（图 2-12-24）。
在凸轮轴调节器仍旧保持预紧期间，按如下方式拧紧螺栓。

a. 用 60N·m 的力矩预紧排气凸轮轴上的螺栓 1。

b. 用 60N·m 的力矩预紧进气凸轮轴上的螺栓 2。

⑯ 取下扳手 T40079（图 2-12-16）。

⑰ 将凸轮轴固定装置 T40070 从两个气缸盖上取下（箭头）（图 2-12-25）。

⑱ 按如下方式拧紧左侧气缸盖上的凸轮轴调节器螺栓（图 2-12-25）。

a. 用最终拧紧力矩：80N·m+90°拧紧排气凸轮轴上的螺栓 1。

b. 用最终拧紧力矩：80N·m+90°拧紧进气凸轮轴上的螺栓 2。

⑲ 按如下方式拧紧右侧气缸盖上的凸轮轴调节器螺栓（图 2-12-26）。

a. 用最终拧紧力矩：80N·m+90°拧紧进气凸轮轴上的螺栓 1。

b. 用最终拧紧力矩：80N·m+90°拧紧排气凸轮轴上的螺栓 2。

⑳ 取下固定螺栓 T40237（图 2-12-18）。

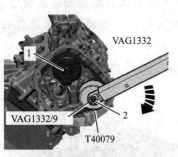
图 2-12-24

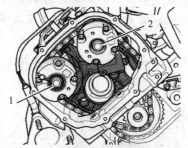
图 2-12-25

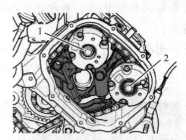
图 2-12-26

㉑ 将曲轴用旋转工具 T40257 和扳手 SW 21（T40263）沿发动机转动方向（箭头）转动 2 圈，直至曲轴重新位于"上止点"（图 2-12-27）。

提示：如果不当心旋转时超过了"上止点"，则必须将曲轴再次转回约 30°，然后重新转动至"上止点"。

㉒ 凸轮轴里的螺纹孔（箭头）必须指向上面（图 2-12-15）。

㉓ 将凸轮轴固定装置 T40070 安装到两个气缸盖上，并用 25N·m 的力矩拧紧螺栓（箭头）（图 2-12-16）。

如果对着气缸盖螺栓的孔仍是空的，则说明凸轮轴固定装置 T40070 安装正确。

㉔ 将固定螺栓 T40237 用 20N·m 的力矩拧入固定凹槽 1 中（图 2-12-18）。

固定螺栓 T40237 必须卡入曲轴上的固定凹槽中，否则要重复调整。

图 2-12-27

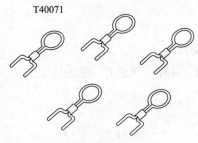

图 2-12-28

㉕ 拆除两个气缸盖上的凸轮轴固定装置。
㉖ 取下固定螺栓。
其他安装以相反顺序进行，安装过程中请注意以下事项。
a. 安装正时链盖板。
b. 安装气缸盖罩。

6. 拆卸和安装凸轮轴正时链

（1）所需要的专用工具和维修设备
定位销（T40071）如图 2-12-28 所示。
（2）拆卸步骤
❶ 发动机已拆卸，变速箱已从发动机上脱开。
❷ 发动机已固定在剪式升降台。
❸ 从凸轮轴上取下凸轮轴正时链。
当心：
a. 对于用过的凸轮轴正时链，转动方向相反时有损坏的危险。
b. 为了重新安装凸轮轴正时链，通过带颜色的箭头标记转动方向。不得通过冲窝、刻槽等对凸轮轴正时链做标记。
❹ 左侧凸轮轴正时链：拧出螺栓 1 和 2，取下左侧链条张紧器和左侧凸轮轴正时链（图 2-12-29）。

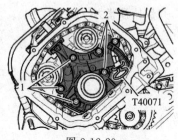

图 2-12-29

❺ 右侧凸轮轴正时链：沿箭头方向按压凸轮轴正时链链条张紧器的滑轨，并用定位销 T40071 卡住链条张紧器（图 2-12-30）。将凸轮轴正时链驱动链轮的螺栓 1 松开约 1 1/2 圈，不要拧出螺栓。拧出螺栓 1 和 2，取下右侧链条张紧器和右侧凸轮轴正时链（图 2-12-31）。

（3）安装步骤
提示：如果张紧件已被从链条张紧器中取出，那么请注意安装位置：壳体底部的孔指向链条张紧器，活塞指向张紧轨道。拆卸后更换那些拧紧时需要继续旋转一个角度的螺栓。拆卸后更换链条张紧器的密封件。

当心：气门和活塞头有损坏的危险。在旋转凸轮轴时，活塞不允许停在"上止点"。

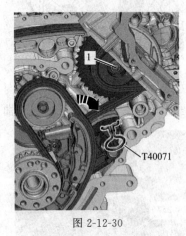

图 2-12-30

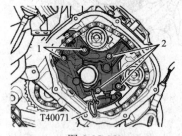

图 2-12-31

图 2-12-32

❶ 将左侧和右侧凸轮轴正时链的链条张紧器滑轨向内按压（箭头）至极限位置，并用定位销 T40071 锁定链条张紧器（图 2-12-32）。
❷ 必要时清洁两个链条张紧器内的滤油网 2（图 2-12-33）。
提示：在装入滤油网时注意链条张紧器上的凹槽；将后部密封件 3 放到链条张紧器 1 上并夹紧。
❸ 左侧凸轮轴正时链：如图 2-12-29 所示，将左侧凸轮轴正时链放到拆卸时记下的标记上。拧紧螺栓 1 和 2。
❹ 右侧凸轮轴正时链：如图 2-12-31 所示安装右侧气缸盖上的链条张紧器，并按照拆卸时所做标记安放凸轮轴正时链。拧紧螺栓 1 和 2。拧紧右侧凸轮轴正时链驱动链轮的螺栓 1（图 2-12-30）。

第二章 奥迪车系

❺ 拆除定位销 T40071。

其他安装以相反顺序进行，安装过程中注意：将凸轮轴正时链放到凸轮轴上；安装正时链下部盖板。

7. 拆卸和安装控制机构驱动链

（1）所需要的专用工具和维修设备

定位销（T40071）如图 2-12-34 所示。

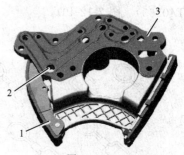

图 2-12-33

（2）拆卸步骤

❶ 发动机已拆卸，变速箱已从发动机上脱开。

❷ 发动机已固定在剪式升降台 VAS 6131 B 上或发动机和变速箱支架上。

❸ 拆卸凸轮轴正时链。

❹ 拆卸取力器驱动链。

❺ 沿箭头方向按压驱动链链条张紧器的滑轨，并用定位销（T40071）卡住链条张紧器（图 2-12-32）。

当心：

a. 对于用过的驱动链，转动方向相反时有损坏的危险。

b. 为重新安装驱动链，用彩色箭头标记记下转动方向。不得通过冲窝、刻槽等对驱动链做标记。

❻ 拧出螺栓 1 并取下滑轨（图 2-12-35）。

❼ 拧出螺栓 2 并取下链条张紧器（图 2-12-35）。

❽ 取下控制机构驱动链。

（3）安装步骤

提示：拆卸后更换那些拧紧时需要继续旋转一个角度的螺栓。

根据拆卸时记下的标记把控制机构驱动链放到驱动链轮上。

安装以倒序进行，同时要注意下列事项。

❶ 安装滑轨并拧紧螺栓 1（图 2-12-35）。

❷ 安装链条张紧器并拧紧螺栓 2（图 2-12-35）。

❸ 沿箭头方向按压驱动链的链条张紧器滑轨，并取下定位销 T40071。

❹ 安装取力器驱动链。

❺ 安装凸轮轴正时链。

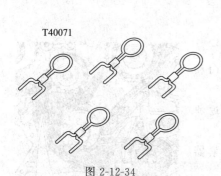

图 2-12-34

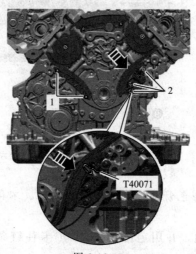

图 2-12-35

图 2-12-36

8. 拆卸和安装辅助驱动装置的驱动链

（1）所需要的专用工具和维修设备

a. 废油收集和抽吸装置 VAS 6622A（图 2-12-36）b. 定位销 T40071（图 2-12-37）；c. 固定螺栓 T40237（固定螺栓 3242 为备选），（图 2-12-38）；d. 旋转工具 T40257（图 2-12-39）；e. 扳手 SW 21

(T40263)（图2-12-40）。

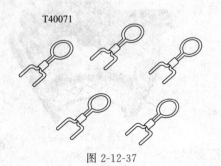
图 2-12-37

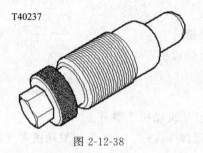
图 2-12-38

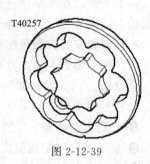
图 2-12-39

（2）拆卸步骤

❶ 发动机已拆卸，变速箱已从发动机上脱开。

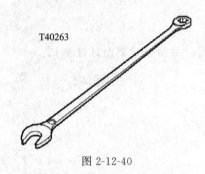
图 2-12-40

❷ 发动机已固定在剪式升降台 VAS 6131 B 上或发动机和变速箱支架上。

❸ 将旋转工具 T40257 插到扳手 SW 21（T40263）上（图2-12-41）。

❹ 将旋转工具安放在减振器螺栓上。

提示：旋转工具 T40257 只能采用一种位置。

❺ 将曲轴沿发动机运转方向转动到（箭头）"上止点"（图2-12-41）。

❻ 将废油收集和抽吸装置 VAS 6622A 放在下面。

❼ 将用于"上止点"标记的螺旋塞（箭头）从进气模块上拧出（图2-12-42）。

❽ 将固定螺栓 T40237 用 20N·m 的力矩拧入固定凹槽中。如果需要，略微来回转动曲轴使固定螺栓完全居中（图2-12-43）。

图 2-12-41

图 2-12-42

图 2-12-43

❾ 拆下正时链下部盖板。

当心：

a. 对于用过的驱动链，转动方向相反时有损坏的危险。

b. 为重新安装驱动链，用彩色箭头标记记下转动方向。不得通过冲窝、刻槽等对驱动链做标记。

❿ 沿箭头方向按压张紧轨，并用定位销 T40071 卡住链条张紧器（图2-12-44）。

⓫ 拧出螺栓 1 并取下取力器驱动链轮。

⓬ 拧出螺栓 2~4 并取下链条张紧器。

⓭ 取下取力器驱动链。

（3）安装步骤

提示：拆卸后更换密封件。

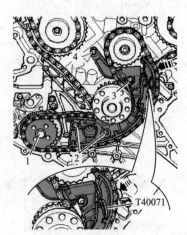
图 2-12-44

第二章 奥迪车系

安装以倒序进行，同时要注意下列事项。

❶ 按照拆卸时所做标记安放取力器驱动链。
❷ 安装链条张紧器并拧紧螺栓 2～4（图 2-12-44）。
❸ 将驱动链装在附属驱动装置的驱动链轮上并拧紧螺栓 1。
❹ 安装正时链下部盖板。

十三、6.3L W12 CTNA 发动机（2014～2017年）

1. 适用车型

奥迪 A8。

2. 装配凸轮轴正时链

气缸列 1（右）如图 2-13-1 所示。 气缸列 2（左侧）如图 2-13-2 所示。

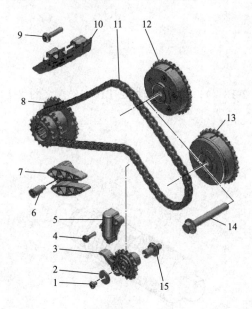

图 2-13-1

1—螺栓（更换）；2—垫圈；3—张紧杠杆（用于链条张紧器）；4—螺栓（更换，4N·m+90°）；5—链条张紧器（用于凸轮轴正时链）；6—轴承螺栓（用于滑轨，20N·m）；7,10—滑轨（用于凸轮轴正时链）；8—驱动链轮（用于凸轮轴正时链）；9—螺栓（更换，8N·m+90°）；11—凸轮轴正时链；12—进气凸轮轴调节器（标记：B1/端面金属制成。在凸轮轴调节器与凸轮轴的接触面上以及螺钉头与凸轮轴调节器之间的接触面上不得有机油）；13—排气凸轮轴调节器（标记：B1/正面一侧塑料制成。在凸轮轴调节器与凸轮轴的接触面上以及螺钉头与凸轮轴调节器之间的接触面上不得有机油）；14—螺栓（更换，在凸轮轴调节器与凸轮轴的接触面上以及螺钉头与凸轮轴调节器之间的接触面上不得有机油，60N·m+90°）；15—轴承螺栓（用于张紧杠杆，42N·m）

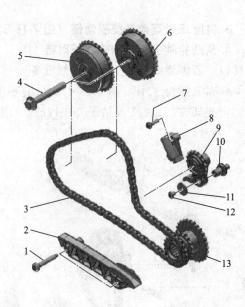

图 2-13-2

1—螺栓（更换，8N·m+90°）；2—链条张紧器（用于凸轮轴正时链）；3—凸轮轴正时链；4—螺栓（更换，在凸轮轴调节器与凸轮轴的接触面上以及螺钉头与凸轮轴调节器之间的接触面上不得有机油，60N·m+90°）；5—排气凸轮轴调节器（松开和拧紧时，用开口扳手 SW 24 固定住凸轮轴。在凸轮轴调节器与凸轮轴的接触面上以及螺钉头与凸轮轴调节器之间的接触面上不得有机油）；6—进气凸轮轴调节器（松开和拧紧时，用开口扳手 SW 24 固定住凸轮轴。在凸轮轴调节器与凸轮轴的接触面上以及螺钉头与凸轮轴调节器之间的接触面上不得有机油）；7—螺栓（更换，4N·m+90°）；8—链条张紧器（用于凸轮轴正时链）；9—张紧杠杆（用于链条张紧器）；10—轴承螺栓（用于张紧杠杆，42N·m）；11—垫圈；12—螺栓（8N·m）；13—驱动链轮（用于凸轮轴正时链）

凸轮轴调节器上有下述标记（图 2-13-3）。

（1）进气凸轮轴调节器

用于气缸列 1（右侧）标记：B1（箭头 2）/端面（箭头 1），由金属制成。

用于气缸列 2（左侧）标记：B2/端面（箭头 1），由金属制成。

（2）排气凸轮轴调节器

用于气缸列 1（右侧）标记：B1（箭头 2）/端面（箭头 1），由塑料制成。

用于气缸列 2（左侧）标记：B2/端面（箭头 1），由塑料制成。

提示：更新密封环；将螺旋塞（箭头）以30N·m的力矩拧紧（图2-13-4）。

图2-13-3

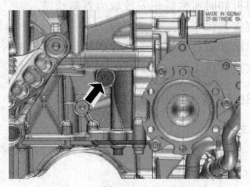

图2-13-4

3. 装配正时驱动系统驱动链（图2-13-5）
4. 从凸轮轴上拆下凸轮轴正时链
(1) 所需要的专用工具和维修设备

a. 固定螺栓3242（图2-13-6）；b. 定位销T03006（图2-13-7）；c. 凸轮轴尺T10068 A（图2-13-8）；d. 固定支架T10172/1及销子T10172/2（图2-13-9）。

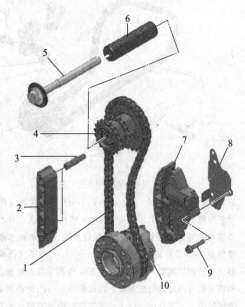

图2-13-5

1—驱动链（用于控制机构。拆卸前，用颜色标记转动方向）；2—滑轨；3—轴承螺栓（用于滑轨，15N·m）；4—链轮（用于凸轮轴传动，带滚针轴承，滚针轴承损坏时更换链轮）；5—螺栓（更换，90N·m+135°）；6—轴承螺栓（用于凸轮轴传动链轮）；7—链条张紧器（带驱动链张紧轨）；8—密封件（更换）；9—螺栓（9N·m）；10—曲轴（带曲轴链轮）

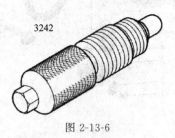

图2-13-6

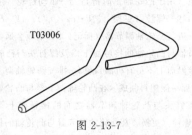

图2-13-7

(2) 拆卸步骤

提示：下面描述了两个气缸列的拆卸和安装。凸轮轴正时链也只能从一个气缸列上取下。

❶ 拆卸左右侧气缸盖罩。

❷ 将曲轴用固定支架T10172和销子T10172/1沿发动机转动方向（箭头）转到"上止点"（图2-13-10）。

❸ 减振器上的标记2必须位于壳体接缝1的对面（图2-13-11）。

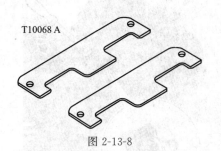

图 2-13-8

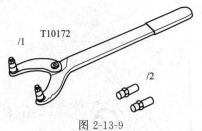

图 2-13-9

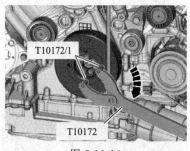

图 2-13-10

❹ 同时凸轮轴尺 T10068 A 在两个气缸盖上都必须能插入两个轴槽内（图 2-13-12）。

当心：

a. 凸轮轴有损坏的危险。

b. 凸轮轴尺 T10068 A 仅用于将凸轮轴固定在"上止点"。必须将开口扳手 SW 24 作为固定支架卡在凸轮轴的六角段上。

❺ 必要时将曲轴继续转动 1 圈。

提示：如有必要，用开口扳手 SW 24 略微来回转动凸轮轴。此时凸轮轴尺 T10068 A 不允许处于插入状态（图 2-13-13）。

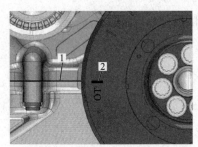

图 2-13-11

图 2-13-12

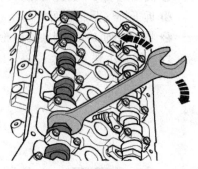

图 2-13-13

❻ 拆卸整个左前轮罩内板（图 2-13-14）。

❼ 旋出螺栓（箭头）并取下左侧万向轴隔热板（图 2-13-15）。

❽ 将左侧摆动半轴从变速箱法兰轴上拧下（图 2-13-16）。

❾ 将"上止点"标记螺旋塞（箭头）从气缸体上拧出（图 2-13-17）。

图 2-13-15

图 2-13-16

图 2-13-14

❿ 以 20N·m 的力矩把固定螺栓 3242 拧入孔内（图 2-13-18）。

⓫ 拆卸正时链左侧和右侧盖板。

⓬ 松开气缸列 2（左侧）的凸轮轴正时链时，应将张紧杠杆沿箭头方向转动（图 2-13-19）。

⓭ 用定位销 T03006 锁定链条张紧器的活塞。

⑭ 旋出螺栓1，为此要用开口扳手 SW 24（图 2-13-20 中 2）对进气凸轮轴的六角段进行固定。

⑮ 拆下进气凸轮轴调节器3（图 2-13-20）。

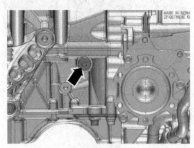

图 2-13-17

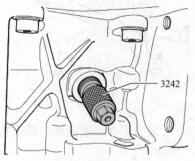

图 2-13-18

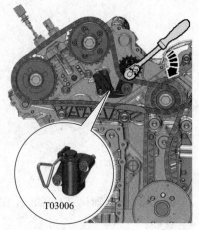

图 2-13-19

⑯ 将气缸列2（左侧）的凸轮轴正时链置于一侧，并进行固定以防滑落。

⑰ 松开气缸列1（右侧）的凸轮轴正时链时，应将张紧杠杆沿箭头方向转动（图 2-13-21）。

⑱ 用定位销 T03006 锁定链条张紧器的活塞，为此要将滑轨略微抬起。

⑲ 旋出螺栓1并取下滑轨（图 2-13-22）。

⑳ 旋出螺栓1，为此要用开口扳手 SW 24（图 2-13-22 中 2）对排气凸轮轴的六角段进行固定。

㉑ 拆下排气凸轮轴调节器3（图 2-13-22）。

㉒ 将气缸列1（右侧）的凸轮轴正时链置于一侧，并进行固定以防滑落。

（3）安装步骤

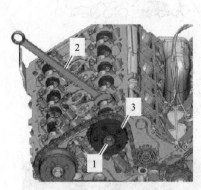

图 2-13-20

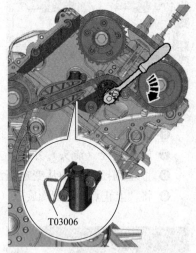

图 2-13-21

图 2-13-22

❶ 两根凸轮轴已用凸轮轴尺 T10068 A 固定在"上止点"位置（图 2-13-23）。

❷ 曲轴已用固定螺栓 3242 固定在"上止点"位置（图 2-13-18）。

提示：更新时需要继续旋转一个角度拧紧的螺栓。

❸ 首先将气缸列1（右侧）和气缸列2（左侧）的凸轮轴正时链装到凸轮轴传动链轮上，然后通过进气凸轮轴调节器1拉紧（图 2-13-24 和图 2-13-26）。

❹ 凸轮轴正时链不得在凸轮轴传动链轮和进气凸轮轴调节器之间出现下垂（箭头）（图 2-13-24 和图 2-13-26）。

❺ 将排气凸轮轴调节器1装入凸轮轴正时链，并套到排气凸轮轴2上（图 2-13-25 和图 2-13-27）。

a. 排/进气凸轮轴调节器中的固定销必须嵌入排/进气凸轮轴的配合孔内（箭头）。

b. 凸轮轴正时链不得在凸轮轴调节器之间出现下垂。

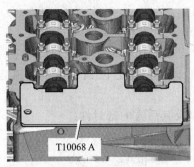
图 2-13-23

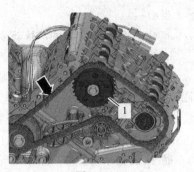
图 2-13-24

图 2-13-25

❻ 拧紧排/进气凸轮轴调节器 3 的螺栓 1，为此要用开口扳手 SW 24（图 2-13-22 和图 2-13-28 中位置 2）对排/进气凸轮轴的六角段进行固定。

❼ 将张紧杠杆沿箭头方向转动，并拔出定位销 T03006，以松脱链条张紧器（图 2-13-21）。

提示：不需注意图 2-13-21 中位置 1。

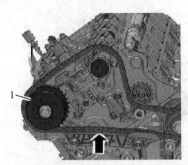
图 2-13-26

图 2-13-27

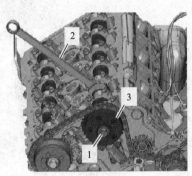
图 2-13-28

❽ 拆除两个气缸盖上的凸轮轴尺 T10068 A（图 2-13-12）。

❾ 取下固定螺栓 3242（图 2-13-18）。

❿ 将曲轴沿发动机转动方向（箭头）转动 2 圈（图 2-13-10）。

⓫ 减振器上的标记 2 必须位于壳体接缝 1 的对面（图 2-13-11）。

⓬ 以 20N·m 的力矩把固定螺栓 3242 拧入孔内（图 2-13-18）。

⓭ 凸轮轴尺 T10068 A 必须能插入两个凸轮轴的两个轴槽内（图 2-13-12）。

⓮ 如有必要，用开口扳手 SW 24 略微来回转动凸轮轴。此时凸轮轴尺 T10068 A 不允许处于插入状态（图 2-13-13）。

⓯ 拆除两个气缸盖上的凸轮轴尺 T10068 A。

⓰ 取下固定螺栓 3242。

⓱ 拧紧"上止点"标记螺旋塞。

⓲ 其他安装以相反顺序进行，安装过程中请注意以下事项。

a. 安装正时链左侧和右侧盖板。

b. 安装气缸盖罩。

5. 拆卸和安装控制机构驱动链

(1) 所需要的专用工具和维修设备

定位销（T03006）如图 2-13-29 所示。

(2) 拆卸步骤

❶ 已拆卸变速箱。

❷ 拆卸左右侧凸轮轴正时链。

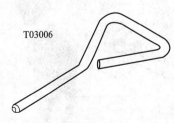
图 2-13-29

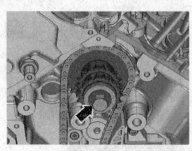

图 2-13-30

❸ 拧出螺栓（箭头）（图 2-13-30）。

当心：

a. 对于用过的驱动链，转动方向相反时有损坏的危险。

b. 为重新安装，通过带颜色的箭头标记驱动链的转动方向。

❹ 压下驱动链的链条张紧器 5，并用定位销 T03006 锁定（图 2-13-31）。

❺ 旋出螺栓 4 并取下链条张紧器及其后方的密封件。

❻ 将滑轨 1 从轴承螺栓上拔出。

❼ 拉出轴承螺栓 2，取下凸轮轴传动链轮 3。

（3）安装步骤

❶ 曲轴已用固定螺栓 3242 固定在"上止点"位置（图 2-13-32）。

提示：更新密封。

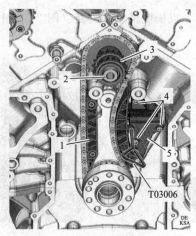

图 2-13-31

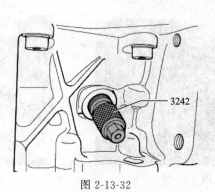

图 2-13-32

❷ 按照拆卸时所做的标记，将驱动链装到曲轴链轮以及凸轮轴传动链轮上。

提示：不必理会紫铜色链节位置。

❸ 在插上凸轮轴传动链轮 3 时，应将轴承螺栓 2 推入链轮和气缸体中（图 2-12-31）。

❹ 将滑轨 1 装到轴承螺栓上。

❺ 装入链条张紧器 5 的密封件。

❻ 拧紧链条张紧器的螺栓 4。

❼ 拔下定位销 T03006，以松开链条张紧器。

❽ 安装凸轮轴正时链。

十四、1.4 TDI CUSB 共轨柴油发动机 EA288 第 1 代（2016 年）

1. 适用车型

奥迪 A1，2016 年。

2. 装配齿形皮带护罩（图 2-14-1）

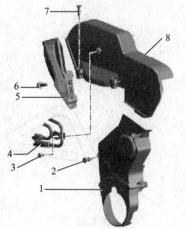

图 2-14-1

1—下部齿形皮带护罩；2,7—螺栓（带凸肩，装入齿形皮带护罩中，不会滑脱，12N·m）；3—螺栓（5N·m）；4—测量管线（连接至压差传感器 G505）；5—后部齿形皮带护罩；6—螺栓（20N·m）；8—上部齿形皮带护罩

3. 装配齿形皮带（图 2-14-2）

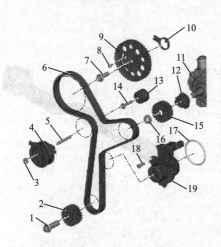

图 2-14-2

1—螺栓［拆卸后更换，用固定支架 3415 松开和拧紧，螺纹和凸肩无需另外上油，180N·m+135°（可分步继续拧紧，比如 90°+45°）］；2—曲轴齿形带轮（在齿形带轮和曲轴之间的接触面上不允许有油，只能在一个位置安装）；3—螺母（拆卸后更换，20N·m+45°）；4—张紧轮；5—双头螺栓［松开螺母后（图中位置 3）更新，15N·m］；6—齿形皮带［拆卸前用粉笔或记号笔标记转动方向，检查磨损情况，安装（调整配气相位）］；7—螺栓（用固定支架 T10172A 和适配器 T10172/11 松开并拧紧，螺纹和凸肩无需另外上油，100N·m）；8—固定螺栓（9N·m）；9—凸轮轴齿形带轮（在齿形带轮和凸轮轴之间的接触面上不允许有油）；10—凸轮轴从动件；11—高压燃油泵上；12—高压泵轮毂；13—导向辊；14—螺栓（23N·m）；15—高压泵齿形带轮；16—螺母；17—O 形环（拆卸后更换，用冷却液沾湿）；18—螺栓；19—冷却液泵

4. 拆卸和安装上部齿形皮带护罩

(1) 所需要的专用工具和维修设备

发动机密封塞套件（VAS 6122）如图 2-14-3 所示。

(2) 拆卸步骤

当心：有因脏污而损坏的危险。注意在供油系统上进行操作的清洁规定。

❶ 拆下发动机罩。

❷ 拆卸燃油软管 1（图 2-14-4）。

❸ 用发动机密封塞套件 VAS 6122 中的干净密封塞封住敞开的管路和接口。

❹ 拧出螺栓 1、2，向上取下齿形皮带护罩（图 2-14-5）。

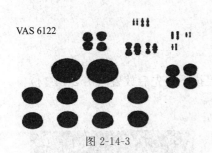

图 2-14-3

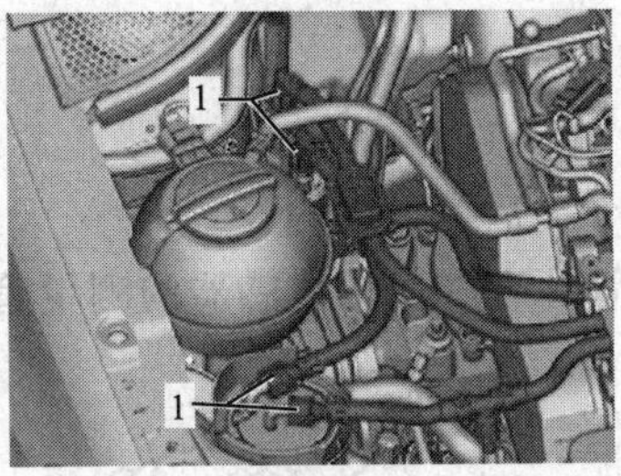

图 2-14-4

图 2-14-5

(3) 安装步骤

安装以倒序进行，同时要注意下列事项。

❶ 连接燃油软管。

❷ 安装发动机罩。

5. 拆卸和安装下部齿形皮带护罩

(1) 拆卸步骤

❶ 拆下减振器。

❷ 拧出螺母 1，将右侧冷却液管 2 从双螺栓上取下并推至一侧（图 2-14-6）。

提示：为了看得更清楚，图 2-14-6 所示为拆下发动机支座后的安装位置。

❸ 拧出螺栓（箭头），取下下部齿形皮带护罩 1（图 2-14-7）。

(2) 安装步骤

安装以倒序进行。

6. 从凸轮轴上更换齿形皮带

(1) 所需要的专用工具和维修设备

a. 固定支架 T10051（图 2-14-8）。
b. 固定支架 T10172A（图 2-14-9）。

图 2-14-6

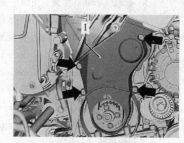
图 2-14-7

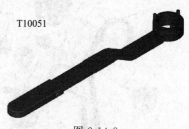
图 2-14-8

c. 弯螺丝刀 T10264（图 2-14-10）。
d. 插入定位工具 T10265（图 2-14-11）。

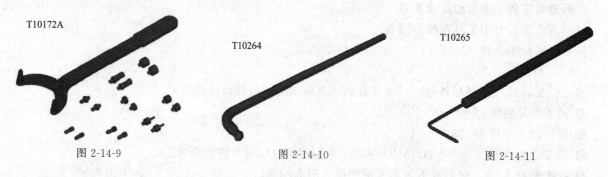

图 2-14-9　　　　　图 2-14-10　　　　　图 2-14-11

e. 定位销 T10492（图 2-14-12）。
f. 曲轴制动器 T10490（图 2-14-13）。

（2）拆卸步骤

❶ 拆下上部齿形皮带护罩。

❷ 松开软管卡箍（箭头），将软管从废气压力传感器的测量管上拔下并先后放置（图 2-14-14）。

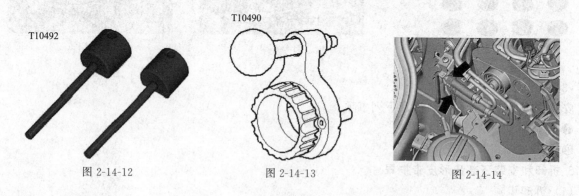

图 2-14-12　　　　　图 2-14-13　　　　　图 2-14-14

❸ 拆下减振器。

当心：

a. 有损坏发动机的危险！

b. 为避免齿形皮带弹起，只可朝发动机运转方向转动曲轴。

c. 在松开或拔下凸轮轴齿形带轮的螺栓和高压泵齿形带轮的螺母时出现的扭矩绝对不能传递到相应的定位销上。此处使用固定支架也可能会导致"从动件"损坏。这种情况有时无法看到并会导致发动机损坏。松开和拧紧中心螺栓时拔出定位销，然后（如果需要）再次插入！

❹ 通过曲轴齿形带轮的螺栓转动曲轴，直到凸轮轴齿形带轮位于"上止点"。轮毂从动件 2 和位于其

后的孔 1 必须对齐（图 2-14-15）。

❺ 使用曲轴制动器 T10490 锁定曲轴齿形带轮。

曲轴制动器 T10490 的轴颈必须嵌入曲轴齿形带轮的螺纹孔内。

曲轴制动器 T10490 的定位销必须嵌入密封法兰上的孔箭头内（图 2-14-16）。

提示：为了看得更清楚，图 2-14-16 所示为拆下齿形皮带护罩后的安装位置。

❻ 松开张紧轮螺母 1（图 2-14-17）。

❼ 用弯螺丝刀 T10264 逆时针（箭头）转动张紧轮的偏心件，直到能够用插入定位工具 T10265 锁定张紧轮为止（图 2-14-17）。

 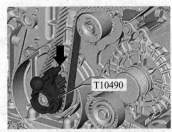 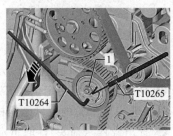

图 2-14-15　　　　　　　　　图 2-14-16　　　　　　　　　图 2-14-17

❽ 然后用弯螺丝刀 T10264 顺时针（箭头）转动张紧轮的偏心件至极限位置并用手拧紧螺母 1（图 2-14-18）。

❾ 拧出螺栓（箭头），为此使用固定支架 T10172A 及适配器 T10172/11。

❿ 取下凸轮轴齿形带轮 1，将齿形皮 2 略微向前推（图 2-14-19）。

⓫ 将凸轮轴齿形带轮重新置于安装位置，将螺栓拧入至贴紧。

⓬ 用定位销 T10492 卡住凸轮轴轮毂的从动件。

当心：

a. 气门和活塞头有损坏的危险。

b. 在旋转凸轮轴时，活塞不允许停在"上止点"。

c. 拆下齿形皮带和安装好凸轮轴后不允许转动曲轴。

⓭ 将定位销 T10492 通过凸轮轴轮毂的从动件 2 插入位于其后的气缸盖内的孔（箭头）中（图 2-14-20）。

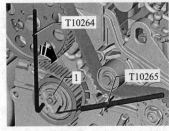 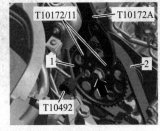 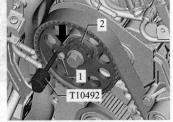

图 2-14-18　　　　　　　　　图 2-14-19　　　　　　　　　图 2-14-20

⓮ 如有必要，用固定支架 T10172A 及适配器 T10172/11 调整凸轮轴齿形带轮。

⓯ 将固定螺栓 1 松开半圈，但不要拧出。

⓰ 将高压泵齿形带轮的螺母（箭头）松开约 90°，对此要使用固定支架 T10051（图 2-14-21）。

⓱ 用定位销 T10492 固定高压泵轮毂中的叉形件。

⓲ 将定位销 T10492 通过轮毂中的叉形件 2 插入位于其后的高压泵支架内的孔 1 中（图 2-14-22）。

⓳ 为此用固定支架 T10051 校准高压泵齿形带轮。

（3）安装步骤（调整配气相位）

提示：在齿形皮带上进行调整工作时，发动机必须处于冷态。

当心：气门和活塞头有损坏的危险。在旋转凸轮轴时，活塞不允许停在"上止点"。拆下齿形皮带和安装好凸轮轴后不允许转动曲轴。

前提：张紧轮已用插入定位工具 T10265 锁定并用螺母 1 固定到右侧极限位置（图 2-14-18）。

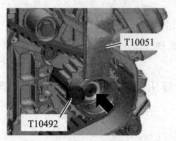
图 2-14-21

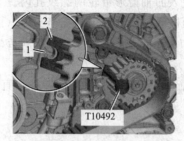
图 2-14-22

图 2-14-23

❶ 张紧辊的钢板凸耳（箭头）必须嵌入气缸盖的铸造凹槽中（图 2-14-23）。
❷ 曲轴已用曲轴制动器 T10490 锁定（箭头）（图 2-14-16）。
❸ 高压泵轮毂已用定位销 T10492 锁定（图 2-14-22）。
高压泵齿形带轮的螺母已松松地拧入。高压泵齿形带轮必须还能活动自如地转动且不得翻转。
❹ 拧出螺栓（箭头），取下定位销 T10492（图 2-14-24）。
❺ 取下凸轮轴齿形带轮 1（图 2-14-25）。
❻ 按照下述顺序安装齿形皮带（图 2-14-25）。

a. 张紧轮 1。
b. 高压泵齿形带轮 4。
c. 导向辊 3。

❼ 最后将凸轮轴齿形带轮 2 及已装上的齿形皮带置于安装位置，将螺栓（箭头）松松地拧入（图 2-14-25）。凸轮轴齿形带轮必须能自如地转动且不得翻转。
❽ 用定位销 T10492 固定凸轮轴轮毂的从动件。
❾ 为此将定位销 T10492 通过轮毂的从动件 2 插入位于其后的气缸盖内的孔（箭头）中（图 2-14-20）。
从动件的固定螺栓 1 必须松开半圈并且位于长孔内的下方。

图 2-14-24

图 2-14-25

❿ 用手将凸轮轴齿形带轮 3 沿箭头方向拧入到限位位置并保持不动（图 2-14-26）。
如图 2-14-26 所示，固定螺栓 1 应大约位于长孔 2 的下半部分。
当心：
a. 固定螺栓在张紧齿形皮带后不允许接触长孔的上部或下部限位位置。
b. 高压泵齿形带轮 4 应大约位于相对定位销 T10492 的扭转范围 α 的中间位置上。
c. 高压泵齿形带轮在张紧齿形皮带后不允许接触扭转范围 α 的上部或下部限位位置。
提示：如果齿形带轮的安装位置不正确，那么将相关齿形皮带调整位置再装。
⓫ 松开张紧轮螺母 1 并取出插入定位工具 T10265（图 2-14-18）。
提示：张紧辊的钢板凸耳必须依然嵌入在气缸盖的铸造凹槽中。无需理会图 2-14-18 中箭头。
⓬ 用弯螺丝刀 T10264 小心地顺时针（箭头）转动张紧轮的偏心件，直至指针 2 位于底座缝隙正中（图 2-14-27）。不允许同时转动螺母 1。

图 2-14-26

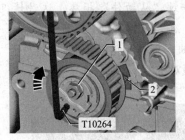
图 2-14-27

图 2-14-28

⑬ 将张紧轮保持在该位置并拧紧螺母。

⑭ 将固定支架 T10172 A 及适配器 T10172/11 置于凸轮轴的齿形带轮上。

⑮ 逆时针（箭头）按压固定支架并保持预紧状态（图 2-14-28）。

⑯ 在此位置用 10N·m 的力矩拧紧凸轮轴齿形带轮的螺栓 1 和高压泵齿形带轮的螺母 2。

⑰ 拆除定位销 T10492 和曲轴制动器 T10490，然后检测配气相位。

7. 拆卸和安装齿形皮带

(1) 所需要的专用工具和维修设备

a. 固定支架 T10051（图 2-14-29）；b. 固定支架 T10172A（图 2-14-30）；c. 弯螺丝刀 T10264（图 2-14-31）；d. 插入定位工具 T10265（图 2-14-32）；e. 定位销 T10492（图 2-14-33）；f. 曲轴制动器 T10490（图 2-14-34）。

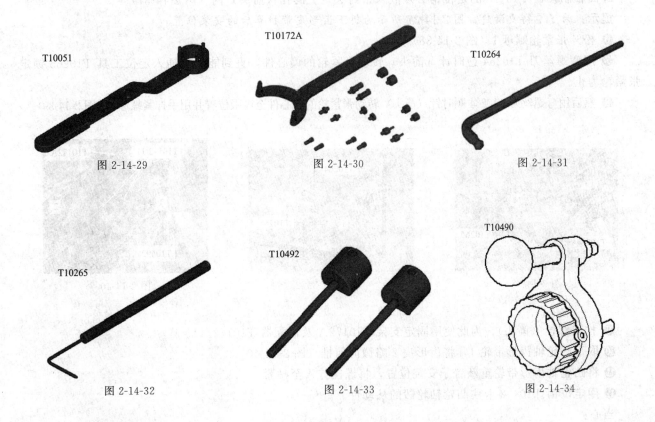

(2) 拆卸步骤

❶ 拆下上部齿形皮带护罩。

❷ 松开软管卡箍（箭头），将软管从废气压力传感器的测量管上拔下并先后放置（图 2-14-35）。

❸ 拆下减振器。

当心：

a. 有损坏发动机的危险！

b. 为避免齿形皮带弹起，只可朝发动机运转方向转动曲轴。

c. 在松开或拔下凸轮轴齿形带轮的螺栓和高压泵齿形带轮的螺母时出现的扭矩绝对不能传递到相应的定位销上。此处使用固定支架也可能会导致"从动件"损坏。这种情况有时无法看到并会导致发动机损坏。松开和拧紧中心螺栓时拔出定位销，然后（如果需要）再次插入！

❹ 通过曲轴齿形带轮的螺栓转动曲轴，直到凸轮轴齿形带轮位于"上止点"。

轮毂从动件 2 和位于其后的孔 1 必须对齐（图 2-14-36）。

图 2-14-35　　　　　　　　　图 2-14-36　　　　　　　　　图 2-14-37

❺ 使用曲轴制动器 T10490 锁定曲轴齿形带轮。

a. 曲轴制动器 T10490 的轴颈必须嵌入曲轴齿形带轮的螺纹孔内。

b. 曲轴制动器 T10490 的定位销必须嵌入密封法兰上的孔（箭头）内（图 2-14-37）。

提示：为了看得更清楚，图 2-14-37 所示为拆下齿形皮带护罩后的安装位置。

❻ 松开张紧轮螺母 1（图 2-14-38）。

❼ 用弯螺丝刀 T10264 逆时针（箭头）转动张紧轮的偏心件，直到能够用插入定位工具 T10265 锁定张紧轮为止。

❽ 然后用弯螺丝刀 T10264 顺时针（箭头）转动张紧轮的偏心件至极限位置并用手拧紧螺母 1（图 2-14-39）。

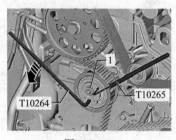 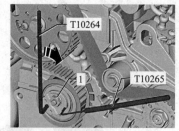 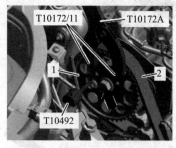

图 2-14-38　　　　　　　　　图 2-14-39　　　　　　　　　图 2-14-40

❾ 拧出螺栓（箭头），为此使用固定支架 T10172A 及适配器 T10172/11。

❿ 取下凸轮轴齿形带轮 1，将齿形皮 2 略微向前推（图 2-14-40）。

⓫ 将凸轮轴齿形带轮重新置于安装位置，将螺栓拧入至贴紧。

⓬ 用定位销 T10492 卡住凸轮轴轮毂的从动件。

当心：

a. 气门和活塞头有损坏的危险。

b. 在旋转凸轮轴时，活塞不允许停在"上止点"。

c. 拆下齿形皮带和安装好凸轮轴后不允许转动曲轴。

⓭ 将高压泵齿形带轮的螺母（箭头）松开约 90°，对此要使用固定支架 T10051（图 2-14-41）。

⑭ 按照如下说明用定位销 T10492 固定高压泵轮毂中的叉形件。
⑮ 将定位销 T10492 通过轮毂中的叉形件 2 插入位于其后的高压泵支架内的孔 1 中（图 2-14-42）。
⑯ 用固定支架 T10051 校准高压泵齿形带轮。

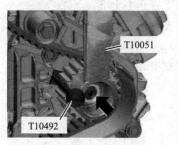 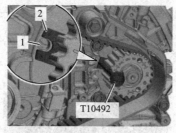 

图 2-14-41　　　　　　　　图 2-14-42　　　　　　　　图 2-14-43

（3）安装步骤（调整配气相位）

提示：在齿形皮带上进行调整工作时，发动机必须处于冷态。

前提：张紧轮已用插入定位工具 T10265 锁定，并用螺母 1 固定到右侧极限位置（图 2-14-39）。

❶ 张紧辊的钢板凸耳（箭头）必须嵌入气缸盖的铸造凹槽中（图 2-14-43）。
❷ 曲轴已用曲轴制动器 T10490 锁定（箭头）（图 2-14-44）。
❸ 高压泵轮毂已用定位销 T10492 锁定（图 2-14-42）。

高压泵齿形带轮的螺母已松松地拧入。高压泵齿形带轮必须能自如地转动且不得翻转。

❹ 将凸轮轴齿形带轮 1 及齿形皮带 2 置于安装位置，将螺栓（箭头）松松地拧入（图 2-14-45）。

凸轮轴齿形带轮必须能自如地转动且不得翻转。

❺ 用定位销 T10492 固定凸轮轴轮毂的从动件。
❻ 为此将定位销 T10492 通过凸轮轴轮毂的从动件 2 插入位于其后的气缸盖内的孔（箭头）中（图 2-14-46）。
❼ 如有必要，用固定支架 T10172A 及适配接头 T10172/11 调整凸轮轴齿形带轮。
❽ 松开固定螺栓 1，将凸轮轴齿形带轮顺时针转至极限位置，然后将固定螺栓重新拧紧。

  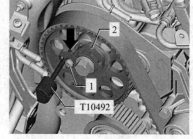

图 2-14-44　　　　　　　　图 2-14-45　　　　　　　　图 2-14-46

❾ 按照下述顺序继续安装齿形皮带（图 2-14-47）。

a. 张紧轮 1。
b. 曲轴齿形带轮 2。
c. 导向辊 3。
d. 高压泵齿形带轮 4。
e. 冷却液泵齿形带轮 5。

❿ 将固定螺栓（箭头）松开半圈，但不要拧出（图 2-14-47）。
⓫ 用手将凸轮轴齿形带轮 3 沿箭头方向拧入到限位位置并保持不动（图 2-14-48）。

如图 2-14-48 所示，固定螺栓 1 应大约位于长孔 2 的下半部分。

当心：

a. 固定螺栓在张紧齿形皮带后不允许接触长孔的上部或下部限位位置。

b. 如图 2-14-48 所示，高压泵齿形带轮 4 应大约位于相对定位销 T10492 的扭转范围 α 的中间位置上。

c. 高压泵齿形带轮在张紧齿形皮带后不允许接触扭转范围 α 的上部或下部限位位置。

提示：如果齿形带轮的安装位置不正确，那么将相关齿形皮带调整位置再装。

⑫ 松开张紧轮螺母 1 并取下插入定位工具 T10265（图 2-14-39）。

提示：张紧辊的钢板凸耳必须依然嵌入在气缸盖的铸造凹槽中。无需理会图 2-14-39 中箭头。

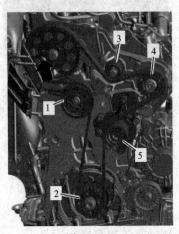 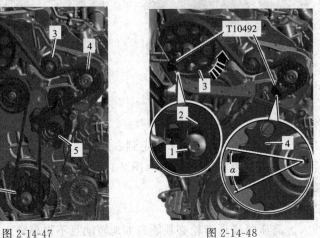 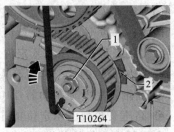

图 2-14-47　　　　　　　　　图 2-14-48　　　　　　　　　图 2-14-49

⑬ 用弯螺丝刀 T10264 小心地顺时针（箭头）转动张紧轮的偏心件，直至指针 2 位于底座缝隙正中（图 2-14-49）。不允许同时转动螺母 1。

⑭ 将张紧轮保持在该位置并拧紧螺母。

⑮ 将固定支架 T10172 A 及适配接头 T10172/11 置于凸轮轴的齿形带轮上（图 2-14-50）。

⑯ 逆时针（箭头）按压固定支架并保持预紧状态（图 2-4-50）。

⑰ 在此位置用 10N·m 的力矩拧紧凸轮轴齿形带轮的螺栓 1 和高压泵齿形带轮的螺母 2。

⑱ 拆除定位销 T10492 和曲轴制动器 T10490，然后检测配气相位。

（4）检查配气相位

当心：有损坏发动机的危险！为避免齿形皮带弹起，只可朝发动机运转方向转动曲轴。

❶ 通过齿形带轮螺栓，沿发动机运转方向转动曲轴 2 圈，直至曲轴接近"上止点"（图 2-14-44）。

❷ 将曲轴制动器 T10490 再次安装在曲轴齿形带轮上。

❸ 沿发动机运转方向转动曲轴，直至曲轴制动器 T10490 的销轴通过旋转卡入密封法兰上的孔（箭头）中。（图 2-14-45）

当心：

a. "上止点"位置不准确时会产生调节误差。

b. 如果转出了"上止点"：将曲轴再转动 2 圈，直至曲轴再次接近"上止点"前。然后以转动方式将曲轴用曲轴制动器 T10490 卡住。

❹ 凸轮轴轮毂必须能够用定位销 T10492 锁定（图 2-14-48）。

提示：不必理会图 2-14-48 中位置 1、2。

❺ 高压泵轮毂的锁定点很难重新找到。然而较小的偏差（箭头）对发动机运转没有影响（图 2-14-51）。

❻ 张紧轮指针 2 必须位于底座的簧片 1 和 3 之间的正中位置（图 2-14-52）。

提示：

a. 允许侧面错开最多 5mm。

b. 如果无法满足条件，则在配气相位已正确设置时继续。

c. 如果无法满足条件，则校正配气相位。

第二章 奥迪车系　187

图 2-14-50

图 2-14-51

图 2-14-52

（5）校正配气相位

❶ 如果无法锁定凸轮轴轮毂，则往回拉曲轴制动器 T10490，直至销轴释放孔。

❷ 逆着发动机运转方向转出曲轴，略微超过"上止点"。

❸ 沿发动机运转方向缓慢转动曲轴，直到能够用定位销 T10492 卡住凸轮轴轮毂为止。

❹ 凸轮轴锁定后，松开固定螺栓和凸轮轴齿形带轮的螺栓。

当心：在松开或拔下凸轮轴齿形带轮的螺栓和高压泵齿形带轮的螺母时出现的扭矩绝对不能传递到相应的定位销上。此处使用固定支架也可能会导致"从动件"损坏。这种情况有时无法看到并会导致发动机损坏。松开和拧紧中心螺栓时拔出定位销，然后（如果需要）再次插入！

❺ 如果曲轴制动器 T10490 的销轴位于孔左侧（图 2-14-45）：沿发动机运转方向转动曲轴，直到曲轴制动器 T10490 的销轴通过旋转卡入密封法兰上的孔（箭头）中。用 20N·m 的力矩拧紧凸轮轴齿形带轮的螺栓，为此取下定位销 T10492，用固定支架 T10172A 及适配接头 T10172/11 将凸轮轴齿形带轮顶住。

❻ 如果曲轴制动器 T10490 的销轴位于孔右侧：首先逆着发动机运转方向略微转动曲轴。沿发动机运转方向重新转动曲轴，直到曲轴制动器的销轴通过旋转卡入密封法兰中。用 20N·m 的力矩拧紧凸轮轴齿形带轮的螺栓，为此取下定位销 T10492，用固定支架 T10172A 及适配接头 T10172/11 将凸轮轴齿形带轮顶住。

❼ 拆除定位销 T10492 和曲轴制动器 T10490。

❽ 通过齿形带轮螺栓，沿发动机运转方向转动曲轴 2 圈，直至曲轴接近"上止点"。

❾ 重复检查配气相位。

❿ 如果凸轮轴的轮毂能卡住，则将凸轮轴齿形带轮的螺栓 1 拧紧，为此卸除定位销 T10492 并将凸轮轴齿形带轮用固定支架 T10172A 及适配接头，T10172/11 顶住（图 2-14-50）。

⓫ 最后拧紧高压泵齿形带轮的螺栓 2，为此使用固定支架 T10051。

⓬ 重复检查配气相位。

（6）组装步骤

提示：拆卸后更换密封件。用标配软管卡箍固定所有软管连接。

其他组装以倒序进行，同时要注意下列事项。

❶ 拧紧固定螺栓（箭头）（图 2-14-53）。

❷ 安装减振器。

❸ 安装发动机支撑。

❹ 安装齿形皮带护罩。

图 2-14-53

十五、2.0 TDI CLJA 共轨柴油发动机 EA189 第 2 代（2015～2016 年）

1. 适用车型

奥迪 Q3。

2. 装配齿形皮带

用固定支架 3415 松开和拧紧，螺纹和凸肩无需另外上油。按以下方式分 3 步拧紧：第 1 步 180N·m；第 2 步，用固定扳手加转 90°；第 3 步，用固定扳手加转 45°。

下部齿形皮带护罩见图 2-15-2，将螺栓（箭头）用 9N·m 的力矩拧紧。

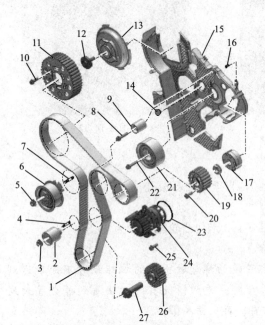

图 2-15-1
1—齿形皮带（拆卸前用粉笔或记号笔标记转动方向，检查磨损情况）；2—导向辊；3—螺母（更换双头螺栓，20N·m）；4,7—双头螺栓（更换，15N·m）；5—螺母（更换双头螺栓，更换螺母，20N·m+45°）；6—张紧轮；8—螺栓（20N·m）；9,21—导向辊；10—螺栓（更换，20N·m+45°）；11—凸轮轴齿形带轮；12—螺栓（用固定支架 T10051 松开和拧紧，100N·m）；13—凸轮轴轮毂；14—塞子；15—后部齿形皮带护罩；16—螺栓（9N·m）；17—高压泵轮毂；18—螺母（95N·m）；19—高压泵齿形带轮；20—螺栓（更换，20N·m）；22—螺栓（更换，50N·m+90°）；23—O 形环（更换）；24—冷却液泵；25—螺栓；26—曲轴齿形带轮（在齿形带轮和曲轴之间的接触面上不允许有油，只能在一个位置安装）；27—螺栓（更换）

图 2-15-2

3. 拆卸和安装齿形皮带

（1）所需要的专用工具和维修设备

柴油发动机喷射泵定位销（3359）、曲轴制动器（T10050）、固定支架（T10172）、弯螺丝刀（T10264）、插入定位工具（T10265）、工具头 XZN 10（T10385）如图 2-15-3 所示。

（2）拆卸步骤

❶ 拆下发动机罩。

❷ 拆下减振器。

❸ 松开螺栓 1（图 2-15-4）。

❹ 拧出螺栓 2 和螺母 3。

❺ 取下燃油滤清器 4 并与所连接的燃油软管一起置于一侧。

❻ 将电插头 3 从散热器出口处的冷却液温度传感器 G83 上脱开（图 2-15-5）。

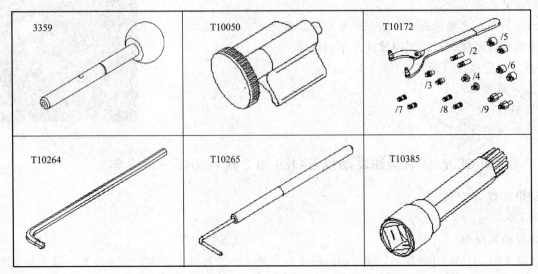

图 2-15-3

⑦ 旋出螺母 1 和螺栓 2。

⑧ 将右侧冷却液管路与所连接的冷却液软管（箭头）压向一侧。

⑨ 拆下上部齿形皮带护罩，为此松开夹子（箭头）（图 2-15-6）。

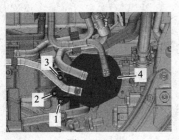
图 2-15-4

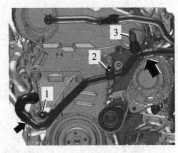
图 2-15-5

图 2-15-6

⑩ 拧出螺栓（箭头）（图 2-15-7）。

⑪ 取下下部齿形皮带护罩。

当心：齿形皮带弹起会带来损毁危险。仅朝发动机方向转动曲轴。

⑫ 通过齿形带轮的螺栓转动曲轴，直到凸轮轴齿形带轮位于"上止点"（图 2-15-8）。

⑬ 用柴油发动机喷射泵定位销 3359 锁定凸轮轴轮毂。

提示：无需理会 2-15-8 中的箭头。

⑭ 使用曲轴制动器 T10050 锁定曲轴齿形带轮。

齿形带轮上的标记 2 和曲轴制动器上的标记 1 必须对齐（箭头）（图 2-15-9）。这时曲轴制动器的销轴必须卡入密封法兰的孔中。

提示：仅能从啮合齿正面将曲轴制动器推到齿形带轮上。

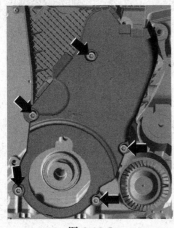
图 2-15-7

图 2-15-8

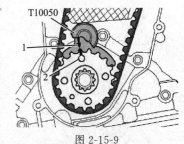
图 2-15-9

⑮ 松开凸轮轴齿形带轮螺栓（箭头）约 90°（图 2-15-8）。

⑯ 将高压泵齿形带轮螺栓（箭头）用工具头 XZN 10（T10385）松开约 90°（图 2-15-10）。

⑰ 松开张紧轮螺母 1（图 2-15-11）。

⑱ 用弯螺丝刀 T10264 逆时针（箭头）转动张紧轮的偏心件，直到能够用插入定位工具 T10265 锁定张紧轮为止。

⑲ 然后用弯螺丝刀 T10264 顺时针（箭头）转动张紧轮的偏心件至极限位置，并用手拧紧螺母 1（图 2-15-12）。

当心：已使用过的齿形皮带如果颠倒了转动方向会导致损坏；在拆卸齿形皮带之前，用粉笔或记号笔记下转动方向，以方便重新安装。

⑳ 将齿形皮带首先从导向辊上取下，然后从其余齿形带轮上取下。

（3）安装步骤（调整配气相位）

提示：在齿形皮带上进行调整工作时，发动机必须处于冷态。用插入定位工具 T10265 锁定张紧轮，并用螺母 1 固定到右侧极限位置（图 2-15-12）。

当心：气门和活塞头有损坏的危险。如果凸轮轴已转动，则不允许曲轴活塞位于"上止点"位置。

❶ 用柴油发动机喷射泵定位销 3359 锁定凸轮轴轮毂。
❷ 将螺栓 1 松松地拧入（图 2-15-13）。
❸ 凸轮轴齿形带轮必须能转动，且不得翻转。

图 2-15-10

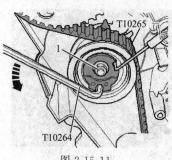

图 2-15-11

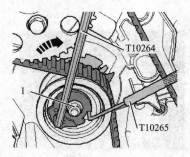

图 2-15-12

❹ 用曲轴制动器 T10050 锁定曲轴（图 2-15-9）。
❺ 用柴油发动机喷射泵定位销 3359 锁定高压泵轮毂（图 2-15-13）。将螺栓 1 松松地拧入。高压泵齿形带轮必须能转动，且不得翻转。

提示：必要时，用螺丝刀（箭头）的螺栓头 1 转动高压泵轮毂，直至用定位销锁定轮毂（图 2-15-14）。

❻ 将凸轮轴齿形带轮和高压泵齿形带轮在长孔中顺时针转到极限位置。

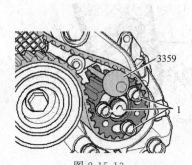

图 2-15-13

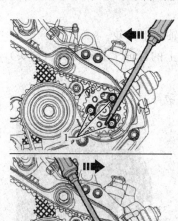

图 2-15-14

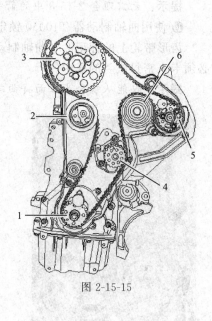

图 2-15-15

❼ 按照下述顺序安装齿形皮带（图 2-15-15）。

a. 曲轴齿形带轮 1。
b. 张紧轮 2。
c. 凸轮轴齿形带轮 3。
d. 冷却液泵齿形带轮 4。
e. 高压泵齿形带轮 5。
f. 导向辊 6。

❽ 松开张紧轮螺母 1 并取出插入定位工具 T10265（图 2-15-12）。
提示：无需理会图 2-15-12 中的箭头。
❾ 注意张紧轮在后部齿形皮带护罩上的正确位置（箭头）（图 2-15-16）。
❿ 如图 2-15-17 所示，将固定支架 T10172 安装在凸轮轴齿形带轮上。

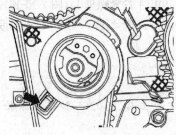

图 2-15-16

⑪ 逆时针（箭头）按压固定支架并保持预紧状态。
⑫ 在该位置中拧紧凸轮轴齿形带轮的螺栓 1 和高压泵齿形带轮的螺栓 2。
⑬ 预拧紧力矩为 20N·m。
⑭ 用弯螺丝刀 T10264 小心地顺时针（箭头）转动张紧轮的偏心件，直至指针 2 位于底座缝隙正中（图 2-15-18）。
⑮ 不允许同时转动螺母 1。
⑯ 将张紧轮保持在该位置并拧紧螺母。
⑰ 拆除定位销 3359 和曲轴制动器 T10050。

（4）检查配气相位

当心：齿形皮带弹起会带来损毁危险。仅朝发动机方向转动曲轴。

❶ 通过齿形带轮螺栓，沿发动机运转方向转动曲轴 2 圈，直至曲轴接近"上止点"（图 2-15-19）。

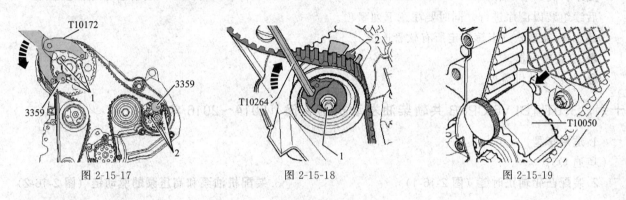

图 2-15-17　　　　图 2-15-18　　　　图 2-15-19

❷ 将曲轴制动器 T10050 再次安装在曲轴齿形带轮上。
❸ 沿发动机运转方向转动曲轴，直到曲轴制动器的销轴（箭头）通过旋转卡入密封法兰中。
❹ 用柴油发动机喷射泵定位销 3359 锁定凸轮轴轮毂（图 2-15-17）。

提示：无需理会图 2-15-8 中的箭头。

❺ 高压泵轮毂的锁定点很难重新找到。然而较小的偏差（箭头）对发动机运转没有影响（图 2-15-20）。
❻ 张紧轮指针 2 必须位于底座的簧片 1 和 3 之间的正中位置（图 2-15-21）。

提示：允许侧面错开最多 5mm。如果无法满足条件，则校正配气相位；如果满足条件，则在配气相位已正确设置时继续。

（5）校正配气相位

❶ 如果无法锁定凸轮轴轮毂，则往回拉曲轴制动器 T10050，直至销轴释放孔。
❷ 逆着发动机运转方向转出曲轴，略微超过"上止点"。
❸ 沿发动机运转方向缓慢转动曲轴，直到能够用柴油喷射泵的插销 3359 锁定凸轮轴轮毂为止。
❹ 锁定后松开凸轮轴齿形带轮螺栓（图 2-15-8）。

a. 曲轴制动器 T10050 的销轴位于孔左侧：沿发动机运转方向转动曲轴，直到曲轴制动器的销轴（箭头）通过旋转卡入密封法兰中（图 2-15-22）。以 20N·m 的预拧紧力矩拧紧凸轮轴齿形带轮螺栓。

b. 曲轴制动器 T10050 的销轴位于孔右侧：首先逆着发动机运转方向略微转动曲轴。沿发动机运转方向重新转动曲轴，直到曲轴制动器的销轴通过旋转卡入密封法兰中。以 20N·m 的预拧紧力矩拧紧凸轮轴齿形带轮螺栓。确认配气相位已正确设置

❺ 拆除柴油发动机喷射泵定位销 3359 和曲轴制动器 T10050。
❻ 通过齿形带轮螺栓，沿发动机运转方向转动曲轴 2 圈，直至曲轴接近"上止点"。
❼ 重复检查配气相位。
❽ 如果能够用柴油喷射泵定位销 3359 卡住凸轮轴轮毂，则将凸轮轴齿形带螺栓 1 最终拧紧。
❾ 最终拧紧凸轮轴齿形带轮螺栓 2。
❿ 重复检查配气相位。

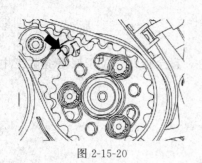
图 2-15-20

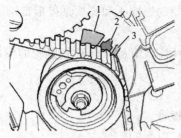
图 2-15-21

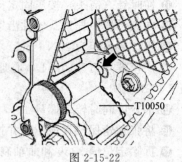
图 2-15-22

(6) 组装步骤

提示：更新密封件。

后续组装以倒序进行，同时要注意下列事项。

❶ 用标准型软管卡箍固定所有软管连接。

❷ 安装减振器。

❸ 安装发动机盖板。

十六、3.0T TDI V6 CPNB 共轨柴油发动机第 2 代（2014～2016 年）

1. 适用车型

奥迪 Q5。

2. 装配凸轮轴正时链（图 2-16-1）

3. 装配机油泵和高压泵的驱动链（图 2-16-2）

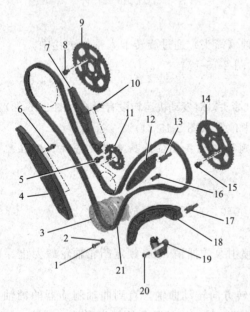

图 2-16-1

1—螺栓（9N·m）；2—防弹出件；3—曲轴（带凸轮轴正时链的链轮）；4,7,12—滑轨（注意安装位置）；5—螺栓；6,10,16—导向销（用于滑轨，更换，5N·m+90°）；8,15—螺栓（23N·m）；9,14—凸轮轴链轮（用于进气凸轮轴。安装位置：可从后部看到带有字样的一侧）；11—链轮（用于平衡轴）；13—导向销（用于滑轨，23N·m）；17—导向销（用于张紧器，23N·m）；18—张紧轨；19—链条张紧器（用于凸轮轴正时链）；20—螺栓（更换，5N·m+90°）；21—凸轮轴正时链（拆卸前，用颜色标记转动方向）

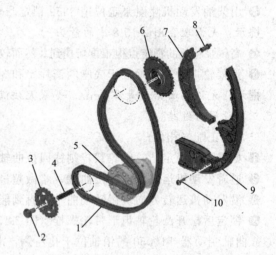

图 2-16-2

1—油泵和高压泵驱动链；2—螺栓（更换，30N·m+45°）；3—驱动链轮（用于机油泵。安装位置：带有字样的一侧指向发动机）；4—压簧；5—曲轴（带油泵和高压泵的驱动链齿轮）；6—驱动链轮（用于高压泵。安装位置：可从后部看到带有字样的一侧）；7—滑轨；8—导向销（用于滑轨，更换，5N·m+90°）；9—链条张紧器（带滑轨）；10—螺栓（更换，5N·m+90°）

4. 拆卸和安装凸轮轴正时链

（1）所需要的专用工具和维修设备

固定螺栓（3242）、钥匙（T40049）、调节销（T40060）、适配接头（T40061）、适配接头（T40062）如图 2-16-3 所示。柴油喷射泵定位销（3359）如图 2-16-4 所示。定位销（T40316）如图 2-16-5 所示。

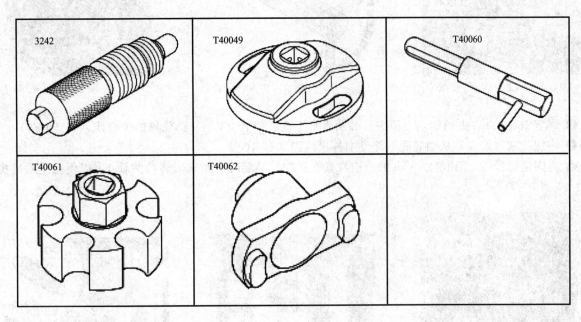

图 2-16-3

（2）拆卸步骤

❶ 变速箱已拆卸。

当心：气门和活塞头有损坏的危险；只有链条传动完全安装后才能转动曲轴和凸轮轴。

❷ 拆下正时链下部盖板。

当心：

a. 由于螺纹过长，驱动链有损坏的危险。

b. 拧上扳手 T40049 时只允许使用螺纹 a 最长为 22mm 的螺栓。

c. 如果只有更长的螺栓可供使用，则尽量垫上螺栓头，使剩余的螺纹长仍为 22mm。

❸ 将后部扳手 T40049 拧紧到曲轴上（箭头）（图 2-16-6）。

当心：

a. 凸轮轴正时链跳动过大时有毁坏危险。

b. 仅朝发动机方向转动曲轴。

提示：

a. 调节销 T40060 带有一个平面部位 2，凸轮轴与气缸盖的标定孔略微错开时该平面有助于插入调节销。

b. 首先插入调节销，使销轴 1 垂直于凸轮轴轴线（图 2-16-7）。达到正确的"上止点"位置时必须将销轴 1 转动 90°（箭头），以便其垂直于凸轮轴轴线（图 2-16-7）。

❹ 将曲轴转到"上止点"（图 2-16-8）；凸轮轴必须能用调节销 T40060 卡止；调节销 T40060 上的销轴（箭头）必须垂直于气缸列 1（右侧）凸轮轴的中心线。

图 2-16-4

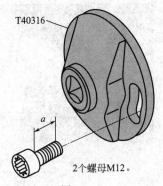

图 2-16-5

图2-16-6

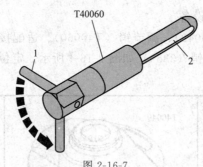
图2-16-7

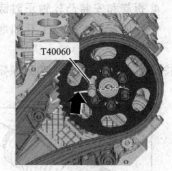
图2-16-8

❺ 调节销T40060上的销轴（箭头）必须垂直于气缸列2（左侧）凸轮轴的中心线（图2-16-9）。

❻ 将螺旋塞（箭头）从油底壳上部件中拧出（图2-16-10）。

❼ 将固定螺栓3242用20N·m的力矩拧紧在孔中；必要时稍微来回转动曲轴1，以便完全对准螺栓（图2-16-11）。

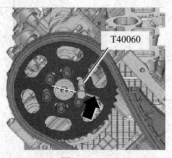
图2-16-9

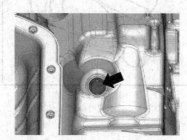
图2-16-10

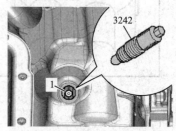
图2-16-11

❽ 沿箭头方向按压凸轮轴正时链链条张紧器的张紧轨，并用定位销T40316（图2-16-12中1）卡住链条张紧器。

❾ 拧出导向销2并取下张紧轨（图2-16-12）。

当心：对于用过的凸轮轴正时链，转动方向相反时有损坏的危险；为重新安装，通过带颜色的箭头标记凸轮轴正时链的转动方向。

❿ 旋出防弹出件的螺栓（箭头）（图2-16-13）。

⓫ 从凸轮轴中取出调节销T40060。

图2-16-12

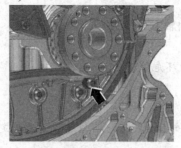
图2-16-13

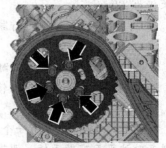
图2-16-14

⓬ 拧出螺栓（箭头）（图2-16-14）。

⓭ 拧出螺栓（箭头）（图2-16-15）。

⓮ 取下凸轮轴链轮和凸轮轴正时链。

（3）安装步骤

❶ 将曲轴用固定螺栓3242固定在"上止点"位置（图2-16-16中箭头）。

第二章 奥迪车系

提示：
a. 更新"上止点"标记螺旋塞密封环。
b. 更新时需要继续旋转一个角度拧紧的螺栓。

❷ 检查两个气缸盖的凸轮轴是否在"上止点"位置上。
a. 凸轮轴必须能用调节销 T40060 卡止（图 2-16-16）。
b. 调节销 T40060 上的销轴（箭头）必须垂直于气缸列 1（右侧）凸轮轴的中心线（图 2-16-16）。

❸ 调节销 T40060 上的销轴（箭头）必须垂直于气缸列 2（左侧）凸轮轴的中心线（图 2-16-16）。

❹ 从凸轮轴中取出调节销 T40060（图 2-16-17）。

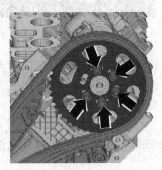
图 2-16-15

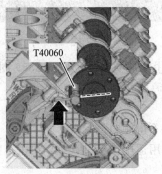
图 2-16-16

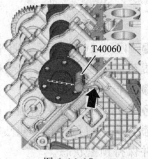
图 2-16-17

当心：气门和活塞头有损坏的危险；如要旋转凸轮轴，活塞不允许停在"上止点"。

提示：如果无法卡住凸轮轴，可以用适配接头 T40061 略微校正凸轮轴位置，为此将凸轮轴链轮的螺栓拧入凸轮轴内（图 2-16-18）。

❺ 装上左侧凸轮轴链轮和凸轮轴正时链。凸轮轴链轮上的长孔必须位于凸轮轴螺纹孔的中间位置。

❻ 先拧入凸轮轴链轮的两个螺栓1，不要拧紧（图 2-16-19）。凸轮轴链轮必须在凸轮轴上能转动，并且不得翻转。

❼ 用调节销 T40060 卡住左侧凸轮轴。调节销 T40060 上的销轴（箭头）必须垂直于凸轮轴的中心线（图 2-16-19）。

❽ 装上右侧凸轮轴链轮和凸轮轴正时链。凸轮轴链轮上的长孔必须位于凸轮轴螺纹孔的中间位置。

❾ 先拧入凸轮轴链轮的两个螺栓1，不要拧紧（图 2-16-20）。凸轮轴链轮必须在凸轮轴上能转动，并且不得翻转。

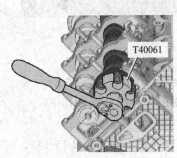
图 2-16-18

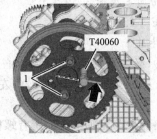
图 2-16-19

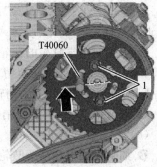
图 2-16-20

❿ 用调节销 T40060 卡住右侧凸轮轴。调节销 T40060 上的销轴（箭头）必须垂直于凸轮轴的中心线（图 2-16-20）。

⓫ 用导向销 2 拧紧张紧轨（图 2-16-21）。

⓬ 将定位销 T40316（图 2-16-21 中 1）从标定孔中拉出，以便松开右侧链条张紧器。

⑬ 拧入防弹出件的螺栓（箭头）（图 2-16-22）。
⑭ 松开螺栓 2（图 2-16-23）。

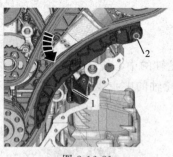
图 2-16-21

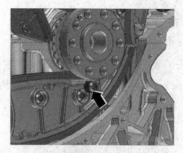
图 2-16-22

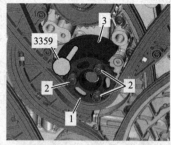
图 2-16-23

⑮ 如图 2-16-23 所示，将平衡轴 3 用柴油喷射泵定位销 3359 固定。
提示：如过必要，拧出螺栓，使平衡轴就位。
⑯ 螺栓 2 松松拧入。
⑰ 链轮 1 必须在平衡轴上能转动且不得倾斜。
⑱ 由另一机械工将右侧凸轮轴链轮用适配接头 T40062 和扭矩扳手以 20N·m 的力矩顺时针（箭头）预紧并保持预紧状态。

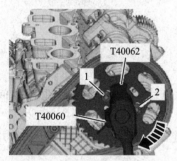
图 2-16-24

⑲ 将螺栓 1 和 2 拧紧到右侧凸轮轴链轮上（图 2-16-24）。
⑳ 继续保持张紧，并拧紧右侧凸轮轴链轮上的螺栓 1（图 2-16-22）。
㉑ 拧紧用于平衡轴 3 的链轮 1 的螺栓 2（图 2-16-23）。
㉒ 拆除柴油喷射泵定位销 3359、适配接头 T40062 和调整销 T40060。
㉓ 拧紧左右凸轮轴链轮的剩余螺栓。
㉔ 取下固定螺栓 3242（图 2-16-11）。

（4）配气相位检查

当心：凸轮轴正时链跳动过大时有毁坏危险。仅朝发动机方向转动曲轴。

❶ 将曲轴转动 2 圈，直至曲轴再次接近"上止点"前（图 2-16-25）。
❷ 以转动方式将曲轴 1 用固定螺栓 3359（20N·m）卡住（图 2-16-23）。

当心：
a."上止点"位置不准确时会产生调节误差。
b.如果转出了"上止点"：将曲轴再转动 2 圈，直至曲轴再次接近"上止点"前。然后以转动方式将曲轴用固定螺栓 3359 卡住。

图 2-16-25

❸ 检查两个气缸盖的凸轮轴是否在"上止点"位置上。
a.凸轮轴必须能用调节销 T40060 卡止。
b.调节销 T40060 上的销轴（箭头）必须垂直于气缸列 1（右侧）凸轮轴的中心线（图 2-16-8）。
❹ 调节销 T40060 上的销轴（箭头）必须垂直于气缸列 2（左侧）凸轮轴的中心线（图 2-16-9）。

（5）配气相位校正

❶ 如果无法卡住某个凸轮轴，可将相关凸轮轴链轮的所有螺栓（箭头）松开约 1 圈（图 2-16-14）。
❷ 将适配接头 T40061 装在松开后的螺栓头上（图 2-16-18）。
❸ 用适配接头 T40061 略微来回转动螺栓，直至可以插入调节销 T40060。
❹ 调节销 T40060 上的销轴（箭头）必须垂直于凸轮轴的中心线（图 2-16-9）。
❺ 在适配接头 T40061 处于安装状态且调节销 T40060 插入时用大约 5N·m 的力矩拧紧凸轮轴链轮的螺栓。
❻ 取下调节销 T40060 和适配接头 T40061。

⑦ 按最终扭矩拧紧凸轮轴链轮的螺栓。

⑧ 必要时在另一个气缸列处重复这个工作过程。

⑨ 取下固定螺栓 3242。

⑩ 重复检查配气相位。

5. 从凸轮轴上拆下凸轮轴正时链

(1) 所需要的专用工具和维修设备

固定螺栓（3242）、调节销（T40060）、适配接头（T40061、T40062）、支撑架（T40246）、旋转工具（T40257）如图 2-16-26 所示。扳手 SW 21（T40263）如图 2-16-27 所示。适配接头（T40314）如图 2-16-28 所示。

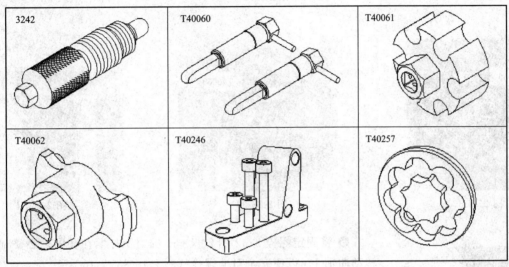

图 2-16-26

2 个螺栓 M6×20、2 个螺栓 M6×40。

(2) 拆卸步骤

❶ 发动机和变速箱已安装。

提示：如果只对气缸列 1（右侧）的气缸盖作业，必须保留气缸列 2（左侧）的气缸盖上的正时链盖板而不取下。

❷ 拆卸正时链上部盖板。如图 2-16-29 所示组装工具 1 为套筒头 SW 21，用于 1/2" 驱动系统。

当心：凸轮轴正时链跳动过大时有毁坏危险；仅向发动机运转方向（箭头）转动曲轴（图 2-16-29）。

图 2-16-27

❸ 转动曲轴，直至减振器位于"上止点"。

❹ 粘贴的标记（箭头）垂直向上（图 2-16-30）。

提示：

a. 调节销 T40060 带有一个平面部位 2，凸轮轴与气缸盖的标定孔略微错开时该平面有助于插入调节销（图 2-16-31）。

b. 首先插入调节销，使销轴 1 垂直于凸轮轴轴线。达到正确的"上止点"位置时必须将销轴 1 转动 90°（箭头），以便其垂直于凸轮轴轴线。

❺ 检查两个气缸盖的凸轮轴是否在"上止点"位置上。

a. 凸轮轴必须能用调节销 T40060 卡止。

b. 调节销 T40060 上的销轴（箭头）必须垂直于气缸列 1（右侧）凸轮轴的中心线（图 2-16-32）。

❻ 调节销 T40060 上的销轴（箭头）必须垂直于气缸列 2（左侧）凸轮轴的中心线（图 2-16-33）。

提示：将一块抹布置于油底壳上部件下，以便收集溢出的发动机机油。

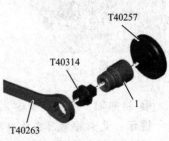

图 2-16-28

❼ 将螺旋塞（箭头）从油底壳上部件中拧出（图2-16-34）。

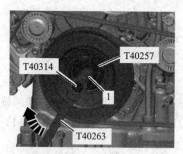

图2-16-29

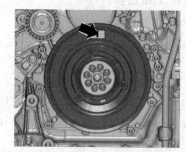

图2-16-30

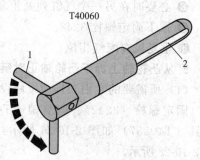

图2-16-31

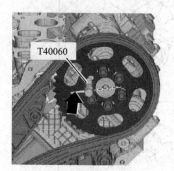

图2-16-32

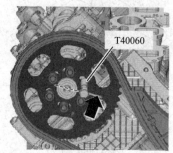

图2-16-33

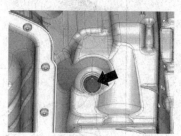

图2-16-34

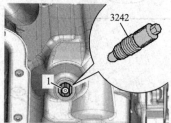

图2-16-35

❽ 将固定螺栓3242用20N·m的力矩拧紧在孔中；必要时稍微来回转动曲轴1，以便完全对准螺栓（图2-16-35）。

❾ 如图2-16-36所示，拧紧支撑架T40246，拧紧力矩见表2-16-1。

表2-16-1

步骤	螺栓	拧紧力矩
1	1 M6×40	手动拧入至贴紧
2	2 M6×20	手动拧入至贴紧
3	2 M6×40	8N·m
4	1 M6×20	8N·m

当心：发动机有损坏的危险；为了避免小零件通过正时链箱开口意外落入发动机内，请用干净的抹布遮住开口。

❿ 从凸轮轴中取出调节销T40060。

⓫ 拧出螺栓（箭头）（图2-16-37）。

⓬ 拧出螺栓（箭头）（图2-16-38）。

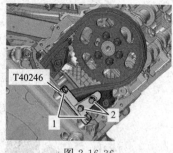

图2-16-36

⓭ 取下凸轮轴链轮和凸轮轴正时链。

（3）安装步骤

❶ 将曲轴1用固定螺栓3242固定在"上止点"位置（图2-16-35）。

提示：更新拧紧时需要继续旋转一个角度的螺栓；更新"上止点"标记螺旋塞密封环。

❷ 检查两个气缸盖的凸轮轴是否在"上止点"位置上。

a.凸轮轴必须能用调节销T40060卡止。

b.调节销T40060上的销轴（箭头）必须垂直于气缸列1（右侧）凸轮轴的中心线（图2-16-39）。

❸ 调节销T40060上的销轴（箭头）必须垂直于气缸列2（左侧）凸轮轴的中心线（图2-16-40）。

❹ 从凸轮轴中取出调节销T40060。

图 2-16-37

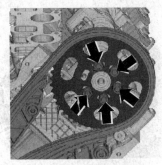
图 2-16-38

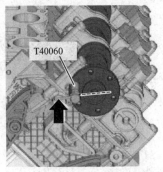
图 2-16-39

当心：气门和活塞头有损坏的危险；如要旋转凸轮轴，活塞不允许停在"上止点"。

提示：如果无法卡住凸轮轴，可以用适配接头 T40061 略微校正凸轮轴位置，为此将凸轮轴链轮的螺栓拧入凸轮轴内（图 2-16-41）。

❺ 装上左侧凸轮轴链轮和凸轮轴正时链。凸轮轴链轮上的长孔必须位于凸轮轴螺纹孔的中间位置。

❻ 先拧入凸轮轴链轮的两个螺栓 1，不要拧紧（图 2-16-42）。凸轮轴链轮必须在凸轮轴上能转动并且不得翻转。

❼ 用调节销 T40060 卡住左侧凸轮轴。调节销 T40060 上的销轴（箭头）必须垂直于凸轮轴的中心线（图 2-16-42）。

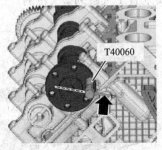
图 2-16-40

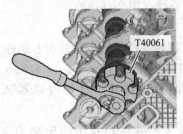
图 2-16-41

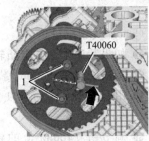
图 2-16-42

❽ 装上右侧凸轮轴链轮和凸轮轴正时链。凸轮轴链轮上的长孔必须位于凸轮轴螺纹孔的中间位置。

❾ 先拧入凸轮轴链轮的两个螺栓 1，不要拧紧（图 2-16-43）。凸轮轴链轮必须在凸轮轴上能转动并且不得翻转。

❿ 用调节销 T40060 卡住右侧凸轮轴。调节销 T40060 上的销轴（箭头）必须垂直于凸轮轴的中心线（图 2-16-43）。

⓫ 取下支撑架 T40246（图 2-16-38）。

⓬ 由另一位机械工将右侧凸轮轴链轮用适配接头 T40062 和扭矩扳手以 20N·m 的力矩顺时针（箭头）预紧并保持预紧状态。

⓭ 将螺栓 1 和 2 拧紧到右侧凸轮轴链轮上（图 2-16-44）。

⓮ 继续保持张紧，并拧紧右侧凸轮轴链轮上的螺栓 1（图 2-16-35）。

⓯ 拆除适配接头 T40062 和调整销 T40060。

⓰ 拧紧左右凸轮轴链轮的剩余螺栓。

⓱ 取下固定螺栓 3242（图 2-16-29）。

（4）配气相位检查

当心：凸轮轴正时链跳动过大时有毁坏危险。仅朝发动机方向转动曲轴。

❶ 将曲轴转动 2 圈，直至曲轴再次接近"上止点"前（图 2-16-29）。

❷ 以转动方式将曲轴 1 用固定螺栓 3242（20N·m）卡住（图 2-16-35）。

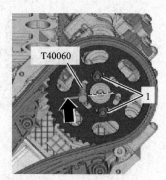
图 2-16-43

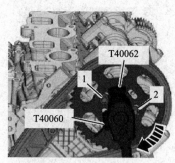
图 2-16-44

图 2-16-45

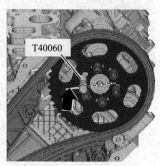
图 2-16-46

当心：

a."上止点"位置不准确时会产生调节误差。

b.如果转出了"上止点"：将曲轴再转动 2 圈，直至曲轴再次接近"上止点"前。然后以转动方式将曲轴用固定螺栓 3242 卡住。

❸ 检查两个气缸盖的凸轮轴①是否在"上止点"位置上（图 2-16-45）。

a.凸轮轴必须能用调节销 T40060 卡止。

b.调节销 T40060 上的销轴（箭头）必须垂直于气缸列 1（右侧）凸轮轴的中心线（图 2-16-46）。

❹ 调节销 T40060 上的销轴（箭头）必须垂直于气缸列 2（左侧）凸轮轴的中心线（图 2-16-33）。

（5）配气相位校正

❶ 如果无法卡住某个凸轮轴，可将相关凸轮轴链轮的所有螺栓（箭头）松开约 1 圈（图 2-16-39）。

❷ 将适配接头 T40061 装在松开后的螺栓头上（图 2-16-47）。

❸ 用适配接头 T40061 略微来回转动螺栓，直至可以插入调节销 T40060。

❹ 调节销 T40060 上的销轴（箭头）必须垂直于凸轮轴的中心线（图 2-16-33）。

❺ 在适配接头 T40061 处于安装状态且调节销 T40060 插入时用大约 5N·m 的力矩拧紧凸轮轴链轮的螺栓。

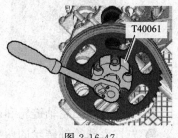
图 2-16-47

❻ 取下调节销 T40060 和适配接头 T40061。

❼ 按最终扭矩拧紧凸轮轴链轮的螺栓。

❽ 必要时在另一个气缸列处重复这个工作过程。

❾ 取下固定螺栓 3242。

❿ 重复检查配气相位

6.拆卸和安装机油泵和高压泵驱动链条

（1）所需要的专用工具和维修设备

a.定位销（T40245）（图 2-16-48）；b.定位销（T40316）。

（2）拆卸步骤

❶ 拆下正时链下部盖板。

❷ 拆卸凸轮轴正时链。

❸ 取下凸轮轴正时链上部的两个滑轨。

❹ 沿箭头方向按压链条张紧器的张紧轨，并用定位销 T40316（图 2-16-49 中 2）卡住链条张紧器。

❺ 拧出螺栓 1 并取下张紧轨。

❻ 拧出螺栓 1~3，取下油泵和高压泵驱动链的链条张紧器（图 2-16-50）。

第二章 奥迪车系 201

❼ 取下油泵和高压泵的驱动链。

(3) 安装步骤

将曲轴1用固定螺栓3242固定在"上止点"位置（图2-16-35）。

安装以倒序进行，同时要注意下列事项。

❶ 用定位销T40245卡住高压泵链轮。

❷ 安装凸轮轴正时链。

❸ 取下高压泵链轮定位销T40245。

❹ 安装正时链下部盖板。

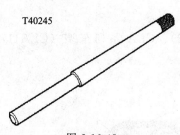

图 2-16-48

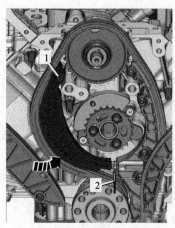

图 2-16-49

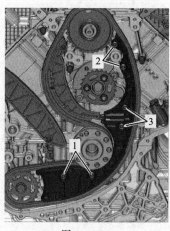

图 2-16-50

第三章 奔驰车系

第一节 奔驰

操作视频

一、M270、M270 DE 16 AL、M270 DE 20 AL（2011~2018 年）

1. 适用车型

A 系列车型（A176）、B 系列车型（B242）、B 系列车型（B246.2）、CLA 系列车型（CLA117）、GLA 系列车型（GLA156）。

2. 更换发动机正时链

（1）专用工具

❶ 铆接冲压工具 276 589 00 39 00（图 3-1-1）。

❷ 装配元件 271 589 09 63 00（图 3-1-2）。

❸ 发动机正时链（图 3-1-3）。

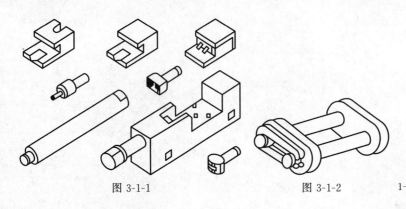

图 3-1-1　　　　图 3-1-2

图 3-1-3
1—正时链；2,4,5—链条张紧轨；3—链条张紧器

注意：有受伤的风险。搬运部件时可能会被夹住、挤压，严重时还会造成手脚骨折。搬运部件时，肢体不能进入机器的工作范围。

（2）拆卸

❶ 分开蓄电池接地线（图 3-1-4）。

❷ 拆下带凸轮轴调节器的凸轮轴。

注意：凸轮轴调节器留在凸轮轴上。

❸ 分开正时链。

注意：使用铆接冲压工具（图 3-1-5）。

（3）检验　检查链条张紧轨 2、4、5（图 3-1-3）是否磨损和出现外部损坏；必要时更换。

（4）安装

❶ 拉入新正时链（2）（图 3-1-6）。

a. 需要使用装配链节（01）（图 3-1-6）拉入正时链。

b. 用清洁的抹布遮盖正时箱凹槽。

第三章 奔驰车系 203

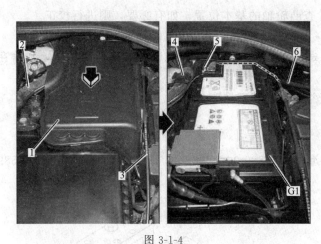

图 3-1-4

1—车载网络蓄电池护盖；2—发动机线束；3—固定卡；4—发动机罩线；5—螺母；6—接地线；G1—车载电网蓄电池

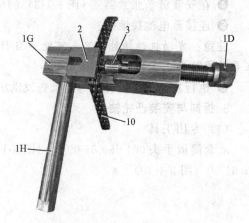

图 3-1-5

1D—芯轴；1G—基础托架；1H—把手；2—固定件 C1；3—固定件 C2；10—正时链

注意：必须固定正时箱凹槽，防止部件滑落；必须取出已掉入正时箱凹槽中的零部件。

c. 使用装配链节（01）将新正时链（2）和旧正时链（1）连接在一起（图 3-1-6）。

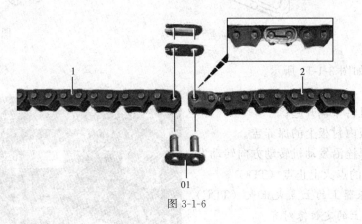

图 3-1-6

注意：沿与拉入正时链相反的方向安装装配链节（01）上的锁止装置，否则其可能卡在滑轨上，甚至在拉入正时链时掉落。

d. 从正时箱凹槽上取下抹布，否则当转动发动机时会将其拉入正时箱凹槽。

e. 如图 3-1-7 所示沿发动机运转方向（下部箭头所示）慢慢转动曲轴并拉入新正时链（2），直至可以连接新正时链（2）的末端。

注意：按照拉入新正时链（2）的方法，均匀地拉出旧正时链（1）的松开端（图 3-1-7 中上部箭头）。

f. 用清洁的抹布遮盖正时箱凹槽。

注意：必须固定正时箱凹槽，防止部件滑落；必须取出掉入正时箱凹槽中的零部件。

g. 分开装配链节（01），然后将旧正时链（1）从新正时链（2）上分开（图 3-1-6）。

注意：必须拆下装配链节（01）；装配链节（01）仅有装配辅助功能，并不适用于发动机运转。

❷ 铆接正时链（1）（图 3-1-3）。

❸ 安装带凸轮轴调节器的凸轮轴。

注意：只有在检查凸轮轴的基本位置后，才能安装气缸盖罩。

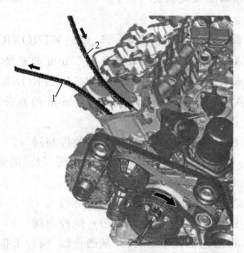

图 3-1-7

❹ 在安装链条张紧器 4（图 3-1-3）的情况下检查凸轮轴的基本位置，如有必要，则进行校正。

❺ 连接蓄电池接地线。

注意：发动机运转时，汽车可能会自行启动而造成事故。发动机启动或运转期间，在其附近工作存在导致擦伤和烧伤的风险。

❻ 执行发动机试运行，为此检查发动机是否正常工作及其密封性。

3. 拆卸与安装凸轮轴

(1) 专用工具

a. 套筒扳手头 001 589 65 09 00（图 3-1-8）；b. 套筒 271 589 00 10 00（图 3-1-9）；c. 固定装置 270 589 01 61 00（图 3-1-10）。

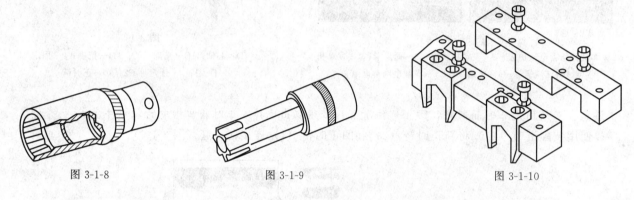

图 3-1-8　　　　　图 3-1-9　　　　　图 3-1-10

(2) 发动机 270　如图 3-1-11 所示。

(3) 拆卸

❶ 使用车辆举升机将车辆升起。

❷ 打开右侧翼子板内衬板上的保养盖。

❸ 通过曲轴中央螺栓沿发动机转动方向转动发动机，直到位于气缸 1 的点火上止点（TDC）。

注意：皮带轮/减振器上的上点火止点（TDC）标记必须与正时箱盖罩上的定位缘对齐。

❹ 拆下气缸盖罩。

❺ 将凸轮轴（4）的压紧装置（01a）与凸轮轴（4）的固定装置（02a、02e）一起安装。

注意：

a. 确保在固定装置（02a 和 02e）上使用正确的轴承座。

b. 装配可变气门升程系统（CAMTRONIC）/代码（A14）的车辆，使用直径为 29mm 的嵌件。

c. 未装配可变气门升程系统（CAMTRONIC）/代码（A14）的车辆，使用直径为 26mm 的嵌件。

❻ 拆下链条张紧器。

❼ 松开各凸轮轴调节器（1）的控制阀（2）。

图 3-1-11

01a—压紧装置；02a,02e—固定装置；1—凸轮轴调节器；
2—控制阀；3—正时链；4—凸轮轴

(4) 安装　必须用机油润滑控制阀（2）的螺纹和螺栓头接触面。必须按照规定力矩连续均匀地拧紧控制阀（2）。

力矩：第 1 级为 18N·m；第 2 级为 45°

❶ 拆下各凸轮轴调节器（1）的控制阀（2）。

❷ 将凸轮轴调节器（1）从凸轮轴（4）上拆下。

注意：为便于装配或分解凸轮轴调节器（1），必须将正时链放上或取下。

❸按照与拆卸的相反顺序进行安装。

（5）检验

❶通过曲轴中央螺栓沿发动机转动方向转动发动机2次，并再次设定到气缸1的点火上止点（TDC）。

❷检查凸轮轴（4）的基本位置，如有必要，则进行调节。

注意：

a. 发动机运转时，汽车可能会自行启动而造成事故。发动机启动或运转期间，在其附近工作存在导致擦伤和烧伤的风险。

b. 执行发动机试运行，然后检查发动机的功能性。

c. 固定好车辆，以防其自行移动。

d. 穿上封闭且贴身的工作服。

e. 切勿接触高温或旋转的部件。

4. 检查凸轮轴的基本位置

（1）专用工具　套筒扳手头 001 589 65 09 00（图3-1-8）。

（2）拆卸

❶拆下凸轮轴上的两个霍尔传感器（图3-1-12）。

❷使用车辆举升机将车辆升起。

❸打开右前翼子板内衬板的保养盖。

❹通过曲轴中央螺栓沿发动机转动方向转动发动机，直到气缸1的点火上止点（TDC）。

注意：皮带轮/减振器上的点火上止点（TDC）通过曲轴中央螺栓沿发动机转动方向转动发动机，标记必须与正时箱盖罩上的定位缘对齐。

（3）安装　按照与拆卸的相反顺序进行安装。

图3-1-12

1，2—螺栓；3—气缸盖罩；B6/15—进气凸轮轴霍尔传感器；B6/16—排气凸轮轴霍尔传感器

（4）检验

通过在气缸盖罩（3）（图3-1-12）上的霍尔传感器开口目视检查凸轮轴的基本位置。

发动机270如图3-1-13所示。若要检查排气凸轮轴调节，在霍尔传感器开口的中央必须可以看到扇形盘（1）扇形段的边缘（1a）。

若要检查进气凸轮轴调节，扇形盘（2）的轴承狭槽（2a）必须位于霍尔传感器开口的中央，如图3-1-14所示。

如果基本设定不正确，则设定凸轮轴的基本位置。

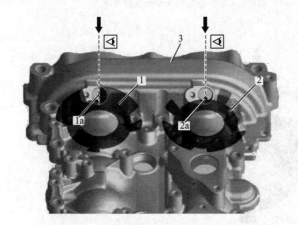

图3-1-13

1，2—扇形盘；1a—边缘；2a—轴承狭槽；3—气缸盖罩

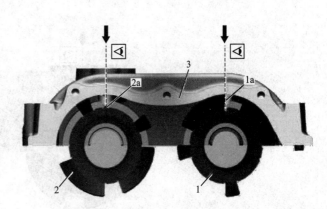

图3-1-14

1，2—扇形盘；1a—边缘；2a—轴承狭槽；3—气缸盖罩

5. 调节凸轮轴的基本位置

（1）专用工具

a. 套筒扳手头 001 589 65 09 00（图 3-1-15）；b. 固定装置 270 589 01 61 00（图 3-1-16）；c. 套筒 270 589 01 07 00（图 3-1-17）。

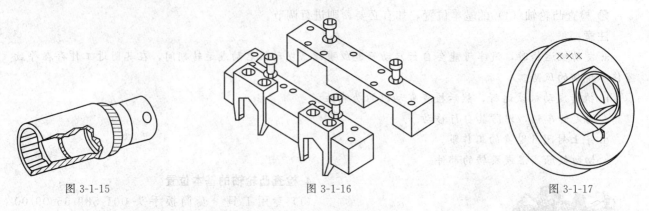

图 3-1-15　　　　　　　　图 3-1-16　　　　　　　　图 3-1-17

如图 3-1-18 所示为未装配可变气门升程系统（CAMTRONIC）/代码（A14）的发动机，其示意图如图 3-1-19 所示。

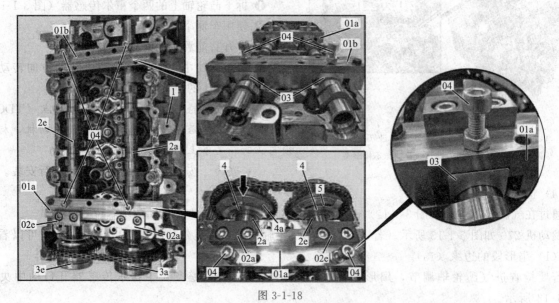

图 3-1-18

01a,01b—压紧工具；04—螺栓；3e—凸轮轴调节器（进气）；1—气缸盖；4—扇形盘；02a,02e—支架；2a—排气凸轮轴；4a—扇形段；2e—进气凸轮轴；5—轴承狭槽；03—轴承座；3a—凸轮轴调节器（排气）

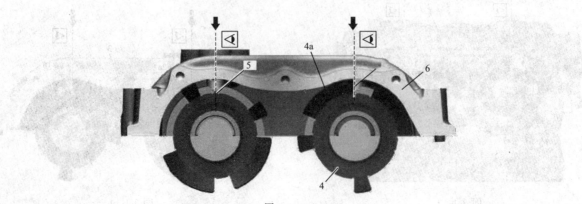

图 3-1-19

4—排气凸轮轴处的扇形盘；4a—扇形段；5—进气凸轮轴上的尖端；6—气缸盖罩

如图 3-1-20 所示为可变气门升程系统（CAMTRONIC）/代码（A14）凸轮轴。

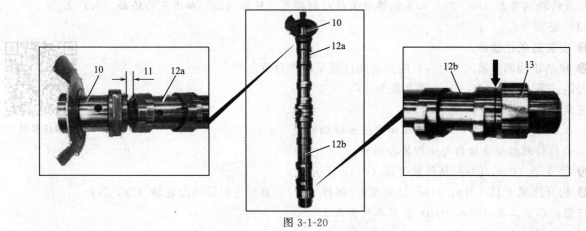

图 3-1-20

10—托架轴；12b—后部凸轮部分；11—间隙；13—高压泵传动凸轮；12a—前部凸轮部分

(2) 拆卸

❶ 拆下气缸盖罩（图 3-1-21）。

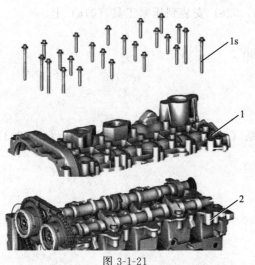

图 3-1-21

1—气缸盖罩；1s—螺栓；2—气缸盖

❷ 拆下凸轮轴调节器（3a 和 3e）（图 3-1-18）。

❸ 通过曲轴中央螺栓沿发动机转动方向转动发动机，直到达到气缸 1 的点火上止点（TDC）。

注意：

a. 以下操作中要确保曲轴未被转动。

b. 皮带轮/减振器上的点火上止点（TDC）标记必须与正时箱盖罩上的定位缘对齐。

❹ 将排气凸轮轴（2a）和进气凸轮轴（2e）转动到基本位置（图 3-1-18）。

注意：如果排气凸轮轴（2a）上扇形盘（4）的扇形段（4a）的边缘（图 3-1-18 中箭头）和进气凸轮轴（2e）上的尖端垂直朝上，则表明排气凸轮轴 2a 和进气凸轮轴（2e）处于基本位置。

❺ 安装压紧工具（01a 和 01b）（图 3-1-18）。

注意：

a. 未装配可变气门升程系统（CAMTRONIC）/代码（A14）的车辆，使用直径为 26mm 的嵌件。

b. 装配可变气门升程系统（CAMTRONIC）/代码（A14）的车辆，使用直径为 29mm 的嵌件。

c. 拧入螺钉/螺栓（04），直至轴承座（03）平放在气缸盖上。

❻ 安装支架（02a，02e）（图 3-1-18）。

注意：

a. 装配支架（02a，02e）前，排气凸轮轴（2a）和进气凸轮轴（2e）必须处于点火上止点（TDC），以便于将支架放置就位，并无压力地安装。

b. 不宜用支架（02a，02e）将排气凸轮轴（2a）或进气凸轮轴（2e）固定就位，这会导致支架（02a，02e）发生损坏，还可能导致正时不正确。

c. 只能将套筒或将螺钉/螺栓（N 000000005561）与盘（A604990 0040）配套使用，否则会损坏排气凸轮轴（2a）和进气凸轮轴（2e）。

❼ 安装凸轮轴调节器（3a，3e），然后用手拧紧控制阀。

注意：

a. 在安装凸轮轴调节器或正时链时，确保曲轴不会转动。

b.安装链条张紧器后先将控制阀完全拧紧。

c.凸轮轴调节器（3a，3e）必须能够自由转动到排气凸轮轴（2a）和进气凸轮轴（2e）上。

（3）安装

❶ 安装链条张紧器。

❷ 将凸轮轴调节器（3a，3e）的控制阀拧紧至最终力矩。

力矩：第1级为18N·m；第2级为45°。

注意：

a.必须用机油润滑控制阀的螺纹和螺栓头接触面。

b.必须按照扭矩连续均匀地拧紧控制阀。

❸ 将支架（02a，02e）从压紧工具（01a）上分开。

❹ 松开压紧工具（01a，01b）处的螺钉/螺栓（04），直至可以转动凸轮轴（2a，2e）。

注意：压紧工具（01a，01b）安装在气缸盖上。

（4）检验

❶ 通过曲轴中央螺栓沿发动机转动方向转动发动机两圈，直到气缸1到达点火上止点（TDC）。

注意：皮带轮/减振器上的点火上止点（TDC）标记必须与正时箱盖罩上的定位缘对齐。

❷ 用手将螺钉/螺栓（04）拧紧到压紧工具（01a，01b）上。

❸ 检查凸轮轴（2a，2e）的基本位置，为此将支架（02a，02e）安装到压紧工具（01a）上。

❹ 拆下支架（02a，02e）和压紧工具（01a，01b）。

❺ 安装气缸盖罩。力矩：第1级为10N·m；第2级为90°。

二、M271 DE18AL（2008～2013年）

1.适用车型

C系（C203、C204）、E系（E207、E211、E212）、SLK系（SLK171、SLK172）、CLC系（CLC203）、CLK系（CLK209）。

2.更换发动机正时链

（1）专用工具

a.链条分解工具 602 589 02 33 00（图3-2-1）。

b.工具箱 602 589 00 98 00（图3-2-2）。

c.固定装置 271 589 01 40 00（图3-2-3）。

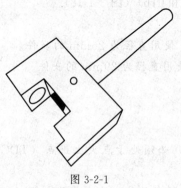

图3-2-1

图3-2-2

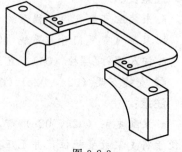

图3-2-3

d.装配嵌件 271 589 05 63 00（图3-2-4）。

e.固定装置 271 589 00 61 00（图3-2-5）。

f.止推杆 271 589 10 63 00（图3-2-6）。

g.装配元件 271 589 09 63 00（图3-2-7）。

h.铆接工具 642 589 00 33 00（图3-2-8）。

i.套筒扳手头 001 589 65 09 00（图3-2-9）。

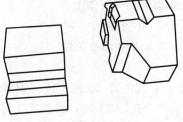
图 3-2-4

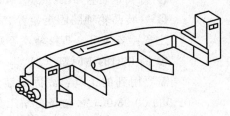
图 3-2-5

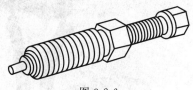
图 3-2-6

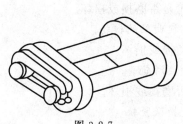
图 3-2-7

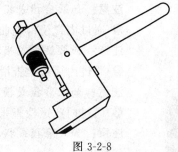
图 3-2-8

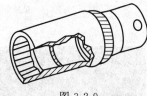
图 3-2-9

j. 装配嵌件 271 589 01 63 00（图 3-2-10）。
k. 铆接工具 602 589 00 39 00（图 3-2-11）
（2）发动机 271.9　如图 3-2-12 和图 3-2-13 所示。

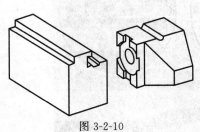
图 3-2-10

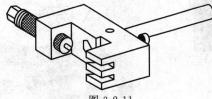
图 3-2-11

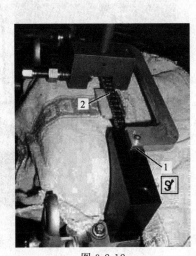
图 3-2-12
1—固定装置；2—正时链

（3）发动机 271.8　如图 3-2-14 所示
（4）拆卸
❶ 拆下气缸盖罩。
❷ 拆下火花塞。
❸ 通过曲轴中央螺栓沿发动机运转方向转动发动机，直至气缸 1 的活塞位于点火上止点（TDC）。
注意：凸轮轴的凸轮必须以一定的角度朝上置于气缸 1 上。
❹ 拆下链条张紧器（3）。
❺ 拆下滑轨（4）。
注意：如果滑轨（4）损坏，则更换滑轨（4）。

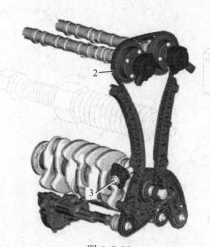

图 3-2-13
2—正时链；3—链条张紧器

❻ 拆下导向装置（5）。
❼ 将固定装置 271 589 01 40 00 固定到气缸盖上。
❽ 安装凸轮轴的固定装置 271 589 00 61 00。
注意：必须固定凸轮轴，否则高压泵会转动凸轮轴。
❾ 断开旧的正时链（2）。
需要用到的工具：a. 固定装置 271 589 01 40 00；b. 工具箱 602 589 00 98 00；c. 链条分解工具 602 589 02 33 00；d. 铆接工具 642 589 00 33 00；e. 止推杆 271 589 10 63 00。

（5）检验
❶ 检查凸轮轴调节器是否磨损或损坏。
注意：如果磨损或损坏，则更换凸轮轴调节器。
❷ 通过内窥镜检查曲轴的链轮是否磨损或损坏。
注意：如果磨损或损坏，则更换曲轴的链轮。
❸ 通过内窥镜检查滑轨是否磨损或损坏。
注意：如果磨损或损坏，则更换滑轨。
❹ 通过内窥镜检查张紧轨是否磨损或损坏。
注意：如果磨损或损坏，则更换张紧轨。

（6）安装
❶ 拉入新正时链（2）。
正时链铆接元件的销力矩为 32N·m。
注意：转动发动机，直至新正时链（2）啮合在排气凸轮轴链轮上，然后气缸 1 的活塞位于点火上止点（TDC）。
a. 使用装配夹式固定件（3.1）、外板（3.2）和固定件（3.3）连接新正时链（2）与旧正时链（1），如图 3-2-15 所示。

图 3-2-14
2—正时链；4—滑轨；5—导向装置

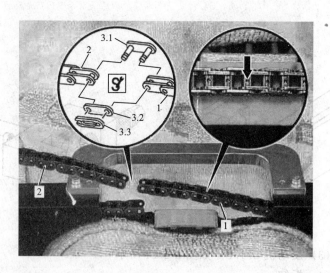

图 3-2-15

b. 从曲轴箱上取走抹布，以免拉入新正时链时将其带入曲轴箱。
c. 各孔（图 3-2-15 中箭头所示）必须朝上。
d. 如图 3-2-16 所示，在曲轴的中央螺栓处沿发动机转动方向转动发动机。执行该操作期间，拉出旧正时链（1）（箭头 b），直至可以将新正时链（2）连接在滑轨与排气凸轮轴链轮之间。
注意：必须将新发动机正时链引导到进气凸轮轴链轮上（箭头 a）；固定装置（4）保持旧的正时链和

新的正时链（1，2）始终与凸轮轴链轮啮合。

e. 拆下固定件（3.3）、外板（3.2）和装配夹式固定件（3.1）。

f. 将旧的发动机正时链（1）放到一旁。

注意：一定要拆下装配链节（3.1，3.2，3.3）；装配链节只是装配辅助工具，而不适用于发动机操作。

发动机 271.9 如图 3-2-17 所示。

图 3-2-16

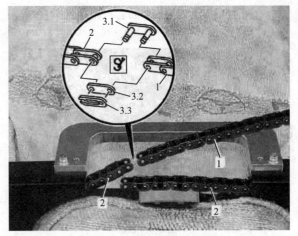

图 3-2-17

❷ 安装凸轮轴的固定装置 271 589 00 61 00。

❸ 用干净的抹布盖住正时箱凹槽和气缸盖，然后连接新正时链（2）（图 3-2-17）。

❹ 安装链条张紧器（3）（图 3-2-13）。

❺ 从气缸盖上拆下固定装置 271 589 01 40 00。

❻ 从凸轮轴上拆下固定装置 271 589 00 61 00。

❼ 检查凸轮轴的基本位置。

❽ 安装导向装置（5）（图 3-2-14）。

❾ 安装滑轨（4）（图 3-2-14）。

❿ 安装火花塞。

⓫ 安装气缸盖罩。

注意：

a. 只有在泄漏测试完成后，才可安装上部发动机罩。

b. 发动机运转时，汽车可能会自行启动而造成事故。发动机启动或运转期间，在其附近工作存在导致擦伤和烧伤的风险。

c. 执行发动机试运行，检查发动机是否正常工作及其密封性。

d. 固定好车辆，以防其自行移动。

e. 穿上密闭且紧身的工作服。

f. 切忌接触高温或旋转的部件。

⓬ 安装上部发动机罩。

3. 拆卸与安装凸轮轴

(1) 专用工具

a. 固定装置 271 589 00 61 00（图 3-2-18）；b. 楔块 271 589 00 31 00（图 3-2-19）；c. 扳手套筒 001 589 65 09 00（图 3-2-20）；d. 扳手套筒 271 589 00 10 00（图 3-2-21）。

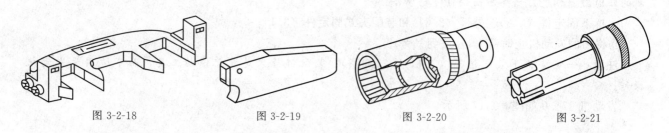

| 图 3-2-18 | 图 3-2-19 | 图 3-2-20 | 图 3-2-21 |

(2) 发动机　发动机 271.9 如图 3-2-22 所示。发动机 271.8 如图 3-2-23 所示。

图 3-2-22
1—定位销；2—固定装置；3—凸轮轴调节器

图 3-2-23
1—定位销；3—凸轮轴调节器

(3) 拆卸

❶ 拆下气缸盖罩。
❷ 拆下气缸盖的前护盖。
❸ 沿发动机运转方向转动曲轴的中央螺栓，直至气缸 1 的活塞位于点火上止点处。

注意：

a. 皮带轮/减振器上的点火上止点（TDC）标记必须与正时箱盖罩上的定位缘对齐。

b. 气缸 1 处的进气和排气凸轮轴的凸轮必须倾斜向上。

(4) 安装

❶ 检查凸轮轴的基本位置。
❷ 装配固定装置 271 589 00 61 00（图 3-2-5）。
❸ 松开发动机正时链。

a. 将楔块 271 589 00 31 00（图 3-2-19）插入张紧轨（2）（图 3-2-24）和滑轨之间的正时箱盖罩中。

b. 充分地向下压楔块，由此释放发动机正时链（1）上的张力（图 3-2-24）。

❹ 拆下链条张紧器，如图 3-2-25 所示。

注意：应安装新的链条张紧器。

❺ 拆下中央螺栓，然后拆下凸轮轴调节器（3）（图 3-2-22 和图 3-2-23）。

连接凸轮轴调节器到凸轮轴的力矩：发动机 271.8 为 130N·m；发动机 271.9 为 90N·m。

注意：取下正时链并固定好，以防其掉落。进气或排气凸轮轴上中央螺栓的拧松方向相同（参见图 3-2-22 中箭头）。

❻ 无需对凸轮轴调节器（3）专门进行调节，因为其装配有定位销（1）（图 3-2-22 和图 3-2-23）。

❼ 为避免混淆，排气凸轮轴调节器上标有"A"，进气凸轮轴调节器上标有"E"。

❽ 按照与拆卸的相反顺序进行安装。

第三章 奔驰车系   213

图 3-2-24

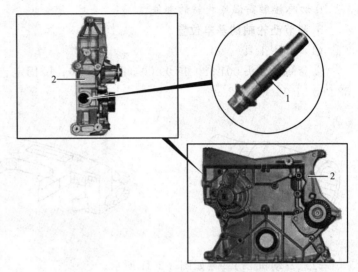

图 3-2-25
1—链条张紧器；2—正时箱盖罩

4. 检查凸轮轴的基本位置

(1) 专用工具　扳手套筒 001 589 65 09 00（图 3-2-26）。

(2) 图示　如图 3-2-27 所示。

(3) 拆卸　拆下气缸盖罩（1）。

(4) 检查

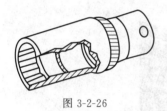

图 3-2-26

❶ 沿运转方向在曲轴中央螺栓处转动发动机，直至气缸 1 的活塞位于点火上止点处。

注意：

a. 皮带轮/减振器（2）上的点火上止点标记必须与定位缘（A）对准。

b. 进气凸轮轴和排气凸轮轴上的凸轮必须倾斜向上地置于气缸 1 上。

❷ 检查凸轮轴的基本位置。

注意：

a. 凸轮轴调节器（3）上的标记（箭头所示）必须与凸轮轴轴承壳体处的标记（B）对准。

b. 如果基本位置不正确，则调节凸轮轴的基本位置。

c. 无需专门调节凸轮轴调节器（3），因为发动机垂直时，调节器会自动将凸轮轴调节至基本位置。

(5) 安装　按照与拆卸的相反顺序进行安装。

注意：

a. 发动机运转时，汽车有自行移动造成事故的风险。

b. 汽车启动期间或工作在运转的发动机附近时，有导致撞伤和灼伤的风险。

c. 执行发动机测试运转，检查发动机是否工作正常及是否泄漏。

d. 固定好汽车，防止其自行移动。

e. 穿上封闭且紧身的工作服。

图 3-2-27
1—气缸盖罩；2—皮带轮/减振器；3—凸轮轴调节器；A—定位缘；B—标记

f. 切忌接触高温或旋转的部件。

5. 调节凸轮轴的基本位置

(1) 专用工具

a. 套筒扳手头 001 589 65 09 00（图 3-2-28）；b. 固定装置 271 589 00 61 00（图 3-2-29）；c. 楔块 271 589 00 31 00（图 3-2-30）。

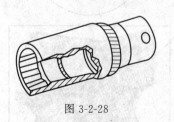
图 3-2-28

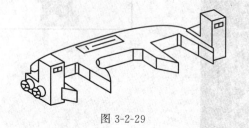
图 3-2-29

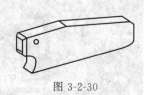
图 3-2-30

(2) 发动机 271.9　如图 3-2-31 所示。

图 3-2-31

1—气缸盖罩；2—皮带轮/减振器；3—凸轮轴调节器；A—定位缘；B—标记

凸轮轴垂直方向如图 3-2-32 所示。

固定装置如图 3-2-33 所示。

(3) 拆卸

❶ 拆下气缸盖前护盖。

❷ 沿发动机运转方向转动曲轴的中央螺栓，直至气缸 1 活塞位于上止点标记处。

注意：

a. 皮带轮/减振器（2）的上止点标记必须与正时箱盖罩的定位缘（A）对准（图 3-2-31）。

b. 气缸 1 的进气凸轮轴和排气凸轮轴的凸轮必须定位在垂直状态（图 3-2-32 中箭头所示）。

❸ 松开发动机正时链（图 3-2-34）。

a. 将楔块 271 589 00 31 00 插入张紧轨（2）和滑轨之间的正时箱盖罩中。

b. 充分地向下压楔块，由此释放发动机正时链（1）上的张力。

❹ 拆下链条张紧器（图 3-2-35）。

图 3-2-32　　　　　　　　　　图 3-2-33　　　　　　　　　　图 3-2-34

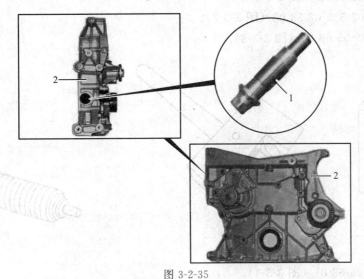

图 3-2-35
1—链条张紧器；2—正时箱盖罩

❺ 拆下凸轮轴调节器（3）（图 3-2-31）。

注意：固定正时链，以防止其滑落。

❻ 安装固定装置 271 589 00 61 00。

注意：在此过程中，凸轮轴被带入基本位置。

(4) 安装

❶ 安装凸轮轴调节器（3）。

注意：

a. 凸轮轴调整器（3）的标记必须与凸轮轴轴承外壳的标记（B）对准（图 3-2-31 中箭头所示）。

b. 皮带轮/减振器（2）的上止点标记必须与正时箱盖罩的定位缘（A）对准。

c. 无需专门调节凸轮轴调节器（3），因为发动机垂直时，调节器会自动将凸轮轴调节至基本位置。

❷ 拉紧正时链。

注意：将楔块从正时齿轮室中取出，并松开张紧轨。

❸ 安装链条张紧器。

注意：应更换链条张紧器。

❹ 分开固定装置 271 589 00 61 00。

❺ 沿发动机的转动方向转动曲轴两圈，并再次检查凸轮轴的基本位置。

❻ 安装气缸盖前护盖。

注意：发动机运转时，汽车可能会自行启动而造成事故。发动机启动或运转期间，在其附近工作存在导致擦伤和烧伤的风险。

❼ 执行发动机试运行，检查发动机是否正常工作及其密封性。

注意：固定好车辆，以防其自行移动；穿上封闭且贴身的工作服；切勿接触高温或旋转的部件。

三、M272、M272 E25、M272 E30、M272 E35（2004～2010年）

操作视频

操作视频

1. 适用车型

C系（C204、C203）、CLC系（CLC203）、E系（E211、E212、E207）、GLK系（GLK209、GLK204）、SLK系（SLK171）、CLS系（CLS219）、ML系（ML164）、R系（R251）、S系（S221）、SL系（SL230）、CLK系（CLK209）。

2. 更换正时链

（1）专用工具

a. 工具箱 602 589 00 98 00（图3-3-1）。

b. 链条分离工具 602 589 02 33 00（图3-3-2）。

c. 止推螺杆 602 589 05 63 00（图3-3-3）。

图3-3-1

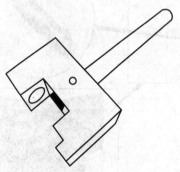
图3-3-2

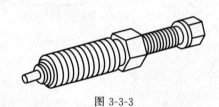
图3-3-3

d. 止推销 602 589 05 63 01（图3-3-4）。

e. 铆接工具 272 589 00 39 00（图3-3-5）。

f. 装配嵌件 272 589 00 63 00（图3-3-6）。

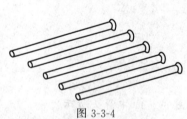
图3-3-4

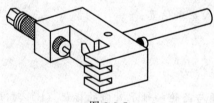
图3-3-5

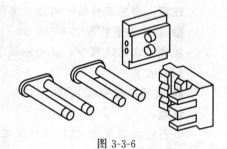
图3-3-6

g. 导向装置 272 589 01 63 00（图3-3-7）。

h. 装配嵌件 271 589 01 63 00（图3-3-8）。

i. 装配链节 272 589 03 63 00（图3-3-9）。

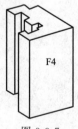
图3-3-7

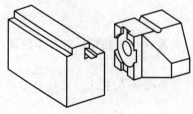
图3-3-8

图3-3-9

(2) 正时链及标记 如图 3-3-10 和图 3-3-11 所示。

图 3-3-10

1—排气凸轮轴；2—进气凸轮轴；3—旧的正时链；4—新的发动机正时链；5—脉冲轮标记

图 3-3-11

6,7—凸轮轴调节器上的标记

(3) 拆卸

❶ 断开蓄电池接地电缆。

❷ 拆下火花塞。

❸ 拆下右侧气缸盖上的排气凸轮轴和进气凸轮轴（1,2）。

❹ 断开旧的发动机正时链（3）。

a. 用干净的布盖住正时箱凹口。

注意：必须挡住正时箱凹槽，以防止零部件滑落；必须取出掉入正时箱凹槽中的零部件。

b. 如图 3-3-12 所示，将链条分离工具（01）和压力螺钉（02）装配在一起。

c. 将链条分离工具（01）安装在发动机正时链（1）上。确保承压销（03）位于发动机正时链链节的销子处（图 3-3-12 中箭头所示）。

d. 拧入压力螺钉（02）并分开发动机正时链（1）。不要使推出的销子落入正时箱凹槽中。

e. 拆下压力螺钉（02），然后取下链条分离工具（01）。

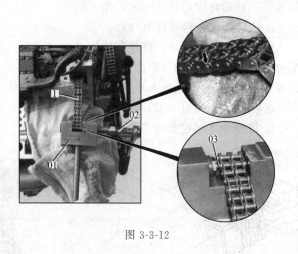

图 3-3-12

(4) 安装

❶ 拉入新的正时链。

a. 用干净的布盖住正时箱凹口。

b. 如图 3-3-13 所示，使用装配链节（01）将新的发动机正时链（2）和旧的发动机正时链（1）连接在一起。沿与拉入发动机正时链相反的方向安装装配链节（01）的锁止装置，否则链条可能卡在滑轨上，以及在发动机正时链被拉入时掉落。

c. 从正时箱凹槽上取下抹布，否则当转动发动机时会将其带入正时箱凹槽。

d. 如图3-3-14所示，沿发动机运转方向慢慢转动曲轴并拉入新的发动机正时链（2），直至可以连接新的发动机正时链（2）的末端。

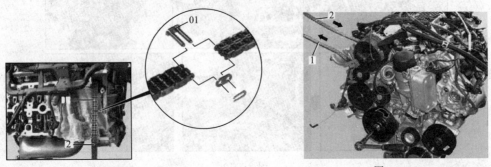

图 3-3-13　　　　　　　　　　　图 3-3-14

e. 在拉入新的发动机正时链（2）（图3-3-14上部箭头所示）的同时，在旧的发动机正时链（1）的端部不受力时均匀地将其拉出。

f. 用干净的布盖住正时箱凹口。

注意：必须挡住正时箱凹槽，以防止零部件滑落。必须取出掉入正时箱凹槽中的零部件。

g. 分开装配链节（01），然后将旧的发动机正时链（1）从新的发动机正时链（2）上分开（图3-3-13）。

注意：必须拆下装配链节（01）。装配链节只是装配辅助工具，而不适用于发动机操作。

❷ 铆接新的发动机正时链。

发动机正时链铆接元件的螺栓力矩为32N·m。

注意：当在正时箱凹槽上进行工作时，使用一块干净的布对其进行保护，以防止小物体落下。必须取出掉入正时箱凹槽中的零部件。

a. 将铆接链节压入压力装配中心片中。

b. 如图3-3-15所示，将装配嵌件（F11）安放在铆接压力工具（01）中并使用固定螺钉固定到位。

c. 将装配嵌件（D12）放在铆接压力工具（01）中。

d. 如图3-3-16所示，将铆接链节（1）、定心叉（03）和压力装配中心片（2）插入发动机正时链（4）的末端，然后将定心叉（03）的销子插入压力装配中心片（2）的孔中，并对中压力装配中心片（2）。

e. 从后面插入铆接链节（1）。

f. 如图3-3-17所示，铆接压力工具（01）上的压力螺钉（02），然后将铆接链节（1）完全压入压力装配中心片（2）至不动。确保铆接链节（1）与铆接压力工具（01）对准。拧入压力螺钉（02）时，确保将铆接链节（1）的销压入压力装配中心片（2）中，且挤压出的定心叉（03）不要落入正时箱凹槽中。

g. 拆下压力螺钉（02）然后取下，铆接压力工具（01）。

h. 将外板压到铆接链节上。

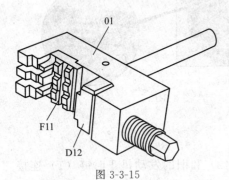 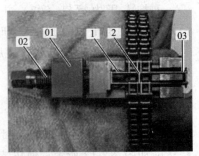

图 3-3-15　　　　　　图 3-3-16　　　　　　图 3-3-17

i. 如图 3-3-18 所示,将装配嵌件(F4)安放在铆接压力工具(01)中,然后使用固定螺钉固定在位。

j. 如图 3-3-18 所示,将装配嵌件(D3)安放在铆接压力工具(01)中。

k. 如图 3-3-19 所示,将外板(3)插入装配嵌件(D3)中。

l. 外板(3)是通过磁力固定的。

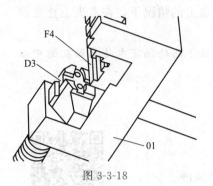
图 3-3-18

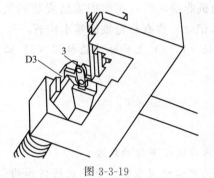
图 3-3-19

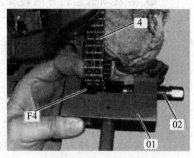
图 3-3-20

m. 如图 3-3-20 所示,安放铆接压力工具(01),使装配嵌件(F4)的间隔腹板靠在发动机正时链(4)的滚子上。确保铆接链节和外板对准。

n. 拧入铆接压力工具(01)上的压力螺钉(02),直至遇到硬物阻挡。转动压力螺钉(02)时,确保将铆接链节的销压入外板。

o. 拆下铆接压力工具(01)。

p. 铆接发动机正时链。

q. 将装配嵌件(D3)转移至铆接部分上(图 3-3-21 中箭头所示)。

r. 如图 3-3-22 所示,将铆接压力工具(01)置于铆接链节销子的中央,分别铆接各个铆接链节的销子。

s. 拧紧铆接压力工具(01)上的压力螺钉(02)。压力螺钉(02)的紧固力矩为 32N·m(参考值)。

t. 拆下铆接压力工具(01)。

u. 检查铆接处(图 3-3-23 中箭头所示),如有必要则重新铆接。

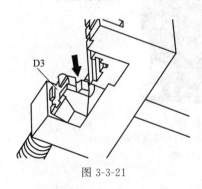
图 3-3-21

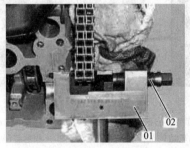
图 3-3-22

图 3-3-23

❸ 沿发动机运转方向将发动机曲轴转至气缸 1 点火上止点(TDC)前 55°的曲轴转角(皮带轮上的 305°标记)处。

注意:

a. 在前护盖安装在气缸盖上的情况下,在点火上止点前 55°曲轴转角处检查凸轮轴的基本位置。

b. 如图 3-3-10 所示,左侧气缸盖上的排气凸轮轴和进气凸轮轴(1,2)上的脉冲轮标记(5)必须位于凸轮轴霍尔传感器孔的中心。

c. 如果没有位于中心,则沿发动机转动方向将发动机曲轴再转一圈。

❹ 沿发动机运转方向转动发动机曲轴,使其从气缸 1 点火上止点后 95°的曲轴转角转到 40°的曲轴转角。

❺ 将右侧气缸盖上的排气凸轮轴（1）和进气凸轮轴（2）安装到基本位置。

注意：

a. 如图3-3-11所示，凸轮轴调节器上的标记（6）朝上，且凸轮轴调节器上的标记（7）与气缸盖罩上的接触面对齐。

b. 在前护盖已从气缸盖上拆下的情况下，在点火上止点后40°曲轴转角处检查凸轮轴的基本位置。

❻ 沿发动机运转方向转动发动机曲轴，然后在前护盖已安装到气缸盖上的情况下，在点火上止点前55°曲轴转角处（皮带轮上的305°标记处）检查凸轮轴的基本位置。

注意：排气凸轮轴和进气凸轮轴（1，2）上的脉冲轮标记（5）必须位于凸轮轴霍尔传感器孔的中心（图3-3-10）。

❼ 安装火花塞。

❽ 将接地电缆连接到蓄电池上。

注意：

a. 发动机运转时，汽车有自行启动造成事故的风险。

b. 汽车启动期间或工作在运转的发动机附近时，有导致撞伤和灼伤的风险。

❾ 执行发动机测试运转，并检查发动机是否泄漏。

注意：

a. 固定好汽车，防止其自行移动。

b. 穿上封闭且紧身的工作服。

c. 切忌接触高温或旋转的部件。

操作视频

3. 拆卸与安装进气凸轮轴调节器

(1) 图示　如图3-3-24~图3-3-26所示。

图3-3-24

1,2—排气凸轮轴；3,4—进气凸轮轴；7,8—进气凸轮轴中心阀；11,12—进气凸轮轴脉冲轮；
15,16—进气凸轮轴调节器；24—张紧轨；25—颜色编码；26,27—盖

图3-3-25

15—进气凸轮轴调节器；18—定位销；19—销子；20—凸轮轴调节器上的装配孔

(2) 拆卸与安装

❶ 拆下空气滤清器外壳。

❷ 拆下链条张紧器。

注意：在右侧气缸盖上拆卸。

a. 安装时安装新的链条张紧器。

b. 不得重新安装之前安装的链条张紧器，因为其止推销在拆卸过程中被压入了止动位置。

c. 止推销的锁销可防止其返回，如果重复安装，可能会使发动机正时链过度拉长。

图 3-3-26
21—凸轮轴调节器上的定位销；22—进气凸轮轴的装配孔

❸ 拆下右侧排气凸轮轴（1）的凸轮轴调节器。

❹ 拆下盖（26）。

❺ 分开进气凸轮轴中心阀（7）。

a. 注意松开方向。

b. 只能在已拆下链条张紧器的情况下紧固进气凸轮轴中心阀（7），否则凸轮轴调节器会发生故障。

❻ 拆下右侧气缸盖罩。

❼ 用颜色编码（25）标记发动机正时链相对于进气凸轮轴调节器（15）的位置。

注意：

a. 发动机位于点火上止点（TDC）后40°曲轴转角处。

b. 安装：根据颜色编码（25）检查进气凸轮轴（3）的位置。

❽ 拆下张紧轨（24）。

❾ 拆下进气凸轮轴中心阀（7）和进气凸轮轴脉冲轮（11）。

连接脉冲轮/凸轮轴调节器的中心阀到凸轮轴的力矩为145N·m。

注意：检查定位销（18）和销子（19），如果定位销（18）或销子（19）折断，则必须将其从进气凸轮轴调节器（15）上拆下。

安装：必须更换进气凸轮轴脉冲轮（11）、紧固进气凸轮轴中心阀（7）时，存在进气凸轮轴脉冲轮（11）的定位销（18）或销子（19）折断的风险。

装配之前，润滑进气凸轮轴中心阀（7）与进气凸轮轴脉冲轮（11）的接触面。将进气凸轮轴脉冲轮（11）上的定位销（18）与凸轮轴调节器上的装配孔（20）对齐。

❿ 抬起发动机正时链，然后从进气凸轮轴（3）上向前拉下进气凸轮轴调节器（15），在左侧气缸盖上拆卸。

安装：安装进气凸轮轴调节器（15）之前，润滑进气凸轮轴（3）和凸轮轴调节器（15）的接触面。

将进气凸轮轴调节器（15）和发动机正时链上的颜色编码（25）彼此对齐。

将凸轮轴调节器上的定位销（21）与进气凸轮轴的装配孔（22）对准。

⓫ 拆下排气凸轮轴（2）的凸轮轴调节器。

⓬ 拆下盖（27）。

⓭ 分开进气凸轮轴中心阀（8）。

注意松开方向。

安装：只能在已拆下链条张紧器的情况下紧固进气凸轮轴中心阀（8），否则凸轮轴调节器会发生故障。

⓮ 拆下左侧气缸盖罩。

⓯ 用颜色编码（25）标记发动机正时链相对于进气凸轮轴调节器（16）的位置。

注意：发动机位于点火上止点（TDC）后40°曲轴转角处。

安装：根据颜色编码（25）检查进气凸轮轴（4）的基本位置。

⓰ 拆下进气凸轮轴中心阀（8）和进气凸轮轴脉冲轮（12）。

连接进气凸轮轴脉冲轮/凸轮轴调节器的中心阀到凸轮轴的力矩为145N·m。

检查定位销（18）和销子（19），如果定位销（18）或销子（19）折断，则必须将其从进气凸轮轴调节器（16）上拆下。

安装：必须更换进气凸轮轴脉冲轮（12）。

紧固进气凸轮轴中心阀（8）时，存在折断进气凸轮轴脉冲轮（12）处的定位销（18）或销子（19）的风险。

装配之前，润滑进气凸轮轴中心阀（8）与进气凸轮轴脉冲轮（12）的接触面。

将进气凸轮轴脉冲轮（12）的定位销（18）与凸轮轴调节器上的装配孔（20）对齐。

❼ 抬起发动机正时链，然后从进气凸轮轴（4）上向前分开进气凸轮轴调节器（16）。

安装：装配进气凸轮轴调节器（16）之前，润滑进气凸轮轴（4）与进气凸轮轴调节器（16）的接触面。

将进气凸轮轴调节器（16）和正时链上的颜色编码（25）互相对正。

将凸轮轴调节器上的定位销（21）与进气凸轮轴的装配孔（22）对准。

❽ 按照与拆卸的相反顺序进行安装。

（3）检查

❶ 发动机运转时，汽车有自行移动造成事故的风险。

❷ 汽车启动期间或工作在运转的发动机附近时，有导致撞伤和灼伤的风险。

❸ 执行发动机测试运转，并检查其是否泄漏。

4. 拆卸与安装排气凸轮轴调节器

（1）专用工具　扳手套筒 001 589 65 09 00（图 3-3-27）。

（2）图示　如图 3-3-28～图 3-3-30 所示。

（3）拆卸与安装

❶ 拆下空气滤清器外壳。

❷ 拆下各气缸盖前护盖。

❸ 拆下离心机（用于在右侧气缸盖上拆卸）。

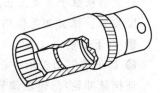

图 3-3-27

图 3-3-28

2—排气凸轮轴；5,6—排气凸轮轴中心阀；9,10—排气凸轮轴脉冲轮；13,14—排气凸轮轴调节器；26—盖

❹ 拆下盖（26）（用于在右侧气缸盖上拆卸）。

❺ 沿发动机运转方向将发动机曲轴的中央螺栓转至点火上止点后 40°曲轴转角处，然后检查凸轮轴的位置。

❻ 锁止排气凸轮轴调节器（13 或 14）的齿轮啮合间隙补偿装置（图 3-3-28）。

a. 齿腹（1,2）在弹簧压力下互相压紧并且不能歪斜，否则凸轮轴调节器会发生永久性损坏（图 3-3-31）。

b. 将冲子（3，直径 3mm）插入盖板的孔中，并且将齿腹（1,2）相互锁定（图 3-3-31）。

c. 将冲子推到齿腹末端。

第三章　奔驰车系　　223

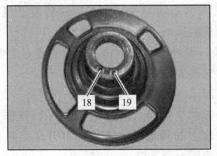

图 3-3-29

13—排气凸轮轴调节器；18—定位销；19—销子；20—凸轮轴调节器上的孔

图 3-3-30　　　　　　　　　　　　　　图 3-3-31

21—凸轮轴调节器上的定位销；22—排气凸轮轴上的装配孔

d. 为了使冲子容易插入，将齿腹相互对准（图 3-3-31 中沿箭头方向）。

❼ 分开排气凸轮轴调节器（13 或 14）的排气凸轮轴中心阀（5 或 6）。

连接脉冲轮/凸轮轴调节器的中心阀到凸轮轴，力矩为 145N·m。

注意松开方向。

安装：只能在已拆下链条张紧器的情况下紧固排气凸轮轴中心阀（5 或 6），否则凸轮轴调节器会发生故障。

❽ 拆下排气凸轮轴调节器（13 或 14）的排气凸轮轴中心阀（5 或 6），然后拆下排气凸轮轴脉冲轮（9 或 10）。

连接排气凸轮轴脉冲轮/凸轮轴调节器的中心阀到凸轮轴的力矩为 145N·m。

注意：检查定位销（18）和销子（19），如果定位销（18）或销子（19）折断，则必须将其从相应的排气凸轮轴调节器（13 或 14）上拆下。

安装：必须更换排气凸轮轴脉冲轮（9 或 10）。

紧固排气凸轮轴中心阀（5 或 6）时，存在折断排气凸轮轴脉冲轮（9 或 10）上的定位销（18）或销子（19）的风险。

装配之前，润滑排气凸轮轴中心阀（5 或 6）和排气凸轮轴脉冲轮（9 或 10）的接触面。

将排气凸轮轴脉冲轮（9 或 10）的定位销（18）与凸轮轴调节器上的孔（20）对齐。

❾ 用合适的工具在后部反向固定相应的排气凸轮轴（2），然后向前将排气凸轮轴调节器（13 或 14）从排气凸轮轴（2）上分开。

安装：装配排气凸轮轴调节器（13 或 14）之前，润滑排气凸轮轴（2）和排气凸轮轴调节器（13 或 14）的接触面。

将凸轮轴调节器上的定位销（21）与排气凸轮轴上的装配孔（22）对齐，然后将排气凸轮轴调节器（13 或 14）安装到其基本位置。

（4）检查

❶ 发动机运转时，汽车有自行移动造成事故的风险。

图 3-3-32
1—进气凸轮轴的凸轮轴调节器；
2—进气凸轮轴辅助轴承盖；
3—进气凸轮轴；4—排气凸轮轴
辅助轴承盖；5—排气凸轮轴

❷ 汽车启动期间或工作在运转的发动机附近时，有导致撞伤和灼伤的风险。

❸ 执行发动机测试运转，并检查其是否泄漏。

5. 拆卸与安装凸轮轴

(1) 图示　如图 3-3-32 所示。

(2) 拆卸与安装　对燃油系统进行操作之前，必须始终分开蓄电池上的接地线，否则在打开车门或后备厢盖时，燃油系统中的压力会下降。

❶ 拆下进气凸轮轴。

❷ 拆下进气凸轮轴的凸轮轴调节器（1）。

❸ 拆下进气凸轮轴的辅助轴承盖（2）。

❹ 拆下进气凸轮轴（3）。

❺ 拆下各凸轮轴调节器。

❻ 拆下相应的气缸盖罩。

❼ 取下排气凸轮轴辅助轴承盖（4），然后拆下排气凸轮轴（5）。

力矩为 8N·m。

❽ 按照与拆卸的相反顺序进行安装。

(3) 检查

❶ 发动机运转时，汽车有自行移动造成事故的风险。

❷ 汽车启动期间或工作在运转的发动机附近时，有导致撞伤和灼伤的风险。

❸ 执行发动机测试运转，并检查其是否泄漏。

6. 检查凸轮轴的基本位置

(1) 专用工具　扳手套筒 001 589 65 09 00（图 3-3-33）

(2) 图示　如图 3-3-34 所示。

(3) 拆卸

❶ 拆下发动机前罩。

❷ 拆下凸轮轴上的霍尔传感器。

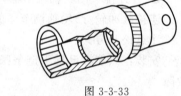

图 3-3-33

连接凸轮轴霍尔传感器到气缸盖前护盖螺栓的力矩为 8N·m。

(4) 安装

❶ 沿发动机运转方向（图 3-3-34 中箭头所示）转动发动机曲轴，直至发动机处于点火上止点前 55°曲轴转角［皮带轮上的标记（1），305°］，并检查凸轮轴的基本位置。

注意：皮带轮上的标记（1）必须与正时箱盖罩的定位缘（2）对正，且脉冲轮标记（3）必须位于霍尔传感器孔的中心位置。如有必要，则调节凸轮轴的基本位置。

❷ 按照与拆卸的相反顺序进行安装

(5) 检查

❶ 发动机运转时，汽车有自行移动造成事故的风险。

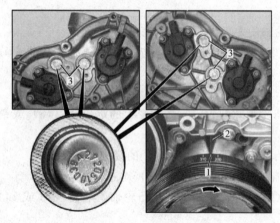

图 3-3-34
1—皮带轮上的标记；2—正时箱盖罩上的定位缘；3—脉冲轮标记

❷ 汽车启动期间或工作在运转的发动机附近时，有导致撞伤和灼伤的风险。

❸ 执行发动机测试运转，并检查其是否泄漏。

7. 调节凸轮轴的基本位置

(1) 专用工具

a. 挤压枪 112 589 00 25 00（图 3-3-35）；b. 撞击拔取器 116 589 20 33 00（图 3-3-36）；c. 双头螺栓 116 589 01 34 00（图 3-3-37）。

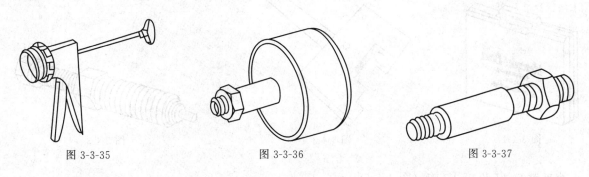

图 3-3-35　　　　　　　图 3-3-36　　　　　　　图 3-3-37

(2) 图示　如图 3-3-38 所示。

图 3-3-38

3—进气凸轮轴；13,14—排气凸轮轴调节器；15,16—进气凸轮轴调节器；23—张紧轨螺栓；24—张紧轨

(3) 拆卸与安装

❶ 拆下排气凸轮轴调节器（13,14）。

❷ 拆下张紧轨螺栓（23），然后将张紧轨（24）向上拉出正时箱。

安装：安装之前，在张紧轨螺栓（23）上涂抹密封剂。

❸ 抬起发动机正时链，然后从进气凸轮轴（3）上向前拉下进气凸轮轴调节器（15）。

❹ 抬起发动机正时链，然后将排气凸轮轴调节器（16）转入基本位置。

❺ 按照与拆卸的相反顺序进行安装。

(4) 检查

❶ 发动机运转时，汽车有自行移动造成事故的风险。

❷ 汽车启动期间或工作在运转的发动机附近时，有导致撞伤和灼伤的风险。

❸ 执行发动机测试运转，并检查其是否泄漏。

四、M273、M273 KE 55（2004~2010 年）

1. 适用车型

S 系（S221）、GL 系（GL164、CL216）、E 系（E211、E207、E212）、CLS 系（CLS219）、ML 系（ML164）、R 系（R251）、SL 系（SL230）、GLK 系（GLK209）。

2. 更换正时链

(1) 专用工具

a. 工具箱 602 589 00 98 00（图 3-4-1）。

b. 链条分离工具 602 589 02 33 00（图 3-4-2）。
c. 止推螺杆 602 589 05 63 00（图 3-4-3）。

图 3-4-1

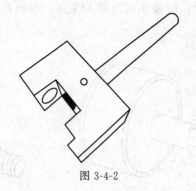
图 3-4-2

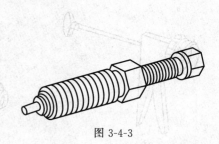
图 3-4-3

d. 止推销 602 589 05 63 01（图 3-4-4）。
e. 铆接工具 272 589 00 39 00（图 3-4-5）。
f. 装配嵌件 272 589 00 63 00（图 3-4-6）。

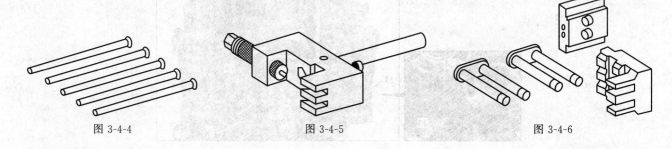

图 3-4-4　　　　　　图 3-4-5　　　　　　图 3-4-6

g. 导向装置 272 589 01 63 00（图 3-4-7）。
h. 装配嵌件 271 589 01 63 00（图 3-4-8）。
i. 装配链节 272 589 03 63 00（图 3-4-9）。

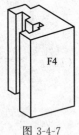

图 3-4-7

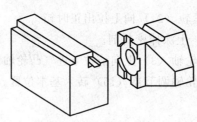
图 3-4-8

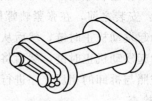
图 3-4-9

（2）273 发动机　如图 3-4-10 和图 3-4-11 所示。
（3）拆卸
❶ 拆下蓄电池的接地线。
❷ 拆下火花塞。
❸ 拆下右侧气缸盖上的排气凸轮轴和进气凸轮轴（1,2）。
❹ 断开旧的正时链（3）。
（4）安装
❶ 拉入新的正时链（4）。
❷ 铆接新的正时链（4）。
❸ 沿发动机运转方向将发动机曲轴转至气缸 1 点火上止点（TDC）前 55°的曲轴转角处（皮带滑轮上

图 3-4-10
1—排气凸轮轴；2—进气凸轮轴；3—旧的正时链；4—新的正时链；5—脉冲轮标记

图 3-4-11
6,7—凸轮轴调节器上的标记

的 305°标记）。

注意：

a. 在点火上止点前 55°曲轴转角处检查凸轮轴的基本位置。

b. 左侧气缸盖处进气和排气凸轮轴的脉冲轮标记（5）必须位于凸轮轴霍尔传感器的孔的中心。

c. 如果无法通过凸轮轴霍尔传感器上的孔看到左侧气缸盖上进气和排气凸轮轴的脉冲轮标记（5），则沿发动机的运转方向将发动机曲轴再转一圈。

❹ 沿发动机运转方向转动发动机曲轴，使其从气缸 1 点火上止点后 95°的曲轴转角转到 40°的曲轴转角。

❺ 将右侧气缸盖上的进气凸轮轴（2）和排气凸轮轴（1）安装到基本位置。

注意：

a. 凸轮轴调节器上的标记（6）朝上，且凸轮轴调节器上的标记（7）与气缸盖罩上的接触面对齐。

b. 在点火上止点后 40°曲轴转角处检查凸轮轴的基本位置。

❻ 沿发动机运转方向转动发动机曲轴，然后在前护盖已安装到气缸盖上的情况下，在点火上止点（TDC）前 55°曲轴转角处（皮带轮上的 305°标记处）检查凸轮轴的基本位置。

注意： 进气凸轮轴和排气凸轮轴（2,1）上的脉冲轮标记（5）必须位于凸轮轴霍尔传感器孔的中心。

❼ 安装火花塞。

❽ 连接一个或多个蓄电池的一条或多条接地线。

（5）检查

❶ 发动机运转时，汽车有自行移动造成事故的风险。

❷ 汽车启动期间或工作在运转的发动机附近时，有导致撞伤和灼伤的风险。

❸ 执行发动机测试运转，并检查其是否泄漏。

3. 拆卸和安装排气凸轮轴调节器

(1) 273 发动机　如图 3-4-12~图 3-4-14 所示。

图 3-4-12

2—排气凸轮轴；5,6—排气凸轮轴中心阀；9,10—排气凸轮轴脉冲轮；13,14—排气凸轮轴调节器；26—盖

图 3-4-13

13—排气凸轮轴调节器；18—定位销；19—销子；20—凸轮轴调节器上的装配孔

(2) 拆卸和安装

❶ 关闭点火开关。
❷ 拆下空气滤清器外壳。
❸ 拆下各气缸盖前护盖。
❹ 拆下离心机。

注意：
a. 从右侧排气凸轮轴调节器 (14) 上拆下时，拆下盖 (26)。
b. 从左侧排气凸轮轴调节器 (13) 上拆下时，按以下步骤操作。

图 3-4-14
21—凸轮轴调节器上的定位销；
22—凸轮轴上的装配孔

ⓐ 沿发动机运转方向将发动机曲轴的中央螺栓转至点火上止点后 40°曲轴转角处，然后检查凸轮轴的位置。
ⓑ 锁止各排气凸轮轴调节器 (13 和 14) 的齿轮侧隙补偿装置。
ⓒ 分开各排气凸轮轴中心阀 (5 和 6)，注意松开方向。
ⓓ 拆下各排气凸轮轴中心阀 (5 和 6)，然后拆下脉冲轮 (9 和 10)。

注意：检查定位销 (18) 和销子 (19)，如果定位销 (18) 或销子 (19) 折断，则必须将其从相应的排气凸轮轴调节器 (13 或 14) 上拆下。

❺ 安装。
a. 必须更换排气凸轮轴脉冲轮 (9 或 10)。
b. 拧紧排气凸轮轴中心阀 (5 或 6) 时，存在折断排气凸轮轴脉冲轮 (9 或 10) 上的定位销 (18) 或销子（19）的风险。

c.装配之前，润滑排气凸轮轴中心阀（5或6）和排气凸轮轴脉冲轮（9或10）的接触面。

d.将排气凸轮轴脉冲轮（9或10）的定位销（18）与凸轮轴调节器上的装配孔（20）对齐。

e.用合适的工具在后部反向固定相应的排气凸轮轴（2），然后从排气凸轮轴（2）上向前分开排气凸轮轴调节器（13或14）。

注意：

a.装配排气凸轮轴调节器（13或14）之前，润滑排气凸轮轴（2）和排气凸轮轴调节器（13或14）的接触面。

b.将排气凸轮轴调节器（13或14）的定位销（21）与凸轮轴上的装配孔（22）对齐，然后将排气凸轮轴调节器（13或14）安装到其基本位置。

（3）检查

❶ 发动机运转时，汽车有自行移动造成事故的风险。

❷ 汽车启动期间或工作在运转的发动机附近时，有导致撞伤和灼伤的风险。

❸ 执行发动机测试运转，并检查其是否泄漏。

4.检查凸轮轴的基本位置

（1）273 发动机　如图 3-4-15 所示。

（2）拆卸和安装

❶ 拆卸发动机前盖。

❷ 拆卸凸轮轴霍耳传感器。

沿发动机运转方向（图 3-4-15 中箭头所示）转动发动机曲轴，直至发动机处于点火上止点前 55°曲轴转角（皮带滑轮上的 305°标记），并检查凸轮轴的基本位置。

注意：皮带滑轮上的 305°标记（1）必须与正时箱盖罩定位缘（2）对准，且脉冲轮上的标记（3）必须位于霍耳传感器的传感器孔央。

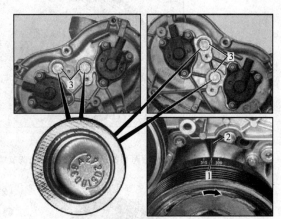

图 3-4-15
1—皮带滑轮上的标记；2—正时箱盖罩定位缘；3—脉冲轮上的标记

❸ 按照拆卸的相反顺序进行安装

（3）检查

❶ 发动机运转时，汽车有自行移动造成事故的风险。

❷ 汽车启动期间或工作在运转的发动机附近时，有导致撞伤和灼伤的风险。

❸ 执行发动机测试运转，并检查其是否泄漏。

5.调节凸轮轴的基本位置

（1）专用工具

a.扳手套筒 001 589 65 09 00（图 3-4-16）；b.螺纹接线柱 116 589 01 34 00（图 3-4-17）；c.撞击拔取器 116 589 20 33 00（图 3-4-18）。

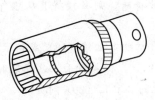

图 3-4-16

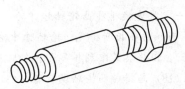

图 3-4-17

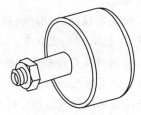

图 3-4-18

（2）273 发动机　如图 3-4-19～图 3-4-21 所示。

图 3-4-19

1,2—排气凸轮轴；3,4—进气凸轮轴；5,6—排气凸轮轴中心阀；7,8—进气凸轮轴中心阀；9,10—排气凸轮轴脉冲轮；11,12—进气凸轮轴脉冲轮；13,14—排气凸轮轴调节器；15,16—进气凸轮轴调节器；17—排气凸轮轴副轴承盖；23—张紧轨螺栓；24—张紧轨

图 3-4-20

13—排气凸轮轴调节器；15—进气凸轮轴调节器；18—定位销；19—销子；20—凸轮轴调节器上的装置孔

图 3-4-21

21—凸轮轴调节器上的定位销；22—凸轮轴上的孔

（3）拆卸和安装

❶ 关闭点火开关。

❷ 拆下空气滤清器外壳。

❸ 从气缸盖上拆下前护盖。

❹ 拆下离心机。

❺ 通过曲轴中央螺栓沿发动机运转方向将发动机转至点火上止点后40°曲轴转角处，然后检查凸轮轴的位置。

❻ 锁止排气凸轮轴调节器（13,14）的齿轮啮合间隙补偿装置。

❼ 分开中心阀（5~7）。

连接脉冲轮/凸轮轴调节器的中心阀到凸轮轴力矩为145N·m，注意松开方向。

❽ 拆下左右侧气缸盖罩。

❾ 拆下排气凸轮轴调节器（13,14）的中心阀（5,6），然后拆下排气凸轮轴脉冲轮（9,10）。

注意：

a. 检查定位销（18）和销子（19），如果定位销（18）或销子（19）被折断，则必须将其从排气凸轮轴调节器（13,14）上拆下。安装时一定要更换排气凸轮轴脉冲轮（9,10）。

b. 紧固排气凸轮轴中心阀（5,6）时，存在折断排气凸轮轴脉冲轮（9,10）处定位销（18）或销子（19）的风险。润滑排气凸轮轴中心阀（5,6），以将其装到排气凸轮轴脉冲轮（9,10）的接触面上。安装时要将排气凸轮轴脉冲轮（9,10）的定位销（18）与排气凸轮轴调节器（13,14）上的装配孔（20）对齐。

❿ 用合适的工具在后部反向固定排气凸轮轴（1,2），然后向前将排气凸轮轴调节器（13,14）从排气凸轮轴（1,2）上分开。

安装时注意：装配排气凸轮调节器（13,14）之前，润滑排气凸轮轴（1,2）和排气凸轮轴调节器

(13,14)的接触面。将排气凸轮轴调整器(13,14)的定位销(21)对准排气凸轮轴(1,2)的装配孔(22),并将排气凸轮轴调整器(13,14)安装在其基本位置。

⑪ 拆下排气凸轮轴副轴承盖(17)和排气凸轮轴(1)。

⑫ 拆下链条张紧器。

安装时注意:应安装新的链条张紧器;不得重新安装之前安装的链条张紧器,因为其止推销在拆卸过程中被压入止动位置;止推销的锁销可防止其返回。如果重复安装,可能会使发动机正时链过度拉长。

⑬ 拆下张紧轨螺栓(23)。

注意:安装之前,在张紧轨螺栓(23)上涂抹密封剂。

⑭ 向上拉动张紧轨(24),然后将其拉出正时箱。

⑮ 拆下凸轮轴调节器(15)上的中心阀(7)和脉冲轮(11)。

注意:

a.检查定位销(18)和销子(19)。如果定位销(18)或销子(19)折断,则必须将其从进气凸轮轴调节器(15)上拆下。

b.安装时必须更换脉冲轮(11)。紧固排气凸轮轴中心阀(7)时,存在脉冲轮(11)的定位销(18)或销子(19)折断的风险。装配前,润滑排气凸轮轴脉冲轮(11)接触面处的排气凸轮轴中心阀(7)。

c.将排气凸轮轴脉冲轮(11)的定位销(18)与进气凸轮轴调节器(15)上的装配孔(20)对准。

⑯ 从进气凸轮调节器(15)上拆下发动机正时链,然后从进气凸轮轴(3)上向前分开凸轮轴调节器(15)。

安装时注意:装配进气凸轮轴调节器(15)前,润滑进气凸轮轴(3)和进气凸轮轴调节器(15)上的接触面。将进气凸轮轴调节器(15)的定位销(21)与进气凸轮轴(3)的装配孔(22)对齐,然后将进气凸轮轴调节器(15)安装到基本位置。

⑰ 从进气凸轮轴调节器(16)上拆下发动机正时链,然后将进气凸轮轴调节器(16)转入基本位置。

⑱ 按照与拆卸的相反顺序进行安装。

五、M274、M274 DE16 AL、M274 DE20 AL(2013~2018年)

1. 适用车型

C系(C204、C205)、E系(E212、E207、E238)、SLC系(SLC172)、GLK系(GLK204)、CLS系(CLS218)、GLC系(GLC253)。

2. 更换发动机正时链

(1)专用工具

a.铆接冲压工具 276 589 00 39 00(图3-5-1);b.装配元件 271 589 09 63 00(图3-5-2)。

(2)图示 如图3-5-3所示。

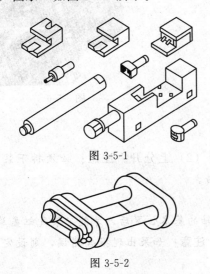

图3-5-1

图3-5-2

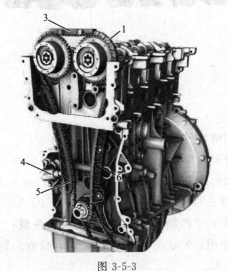

图3-5-3

1—正时链;3,5,6—链条张紧轨;4—链条张紧器

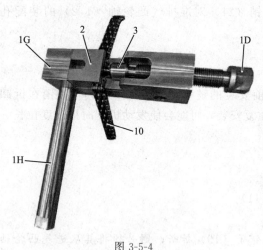

图 3-5-4
1D—芯轴；1G—基础托架；1H—把手；
2—固定件C1；3—固定件C2；10—正时链

(3) 拆卸

❶ 拆下带凸轮轴调节器的凸轮轴。

❷ 断开正时链（1）。

注意：使用铆接冲压工具（图3-5-4）。

❸ 检查链条张紧轨（5）是否磨损和损坏。**注意**：如果磨损或损坏，则更换链条张紧轨（5）。

❹ 检查链条张紧轨（3，6）是否磨损和损坏。**注意**：如果磨损或损坏，则更换链条张紧轨（3，6）。

(4) 安装

❶ 拉入新的正时链（1）。

a. 如图3-5-5所示，需要使用装配链节（01）拉入正时链。

b. 用清洁的抹布遮盖正时箱凹槽。**注意**：必须固定正时箱凹槽，防止部件滑落；必须取出已掉入正时箱凹槽中的零部件。

c. 使用装配链节（01）将新正时链（2）和旧正时链（1）连接在一起。**注意**：沿与拉入正时链相反的方向安装装配链节（01）上的锁止装置，否则其可能卡在滑轨上，P05.10-2525-05甚至在拉入正时链时掉落。

d. 从正时箱凹槽上取下抹布。

e. 否则当转动发动机时会将其拉入正时箱凹槽。

f. 沿发动机运转方向（图3-5-6中下部箭头所示）慢慢转动曲轴并拉入新正时链（2），直至可以连接新正时链（2）的末端。**注意**：按照拉入新正时链（2）的方法，均匀地拉出旧正时链（1）的松开端（图3-5-6中上部箭头所示）。

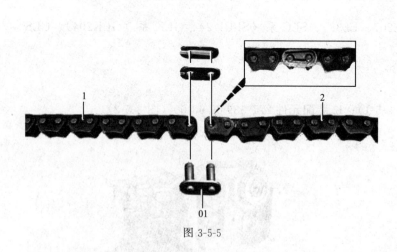

图 3-5-5

图 3-5-6

g. 用清洁的抹布遮盖正时箱凹槽。

h. 分开装配链节（01），然后将旧正时链（1）从新正时链（2）上分开。**注意**：必须拆下装配链节（01）；装配链节（01）仅作为装配辅助，并不适用于发动机运转。

❷ 将正时链（1）铆接在一起（图3-5-3）。

❸ 安装带凸轮轴调节器的凸轮轴。**注意**：只有在检查凸轮轴的基本位置后，才能安装气缸盖罩。

❹ 使用已安装的链条张紧器（4）检查凸轮轴的基本位置。**注意**：如果出现报告错误，则设定凸轮轴的基本位置。

❺ 安装气缸盖罩。**注意**：只有在泄漏测试完成后，才可安装上部发动机罩。

(5) 检查

❶ 发动机运转时，汽车有自行移动造成事故的风险。

❷ 汽车启动期间或工作在运转的发动机附近时，有导致撞伤和灼伤的风险。

❸ 执行发动机测试运转，并检查其是否泄漏。

❹ 安装上部发动机罩。

3. 拆卸和安装凸轮轴控制器

(1) 专用工具

a. 套筒扳手头 001 589 65 09 00（图3-5-7）；b. 套筒 271 589 00 10 00（图3-5-8）；c. 固定装置 270 589 01 61 00（图3-5-9）。

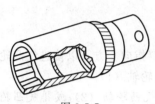 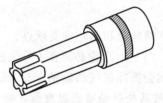 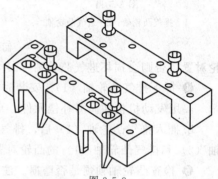

图 3-5-7　　　　　　　　　图 3-5-8　　　　　　　　　图 3-5-9

(2) 图示　如图3-5-10所示。

(3) 拆卸与安装

❶ 拆下空气滤清器上游的发动机进气道。

❷ 通过曲轴中央螺栓沿发动机转动方向转动发动机，直到位于气缸1的点火上止点（TDC）。**注意：**皮带轮/减振器上的上止点（TDC）标记必须与正时箱盖罩上的定位缘对齐。

❸ 拆下气缸盖罩。**注意：**只有在泄漏测试完成后，才可安装上部发动机罩。

❹ 将凸轮轴（4）的压紧装置（01a）与凸轮轴（4）的固定装置（02a,02e）一起安装。

❺ 拆下链条张紧器。

❻ 松开各凸轮轴调节器（1）的控制阀（2），然后拆下规定的发动机油。

注意：

a. 用发动机油润滑螺纹和控制阀（2）的螺栓头接触面，按照规定扭矩持续均匀地拧紧控制阀（2）。

图 3-5-10

01a—压紧装置；02a,02e—固定装置；1—凸轮轴调节器；2—控制阀；3—正时链；4—凸轮轴

b. 连接脉冲轮/凸轮轴调节器到凸轮轴的中心阀的力矩：第1级为18N·m；第2级为45°。

❼ 将凸轮轴调节器（1）从凸轮轴（4）上拆下。**注意：**为便于组装或分解凸轮轴调节器（1），必须将正时链（3）放上或取下。

❽ 按照与拆卸的相反顺序进行安装

(4) 检验

❶ 通过曲轴的中央螺栓沿发动机转动方向转动发动机2次，使气缸1的活塞位于点火上止点（TDC）。

❷ 检查凸轮轴（4）的基本位置。**注意：**如果基本位置不正确，则调节凸轮轴（4）的基本位置。

警告：发动机运转时，汽车可能会自行启动而造成事故。发动机启动或运转期间，在其附近工作存在导致擦伤和烧伤的风险。

图 3-5-11
1—排气凸轮轴；2—进气凸轮轴

执行发动机试运行，检查发动机是否正常工作及其密封性。

4. 拆卸和安装凸轮轴

(1) 图示　如图 3-5-11 所示。

(2) 拆卸与安装

❶ 拆下凸轮轴调节器。

❷ 拆下进气凸轮轴（2）和排气凸轮轴（1）的压紧工具。连接凸轮轴压紧工具的螺钉/螺栓的力矩为 28N·m。

❸ 拆下进气凸轮轴（2）。安装时注意：

a. 用发动机机油润滑补偿元件和凸轮轴支承点。

b. 插入进气凸轮轴（2）之后，进气凸轮轴（2）的凸轮必须在气缸 1 处倾斜指向上方，以使进气凸轮轴（2）和排气凸轮轴（1）的凸轮对置，否则会损坏进气凸轮轴（2）或排气凸轮轴（1）。

❹ 拆下排气凸轮轴（1）。安装时注意：

a. 用发动机机油润滑补偿元件、真空泵驱动装置和凸轮轴支承点。

b. 插入排气凸轮轴（1）后，排气凸轮轴（1）的凸轮必须在 1 号气缸上倾斜指向上方，以使进气凸轮轴（2）和排气凸轮轴（1）的凸轮对置，否则会损坏进气凸轮轴（2）或排气凸轮轴（1）。

❺ 检查凸轮轴轴颈是否磨损。**注意**：如果凸轮轴轴颈出现磨损，侧更换进气凸轮轴（2）或排气凸轮轴（1）。

❻ 按照与拆卸的相反顺序进行安装。

5. 检查凸轮轴的基本位置

(1) 专用工具　套筒扳手头 001 589 65 09 00（图 3-5-12）。

(2) 图示　如图 3-5-13 所示。

(3) 拆卸

❶ 拆下凸轮轴上的两个霍尔传感器。

❷ 拆下空气滤清器上游的发动机进气道。

❸ 通过曲轴中央螺栓沿发动机转动方向转动发动机，直到位于 1 号气缸的点火上止点（TDC）。**注意**：皮带轮/减振器上的上止点（TDC）标记必须与正时箱盖罩上的定位缘对齐。

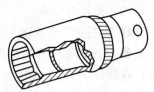

图 3-5-12

(4) 检查　检查凸轮轴的基本位置。

注意：

❶ 通过在气缸盖罩（3）的霍尔传感器开口上进行目视检查来检查凸轮轴的基本位置。

❷ 若要检查排气凸轮轴调节，则在霍尔传感器开口（图 3-5-13）的中央必须可以看到扇形盘（1）扇形段的边缘（1a）。

❸ 若要检查进气凸轮轴调节，则扇形盘（2）的轴承狭槽（2a）必须位于霍尔传感器开口（图 3-5-13）的中央。

❹ 如果基本位置不正确，则设定凸轮轴的基本位置。

(5) 安装　按照与拆卸的相反顺序进行安装。

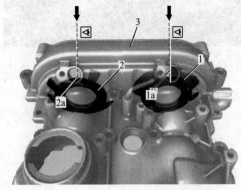

图 3-5-13
1,2—扇形盘；1a—边缘；2a—轴承狭槽；3—气缸盖罩

6. 调节凸轮轴的基本位置

(1) 专用工具

a. 套筒扳手头 001 589 65 09 00（图 3-5-14）；b. 套筒 270 589 01 07 00（图 3-5-15）；c. 固定装置 270 589 01 61 00（图 3-5-16）。

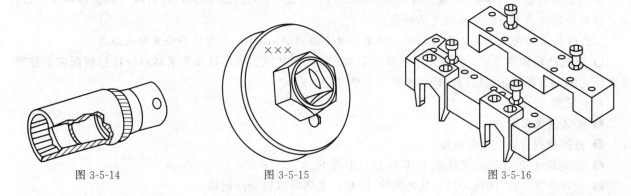

图 3-5-14　　　　　　图 3-5-15　　　　　　图 3-5-16

（2）图示　如图 3-5-17 和图 3-5-18 所示。

图 3-5-17
01a,01b—压紧工具；02a,02b—支架；03—轴承托架；04—螺栓

（3）拆卸　拆下气缸盖罩（3）。
（4）调节

❶ 拆下凸轮轴调节器。

❷ 通过曲轴中央螺栓沿发动机转动方向转动发动机，直到位于1号气缸的点火上止点（TDC）。

注意：皮带轮/减振器上的上止点（TDC）标记必须与正时箱盖罩上的定位缘对齐。

❸ 将凸轮轴转至基本位置。**注意**：如果排气凸轮轴的扇形盘（1）上的边缘（1a）垂直朝上，且扇形盘（2）上的轴承狭槽（2a）垂直朝上，则说明凸轮轴处于基本位置。

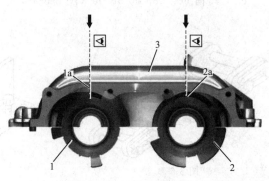

图 3-5-18
1,2—扇形盘；1a—边缘；2a—轴承狭槽；3—气缸盖罩

❹ 安装压紧工具（01a,01b）。**注意**：装配期间，拧入螺栓（04），直到轴承托架（03）平放在气缸盖上。

❺ 安装支架（02a,02b）。

注意：

a. 不适用于将排气凸轮轴或进气凸轮轴固定就位，这会导致支架（02a,02b）发生损坏，并可能导致正时不正确。

b. 只能使用套筒或螺钉/螺栓（N 000000005561）和盘（A604990 0040）转动排气凸轮轴和进气凸轮轴，否则会损坏排气凸轮轴和进气凸轮轴。

c. 凸轮轴必须也处于上止点（TDC）位置，使支架（02a,02b）在定位和安装时无压力。

❻ 安装凸轮轴调节器，然后用手拧紧控制阀。安装时注意：安装链条张紧器后应将控制阀完全拧紧；安装凸轮轴调节器或正时链时，确保曲轴不会转动。

（5）安装

❶ 安装链条张紧器。

❷ 将控制阀拧紧至最终扭矩。

❸ 将支架（02a,02b）从压紧工具（01a）上拆下。

❹ 松开压紧工具（01a,01b）处的螺栓（04），直到可以转动凸轮轴。

（6）检验

❶ 通过曲轴中央螺栓沿发动机转动方向转动发动机 2 圈，直到 1 号气缸到达点火上止点（TDC）。

注意：皮带轮/减振器上的上止点（TDC）标记必须与正时箱盖罩上的定位缘对齐。

❷ 在压紧工具（01a,01b）上定位螺栓（04）。注意：拧入螺栓（04），直到轴承座（03）平放到气缸盖上。

❸ 检查凸轮轴的基本位置，为此，将支架（02a,02b）安装到压紧工具（01a）上。注意：用手将支架（02a,02b）安装到凸轮轴的六角部位，不要使用工具，直到支架（02a,02b）平放在压紧工具（01a）上，否则会损坏支架（02a,02b），从而导致正时设置不正确。

❹ 拆下支架（02a,02b）和压紧工具（01a,01b）。

六、M275、M275 E55 AL、M275 E60 AL（2002~2015 年）

1. 适用车型

CL 系（CL216、CL215）、S 系（S220、S221）、SL 系（SL230）。

2. 更换发动机正时链

（1）专用工具

a. 装配链节 602 589 02 40 00（图 3-6-1）。

b. 固定装置 285 589 01 40 00（图 3-6-2）。

c. 工具箱 602 589 00 98 00（图 3-6-3）。

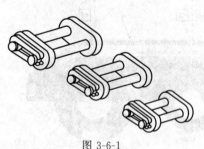 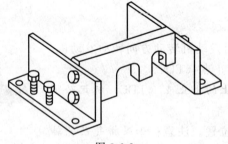 

图 3-6-1　　　　　　　　图 3-6-2　　　　　　　　图 3-6-3

d. 链条分离工具 602 589 02 33 00（图 3-6-4）。

e. 止推螺杆 602 589 05 63 00（图 3-6-5）。

f. 止推销 602 589 05 63 01（图 3-6-6）。

g. 装配嵌件 112 589 09 63 00（图 3-6-7）。

h. 铆接工具 602 589 00 39 00（图 3-6-8）。

i. 装配嵌件 602 589 02 63 00（图 3-6-9）。

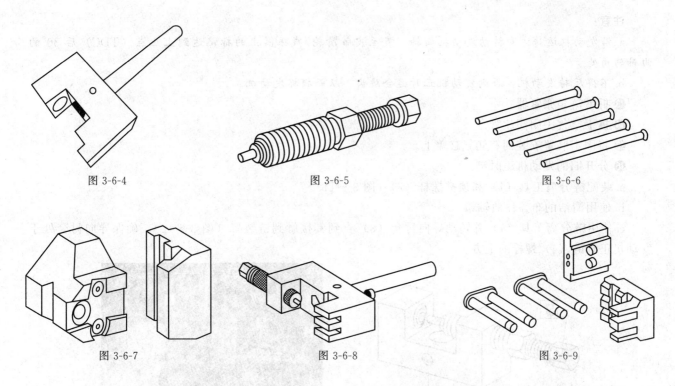

图 3-6-4　　　　　图 3-6-5　　　　　图 3-6-6

图 3-6-7　　　　　图 3-6-8　　　　　图 3-6-9

(2) 图示　如图 3-6-10 所示。

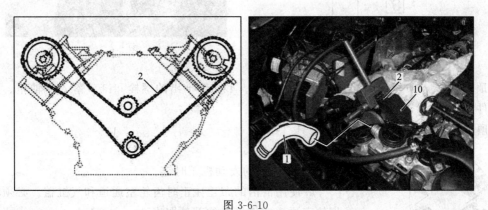

图 3-6-10
1—吸气器切断阀软管；2—发动机正时链；10—固定装置

(3) 拆卸

❶ 将点火开关中的钥匙转到位置"0"。

注意：装配无钥匙启动系统/代码（889）的车辆，重复按下启动/停止按钮，直至点火开关关闭。

❷ 拆下蓄电池处的接地线。

❸ 拆下发动机饰板。

❹ 拆下左右空气滤清器外壳。

❺ 拆下左右点火线圈模块。

❻ 拆下气缸盖罩。

❼ 转动并从每个气缸上拆下一个火花塞。

❽ 分开冷却液膨胀容器，并在保持管路连接的情况下置于一旁。

❾ 拆下挡风玻璃清洗系统的清洗液罐。

❿ 拆下空气泵。

⓫ 拆下风扇导风圈。

⓬ 使发动机位于上止点后 30°的曲轴转角处。

注意：

a. 沿发动机运转方向转动发动机曲轴，直至皮带滑轮/减振器上的标记达到上止点（TDC）后30°的曲轴转角处。

b. 不得反转发动机，否则发动机正时链会跳齿，从而损坏发动机。

⓬ 拆下链条张紧器。

⓮ 拆下空气关闭阀软管。

⓯ 将固定装置安装到右侧气缸盖上。

⓰ 分开旧的发动机正时链。

a. 装配链分离工具（1）和顶推螺杆（2）（图3-6-11）。

b. 使用清洁的布盖住曲轴箱。

c. 使用链分离工具（1）并转动导向衬套（3）直到其接触到链装置（图3-6-12），确保导向衬套处于发动机正时链（4）螺栓的上方。

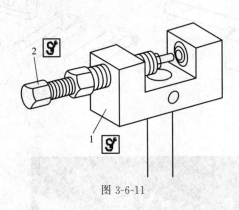

图3-6-11　　　　　　　　　图3-6-12

d. 拧入顶推螺杆（2）并分离发动机正时链（4）。不允许推出的螺栓和链节落入曲轴箱。必须将落入曲轴箱的部件取出。

e. 松开顶推螺杆（2）并取下链分离工具（1）。

（4）安装

❶ 拉入新的发动机正时链。

a. 使用清洁的布盖住正时齿轮室通道和气缸盖。必须将落入正时齿轮室通道或气缸盖的部件取出。

b. 使用装配链节（7.1、7.2、7.3）将发动机正时链（2）以及旧发动机正时链（1）连在一起并固定（图3-6-13）。

c. 将布从正时齿轮室通道和气缸盖上取下，否则当转动发动机时布可能会被扯入到正时齿轮室通道中。

d. 在曲轴的中央螺栓处缓慢地沿发动机转动方向转动发动机，直至能够连接新控制链条（2）的末端。

在此拉入过程中，必须由另一个人将旧的和新的发动机正时链（1、2）从正时齿轮室通道拉进和拉出。旧的和新的发动机正时链（1、2）始终通过固定装置（10）与凸轮轴链轮保持啮合。

e. 拆下装配链节（7.1、7.2、7.3）和旧的发动机正时链（1）。

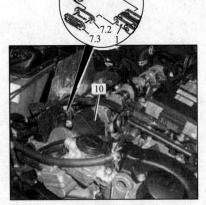

图3-6-13

在插入新的发动机正时链（2）后，必须用新铆接链节代替装配链节（7.1、7.2、7.3）。装配链节（7.1、7.2、7.3）仅仅是一种装配辅助工具，并不适用于发动机工作。

❷ 铆接新的发动机正时链。

a. 使用清洁的布盖住正时齿轮室通道和气缸盖。必须将落入正时齿轮室通道或气缸盖的部件取出。

b. 将新铆接链节（7.1）和新中心片（7.2）与定心叉（3）一起插入到新的发动机正时链（2）的末

端。用新铆接链节（7.1）固定中心片（7.2）（图3-6-14）。

c. 将带标号F5的装配套件（6）插入铆接冲压工具（5）并用螺钉固定（图3-6-15）。

d. 将带标号D9的装配套件（7）装到铆接冲压工具（5）中。装配套件（7）能够在顶推螺杆上移动，是松松地安装的。

e. 使用铆接冲压工具（5）将新铆接链节（7.1）尽量向里推至不动。确保铆接链节和铆接冲压工具（5）对准。不允许推出的定心叉（3）落入正时齿轮室通道。

f. 从铆接冲压工具（5）上拆卸装配套件（6、7）。

g. 拆卸铆接冲压工具（5）。

h. 将带标号F1的装配套件（1）插入铆接冲压工具（5）并用螺钉固定（图3-6-16）。

i. 将可移动的带标号D5的装配套件（4）装到铆接冲压工具（5）中（图3-6-17）。

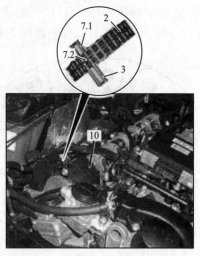

图3-6-14

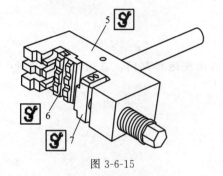

图3-6-15

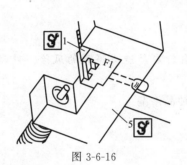

图3-6-16

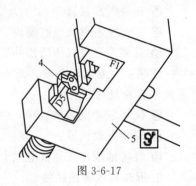

图3-6-17

j. 将新外垫片（15）插入到可移动的装配套件（4）中（图3-6-18）。

k. 外垫片（15）由一块磁铁固定住。

l. 装上铆接冲压工具（5），导向隔板必须靠在控制链条滚子（2）上。确保铆接链节（7.1）与外垫片（15）对准。

m. 旋入铆接冲压工具（5）上的顶推螺杆（5a），直至感觉遇到硬物阻挡（图3-6-19）。

n. 当转动顶推螺杆（5a）时，要确保铆接链节（7.1）中的销插入到外部装配链节（15）的孔中。

o. 取下铆接冲压工具（5）。

p. 将可移动的装配套件（4）移到铆接部分（图3-6-20中箭头所示）。

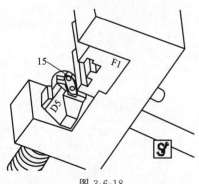

图3-6-18

图3-6-19

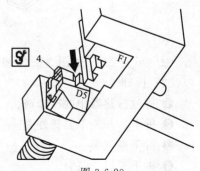

图3-6-20

q. 将铆接冲压工具（5）对中安装到铆接链节（7.1）的两个发动机正时链销其中之一。

r. 紧固铆接冲压工具（5）的顶推螺杆（5a），并且铆接铆接链节（7.1）的第一个控制链条螺栓。

s. 松开顶推螺杆（5a）并且将铆接冲压工具（5）装到铆接链节（7.1）的第二个控制链条螺栓上。

t. 紧固铆接冲压工具（5）的顶推螺杆（5a），并且铆接第二个控制链条螺栓。

u. 松开顶推螺杆（5a）并拆下铆接冲压工具（5）。

v. 检查两个铆接处（图 3-6-21 中箭头所示），如有必要则重新铆接。

w. 将布从正时齿轮室通道和气缸盖上取下。

❸ 检查凸轮轴的基本位置。

❹ 将固定装置（10）从右侧气缸盖上拆下（图 3-6-14）。

❺ 安装空气关闭阀（1）软管。

❻ 安装链条张紧器。

图 3-6-21

❼ 安装风扇导风圈。

❽ 安装空气泵。

❾ 安装风挡清洗系统的清洗液罐。

❿ 安装冷却液膨胀容器。

⓫ 安装火花塞。

⓬ 安装气缸盖罩。

⓭ 安装左右点火线圈模块。

⓮ 安装左右空气滤清器外壳。

注意：发动机运转时，汽车有自行启动造成事故的风险。发动机启动或运转期间，在附近工作可能导致擦伤和烧伤。

⓯ 执行发动机测试运转，检查油品渗漏。

⓰ 安装发动机罩。

⓱ 将接地线连接到蓄电池上。

3. 拆卸与安装凸轮轴

（1）专用工具

a. 保持架 137 589 01 40 00（图 3-6-22）；b. 固定装置 285 589 00 40 00（图 3-6-23）。

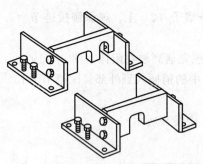

图 3-6-22

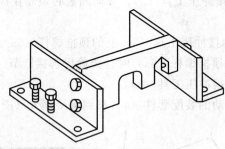

图 3-6-23

（2）车型 220　如图 3-6-24 和图 3-6-25 所示。

（3）拆卸

❶ 排放散热器中的冷却液。

❷ 拆下冷却液节温器外壳。

❸ 拆下空气泵。

❹ 拆下风扇罩（2）。

❺ 拆下风扇单元。

❻ 拆下气缸盖罩（1）。

❼ 拆下左侧气缸盖的前护盖。

❽ 拆下右侧气缸盖的前护盖。

图 3-6-24

1—气缸盖罩；2—风扇罩；3—固定装置；4—凸轮轴轴承盖 A 标记；5—凸轮轴 B 标记；12—皮带轮/减振器

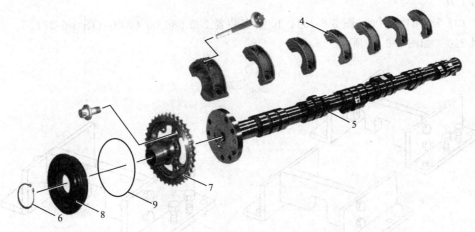

图 3-6-25

4—凸轮轴轴承盖；5—凸轮轴；6—卡环；7—凸轮轴链轮；8—离心机；9—O 形环

❾ 将 1 号气缸的活塞置于点火上止点（TDC）后 30°曲轴转角的位置。

注意：

a. 不得反向转动发动机，否则正时链会跳齿并导致发动机损坏。

b. 沿发动机运转方向转动发动机曲轴，直至皮带滑轮/减振器（12）上的 30°曲轴转角标记与正时齿轮室盖罩上的标记（图 3-6-24 中箭头所示）重合。凸轮轴 B 标记（5）向左偏移点火上止点（TDC）后 30°曲轴转角，或插入后的左侧气缸盖上的固定装置（3）和右侧气缸盖上的固定装置（3）与凸轮轴轴承盖 A 标记（4）对齐。

❿ 拆下链条张紧器。

⓫ 拆下左侧凸轮轴链轮（7）的卡环（6），然后拆下离心机（8）。

⓬ 标记凸轮轴链轮（7）和正时链彼此间的相对位置。

⓭ 拆下凸轮轴轴承盖（4）。

⓮ 拆下凸轮轴（5）。

（4）安装

❶ 安装凸轮轴（5）。

❷ 安装凸轮轴轴承盖（4），凸轮轴轴承盖拧松和拧紧应规范。

❸ 连接凸轮轴轴承盖到气缸盖力矩：M7×85 第 1 级为 14N·m。

❹ 调整凸轮轴（5）的基本位置。

❺ 安装凸轮轴链轮（7）。

凸轮轴链轮螺栓力矩：M8x16 第1级为 20N·m；第2级为 90°、

❻ 将离心机（8）连同卡环（6）一起安装到左侧凸轮轴链轮（7）上。

❼ 安装链条张紧器。

❽ 检查凸轮轴（5）的基本位置。

❾ 安装右侧气缸盖的前护盖。

❿ 安装左侧气缸盖的前护盖。

⓫ 安装气缸盖（1）。

⓬ 安装风扇罩（2）。

⓭ 安装风扇单元。

⓮ 安装空气泵。

⓯ 安装冷却液节温器外壳。

⓰ 注入冷却液。

4. 检查凸轮轴的基本位置

（1）专用工具

a. 保持架 137 589 01 40 00（图 3-6-26）；b. 固定装置 285 589 00 40 00（图 3-6-27）。

（2）车型 220　如图 3-6-28 所示。

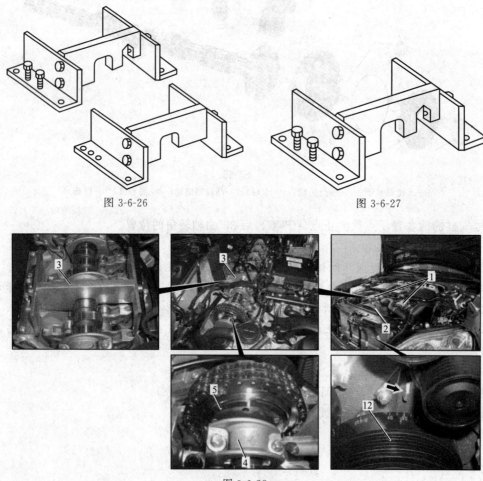

图 3-6-26　　　　　　　　图 3-6-27

图 3-6-28

1—气缸盖罩；2—风扇罩；3—固定装置；4—凸轮轴轴承盖 A 标记；5—凸轮轴 B 标记；12—皮带轮/减振器

（3）拆卸

❶ 拆下气缸盖罩（1）。

第三章 奔驰车系

❷ 拆下风扇罩（2）。

❸ 拆下风扇单元。

（4）检验

❶ 将发动机置于气缸1点火上止点（TDC）后30°曲轴转角处。

注意：

a. 不得反向转动发动机，否则正时链会跳齿并导致发动机损坏。

b. 沿发动机运转方向转动发动机曲轴，直至皮带滑轮/减振器（12）上的30°曲轴转角标记与正时齿轮室盖罩上的标记（图3-6-28箭头所示）重合。

❷ 检查凸轮轴B标记（5）的基本位置。

注意：

a. 仅在固定装置（3）可以无张紧力地分别固定在右侧和左侧气缸盖上时，凸轮轴B标记（5）才处于正确的基本位置。

b. 各凸轮轴B标记（5）向左稍稍偏移，约为点火上止点（TDC）后30°曲轴转角，或插入后的左侧气缸盖上的固定装置（3）和右侧气缸盖上的固定装置（3）与凸轮轴轴承盖A标记（4）对齐。

c. 如果凸轮轴（5）未向左稍稍偏移，则调节凸轮轴（5）的基本位置。

（5）安装　按照与拆卸的相反顺序进行安装。

5. 调节凸轮轴的基本位置

（1）专用工具

a. 双开口扳手104 589 01 01 00（图3-6-29）；b. 保持架137 589 01 40 00（图3-6-30）；c. 固定装置285 589 00 40 00（图3-6-31）。

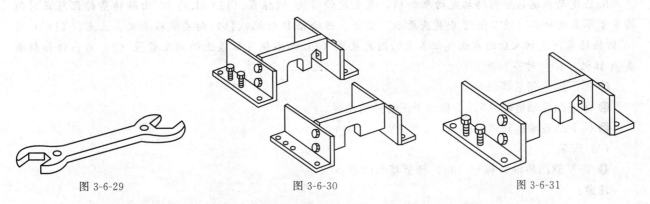

图3-6-29　　　　　图3-6-30　　　　　图3-6-31

（2）车型220　如图3-6-32和图3-6-33所示。

图3-6-32

1—风扇罩；2—气缸盖罩；3—固定装置；10—凸轮轴轴承盖A标记；11—凸轮轴B标记；12—皮带轮/减振器

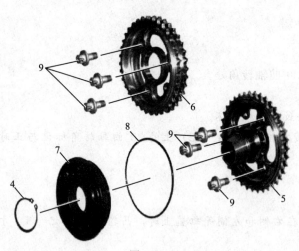

图 3-6-33
4—卡环；5,6—凸轮轴链轮；7—离心机；8—O形环；9—螺栓

(3) 拆卸

❶ 排放散热器中的冷却液。
❷ 拆下冷却液节温器外壳。
❸ 拆下空气泵。
❹ 拆下风扇罩（1）。
❺ 拆下风扇单元。
❻ 拆下气缸盖罩（2）。
❼ 拆下左侧气缸盖的前护盖。
❽ 拆下右侧气缸盖的前护盖。
❾ 检查凸轮轴 B 标记（11）的基本位置。
❿ 拆下左侧凸轮轴链轮（5）的卡环（4），然后拆下离心机（7）。安装时注意：更换 O 形环（8）。
⓫ 松开凸轮轴链轮（5,6）的螺栓（9）。注意：如需松开螺栓（9），则转动凸轮轴（11），以使安装在左侧气缸盖上的固定装置（3）和右侧气缸盖上的固定装置（3）上无应力。
⓬ 拆下固定装置（3）
⓭ 将 1 号气缸的活塞置于点火上止点（TDC）后 30°曲轴转角的位置。

注意：

a. 不得反向转动发动机，否则正时链会跳齿并导致发动机损坏。

b. 沿发动机运转方向转动发动机曲轴，直至皮带滑轮/减振器（12）上的 30°曲轴转角标记与正时齿轮室盖罩上的标记（图 3-6-32 中箭头所示）重合。凸轮轴 B 标记（11）向左偏移点火上止点（TDC）后 30°曲轴转角，或插入后的左侧气缸盖上的固定装置（3）和右侧气缸盖上的固定装置（3）与凸轮轴轴承盖 A 标记（10）对齐。

⓮ 拆下链条张紧器。
⓯ 标记凸轮轴链轮（5,6）相对于正时链的位置。
⓰ 拆下凸轮轴链轮（5,6）。

(4) 安装

❶ 将左侧凸轮轴 B 标记（11）转至基本位置。

注意：

a. 仅当固定装置（3）可以无应力地安装到左侧气缸盖上时，左侧凸轮轴 B 标记（11）的基本位置才是正确的。

b. 左侧凸轮轴 B 标记（11）向左偏移点火上止点（TDC）后 30°曲轴转角，或插入后的左侧气缸盖上的固定装置（3）与凸轮轴轴承盖 A 标记（10）对齐。

处于 1 号气缸的点火上止点后 30°曲轴转角位置时，可以使用开口扳手并在气门不接触到活塞的情况下转动左侧凸轮轴 B 标记（11）。

❷ 将右侧凸轮轴 B 标记（11）转至基本位置。

注意：

a. 可以无应力安装到右侧气缸盖上时，右侧凸轮轴 B 标记（11）的基本位置才是正确的。右侧凸轮轴 B 标记（11）向左偏移点火上止点（TDC）后 30°曲轴转角，或插入后的右侧气缸盖上的固定装置（3）与凸轮轴轴承盖 A 标记（10）对齐。

b. 处于 1 号气缸的点火上止点后 30°曲轴转角位置时，可以使用开口扳手并在气门不接触到活塞的情况下转动右侧凸轮轴 B 标记（11）。

❸ 安装凸轮轴链轮（5,6）。凸轮轴链轮螺栓力矩：M8×16 第 1 级为 20N·m；第 2 级为 90°。
❹ 拆下固定装置（3）。

❺ 安装链条张紧器。
❻ 检查凸轮轴 B 标记（11）的基本位置。
❼ 安装右侧气缸盖的前护盖。
❽ 安装左侧气缸盖的前护盖。
❾ 安装气缸盖罩（2）。
❿ 安装风扇罩（1）。
⓫ 安装风扇单元。
⓬ 安装空气泵。
⓭ 安装冷却液节温器外壳。
⓮ 注入冷却液。

操作视频

七、M276、M276 DE 35、M276 DE 30 AL（2010～2018 年）

1. 适用车型

AMG C 系（AMG C205）、AMG E 系（AMG E213）、C 系（C204）、E 系（E207、E212、E238）、CLS 系（CLS218、CLS166）、ML 系（ML166）、GLE 系（GLE166、GLE292）、SLK 系（SLK172）、GLC 系（GLC253）、S 系（S217、S222）、SL 系（S231）、R 系（R251）、GLK 系（GLK204）。

2. 更换发动机正时链

(1) 专用工具

a. 铆接工具 602 589 00 39 00（图 3-7-1）。

b. 铆接冲压工具 276 589 00 39 00（图 3-7-2）。

c. 压力螺钉 602 589 05 63 00（图 3-7-3）。

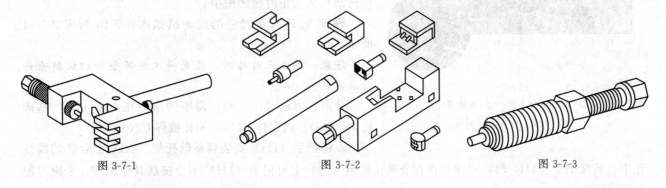

图 3-7-1　　　　　图 3-7-2　　　　　图 3-7-3

d. 链条分解工具 602 589 02 33 00（图 3-7-4）。

e. 工具箱 602 589 00 98 00（图 3-7-5）。

f. 装配嵌件 278 589 01 63 00（图 3-7-6）。

g. 装配元件 271 589 09 63 00（图 3-7-7）。

图 3-7-4　　　　　图 3-7-5　　　　　图 3-7-6

(2) 拆卸正时链

❶ 分开蓄电池接地线。

❷ 拆下带凸轮轴调节器的凸轮轴。

❸ 确定正时链的型号。

注意：有两种不同型号的链条传动装置（图3-7-8），可通过光学检查轻易地分辨出来。对链条传动装置进行改装时，必须更换所有与正时链接合的部件。

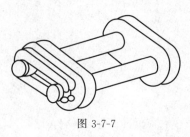

图 3-7-7

(3) 断开旧的正时链（1）。

❶ 装配 IWIS 正时链的发动机如图 3-7-9 所示。

注意：延长正时链时，应更换次级链条和初级链条传动正时链。

a. 用清洁的抹布遮盖正时箱凹槽。必须固定正时箱凹槽，防止部件滑落。必须取出已掉入正时箱凹槽中的零部件。

b. 安装链条分离工具（01）和止推螺杆（02）。

c. 将链条分离工具（01）安装到旧的正时链（1）上。

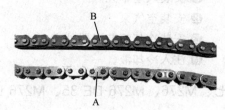

图 3-7-8
A—IWIS 正时链；B—INA 正时链

d. 确保止推螺杆（03）位于正时链链节的销（图 3-7-9 中箭头所示）处。

e. 拧入止推螺杆（02），然后分离旧的正时链（1）。不要使推出的销子落入正时箱凹槽中。

f. 拆下止推螺杆（02），然后拆下链条分离工具（01）。

取下链条分离工具（01）时，切勿使正时链链节上的中间凸耳落入正时箱凹槽中。

❷ 装配 INA 正时链的发动机如图 3-7-10 和图 3-7-11 所示。

注意：延长正时链时，应更换次级链条和初级链条传动正时链。

分离正时链（10）时，需要铆接冲压以下工具：基础托架（1G）、固定件 C1（2）和止推件 C2（3）。

a. 将把手（1H）安装到基础托架（1G）上合适的螺纹孔中。装配把手（1H）时，必须确保在分离正时链（10）上时把手（1H）不会接触其他部件，否则可能会造成损坏。

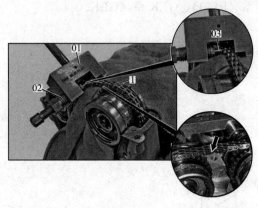

图 3-7-9
01—链条分离工具；02—止推螺杆；
03—销子；1—旧的正时链；

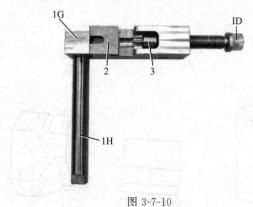

图 3-7-10
1D—芯轴；1G—基础托架；1H—把手；
2—固定件 C1；3—止推件 C2

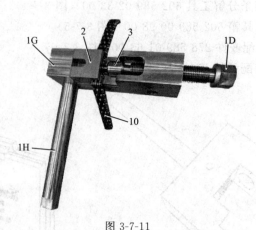

图 3-7-11
1D—芯轴；1G—基础托架；1H—把手；
2—固定件 C1；3—止推件 C2；10—正时链

b. 用清洁的抹布遮盖正时箱凹槽。必须固定正时箱凹槽，防止部件滑落。必须取出已掉入正时箱凹槽中的零部件。

c. 将固定件C1（2）插入基础托架（1G）中，并将止推件C2（3）插入基础托架（1G）的芯轴（1D）中。确保固定件C1（2）在基础托架（1G）中正确落座，且止推件C2（3）在基础托架（1G）的芯轴（1D）中正确落座。

d. 将正时链（10）插入铆接冲压工具中，同时确保正时链（10）在铆接冲压工具的固定件C1（2）中正确落座。

e. 通过促动芯轴（1D）将止推件C2（3）放到正时链（10）上。确保止推件C2（3）与正时链链节的铆钉相接触。

f. 通过促动芯轴（1D）拧入止推件C2（3），并通过压出铆钉断开正时链（10）。不要使正时链（10）中压出的铆钉落入控制箱轴中。

g. 将芯轴（1D）连同插入的止推件C2（3）一起拆下，然后取下铆接冲压工具。拆下止推件C2（3）时，确保正时链（10）不会落入控制箱轴中。

(4) 安装正时链

❶ 用装配链节（04）拉入新的正时链（2）（图3-7-9）。

❷ 铆接新的正时链（2）。

(5) 装配正时链

❶ 装配IWIS正时链的发动机。

当在正时箱凹槽上进行作业时，使用一块干净的布对其进行保护，以防零部件掉落。必须取出已掉入正时箱凹槽中的零部件。将铆接链节插入正时链。

a. 将铆接链节和两个中间板插入正时链两端。从后面插入铆接链节。

b. 将插入的铆接链节一直推入正时链中，将外板压到铆接链节上。

c. 将装配嵌件（F14）放入铆接冲压工具（01）中，然后用螺钉/螺栓固定入位（图3-7-12）。

d. 将装配嵌件（D15）放入铆接冲压工具（01）中。

e. 将外板（3）插入装配嵌件（D15）中（图3-7-13），外板（3）是通过磁力固定的。

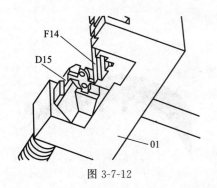

图3-7-12

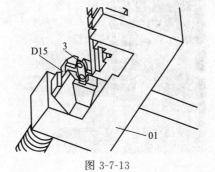

图3-7-13

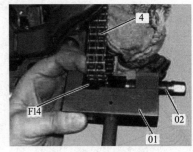

图3-7-14

f. 放置铆接冲压工具（01），使装配嵌件（F14）的间隔衬套靠在正时链（4）上（图3-7-14），确保铆接链节与外板（3）对准。

g. 将止推螺杆（02）拧入铆接冲压工具（01）中，直至出现明显阻力。转动止推螺杆（02）时，确保铆接链节的销子被推入外板（3）的孔中。

h. 取下铆接冲压工具（01）

i. 铆接新的正时链（2）。

❷ 装配INA正时链的发动机。

当在正时箱凹槽上进行作业时，使用一块干净的布对其进行保护，以防零部件掉落。必须取出已掉入正时箱凹槽中的零部件。将铆接链节插入正时链。

a. 将铆接链节和两个中间板插入正时链两端。从后面插入铆接链节。

b. 将插入的铆接链节一直推入正时链中，将外板压到铆接链节上。

c. 将装配嵌件（F14）放入铆接冲压工具（01）中，然后用螺钉/螺栓固定入位（图3-7-15）。

d. 将装配嵌件（D15）放入铆接冲压工具（01）中。

e. 将外板（3）插入装配嵌件（D15）中。外板（3）是通过磁力固定的（图3-7-16）。

f. 放置铆接冲压工具（01），使装配嵌件（F14）的间隔衬套靠在正时链（4）上（图3-7-17）。确保铆接链节与外板（3）对准。

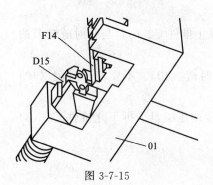

图3-7-15

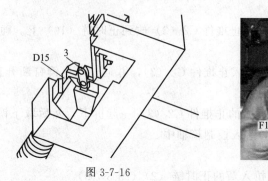

图3-7-16

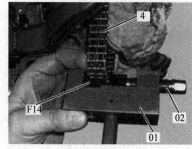

图3-7-17

g. 将止推螺杆（02）拧入铆接冲压工具（01）中，直至出现明显阻力。转动止推螺杆（02）时，确保铆接链节的销子被推入外板（3）的孔中。

h. 取下铆接冲压工具（01）。铆接正时链。

i. 将装配嵌件（D15）转至铆接区域（图3-7-18中箭头所示）。

j. 将铆接冲压工具（01）放在铆接链节螺栓上的中间位置（图3-7-19）。

k. 分别铆接各个铆接链节的销子。

l. 拧紧铆接冲压工具（01）上的止推螺杆（02）。

m. 取下铆接冲压工具（01），进行检查。

n. 检查铆接情况（图3-7-20中箭头所示），如有必要，则重新铆接。

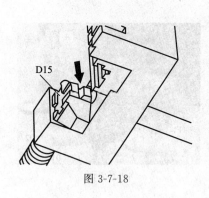

图3-7-18

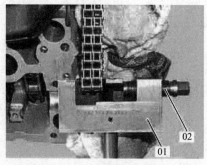

图3-7-19

图3-7-20

(6) 检查正时链

❶ 安装带凸轮轴调节器的凸轮轴。

❷ 使用已安装的链条张紧器检查凸轮轴的基本位置并在必要时进行校正。

❸ 连接蓄电池接地线。

注意：发动机运转时，汽车可能会自行启动而造成事故。发动机启动或运转期间，在其附近工作存在导致擦伤和烧伤的风险。

❹ 执行发动机试运行，检查发动机是否正常工作及其密封性。

3. 拆卸和安装凸轮轴调节器

(1) 专用工具

a. 套筒 271 589 00 10 00（图3-7-21）；

b. 固定装置 276 589 01 40 00（图 3-7-22）;

（2）图示　如图 3-7-23 所示。

（3）拆卸

❶ 通过曲轴中央螺栓沿发动机转动方向将发动机转到 1 号气缸点火上止点（TDC）后 40°曲轴转角（CA）处。

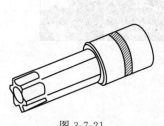

图 3-7-21

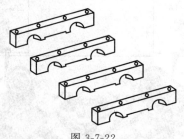

图 3-7-22

图 3-7-23

1—凸轮轴调节器；2—控制阀；
3—正时链；4—凸轮轴

❷ 拆下相应的气缸盖罩。

❸ 将压紧工具安装到凸轮轴（4）上。

❹ 拆下相应的链条张紧器。

❺ 松开控制阀（2），然后拆下。

连接脉冲轮/凸轮轴调节器到凸轮轴的力矩：第 1 级为 130N·m；第 2 级为 45°。

注意：

a. 要松开和拧紧控制阀（2），必须由助手用 Torx T 60 将凸轮轴（4）在后端反向固定。

b. 必须用机油润滑控制阀（2）的螺纹和螺栓头接触面，必须按照扭矩连续均匀地拧紧控制阀（2）。

❻ 将凸轮轴调节器（1）从凸轮轴（4）上拆下。

安装时注意：凸轮轴调节器（1）不得相互混淆；检查凸轮轴（4）的基本位置，如有必要，则进行调节。

❼ 将正时链（3）从凸轮轴调节器（1）上拆下。

安装时注意：将右侧正时链（3）放到进气凸轮轴的凸轮轴调节器（1）上，然后再安装到排气凸轮轴的凸轮轴调节器（1）上；将左侧正时链（3）放到排气凸轮轴的凸轮轴调节器（1）上，然后再安装到进气凸轮轴的凸轮轴调节器（1）上。

（4）安装　按照与拆卸的相反顺序进行安装。

注意：发动机运转时，汽车可能会自行启动而造成事故。发动机启动或运转期间，在附近工作存在导致擦伤和烧伤的风险。

执行发动机试运行，然后检查发动机的功能性。

4. 拆卸和安装凸轮轴

（1）专用工具

a. 模板 278 589 00 23 00（图 3-7-24）；

b. 固定装置 276 589 01 40 00（图 3-7-25）。

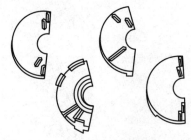

图 3-7-24

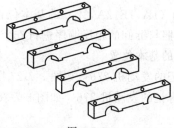

图 3-7-25

(2) 发动机 276 如图 3-7-26 所示。

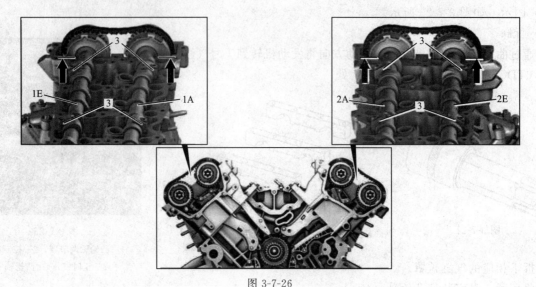

图 3-7-26

3—副轴承盖；1A，2A—排气凸轮轴；1E，2E—进气凸轮轴

(3) 拆卸

❶ 关闭点火开关并将遥控钥匙存放在发射范围之外（至少 2m）。

❷ 拆下左侧或右侧链条张紧器。

❸ 拆下左侧或右侧气缸盖罩。

❹ 拆下副轴承盖（3），然后安装压紧工具。

连接副轴承盖到气缸盖的螺栓的力矩：第 1 级为 8N·m；第 2 级为 90°。

❺ 通过曲轴中央螺栓沿发动机转动方向将发动机转到 1 号气缸点火上止点（TDC）后 40°曲轴转角（CKA）处。

❻ 拆下压紧工具。

❼ 拆下右侧气缸盖处的进气凸轮轴（1E）和排气凸轮轴（1A）。

注意：

a. 拆卸右侧气缸盖处的凸轮轴（1A，1E）时，首先拆下右侧气缸盖处的排气凸轮轴（1A）。

b. 凸轮轴（1A，1E）上的标记必须与气缸盖平面对准。

c. 润滑补偿元件和凸轮轴支承点。

❽ 拆下左侧气缸盖处的进气凸轮轴（2E）和排气凸轮轴（2A）。

注意：

a. 拆卸左侧气缸盖处的凸轮轴（2A，2E）时，首先拆下右侧气缸盖上的进气凸轮轴（2E）。

b. 凸轮轴（2A，2E）上的标记必须与气缸盖平面对准。

c. 润滑补偿元件和凸轮轴支承点。

❾ 拆下凸轮轴调节器。

❿ 标记凸轮轴（1A，1E，2A，2E）的脉冲轮。

⓫ 检查凸轮轴（1A，1E，2A，2E）的基本位置。

(4) 安装 按照与拆卸的相反顺序进行安装。

5. 检查凸轮轴的基本位置

(1) 带 53°标记的发动机 276 如图 3-7-27 所示。

(2) 不带 53°标记的发动机 276 如图 3-7-28 所示。

操作视频

图 3-7-27　　　　　　　　　　　　　　　　　图 3-7-28

10—皮带轮/减振器；10a—参考边（冷却液泵）　　10—皮带轮/减振器；10a—参考边（冷却液泵）；11—胶条（更换标记）

（3）带 53°标记的发动机　如图 3-7-29 所示。

（4）不带 53°标记的发动机　如图 3-7-30 所示。

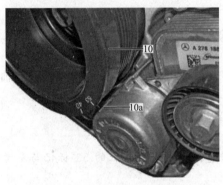 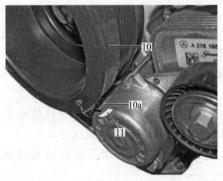

图 3-7-29　　　　　　　　　　　　　　　　　图 3-7-30

10—皮带轮/减振器；10a—参考边（V 形皮带张紧装置）　10—皮带轮/减振器；10a—参考边（冷却液泵）；11—胶条（更换标记）

（5）图示为不带 53°标记的发动机 276　如图 3-7-31 所示。

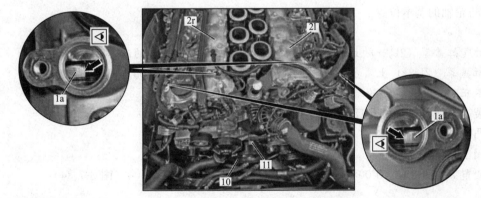

图 3-7-31

1a—扇形段；2l—左侧气缸盖罩；2r—右侧气缸盖罩；10—皮带轮/减振器；11—胶条（更换标记）

（6）右侧气缸盖（A）/左侧气缸盖（B）　如图 3-7-32 所示。

（7）拆卸

❶ 拆下凸轮轴上的所有霍尔传感器。

❷ 拆下发动机舱底部饰板的前部和中部。

（8）检验

❶ 检查皮带轮/减振器（10）上是否有 53°标记。

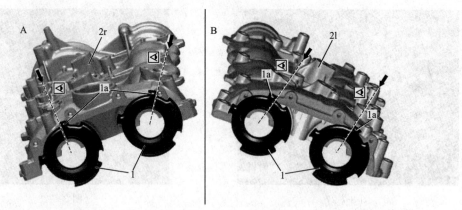

图 3-7-32
1—扇形盘；1a—扇形段；2r—右侧气缸盖罩；2l—左侧气缸盖罩

❷ 将53°标记的替换标记粘贴到皮带轮/减振器（10）上。

注意：

a. 皮带轮/减振器（10）上不带53°标记的发动机。

b. 将17mm长的胶条（11）粘贴到皮带轮/减振器（10）上的40°标记处。胶带（11）的末端在皮带轮/减振器（10）上标记出了缺失的53°标记。

❸ 通过曲轴中央螺栓沿发动机转动方向将发动机转到气缸1点火上止点（TDC）后53°曲轴转角处。

注意：

a. 皮带轮/减振器（10）上带53°标记的发动机，不得沿反方向转动。

b. 正时链会跳齿并导致发动机损坏。

c. 通过曲轴沿发动机转动方向转动发动机，直至皮带轮/减振器（10）上的53°标记与参考边（10a）对齐。

d. 发动机276的参考边（10a）位于冷却液泵上，发动机157、278的参考边则位于V形皮带张紧装置上。

❹ 通过曲轴中央螺栓沿发动机转动方向将发动机转到胶条（11）末端（气缸1点火上止点后53°曲轴转角）。

❺ 检查凸轮轴的基本位置。

注意：

a. 通过对气缸盖罩（2l,2r）上的霍尔传感器开口目视检查凸轮轴的基本位置。

b. 在气缸盖罩（2l,2r）上霍尔传感器开口的中间必须能够看到扇形盘（1）扇形段（1a）的边缘。如果基本设置不正确，则设定凸轮轴的基本位置。

（9）安装　按照与拆卸的相反顺序进行安装。

6. 调节凸轮轴的基本位置

（1）专用工具

a. 固定装置 276 589 01 40 00（图 3-7-33）；b. 模板 278 589 00 23 00（图 3-7-34）。

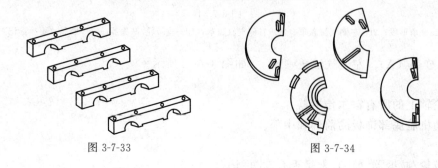

图 3-7-33　　　　　　图 3-7-34

(2) 图示 如图 3-7-35 所示。
(3) 拆卸

❶ 拆下离心机。

❷ 拆下气缸盖罩。

❸ 检查扇形盘（4）上是否有标记（4m）。

注意：如果扇形盘（4）上没有标记（4m），则拆下凸轮轴（1），在扇形盘（4）上添加标记（4m），再安装凸轮轴（1）。如果扇形盘（4）上没有标记（4m）。

❹ 将压紧工具（01）安装到凸轮轴（1）上。

❺ 分开增压空气冷却器，然后在保持冷却液管路连接的情况下压到前部。

❻ 通过曲轴中央螺栓沿发动机运转方向将发动机转到 1 号气缸点火上止点（TDC）后 40°曲轴转角（CKA）处。

注意：

a. 对曲轴总成执行修理作业后，确保发动机位于点火上止点（TDC）后 40°曲轴转角处。如果装配时，曲轴总成位于重叠上止点（TDC）后 40°曲轴转角处，则所有凸轮轴（1）都与基本设置的位置相差约 1/2 齿。

b. 如果在已拆下次级链条的情况下转动曲轴，则必须转动 720°，以再次到达曲轴总成上正确的点火上止点（TDC）位置。

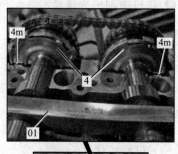

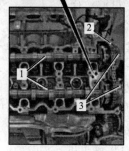

图 3-7-35
01—压紧工具；1—凸轮轴；2—正时链；3—凸轮轴调节器；4—扇形盘；4m—标记

❼ 拆下两个链条张紧器。

注意：

a. 拆下气缸盖罩后，可在 1 号气缸点火上止点（TDC）后 40°曲轴转角（CKA）处拆下两个链条张紧器。

b. 要拆下右侧链条张紧器，需要助手转动排气凸轮轴以松开张紧轨。

❽ 拆下右侧排气凸轮轴的凸轮轴调节器（3）。

注意：要松开和拧紧右侧凸轮轴调节器（3）上的控制阀，必须由助手反向固定凸轮轴（1）。

❾ 将正时链（2）从凸轮轴调节器（3）上拆下。**注意**：要松开张紧轨，应请助手将凸轮轴（1）固定在基本位置。

❿ 将凸轮轴（1）转入基本位置。**注意**：必须请助手使用合适的工具将凸轮轴（1）固定在基本位置。

(4) 检验

❶ 检查左侧气缸盖上的正时链（2）是否正确落座。

❷ 检查正时链（2）是否靠在两个凸轮轴调节器（3）上及是否与齿正确啮合。**注意**：如果并非如此，必须转动相应的凸轮轴（1），直至正时链（2）正确靠上。

❸ 检查凸轮轴（1）的安装位置是否正确。**注意**：扇形盘（4）上的标记（4m）必须与气缸盖的边缘对准。

(5) 安装

❶ 安装右侧排气凸轮轴的凸轮轴调节器（3），同时将正时链（2）铺设在右侧气缸列的两个凸轮轴调节器（3）上。**注意**：拧紧右侧凸轮轴调节器（3）上的控制阀及松开张紧轨时，应由助手将凸轮轴（1）固定在其基本位置。

❷ 安装两个链条张紧器。

注意：

a. 拆下气缸盖罩后，可在 1 号气缸点火上止点（TDC）后 40°曲轴转角（CKA）处安装两个链条张紧器。

b. 安装右侧链条张紧器时，需要助手转动排气凸轮轴以松开张紧轨。

❸ 通过曲轴中央螺栓沿发动机转动方向转动曲轴约 720°。

❹ 通过曲轴中央螺栓沿发动机运转方向将发动机转到1号气缸点火上止点（TDC）后40°曲轴转角（CKA）处。

注意：

a.对曲轴总成执行修理作业后，确保发动机位于点火上止点（TDC）后40°曲轴转角处。如果装配时，曲轴总成位于重叠上止点（TDC）后40°曲轴转角处，则所有凸轮轴（1）都与基本设置的位置相差约1/2齿。

b.如果在已拆下次级链条的情况下转动曲轴，则必须转动720°，以再次到达曲轴总成上正确的点火上止点（TDC）位置。

❺ 检查发动机气门正时。

注意：发动机曲轴必须位于1号气缸点火上止点（TDC）后40°曲轴转角（CKA）处（皮带轮/减振器上的标记），且扇形盘（4）上的标记（4m）必须与气缸盖的边缘对齐。

❻ 安装增压空气冷却器。

❼ 拆下凸轮轴（1）上的压紧工具（01）。

❽ 安装气缸盖罩。

❾ 安装离心机。

注意：发动机运转时，汽车可能会自行启动而造成事故。发动机启动或运转期间，在其附近工作存在导致擦伤和烧伤的风险。

❿ 执行发动机试运行，检查发动机是否正常工作及其密封性。

八、M277 DE 60 AL（2013～2015年）

1.适用车型

S系（S600、S222）。

2.拆卸和安装凸轮轴

（1）专用工具

a.保持架137 589 01 40 00（图3-8-1）；b.双开口扳手104 589 01 01 00（图3-8-2）；c.固定装置285 589 00 40 00（图3-8-3）。

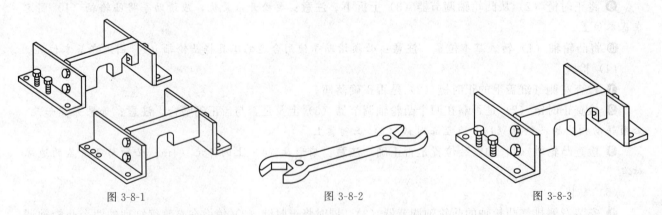

图3-8-1　　　　　　　　　　图3-8-2　　　　　　　　　　图3-8-3

（2）277发动机　如图3-8-4所示。

（3）左侧凸轮轴　如图3-8-5所示。

（4）拆卸

❶ 排放散热器中的冷却液。

❷ 拆下气缸盖上的左前和右前护盖。

❸ 将发动机转到1号气缸点火上止点（TDC）后30°曲轴转角（CKA）处。

注意：

a.不得沿与发动机转动方向相反的方向转动发动机，否则正时链会跳齿，且发动机会损坏。

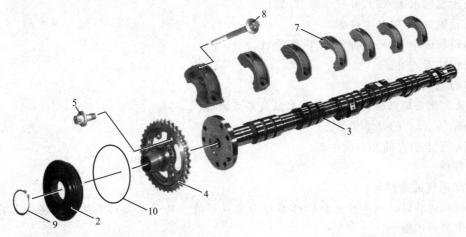

图 3-8-4

2—离心机；3—凸轮轴；4—凸轮轴链轮；5,8—螺钉/螺栓；7—凸轮轴轴承盖；9—卡环；10—O 形环

图 3-8-5

1—皮带轮/减振器；3—凸轮轴；6—固定装置；7—凸轮轴轴承盖

b.通过曲轴沿发动机运转方向转动发动机，直至皮带轮/减振器（1）上的 30°曲轴转角标记与正时箱盖罩上的标记（图 3-8-5 中箭头所示）重合。

❹ 拆下链条张紧器。

❺ 拆下离心机（2）。

注意：

a.拆卸左侧凸轮轴链轮（4）时，松开螺钉/螺栓（5）并拆下凸轮轴链轮（4）。

b.在凸轮轴链轮（4）和正时链上做匹配标记。

c.固定正时链，以防止其滑落。

d.转动凸轮轴（3），使固定装置（6）可以无张紧力地安装到气缸盖上。

❻ 拆下螺钉/螺栓（8）和凸轮轴轴承盖（7）。

❼ 拆下凸轮轴（3）。

（5）安装

❶ 插入凸轮轴（3）。

❷ 安装时注意润滑凸轮和支承点。

③ 安装凸轮轴轴承盖（7）并拧紧螺钉/螺栓（8）。
④ 调整凸轮轴（3）的基本位置。
⑤ 安装凸轮轴链轮（4）并拧紧螺钉/螺栓（5）。
⑥ 拆下固定装置（6）。
⑦ 安装离心机（2）。

注意：安装左侧凸轮轴链轮（4）时，安装链条张紧器。

⑧ 检查凸轮轴（3）的基本位置。
⑨ 安装气缸盖上的左前和右前护盖。
⑩ 注入冷却液。
⑪ 检查冷却系统的密封性。

注意：发动机运转时，汽车可能会自行启动而造成事故。发动机启动或运转期间，在其附近工作存在导致擦伤和烧伤的风险。

⑫ 执行发动机试运行，检查发动机是否正常工作及其密封性。

3. 检查凸轮轴的基本位置

（1）专用工具
a. 保持架 137 589 01 40 00（图 3-8-6）；b. 固定装置 285 589 00 40 00（图 3-8-7）。

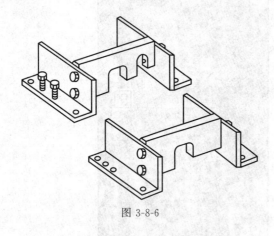

图 3-8-6

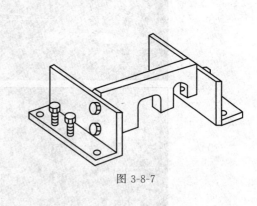

图 3-8-7

（2）277 发动机 如图 3-8-8 所示。
（3）拆卸 拆下气缸盖罩。

图 3-8-8

1—皮带轮/减振器；3—凸轮轴；6—固定装置

(4) 检验

❶ 将发动机转到 1 号气缸点火上止点 (TDC) 后 30°曲轴转角 (CKA) 处。

注意：

a. 不得沿与发动机转动方向相反的方向转动发动机，否则正时链会跳齿，且发动机会损坏。

b. 通过曲轴沿发动机运转方向转动发动机，直至皮带轮/减振器 (1) 上的 30°曲轴转角标记与正时箱盖罩上的标记（图 3-8-8 箭头所示）重合。

❷ 检查凸轮轴 (3) 的基本位置。

注意：

a. 仅当两个固定装置 (6) 可以无张紧力地安装到左侧和右侧气缸盖上时，凸轮轴 (3) 的基本位置才正确。

b. 如果凸轮轴 (3) 的基本位置不正确，则调整凸轮轴 (3) 的基本位置。

(5) 安装　按照与拆卸的相反顺序进行安装。

4. 调节凸轮轴的基本位置

(1) 专用工具

a. 保持架 137 589 01 40 00（图 3-8-9）；b. 双开口扳手 104 589 01 01 00（图 3-8-10）；c. 固定装置 285 589 00 40 00（图 3-8-11）。

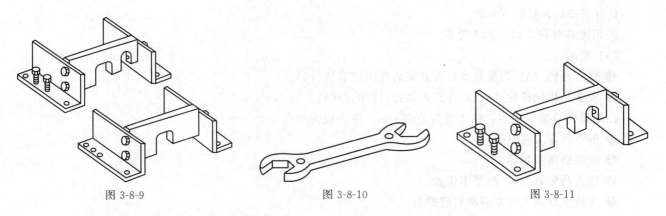

图 3-8-9　　　　　图 3-8-10　　　　　图 3-8-11

(2) 277 发动机　如图 3-8-12 和图 3-8-13 所示。

图 3-8-12
1—皮带轮/减振器；3—凸轮轴；6—固定装置

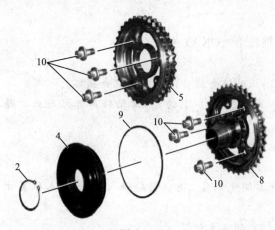

图 3-8-13

2—卡环；4—离心机；5,8—凸轮轴链轮；
9—O 形环；10—螺钉/螺栓

(3) 拆卸

❶ 拆下气缸盖上的左前和右前护盖。

❷ 将卡环（2）从左侧凸轮轴链轮（8）上拆下，然后拆下离心机（4）。安装时更换 O 形环（9）。

❸ 将发动机转到 1 号气缸点火上止点（TDC）后 30°曲轴转角（CKA）处。

❹ 将凸轮轴（3）转至基本位置并安装在固定装置（6）。

注意：

a. 仅在固定装置（6）可以无张紧力地固定在气缸盖上时，凸轮轴（3）才处于正确的基本位置。

b. 在处于 1 号气缸的点火上止点（TDC）后 30°曲轴转角的位置时，可以在气门不接触到活塞的情况下转动凸轮轴（3）。

c. 松开螺钉/螺栓（10）。

d. 拆下固定装置（6）。

e. 拆下链条张紧器。

f. 拆下凸轮轴链轮（5,8）。

g. 固定正时链，以防止其滑落。

(4) 安装

❶ 将凸轮轴（3）转至基本位置并安装在固定装置（6）。

❷ 安装凸轮轴链轮（5,8）并拧入螺钉/螺栓（10）。

凸轮轴链轮螺栓力矩：第 1 级为 20N·m；第 2 级为 90°。

❸ 拆下固定装置（6）。

❹ 安装链条张紧器。

❺ 检查凸轮轴（3）的基本位置。

❻ 安装气缸盖上的左前和右前护盖。

九、M278、M278 DE 46 AL、M157 DE 55 AL、M152 DE 55（2010～2018 年）

1. 适用车型

S 系（S217、S221、S222）、GL 系（GL166）、GLE 系（GLE292）、CL 系（CL216）、E 系（E207、E212）、CLS 系（CLS218）、SL 系（SL231）、ML 系（ML166）、GL 系（GL166）、GLE 系（GLE292）。

2. 更换发动机正时链

(1) 专用工具

a. 铆接工具 602 589 00 39 00（图 3-9-1）。

b. 铆接冲压工具 276 589 00 39 00（图 3-9-2）。

c. 压力螺钉 602 589 05 63 00（图 3-9-3）。

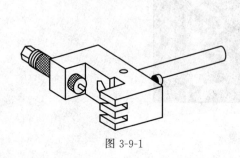

图 3-9-1

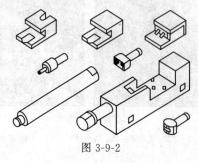

图 3-9-2

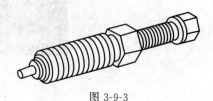

图 3-9-3

d. 链条分解工具 602 589 02 33 00（图 3-9-4）。
e. 工具箱 602 589 00 98 00（图 3-9-5）。
f. 装配嵌件 278 589 01 63 00（图 3-9-6）。
g. 装配元件 271 589 09 63 00（图 3-9-7）。

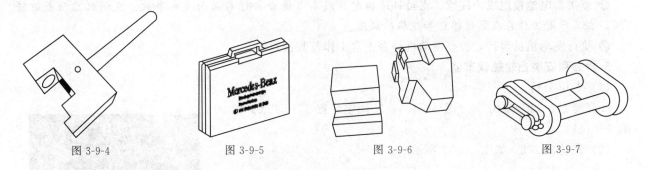

图 3-9-4　　　　　图 3-9-5　　　　　图 3-9-6　　　　　图 3-9-7

（2）装配 IWIS 正时链　如图 3-9-8 所示。

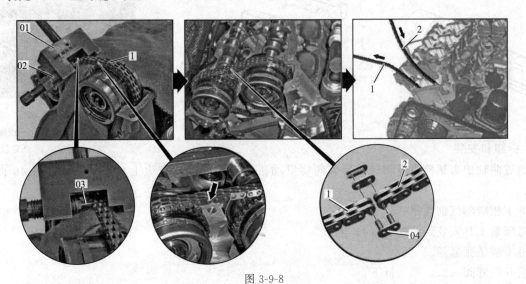

图 3-9-8
01—链条断开工具；02—止推螺杆；03—销子；04—装配链节；1—旧的正时链；2—新的正时链

（3）拆卸

❶ 分开蓄电池接地线。

❷ 拆下带凸轮轴调节器的凸轮轴。

❸ 确定正时链的型号。

注意：

a. 有两种不同型号的链条传动装置（图 3-9-9），可通过光学检查轻易地分辨出来。

b. 对链条传动装置进行改装时，必须更换所有与正时链接合的部件。

❹ 断开旧的正时链（1）。

注意：装配 IWIS 和 INA 正时链的发动机，延长正时链时，应更换次级链条和初级链条传动正时链。

（4）安装

❶ 用装配链节（04）拉入新的正时链（2）。

❷ 铆接新的正时链（2）。

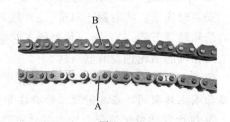

图 3-9-9
A—IWIS 正时链；B—INA 正时链

注意：

a. 装配 IWIS 正时链的发动机，应铆接新的正时链（2）。

b. 装配 INA 正时链的发动机，应安装带凸轮轴调节器的凸轮轴。

❸ 使用已安装的链条张紧器检查凸轮轴的基本位置并在必要时进行校正。

❹ 连接蓄电池接地线。注意：发动机运转时，汽车可能会自行启动而造成事故。发动机启动或运转期间，在其附近工作存在导致擦伤和烧伤的风险。

❺ 执行发动机试运行，检查发动机是否正常工作及其密封性。

3. 拆卸和安装凸轮轴调节器

（1）专用工具

a. 套筒 271 589 00 10 00（图 3-9-10）；b. 固定装置 276 589 01 40 00（图 3-9-11）。

（2）发动机 278 如图 3-9-12 所示。

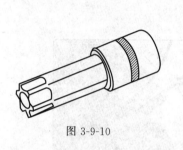

图 3-9-10

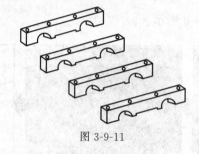

图 3-9-11

图 3-9-12

1—凸轮轴调节器；2—控制阀；
3—正时链；4—凸轮轴

（3）拆卸和安装

❶ 通过曲轴中央螺栓沿发动机运转方向将发动机转到 1 号气缸点火上止点（TDC）后 40°曲轴转角（CA）处。

❷ 拆下相应的气缸盖罩。

❸ 将压紧工具安装到凸轮轴（4）上。

❹ 拆下链条张紧器。

❺ 松开控制阀（2），然后拆下。

❻ 要松开和拧紧控制阀（2），必须由助手用 Torx T 60 将凸轮轴（4）在后端反向固定。

注意：

a. 必须用机油润滑控制阀（2）的螺纹和螺栓头接触面。必须按照扭矩连续均匀地拧紧控制阀（2）。

b. 连接脉冲轮/凸轮轴调节器到凸轮轴的力矩为 130N·m。

❼ 将凸轮轴调节器（1）从凸轮轴（4）上拆下；安装时注意：凸轮轴调节器（1）不得相互混淆。检查或调节凸轮轴（4）的基本位置。

❽ 将正时链（3）从凸轮轴调节器（1）上拆下。

安装时注意：将右侧正时链（3）放到进气凸轮轴的凸轮轴调节器（1）上，然后再安装到排气凸轮轴的凸轮轴调节器（1）上。将左侧正时链（3）放到排气凸轮轴的凸轮轴调节器（1）上，然后再安装到进气凸轮轴的凸轮轴调节器（1）上。

❾ 按照与拆卸的相反顺序进行安装。注意：发动机运转时，汽车可能会自行启动而造成事故。发动机启动或运转期间，在其附近工作存在导致擦伤和烧伤的风险。

❿ 执行发动机试运行，检查发动机是否正常工作及其密封性。

4. 拆卸和安装凸轮轴

（1）专用工具

a. 模板 278 589 00 23 00（图 3-9-13）；b. 固定装置 276 589 01 40 00（图 3-9-14）。

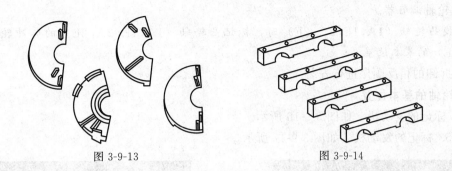

图 3-9-13　　　　　　　　　图 3-9-14

（2）发动机 278　如图 3-9-15 所示。

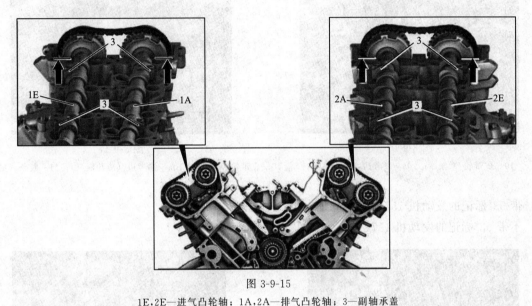

图 3-9-15

1E，2E—进气凸轮轴；1A，2A—排气凸轮轴；3—副轴承盖

（3）拆卸和安装

❶ 关闭点火开关并将遥控钥匙存放在发射范围之外（至少 2m）。

❷ 拆下左侧和/或右侧链条张紧器。

❸ 拆下左侧或右侧气缸盖罩。

❹ 拆下副轴承盖（3），然后安装压紧工具。

连接副轴承盖到气缸盖的螺栓的力矩：第 1 级为 8N·m；第 2 级为 90°。

❺ 通过曲轴的中央螺栓沿发动机转动方向将发动机转动至 1 号气缸点火上止点（OT）后 40°曲轴转角处。

❻ 拆下压紧工具。

❼ 拆下右侧气缸盖处的进气凸轮轴（1E）和排气凸轮轴（1A）。

注意：

a. 拆卸右侧气缸盖处的凸轮轴（1A，1E）时，首先拆下右侧气缸盖处的排气凸轮轴（1A）。

b. 凸轮轴（1A，1E）上的标记必须与气缸盖平面对准。

c. 润滑补偿元件和凸轮轴支承点。

❽ 拆下左侧气缸盖处的进气凸轮轴（2E）和排气凸轮轴（2A）。

注意：

a. 拆卸左侧气缸盖处的凸轮轴（2A，2E）时，首先拆下左侧气缸盖处的进气凸轮轴（2E）。

b. 凸轮轴（2A，2E）上的标记必须与气缸盖平面对准。

c. 润滑补偿元件和凸轮轴支承点。

❾ 拆下凸轮轴调节器。

注意：更换凸轮轴（1A,1E,2A,2E）时，标记凸轮轴（1A,1E,2A,2E）的脉冲轮，检查凸轮轴（1A,1E,2A,2E）的基本位置。

❿ 按照与拆卸的相反顺序进行安装。

5. 检查凸轮轴的基本位置

（1）带53°标记的发动机 如图3-9-16所示。

（2）不带53°标记的发动机 如图3-9-17所示。

图3-9-16 　　　　　　　　　图3-9-17

10—皮带轮/减振器；10a—参考边（冷却液泵）　　10—皮带轮/减振器；10a—参考边（冷却液泵）；11—胶条（更换标记）

（3）带53°标记的发动机157、278 如图3-9-18所示。

（4）不带53°标记的发动机157、278 如图3-9-19所示。

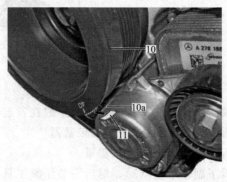

图3-9-18 　　　　　　　　　图3-9-19

10—皮带轮/减振器；10a—定位缘（V形皮带张紧装置）　10—皮带轮/减振器；10a—参考边（冷却液泵）；11—黏合带（替换标记）

（5）图示为不带53°标记的发动机 如图3-9-20所示。

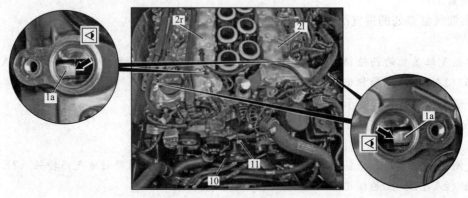

图3-9-20

1a—扇形段；2l—左侧气缸盖罩；2r—右侧气缸盖罩；10—皮带轮/减振器；11—胶条（更换标记）

(6) 右侧气缸盖（A）/左侧气缸盖（B）　如图 3-9-21 所示。

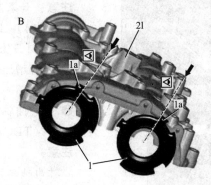

图 3-9-21
1—扇形盘；1a—扇形段；2r—右侧气缸盖罩；2l—左侧气缸盖罩

(7) 拆卸

❶ 拆下凸轮轴上的所有霍尔传感器。

❷ 拆下发动机舱底部饰板的前部和中部。

(8) 检验

❶ 检查皮带轮/减振器（10）上是否有 53°标记。

❷ 将 53°标记的替换标记粘贴到皮带轮/减振器（10）上。

注意：

a. 对于皮带轮/减振器（10）上不带 53°标记的发动机，将 17mm 长的胶条（11）粘贴到皮带轮/减振器（10）上的 40°标记处。胶带（11）的末端在皮带轮/减振器（10）上标记出了缺失的 53°标记。通过曲轴中央螺栓沿发动机转动方向将发动机转到气缸 1 点火上止点（TDC）后 53°曲轴转角处。

b. 对于皮带轮/减振器（10）上带 53°标记的发动机，不得沿反向转动发动机，否则正时链会跳齿并导致发动机损坏。通过曲轴沿发动机转动方向转动发动机，直至皮带轮/减振器（10）上的 53°标记与参考边（10a）对齐。发动机 276 的参考边（10a）位于冷却液泵上，发动机 157、278 的参考边则位于 V 形皮带张紧装置上。

❸ 通过曲轴中央螺栓沿发动机转动方向将发动机转到胶条（11）末端（气缸 1 点火上止点后 53°曲轴转角）。

❹ 检查凸轮轴的基本位置。

注意：

a. 通过对气缸盖罩（2l,2r）上的霍尔传感器开口进行目视检查来检查凸轮轴的基本位置。

b. 在气缸盖罩（2l,2r）上霍尔传感器开口的中间必须能够看到扇形盘（1）扇形段（1a）的边缘（图 3-9-20 中 A、B）。

c. 如果基本设置不正确，则设定凸轮轴的基本位置。

(9) 安装　按照与拆卸的相反顺序进行安装。

6. 调节凸轮轴的基本位置

(1) 专用工具

a. 固定装置 276 589 01 40 00（图 3-9-22）；b. 模板 278 589 00 23 00（图 3-9-23）。

(2) 发动机 278　如图 3-9-24 所示。

(3) 拆卸

❶ 拆下离心机。

❷ 拆下气缸盖罩。

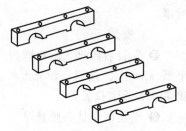

图 3-9-22

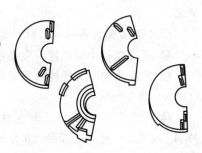

图 3-9-23

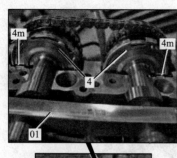

❸ 检查扇形盘（4）上是否有标记（4m）。

注意：如果扇形盘（4）上没有标记（4m），则拆下凸轮轴（1），在扇形盘（4）上添加标记（4m），安装凸轮轴（1），将压紧工具（01）安装到凸轮轴（1）上。

❹ 分开增压空气冷却器，然后在保持冷却液管路连接的情况下压到前部。

❺ 通过曲轴中央螺栓沿发动机运转方向将发动机转到1号气缸点火上止点（TDC）后40°曲轴转角（CKA）处。

注意：

a. 对曲轴总成执行修理作业后，应确保发动机位于点火上止点（TDC）后40°曲轴转角处，此时所有凸轮轴（1）都与基本设置的位置相差约1/2齿。

b. 如果在已拆下次级链条的情况下转动曲轴，则必须转动720°，以再次到达曲轴总成上正确的点火上止点（TDC）位置。

❻ 拆下两个链条张紧器。

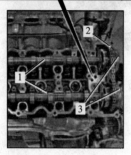

图 3-9-24
01—压紧工具；1—凸轮轴；2—正时链；
3—凸轮轴调节器；4—扇形盘；4m—标记

注意：

a. 拆下气缸盖罩后，可在1号气缸点火上止点（TDC）后40°曲轴转角（CKA）处拆下两个链条张紧器。

b. 拆下右侧链条张紧器时，需要助手转动排气凸轮轴以松开张紧轨。

❼ 拆下右侧排气凸轮轴的凸轮轴调节器（3）。注意：要松开和拧紧右侧凸轮轴调节器（3）上的控制阀，必须由助手反向固定凸轮轴（1）。

❽ 将正时链（2）从凸轮轴调节器（3）上拆下。注意：松开张紧轨时，应请助手将凸轮轴（1）固定在基本位置。

❾ 将凸轮轴（1）转入基本位置。注意：必须请助手使用合适的工具将凸轮轴（1）固定在基本位置。

（4）检验

❶ 检查左侧气缸盖上的正时链（2）是否正确落座。

❷ 检查正时链（2）是否靠在两个凸轮轴调节器（3）上及是否与齿正确啮合。注意：如果并非如此，必须转动相应的凸轮轴（1），直至正时链（2）正确靠上。

❸ 检查凸轮轴（1）的安装位置是否正确。注意：扇形盘（4）上的标记（4m）必须与气缸盖的边缘对准。

（5）安装

❶ 安装右侧排气凸轮轴的凸轮轴调节器（3），同时将正时链（2）铺设在右侧气缸列的两个凸轮轴调节器（3）上。注意：拧紧右侧凸轮轴调节器（3）上的控制阀及松开张紧轨时，应由助手将凸轮轴（1）固定在其基本位置。

❷ 安装两个链条张紧器。

注意：

a. 拆下气缸盖罩后，可在1号气缸点火上止点（TDC）后40°曲轴转角（CKA）处安装两个链条张紧器。

b. 安装右侧链条张紧器时，需要助手转动排气凸轮轴以松开张紧轨。

❸ 通过曲轴中央螺栓沿发动机转动方向转动曲轴约720°。

❹ 通过曲轴中央螺栓沿发动机运转方向将发动机转到1号气缸点火上止点（TDC）后40°曲轴转角（CKA）处。

❺ 检查发动机气门正时。注意：发动机曲轴必须位于1号气缸点火上止点（TDC）后40°曲轴转角（CKA）处（皮带轮/减振器上的标记），且扇形盘（4）上的标记（4m）必须与气缸盖的边缘对齐。

❻ 安装增压空气冷却器。
❼ 拆下凸轮轴（1）上的压紧工具（01）。
❽ 安装气缸盖罩。
❾ 安装离心机。**注意**：发动机运转时，汽车可能会自行启动而造成事故。发动机启动或运转期间，在其附近工作存在导致擦伤和烧伤的风险。
❿ 执行发动机试运行，检查发动机是否正常工作及其密封性。

十、M279 DE 60 AL（2013～2018年）

1. 适用车型

AMG S系（S217、S222）、AMG SL系（S231）。

2. 检查凸轮轴的基本位置

（1）专用工具

a.保持架 137 589 01 40 00（图3-10-1）；b.固定装置 285 589 00 40 00（图3-10-2）。

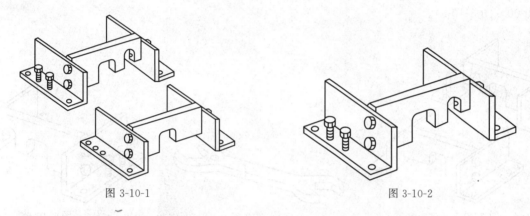

图3-10-1　　　　　　　　图3-10-2

（2）279发动机　如图3-10-3所示。

图3-10-3
1—皮带轮/减振器；3—凸轮轴；6—固定装置

（3）拆卸　拆下气缸盖罩。

（4）检验

❶ 将发动机转到1号气缸点火上止点（TDC）后30°曲轴转角（CKA）处。

注意：

a. 不得沿与发动机转动方向相反的方向转动发动机，否则正时链会跳齿，且发动机会损坏。

b. 通过曲轴沿发动机运转方向转动发动机，直至皮带轮/减振器（1）上的30°曲轴转角标记与正时箱盖罩上的标记（图3-10-3中箭头所示）重合。

❷ 检查凸轮轴（3）的基本位置。

注意：

a. 仅当两个固定装置（6）可以无张紧力地安装到左侧和右侧气缸盖上时，凸轮轴（3）的基本位置才正确。

b. 如果凸轮轴（3）的基本位置不正确，则调整凸轮轴（3）的基本位置。

（5）安装　按照与拆卸的相反顺序进行安装。

3. 调节凸轮轴的基本位置

（1）专用工具

a. 保持架 137 589 01 40 00（图3-10-4）；b. 双开口扳手 104 589 01 01 00（图3-10-5）；c. 固定装置 285 589 00 40 00（图3-10-6）。

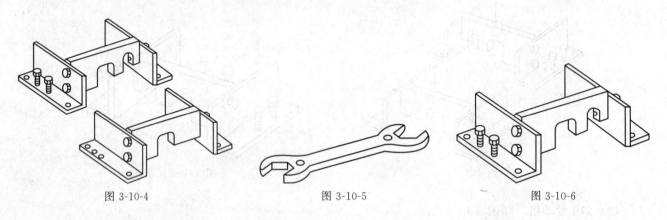

图3-10-4　　　　　　图3-10-5　　　　　　图3-10-6

（2）279发动机　如图3-10-7和图3-10-8所示。

图3-10-7

1—皮带轮/减振器；3—凸轮轴；6—固定装置

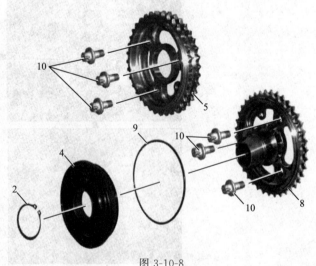

图3-10-8

2—卡环；4—离心机；5,8—凸轮轴链轮；9—O形环；10—螺钉/螺栓

（3）拆卸

❶ 拆下气缸盖上的左前和右前护盖。

❷ 将卡环（2）从左侧凸轮轴链轮（8）上拆下，然后拆下离心机（4）。安装时更换O形环（9）。

❸ 将发动机转到1号气缸点火上止点（TDC）后30°曲轴转角（CKA）处。

注意：

a. 不得沿与发动机转动方向相反的方向转动发动机，否则正时链会跳齿，且发动机会损坏。

b. 通过曲轴沿发动机运转方向转动发动机，直至皮带轮/减振器（1）上的30°曲轴转角标记与正时箱盖罩上的标记（图3-10-7中箭头所示）重合。

❹ 将凸轮轴（3）转至基本位置并安装固定装置（6）。

注意：

a. 仅在固定装置（6）可以无张紧力地固定在气缸盖上时，凸轮轴（3）才处于正确的基本位置。

b. 在处于1号气缸的点火上止点（TDC）后30°曲轴转角的位置时，可以在气门不接触活塞的情况下转动凸轮轴（3）。

c. 松开螺钉/螺栓（10）。

d. 拆下固定装置（6）。

e. 拆下链条张紧器。

f. 拆下凸轮轴链轮（5,8）。

g. 固定正时链，以防止其滑落。

（4）安装

❶ 将凸轮轴（3）转至基本位置并安装固定装置（6）。

❷ 安装凸轮轴链轮（5,8）并拧入螺钉/螺栓（10）。

凸轮轴链轮螺栓力矩：第1级为20N·m；第2级为90°。

❸ 拆下固定装置（6）。

❹ 安装链条张紧器。

❺ 检查凸轮轴（3）的基本位置。

❻ 安装气缸盖上的左前和右前护盖。

十一、OM642 CDI（2010~2018年）

1. 适用车型

ML系（ML164、ML166）、GL系（GL164、GL166）、GLE系（GLE292）、C系（C204、C203）、GLK系（GLK204、GLK209）、E系（E207、E211、E212、E213、E238）、CLS系（CLS218、CLS219）、S系（S222、S221）、R系（S251）、GLC系（GLC253）。

2. 更换发动机正时链

（1）专用工具

a. 止动销 111 589 03 15 00（图3-11-1）。

b. 固定锁 112 589 03 40 00（图3-11-2）。

c. 装配嵌件 112 589 09 63 00（图3-11-3）。

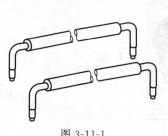

图 3-11-1

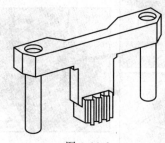

图 3-11-2

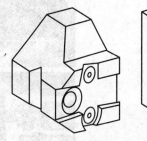

图 3-11-3

d. 铆接工具 602 589 00 39 00（图3-11-4）。

e. 外壳 602 589 00 98 00（图3-11-5）。

f. 链条分离工具 602 589 02 33 00（图3-11-6）。

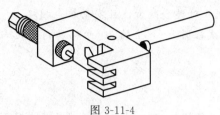
图 3-11-4

图 3-11-5

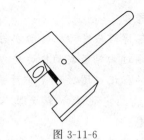
图 3-11-6

g. 装配链节 602 589 02 40 00（图 3-11-7）。
h. 装配嵌件 602 589 02 63 00（图 3-11-8）。
i. 止推件 602 589 03 63 00（图 3-11-9）。

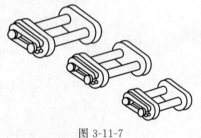
图 3-11-7

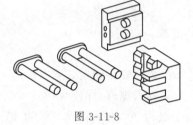
图 3-11-8

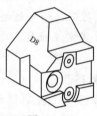
图 3-11-9

j. 止推螺杆 602 589 04 63 00（图 3-11-10）。
k. 止推销 602 589 04 63 01（图 3-11-11）。
l. 压紧装置套件 642 589 00 31 00（图 3-11-12）。
m. 压紧装置 642 589 01 40 00（图 3-11-13）。

图 3-11-10

图 3-11-11

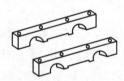
图 3-11-12

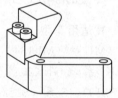
图 3-11-13

(2) 发动机 如图 3-11-14 和图 3-11-15 所示。

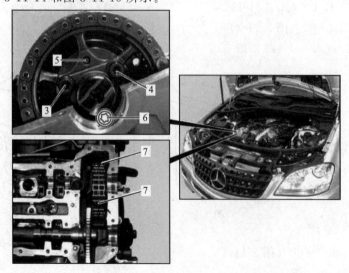
图 3-11-14
3—螺钉；4,6—螺栓；5—止动销；7—电缆扎带

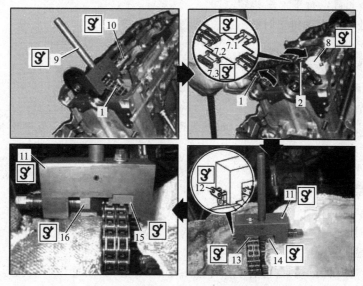

图 3-11-15

1—旧的发动机正时链；2—新的发动机正时链；7.1—装配夹式固定件；7.2—装配外板；7.3—装配锁止元件；8—压紧装置；9—链条分离工具；10—止推螺杆；11—铆接冲压工具；12—定心叉；13—装配嵌件（编号 F5）；14—装配嵌件（编号 D9）；15—装配嵌件（编号 F1）；16—止推件（标号 D8）

(3) 拆卸

❶ 拆卸右气缸盖外罩。

❷ 将固定装置套件安装到凸轮轴上。

❸ 松开凸轮轴链轮的螺栓（6）。注意：螺栓（6）位于右侧进气凸轮轴锁止销（5）的对面。

❹ 将 1 号气缸的活塞置于点火上止点。

注意：

a. 沿工作方向转动发动机曲轴。凸轮轴链轮上的标记必须彼此相对，且凸轮轴链轮环齿上的标记必须与气缸盖对齐。

b. 减振器的上止点标记必须与正时齿轮室盖罩的杆对齐。

❺ 用电缆扎带（7）将旧的发动机正时链（1）固定到凸轮轴链轮上。

❻ 拆下链条张紧器。

❼ 从凸轮轴链轮上松开螺栓（3，4）。

❽ 从凸轮轴上拆下固定装置套件。

❾ 拆下右侧进气凸轮轴。

❿ 断开旧的发动机正时链（1）。注意：用干净的布盖住正时箱开口。为避免损坏发动机，必须取出已掉入正时箱凹口中的零部件。

⓫ 检查凸轮轴链轮。注意：检查凸轮轴链轮有无磨损或损坏，如有必要则进行更换。

⓬ 安装右侧进气凸轮轴。

⓭ 将固定装置套件安装到凸轮轴上。

⓮ 拧上凸轮轴链轮。注意：仅使用一个螺栓固定凸轮轴链轮。

⓯ 将固定装置（8）拧到右侧气缸盖上新的发动机正时链（2）上。

⓰ 拉入新发动机正时链（2）。

注意：

a. 用铆接链节安装新的发动机正时链（2）后，更换装配夹式固定件（7.1）、装配外板（7.2）和装配锁止元件（7.3），否则发动机运行时，新的发动机正时链（2）可能会断裂，从而导致发动机损坏。

b. 为拉入新的发动机正时链（2），沿发动机运转方向转动发动机曲轴。

c. 为拉出旧的发动机正时链（1），将旧的发动机正时链（1）与新的发动机正时链（2）相连。

d. 转动发动机曲轴之前，拆下电缆扎带（7）。

⓱ 从右侧气缸盖处新的发动机正时链（2）上拆下固定装置（8）。

（4）安装

❶ 从凸轮轴上拆下固定装置套件。

❷ 用电缆扎带（7）将新发动机正时链（2）固定到凸轮轴链轮上。

❸ 拆下右侧进气凸轮轴。

❹ 铆接新的发动机正时链（2）。**注意**：用干净的布盖住正时箱开口。为避免损坏发动机，必须取出已掉入正时箱凹口中的零部件。

❺ 将固定装置套件安装到凸轮轴上。

❻ 安装传动链张紧器。

❼ 沿运转方向转动发动机。

❽ 检查发动机正时。

❾ 安装右侧气缸盖外罩。

❿ 发动机运转时，存在因车辆自行启动而导致事故的风险。启动过程中或在运转的发动机附近工作时，存在擦伤和烧伤的风险。

⓫ 在发动机运转的情况下，检查是否发生泄漏。

3. 拆卸与安装凸轮轴链轮

（1）专用工具　压紧装置套件 642 589 00 31 00（图 3-11-16）。

（2）图示　如图 3-11-17 和图 3-11-18 所示。

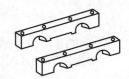

图 3-11-16

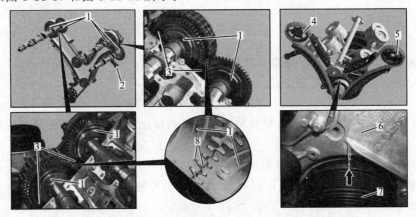

图 3-11-17

1—凸轮轴；2—链条张紧器；3—标记；4—凸轮轴链轮（右侧）；5—凸轮轴链轮（左侧）；6—正时箱盖罩；7—减振器；8—标记

图 3-11-18

4—凸轮轴链轮（右侧）；5—凸轮轴链轮（左侧）；9—压紧工具；10—凸轮轴支架；11，12—螺钉/螺栓；13—驱动装置；14—正时链

(3) 拆卸与安装

❶ 拆下气缸盖罩。

❷ 将压紧工具（9）固定到气缸盖上。

❸ 将1号气缸的活塞设置到点火上止点（TDC）处。**注意**：减振器（7）上的上止点标记（图3-11-17中箭头所示）必须对准正时箱盖罩（6）上的撑条。

❹ 检查正时。

安装时注意：

a. 如果活塞1的点火上止点标记（8）移位，则再次将发动机正时链（14）放置就位，否则由于正时错误，可能造成发动机损坏。

b. 凸轮轴（1）上活塞1点火上止点标记（8）必须准确地彼此相对。

❺ 标记正时链（14）相对于凸轮轴链轮（右侧）（4）和凸轮轴链轮（左侧）（5）的位置。

❻ 转动发动机减振器（7）直至螺钉/螺栓（11）可够到。

❼ 松开螺钉/螺栓（11）。**注意**：仅松开螺钉/螺栓（11），切勿拆下。

❽ 再次将1号气缸的活塞置于点火上止点（TDC）。注意上止点（TDC）标记（图3-11-17中箭头所示）和标记（8）。

❾ 松开螺钉/螺栓（12）。**注意**：仅松开螺钉/螺栓（12），切勿拆下。

❿ 拆下链条张紧器（2）。

⓫ 拆下气缸盖上的压紧工具（9）。

⓬ 拆下凸轮轴支架（10）。

⓭ 将电缆扎带固定到发动机正时链（14）上。

⓮ 将凸轮轴（1）连同凸轮轴链轮（右侧）（4）和凸轮轴链轮（左侧）（5）一起拆下。

⓯ 用电缆扎带将发动机正时链（14）系在发动机正时链室中。

⓰ 拆下螺钉/螺栓（11,12）。

⓱ 将凸轮轴链轮（右侧）（4）和凸轮轴链轮（左侧）（5）从凸轮轴（1）上拆下。

⓲ 按照与拆卸的相反顺序进行安装。

注意：发动机运转时，汽车可能会自行启动而造成事故。发动机启动或运转期间，在其附近工作存在导致擦伤和烧伤的风险。

4. 拆卸与安装凸轮轴

(1) 专用工具　压紧装置套件 642 589 00 31 00（图3-11-19）

(2) 图示　如图3-11-20所示。

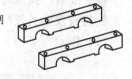

图 3-11-19

图 3-11-20

1—链条张紧器；2,3—标记；4—凸轮轴；5—压紧工具；6—凸轮轴支架；7—上方机油滤清器壳

(3) 拆卸

❶ 拆下气缸盖罩。

❷ 拆下凸轮轴链轮。

❸ 拆下凸轮轴支架（6）和压紧工具（5）。

❹ 拆下凸轮轴（4）。

(4) 检查　检查补偿元件是否活动自如。**注意**：切勿使用钢制工具，以手的正常力度向下压补偿元件；如果一个补偿元件相对于其他补偿元件下降过多，则润滑补偿元件和凸轮轴支承点。

(5) 安装

❶ 插入凸轮轴（4）。

注意：凸轮轴链轮上的标记（2）用于辅助安装，应使它们彼此准确相对。

❷ 将进气、排气凸轮轴的凸轮轴链轮对正。**注意**：凸轮轴链轮的标记（2）必须正好彼此相对；凸轮轴链轮上的标记（3）必须与气缸盖对准，并且位于左侧。

❸ 安装压紧工具（5）和凸轮轴支架（6）。

❹ 安装凸轮轴链轮。

❺ 安装气缸盖罩。**注意**：发动机运转时，汽车可能会自行启动而造成事故。发动机启动或运转期间，在其附近工作存在导致擦伤和烧伤的风险。

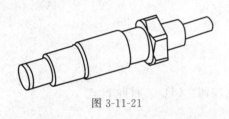

图 3-11-21

5. 检查发动机正时链

(1) 专用工具　测量链条张紧器 642 589 03 63 00（图 3-11-21）。

(2) 拆卸

❶ 拆下链条张紧器。

❷ 安装测量用链条张紧器。**注意**：安装测量用链条张紧器时不带密封件。

(3) 检验　通过曲轴沿发动机旋转方向转动发动机两次，然后确定测量用链条张紧器上的最大指示值。**注意**：正时链被拉伸后，必须更换（≥82mm）。

(4) 安装　按照与拆卸的相反顺序进行安装

6. 检查发动机气门正时

(1) 图示　如图 3-11-22 所示。

图 3-11-22

1—链条张紧器；2,3—标记；4—上止点（TDC）标记；5—标记；6—平衡轴驱动齿轮

(2) 拆卸

❶ 拆下气缸盖。

❷ 拆下混合室。

(3) 检查

❶ 检查发动机正时链。

❷ 检查链条张紧器（1）的紧固扭矩。**注意**：链张紧器（1）必须以正确的紧固扭矩进行安装和紧固。

❸ 将1号气缸的活塞置于点火上止点。**注意**：沿运转方向转动发动机曲轴；凸轮轴链轮的标记（2）必须正好彼此相对；凸轮轴链轮上的标记（3）必须与气缸盖对准，并且位于左侧；皮带轮上的上止点（TDC）标记（4）必须与正时箱盖罩上的杆对准。

❹ 检查平衡轴的基本位置。**注意**：仅适用于在损坏时；平衡轴驱动轮（6）的标记（5）必须处于垂直中央线上。

(4) 安装

❶ 安装混合室。

❷ 安装气缸盖外罩。

7. 检查凸轮轴的基本位置

(1) 专用工具

a. 压紧装置套件 642 589 00 31 00（图3-11-23）；b. 套筒扳手头 001 589 65 09 00（图3-11-24）。

(2) 发动机642 如图3-11-25和图3-11-26所示。

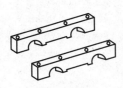

图3-11-23

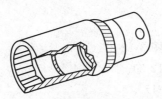

图3-11-24

图3-11-25

1—凸轮轴；2—螺栓；3—压紧工具

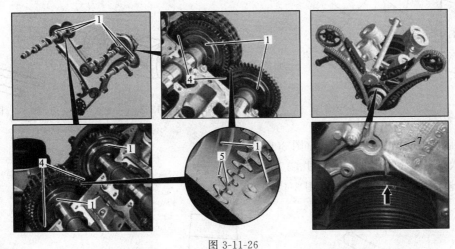

图3-11-26

1—凸轮轴；4,5—标记；7—正时箱盖罩

(3) 拆卸

❶ 拆下气缸盖罩。

❷ 将压紧工具（3）安装到气缸盖的中央轴承点上。

❸ 拆下风扇单元。

❹ 插入散热器防护板。

❺ 拆下增压空气冷却器，然后与连接的冷却液管路一起放到一旁。

❻ 拆下V形皮带。

(4) 检查

❶ 通过曲轴的中央螺栓沿发动机转动方向转动发动机，使 1 号气缸的活塞位于上止点（TDC）。

注意：

a. 不要沿发动机运转的反方向转动发动机，否则正时链会跳齿并导致发动机损坏。

b. 标记（5）必须相互对齐。标记（4）必须与气缸盖的上边缘对齐并位于左侧。

c. 上止点（TDC）标记（图 3-11-26 中箭头所示）必须与正时箱盖罩（7）上的撑杆对齐。

❷ 检查凸轮轴（1）的基本位置。

❸ 检查正时链的延伸长度。

(5) 安装　按照与拆卸的相反顺序进行安装。注意：发动机运转时，汽车可能会自行启动而造成事故。发动机启动或运转期间，在其附近工作存在导致擦伤和烧伤的风险。

十二、OM651（2011～2017 年）

1. 适用车型

CLA 系（CLA117）、A 系（A176）、B 系（B246）、C 系（C204、C205）、E 系（E207、E212）、B 系（B212）、GLK 系（GLK204）、S 系（S221、S222）、GLC 系（GLC253）、CLS 系（CLS218）、GLA 系（GLA116）、ML 系（ML166）、GLE 系（GLE166）、SLK 系（SLK172）。

2. 更换正时链

(1) 专用工具

a. 工具箱 602 589 00 98 00（图 3-12-1）。

b. 链条分离工具 602 589 02 33 00（图 3-12-2）。

c. 止推螺杆 602 589 04 63 00（图 3-12-3）。

d. 止推销 602 589 04 63 01（图 3-12-4）。

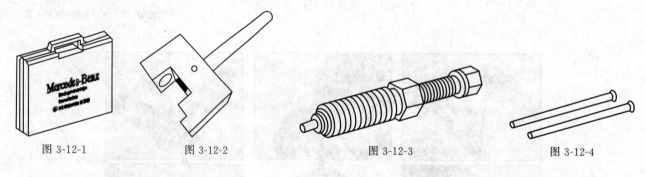

图 3-12-1　　　图 3-12-2　　　图 3-12-3　　　图 3-12-4

e. 铆接冲压工具 642 589 00 33 00（图 3-12-5）。

f. 装配嵌入件 651 589 04 63 00（图 3-12-6）。

g. 反向固定器 651 589 00 40 00（图 3-12-7）。

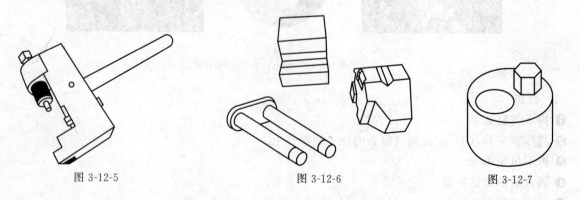

图 3-12-5　　　图 3-12-6　　　图 3-12-7

(2) 发动机 651　如图 3-12-8 所示。

(3) 拆卸

❶ 拆下气缸盖罩饰板。

❷ 拆下气缸盖罩。

❸ 拆下链条张紧器。

❹ 分开发动机正时链（1）。**注意**：分开旧的发动机正时链（1）之前，检查两个凸轮轴链轮上是否有凹痕和凸起，如有必要，拆下凸轮轴并更换损坏的凸轮轴链轮。

(4) 安装

❶ 拉入发动机正时链（1）。

注意：

a. 不得反向转动发动机，否则正时链可能跳齿并导致发动机损坏。应使用合适的工具转动发动机。

b. 沿运转方向转动发动机。

c. 新发动机正时链（1）的定位孔必须朝外。

d. 使用反向固定器转动发动机。

❷ 铆接发动机正时链（1）。**注意**：用干净的布盖住正时箱凹口。

❸ 安装链条张紧器。

(5) 检查

❶ 检查各凸轮轴的基本设置。

❷ 安装气缸盖罩。

❸ 安装气缸盖罩饰板。

图 3-12-8

1—发动机正时链

3. 拆卸与安装凸轮轴

(1) 专用工具 反向固定器 651 589 00 40 00（图 3-12-9）。

(2) 图示 如图 3-12-10 所示。

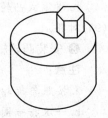

图 3-12-9

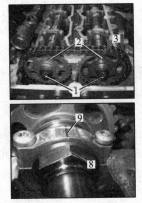

图 3-12-10

1—螺钉/螺栓；2—凸轮轴链轮；3—正时链；4，5—凸轮轴轴承盖；6—进气凸轮轴；7—排气凸轮轴；8—顶端；9—标记

(3) 拆卸

❶ 拆下气缸盖罩饰板。

❷ 拆下气缸盖罩。

❸ 沿发动机转动方向，使用反向固定器在曲轴处转动发动机，将 1 号气缸的活塞置于点火上止点（TDC）处。

注意：

a. 切勿通过凸轮轴链轮（2）的螺钉/螺栓（1）转动发动机，不得反向转动发动机，否则正时链（3）

会跳齿并导致发动机损坏。

b.皮带轮/减振器上的0°标记必须与气缸体曲轴箱上的标记对齐。

c.顶端（8）必须与凸轮轴轴承盖（4或5）上的标记（9）齐平。如有必要，再转动一圈曲轴，使其达到0°标记处。

❹ 使用合适的工具通过曲轴沿发动机运转方向转动发动机，然后将1号气缸的活塞置于上止点（TDC）处。

❺ 拆下链条张紧器。

❻ 标记正时链（3）相对于凸轮轴链轮（2）的位置。

❼ 依次拆下凸轮轴轴承盖（4,5）的螺钉/螺栓，然后拆下凸轮轴轴承盖（4,5）。

❽ 将进气凸轮轴（6）和排气凸轮轴（7）从正时链（3）上脱开，然后拆下。**注意**：用清洁的抹布盖住正时箱轴，否则发动机会损坏；固定正时链（3），以防滑落。

❾ 拆下进气凸轮轴（6）或排气凸轮轴（7）处的螺钉/螺栓（1）和凸轮轴链轮（2）。**注意**：更换凸轮轴链轮（2）时，遵照左旋螺纹的方向。

(4) 安装

❶ 将凸轮轴链轮（2）推到进气凸轮轴（6）和排气凸轮轴（7）上，然后用手拧紧螺钉/螺栓（1）。

注意：

a.如果更换了凸轮轴链轮（2）、进气凸轮轴（6）或排气凸轮轴（7），则将进气凸轮轴（6）和排气凸轮轴（7）钩到正时链（3）上，然后放入气缸盖的半轴承中，注意正时链（3）上的标记。

b.滑滚式凸轮随动件和凸轮轴支承点插入进气凸轮轴（6）和排气凸轮轴（7），使顶端（8）与标记（9）对齐。

❷ 安装凸轮轴轴承盖（4,5）。

注意：

a.按照与拆卸相反的顺序将凸轮轴轴承盖（4,5）安装到相同的位置。

b.一次拧一圈均匀地拧紧轴承盖螺栓。进气凸轮轴（6）和排气凸轮轴（7）非常易碎，应确保无张紧力地进行安装，以免损坏进气凸轮轴（6）和排气凸轮轴（7）。

❸ 安装链条张紧器。

❹ 向下拧紧凸轮轴链轮（2）。

❺ 检查凸轮轴的基本位置。

❻ 安装气缸盖罩。

❼ 安装气缸盖罩饰板。

4. 检查发动机正时链

(1) 专用工具

a.反向固定器 651 589 07 40 00（图3-12-11）；b.测量链条张紧器 651 589 11 63 00（图3-12-12）。

图 3-12-11

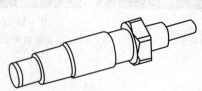

图 3-12-12

(2) 拆卸

❶ 拆下链条张紧器。

❷ 安装测量用链条张紧器。

正时链被拉伸后，必须更换：截至250000km，＞82mm；超过250000km，＞84mm。

（3）检查　通过曲轴沿发动机转动方向转动发动机 2 次，并确定测量用链条张紧器上的最大指示值。**注意**：此值通常在 1 号气缸点火上止点（TDC）时测得。

（4）安装　按照与拆卸的相反顺序进行安装。

5. 检查凸轮轴的基本位置

（1）专用工具　反向固定器 651 589 00 40 00（图 3-12-13）。

（2）带皮带轮的发动机　如图 3-12-14 所示。

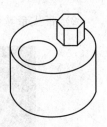

图 3-12-13

图 3-12-14

1—机油加注口；2—皮带轮/减振器；3—气缸体曲轴箱上的标记；A—进气凸轮轴上的标记；B—凸轮轴轴承盖上的标记；
C—凸轮轴霍尔传感器（B6/1）孔中的标记；D—排气凸轮轴分度轮上的标记

（3）拆卸与安装

❶ 拆下气缸盖罩饰板。

❷ 松开加油口盖。

❸ 拆下凸轮轴霍尔传感器。

❹ 使用反向固定器通过曲轴沿发动机运转方向转动发动机，将气缸 1 的活塞置于点火上止点。**注意**：不得反向转动发动机，否则正时链可能跳齿并导致发动机损坏；皮带轮/减振器（2）上的 0°标记必须与气缸体曲轴箱上的标记（3）对齐。

❺ 使用合适的工具通过曲轴沿发动机运转方向转动发动机，将气缸 1 的活塞置于点火上止点。

（4）检查

❶ 检查进气凸轮轴的设置。**注意**：进气凸轮轴上的标记（A）必须与凸轮轴轴承盖上的标记（B）重合。如果进气凸轮轴上的标记（A）不可见，则将曲轴转动一圈，设置到 0°，然后再次检查。如果标记（A,B）仍未重合，则调节凸轮轴。

❷ 检查排气凸轮轴的设置。**注意**：排气凸轮轴分度轮上的标记（D）必须与凸轮轴霍尔传感器孔中的标记（C）重合，如果标记（C,D）仍未重合，则调节凸轮轴。

6. 调节凸轮轴的基本位置

（1）专用工具

a. 反向固定器 651 589 00 40 00（图 3-12-15）；b. 固定套件 651 589 01 40 00（图 3-12-16）；c. 压紧装置 651 589 09 40 00（图 3-12-17）。

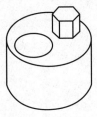　　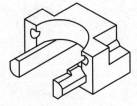　　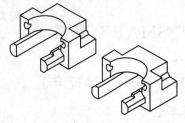

图 3-12-15　　　　图 3-12-16　　　　图 3-12-17

(2) 带皮带轮的发动机 如图 3-12-18 所示。

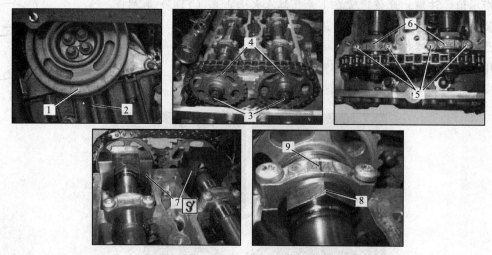

图 3-12-18
1—皮带轮/减振器；2—气缸体曲轴箱上的标记；3,5—螺钉/螺栓；4—凸轮轴链轮；6—凸轮轴轴承盖；
7—压紧装置；8—凸轮轴上的标记；9—凸轮轴轴承盖上的标记

(3) 拆卸

❶ 拆下气缸盖罩饰板。

❷ 拆下气缸盖罩。

❸ 使用反向固定器通过曲轴沿发动机运转方向转动发动机，将气缸 1 的活塞置于上止点处。

注意：

a. 切勿通过凸轮轴链轮的螺栓转动发动机。

b. 不得反向转动发动机，否则正时链会跳齿并导致发动机损坏。

c. 皮带轮/减振器（1）上的 0°标记必须与气缸体曲轴箱上的标记（2）匹配。

❹ 使用合适的工具通过曲轴沿发动机运转方向转动发动机，将气缸 1 的活塞置于上止点（TDC）处。

❺ 松开螺钉/螺栓（3），直至凸轮轴链轮（4）能够在凸轮轴上转动。**注意：**螺钉/螺栓（3）设计为左旋螺纹。

❻ 拆下螺钉/螺栓（5），然后拆下凸轮轴链轮（4）上两个凸轮轴处的凸轮轴轴承盖（6）。**注意：**取下之前，标记凸轮轴轴承盖（6）的安装位置。

❼ 放置带压紧装置（7）的凸轮轴。

❽ 拧紧凸轮轴链轮（4）上的螺钉/螺栓（3）。

❾ 拆下压紧装置（7）。

(4) 安装

❶ 将两个凸轮轴处的凸轮轴轴承盖（6）安装到凸轮轴链轮（4）上，然后拧紧螺钉/螺栓（5）。连接凸轮轴轴承盖到气缸盖的螺钉/螺栓的力矩：第 1 级为 5N·m；第 2 级为 9N·m。

注意：凸轮轴轴承盖（6）不对称，安装时应遵照标记，否则可能会损坏凸轮轴。

❷ 安装气缸盖罩。

❸ 安装气缸盖罩饰板。

第二节 SMART 车系

十三、M132（2010～2017 年）

1. 适用车型

Smart 系列（451）。

2. 更换发动机正时链

(1) 专用工具

a.固定锁 451 589 01 40 00（图 3-13-1）；b.适配器 451 589 01 63 00（图 3-13-2）。

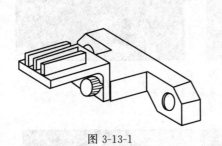

图 3-13-1　　　　　　图 3-13-2

(2) 132 发动机　如图 3-13-3 所示。

(3) 拆卸与安装

❶ 检查凸轮轴的基本位置。

❷ 拆下正时箱盖罩。

❸ 使用合适的螺丝刀向后转动链条张紧器（8）上的棘轮（9），然后通过孔（箭头 A）锁止链条张紧器（8）。

注意：

a. 为锁止链条张紧器（8），在其上的孔（箭头 A）中插入一个直径为 1.5mm 的销。

b. 将适配器安装到曲轴上，拆下起动机齿圈上的固定锁，然后沿发动机转动方向将发动机转动约 2 圈，直到曲轴链轮上的标记与气缸体曲轴箱上的标记彼此相对，再检查凸轮轴链轮（2）上的标记（箭头 B）与凸轮轴调节器（3）上的标记（箭头 C）是否彼此相对。如有必要，则拆下发动机正时链（1），然后再次装上。

图 3-13-3
1—发动机正时链；2—凸轮轴链轮；3—凸轮轴调节器；
4,5—螺栓；6—滑轨；7—张紧轨；8—链条张紧器；9—棘轮

❹ 松开螺栓（5），然后拆下滑轨（6）。安装时注意：检查滑轨（6）是否磨损，如有必要，则进行更换。

❺ 松开螺栓（4），然后拆下张紧轨（7）。安装时注意：检查张紧轨（7）是否磨损，如有必要，则进行更换。

❻ 取下发动机正时链（1）。安装发动机正时链（1）之前，注意检查凸轮轴链轮（2）上的标记（图 3-13-3 中箭头 B）与凸轮轴调节器（3）上的标记（图 3-13-3 中箭头 C）是否彼此相对。另外，必须适当地转动进气凸轮轴和排气凸轮轴。力矩：连接发动机正时链张紧轨到气缸盖的螺栓为 23N·m；连接发动机正时链滑轨到气缸盖的螺栓为 10N·m；连接发动机正时链滑轨到曲轴箱的螺栓为 10N·m。

3. 检查凸轮轴的基本位置

(1) 图示　如图 3-13-4～图 3-13-6 所示。

(2) 拆卸

❶ 拆下气缸盖罩。

❷ 分开右后轮。

❸ 拆下膨胀夹（1），然后拆下护盖（2）。

(3) 检查

❶ 通过曲轴皮带轮（3）的中央螺栓（4）沿发动机运转方向转动曲轴直到标记（图 3-13-5 中箭头 A

图 3-13-4

1—膨胀夹；2—护盖

图 3-13-5

3—曲轴皮带轮；4—中央螺栓；5—正时箱盖罩

图 3-13-6

5—正时箱盖罩；6—凸轮轴调节器；7—凸轮轴链轮

所示）可见。注意：不得反向转动曲轴，否则正时链会跳齿，从而导致发动机损坏。

❷ 使用合适的彩色铅笔，将曲轴皮带轮（3）上的标记（图 3-13-5 中箭头 A 所示）转移至曲轴皮带轮（3）的前侧（图 3-13-5 中箭头 B 所示）。

❸ 沿发动机运转方向转动曲轴直到标记（图 3-13-5 中箭头 B 所示）与正时箱盖罩（5）上的标记"10"（图 3-13-5 中箭头 C 所示）相一致。注意：标记"10"（图 3-13-5 中箭头 C 所示）位于上止点前（BTDC）10°处。

❹ 检查凸轮轴的调节情况。注意：检查凸轮轴调节器（6）上的标记（图 3-13-6 中箭头 E 所示）与凸轮轴链轮（7）上的标记（图 3-13-6 中箭头 D 所示）是否在正时箱盖罩（5）的上边缘高度处彼此相对，如果凸轮轴调节器（6）上的标记（图 3-13-6 中箭头 E 所示）和凸轮轴链轮（7）上的标记（图 3-13-6 中箭头 D 所示）不可见，则再一次转动曲轴。如果图 3-13-6 中箭头 D 所示的标记和图 3-13-6 中箭头 E 所示的标记不齐平，则调节凸轮轴的基本位置。

4. 校正凸轮轴的基本位置

（1）专用工具

a. 插入式适配器 001 589 01 16 01（图 3-13-7）；b. 套筒扳手套头 001 589 01 16 09（图 3-13-8）。

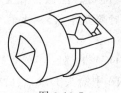
图 3-13-7

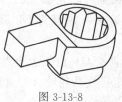
图 3-13-8

(2) 图示 如图 3-13-9 和图 3-13-10 所示。

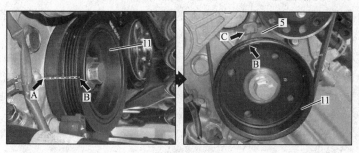

图 3-13-9
5—正时箱盖罩；11—曲轴皮带轮

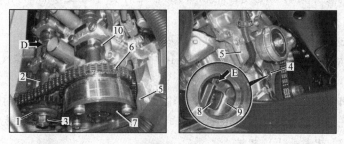

图 3-13-10
1—凸轮轴链轮；2—排气凸轮轴；3—螺栓；4—螺旋塞；5—正时箱盖罩；6—发动机正时链；
7—凸轮轴调节器；8—棘轮；9—链条张紧器；10—进气凸轮轴

(3) 已拆下的发动机 如图 3-13-11 所示。

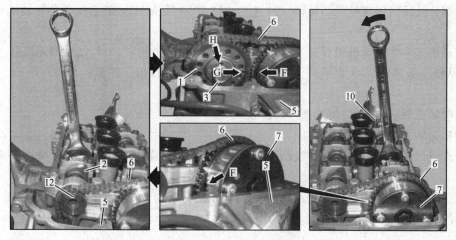

图 3-13-11
1—凸轮轴链轮；2—排气凸轮轴；3—螺栓；5—正时箱盖罩；6—发动机正时链；
7—凸轮轴调节器；10—进气凸轮轴；12—驱动器

(4) 拆卸

❶ 将进气凸轮轴（10）和排气凸轮轴（2）调至基本位置。**注意**：在整个校正过程中，曲轴皮带轮（11）上的标记（图 3-13-9 中箭头 A 或箭头 B）必须与正时箱盖罩（5）上的标记"10"（图 3-13-9 中箭头 C）相对应。

标记"10"（图 3-13-9 中箭头 C）位于上止点前（BTDC）10°处。

❷ 在六角部分处反向固定排气凸轮轴（2）（图 3-13-10 中箭头 D），然后松开凸轮轴链轮（1）上的螺栓（3）。

❸ 拆下正时箱盖罩（5）上的螺旋塞（4）。

❹ 使用合适的工具在凸轮轴链轮（1）和凸轮轴调节器（7）之间的区域中向下压发动机正时链（6），然后使用合适的螺丝刀向后推链条张紧器（9）上的棘轮（8），再锁止链条张紧器（9）。

注意：

a. 需要一个助手来压下发动机正时链（6）。

b. 为锁止链条张紧器（9），在其上的孔（图 3-13-10 中箭头 E）中插入一个直径为 1.5mm 的销子。

❺ 拆下螺栓（3），然后将凸轮轴链轮（1）从排气凸轮轴（2）上分开，并将其从发动机正时链（6）上拆下。

（5）调节

❶ 升起发动机正时链（6），然后通过六角部分沿箭头方向转动进气凸轮轴（10），直至凸轮轴调节器（7）上的标记（图 3-13-11 中箭头 F）达到正时箱盖罩接触面（5）的高度。

注意：切勿沿箭头的反方向转动进气凸轮轴（10），这样会导致发动机正时链（6）折起，从而造成损坏。

❷ 将发动机正时链（6）安放到凸轮轴调节器（7）的齿圈上。

❸ 通过六角部分转动排气凸轮轴（2）（图 3-13-10 中箭头 D），直至驱动器（12）与正时箱盖罩（5）的接触面垂直。

根据标记（图 3-13-11 中箭头 G）对正凸轮轴链轮（1），然后插入发动机正时链（6）中。

注意：标记（图 3-13-11 中箭头 G）必须位于正时箱盖罩（5）接触面的高度处，且与凸轮轴调节器（7）上的标记（图 3-13-11 中箭头 F）相对。

❹ 将螺栓（3）拧入排气凸轮轴（2），以进行定心。**注意**：仅将螺栓（3）安装入位，不要拧紧。

❺ 将带有开口（图 3-13-11 中箭头 H）的凸轮轴链轮（1）压到排气凸轮轴（2）的驱动器（12）上。

注意：如有必要，则通过六角部分转动排气凸轮轴。

（6）安装

❶ 在六角部分处反向固定排气凸轮轴（2）（图 3-13-10 中箭头 D），然后拧紧凸轮轴链轮（1）上的螺栓（3）。

❷ 使用合适的工具将发动机正时链（6）向下推入到凸轮轴链轮（1）与凸轮轴调节器（7）之间的区域内；将销子从链条张紧器（9）的孔中（图 3-13-10 中箭头 E）拉出。**注意**：需要一个助手来压下发动机正时链（6）。

❸ 拆下正时箱盖罩（5）上的螺旋塞（4）。

❹ 沿发动机运转方向转动发动机 2 圈。

❺ 再次检查进气凸轮轴（10）和排气凸轮轴（2）的基本位置。**注意**：如有必要，重复步骤（4）~（6）数次。

❻ 安装皮带轮（11）的护盖。力矩：正时箱盖罩的螺旋塞为 50N·m；连接凸轮轴链轮到排气凸轮轴的螺栓为 90N·m。

第四章
捷豹路虎车系

一、2.0T GTDi 汽油机（2012～2018 年）

（一）适用车型

路虎：极光 L538、神行者 2 L359、揽胜运动 L494、发现神行 L550，2012～2018 年。

捷豹：F-PACE/X761、XE/X760、XF/X250、XF/X260、XJ/X351，2013～2017 年。

（二）发动机正时校对

1. 专用工具

a.安装器，变速箱输出轴密封件 308-511（图 4-1-1）；b.锁定工具，传动盘 JLR-303-1594（图 4-1-2）；c.定位工具，曲轴减振器 JLR-303-1595（图 4-1-3）；d.锁定工具，凸轮轴 JLR-303-1600（图 4-1-4）；e.曲轴锁定工具 JLR-303-748（图 4-1-5）。

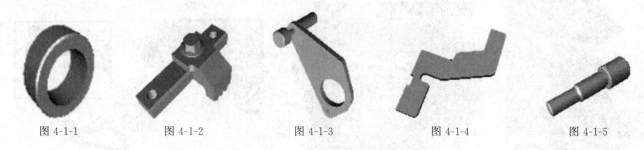

图 4-1-1　　　　图 4-1-2　　　　图 4-1-3　　　　图 4-1-4　　　　图 4-1-5

注意：工具 JLR-303-1565 将被 JLR-303-1600 取代，但仍可用于执行下列操作。

2. 维修步骤

❶ 拆卸螺栓（图 4-1-6）。

❷ 安装专用工具 JLR-303-748（图 4-1-7）。

❸ 顺时针旋转发动机，直至曲轴停靠在专用工具上，如图 4-1-8 所示。

图 4-1-6

图 4-1-7

图 4-1-8

❹ 小心：确保已安装新螺栓。

安装所有螺栓并用手拧紧，然后再紧固（图 4-1-9）。

❺ 安装专用工具 JLR-303-1594（图 4-1-10），扭矩为 40N·m。

❻ 用手拧紧（图 4-1-11）。

 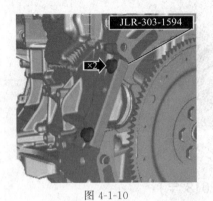 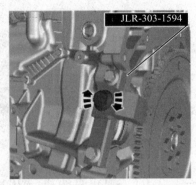

图 4-1-9　　　　　　　图 4-1-10　　　　　　　图 4-1-11

❼ 确保专用工具的正确位置（图 4-1-12）。
❽ 扭矩为 90N·m。
❾ 注意：按照图 4-1-13 所示顺序拧紧固定螺栓。
扭矩：级 1 为 50N·m；级 2 为 80N·m；级 3 为 112N·m。
❿ 安装一个新摩擦垫圈，留意曲轴链轮的方向（图 4-1-14）。
注意：安装但不要在此阶段拧紧固定件。

 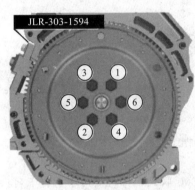 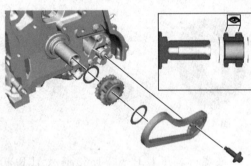

图 4-1-12　　　　　　　图 4-1-13　　　　　　　图 4-1-14

⓫ 旋转发动机，直至触发轮间隙和凸轮轴位置如图 4-1-15 所示。
⓬ 安装专用工具 JLR-303-1600（图 4-1-16）。

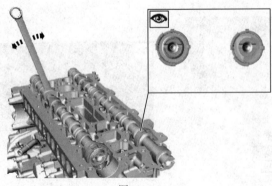 

图 4-1-15　　　　　　　　　　　　　图 4-1-16

⓭ 确保安装新的垫圈（图 4-1-17）。
⓮ 使用开口扳手夹住凸轮轴的六角部位以防止凸轮轴转动。确保这些部件均安装到拆除时记下的位置上（图 4-1-18）。此阶段仅用手指拧紧螺栓。

第四章 捷豹路虎车系 285

图 4-1-17

图 4-1-18

⑮ 安装正时链（图 4-1-19）。

⑯ 安装正时链导轨。扭矩为 10N·m（图 4-1-20）

⑰ 安装正时链张紧器。扭矩为 9N·m（图 4-1-21）。

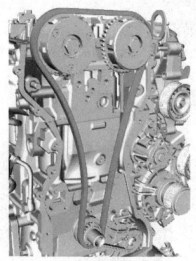

图 4-1-19

图 4-1-20

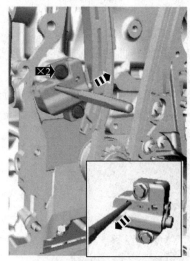

图 4-1-21

⑱ 使用开口扳手夹住凸轮轴的六角部位以防止凸轮轴转动（图 4-1-22）。扭矩为 72N·m。

⑲ 使用合适的工具，在安装中央螺栓时保持住机油泵轮（图 4-1-23）。扭矩为 25N·m。

⑳ 在发动机前盖上涂抹宽为 4～7mm 的密封剂 WSE-M4G323-A6，如图 4-1-24 所示。必须在密封剂涂抹的 10min 之内安装部件并紧固。

图 4-1-22

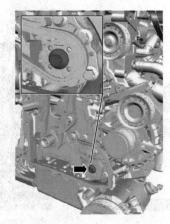

图 4-1-23

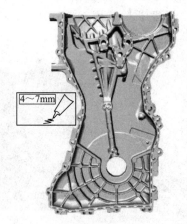

图 4-1-24

㉑ 按照图 4-1-25 所示顺序拧紧螺栓。扭矩：M6 为 10N·m；M10 为 48N·m。

㉒ 安装专用工具 308-511（图 4-1-26）。

㉓ 此阶段仅用手指紧固螺栓，确保接合面干净且没有杂质（图 4-1-27）。

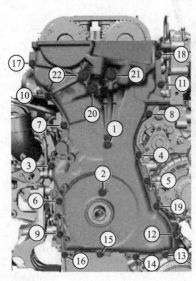

图 4-1-25

图 4-1-26

图 4-1-27

注意：安装前，在减振器封接面上涂抹 WSS-M2C913-B 或 WSS-M2C913-C 机油。

㉔ 旋转曲轴减振器，以对齐专用工具 303-1595，不要旋转曲轴，确保专用工具正确的位置。安装专用工具 JLR-303-1595（图 4-1-28）。

㉕ 扭矩（图 4-1-29）：级 1 为 100N·m；级 2 为松开 90°。

㉖ 拆除专用工具 JLR-303-1595（图 4-1-30）。

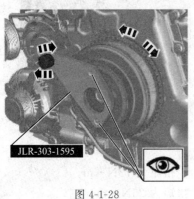

图 4-1-28

图 4-1-29

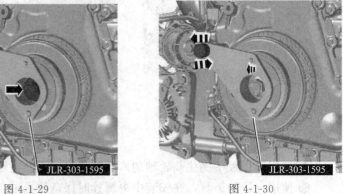

图 4-1-30

㉗ 拆除专用工具 JLR-303-1600（图 4-1-31）。

㉘ 拆除专用工具 JLR-303-1594（图 4-1-32）。

图 4-1-31

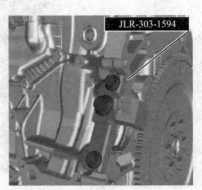

图 4-1-32

㉙ 拆除专用工具 JLR-303-748（图 4-1-33）。
㉚ 扭矩为 25N·m（图 4-1-34）。

图 4-1-33

图 4-1-34

二、2.0L 汽油机 INGENIUM I4（2016~2018 年）

（一）适用车型

路虎：极光 L538、揽胜运动 L494、神行者 L550、发现 L462、揽胜 VELAR L560。

捷豹：E-PACE/X540、F-PACE/X761、F-TYPE/X152、XE/X760、XF/X260。

操作视频

操作视频

（二）拆卸与安装下部正时链

1. 专用工具

a. 曲轴皮带轮锁定工具 JLR-303-1630（图 4-2-1）；b. 凸轮轴设置工具 JLR-303-1635（图 4-2-2）；c. 锁定工具，可变凸轮轴正时执行器 JLR-303-1636（图 4-2-3）。

图 4-2-1

图 4-2-2

图 4-2-3

2. 拆卸步骤

❶ 断开启动蓄电池接地电缆。

❷ 拆下机罩。

❸ 拆下上部正时盖。

❹ 拆下下部正时盖。

❺ 卸下增压空气冷却器。

❻ 松开卡夹（图 4-2-4）。

❼ 卸下两个螺母（图 4-2-5）。

❽ 使用专用工具 JLR-303-1630 拆下增压空气散热器支架（图 4-2-6）。

❾ 如图 4-2-7 所示，安装专用工具 JLR-303-1630。

❿ 顺时针旋转专用工具 JLR-303-1630，直到正时标记对齐在步骤⓫和⓬图示的位置。

⓫ 确保正时标记如图 4-2-8 所示对齐。

⓬ 确保正时标记如图 4-2-9 所示对齐。扭矩为 13N·m。

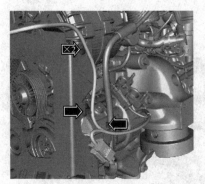
图 4-2-4

图 4-2-5

图 4-2-6

图 4-2-7

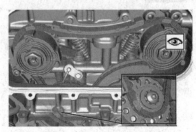
图 4-2-8

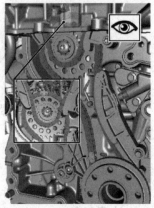
图 4-2-9

⑬ 如图 4-2-10 所示，安装专用工具 JLR-303-1635。扭矩为 13N·m。
⑭ 如图 4-2-11 所示，安装专用工具 JLR-303-1636。
⑮ 安装专用工具的其余部件。
⑯ 使用专用工具 JLR-303-1630，将曲轴锁定到位（图 4-2-12）。

图 4-2-10

图 4-2-11

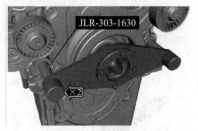
图 4-2-12

⑰ 拧松可变凸轮轴正时（VCT）螺栓，但不要完全拆下（图 4-2-13）。
⑱ 拆下上部正时链张紧器（图 4-2-14）。专用工具：JLR-303-1636。
⑲ 拆除专用工具（图 4-2-11）。
⑳ 拆下之前，请记住 VCT 所处的位置，VCT 与凸轮轴配对。

图 4-2-13

图 4-2-14

图 4-2-15

㉑ 拆下 VCT 执行器和螺栓（图 4-2-15）。

㉒ 拆下正时链导轨（图 4-2-16）。

㉓ 拆除左侧正时链导轨。

㉔ 拆下正时链张紧器导轨（图 4-2-17）。

㉕ 从惰轮链轮上松开正时链并拆下（图 4-2-18）。

操作视频

图 4-2-16

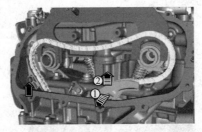

图 4-2-17

图 4-2-18

㉖ 拆下正时链导轨螺栓（图 4-2-19）。

㉗ 卸下正时链张紧器（图 4-2-20）。

㉘ 拆下正时链张紧器导轨和螺栓（图 4-2-21）。

图 4-2-19

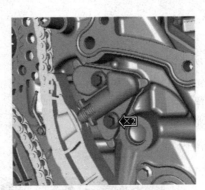

图 4-2-20

图 4-2-21

㉙ 拆下正时链导轨和螺栓（图 4-2-22）。

㉚ 拆下惰轮链轮（图 4-2-23）。

㉛ 拆下下部正时链（图 4-2-24）。

图 4-2-22

图 4-2-23

图 4-2-24

3. 安装步骤

❶ 将正时链安装至惰轮链轮上。
❷ 确保带有颜色的链节如图 4-2-25 所示对齐。
❸ 安装正时链和惰轮链轮。
❹ 确保正时标记按如图 4-2-26 所示对齐。扭矩为 35N·m。
❺ 确保正时标记按如图 4-2-27 所示对齐。

操作视频

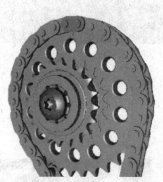
图 4-2-25

图 4-2-26

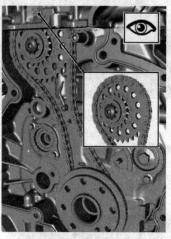
图 4-2-27

❻ 安装下部正时链导轨和螺栓。
❼ 确保正时标记按如图 4-2-28 所示对齐。
❽ 更换零部件：下部正时链导轨。扭矩为 25N·m。
❾ 安装正时链张紧器导轨和螺栓（图 4-2-29）。
❿ 更换零部件：下部正时链导轨。扭矩为 11N·m。
⓫ 确保棘轮卡夹位于第一个凹槽中（图 4-2-30）。

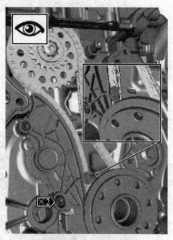
图 4-2-28

图 4-2-29

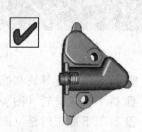
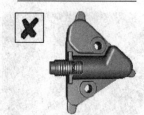
图 4-2-30

⓬ 安装下部正时链张紧器（图 4-2-31）。扭矩为 11N·m。
⓭ 松开下部正时链张紧器活塞（图 4-2-32）。
注意：保持链条上的张力，以防止带有颜色的链节脱离链轮的位置。
⓮ 安装上部正时链。
⓯ 确保带有颜色的链节按如图 4-2-33 所示对齐。

 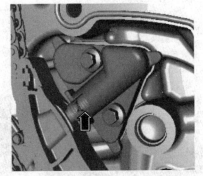 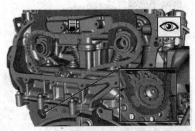

图 4-2-31　　　　　　　图 4-2-32　　　　　　　图 4-2-33

注意：保持链条上的张力，以防止带有颜色的链节脱离链轮的位置。

⑯ 安装新的左侧正时链导轨（图 4-2-34）。扭矩为 25N·m。

⑰ 更换零部件：上部正时链导轨。

⑱ 确保将此部件安装到先前记下的位置。

⑲ 安装进气可变凸轮轴正时（VCT）执行器。

⑳ 确保凸轮轴定位销正确定位到 VCT 执行器中，如图 4-2-35 所示。

㉑ 确保正时链上的带有颜色的链节与 VCT 执行器上的凹槽对齐。

扭矩：级 1 为 10N·m；级 2 为松开 90°。

㉒ 安装新的正时链张紧器导轨（图 4-2-36）。

更换零部件：上部正时链导轨。

操作视频

图 4-2-34　　　　　　　图 4-2-35　　　　　　　图 4-2-36

㉓ 确保将此部件安装到先前记下的位置。

㉔ 安装排气可变凸轮轴正时（VCT）执行器。

㉕ 确保凸轮轴定位销正确定位到 VCT 执行器中。

㉖ 确保正时链上的带有颜色的链节与 VCT 执行器上的凹槽对齐，如图 4-2-37 所示。

扭矩：级 1 为 10N·m；级 2 为松开 90°。

㉗ 安装新的正时链导轨（图 4-2-38）。

扭矩为 11N·m。更换零部件：上部正时链导轨。

㉘ 如图 4-2-39 所示，安装专用工具 JLR-303-1636。扭矩为 13N·m。

㉙ 确保棘轮卡夹位于第一个凹槽中（图 4-2-40）。

㉚ 安装正时链张紧器（图 4-2-41），扭矩为 55N·m。

小心：确保正时链张紧器活塞完全伸展。

㉛ 释放次级正时链张紧器活塞（图 4-2-42）。

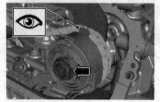

图 4-2-37　　　　　图 4-2-38　　　　　图 4-2-39

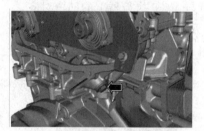

图 4-2-40　　　　　图 4-2-41　　　　　图 4-2-42

㉜ 完全拧紧 VCT 螺栓（图 4-2-43）。

扭矩：级 1 为 25N·m；级 2 为拧紧 60°。

㉝ 拆除专用工具 JLR-303-1636（图 4-2-39）。

㉞ 拆除专用工具 JLR-303-1635（图 4-2-44）。

㉟ 拆除专用工具 JLR-303-1630（图 4-2-45）。

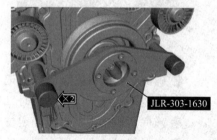

图 4-2-43　　　　　图 4-2-44　　　　　图 4-2-45

㊱ 安装增压空气散热器支架（图 4-2-46）。扭矩为 47N·m。

㊲ 安装 2 个螺母（图 4-2-47）。扭矩为 10N·m。

㊳ 安装各个卡扣（图 4-2-48）。

㊴ 安装增压空气冷却器。

㊵ 安装下部正时盖。

㊶ 安装上部正时盖。

操作视频

第四章　捷豹路虎车系　293

图 4-2-46

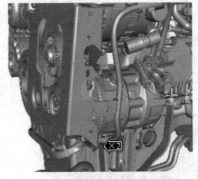

图 4-2-47

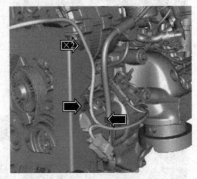

图 4-2-48

㊷ 连接启动蓄电池接地电缆。

㊸ 安装发动机罩。

(三) 拆卸和安装上部正时链

1. 专用工具

　　a. 曲轴皮带轮锁定工具 JLR-303-1630（图 4-2-49）；b. 凸轮轴设置工具 JLR-303-1635（图 4-2-50）；c. 锁定工具，可变凸轮轴正时执行器 JLR-303-1636（图 4-2-51）。

图 4-2-49

图 4-2-50

图 4-2-51

2. 拆卸步骤

❶ 以合适的两柱举升机升起并支撑车辆。

❷ 断开启动蓄电池接地电缆。

❸ 拆下机罩。

❹ 拆下上部正时盖。

❺ 卸下增压空气冷却器。

❻ 松开 5 个侧面固定夹（图 4-2-52）。

❼ 松开 2 个前卡夹（图 4-2-53）。

❽ 拆下增压空气冷却器支架（图 4-2-54）。

操作视频

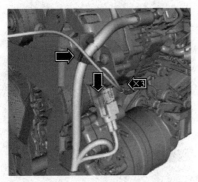

图 4-2-52

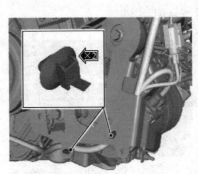

图 4-2-53

图 4-2-54

⑨ 如图 4-2-55 所示，安装专用工具。

⑩ 顺时针旋转专用工具，直至正时标记按图 4-2-55 中所示对齐。扭矩为 13N·m。

⑪ 如图 4-2-56 所示，安装专用工具。扭矩为 13N·m。

⑫ 如图 4-2-57 所示，安装专用工具。

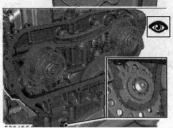

图 4-2-55

图 4-2-56

图 4-2-57

⑬ 安装专用工具的其余部件。

⑭ 使用专用工具，将曲轴锁定到位（图 4-2-58）。

⑮ 拧松可变凸轮轴正时（VCT）螺栓，但不要完全拆下（图 4-2-43）。

⑯ 拆下上部正时链张紧器（图 4-2-59）。

⑰ 拆除专用工具（图 4-2-57）。

⑱ 拆下之前，请记住 VCT 所处的位置，VCT 与凸轮轴配对。

⑲ 拆下 VCT 执行器和螺栓（图 4-2-60）。

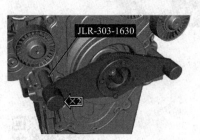

图 4-2-58

图 4-2-59

图 4-2-60

⑳ 每次拆下 VCT 螺栓时，都使用合适的中心冲在螺栓头上做标记。

㉑ VCT 螺栓最多只能使用 3 次，达到此极限之后，必须将其拆下并丢弃。

㉒ 拆下正时链导轨（图 4-2-61）。

㉓ 拆除左侧正时链导轨。

㉔ 拆下正时链张紧器导轨（图 4-2-62）。

㉕ 从惰轮链轮上松开正时链并拆下（图 4-2-63）。

图 4-2-61

图 4-2-62

图 4-2-63

3. 安装步骤

注意：保持链条上的张力，以防止彩色链节脱离链轮的位置。

❶ 安装上部正时链。

❷ 确保彩色链节按如图 4-2-64 所示对齐。

❸ 安装新的左侧正时链导轨（图 4-2-65），扭矩为 25N·m。

更换零部件：上部正时链导轨。

注意：VCT 螺栓最多只能使用 3 次。

❹ 确保将此部件安装到先前记下的位置。

❺ 安装进气可变凸轮轴正时（VCT）执行器。

❻ 确保凸轮轴定位销正确定位到 VCT 执行器中，如图 4-2-66 所示。

❼ 确保正时链上的彩色链节与 VCT 执行器上的凹槽对齐。

操作视频

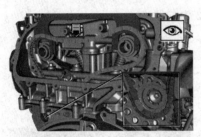  

图 4-2-64　　　　图 4-2-65　　　　图 4-2-66

扭矩：级 1 为 10N·m；级 2 为松开 90°。

❽ 安装新的正时链张紧器导轨（图 4-2-67）。

更换零部件：上部正时链导轨。

❾ 确保将此部件安装到先前记下的位置。

❿ 安装排气可变凸轮轴正时（VCT）执行器。

⓫ 确保凸轮轴定位销正确定位到 VCT 执行器中，如图 4-2-68 所示。

⓬ 确保正时链上的彩色链节与 VCT 执行器上的凹槽对齐。

扭矩：级 1 为 10N·m；级 2 为松开 90°。

⓭ 安装新的正时链导轨（图 4-2-69），扭矩为 11N·m。

更换零部件：上部正时链导轨。

⓮ 确保棘轮卡夹位于第一个凹槽中（图 4-2-70）。

图 4-2-67

图 4-2-68　　　　图 4-2-69　　　　图 4-2-70

⑮ 如图 4-2-71 所示，安装专用工具，扭矩为 13N·m。
⑯ 安装正时链张紧器（图 4-2-72），扭矩为 55N·m。

小心：确保正时链张紧器活塞完全伸展。

⑰ 松开上部正时链张紧器活塞（图 4-2-73）。

操作视频

图 4-2-71

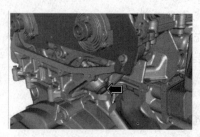
图 4-2-72

图 4-2-73

⑱ 完全拧紧 VCT 螺栓（图 4-2-74），扭矩：级 1 为 25N·m；级 2 为拧紧 60°。
⑲ 拆除专用工具（JLR-303-1636）（图 4-2-71）。
⑳ 拆除专用工具（JLR-303-1639）（图 4-2-75）。
㉑ 安装上部正时盖。
㉒ 拆除专用工具（JLR-303-1630）（图 4-2-76）。

图 4-2-74

图 4-2-75

图 4-2-76

㉓ 安装增压空气散热器支架并拧紧紧固螺栓至正确扭矩（图 4-2-77），扭矩为 47N·m。
㉔ 安装 2 个固定夹（图 4-2-78）。
㉕ 安装 5 个固定夹（图 4-2-79）。

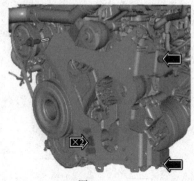
图 4-2-77

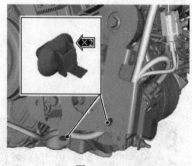
图 4-2-78

图 4-2-79

㉖ 安装增压空气冷却器。
㉗ 安装发动机罩。
㉘ 连接启动蓄电池接地电缆。

三、2.0L 柴油机 INGENIUM I4（2016～2018 年）

（一）适用车型

路虎：极光 L538、揽胜运动 L494、神行者 L550、发现 L462、揽胜 VELARL560。

捷豹：E-PACE/X540、F-PACE/X761、XE/X760、XF/X260。

（二）拆卸和安装上部正时链

1. 专用工具

a. 凸轮轴设置工具 JLR-303-1625（图 4-3-1）；b. 曲轴皮带轮锁定工具 JLR-303-1630（图 4-3-2）；c. 锁定工具，可变凸轮轴正时单元 JLR-303-1631（图 4-3-3）。

图 4-3-1

图 4-3-2

图 4-3-3

2. 拆卸步骤

❶ 断开蓄电池接地电缆。

❷ 抬起并支撑车辆。

警告：确保采用车轴支架支撑车辆。

❸ 拆卸辅助隔板左侧面板。

❹ 拆卸机罩。

❺ 拆卸上部正时盖。

❻ 拆卸增压空气冷却器。

❼ 拆卸卡扣（图 4-3-4）。

❽ 拆卸固定螺栓及卡扣（图 4-3-5）。

❾ 拆卸支架（图 4-3-6）。

图 4-3-4

图 4-3-5

图 4-3-6

小心：确保凸轮轴正时标记以规定方式定位。

❿ 使用专用工具 JLR-303-1630 和 JLR-303-1625 旋转曲轴，直至可以安装凸轮轴锁定工具（图 4-3-7）。扭矩为 10N·m（图 4-3-8）。

⓫ 逆时针旋转曲轴。专用工具：JLR-303-1630（图 4-3-9）。

⓬ 安装 2 个螺栓（图 4-3-9）。

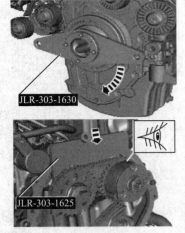

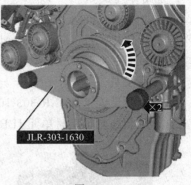

图 4-3-7　　　　　　　　图 4-3-8　　　　　　　　图 4-3-9

注意：正时链将不会在如图 4-3-10 所示的位置处于张紧状态。

⑬ 安装专用工具 JLR-303-1631（图 4-3-11）。

⑭ 拧松，但不要完全卸下螺母（图 4-3-12）。

⑮ 拆除专用工具 JLR-303-1631。

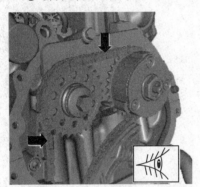

图 4-3-10　　　　　　　图 4-3-11　　　　　　　图 4-3-12

⑯ 拆下并保留液压正时链张紧器，以便安装（图 4-3-13）。

⑰ 拆下可变气门正时（VVT）装置（图 4-3-14）。

⑱ 拆除固定正时链导轨（图 4-3-15）。

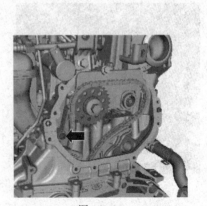

图 4-3-13　　　　　　　图 4-3-14　　　　　　　图 4-3-15

⑲ 拆下正时链张紧器杆臂（图 4-3-16）。

⑳ 卸下正时链（图 4-3-17）。

3. 安装步骤

❶ 安装正时链。

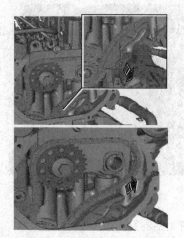

小心：确保正时链上突出显示的链节与正时标记对齐。

❷ 安装 VVT 装置（图 4-3-18）。

❸ 在此阶段，安装螺栓，但不要完全拧紧。

图 4-3-16　　　　　图 4-3-17　　　　　

图 4-3-18

❹ 使用合适的工具，拆下并丢弃下部正时链罩堵头（图 4-3-19）。

小心：确保正时链定位于惰轮上（图 4-3-20）。

❺ 确保安装新的下部正时链堵头。

更换零部件：下部正时盖罩塞。

注意：此步骤可确保将正时链定位于齿轮上的正确位置（图 4-3-21）。

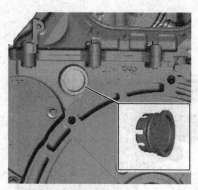  

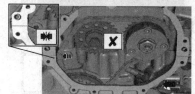

图 4-3-19　　　　　图 4-3-20　　　　　图 4-3-21

安装先前固定的液压张紧器，使其完全释放。当链条处于此状况下时，将对面链条的左侧推向气缸盖，链条和气缸盖之间应存在间隙。如果正时链未处于此情况下，或没有间隙，则重新定位惰轮上的正时链，然后重新测量。

拆下并丢弃液压张紧器。更换零部件：正时链张紧器。

注意：如果无法安装正时链张紧器杆臂，请参考上一步骤。

❻ 安装新的正时链张紧器杆臂（图 4-3-22）。

更换零部件：正时链张紧器。

❼ 安装专用工具 JLR-303-1631（图 4-3-23）。

❽ 安装一个新螺栓（图 4-3-24）。

扭矩：级 1 为 10N·m；级 2 为松开 90°；级 3 为 25N·m；级 4 为拧紧 40°。

❾ 拆除专用工具（图 4-3-23）。

❿ 安装新的固定正时链导轨（图 4-3-25）。

更换零部件：上部正时链导轨。扭矩为 25N·m。

图 4-3-22

图 4-3-23

图 4-3-24

图 4-3-25

图 4-3-26

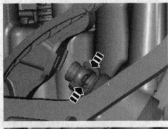

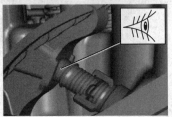

图 4-3-27

⑪ 安装新的液压正时链张紧器（图 4-3-26）。

更换零部件：正时链张紧器。扭矩为 55N·m。

小心：确保下部正时链张紧器完全展开（图 4-3-27）。

⑫ 拆除专用工具 JLR-303-1625（图 4-3-28）。

⑬ 拆除专用工具 JLR-303-1630（图 4-3-29）。

⑭ 安装上部正时盖。

⑮ 扭矩为 40N·m（图 4-3-30）和 12N·m（图 4-3-31）。

⑯ 安装卡扣（图 4-3-32）。

⑰ 安装增压空气冷却器。

⑱ 安装机罩。

⑲ 安装辅助隔板左侧面板。

⑳ 安装蓄电池。

图 4-3-28

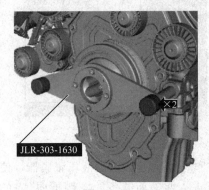

图 4-3-29

图 4-3-30

图 4-3-31

图 4-3-32

（三）拆卸与安装下部正时链

1. 专用工具

a.凸轮轴设置工具JLR-303-1625（图4-3-33）；b.曲轴皮带轮锁定工具JLR-303-1630（图4-3-34）；c.可变凸轮轴正时单元锁定工具JLR-303-1631（图4-3-35）。

图4-3-33

图4-3-34

图4-3-35

2. 拆卸步骤

❶ 断开蓄电池接地电缆。

❷ 抬起并支撑车辆。

警告：确保采用车轴支架支撑车辆。

❸ 卸下增压空气冷却器。

❹ 拆下上部正时盖。

❺ 拆下下部正时盖。

❻ 断开电气接头，然后松开接线线束（图4-3-32）。

❼ 拆下支架固定螺母并松开接线线束（图4-3-36）。

❽ 拆下两个紧固螺栓，并拆下支架（图4-3-37）。

小心：确保凸轮轴正时标记以规定方式定位。

❾ 使用专用工具JLR-303-1630和JLR-303-1625旋转曲轴，直至可以安装凸轮轴锁定工具（图4-3-38）。

图4-3-36

图4-3-37

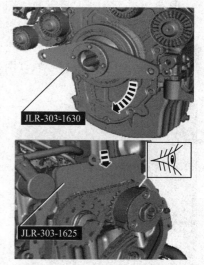

图4-3-38

❿ 安装专用工具JLR-303-1625固定螺栓（图4-3-39）。扭矩为10N·m。

⓫ 逆时针旋转曲轴。

⓬ 安装专用工具JLR-303-1630，然后拧紧两个固定销（图4-3-40）。

⓭ 正时链将不会在如图4-3-41所示的位置处张紧状态。

⓮ 安装专用工具JLR-303-1631（图4-3-42），扭矩为10N·m。

⓯ 拧松，但不要完全卸下螺母（图4-3-43）。

⓰ 拆除专用工具JLR-303-1631。

⓱ 拆下并弃用液压正时链张紧器（图4-3-44）。

图 4-3-39

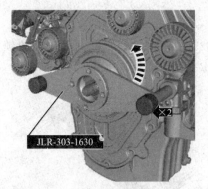
图 4-3-40

图 4-3-41

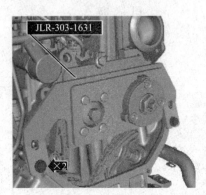
图 4-3-42

图 4-3-43

图 4-3-44

⑱ 拆下并弃用正时链导轨（图 4-3-45）。
⑲ 卸下凸轮轴链轮。
⑳ 弃用螺栓（图 4-3-46）。
㉑ 拆下并弃用正时链导轨（图 4-3-47）。

图 4-3-45

图 4-3-46

图 4-3-47

㉒ 卸下正时链（图 4-3-48）。
㉓ 正时链将不会在如图 4-3-49 所示的位置处于张紧状态。
㉔ 拆下并弃用液压正时链张紧器（图 4-3-50）。
㉕ 拆下并弃用正时链导轨（图 4-3-51）。
㉖ 拆下并弃用正时链导轨（图 4-3-52）。
㉗ 拆下紧固螺栓，并拆下正时齿轮（图 4-3-53）。

图 4-3-48

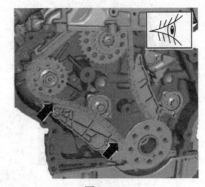
图 4-3-49

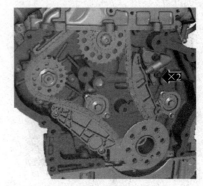
图 4-3-50

图 4-3-51

图 4-3-52

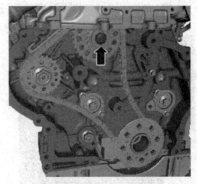
图 4-3-53

㉘ 拆下并弃用正时链导轨（图 4-3-54）。

㉙ 卸下正时链（图 4-3-55）。

3. 安装步骤

❶ 确保燃油泵链轮与气缸缸体上的正时标记对准（图 4-3-56）。

图 4-3-54

图 4-3-55

图 4-3-56

❷ 安装正时链。

❸ 安装新的正时链导轨（图 4-3-57）。更换零部件：下部正时链导轨。扭矩为25N·m。

❹ 确保正时链上突出显示的链节与正时标记对齐，如图 4-3-57 所示。

❺ 安装新的正时链导轨（图 4-3-58）。更换零部件：下部正时链导轨。扭矩为25N·m。

❻ 安装正时齿轮，并拧紧紧固螺栓（图 4-3-59），扭矩为35N·m。

❼ 安装新的正时链导轨。更换零部件：下部正时链导轨（图 4-3-60）。扭矩为12N·m。

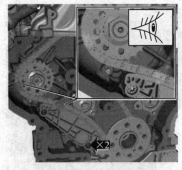  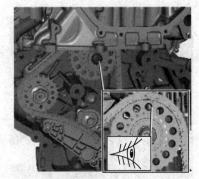

图 4-3-57　　　　　　　　　图 4-3-58　　　　　　　　　图 4-3-59

❽ 安装新的液压正时链张紧器（图 4-3-61）。更换零部件：正时链张紧器，扭矩为 12N·m。
❾ 确保正时链张紧器完全展开（图 4-3-62）。

 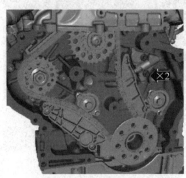 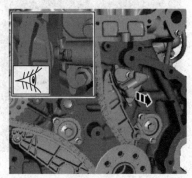

图 4-3-60　　　　　　　　　图 4-3-61　　　　　　　　　图 4-3-62

❿ 安装正时链（图 4-3-63）。
⓫ 安装新的正时链导轨（图 4-3-64）。更换零部件：下部正时链导轨，扭矩为 25N·m。
⓬ 安装凸轮轴链轮。在此阶段，安装一个新的螺栓，但不要完全拧紧螺栓（图 4-3-65）。更换零部件：可变凸轮轴正时执行器螺栓。

图 4-3-63　　　　　　　　　图 4-3-64　　　　　　　　　图 4-3-65

⓭ 安装新的正时链导轨（图 4-3-66）。更换零部件：上部正时链导轨，扭矩为 25N·m。
⓮ 安装新的液压正时链张紧器（图 4-3-67）。更换零部件：正时链张紧器，扭矩为 55N·m。
⓯ 确保正时链张紧器完全展开（图 4-3-68）。
⓰ 安装专用工具 JLR-303-1631（图 4-3-69），扭矩为 10N·m。
⓱ 拧紧 VVT 紧固螺栓（图 4-3-70），扭矩：级 1 为 10N·m；级 2 为松开 90°；级 3 为 25N·m；级 4 为拧紧 40°。

 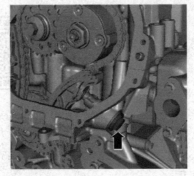 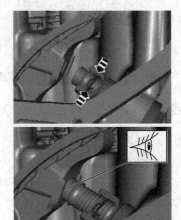

图 4-3-66　　　　　图 4-3-67　　　　　图 4-3-68

⑱ 拆除专用工具 JLR-303-1631。
⑲ 拆除专用工具 JLR-303-1625（图 4-3-71）
⑳ 拆除专用工具 JLR-303-1630（图 4-3-72）。
㉑ 安装支架并拧紧紧固螺栓（图 4-3-73），扭矩为 40N·m。

  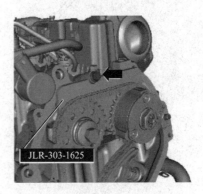

图 4-3-69　　　　　图 4-3-70　　　　　图 4-3-71

㉒ 安装支架固定螺母并固定接线线束（图 4-3-74），扭矩为 12N·m。
㉓ 连接电气接头并固定接线线束（图 4-3-75）。

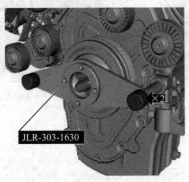 

图 4-3-72　　　　　图 4-3-73

图 4-3-74　　　　　图 4-3-75

㉔ 安装下部正时盖。
㉕ 安装上部正时盖。
㉖ 安装增压空气冷却器。
㉗ 重新连接蓄电池接地电缆。

操作视频　　操作视频　　操作视频　　操作视频

四、2.2L TD4 柴油机（2007～2017 年）

（一）适用车型

路虎：神行者 2L359、极光 L538、揽胜运动 L494、神行者 L550，2007～2017 年。

捷豹：XF/X250，2012～2015 年。

（二）凸轮轴正时检查与调节

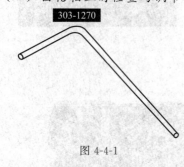

图 4-4-1

1. 专用工具

a. 正时销，曲轴 303-1270（图 4-4-1）；b. 正时销，凸轮轴 303-1277（图 4-4-2）。

2. 检查与调节步骤

❶ 断开蓄电池接地电缆的连接。
❷ 抬起并支撑车辆。
警告：确保采用车轴支架支撑车辆。
❸ 拆除右前挡泥板。

图 4-4-2

❹ 拆卸起动机。
❺ 拆卸卡扣（图 4-4-3）。
❻ 拆卸盖子（图 4-4-4）。

图 4-4-3

图 4-4-4

❼ 安装专用工具 303-1277（图 4-4-5）。
❽ 拆卸 2 个卡扣（图 4-4-6）。
❾ 拆卸固定螺栓（图 4-4-7），扭矩为 23N·m。

图 4-4-5

图 4-4-6

图 4-4-7

⑩ 安装专用工具 303-1270（图 4-4-8）。

⑪ 如果发现凸轮轴正时不正确，则继续进行调整。

⑫ 安装起动机。

⑬ 安装右前挡泥板。

⑭ 连接蓄电池接地电缆。

图 4-4-8

（三）拆卸和安装正时皮带

1. 专用工具

a. 正时销，曲轴 303-1270（图 4-4-9）；b. 锁定工具，飞轮 303-1272（图 4-4-10）；c. 正时销，凸轮轴 303-1277（图 4-4-11）。

图 4-4-9

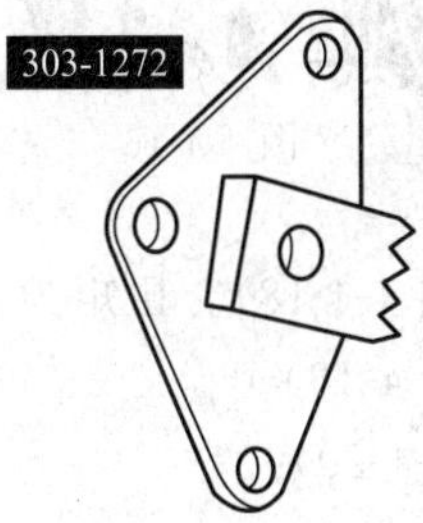

图 4-4-10

图 4-4-11

2. 拆卸步骤

❶ 断开蓄电池接地电缆。

❷ 抬起并支撑车辆。

警告：确保采用车轴支架支撑车辆。

❸ 拆卸正时盖。

❹ 释放正时皮带张紧力。

❺ 卸下正时皮带（图 4-4-12）。

❻ 检查滚轮和张紧器的状况（图 4-4-13）。

❼ 检查冷却液泵的状况。

❽ 如果需要，请将上述任何部件换新。

操作视频

图 4-4-12

图 4-4-13

图 4-4-14

3. 安装步骤

❶ 利用键槽使键位于中心（图 4-4-14）。

小心：拆卸正时皮带时切勿转动曲轴或凸轮轴。

❷ 安装新的正时皮带。

❸ 启动凸轮轴带轮，按照图 4-4-15 所示的顺序，沿顺时针方向安装正时皮带。

❹ 轻轻拧紧正时皮带张紧器螺栓。

❺ 使用 Allen 键，逆时针调整张紧力，直至指针位于规定位置。
❻ 拧紧张紧器螺栓（图 4-4-16），扭矩为 25N·m。
❼ 安装磁阻环（图 4-4-17）。

图 4-4-15　　　　　图 4-4-16　　　　　图 4-4-17

❽ 使用原装螺栓安装曲轴减振器（图 4-4-18）。扭矩为 70N·m。
❾ 卸下曲轴锁定工具 303-1272（图 4-4-19）。
❿ 卸下曲轴正时工具 303-1270（图 4-4-20）。

图 4-4-18　　　　　图 4-4-19　　　　　图 4-4-20

⑪ 卸下凸轮轴链轮正时工具 303-1277（图 4-4-21）。
⑫ 顺时针旋转发动机整整 10 周。
⑬ 安装曲轴正时工具 303-1270。
⑭ 安装凸轮轴链轮正时工具 303-1277。
⑮ 安装曲轴锁定工具 303-1272。
⑯ 松开曲轴减振器螺栓（图 4-4-22）。

操作视频

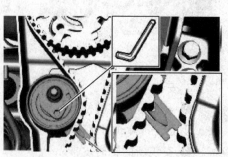

图 4-4-21　　　　　图 4-4-22　　　　　图 4-4-23

小心：如果指针位置不正确，请重复正时皮带张紧操作。

⑰ 松开正时皮带张紧器螺栓。

⑱ 使用 Allen 键，顺时针调整张紧力，直至指针位于规定位置。

⑲ 拧紧张紧器螺栓（图 4-4-23），扭矩为 25N·m。

⑳ 拧紧曲轴减振器，扭矩为 70N·m。

㉑ 卸下曲轴锁定工具 303-1272。

㉒ 卸下曲轴正时工具 303-1270。

㉓ 卸下凸轮轴链轮正时工具 303-1277。

㉔ 顺时针旋转发动机整整 2 周。

㉕ 检查正时皮带张紧器是否处于正确位置。如果正时皮带张紧器不在正确位置，请重复设置步骤。

㉖ 安装曲轴正时工具 303-1270。

㉗ 安装曲轴锁定工具 303-1272。

㉘ 安装凸轮轴链轮正时工具 303-1277。

㉙ 卸下凸轮轴减振器。

㉚ 卸下磁阻环。

㉛ 安装正时盖。

㉜ 安装凸轮轴带轮。

㉝ 连接蓄电池接地电缆。

操作视频　操作视频　操作视频

五、3.0L TDV6 柴油机（2011～2018 年）

（一）适用车型

路虎：揽胜运动 L320、发现 4L319、极光 L538、揽胜运动 L494、神行者 L550、发现 L462、揽胜 VELAR L560。

捷豹：F-PACE/X761、XE/X760、XF/X250、XF/X260、XJ/X351。

（二）拆卸与安装正时皮带

1. 专用工具

a. 正时销，自动变速箱 303-1117（图 4-5-1）；b. 正时销，凸轮轴带轮 303-1126（图 4-5-2）。

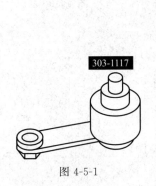
图 4-5-1

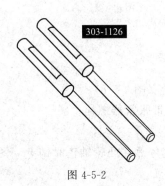
图 4-5-2

图 4-5-3

2. 拆卸步骤

❶ 断开启动蓄电池接地电缆。

❷ 以合适的两柱举升机升起并支撑车辆。

❸ 卸下正时盖。

❹ 拆除起动机电动机。

❺ 拆除支架（图 4-5-3）。

❻ 顺时针转动曲轴，直至可以正确安装两个凸轮轴正时销（图 4-5-4）。专用工具：303-1126。

❼ 拆下曲轴封口圈（图4-5-5）。

❽ 安装曲轴正时销（图4-5-6）。专用工具：303-1117。

小心：切勿使用专用工具锁定凸轮轴，否则将可能导致发动机或专用工具的损坏。

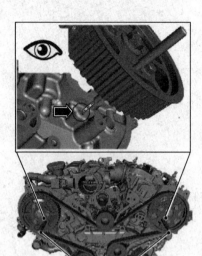

图4-5-4

图4-5-5

图4-5-6

❾ 使用合适的工具，反握凸轮轴带轮固定螺栓。

❿ 松开外部凸轮轴带轮螺栓（最多2圈）（图4-5-7）。

⓫ 拆下并弃用正时皮带张紧器总成和螺栓（图4-5-8）。

⓬ 卸下并丢弃正时皮带（图4-5-9）。

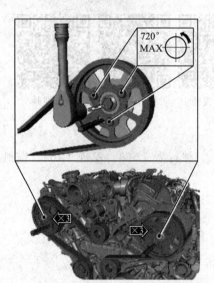

图4-5-7

图4-5-8

图4-5-9

3. 安装步骤

小心：仅在此阶段用手拧紧螺栓。

❶ 安装新的正时皮带张紧器总成和螺栓（图4-5-8）。

更换零部件：正时皮带张紧器和正时皮带张紧器螺栓。

小心：切勿用力过大。

❷ 顺时针旋转两个凸轮轴带轮，直至其停靠在凸轮轴正时销上（图4-5-10）。

小心：确保凸轮轴带轮保持在顺时针位置。

❸ 从曲轴带轮开始，按照如图4-5-11所示的顺序，沿逆时针方向安装新的正时皮带。

更换零部件：正时皮带。

❹ 使用合适的工具，逆时针旋转张紧器总成，直到窗口与图4-5-12所示槽对齐。

❺ 拧紧张紧器总成紧固螺栓（图4-5-12），扭矩：级1为20N·m；级2为拧紧55°。

❻ 使用合适的工具，逆向紧固凸轮轴带轮中心紧固螺栓。

❼ 拧紧外部凸轮轴带轮螺栓（图4-5-13），扭矩为23N·m。

❽ 拆下专用工具303-1126和303-1117。

小心：仅顺时针旋转曲轴。

❾ 顺时针旋转曲轴整整2圈。

小心：如果无法正确安装专用工具，请重复正时皮带安装程序。

❿ 安装专用工具 303-1126 和 303-1117 以检查发动机是否正确正时。

图 4-5-10

图 4-5-11

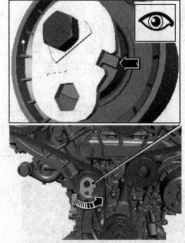
图 4-5-12

⓫ 拆下专用工具 303-1126 和 303-1117。

⓬ 安装支架（图 4-5-14）。扭矩为 80N·m。

图 4-5-13

图 4-5-14

⓭ 安装起动机电动机。

⓮ 安装正时盖。

⓯ 连接启动蓄电池接地电缆。

六、3.0L V6 SC 汽油机（2013～2018 年）

（一）适用车型

路虎：发现 4 L319、揽胜运动 L494、发现 L462、揽胜 VELARL560。

捷豹：F-PACE/X761、F-TYPE/X152、XE/X760、XF/X250、XF/X260、XJ/X351。

（二）燃油泵凸轮轴正时检查

1. 专用工具

a. 正时工具 JLR-303-1303（图 4-6-1）；b. 对齐工具，燃油泵凸轮轴正时 JLR-303-1621（图 4-6-2）。

操作视频　　操作视频

操作视频　　操作视频

图 4-6-1

图 4-6-2

2. 检查步骤

❶ 断开蓄电池接地电缆。
❷ 抬起并支撑车辆。**警告**：确保采用车轴支架支撑车辆。
❸ 拆除发动机下挡板。
❹ 排放机油。
❺ 拆卸线束插接器和传感器固定螺栓（图4-6-3）。

小心：仅顺时针旋转曲轴，确保曲轴完全锁定到位（图4-6-4）。专用工具：JLR-303-1303。

❻ 使用合适的标识笔，标记曲轴带轮的位置，如图4-6-5所示。

操作视频

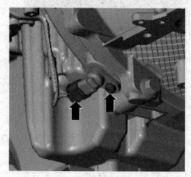

图4-6-3

图4-6-4

图4-6-5

小心：弃用密封件（图4-6-6）。

专用工具：JLR-303-1303（图4-6-4）和JLR-303-1621（图4-6-7）。

小心：调整曲轴位置时切勿用力过大。

注意：如果不能安装曲轴正时工具，则需要调整燃油泵凸轮轴正时。

❼ 如需要，请小心调整曲轴位置，以便能正确安装专用工具。
❽ 如果不能安装曲轴正时工具，则需要调整燃油泵凸轮轴正时。
❾ 安装专用工具JLR-303-1303。
❿ 安装专用工具JLR-303-1621（图4-6-8）。

小心：安装一个新密封圈。

图4-6-6

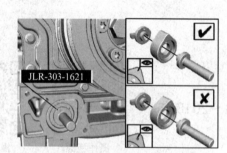

图4-6-7

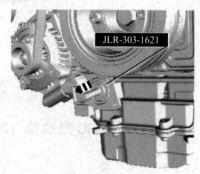

图4-6-8

更换零部件：制动真空泵密封件。

⓫ 安装固定螺栓，扭矩为12N·m。
⓬ 安装专用工具JLR-303-1303。
⓭ 安装固定螺栓，扭矩为10N·m。
⓮ 给发动机重新加注机油。
⓯ 安装发动机下挡板。
⓰ 连接蓄电池接地电缆。

(三) 燃油泵凸轮轴正时调整

1. 专用工具

a. 正时工具 JLR-303-1303（图 4-6-9）；b. 对齐工具，燃油泵凸轮轴正时 JLR-303-1621（图 4-6-10）。

2. 调整步骤

❶ 断开蓄电池接地电缆。

❷ 抬起并支撑车辆。

警告：确保采用车轴支架支撑车辆。

❸ 拆卸燃油泵凸轮轴正时检查。

❹ 拆卸下正时罩。

小心：确保该部件周围的区域干净且没有杂质（图 4-6-11）。使用合适的扎带，将张紧器定位于一侧。

❺ 确保有色正时链链节与燃油轨高压燃油泵凸轮轴、平衡轴和曲轴链轮标记正确对齐（图 4-6-12）。

专用工具：JLR-303-1621。扭矩：级 1 为 25N·m；级 2 为松开 90°。

❻ 拆除专用工具 JLR-303-1303（图 4-6-4）。

❼ 安装插接器和固定螺栓（图 4-6-13）扭矩为 10N·m。

注意：安装一个新的油封垫圈（图 4-6-14）。

图 4-6-9

操作视频

图 4-6-10

图 4-6-11

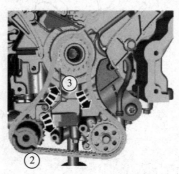

图 4-6-12

图 4-6-13

更换零部件：机油盘放油塞。扭矩为 24N·m。

❽ 连接蓄电池接地电缆。

❾ 给发动机加注机油。

❿ 清理机油加注口盖区域任何残留的发动机机油。

小心：确保车辆在加注机油后已放置 5min。

⓫ 启动发动机并让其运转 10min，然后关闭发动机。

⓬ 检查是否泄漏。

小心：确保换挡杆位于驻车（P）位置。

图 4-6-14

七、3.6L TDV8 柴油机（2007～2012 年）

(一) 适用车型

路虎揽胜行政 L322。

(二) 拆卸与安装正时链、齿轮与张紧轮

1. 专用工具

a. 凸轮轴固定工具 303-1236（图 4-7-1）。

b. 曲轴正时销 303-1238（图 4-7-2）。

c. 挠性传动板锁定工具 303-1243（图 4-7-3）。

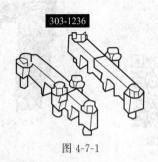

图 4-7-1

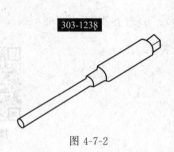

图 4-7-2

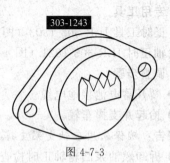

图 4-7-3

d. 气门室盖定位工具 303-1244（图 4-7-4）。
e. 曲轴前密封件套筒 303-1122（图 4-7-5）。
f. 喷油器拆卸器 303-1127（图 4-7-6）。

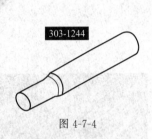

图 4-7-4

图 4-7-5

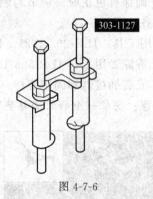

图 4-7-6

2. 拆卸步骤

❶ 卸下右侧气门盖。
❷ 完全拧松 17 个螺栓（图 4-7-7）。
❸ 卸下并丢弃衬垫。
❹ 安装专用工具（303-1243）（图 4-7-8）。

注意： 曲轴带轮螺栓将非常紧（图 4-7-9）。

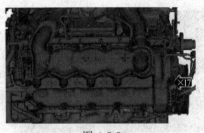

图 4-7-7

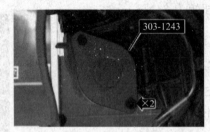

图 4-7-8

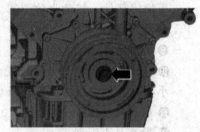

图 4-7-9

❺ 卸下曲轴带轮。
❻ 卸下并丢弃螺栓。
❼ 卸下挠性传动板。
❽ 卸下并丢弃 8 个螺栓（图 4-7-10）。
❾ 卸下油底壳。
❿ 卸下 22 个螺栓（图 4-7-11）。
⓫ 卸下并丢弃衬垫。
⓬ 卸下油泵。

⑬ 卸下 11 个螺栓（图 4-7-12）。
⑭ 卸下并丢弃衬垫。
⑮ 拆下并丢弃曲轴前密封件。

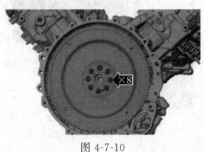
图 4-7-10

图 4-7-11　　　　　　　　图 4-7-12

⑯ 卸下曲轴正时销插头（图 4-7-13）。

小心：曲轴正时工具编号为 2、4、7 和 8 的活塞大致位于 TDC 上，因为定位销可锁定到曲柄臂而不是机加工表面。

⑰ 安装专用工具（图 4-7-14）。
⑱ 顺时针旋转曲轴直至曲轴碰到曲轴正时链。
⑲ 将特殊工具安装到左侧和右侧凸轮轴（图 4-7-15）。

图 4-7-13　　　　　　　　图 4-7-14　　　　　　　　图 4-7-15

⑳ 拧紧螺栓至 10N·m。
㉑ 卸下真空泵盖。
㉒ 卸下 2 个螺栓（图 4-7-16）。
㉓ 卸下并丢弃两个液压正时链张紧器（图 4-7-17）。
㉔ 卸下左侧正时链链轮和齿轮。
㉕ 卸下并丢弃 2 个螺栓（图 4-7-18）。

 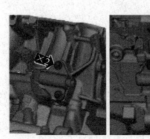 
图 4-7-16　　　　　　　　图 4-7-17　　　　　　　　图 4-7-18

㉖ 卸下左侧正时链。
㉗ 卸下左侧正时链张紧器定位销（图 4-7-19）。

㉘ 卸下并丢弃 O 形密封圈（图 4-7-20）。

㉙ 卸下左侧正时链张紧器导轨（图 4-7-21）。

图 4-7-19

图 4-7-20

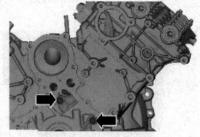

图 4-7-21

㉚ 卸下右侧正时链链轮和齿轮。

㉛ 卸下并丢弃 2 个螺栓（图 4-7-22）。

㉜ 卸下右侧正时链（图 4-7-23）。

㉝ 卸下右侧正时链张紧器导轨孔（图 4-7-24）。

㉞ 卸下并丢弃 O 形密封圈。

图 4-7-22

图 4-7-23

图 4-7-24

㉟ 卸下右侧正时链张紧器导轨（图 4-7-25）。

3. 安装步骤

❶ 安装右侧正时链张紧器导轨。

❷ 拧紧螺栓。

注意： 使用干净的机油润滑 O 形密封圈。

❸ 安装右侧正时链张紧器导轨孔。

❹ 安装新 O 形密封圈。拧紧至 28N·m。

❺ 安装右侧正时链。

小心： 在此阶段，切勿拧紧凸轮轴链轮螺栓。

❻ 卸下右侧正时链链轮和齿轮。

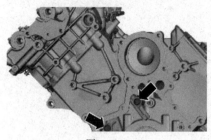

图 4-7-25

❼ 松散安装新的螺栓。

注意： 用干净的机油润滑 O 形密封圈。

❽ 安装新的右侧液压正时链张紧器。拧紧螺栓至 10N·m。

❾ 安装真空泵盖。

❿ 清洁部件接合面。拧紧螺栓至 10N·m。

⓫ 安装左侧正时链张紧器导轨。

⓬ 拧紧螺栓。

注意： 使用干净的机油润滑 O 形密封圈。

⓭ 安装左侧正时链张紧器定位销。

⓮ 安装新 O 形密封圈。拧紧至 28N·m。

第四章 捷豹路虎车系

⓯ 安装左侧正时链。

小心：在此阶段，切勿拧紧凸轮轴链轮螺栓。

⓰ 安装左侧正时链链轮和齿轮。

⓱ 松散安装新的螺栓。

注意：用干净的机油润滑O形密封圈。

⓲ 安装新的左侧液压正时链张紧器。

⓳ 安装新O形密封圈。拧紧螺栓至10N·m。

⓴ 释放液压正时链张紧器。拧紧螺栓至10N·m。

小心：确保曲轴仍与正时链接触。

㉑ 拧紧左侧凸轮轴链轮和齿轮。

第一阶段：拧紧排气凸轮轴齿轮螺栓至80N·m。

第二阶段：再将排气凸轮轴齿轮螺栓拧紧80°。

第三阶段：拧紧进气凸轮轴链轮和齿轮至80N·m。

第四阶段：再将进气凸轮轴链轮和齿轮螺栓拧紧80°。

㉒ 拧紧右侧凸轮轴链轮和齿轮。

第一阶段：拧紧排气凸轮轴齿轮螺栓至80N·m。

第二阶段：再将排气凸轮轴齿轮螺栓拧紧80°。

第三阶段：拧紧进气凸轮轴链轮和齿轮至80N·m。

第四阶段：再将进气凸轮轴链轮和齿轮螺栓拧紧80°。

㉓ 卸下专用工具303-1236。

㉔ 拆下螺栓。

㉕ 卸下专用工具303-1238。

㉖ 安装曲轴正时销插头。

小心：使用20mL的机油灌注油泵。

㉗ 安装油泵。

㉘ 清洁部件接合面。

㉙ 安装一个新的衬垫。

第一阶段：拧紧螺栓至4N·m。

第二阶段：拧紧螺栓至10N·m。

㉚ 将一个新的曲轴前密封件安装在专用工具上（图4-7-26）。

㉛ 从专用工具上卸下套筒。

㉜ 使用专用工具，安装新的曲轴前密封件（图4-7-27）。

㉝ 使用特殊工具来更换凸轮轴螺栓。

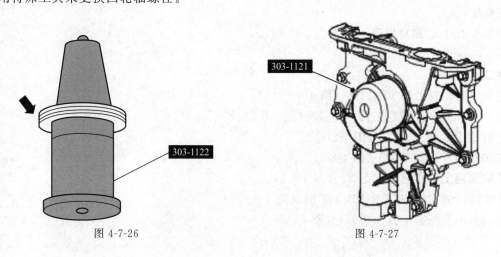

图4-7-26　　　　　　　　　图4-7-27

图 4-7-28

㉞ 安装油底壳。
㉟ 清洁部件接合面（图 4-7-28）。
㊱ 在如图 4-7-28 所示的四个地方使用密封剂。
㊲ 安装一个新的衬垫。
㊳ 固定油底壳。拧紧 M6 螺栓至 10N·m。将 M8 螺栓拧紧至 23N·m。
㊴ 安装挠性传动板。拧紧螺栓至 95N·m。
㊵ 安装曲轴带轮。
必须安装新的曲轴带轮螺栓。
第一阶段：拧紧螺栓至 140N·m。
第二阶段：再拧紧螺栓 90°。
㊶ 卸下专用工具（图 4-7-29）。
小心：按照图 4-7-30 所示顺序拧紧螺栓。
㊷ 安装右侧气门盖。
㊸ 安装一个新的衬垫。
㊹ 安装专用工具。拧紧螺栓至 10N·m。
㊺ 卸下专用工具。
小心：按照图 4-7-31 所示顺序拧紧螺栓。

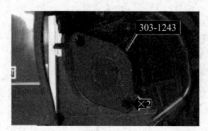

图 4-7-29

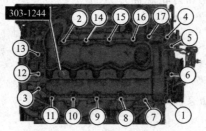

图 4-7-30

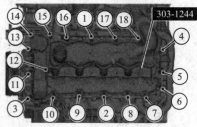

图 4-7-31

㊻ 安装左侧气门盖。
㊼ 安装一个新的衬垫。
㊽ 安装专用工具。拧紧螺栓至 10N·m。
㊾ 卸下专用工具。

八、4.0L V6 汽油机（2005～2011 年）

（一）适用车型

路虎发现 3 L319、路虎发现 4 L319。

（二）检查凸轮轴正时

1. 专用工具

a. 凸轮轴正时检查工具 303-1146（图 4-8-1）。

b. 凸轮轴 TDC 正时/锁定工具 303-573（图 4-8-2）。

c. 凸轮轴螺栓工具 303-575（图 4-8-3）。

d. 凸轮轴螺栓接头 303-565（图 4-8-4）。

e. 凸轮轴锁定工具适配器 303-576（图 4-8-5）。

f. 凸轮轴链轮调节/锁定工具 303-597-01（图 4-8-6）。

g. 凸轮轴正时链张紧工具 303-571（图 4-8-7）。

第四章 捷豹路虎车系 319

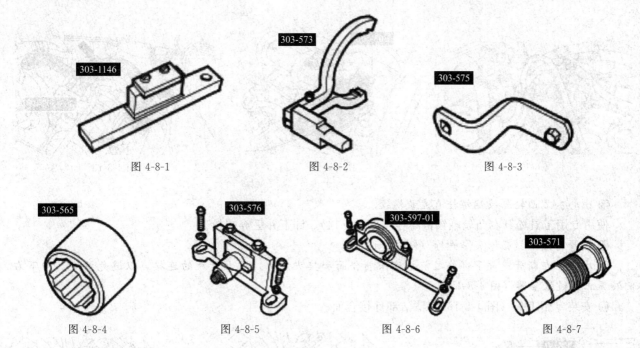

图 4-8-1　　　　图 4-8-2　　　　图 4-8-3

图 4-8-4　　　　图 4-8-5　　　　图 4-8-6　　　　图 4-8-7

2. 检查步骤

❶ 检查凸轮轴正时。
❷ 断开蓄电池接地电缆。
❸ 卸下两个气门室盖。
❹ 顺时针旋转凸轮轴直至一号气缸位于 TDC。检查位于凸轮轴背面的凸轮轴凸轮。
❺ 锁定凸轮轴。安装专用工具（图 4-8-8）拧紧螺钉。
❻ 在凸轮轴槽内安装专用工具；专用工具的底部必须与气缸盖保持接触。如果专用工具能够没有阻碍地从气缸盖的一边穿向另一边，表明凸轮轴正确正时。对另一个凸轮轴重复此步骤。如果两个凸轮轴都正确安装，则不需要其他步骤（图 4-8-9）。
❼ 如果凸轮轴正时不正确，则需进行调节。请注意必须在卸下凸轮轴滚轮随动件时对两个凸轮轴进行重新正时。
❽ 卸下凸轮轴滚轮随动件。
❾ 将发电机放置在一边备用。卸下 3 个螺栓（图 4-8-10）。

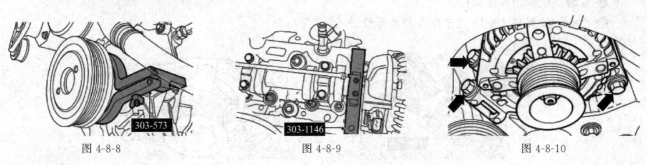

图 4-8-8　　　　图 4-8-9　　　　图 4-8-10

❿ 卸下右气缸盖线束支架螺栓（图 4-8-11）。将线束支架放置在一边备用。
⓫ 小心：如果使用对齐工具卸下凸轮轴铰链螺栓，将会对凸轮轴造成损害。
注意：凸轮轴正时螺栓不在中央。正确正时的槽应为水平方向并位于中心线下方。
安装凸轮轴对齐专用工具（图 4-8-12）。清洁部件接合面。拧紧螺栓至 10N·m。
锁定凸轮轴，拧紧专用工具螺栓至 45N·m。
⓬ 将专用工具安装在右侧气缸盖上（图 4-8-13）。清洁部件接合面。拧紧螺栓至 10N·m。拧紧鞍形夹紧螺栓至 10N·m。

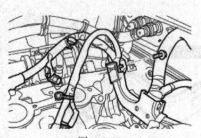
图 4-8-11

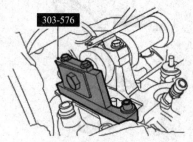
图 4-8-12

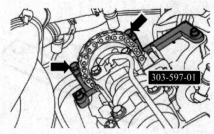
图 4-8-13

⑬ 小心：右凸轮轴铰链螺栓有左旋螺纹。

使用专用工具松开右凸轮轴铰链螺栓（图4-8-14），卸下并丢弃螺栓。

⑭ 松开专用工具鞍形夹紧螺栓（图4-8-13）。

⑮ 小心：在断开或卸下部件之前，确保啮合面和接头清洁。塞上开放的连接，以避免污染。卸下右侧液压正时链张紧器（图4-8-15）。

⑯ 安装专用工具（图4-8-16）。清洁部件接合面。

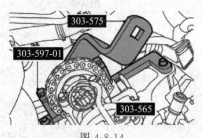
图 4-8-14

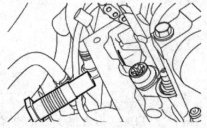
图 4-8-15

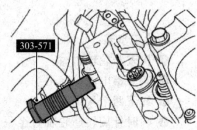
图 4-8-16

⑰ 拧紧鞍形夹紧螺栓至10N·m（图4-8-13）。

⑱ 使用专用工具，拧紧凸轮轴铰链螺栓至20N·m，然后再旋转100°（图4-8-17）。

⑲ 卸下专用工具。

⑳ 安装右侧液压正时链张紧器。安装一个新密封圈。清洁部件接合面。拧紧张紧器至44N·m。

㉑ 注意：如果任何一个凸轮轴受到中断，必须重新正时两个凸轮轴。左凸轮轴铰链螺栓有右旋螺纹。重复上述步骤以调节左凸轮轴正时。

㉒ 安装凸轮轴滚轮随动件。

㉓ 小心：按照图4-8-18所示顺序拧紧螺栓。

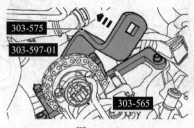
图 4-8-17

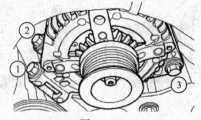
图 4-8-18

安装发电机。清洁部件接合面。拧紧螺栓至45N·m。

㉔ 连接蓄电池接地电缆。

九、5.0L V8 SC 汽油机（机械增压型）（2009～2018年）

（一）适用车型

路虎：揽胜行政L322、揽胜运动L320、发现4 L319、揽胜运动L494，2009～2018年。

捷豹：XK/X150、F-TYPE/X152、XF/X250、XJ/X351，2010~2018年。

(二) 燃油泵凸轮轴正时检查

1. 专用工具

a. 正时工具 JLR-303-1303（图 4-9-1）；b. 对齐工具，燃油泵凸轮轴正时 JLR-303-1621（图 4-9-2）。

图 4-9-1

2. 检查步骤

❶ 断开蓄电池接地电缆。

❷ 抬起并支撑车辆。

警告：确保采用车轴支架支撑车辆。

小心：排放机油至少 10min。

注意：丢弃密封垫圈和密封塞。

❸ 更换零部件：机油盘放油塞（图 4-9-3）。

❹ 拆卸线束插接器和固定螺栓（图 4-9-4）。

小心：使用专用工具 JLR-303-1303（图 4-9-5）仅顺时针旋转曲轴。

❺ 使用合适的标识笔标记曲轴带轮的位置，如图 4-9-6 所示。

小心：弃用密封件（图 4-9-7）。

图 4-9-2

图 4-9-3

图 4-9-4

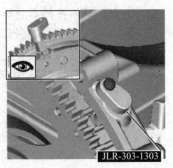

图 4-9-5

❻ 拆除专用工具 JLR-303-1303（图 4-9-5）。

❼ 安装专用工具 JLR-303-1621（图 4-9-8）。如需要，请小心调整曲轴位置，以便能正确安装专用工具。

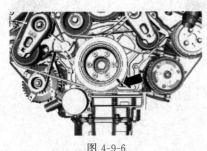

图 4-9-6

图 4-9-7

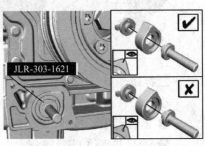

图 4-9-8

小心：调整曲轴位置时切勿用力过大。

注意：如果不能安装曲轴正时工具，则需要调整燃油泵凸轮轴正时。

❽ 安装专用工具 JLR-303-1303（图 4-9-5）。如需要，请小心调整曲轴位置，以便能正确安装专用工具。

❾ 拆卸专用工具 JLR-303-1621（图 4-9-9）。

小心：安装一个新密封圈。

❿ 安装固定螺栓（图 4-9-7）。扭矩为 12N·m。

⑪ 拆除专用工具 JLR-303-1303（图 4-9-5）。
⑫ 连接插接器和安装固定螺栓。扭矩为 10N·m。

注意：安装一个新的密封塞和密封垫圈。

⑬ 安装螺栓（图 4-9-10）。扭矩为 24N·m。
⑭ 连接蓄电池接地电缆。
⑮ 给发动机加注机油
⑯ 清理机油加注口盖区域任何残留的机油（图 4-9-11）。

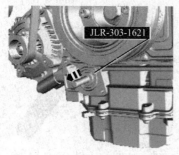
图 4-9-9

图 4-9-10

图 4-9-11

小心：确保车辆在加注机油后已放置 5min。

⑰ 启动发动机并让其运转 10min，然后关闭发动机。
⑱ 检查是否泄漏。

（三）更换正时链、齿轮与张紧轮

1. 专用工具

a. 正时工具-凸轮轴对齐 303-1445（图 4-9-12）；b. 凸轮轴旋转工具 303-1452（图 4-9-13）；c. 张紧轮工具 303-1482（图 4-9-14）；d. 正时工具 JLR-303-1303（图 4-9-15）；e. 锁闭工具 JLR-303-1304（图 4-9-16）。

图 4-9-12

图 4-9-13

图 4-9-14

图 4-9-15

图 4-9-16

2. 拆卸步骤

小心：检查所有正时部件磨损情况，必要时安装新的部件。

❶ 断开蓄电池接地电缆。
❷ 抬起并支撑车辆。

警告：确保采用车轴支架支撑车辆。

❸ 卸下正时盖。

小心：安装时，必须使用 M16 垫圈，以防止损坏曲轴。

❹ 安装曲轴皮带轮螺栓（图 4-9-17）。扭矩为 20N·m。
❺ 拆卸线束插接器和固定螺栓（图 4-9-18）。

小心：仅顺时针旋转曲轴。

❻ 安装专用工具 JLR-303-1303（图 4-9-19）
❼ 安装专用工具 JLR-303-1304（图 4-9-20）。

第四章 捷豹路虎车系

图 4-9-17

图 4-9-18

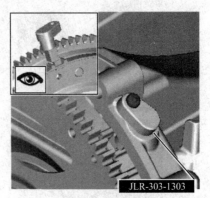
图 4-9-19

⑧ 卸下曲轴带轮螺栓（图 4-9-17）。
⑨ 卸下正时链张紧器（图 4-9-21）。
⑩ 拆卸链条导板固定螺栓（图 4-9-22）。
⑪ 拆下可变气门正时（VVT）装置的螺栓（图 4-9-23）。

图 4-9-20

图 4-9-21

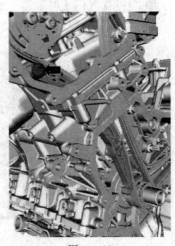
图 4-9-22

小心：如果可变气门正时（VVT）单元受到震动或跌落，必须安装新 VVT 单元。
⑫ 拆下正时链和 VVT 装置（图 4-9-24）。
⑬ 卸下正时链张紧器（图 4-9-25）。

图 4-9-23

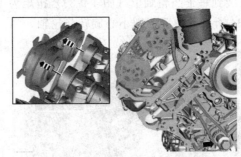
图 4-9-24

图 4-9-25

⑭ 拆卸链条导板固定螺栓（图 4-9-26）。
⑮ 拆卸固定螺栓（图 4-9-27）。
⑯ 松开机油排放管（图 4-9-28）。
⑰ 拆卸固定螺栓（图 4-9-29）。

小心：如果 VVT 单元受到震动或跌落，必须安装新 VVT 单元。

图 4-9-26

图 4-9-27

图 4-9-28

⑱ 与可变气门正时装置一起拆下正时链（图 4-9-30）。

⑲ 拆卸固定螺栓（图 4-9-31）。

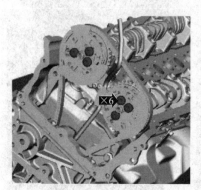
图 4-9-29

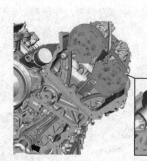
图 4-9-30

图 4-9-31

小心：弃用摩擦垫圈（图 4-9-32）。

3. 安装步骤

小心：安装一个新的摩擦垫圈（图 4-9-32）。

❶ 更换零部件：曲轴皮带轮摩擦垫圈。

❷ 安装固定螺栓（图 4-9-31）。扭矩为 12N·m。

❸ 将专用工具 303-1452 安装到每个凸轮轴上（图 4-9-33）扭矩为 10N·m。

❹ 如果位置不在如图 4-9-34 所示的位置，则小心旋转凸轮轴。

图 4-9-32

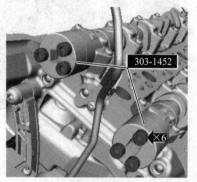
图 4-9-33

图 4-9-34

切勿过度旋转凸轮轴。专用工具：303-1452（图 4-9-35）。

❺ 使用合适的工具，小心地顺时针滚动凸轮轴，然后逆时针滚动。旋转专用工具锁定螺母，直至凸

轮轴中没有移动空间为止。对两个凸轮轴重复此步骤。

❻ 从每个凸轮轴上拆下专用工具 303-1452（图 4-9-33）。

小心：不要让凸轮轴旋转。

❼ 与可变气门正时装置一起安装正时链（图 4-9-36）。

图 4-9-35

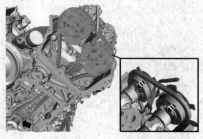

图 4-9-36

注意：在此阶段用手拧紧螺栓。

❽ 用手旋入固定螺栓（图 4-9-29）。

❾ 确保所有正时链的对齐标记都处在所示的位置（图 4-9-37）。

小心：如果车辆安装了图 4-9-38 中第①部分所示的部件，则必须使用第②部分所示的部件将其更换。

❿ 使用示图确定车辆当前安装了哪种正时链张紧器和导板。确保只使用图 4-9-38 中第②部分所示的部件装配车辆。

⓫ 安装链条导板（图 4-9-39）。

图 4-9-37

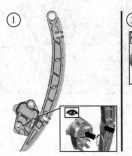

图 4-9-38

图 4-9-39

⓬ 安装固定螺栓（图 4-9-40）。扭矩为 25N·m。

⓭ 安装正时链张紧器之前，使用图 4-9-38 确定车辆当前安装哪种正时链张紧器。确保只使用图 4-9-38 中第②部分所示的部件装配车辆。如果安装一个新的正时链张紧器，请勿展开张紧器针脚并转至下一步。如果安装之前已经展开过张紧器，请确保正确设置张紧器，否则会导致发动机损坏（图 4-9-41）。

小心：在此阶段切勿松开正时链张紧器锁定销。

⓮ 安装正时链张紧器（图 4-9-42）。扭矩为 12N·m。

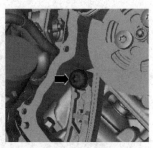

图 4-9-40

图 4-9-41

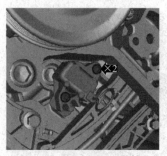

图 4-9-42

⑮ 施加并保持部件上的张力（图4-9-43）。
⑯ 松开固定销（图4-9-44）。
⑰ 活塞应对正时链导轨施加张力（图4-9-45）。

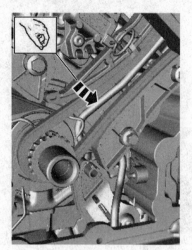
图 4-9-43

图 4-9-44

图 4-9-45

小心：确保保持张力。

⑱ 使用相当大的力移动正时链导轨，使其远离张紧器，从而使第一阶段棘齿机构得以运用（图4-9-46）。
⑲ 如果活塞可被推回，则张紧器不正确（图4-9-47）。

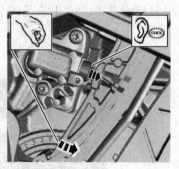
图 4-9-46

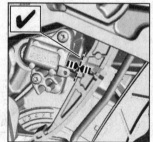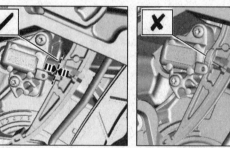
图 4-9-47

⑳ 将专用工具303-1452安装到每个凸轮轴上（图4-9-48）。扭矩为10N·m。

小心：切勿过度旋转凸轮轴。

㉑ 如果位置不在如图4-9-34所示的位置，则小心旋转凸轮轴。
㉒ 使用专用工具303-1452（图4-9-35），小心顺时针滚动凸轮轴，然后逆时针滚动。旋转专用工具锁定螺母，直至凸轮轴中没有移动空间为止。对两个凸轮轴重复此步骤。
㉓ 从每个凸轮轴上拆下专用工具303-1452（图4-9-48）
㉔ 与可变气门正时装置一起安装正时链（图4-9-49）。

小心：不要让凸轮轴旋转。

注意：在此阶段用手拧紧螺栓（图4-9-50）。

图 4-9-48

图 4-9-49

图 4-9-50

㉕ 确保所有正时链的对齐标记都处在如图 4-9-51 所示的位置。

小心：如果车辆安装了图 4-9-38 中第①部分所示的部件，则必须使用第②部分所示的部件将其更换。

㉖ 使用图 4-9-38 确定车辆当前安装了哪种正时链张紧器和导板。确保只使用图 4-9-38 中第②部分所示的部件装配车辆。

㉗ 安装固定螺栓（图 4-9-52）。扭矩为 25N·m。

㉘ 安装正时链张紧器之前，使用图 4-3-38 确定车辆当前安装哪种正时链张紧器。确保只使用图 4-9-38 中第②部分所示的部件装配车辆。如果安装一个新的正时链张紧器，请勿展开张紧器针脚并转至下一步。如果安装之前已经展开过张紧器，请确保正确设置张紧器，否则会导致发动机损坏。

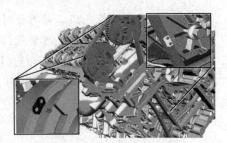

图 4-9-51

小心：在此阶段切勿松开正时链张紧器锁定销（图 4-9-53）。

㉙ 安装正时链张紧器（图 4-9-41）。扭矩为 12N·m。

㉚ 施加并保持部件上的张力（图 4-9-54）。

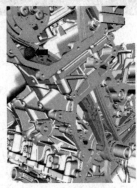 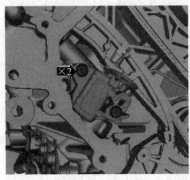 

图 4-9-52　　　　　　　　　图 4-9-53　　　　　　　　　图 4-9-54

㉛ 松开固定销（图 4-9-55）。

注意：如图 4-9-55 所示为左侧，右侧与之类似。

㉜ 活塞应对正时链导轨施加张力（图 4-9-45）。

小心：确保保持张力。

注意：如图 4-9-45 所示为左侧，右侧与之类似。

㉝ 使用相当大的力移动正时链导轨，使其远离张紧器，从而使第一阶段棘齿机构得以运用（图 4-9-46）。

注意：如图 4-9-46 所示为左侧，右侧与之类似。

㉞ 如果活塞可被推回，则张紧器不正确（图 4-9-47）。

㉟ 安装专用工具 303-1482（图 4-9-56）。

小心：向专用工具端部施加扭矩。

㊱ 把扭矩扳手安装到专用工具上（图 4-9-57）。扭矩为 35N·m。

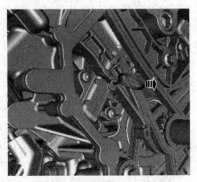  

图 4-9-55　　　　　　　　　图 4-9-56　　　　　　　　　图 4-9-57

小心：在拧紧可变气门正时螺栓时确保拧紧扳手不移动（图 4-9-58）。

注意：确保首先拧紧排气可变气门正时单元螺栓。扭矩为 32N·m。

㊲ 安装机油排放管（图 4-9-59）。扭矩为 10N·m。

㊳ 拆除专用工具 303-1445（图 4-9-60）。

图 4-9-58

图 4-9-59

图 4-9-60

㊴ 安装专用工具 303-1482（图 4-9-61）。

小心：向专用工具端部施加扭矩。

㊵ 把扭矩扳手安装到专用工具上（图 4-9-57）。扭矩为 35N·m。

小心：在拧紧可变气门正时螺栓时确保拧紧扳手不移动。

注意：确保首先拧紧排气可变气门正时单元螺栓（图 4-9-58）。扭矩为 32N·m。

㊶ 拆除专用工具 303-1445（图 4-9-62）。

㊷ 拆除专用工具 JLR-303-1303（图 4-9-63）。

图 4-9-61

图 4-9-62

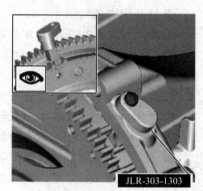

图 4-9-63

㊸ 拆除专用工具 JLR-303-1304（图 4-9-64）

小心：使用 M16 垫圈安装曲轴带轮螺栓，以防止安装过程中对曲轴造成损坏（图 4-9-65）。扭矩为 20N·m。

㊹ 顺时针旋转发动机整整 2 周。

小心：仅顺时针旋转曲轴。

㊺ 安装专用工具 JLR-303-1303（图 4-9-63）。

小心：如果无法安装专用工具，则必须重复执行正时链安装步骤。

㊻ 安装专用工具 303-1445（图 4-9-62）。如果无法安装专用工具，则拆下两个正时链和部件，并从步骤㊳开始重复安装过程，直至正确安装专用工具 303-1445。

㊼ 拆除专用工具 303-1445（图 4-9-62）。

㊽ 拆除专用工具 JLR-303-1303（图 4-9-63）。

㊾ 安装线束插接器和固定螺栓（图 4-9-66）。扭矩为 10N·m。

㊿ 卸下曲轴带轮螺栓（图 4-9-65）。

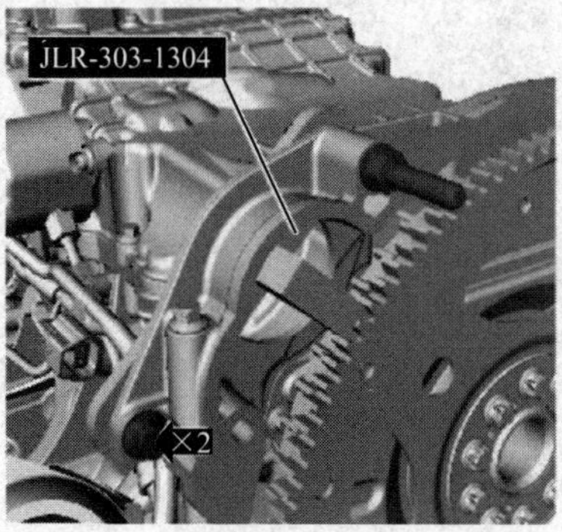

图 4-9-64

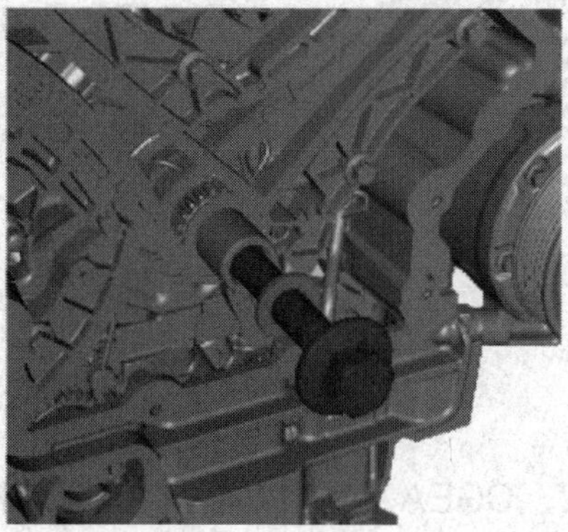

图 4-9-65

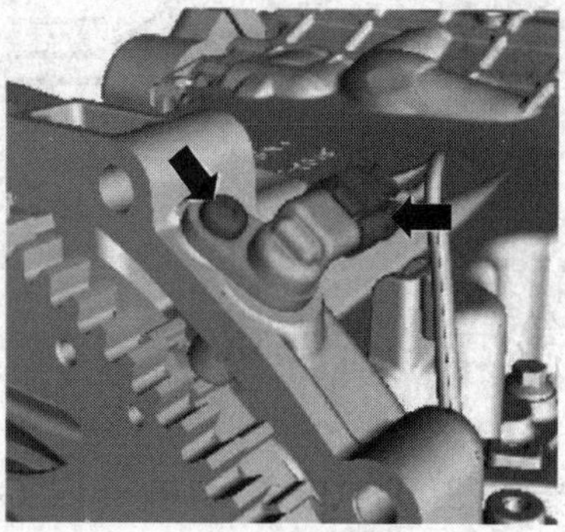

图 4-9-66

(51) 安装正时盖。

(52) 连接蓄电池接地电缆。

第五章 进口大众车系

第一节 途锐

一、3.0T V6 发动机（以 CJTA、CGEA 发动机为例）(2011～2017 年)

1. 适用车型

大众途锐 3.0TSI（Touareg）。

2. 凸轮轴正时链（装配一览）

(1) 左侧凸轮轴正时链（图 5-1-1）

(2) 右侧凸轮轴正时链（图 5-1-2）

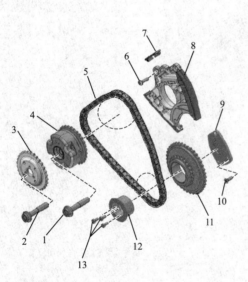
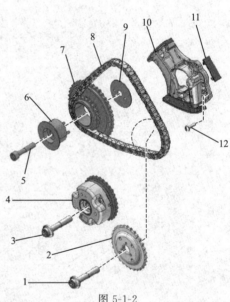

图 5-1-1

1—螺栓（更换，拧紧力矩：80N·m+90°）；2—螺栓（更换，拧紧力矩：80N·m+90°）；3—凸轮轴链轮（用于排气凸轮轴）；4—凸轮轴调节器（用于进气凸轮轴）；5—左侧凸轮轴正时链（用颜色标记转动方向，以便重新安装）；6—螺栓（拧紧力矩：9N·m）；7—滑块；8—链条张紧器（用于左侧凸轮轴正时链）；9—支撑板（用于传动链轮）；10—螺栓（更换，拧紧力矩：8N·m+45°）；11—传动链轮（用于左侧凸轮轴正时链）；12—支承销（用于左侧凸轮轴正时链传动链轮）；13—螺栓（拧紧力矩：5N·m+60°）

图 5-1-2

1—螺栓（更换，拧紧力矩：80N·m+90°）；2—凸轮轴链轮（用于排气凸轮轴）；3—螺栓（更换，拧紧力矩：80N·m+90°）；4—凸轮轴调节器（用于进气凸轮轴）；5—螺栓（拧紧力矩：30N·m+90°）；6—支承销（用于右侧凸轮轴正时链传动链轮）；7—传动链轮（用于右侧凸轮轴正时链）；8—右侧凸轮轴正时链（用颜色标记转动方向，以便重新安装）；9—止推垫片（用于右侧凸轮轴正时链传动链轮）；10—链条张紧器（用于右侧凸轮轴正时链）；11—滑块；12—螺栓（拧紧力矩：9N·m）

3. 配气机构正时传动链（图 5-1-3）

右侧凸轮轴正时链驱动链轮轴承螺栓的安装位置如图 5-1-4 所示。右侧凸轮轴正时链驱动链轮轴承销

3内的固定销必须卡入止推垫片1的孔内和气缸体的孔内。

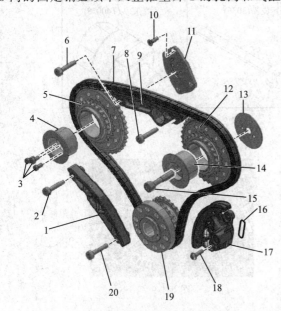

图 5-1-3

1—滑轨；2—螺栓（更换，拧紧力矩：10N·m+90°）；3—螺栓（更换，拧紧力矩：5N·m+60°）；4—轴承（用于驱动左侧链轮）；5—驱动链轮（用于左侧正时链）；6—螺栓（更换，拧紧力矩：10N·m+90°）；7—驱动链（用于控制机构，为了能够重新安装，要用颜色标出转动方向）；8—螺栓（更换，拧紧力矩：10N·m+90°）；9—滑轨；10—螺栓（更换，拧紧力矩：8N·m+45°）；11—轴承板（用于右侧凸轮轴正时链的驱动链轮，结构不对称）；12—驱动链轮（用于右侧正时链）；13—止推垫片（结构不对称）；14—轴承（用于驱动右侧链轮）；15—螺栓（更换，拧紧力矩：30N·m+90°）；16—密封件（更换）；17—链条张紧器；18—螺栓（拧紧力矩：9N·m）；19—曲轴；20—螺栓（更换，拧紧力矩：10N·m+90°）

4. 辅助驱动装置传动链（图 5-1-5）

图 5-1-4

1—止推垫片；2—右侧凸轮轴正时驱动链轮；3—右侧凸轮轴正时驱动链轮轴承销；4—螺栓

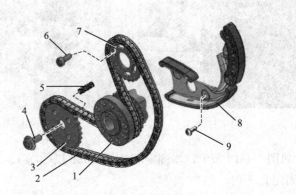

图 5-1-5

1—曲轴；2—驱动链（用于取力器，为了能够重新安装，要用颜色标出转动方向）；3—驱动链轮（用于机油泵）；4—螺栓（更换，拧紧力矩：30N·m+90°）；5—压簧；6—螺栓（更换，拧紧力矩：15N·m+90°）；7—平衡轴的链轮；8—链条张紧器（带滑轨）；9—螺栓（更换，拧紧力矩：10N·m+45°）

5. 检查配气相位

❶ 专用工具如图 5-1-6～图 5-1-8 所示。

❷ 拆卸气缸盖罩。

❸ 用适配接头 T40058（图 5-1-9）和环形扳手沿发动机转动方向（图 5-1-9 中箭头）将曲轴置于"上止点"位置。

如图 5-1-10 所示，缺口 A 必须与分隔缝（箭头）重合。

❹ 凸轮轴中的螺纹孔（箭头）必须朝上（图 5-1-11）。

提示：如果错过了"上止点"，则必须再将曲轴转回大约 30°，然后重新转向"上止点"。

❺ 如图 5-1-12 所示，从气缸体内旋出曲轴"上止点"标记处的密封塞（箭头）。

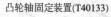凸轮轴固定装置(T40133)

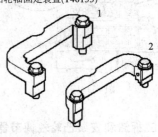

图 5-1-6

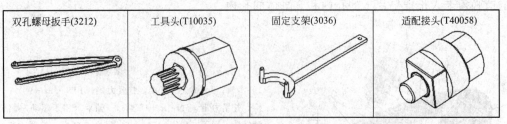

图 5-1-7

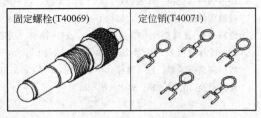

图 5-1-8

图 5-1-9

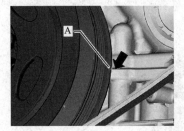

图 5-1-10

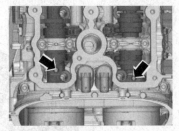

图 5-1-11

图 5-1-12

❻ 如图 5-1-13 所示，将固定螺栓 T40069 以 20N·m 的力矩旋入孔内。固定螺栓 T40069 必须嵌入曲轴上的固定孔 1 内。

❼ 气缸列 1 凸轮轴必须用凸轮轴固定件 T40133/1 固定在"上止点"位置（图 5-1-14）。

❽ 气缸列 2 凸轮轴必须用凸轮轴固定件 T40133/2 固定在"上止点"位置（图 5-1-15）。

如果没有固定凸轮轴，则必须调整配气相位。

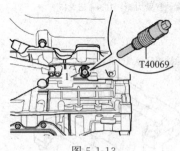

图 5-1-13

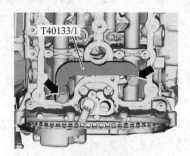

图 5-1-14

图 5-1-15

6. 拆卸和安装凸轮轴调节器

（1）拆卸凸轮轴调节器

注意：自动运行的散热器风扇会造成的受伤危险。

提示：在以下说明中，凸轮轴正时链留在发动机上。

❶ 拆卸正时链左侧和右侧盖板。

❷ 拆卸气缸盖罩。

按以下提示插入适配接头导向销 T40058（图 5-1-16）。

a. 大直径侧（箭头 1）朝向发动机。

b. 小直径侧（箭头 2）朝向适配接头。

❸ 用适配接头 T40058 和环形扳手沿发动机转动方向（箭头）将曲轴转到"上止点"位置（图 5-1-17）。

❹ 缺口 A 必须与分隔缝（箭头）重合（图 5-1-18）。

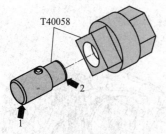

图 5-1-16　　　　　　　　图 5-1-17　　　　　　　　图 5-1-18

❺ 凸轮轴中的螺纹孔（箭头）必须朝上（图 5-1-19）。

❻ 从气缸体内旋出曲轴"上止点"标记处的密封塞（箭头）（图 5-1-20）。

❼ 以 20N·m 的力矩将固定螺栓（T40069）拧入孔中；如有必要，略微来回旋转曲轴 1 以完全定心螺栓（图 5-1-21）。

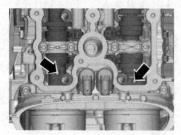

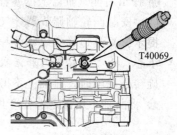

图 5-1-19　　　　　　　　图 5-1-20　　　　　　　　图 5-1-21

❽ 如图 5-1-22 所示，将气缸列 1 凸轮轴用凸轮轴固定件 T40133/1 固定在"上止点"位置（箭头，25N·m）。

❾ 如图 5-1-23 所示，将气缸列 2 凸轮轴用凸轮轴固定件 T40133/2 固定在"上止点"位置（箭头，25N·m）。

提示：凸轮轴正时链的链条张紧器使用机油减振，只能用匀力慢慢压紧。

❿ 用螺丝刀 1 将左侧凸轮轴正时链链条张紧器的滑块向内压至限位位置，并用定位销 T40071 锁定链条张紧器（图 5-1-24）。

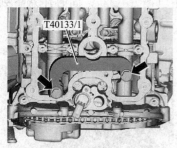

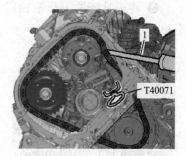

图 5-1-22　　　　　　　　图 5-1-23　　　　　　　　图 5-1-24

⓫ 用螺丝刀 1 将右侧凸轮轴正时链链条张紧器的滑块向内压至限位位置，并用定位销 T40071 锁定链条张紧器（图 5-1-25）。

小心：可能损坏凸轮轴。

松开凸轮轴调节器或凸轮轴链轮螺栓时，不得使用凸轮轴固定装置 T40133 作为固定支架。

⑫ 在相应的凸轮轴调节器上安装固定支架 3036 进行固定，并用工具头 T10035 松开螺栓（图 5-1-26）。

⑬ 在相应的凸轮轴链轮上安装双孔螺母扳手 3212 进行固定，并用工具头 T10035 松开螺栓（图 5-1-27）。

提示：无需注意零件 1 和箭头方向。

小心：可能会损坏发动机。

为防止小件物体可能通过正时链箱开口而意外落入发动机，请用干净的抹布盖住开口。

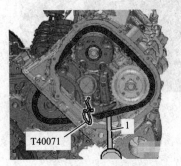
图 5-1-25

图 5-1-26

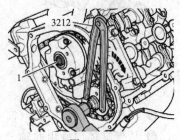
图 5-1-27

⑭ 拧出左侧气缸盖上的螺栓 1 和 2，并取下凸轮轴调节器和凸轮轴链轮（图 5-1-28）。

⑮ 拧出右侧气缸盖上的螺栓 1 和 2，并取下凸轮轴调节器和凸轮轴链轮（图 5-1-29）。

（2）安装凸轮轴调节器［气缸列 1（右侧）］

提示：更换通过继续旋转拧紧的螺栓。

小心：小心损坏气门和活塞顶。

旋转凸轮轴时，曲轴上不得有任何活塞位于"上止点"位置。

❶ 将曲轴 1 用固定螺栓 T40069 固定在"上止点"位置（图 5-1-30）。

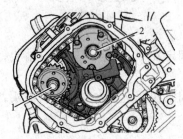
图 5-1-28

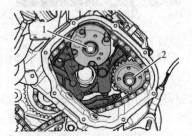
图 5-1-29

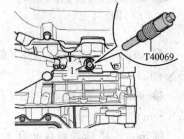
图 5-1-30

❷ 如图 5-1-31 所示，将凸轮轴用凸轮轴固定件 T40133/1 固定在"上止点"位置（箭头，25N·m）。

❸ 将正时链置于凸轮轴调节器 A 上，并将凸轮轴调节器插到凸轮轴上（图 5-1-32），同时注意下列事项。

图 5-1-31

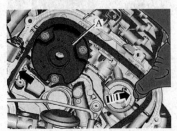
图 5-1-32

图 5-1-33

a. 正时链必须在滑轨（箭头）上"绷紧"。
b. 必须将正时链用手沿箭头方向保持在张紧状态。

❹ 凸轮轴调节器内的凹槽 1 必须位于调整开口 2 的对面（图 5-1-33）。

❺ 将凸轮轴链轮装入正时链内并将凸轮轴链轮插到凸轮轴上。

同时注意，标记点 1 的中心必须位于调整开口 2 的对面（图 5-1-34）。

❻ 松松地拧入螺栓 1 和 2（图 5-1-35）。凸轮轴上的凸轮轴调节器和凸轮轴链轮必须还可以转动，但不允许倾斜。

❼ 用螺丝刀 1 将右侧凸轮轴正时链链条张紧器的滑块向内压至限位位置，并取下定位销 T40071（图 5-1-36）。

图 5-1-34

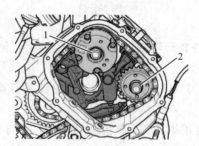

图 5-1-35

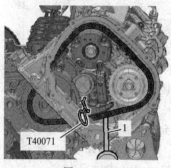

图 5-1-36

❽ 将双孔螺母扳手 3212 放到凸轮轴链轮上（图 5-1-37）。

❾ 将双孔螺母扳手 3212 沿箭头方向按压，并检查正时链是否在滑轨 A 上"绷紧"（图 5-1-37）。如果正时链还是"松弛的"，则必须将凸轮轴链轮错开一个齿位。

❿ 由另一位机械师用双孔螺母扳手 3212 将凸轮轴正时链沿箭头方向保持预紧度（图 5-1-38）。

⓫ 按照以下所述拧紧螺栓，同时继续保持凸轮轴链轮的预紧力。

a. 用 80N·m 的力矩拧紧排气凸轮轴的螺栓。
b. 用 80N·m 的力矩拧紧进气凸轮轴的螺栓。

⓬ 用最终拧紧力矩拧紧螺栓。为此用固定支架 3036 或用双孔螺母扳手 3212 固定。

a. 将排气凸轮轴螺栓继续转动 90°，同时用双孔螺母扳手 3212 固定。
b. 将进气凸轮轴螺栓继续转动 90°，同时用固定支架 3036 固定。

(3) 安装凸轮轴调节器 [气缸列 2（左侧）]

提示： 更换通过继续旋转拧紧的螺栓。

小心损坏气门和活塞顶。旋转凸轮轴时，曲轴上不得有任何活塞位于"上止点"位置。

❶ 将曲轴 1 用固定螺栓 T40069 固定在"上止点"位置（图 5-1-39）。

图 5-1-37

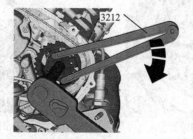

图 5-1-38

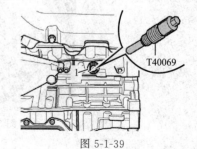

图 5-1-39

❷ 如图 5-1-40 所示，将凸轮轴用凸轮轴固定件 T40133/2 固定在"上止点"位置（箭头，25N·m）。

❸ 将正时链置于凸轮轴调节器 A 上，并将凸轮轴调节器插到凸轮轴上（图 5-1-41），同时注意下列事项。

a. 正时链必须在滑轨（箭头）上"绷紧"。
b. 必须将正时链用手沿箭头方向保持在张紧状态。

❹ 凸轮轴调节器内的凹槽1必须位于调整开口2的对面（图5-1-42）。

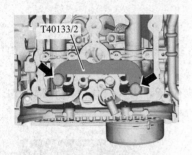
图5-1-40

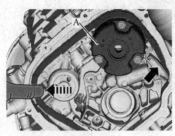
图5-1-41

图5-1-42

❺ 将凸轮轴链轮装入正时链内并将凸轮轴链轮插到凸轮轴上，同时注意，标记点1的中心必须位于调整开口2的对面（图5-1-43）。

❻ 松松地拧入螺栓1和2（图5-1-44）。凸轮轴上的凸轮轴调节器和凸轮轴链轮必须可以转动，但不允许倾斜。

❼ 用螺丝刀1将右侧凸轮轴正时链链条张紧器的滑块向内压至限位位置，并取下定位销T40071（图5-1-45）。

图5-1-43

图5-1-44

图5-1-45

❽ 将固定支架3036安放到凸轮轴调节器上。

❾ 将固定支架3036沿箭头方向按压，并检查正时链是否在滑轨上"绷紧"（图5-1-46）。如果正时链还是"松弛的"，则必须将凸轮轴链轮错开一个齿位。

❿ 由另一位机械师用固定支架3036将凸轮轴正时链沿箭头方向保持预紧度（图5-1-47）。

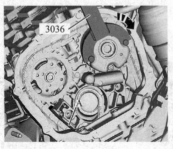
图5-1-46

图5-1-47

⓫ 按照以下所述拧紧螺栓，同时继续保持凸轮轴调节器的预紧力。
a. 用80N·m的力矩拧紧进气凸轮轴的螺栓。
b. 用80N·m的力矩拧紧排气凸轮轴的螺栓。

⓬ 用最终拧紧力矩拧紧螺栓。为此用固定支架3036或用双孔螺母扳手3212固定。

a. 将进气凸轮轴螺栓继续转动 90°，同时用固定支架 3036 固定。

b. 将排气凸轮轴螺栓继续转动 90°，同时用双孔螺母扳手 3212 固定。

7. 拆卸和安装凸轮轴正时链

（1）拆卸

❶ 拆卸发动机。

❷ 将发动机和变速箱分开。

❸ 拆卸正时链下部盖板。

❹ 拆卸凸轮轴调节器。

小心：凸轮轴正时链如已用过，反向运转时可能会损坏。用彩色箭头标记转动方向，以便重新安装左侧和右侧凸轮轴正时链。不要通过冲压、切割或类似方法标记凸轮轴正时链。

❺ 移除定位销 T40071，并取下左侧凸轮轴正时链（图 5-1-48）。

❻ 拧出螺栓 1 和 2，并取下右侧链条张紧器（图 5-1-49）。

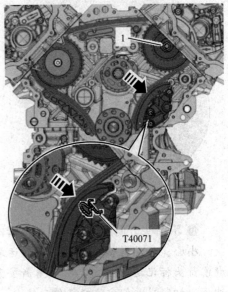

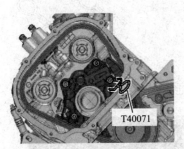

图 5-1-48　　　　　图 5-1-49　　　　　图 5-1-50

❼ 沿箭头方向按压配气机构正时链的链条张紧器滑轨，并用定位销 T40071 锁定链条张紧器（图 5-1-50）。

❽ 旋出传动链轮支承销的螺栓 1（图 5-1-50）。

❾ 拔下传动链轮和支承销，并将右侧凸轮轴正时链向上取出。

（2）安装

提示：将张紧件从链条张紧器内取出后，注意安装位置。壳底中的孔朝向链条张紧器，活塞朝向张紧轨。更换需要通过继续转动一定角度拧紧的螺栓。

小心损坏气门和活塞顶。旋转凸轮轴时，曲轴上不得有任何活塞位于"上止点"位置。

❶ 根据拆卸时所做的标记将左侧凸轮轴正时链置于传动链轮上，并向上移至气缸盖。

❷ 压下凸轮轴正时链链条张紧器的滑轨，并用定位销 T40071 锁定链条张紧器（图 5-1-51）。

❸ 根据拆卸时所做的标记将右侧凸轮轴正时链置于传动链轮上并向上移至气缸盖。

❹ 安装传动链轮。

❺ 拧紧传动链轮支承销的螺栓 1（图 5-1-52）。

❻ 取下定位销 T40071（图 5-1-52）。

❼ 在右侧气缸盖上安装链条张紧器。

❽ 拧紧螺栓 1 和 2（图 5-1-53）。

图 5-1-51

后续安装工作以倒序进行，安装过程中必须注意以下几点。

a. 安装凸轮轴调节器：气缸列 1（右侧）；气缸列 2（左侧）。

b. 安装正时链下盖板。

8. 拆卸和安装配气机构正时传动链

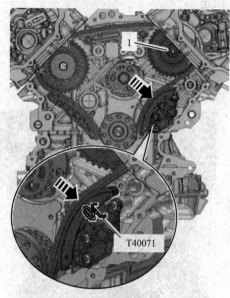

图 5-1-52

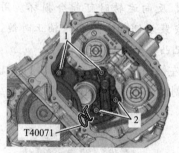

图 5-1-53

图 5-1-54

必备的专用工具、检测仪器以及辅助工具如图 5-1-54 所示。

(1) 拆卸

❶ 拆卸发动机。
❷ 将发动机和变速箱分开。
❸ 拆卸正时链下部盖板。
❹ 拆卸凸轮轴调节器。
❺ 拆卸辅助驱动装置传动链。

❻ 沿箭头方向压传动链链条张紧器的滑轨，并用定位销 T40071 锁定链条张紧器（图 5-1-55）。

小心：传动链如已用过，反向运转时可能会损坏。用颜色箭头标记运转方向，以便重新安装传动链。不要通过冲压、切割或类似方法标记传动链。

❼ 拧下螺栓 1，并取下滑轨。
❽ 拧出螺栓 2，并取下链条张紧器。
❾ 取下配气机构正时传动链。

(2) 安装

安装以与拆卸相反的顺序进行，安装过程中必须注意以下事项。

提示：更换通过继续旋转拧紧的螺栓。

❶ 根据在拆卸时所做的标记将配气机构正时传动链装在传动链轮上。
❷ 安装滑轨并拧紧螺栓 1（图 5-1-55）。
❸ 安装链条张紧器并拧紧螺栓 2。
❹ 沿箭头方向压传动链链条张紧器的滑轨，并将定位销 T40071 从链条张紧器中拔出。
❺ 安装辅助驱动装置传动链。
❻ 安装凸轮轴调节器。
　a. 气缸列 1（右侧）；b. 气缸列 2（左侧）。
❼ 安装正时链下盖板。

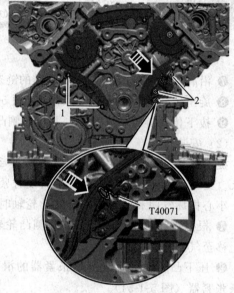

图 5-1-55

9. 拆卸和安装辅助驱动装置传动链

必备的专用工具、检测仪器以及辅助工具如图 5-1-56～图 5-1-59 所示。

(1) 拆卸

❶ 拆卸发动机。
❷ 将发动机和变速箱分开。
❸ 拆卸正时链下部盖板。

第五章 进口大众车系 339

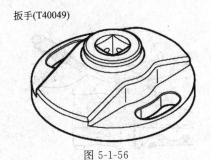

图 5-1-56

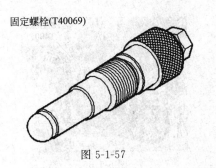

图 5-1-57

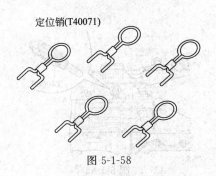

图 5-1-58

小心螺栓螺纹过长而损坏传动链。拧紧扳手 T40049 时，仅允许使用螺纹 a 最长为 22mm 的螺栓（图 5-1-60）。如果只有超过该长度的螺栓，放置螺栓头时，必须使剩余的螺纹长度仍为 22mm。

❹ 在曲轴后部用两个螺栓（箭头）安装专用工具 T40049（图 5-1-61）。

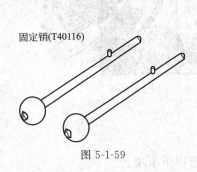

图 5-1-59

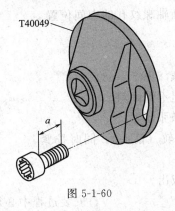

图 5-1-60

图 5-1-61

❺ 从气缸体内旋出曲轴"上止点"标记处的密封塞（箭头）（图 5-1-62）。

❻ 用适配接头 T40058 和环形扳手沿发动机转动方向（箭头）将曲轴转到"上止点"位置（图 5-1-63）。

❼ 缺口 A 必须与分隔缝（箭头）重合（图 5-1-64）。

图 5-1-62

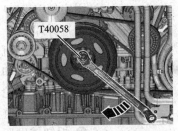

图 5-1-63

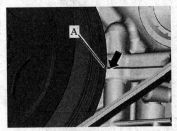

图 5-1-64

❽ 以 20N·m 的力矩将固定螺栓 T40069 拧入孔中；如有必要，略微来回旋转曲轴 1 来完全定心螺栓（图 5-1-65）。

❾ 沿箭头方向按压链条张紧器的滑轨，并用定位销 T40071 锁定链条张紧器（图 5-1-66）。

小心：传动链如已用过，反向运转时可能会损坏。用彩色箭头标记运转方向，以便重新安装传动链。不要通过冲压、切割或类似方法标记传动链。

❿ 拧出螺栓 3，并取下平衡轴的链轮。

⓫ 旋出螺栓 1 和 2，并取下链条张紧器和链条。

（2）安装

❶ 将曲轴 1 用固定螺栓 T40069 固定在"上止点"位置（图 5-1-67）。

提示：更换通过继续旋转拧紧的螺栓。

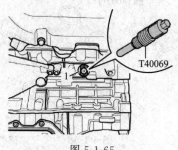 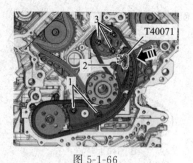 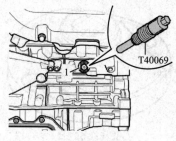

图 5-1-65　　　　　图 5-1-66　　　　　图 5-1-67

❷ 连同链条和平衡轴链轮一起安装链条张紧器。

❸ 将平衡轴用固定销 T40116 锁定在"上止点"位置（图 5-1-68）。

平衡轴链轮上的长孔必须位于平衡轴螺纹孔的中间位置。必要时将链条错开一个齿位。

❹ 拧紧链条张紧器的螺栓。

❺ 拧入链轮的螺栓 1，但不要拧紧（图 5-1-68）。

链轮必须可以在平衡轴上转动，但不得倾斜。

❻ 取下定位销 T40071 以松开链条张紧器。

❼ 用螺丝刀顶住链条张紧器的滑轨（箭头），同时拧紧链轮的螺栓 1。

❽ 将固定销 T40116 从平衡轴内拔出。

图 5-1-68

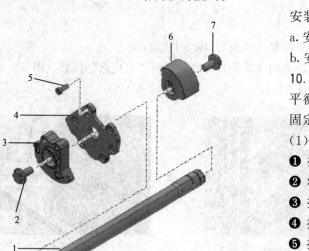

图 5-1-69

1—平衡轴；2,7—螺栓（拧紧力矩：60N·m，松开和拧紧时，使用固定销 T40116 作为固定支架）；3—变速箱侧配重块（仅能在一个位置处安装到平衡轴上）；4—轴承盖；5—螺栓（拧紧力矩：13N·m）；6—皮带轮侧配重块（仅能在一个位置处安装到平衡轴上）

安装过程中必须注意以下事项。

a. 安装正时链下盖板。

b. 安装曲轴"上止点"标记处的密封塞。

10. 拆卸和安装平衡轴

平衡轴装配如图 5-1-69 所示。

固定销（T40116）如图 5-1-70 所示。

(1) 拆卸

❶ 拆卸发动机。

❷ 将发动机和变速箱分开。

❸ 拆卸皮带轮侧密封法兰。

❹ 拆卸正时链下盖板。

❺ 拆卸辅助驱动装置传动链。

❻ 将配重块 1 用固定销 T40116 固定在发动机后部（图 5-1-71）。

❼ 旋出螺栓 2 并将配重块从平衡轴上取下。

❽ 旋出螺栓 2，为此将配重块用芯棒固定并将发动机前部的配重块 1 从平衡轴上取下（图 5-1-72）。

❾ 拧下螺栓（图 5-1-73 中的箭头），取下发动机后部的平衡轴轴承盖。

❿ 将平衡轴向后从气缸体中拉出。

第五章 进口大众车系

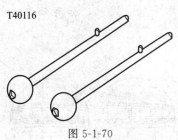
图 5-1-70

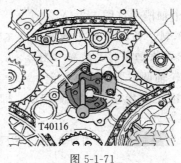
图 5-1-71

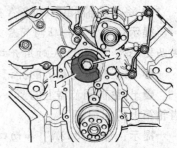
图 5-1-72

(2) 安装

将曲轴1用固定螺栓 T40069 固定在"上止点"位置（图 5-1-74）。

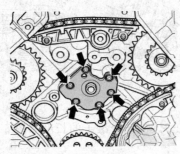
图 5-1-73

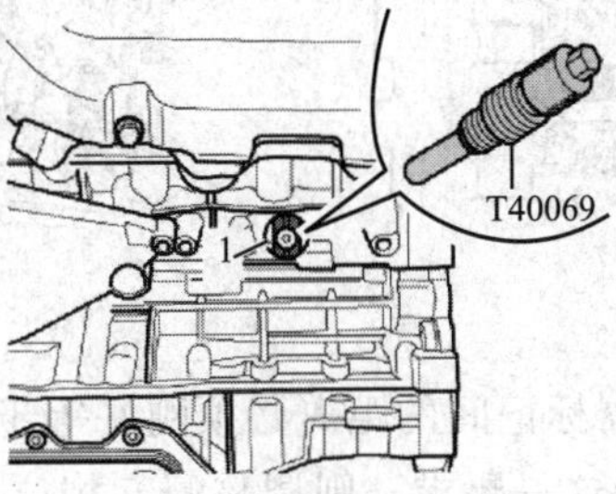

图 5-1-74

提示：配重块仅能在一个位置处安装到平衡轴上。

安装以与拆卸相反的顺序进行，安装过程中必须注意以下事项。

❶ 安装辅助驱动装置传动链。

❷ 安装正时链下盖板。

❸ 安装皮带轮侧的密封法兰。

二、3.6L 直列6缸发动机（以 CGRA、CMTA 发动机为例）（2011～2014年）

1. 适用车型

大众途锐 3.6L（Touareg）。

2. 检查配气相位

凸轮轴尺（T10068 A）如图 5-2-1 所示。

检查流程如下。

❶ 拆卸隔音垫。

❷ 拆卸进气管上半部分。

❸ 拆卸气缸盖罩。

❹ 曲轴沿发动机运转方向转至气缸上止点标记处（图 5-2-2 中箭头）。

❺ 气缸1的凸轮A必须相对（图 5-2-3）。

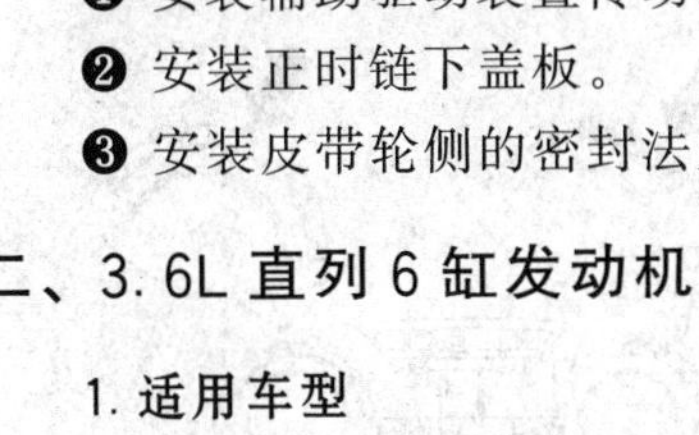

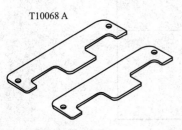
图 5-2-1

图 5-2-2

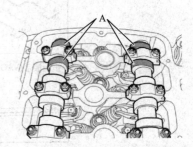
图 5-2-3

❻ 将凸轮轴尺 T10068 A 插入两个轴槽中（图 5-2-4）。

提示：由于凸轮轴调节器功能的限制，凸轮轴的凹槽有可能不是完全水平的。因此，如有必要，安装凸轮轴尺 T10068 A 时用开口扳手略微来回旋转凸轮轴（图 5-2-5 中箭头）。

❼ 用正时齿轮箱上的标记检查凸轮轴调节器的调整标记。

❽ 凸轮轴调节器上的箭头必须对准正时齿轮箱的右侧切口，即正时齿轮箱上的标记。

提示：标记"32A"和切口之间允许略微错开（图 5-2-6）。不用考虑铜色链节的位置。

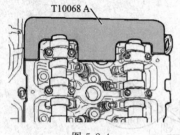
图 5-2-4

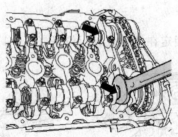
图 5-2-5

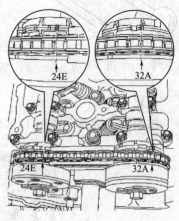
图 5-2-6

❾ 凸轮轴调节器标记间的距离必须刚好等于凸轮轴正时链 16 个滚子的长度（图 5-2-7）。

如果标记不符合这一要求，则调整配气相位。

如果标记符合这一要求，则安装气缸盖罩，安装进气管上半部分。

FSI 发动机的配气齿轮罩上的标记如图 5-2-8 所示，切口（箭头）是凸轮轴调节器上标记的参考点。

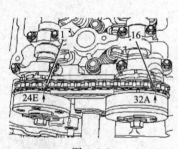
图 5-2-7

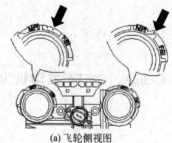
(a) 飞轮侧视图

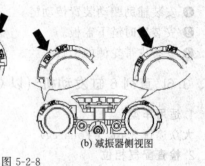
(b) 减振器侧视图

图 5-2-8

3. 拆卸和安装凸轮轴调节器

必备的专用工具、检测仪器以及辅助工具如图 5-2-9 所示。

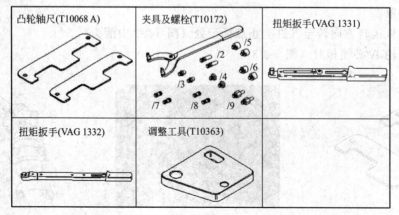
图 5-2-9

第五章 进口大众车系

(1) 拆卸

❶ 拆卸进气管上半部分。
❷ 拆下刮水器摆臂。
❸ 拆卸排水槽盖板。
❹ 拆卸中部前围排水槽。
❺ 拆卸气缸盖罩。
❻ 脱开线束1，拧出螺栓2和3（图5-2-10），并取下发动机吊环。
脱开插头连接，如图5-2-11所示。
❼ 拆卸机械式真空泵。
❽ 拧下螺母A，并拧出螺栓（图5-2-12中箭头）。

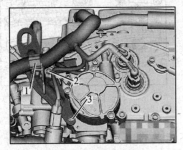 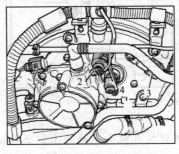 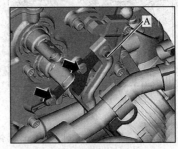

图5-2-10　　　　　　　　图5-2-11　　　　　　　　图5-2-12

1—霍尔传感器1（G40）；2—凸轮轴调节阀1（N205）；
3—霍尔传感器2（G163）；4—凸轮轴调节阀2（N318）

❾ 将紧固螺栓（箭头）从盖板上拧下（图5-2-13），然后撬下盖板。
❿ 拆卸隔音垫。
⓫ 用支挡扳手T10172将曲轴从下方沿发动机运转方向转至气缸1的"上止点"标记处（图5-2-14中箭头）。
⓬ 气缸1的凸轮A必须相对（图5-2-15）。

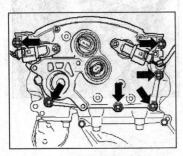 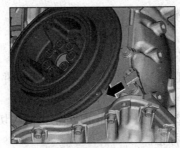 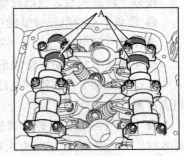

图5-2-13　　　　　　　　图5-2-14　　　　　　　　图5-2-15

⓭ 松开排气侧凸轮轴调节器螺栓约1圈，为此应使用开口扳手反向固定凸轮轴的扳手面（图5-2-16）。
⓮ 松开进气侧凸轮轴调节器螺栓约1圈，为此应使用开口扳手反向固定凸轮轴的扳手面（图5-2-17）。
⓯ 将凸轮轴尺T10068 A插入两个轴槽中（图5-2-18）。必要时，用开口扳手略微来回旋转凸轮轴。

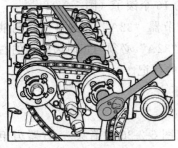 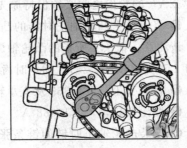 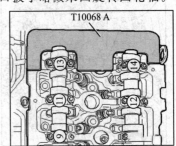

图5-2-16　　　　　　　　图5-2-17　　　　　　　　图5-2-18

⑯ 用调整工具 T10363 固定高压泵传动链轮的位置，高压泵传动凸轮的标记 A 必须朝上（图 5-2-19）。

提示：如果轴颈不垂直于真空泵传动装置，则取出凸轮轴尺 T10068 A。继续顺转动方向转动曲轴，直至轴颈垂直且凸轮轴尺 T10068 A 可以插入。

⑰ 拆下凸轮轴正时链的链条张紧器（图 5-2-20 中箭头）。

⑱ 标出凸轮轴调节器标记对面的链节。标记凸轮轴正时链后可以使安装更为方便。

⑲ 完全拧出凸轮轴调节器紧固螺栓并取下凸轮轴调节器。

图 5-2-19

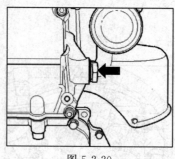

图 5-2-20

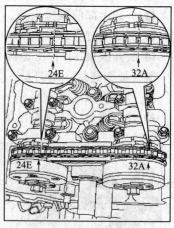

图 5-2-21

提示：凸轮轴正时链由正时链下盖板保持在机油泵链轮上。正时链不能跳齿（图 5-2-21）。

(2) 安装

条件：曲轴位于上止点；高压泵传动链轮已用调整工具 T10363 固定好；凸轮轴已用凸轮轴尺 T10068 A 固定好。

提示：凸轮轴调节器锁定在静止状态。因此在调整配气相位时传感轮不能旋转。如果静止状态的锁止件没有卡入（锁定），则手动双向旋转调节器至锁定为止。如果不行，则更换凸轮轴调节器。

由于定位销的限制，凸轮轴调节器只能拧在凸轮轴支座的一个位置上（图 5-2-22 中箭头）。

按以下步骤安装进气凸轮轴的凸轮轴调节器。

❶ 将装上凸轮轴正时链的进气凸轮轴调节器插到凸轮轴上。

请注意下列事项。

a. 连接高压泵驱动齿轮的正时链不能下垂。

b. 凸轮轴调节器在正时链已装上且绷紧后必须可以轻松插上并略微用力拧紧。

图 5-2-22

❷ 箭头 1 所指的凸轮轴调节器"24E"必须与正时齿轮箱的右切口 2 对齐（图 5-2-23），即正时齿轮箱上的标记。

❸ 略微用力拧紧凸轮轴调节器的紧固螺栓。

❹ 从箭头 1 和切口 2 对齐的轮齿开始，在凸轮轴正时链上向右数 16 个滚子（图 5-2-23）。用彩笔标记此滚子。

❺ 将排气凸轮轴调节器 32A 插入凸轮轴正时链。箭头标记"24E"与"32A"的轮齿之间必须保持原先数定的 16 个滚子（图 5-2-24）。

❻ 将已装上凸轮轴正时链的凸轮轴调节器"32A"插到排气凸轮轴上。请注意：箭头 1 所指的凸轮轴调节器"32A"必须与正时齿轮箱的右切口 2 对齐（图 5-2-25），即正时齿轮箱上的标记。

❼ 将调节工具 T10363 从支承轴上取下。

❽ 取出凸轮轴尺 T10068 A。

❾ 安装凸轮轴正时链的链条张紧器（图 5-2-26 中箭头）。拧紧力矩为 50N·m。

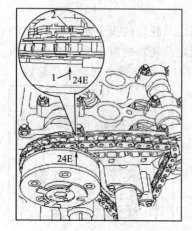

图 5-2-23

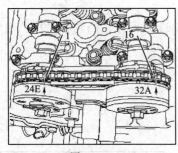
图 5-2-24

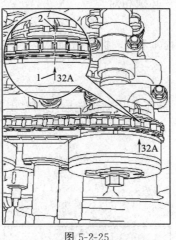
图 5-2-25

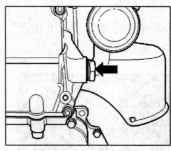
图 5-2-26

❿ 沿发动机顺运转方向旋转 2 圈并检查配气相位（图 5-2-27）。

如果标记符合这一要求，则用开口宽度为 27mm 的开口扳手固定要拧紧的相应凸轮轴（图 5-2-28 中箭头）。

提示：此时不允许插入凸轮轴尺 T10068 A。

请注意，链轮的所有紧固螺栓都必须更换。

⓫ 进气凸轮轴调节器和排气凸轮轴调节器的新紧固螺栓以 60N·m＋1/4 圈（90°）的方式拧紧。

⓬ 清洁后盖板密封面。在密封面上涂密封剂 D 176 501 A1。

⓭ 安装盖板，并将紧固螺栓（图 5-2-29 中箭头）用 8N·m 的力矩交叉拧紧。

⓮ 其余的组装以倒序进行。

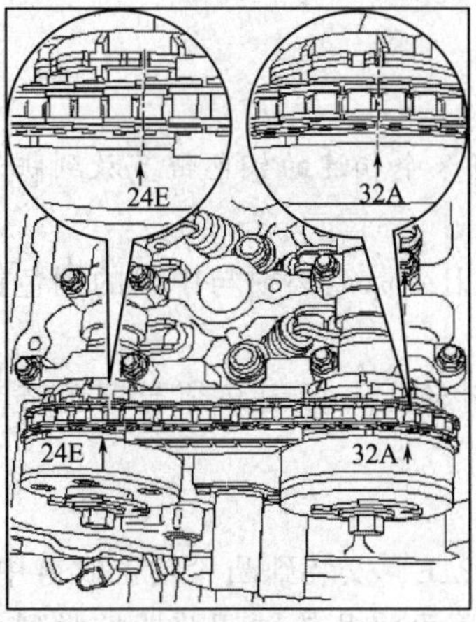

图 5-2-27

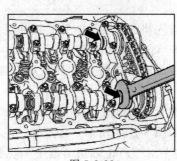
图 5-2-28

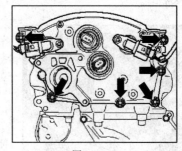
图 5-2-29

4. 拆卸和安装凸轮轴正时链

(1) 条件

❶ 拆下变速箱。

❷ 拆下从动盘。

❸ 拆下油底壳。

❹ 拆下变速箱侧的密封法兰。

❺ 拆下气缸盖罩。

(2) 拆卸

❶ 将（带减振器）发动机转到调整标记处。

传动链轮的磨削齿必须对准轴承分开缝（图 5-2-30 中箭头 A）。

孔的标记（图 5-2-30 中箭头 B）必须对准机油泵上的标记。

提示：每次转到第 4 圈时才能到这个位置。

❷ 气缸 1 的凸轮（图 5-2-31 中 A）必须相对。
❸ 拆下凸轮轴调节器。
❹ 如图 5-2-32 所示，拧出紧固螺栓 1 和 2，拆下滑轨 A。
❺ 向上取出凸轮轴正时链。

（3）安装

条件：曲轴位于"上止点"位置；高压泵传动链轮已用调整工具 T10363 固定好；凸轮轴已用凸轮轴尺 T10068 A 固定好。

图 5-2-30

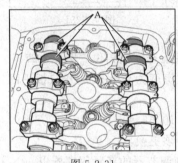

图 5-2-31

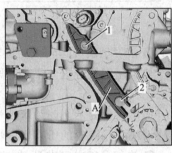

图 5-2-32

❶ 从上方将凸轮轴正时链穿过气缸盖中的孔。
❷ 安装滑轨 A，先只拧紧螺栓 2（图 5-2-32）。

提示：凸轮轴正时链上的一些链节为铜色，这些链节用于辅助装配。将 3 个相连的铜色链节放到机油泵链轮上。

图 5-2-33

❸ 首先将凸轮轴正时链装到油泵链轮上。标记必须与中间的铜色链节 A 对齐（图 5-2-33）。
❹ 将凸轮轴正时链装到高压泵驱动链轮上。标记必须与铜色链节对齐。
❺ 拧紧滑轨螺栓。
❻ 如图 5-2-34 所示，将进气凸轮轴"24E"安装到凸轮轴正时链中，使铜色链节对准凸轮轴调节器上的标记。用手将凸轮轴调节器拧紧到凸轮轴上。
❼ 如图 5-2-34 所示，将排气凸轮轴"32A"安装到凸轮轴正时链中，使铜色链节对准凸轮轴调节器上的标记。用手将凸轮轴调节器拧紧到凸轮轴上。
❽ 检查铜色链节相对于调整标记的位置。

提示：铜色链节在曲轴旋转后与调整标记不再对齐。

❾ 安装凸轮轴正时链的链条张紧器（图 5-2-35 中箭头）。拧紧力矩为 50N·m。
❿ 取出凸轮轴尺 T10068 A 并拧紧凸轮轴调节器。拧紧力矩为 60N·m＋继续旋转 1/4 圈（90°）。

提示：用开口宽度为 27mm 的开口扳手反向固定凸轮轴（图 5-2-36 中箭头）。拧紧或松开凸轮轴调节器时不得插入凸轮轴尺 T10068 A。

⓫ 其余的组装以倒序进行。

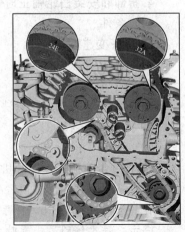

图 5-2-34

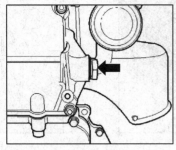
图 5-2-35

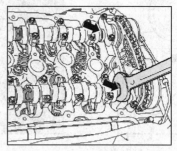
图 5-2-36

5. 拆卸和安装油泵驱动装置正时链

提示：工作步骤只能在发动机拆下后进行！

（1）必备的专用工具、检测仪器以及辅助工具（图 5-2-37）

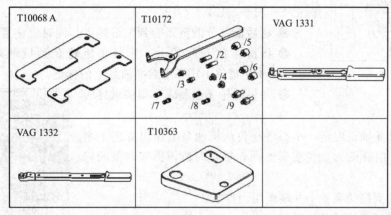
图 5-2-37

凸轮轴尺（T10068 A）；支挡扳手（T10172）；扭矩扳手（VAG 1331）；扭矩扳手（VAG 1332）；调整工具（T10363）；密封剂（D 176 501 A1）。

（2）拆卸

条件：拆下发动机；脱开发动机和变速箱；拆下从动盘；拆下油底壳；拆下密封法兰。

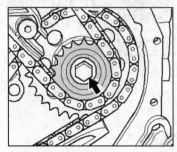
图 5-2-38

❶ 松开链轮螺栓（图 5-2-38 中箭头）约 1 圈。为此应使用支挡扳手 T10172 反向固定减振器。

❷ 通过减振器将发动机转到调整标记处。

❸ 传动链轮的磨削齿必须对准轴承分开缝（图 5-2-39 中箭头 A）。

❹ 孔的标记（图 5-2-39 中箭头 B）必须对准机油泵上的标记。

提示：每次转到第 4 圈时才能到这个位置。

❺ 如要更换凸轮轴正时链，应先将其拆卸。

❻ 如果不更换凸轮轴正时链，用防水笔做好凸轮轴正时链相对于机油泵链轮位置的标记。

❼ 拆下凸轮轴正时链的链条张紧器（图 5-2-40 中箭头）。

❽ 用 3mm 的内六角扳手（图 5-2-41 中 A）将链条张紧器定住。

❾ 拆下机油泵传动链轮的链条张紧器（图 5-2-41 中箭头）。

❿ 完全拧出链轮的紧固螺栓并从机油泵上拆下链轮和正时链（图 5-2-38 中箭头）。

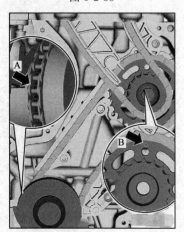
图 5-2-39

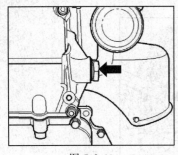
图 5-2-40

图 5-2-41

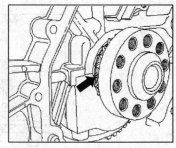
图 5-2-42

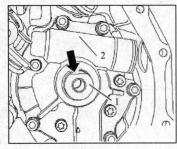
图 5-2-43

(3) 安装

❶ 将曲轴转到上止点。传动链轮的磨削齿必须对准轴承分开缝（图 5-2-42 中箭头）。

❷ 将机油泵轴 1 平的一面（箭头）转到水平位置，对准机油泵上的标记 2（图 5-2-43）。

❸ 将后面部分的链条套到大链轮上，同时应注意之前所做的标记。

❹ 将链条放到凸轮上，然后将链轮套到机油泵轴上。孔的标记（图 5-2-44 中箭头 B）必须对准油泵上的标记。

❺ 如果链轮无法装入，则略微旋转机油泵轴。

❻ 如果不拆卸凸轮轴正时链，小心将链轮从机油泵上拉出并向上稍微摇动。在图 5-2-44 中箭头 A 的位置套上凸轮轴正时链，拆卸时做的标记必须对好。

❼ 将链轮重新套到机油泵轴中并略微用力拧紧。

❽ 安装凸轮轴正时链的链条张紧器（图 5-2-40 中箭头）。

❾ 安装下方的链条张紧器并以 8N·m 的力矩拧紧（图 5-2-41 中箭头）。

❿ 拔出内六角扳手 A（图 5-2-41）。

⓫ 链轮用 60N·m＋1/4 圈（90°）的方式拧紧，为此应使用支挡扳手 T10172 反向固定减振器。

⓬ 安装密封法兰。

其余的组装以倒序进行。

⓭ 如果已拆卸凸轮轴正时链，则安装凸轮轴正时链。

图 5-2-44

6. 拆卸和安装高压泵的传动链轮

(1) 拆卸

❶ 拆卸高压泵。

❷ 拆卸进气凸轮轴的凸轮轴调节器 1（图 5-2-45）。

❸ 拧出滑轨螺栓 3（图 5-2-45）。

❹ 从传动链轮上取下凸轮轴正时链。

❺ 拔出支承轴 4 并取出传动链轮 2（图 5-2-45）。

(2) 安装

提示：在传动链轮正面和支承轴上涂抹固体润滑膏。

❶ 装入传动链轮，切口（图 5-2-46 中箭头）必须朝上。

❷ 在支承轴上涂抹固体润滑膏后插入。只能在一个位置上插入支承轴。

❸ 用调整工具 T10363 固定高压泵传动链轮的位置。高压泵传动凸轮的标记（图 5-2-47 中 A）必须朝上。

❹ 将凸轮轴正时链装到传动链轮上。注意链条在滑轨上运转时要保持绷紧。

第五章　进口大众车系　　349

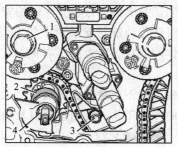
图 5-2-45

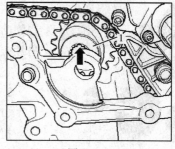
图 5-2-46

❺ 拧紧滑轨螺栓（图 5-2-48 中箭头）。

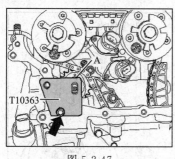
图 5-2-47

图 5-2-48

❻ 安装凸轮轴调节器。
❼ 安装高压泵。

三、4.2L V8 发动机（以 CGNA 发动机为例）（2011～2014 年）

1. 适用车型
大众途锐 4.2L（Touareg）。

2. 装配凸轮轴正时链一览
左侧凸轮轴正时链如图 5-3-1 所示。
右侧凸轮轴正时链如图 5-3-2 所示。

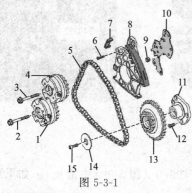
图 5-3-1

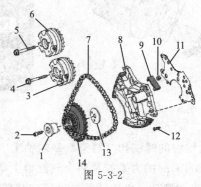
图 5-3-2

1—凸轮轴调节器[用于排气凸轮轴，标记"EXHAUST（排气）"]；2,3—螺栓（更换，拧紧力矩：80N·m+90°）；4—凸轮轴调节器[用于进气凸轮轴，标记"INTAKE（进气）"]；5—左侧凸轮轴正时链（拆卸前先用颜色标记运转方向）；6—螺栓（更换，拧紧力矩：5N·m+90°）；7—滑轨；8—链条张紧器（用于左侧凸轮轴正时链）；9—滤油网（安装在链条张紧器中，注意外圆上的锁止凸耳）；10—密封件（更换，夹到链条张紧器上）；11—轴承座（用于传动链轮）；12—螺栓（拧紧力矩：9N·m）；13—传动链轮（用于左侧凸轮轴正时链）；14—止推垫片（用于传动链轮）；15—螺栓（拧紧力矩：22N·m）

1—支承销（用于右侧凸轮轴正时传动链轮）；2—螺栓（拧紧力矩：42N·m）；3—凸轮轴调节器[用于排气凸轮轴，标记"EXHAUST（排气）"]；4,5—螺栓（更换，拧紧力矩：80N·m+90°）；6—凸轮轴调节器[用于进气凸轮轴，标记"INTAKE（进气）"]；7—右侧凸轮轴正时链（拆卸前先用彩色标记运转方向）；8—链条张紧器（用于右侧凸轮轴正时链）；9—滑块；10—滤油网（安装在链条张紧器中，注意外圆上的锁止凸耳）；11—密封件（更换，夹到链条张紧器上）；12—螺栓（拧紧力矩：5N·m+90°）；13—止推垫片（用于传动链轮）；14—传动链轮（用于右侧凸轮轴正时链）

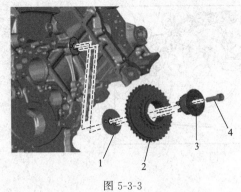

图 5-3-3

右侧凸轮轴正时链传动链轮支承销的安装位置（图 5-3-3）：右侧凸轮轴正时链传动链轮支承销中的定位销 3 必须插入止推垫片 1 和气缸体的孔中；2 为用于右侧凸轮轴正时链的传动链轮；4 为螺栓。

3. 从凸轮轴上取下凸轮轴正时链

（1）必备的专用工具、检测仪器以及辅助工具

扭矩扳手（VAG 1332）、定位工具（VAG 1332/9）、适配接头（T40058）、凸轮轴固定装置（T40070）、定位销（T40071）、扳手头（T40079）如图 5-3-4 所示。

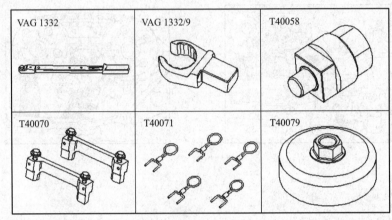

图 5-3-4

（2）拆卸步骤

❶ 用适配接头 T40058（图 5-3-5）沿发动机运转方向将曲轴转动至"上止点"位置，如图 5-3-6 所示。

❷ 减振器上的标记 1 和气缸体上的标记 2 必须相对（图 5-3-7）。

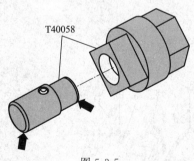

图 5-3-5

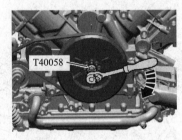

图 5-3-6

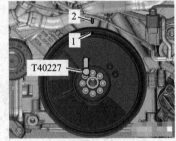

图 5-3-7

❸ 凸轮轴中的螺纹孔（箭头）必须朝上（图 5-3-8）。

❹ 用 25N·m 的力矩拧紧两个气缸盖上的凸轮轴固定装置 T40070（图 5-3-9 中箭头）。如果用于气缸盖螺栓的孔未被挡住，则表明凸轮轴固定装置 T40070 安装正确。

❺ 用手将固定螺栓穿过减振器的孔拧入气缸体至贴紧为止。必要时，略微来回转动曲轴，以使螺栓完全对中。

❻ 用螺丝刀 1 将左侧（图 5-3-10）和右侧（图 5-3-11）凸轮轴正时链链条张紧器的滑块向内压至限位位置，并用定位销 T40071 锁定链条张紧器。

提示：链条张紧器使用油液减振，只能均匀用力慢慢压紧。

❼ 用彩色箭头标记凸轮轴调节器的安装位置，以便重新安装。

小心：可能会损坏发动机。

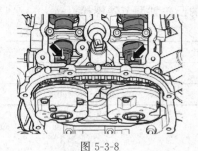
图 5-3-8

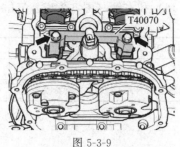
图 5-3-9

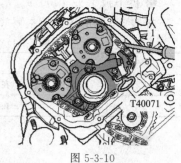
图 5-3-10

❽ 为防止小件物体可能通过正时链箱开口而意外落入发动机，用干净的抹布盖住开口。
❾ 拧出左侧气缸盖螺栓 1 和 2 并取下两个凸轮轴调节器（图 5-3-12）。
❿ 用彩色箭头标记凸轮轴调节器的安装位置，以便重新安装。
⓫ 拧出右侧气缸盖螺栓 1 和 2 并取下两个凸轮轴调节器（图 5-3-13）。

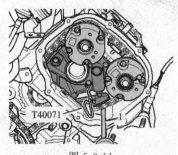
图 5-3-11

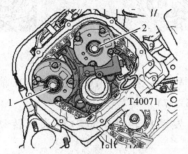
图 5-3-12

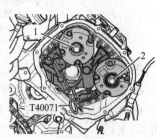
图 5-3-13

（3）安装步骤

提示：更换需要通过继续转动一定角度拧紧的螺栓。无需注意凸轮轴调节器的安装位置。
小心：不能损坏气门和活塞顶。旋转凸轮轴时，曲轴上不得有任何活塞位于"上止点"位置。

❶ 安装配气机构正时传动链。
❷ 用固定螺栓 T40227 在"上止点"位置锁定曲轴（图 5-3-7）。
❸ 用 25N·m 的力矩拧紧两个气缸盖上的凸轮轴固定装置 T40070（箭头）（图 5-3-9）。
❹ 重新安装左侧（右侧）气缸盖上的凸轮轴调节器。
❺ 将凸轮轴正时链安装到传动链轮和凸轮轴调节器上，拧入螺栓 1 和 2，但不要拧紧（图 5-3-13）。凸轮轴上的两个凸轮轴调节器必须可以转动，但不允许倾斜。
❻ 取下定位销 T40071。
❼ 将扳手头 T40079 安装到左侧（图 5-3-14）和右侧（图 5-3-15）气缸盖上的进气凸轮轴调节器上。

图 5-3-14

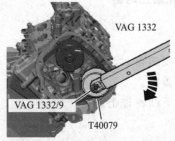
图 5-3-15

❽ 用定位工具 VAG 1332/9 将扭矩扳手 VAG 1332 安装到扳手头 T40079 上（图 5-3-14 和图 5-3-15）。
❾ 让另一名机械师用 40N·m 的力矩沿箭头方向预紧（图 5-3-14 和图 5-3-15）。

⑩ 按照表 5-3-1 所述拧紧螺栓，同时继续保持凸轮轴调节器的预紧力。

⑪ 拆下扳手头 T40079。

按表 5-3-2 所述拧紧左侧（图 5-3-16）和右侧（图 5-3-17）气缸盖上的凸轮轴调节器螺栓。

表 5-3-1

挡	螺栓	拧紧力矩
1	1	在排气凸轮轴上 60N·m
1	2	在进气凸轮轴上 60N·m

表 5-3-2

挡	螺栓	拧紧力矩
2	1	80N·m+90°
2	2	80N·m+90°

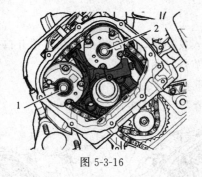

图 5-3-16

图 5-3-17

⑫ 拆下两个气缸盖上的凸轮轴固定装置 T40070（图 5-3-9 中箭头）。

⑬ 拆下固定螺栓 T40227（图 5-3-7）。

⑭ 用扳手头 T40058 将曲轴沿发动机转动方向（箭头）转动 2 圈，直到曲轴再次回到"上止点"（图 5-3-6）。

提示：如果错过了"上止点"，则必须再将曲轴转回大约 30°，然后重新转向"上止点"。

⑮ 减振器上的标记 1 和气缸体上的标记 2 必须相对（图 5-3-7）。

⑯ 凸轮轴中的螺纹孔（箭头）必须朝上（图 5-3-8）。

⑰ 用 25N·m 的力矩拧紧两个气缸盖上的凸轮轴固定装置 T40070（图 5-3-9 中箭头）。

如果用于气缸盖螺栓的孔未被挡住，则表明凸轮轴固定装置 T40070 安装正确。

⑱ 用手将固定螺栓 T40227 穿过减振器的孔拧入气缸体，至贴紧为止。

固定螺栓 T40227 必须插入气缸体上的定位孔中，否则应重新调整。

⑲ 如果调整正确，则拆下两个气缸盖中的凸轮轴定位装置。

⑳ 拆下固定螺栓 T40227（图 5-3-7）。

后续安装以倒序进行，同时要注意以下 2 点。

a. 安装正时链盖板。

b. 安装气缸盖罩

4. 拆卸和安装凸轮轴正时链

（1）拆卸步骤

❶ 拆卸发动机。

❷ 脱开发动机和变速箱。

❸ 拆卸正时链下盖板。

❹ 从凸轮轴上取下凸轮轴正时链。

小心：

a. 凸轮轴正时链如已用过，反向运转时可能会损坏。

b. 用彩色箭头标记凸轮轴正时链的运转方向，以便重新安装。

❺ 拧出螺栓 1 和 2 并取下左侧链条张紧器及左侧凸轮轴正时链（图 5-3-18）。

❻ 拧出螺栓 1 和 2 并取下右侧链条张紧器及右侧凸轮轴正时链（图 5-3-19）。

(2) 安装步骤

提示：从链条张紧器中取出张紧件后，必须注意安装位置，壳底中的孔朝向链条张紧器，活塞朝向张紧轨。

❶ 更换需要通过继续转动一定角度拧紧的螺栓。

❷ 更换密封件。

小心：

a. 不要损坏气门和活塞顶。

b. 旋转凸轮轴时，曲轴上不得有任何活塞位于"上止点"位置。

❸ 将左右两侧凸轮轴正时链的链条张紧器的滑轨向内（箭头）压至限位位置，并用定位销 T40071 锁定链条张紧器（图 5-3-20）。

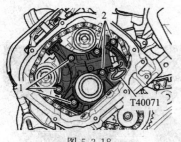
图 5-3-18

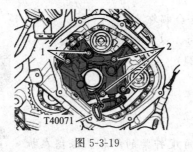
图 5-3-19

图 5-3-20

❹ 必要时，清洁两个链条张紧器内的滤油网 2（图 5-3-21）。

❺ 将新密封件 3 安装到链条张紧器 1 后部（图 5-3-21）。

❻ 在左侧气缸盖上装入链条张紧器，然后根据在拆卸时所做的标记装上凸轮轴链条。

❼ 拧紧螺栓 1 和 2（图 5-3-18）。

❽ 在右侧气缸盖上装入链条张紧器，然后根据在拆卸时所做的标记装上凸轮轴链条。

❾ 拧紧螺栓 1 和 2（图 5-3-19）。

后续安装以倒序进行，同时要注意以下 2 点。

a. 凸轮轴正时链装到凸轮轴上。

b. 安装正时链下盖板。

5. 装配配气机构正时传动链（图 5-3-22）

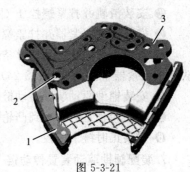
图 5-3-21

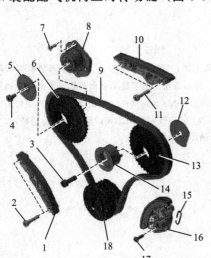

图 5-3-22

1,10—滑轨；2,11—螺栓（更换，17N·m+90°）；3,4—螺栓（拧紧力矩：80N·m+90°）；5—止推垫片（用于传动链轮）；6—传动链轮（用于左侧正时链）；7—螺栓（拧紧力矩：9N·m）；8—支承销（用于右侧凸轮轴正时链传动链轮）；9—传动链（用于正时驱动，拆卸前先用颜色标记运转方向）；12—止推垫片；13—传动链轮（用于右侧正时链）；14—支承销（用于传动链轮）；15—密封环（更换）；16—链条张紧器；17—螺栓（更换，拧紧力矩：5N·m+90°）；18—曲轴

6. 拆卸和安装配气机构正时传动链

(1) 必备的专用工具 锁定销（T40071）如图 5-3-23 所示。

(2) 拆卸步骤

❶ 拆卸发动机。
❷ 脱开发动机和变速箱。
❸ 拆卸正时链下盖板。
❹ 从凸轮轴上取下凸轮轴正时链。
❺ 拆卸辅助驱动装置传动链。
❻ 沿箭头方向压传动链链条张紧器的滑轨，并用定位销 T40071 锁定链条张紧器（图 5-3-24）。

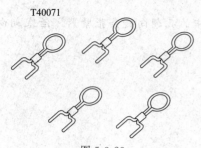

图 5-3-23

小心：
a. 传动链如已用过，反向运转时可能会损坏。
b. 用彩色箭头标记传动链的运转方向，以便重新安装。

❼ 拧下螺栓 1 并取下滑轨（图 5-3-24）。
❽ 拧出螺栓 2 并取下链条张紧器。
❾ 取下配气机构正时传动链。

(3) 安装步骤

提示：更换需要通过继续转动一定角度拧紧的螺栓。根据在拆卸时所做的标记将配气机构正时传动链装在传动链轮上。

安装以倒序进行，同时要注意以下几点。

❶ 安装滑轨并拧紧螺栓 1（图 5-3-24）。
❷ 安装链条张紧器并拧紧螺栓 2。
❸ 沿箭头方向压传动链链条张紧器的滑轨，并将定位销 T40071 从链条张紧器中拔出（图 5-3-24）。
❹ 安装辅助驱动装置传动链。
❺ 将凸轮轴正时链装到凸轮轴上。
❻ 安装正时链下盖板。

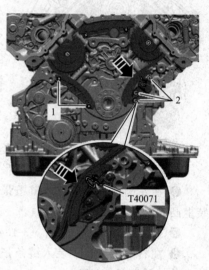

图 5-3-24

7. 装配辅助驱动装置传动链（图 5-3-25）

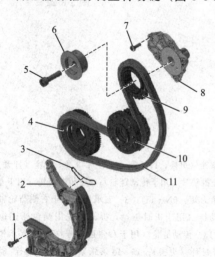

图 5-3-25

1、7—螺栓（更换，拧紧力矩：5N·m+90°）；2—链条张紧器（带滑轨）；3—密封件（更换）；4—传动链轮（用于辅助驱动装置，正齿轮传动器的部件）；5—螺栓（拧紧力矩：42N·m）；6—支承销（用于转向链轮）；8—轴承座（用于转向链轮）；9—转向链轮（用于辅助驱动装置传动链）；10—曲轴；11—传动链（用于辅助驱动装置）

8. 拆卸和安装辅助驱动装置传动链

(1) 必备的专用工具 锁定销（T40071）如图 5-3-26 所示。

(2) 拆卸步骤

❶ 拆卸发动机。

❷ 脱开发动机和变速箱。

❸ 拆卸正时链下盖板。

小心：

a. 传动链如已用过，反向运转时可能会损坏。

b. 用彩色箭头标记辅助传动装置传动链的转动方向，以便重新安装。

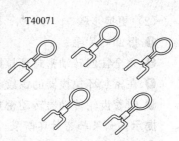

图 5-3-26

图 5-3-27

❹ 沿箭头方向按压张紧轨并用锁定销 T40071 固定链条张紧器。

❺ 拧出螺栓 1 并取下转向链轮（图 5-3-27）。

❻ 拧出螺栓 2～4 并取下链条张紧器。

❼ 取下辅助传动装置传动链。

(3) 安装步骤

提示：更换密封件。

安装以倒序进行，同时要注意以下 2 点。

a. 更换需要通过继续转动一定角度拧紧的螺栓。

b. 安装正时链下盖板

9. 装配辅助驱动装置（图 5-3-28）

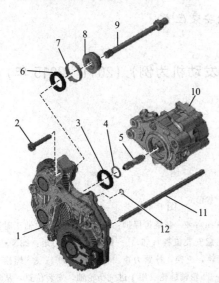

图 5-3-28

1—正齿轮传动器（不拆解）；2—螺栓；3—轴密封环（用于叶片泵驱动装置）；4—半圆形环；5—驱动轴（用于叶片泵，带内粘式橡胶缓冲件）；6—轴密封环（用于空调压缩机驱动装置）；7—卡箍；8—防尘盖（用于空调压缩机驱动装置）；9—驱动轴（用于空调压缩机）；10—叶片泵；11—驱动轴（用于机油泵）；12—O 形环

半圆形环的安装位置在叶片泵驱动装置内（箭头），如图 5-3-29 所示。

用 22N·m 的力矩沿对角交叉拧紧螺栓 1～5（图 5-3-30）。

10. 更换叶片泵驱动装置的轴密封环

(1) 必备的专用工具

a. 止推块 T40193（图 5-3-31）；b. 密封环拉拔器 T40195（图 5-3-32）。

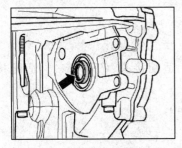

图 5-3-29

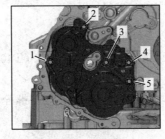

图 5-3-30

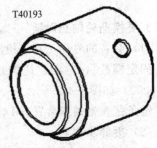

图 5-3-31

（2）更换步骤

❶ 拆卸叶片泵。

❷ 完全往回转动密封环拉拔器 T40195 的螺杆（图 5-3-33）。

❸ 在密封环拉拔器的螺纹头上涂油，装入后尽量用力下压并旋入轴密封环内。

❹ 向着齿轮传动器转动密封环拉拔器的内件，直至拔出轴密封环。

提示：如果轴密封环断裂，请重新装上密封环拉拔器并拔出其余轴密封环。

❺ 在台虎钳平口上夹紧六角并用钳子取出轴密封环。

❻ 清洁工作面和密封面。

❼ 用压块 T40193 将叶片泵驱动装置轴密封环压至限位位置（图 5-3-34）。

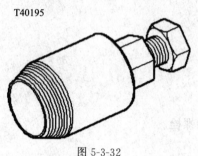  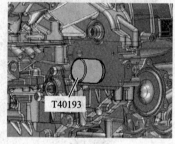

图 5-3-32　　　　　　　　图 5-3-33　　　　　　　　图 5-3-34

提示：为了更加直观明了，图 5-3-34 所示为发动机拆下后的安装位置。

❽ 安装叶片泵。

四、3.0TDI V6 柴油发动机（以 CRCA、CJGD、CJMA 发动机为例）（2011~2015 年）

1. 适用车型

大众途锐 3.0TDI。

2. 装配凸轮轴正时链（图 5-4-1）

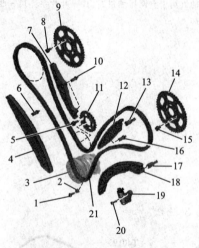

图 5-4-1

1—螺栓（拧紧力矩：9N·m）；2—防跳齿保护；3—曲轴（带凸轮轴正时链的链轮）；4,7,12—滑轨（注意安装位置）；5,15—螺栓（拧紧力矩：23N·m）；6,10,16—导向销（用于滑轨，更换，拧紧力矩：5N·m+90°）；8—螺栓（拧紧力矩：23N·m）；9,14—凸轮轴链轮（用于进气凸轮轴，安装位置：从后面可以看到有标记的一侧）；11—链轮（用于平衡轴）；13—导向销（用于滑轨，拧紧力矩：23N·m）；17—导向销（用于张紧轨，拧紧力矩：23N·m）；18—张紧轨；19—链条张紧器（用于凸轮轴正时链，为了进行拆卸，要拆卸正时链下盖板）；20—螺栓（更换，拧紧力矩：5N·m+90°）；21—凸轮轴正时链（拆卸前先用颜色标记运转方向）

3. 更换凸轮轴正时链

（1）必备的专用工具、检测仪器以及辅助工具

固定螺栓（3242）、适配接头（T40058）、2×调整销（T40060）、适配接头（T40061）、适配接头（T40062）如图 5-4-2 所示。

链条张紧器锁紧装置（T40246）、2×螺栓 M6×20、2×螺栓 M6×40。

（2）拆卸步骤

❶ 已安装发动机和变速箱。

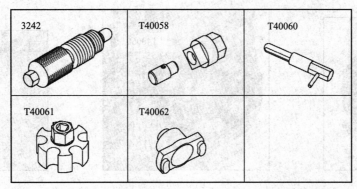

图 5-4-2

提示：如果仅在气缸列 1（右侧）的气缸盖上作业，则不必拆下气缸列 2（左侧）的气缸盖上的正时链盖板。

❷ 拆卸正时链上盖板。

❸ 按以下提示插入适配接头导向销 T40058。

大直径侧（箭头 1）朝向发动机；小直径侧（箭头 2）朝向适配接头（图 5-4-3）。

小心：不能因凸轮轴正时链跳齿而损坏；只能沿发动机运转方向（箭头）转动曲轴（图 5-4-4）。

❹ 用适配接头 T40058 转动曲轴，直至减振器处于"上止点"。粘贴的标记（箭头）垂直向上（图 5-4-5）。

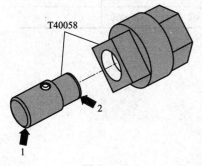

图 5-4-3

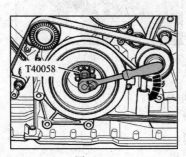

图 5-4-4

图 5-4-5

提示：

a.调整销 T40060 有一处地方是扁平的（图 5-4-6 中 2），使凸轮轴和气缸盖的插孔稍微错开一点就可以轻松插入调整销。

b.首先插入调整销，使圆杆 1 横向对着凸轮轴中轴线。为了到达正确的"上止点"位置，圆杆 1 必须摆动 90°（箭头），使圆杆垂直于凸轮轴中轴线（图 5-4-6）。

❺ 检查两个气缸盖的凸轮轴是否处于"上止点"位置：凸轮轴必须用调整销 T40060 锁定；调整销 T40060 的螺栓（箭头）必须垂直于气缸列 1（右侧）凸轮轴的中心轴线（图 5-4-7）。

❻ 调整销 T40060 的螺栓（箭头）必须垂直于气缸列 2（左侧）凸轮轴的中心轴线（图 5-4-8）。

提示：将抹布置于油底壳上半部分下方，以便收集溢出的发动机机油。

❼ 将螺旋塞（箭头）从油底壳上半部分拧出（图 5-4-9）。

❽ 用 20N·m 的力矩将固定螺栓 3242 拧入孔中；必要时略微来回转动曲轴，以便完全对中螺栓（图 5-4-10）。

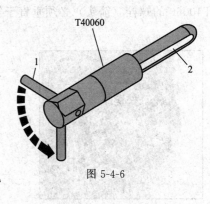

图 5-4-6

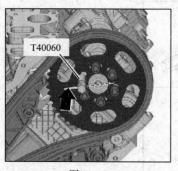
图 5-4-7

图 5-4-8

图 5-4-9

❾ 如图 5-4-11 所示，拧紧链条张紧器锁紧装置 T40246。

小心损坏发动机。为防止小件物体可能通过正时链箱开口而意外落入发动机，用干净的抹布盖住开口。按表 5-4-1 所示拧紧螺栓。

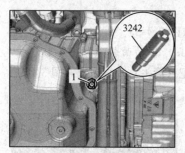
图 5-4-10

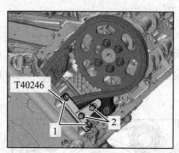
图 5-4-11

表 5-4-1

步骤	螺栓	拧紧力矩
1	2 M6×40	用手拧入至贴紧
2	1 M6×20	用手拧入至贴紧
3	2 M6×40	8N·m
4	1 M6×20	8N·m

❿ 取出两个凸轮轴中的调整销 T40060。
⓫ 旋出螺栓（箭头）（图 5-4-12）。
⓬ 旋出螺栓（箭头）（图 5-4-13）。
⓭ 取下凸轮轴链轮和凸轮轴正时链。

（3）安装步骤

❶ 将曲轴 1 用固定螺栓 3242 固定在"上止点"位置（图 5-4-10）。

提示：更换需要通过继续拧一定角度拧紧的螺栓。

❷ 检查两个气缸盖的凸轮轴是否位于"上止点"位置：凸轮轴必须用调整销 T40060 锁定；调整销 T40060 的螺栓（箭头）必须垂直于气缸列 1（右侧）凸轮轴的中心轴线（图 5-4-14）。

图 5-4-12

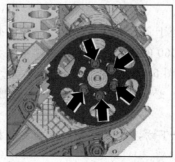
图 5-4-13

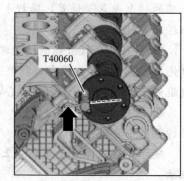
图 5-4-14

❸ 调整销 T40060 的螺栓（箭头）必须垂直于气缸列 2（左侧）凸轮轴的中心轴线（图 5-4-15）。
❹ 取出两个凸轮轴中的调整销 T40060。

小心损坏气门和活塞顶。旋转凸轮轴时，曲轴上不得有任何活塞位于"上止点"位置。

提示：如果不能锁定凸轮轴，则使用适配接头 T40061 略微调整凸轮轴位置。为此应将凸轮轴链轮的螺栓拧入凸轮轴中（图 5-4-16）。

❺ 装上左侧凸轮轴链轮和凸轮轴正时链。凸轮轴链轮上的长孔必须位于凸轮轴螺纹孔的中间位置。

❻ 首先拧入凸轮轴链轮的两个螺栓 1，但不要拧紧（图 5-4-17）。凸轮轴链轮必须仍然可以在凸轮轴上转动，但不得倾斜。

❼ 用调整销 T40060 锁定左侧凸轮轴。

❽ 调整销 T40060 的螺栓（箭头）必须垂直于凸轮轴的中心轴线（图 5-4-17）。

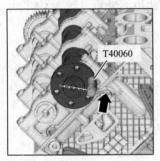
图 5-4-15

图 5-4-16
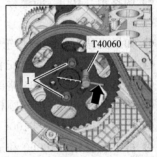
图 5-4-17

❾ 装上右侧凸轮轴链轮和凸轮轴正时链。凸轮轴链轮上的长孔必须位于凸轮轴螺纹孔的中间位置。

❿ 首先拧入凸轮轴链轮的两个螺栓 1，但不要拧紧（图 5-4-18）。凸轮轴链轮必须仍然可以在凸轮轴上转动，但不得倾斜。

⓫ 用调整销 T40060 锁定右侧凸轮轴。

⓬ 调整销 T40060 的螺栓（箭头）必须垂直于凸轮轴的中心轴线（图 5-4-18）。

⓭ 拆下链条张紧器锁紧装置 T40246（图 5-4-19）。

⓮ 由另一位机械师用适配接头 T40062 和扭矩扳手以 20N·m 的力矩顺时针（箭头）将右侧凸轮轴链轮预紧并保持预紧力（图 5-4-20）。

⓯ 拧紧右侧凸轮轴链轮上的螺栓 1 和 2（图 5-4-20）。

⓰ 继续保持预紧力并拧紧左侧凸轮轴链轮上的螺栓 1（图 5-4-17）。

⓱ 拆下适配接头 T40062 和调整销 T40060（图 5-4-20）。

⓲ 拧紧左侧和右侧凸轮轴链轮的其余螺栓。

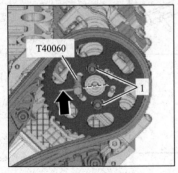
图 5-4-18
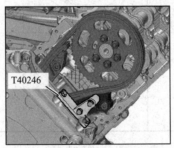
图 5-4-19
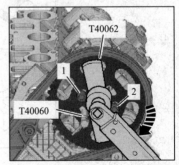
图 5-4-20

⓳ 拆下固定螺栓 3242（图 5-4-10）。

（4）检查配气相位

小心：

a. 不能因凸轮轴正时链跳齿而损坏。

b. 只能沿发动机运转方向（箭头）转动曲轴（图 5-4-4）。

❶ 转动曲轴两圈，直至曲轴即将重新位于"上止点"前。

❷ 用 20N·m 的力矩转动固定螺栓 3242，使曲轴 1 停止转动并锁定（图 5-4-10）。

小心：

a."上止点"位置如果不准确，则会产生调整误差。

b.如果转过了"上止点"，再转动曲轴 2 圈，直至曲轴即将重新位于"上止点"前。然后转动固定螺栓 3242，使曲轴停止转动并锁定。

❸ 检查两个气缸盖的凸轮轴是否位于"上止点"位置：凸轮轴必须用调整销 T40060 锁定；调整销 T40060 的螺栓（箭头）必须垂直于气缸列 1（右侧）凸轮轴的中心轴线（图 5-4-7）。

❹ 调整销 T40060 的螺栓（箭头）必须垂直于气缸列 2（左侧）凸轮轴的中心轴线（图 5-4-8）。

（5）修正配气相位

❶ 如果无法锁定一侧凸轮轴，则将相关凸轮轴链轮的所有螺栓（箭头）松开约 1 圈（图 5-4-13）。

❷ 将适配接头 T40061 安装在螺栓松开后的螺栓头上（图 5-4-16）。

❸ 用适配接头 T40061 略微来回转动凸轮轴，直到可以装入调整销 T40060。

❹ 调整销 T40060 中的圆杆（箭头）必须垂直于凸轮轴的中轴线（图 5-4-8）。

❺ 仍装有适配接头 T40061 并插入调整销 T40060 时，用约 5N·m 的力矩拧紧凸轮轴链轮螺栓。

❻ 拆下调整销 T40060 和适配接头 T40061。

❼ 最终拧紧凸轮轴链轮螺栓。

❽ 如有必要，对其他的气缸列重复此操作。

❾ 拆下固定螺栓 3242。

❿ 再次检查配气相位。

后续安装工作以倒序进行，同时要注意以下 2 点。

a.拧紧油底壳上半部分中"上止点"标记处的螺旋塞。

b.安装正时链上盖板。

4.拆卸和安装凸轮轴正时链

（1）必备的专用工具、检测仪器以及辅助工具

固定螺栓（3242）、扳手（T40049）、调整销（T40060）、适配接头（T40061）、适配接头（T40062）如图 5-4-21 所示。

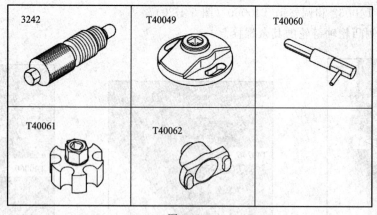

图 5-4-21

柴油喷射泵定位销（3359）如图 5-4-22 所示。

2×螺母 M12、钻头 $\phi 3.3$mm。

（2）拆卸步骤

❶ 变速箱已拆下。

小心：

a.不要损坏气门和活塞顶。

b.仅在链条传动装置完整安装的情况下,才允许转动曲轴和凸轮轴。

❷ 拆卸正时链下盖板

小心螺栓螺纹过长而损坏传动链。拧紧扳手 T40049 时,仅允许使用螺纹 a 最长为 22mm 的螺栓(图 5-4-23)。

如果只有超过该长度的螺栓,放置螺栓头时,必须使剩余的螺纹长度仍为 22mm。

❸ 将扳手 T40049 拧紧在曲轴后端。为此应使用从动盘的两个旧螺栓(箭头)和插入式螺母 M12(图 5-4-24)。

小心因凸轮轴正时链跳齿而损坏。仅沿发动机运转方向转动曲轴。

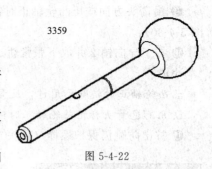

图 5-4-22

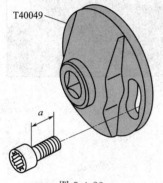

图 5-4-23

图 5-4-24

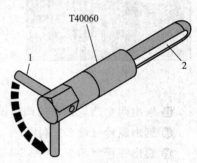

图 5-4-25

提示:

a.调整销 T40060 有一处地方是扁平的(图 5-4-25 中 2),使凸轮轴和气缸盖的插孔稍微错开一点就可以轻松插入调整销。

b.首先插入调整销,使圆杆 1 横向对着凸轮轴中轴线。为了到达正确的"上止点"位置,螺栓 1 必须摆动 90°(箭头),使螺栓垂直于凸轮轴中轴线(图 5-4-25)。

❹ 将曲轴转动至"上止点":凸轮轴必须用调整销 T40060 锁定。

调整销 T40060 的螺栓(箭头)必须垂直于气缸列 1(右侧)凸轮轴的中心轴线(图 5-4-26)。

❺ 调整销 T40060 的螺栓(箭头)必须垂直于气缸列 2(左侧)凸轮轴的中心轴线(图 5-4-27)。

提示:将抹布置于油底壳上半部分下方,以便收集溢出的发动机机油。

❻ 将螺旋塞(箭头)从油底壳上半部分拧出(图 5-4-28)。

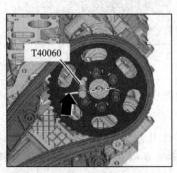

图 5-4-26

图 5-4-27

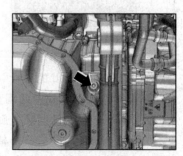

图 5-4-28

❼ 用 20N·m 的力矩将固定螺栓 3242 拧入孔中;必要时略微来回转动曲轴,以便完全对中螺栓(图 5-4-29)。

❽ 为了避免割伤,用绝缘带包裹直径为 3.3mm 钻头的尖头和刃刃。

⑨ 沿箭头方向按压凸轮轴正时链链条张紧器的张紧轨。用直径为 3.3mm 的钻头 1 锁定链条张紧器（图 5-4-30）。

⑩ 拧下导向销 2 并取下张紧轨。

小心：

a. 凸轮轴正时链如已用过，反向运转时可能会损坏。

b. 用彩色箭头标记凸轮轴正时链的运转方向，以便重新安装。

⑪ 拧出防跳齿保护螺栓（箭头）（图 5-4-31）。

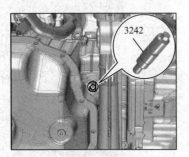

图 5-4-29

图 5-4-30

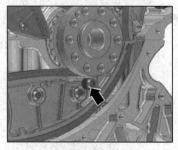

图 5-4-31

⑫ 取出两个凸轮轴中的调整销 T40060。

⑬ 旋出螺栓（箭头）（图 5-4-32）。

⑭ 旋出螺栓（箭头）（图 5-4-33）。

⑮ 取下凸轮轴链轮和凸轮轴正时链。

（3）安装步骤

❶ 将曲轴 1 用固定螺栓 3242 固定在"上止点"位置（图 5-4-29）。

提示：更换需要通过继续拧一定角度拧紧的螺栓。

❷ 检查两个气缸盖的凸轮轴是否位于"上止点"位置：凸轮轴必须用调整销 T40060 锁定；调整销 T40060 的螺栓（箭头）必须垂直于气缸列 1（右侧）凸轮轴的中心轴线（图 5-4-34）。

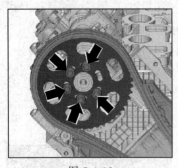

图 5-4-32

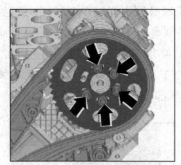

图 5-4-33

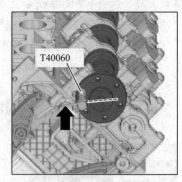

图 5-4-34

❸ 调整销 T40060 的螺栓（箭头）必须垂直于气缸列 2（左侧）凸轮轴的中心轴线（图 5-4-35）。

❹ 取出两个凸轮轴中的调整销 T40060。

不要损坏气门和活塞顶。旋转凸轮轴时，曲轴上不得有任何活塞位于"上止点"位置。

提示：如果不能锁定凸轮轴，则使用适配接头 T40061 略微调整凸轮轴位置（图 5-4-36）。为此应将凸轮轴链轮的螺栓拧入凸轮轴中。

❺ 装上左侧凸轮轴链轮和凸轮轴正时链。凸轮轴链轮上的长孔必须位于凸轮轴螺纹孔的中间位置。

❻ 首先拧入凸轮轴链轮的两个螺栓 1，但不要拧紧（图 5-4-37）。凸轮轴链轮必须仍然可以在凸轮轴上转动，但不得倾斜。

❼ 用调整销 T40060 锁定左侧凸轮轴。

⑧ 调整销 T40060 的螺栓（箭头）必须垂直于凸轮轴的中心轴线（图 5-4-37）。

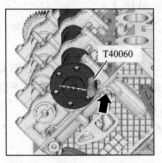

图 5-4-35

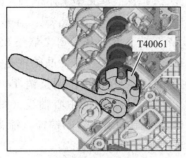

图 5-4-36

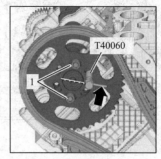

图 5-4-37

⑨ 装上右侧凸轮轴链轮和凸轮轴正时链。凸轮轴链轮上的长孔必须位于凸轮轴螺纹孔的中间位置。

⑩ 首先拧入凸轮轴链轮的两个螺栓 1，但不要拧紧（图 5-4-38）。凸轮轴链轮必须仍然可以在凸轮轴上转动，但不得倾斜。

⑪ 用调整销 T40060 锁定右侧凸轮轴。

⑫ 调整销 T40060 的螺栓（箭头）必须垂直于凸轮轴的中心轴线（图 5-4-30）。

⑬ 用导向销 2 拧紧张紧轨（图 5-4-39）。

⑭ 将钻头 1 从定位孔中拔出，从而松开右侧链条张紧器。

⑮ 松开螺栓 2（图 5-4-39）。

如图 5-4-39 所示，用柴油喷射泵定位销 3359 锁定平衡轴 3。

提示：必要时，拧出螺栓并使平衡轴就位。

⑯ 拧入螺栓 2，但不要拧紧（图 5-4-39）。

⑰ 链轮 1 必须可以在平衡轴上转动，但不允许倾斜（图 5-4-39）。

⑱ 由另一位机械师用适配接头 T40062 和扭矩扳手以 20N·m 的力矩顺时针（箭头）将右侧凸轮轴链轮预紧并保持预紧力（图 5-4-40）。

⑲ 拧紧右侧凸轮轴链轮上的螺栓 1 和 2（图 5-4-40）。

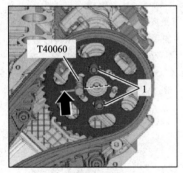

图 5-4-38

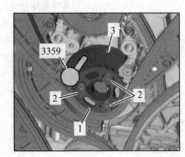

图 5-4-39

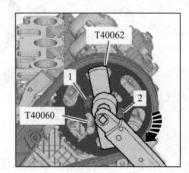

图 5-4-40

⑳ 继续保持预紧力并拧紧左侧凸轮轴链轮上的螺栓 1（图 5-4-37）。

㉑ 拧紧平衡轴 3 链轮 1 的螺栓 2（图 5-4-39）。

㉒ 取出柴油喷射泵定位销 3359、适配接头 T40062 和调整销 T40060。

㉓ 拧紧左侧和右侧凸轮轴链轮的其余螺栓。

㉔ 拆下固定螺栓 3242（图 5-4-29）。

（4）检查配气相位

小心：不要因凸轮轴正时链跳齿而损坏。只能沿发动机运转方向（箭头）转动曲轴（图 5-4-41）。

❶ 转动曲轴两圈，直至曲轴即将重新位于"上止点"前。

❷ 用 20N·m 的力矩转动固定螺栓 3242，使曲轴 1 停止转动并锁定（图 5-4-29）。

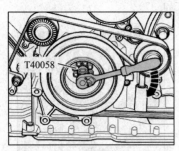

图 5-4-41

小心：

a."上止点"位置如果不准确，则会产生调整误差。

b.如果转过了"上止点"：再转动曲轴2圈，直至曲轴即将重新位于"上止点"前。然后转动固定螺栓3242，使曲轴停止转动并锁定。

❸ 检查两个气缸盖的凸轮轴是否位于"上止点"位置：凸轮轴必须用调整销 T40060 锁定；调整销 T40060 的螺栓（箭头）必须垂直于气缸列1（右侧）凸轮轴的中心轴线（图 5-4-26）。

❹ 调整销 T40060 的螺栓（箭头）必须垂直于气缸列2（左侧）凸轮轴的中心轴线（图 5-4-27）。

（5）修正配气相位

❶ 如果无法锁定一侧凸轮轴，则将相关凸轮轴链轮的所有螺栓（箭头）松开约1圈（图 5-4-32）。

❷ 将适配接头 T40061 安装在螺栓松开后的螺栓头上（图 5-4-36）。

❸ 用适配接头 T40061 略微来回转动凸轮轴，直到可以装入调整销 T40060。

❹ 调整销 T40060 中的圆杆（箭头）必须垂直于凸轮轴的中轴线（图 5-4-27）。

❺ 仍装有适配接头 T40061 并插入调整销 T40060 时，用约 5N·m 的力矩拧紧凸轮轴链轮螺栓。

❻ 拆下调整销 T40060 和适配接头 T40061。

❼ 最终拧紧凸轮轴链轮螺栓。

❽ 如有必要，对其他的气缸列重复此操作。

❾ 拆下固定螺栓3242。

❿ 再次检查配气相位。

后续安装工作以倒序进行，同时要注意以下2点。

a.拧紧油底壳上半部分中"上止点"标记处的螺旋塞。

b.安装正时链上盖板。

5.装配机油泵和高压泵传动链（图 5-4-42）

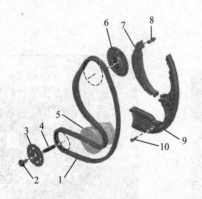

图 5-4-42

1—机油泵和高压泵传动链；2—螺栓（更换，30N·m+45°）；3—传动链轮（用于机油泵。安装位置：有标记的一侧指向发动机）；4—压簧；5—曲轴（带机油泵和高压泵传动链的齿轮）；6—传动链轮（用于高压泵。安装位置：从后面可以看到有标记的一侧）；7—滑轨；8—导向销（用于滑轨，更换，5N·m+90°）；9—链条张紧器（带滑轨）；10—螺栓（更换，5N·m+90°）

6.拆卸和安装机油泵和高压泵的传动链

（1）必备的专用工具、检测仪器以及辅助工具

a.定位销 T40245；b.钻头（φ3.3mm）。

（2）拆卸步骤

❶ 变速箱已拆下。

❷ 将曲轴1用固定螺栓3242固定在"上止点"位置（图 5-4-43）。

❸ 拆卸正时链下盖板。

❹ 拆卸凸轮轴正时链。

❺ 取下凸轮轴正时链的两个上滑轨。

❻ 用定位销 T40245 锁定高压泵链轮（图 5-4-44）。

❼ 为了避免割伤，用绝缘带包裹直径为 3.3mm 钻头的尖头和刀刃。

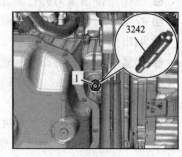

图 5-4-43

⑧ 沿箭头方向按压链条张紧器的张紧轨。用直径为 3.3mm 的钻头 2 锁定链条张紧器（图 5-4-45）。

⑨ 拧下螺栓 1 并取下张紧轨（图 5-4-45）。

⑩ 将螺栓 1～3 拧出并取下机油泵和高压泵传动链的链条张紧器（图 5-4-46）。

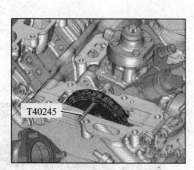
图 5-4-44

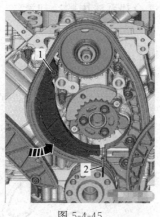
图 5-4-45

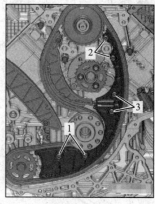
图 5-4-46

⑪ 取下机油泵和高压泵传动链。

（3）安装步骤

安装以倒序进行，同时请注意下列事项。

❶ 将曲轴 1 用固定螺栓 3242 固定在"上止点"位置（图 5-4-43）。

❷ 用定位销 T40245 锁定高压泵链轮（图 5-4-44）。

❸ 安装凸轮轴正时链。

❹ 安装正时链下盖板。

第二节　甲壳虫

五、1.2TSI 发动机（以 CBZB 发动机为例）（2013～2018 年）

1. 适用车型

甲壳虫 1.2TSI。

2. 拆卸和安装凸轮轴正时链

（1）必备的专用工具、检测仪器以及辅助工具

锁定销（T10414）、紧固销（T10340）、扭力扳手（VAS 6583）、扭力扳手（VAG 1332）、固定工具（T10172）、固定工具（VAS 6340）、密封剂（D 176 501 A1、D 176 600 A1）、固定工具（3415）、螺栓（3415/1、3415/2）（图 5-5-1）。

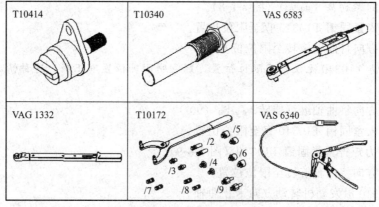
图 5-5-1

双头螺栓 M6×70（例如螺栓头被锯开的螺栓）如图 5-5-2 所示。

装配工具（T10417/1）如图 5-5-3 所示。

（2）拆卸步骤

❶ 排出发动机冷却系统和增压空气冷却系统中的冷却液。

❷ 拆下右侧轮罩板。

❸ 标记多楔带的运转方向并将其拆下。

❹ 打开弹簧卡箍并拔下冷却液软管 1 和 2（图 5-5-4）。

❺ 按压冷却液软管下方的锁止件 3 并向上拉软管（图 5-5-4）。

❻ 向后放下冷却液软管。

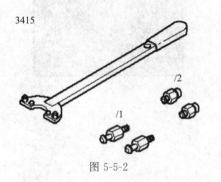

图 5-5-2　　　　　　图 5-5-3　　　　　　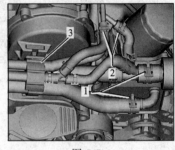

图 5-5-4

❼ 从单向阀上拔下两根软管 1（图 5-5-5）。

❽ 拧出紧固螺栓 2，并从气缸盖罩中拔出单向阀（图 5-5-5）。

❾ 拧出正时罩盖 1 上的所有紧固螺栓（图 5-5-6）。

❿ 取下正时罩盖。

⓫ 拧出用于固定冷却液管 4 的螺栓 3（图 5-5-7）。

⓬ 拧出紧固螺栓 2 并取下冷却液管支架 1（图 5-5-7）。

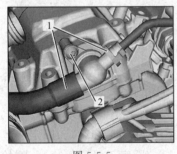  

图 5-5-5　　　　　　图 5-5-6　　　　　　图 5-5-7

⓭ 拧出气缸体上的螺旋塞（箭头）（图 5-5-8）。

⓮ 在气缸体中拧入紧固销 T10340 直至限位位置。

⓯ 沿发动机运转方向将曲轴旋转至限位位置。

小心：如果紧固销 T10340 无法拧至限位位置，则表明曲轴位置不正确！这种情况下请如下操作。

⓰ 拧出紧固销。

⓱ 沿发动机运转方向将曲轴继续旋转 1/4 圈（90°）。

⓲ 在气缸体中拧入紧固销 T10340 直至限位位置。

⓳ 以 30N·m 的力矩拧紧紧固销 T10340（图 5-5-9）。

⓴ 沿发动机运转方向将曲轴旋转至限位位置。

㉑ 用紧固销 T10340 沿发动机转动方向卡止曲轴。

㉒ 在气缸盖罩中装入锁定销 T10414，直至限位位置（图 5-5-10）。

㉓ 用力拧紧紧固螺栓1（图5-5-10）。

图 5-5-8

图 5-5-9

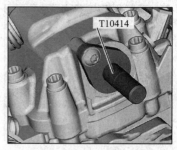
图 5-5-10

㉔ 配备空调的车辆：拆卸防尘罩1（如果装有）（图5-5-11）和导向辊2（图5-5-11）。

㉕ 拆卸冷却液泵皮带轮。

㉖ 拧出皮带轮的紧固螺栓。用固定工具3415和3415/2固定皮带轮（图5-5-12）。

图 5-5-11

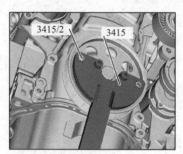
图 5-5-12

图 5-5-13

㉗ 取下带金刚石涂层垫片的皮带轮。

㉘ 拆卸油底壳。

㉙ 拧出正时罩盖1的所有紧固螺栓（图5-5-13）。

㉚ 取下正时罩盖。

㉛ 拧出正时链的链条张紧器（箭头）（图5-5-14）。

㉜ 用记号笔标记正时链的运转方向。

㉝ 松开凸轮轴齿轮的紧固螺栓1（图5-5-15）。

㉞ 用固定工具T10172固定住凸轮轴齿轮。

㉟ 一同取下凸轮轴齿轮和紧固螺栓。

㊱ 向下取出正时链。

（3）安装步骤

❶ 从下部将正时链1置于前齿圈2上，然后将正时链向上插入导轨和张紧轨之间（图5-5-16）。

图 5-5-14

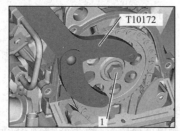
图 5-5-15

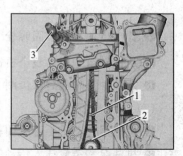
图 5-5-16

❷ 用螺丝刀 3 固定正时链,以防其滑落(图 5-5-16)。

图 5-5-17

❸ 正时链 1 置于链轮 2 上(图 5-5-17)。

❹ 正时链必须贴紧滑轨 3 区域并略微张紧(图 5-5-17)。

❺ 用力拧紧凸轮轴齿轮的新紧固螺栓。

❻ 必须将正时链置于张紧轨中间。

❼ 以 60N·m 的力矩拧紧链条张紧器(箭头)(图 5-5-14)。

❽ 以 50N·m 的力矩拧紧螺栓 1(图 5-5-15)。

提示:在操作步骤结束时检查正时后,再将紧固螺栓继续旋转 1/4 圈(90°)。

❾ 同时用固定工具 T10172 固定住凸轮轴齿轮。

❿ 从凸轮轴中取出锁定销 T10414。

⓫ 从气缸体上拧出紧固销 T10340。

⓬ 沿发动机运转方向将曲轴旋转 2 圈。

⓭ 检查正时。

⓮ 如果正时正常,则安装下部正时罩盖。

⓯ 将盖板 1 插到机油泵上(图 5-5-18)。

⓰ 安装油底壳。

⓱ 安装曲轴皮带轮。

⓲ 安装多楔带。

⓳ 安装上部正时罩盖。

⓴ 加注冷却液。

㉑ 其他组装工作大体上与拆卸顺序相反。

3. **拆卸和安装正时链和机油泵传动链**

提示:拆卸机油泵传动链前必须先拆下正时链。

(1)拆卸步骤

❶ 正时链已拆下。

❷ 从机油泵上拔下盖板 1(图 5-5-18)。

❸ 用记号笔标记机油泵传动链的运转方向。

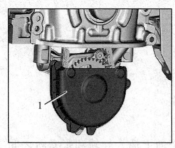

图 5-5-18

图 5-5-19

❹ 拧出机油泵的紧固螺栓(箭头)(图 5-5-19)。

❺ 从传动链中取出整个机油泵。

❻ 从曲轴齿轮的后部齿圈 2 上取下机油泵传动链 1(图 5-5-20)。

(2)安装步骤

❶ 机油泵传动链 1 置于曲轴齿轮的后部齿圈 2 上(图 5-5-20)。

❷ 机油泵和链轮挂入传动链中,并以 14N·m 的力矩接着继续旋转 90°来拧紧新螺栓(箭头)(图 5-5-19)。

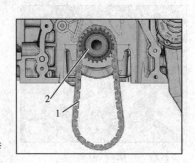

图 5-5-20

4. 检查正时

（1）必备的专用工具、检测仪器以及辅助工具

锁定销（T10414）、扭力扳手（VAG 1331）、紧固销（T10340）如图 5-5-21 所示。

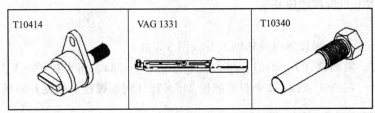

图 5-5-21

（2）检查步骤

❶ 拧出用于固定冷却液管 4 的螺栓 3（图 5-5-22）。
❷ 拧出紧固螺栓 2 并取下冷却液管支架 1（图 5-5-22）。
❸ 拧出气缸体上的螺旋塞（箭头）（图 5-5-23）。
❹ 在气缸体中拧入紧固销 T10340 直至限位位置。

小心：如果紧固销 T10340 无法拧至限位位置，则表明曲轴位置不正确！这种情况下请如下操作。

❺ 拧出紧固销。
❻ 沿发动机运转方向将曲轴继续旋转 1/4 圈（90°）。
❼ 在气缸体中拧入紧固销 T10340 直至限位位置。
❽ 以 30N·m 的力矩拧紧紧固销 T10340。
❾ 沿发动机运转方向将曲轴旋转至限位位置。
❿ 用紧固销 T10340 沿发动机转动方向卡止曲轴（图 5-5-24）。

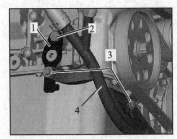  

图 5-5-22　　　　　　　　　图 5-5-23　　　　　　　　　图 5-5-24

⓫ 从单向阀上拔下两根软管 1（图 5-5-25）。
⓬ 拧出紧固螺栓 2，并从气缸盖罩中拔出单向阀（图 5-5-26）。
⓭ 凸轮轴凹槽（箭头）必须位于图 5-5-26 所示位置。
⓮ 在气缸盖罩中装入锁定销 T10414，直至限位位置（图 5-5-27）。

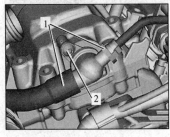 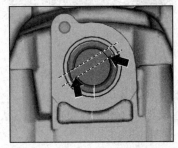 

图 5-5-25　　　　　　　　　图 5-5-26　　　　　　　　　图 5-5-27

⑮ 如果锁定销 T10414 无法插入到凸轮轴开口的限位位置，则表明正时不正确且必须调整。

⑯ 如果锁定销 T10414 可以推入气缸盖罩的限位位置，则表明正时正常。

⑰ 拆下锁定销 T10414 和紧固销 T10340。

其他组装工作大体上与拆卸顺序相反。

5. 调整正时

（1）必备的专用工具、检测仪器以及辅助工具（图 5-5-28）。

锁定销（T10414）、紧固销（T10340）、扭力扳手（VAS 6583）、扭力扳手（VAG 1332）、固定工具（T10172）、密封剂（D 176 501 A1）、2 个双头螺栓 M6×70（例如螺栓头被锯开的螺栓）。

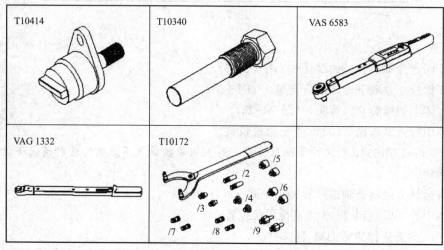

图 5-5-28

（2）操作步骤

❶ 排出发动机冷却系统和增压空气冷却系统中的冷却液。

❷ 打开弹簧卡箍并拔下冷却液软管 1 和 2（图 5-5-29）。

❸ 按压冷却液软管下方的锁止件 3 并向上拉软管（图 5-5-29）。

❹ 向后放下冷却液软管。

❺ 从单向阀上拔下两根软管 1（图 5-5-30）。

❻ 拧出紧固螺栓 2，并从气缸盖罩中拔出单向阀（图 5-5-30）。

❼ 拧出正时罩盖 1 上的所有紧固螺栓（图 5-5-31）。

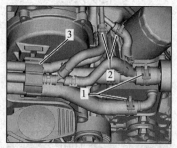

图 5-5-29

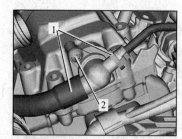

图 5-5-30

图 5-5-31

❽ 取下正时罩盖。

❾ 拧出用于固定冷却液管 4 的螺栓 3（图 5-5-32）。

❿ 拧出紧固螺栓 2 并取下冷却液管支架 1（图 5-5-32）。

⓫ 拧出气缸体上的螺旋塞（箭头）（图 5-5-33）。

⓬ 在气缸体中拧入紧固销 T10340 直至限位位置。

⓭ 沿发动机运转方向将曲轴旋转至限位位置。

小心：如果紧固销 T10340 无法拧至限位位置，则表明曲轴位置不正确！这种情况下请如下操作。

⑭ 拧出紧固销。

⑮ 沿发动机运转方向将曲轴继续旋转1/4圈（90°）。

⑯ 在气缸体中拧入紧固销 T10340 直至限位位置。

⑰ 以 30N·m 的力矩拧紧紧固销 T10340。

⑱ 沿发动机运转方向将曲轴旋转至限位位置。

⑲ 用紧固销 T10340 沿发动机转动方向卡止曲轴（图 5-5-34）。

图 5-5-32

图 5-5-33

图 5-5-34

⑳ 从机油泵上拔下盖板 1（图 5-5-35）。

㉑ 拧出正时链的链条张紧器（箭头）（图 5-5-36）。

㉒ 松开凸轮轴齿轮的紧固螺栓 1（图 5-5-37）。

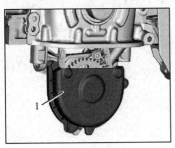
图 5-5-35

图 5-5-36

图 5-5-37

㉓ 用固定工具 T10172 固定住凸轮轴齿轮（图 5-5-37）。

㉔ 一同取下凸轮轴齿轮和紧固螺栓。

㉕ 正时链 1 置于正时罩盖内的浇铸凸耳（箭头）上（图 5-5-38）。

提示：正时罩盖内侧的浇铸凸耳可防止正时罩盖滑落。

㉖ 凸轮轴齿轮 1 安装到凸轮轴上，并以 50N·m 的力矩拧紧紧固螺栓 2（图 5-5-39）。

提示：以 50N·m 的力矩拧紧凸轮轴齿轮，以便可以如下所述将凸轮轴旋转入位。

图 5-5-38

图 5-5-39

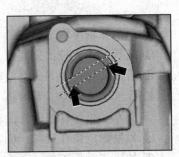
图 5-5-40

㉗ 用固定工具 T10172 固定住凸轮轴齿轮。

㉘ 接着逆着发动机运转方向将曲轴往回旋转1/4圈（90°）。

提示：在接下来调整凸轮轴时，逆着发动机运转方向旋转曲轴会损坏气门。

㉙ 旋转凸轮轴，直至凹槽（箭头）位于图5-5-40中所示位置。

㉚ 在气缸盖罩中装入锁定销T10414，直至限位位置（图5-5-41）。

㉛ 用力拧紧紧固螺栓1（图5-5-41）。

㉜ 沿发动机运转方向将曲轴旋转至限位位置。

㉝ 拆下凸轮轴齿轮。

㉞ 用固定工具T10172固定住凸轮轴齿轮。

㉟ 用安装工具T10118抬高正时链（图5-5-42）。

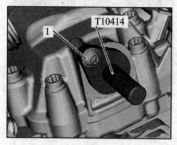
图 5-5-41

图 5-5-42

图 5-5-43

㊱ 正时链1置于链轮2上（图5-5-43）。

㊲ 正时链必须贴紧滑轨3区域并略微张紧（图5-5-43）。

㊳ 用力拧紧凸轮轴齿轮的新紧固螺栓。

㊴ 必须将正时链置于张紧轨中间。

㊵ 以60N·m的力矩拧紧链条张紧器（箭头）（图5-5-44）。

㊶ 以50N·m的力矩拧紧螺栓1（图5-5-45）。

提示：在操作步骤结束时检查正时后，再将紧固螺栓继续旋转1/4圈（90°）。

㊷ 同时用固定工具T10172固定住凸轮轴齿轮（图5-5-45）。

图 5-5-44

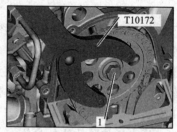
图 5-5-45

㊸ 从凸轮轴中取出锁定销T10414。

㊹ 从气缸体上拧出紧固销T10340。

㊺ 沿发动机运转方向将曲轴旋转2圈。

㊻ 在气缸体中拧入紧固销T10340直至限位位置。

㊼ 沿发动机运转方向将曲轴旋转至限位位置。

㊽ 如果锁定销T10414可以插入凸轮轴中，则表明正时正常。

㊾ 如果正时不正常，则重复调整正时。

㊿ 紧固螺栓继续旋转1/4圈（90°）。

51 同时用固定工具T10172固定住凸轮轴齿轮。

㊷ 拆下锁定销 T10414 和紧固销 T10340。

㊳ 安装上部正时罩盖。

㊴ 安装单向阀。紧固螺栓 2 的拧紧力矩为 8N·m（图 5-5-46）。

㊵ 插上软管 1（图 5-5-46）。

㊶ 安装螺旋塞。拧紧力矩为 30N·m（图 5-5-47）。

㊷ 加注冷却液。

其他组装工作大体上与拆卸顺序相反。

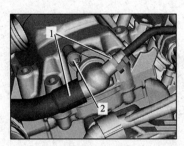
图 5-5-46

图 5-5-47

六、1.4TSI 发动机（以 CTHD、CTKA、CNWA、CAVD 发动机为例）(2013~2018 年)

1. 适用车型

甲壳虫 1.4TSI。

2. 拆卸和安装正时链和机油泵驱动链

（1）必备的专用工具、检测仪器以及辅助工具

千分表（VAS 6079）、拉拔器（T10094 A）、千分表转接头（T10170）、凸轮轴固定装置（T10171A）、固定工具（T10172）、定位销（T40011）如图 5-6-1 所示。

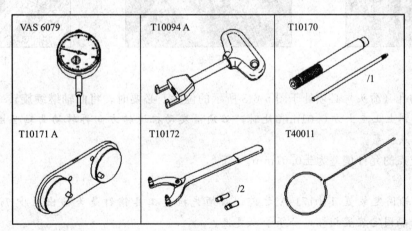
图 5-6-1

火花塞扳手（3122 B）如图 5-6-2 所示。

固定工具（3415）如图 5-6-3 所示。

扭力扳手（VAG 1331）。

（2）拆卸步骤

❶ 拆卸冷却液软管和管路导向件（箭头）（图 5-6-4）。

❷ 拧出紧固螺栓并取下凸轮轴密封盖 1（图 5-6-4）。

❸ 拆卸气缸 1 的火花塞。为此使用拉拔器 T10094 A 和火花塞扳手 3122 B。

❹ 松开并拔下插头 2（图 5-6-5）。

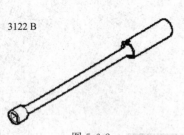
图 5-6-2

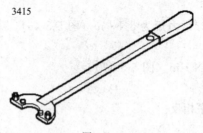
图 5-6-3

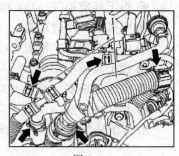
图 5-6-4

⑤ 拆卸机油压力开关 F1（图 5-6-5 中 1）。

⑥ 拧出两个凸轮轴盖板 3 的螺栓（图 5-6-6）。

⑦ 松开发动机电缆 1（图 5-6-6）。

⑧ 从气缸盖上拔下冷却液管 2 和发动机电缆 1（图 5-6-6）。

⑨ 从气缸盖上撬出两个凸轮轴盖板 3（图 5-6-6）。

提示：使用千分表转接头 T10170 A 时，无需拧下千分表 VAS 6079 的球头。球头应置于连杆平整侧。

⑩ 拧入千分表转接头 T10170 至火花塞螺纹的限位位置（图 5-6-7）。

⑪ 装入千分表 VAS 6079 至限位位置，并用夹紧螺母（箭头）夹紧（图 5-6-7）。

⑫ 沿发动机转动方向将曲轴旋转至气缸 1 的上止点。请注意千分表小指针的位置。

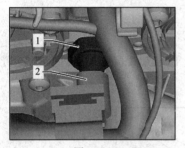
图 5-6-5

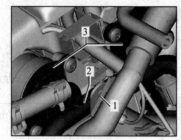
图 5-6-6

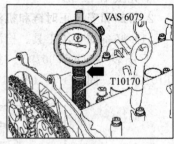
图 5-6-7

⑬ 凸轮轴上的孔（箭头）必须处于图 5-6-8 所示的位置。必要时，将曲轴继续旋转一圈（360°）。

提示：曲轴转到上止点上方 0.01mm 处时，必须沿发动机运转方向再转动曲轴 2 圈，这样曲轴才能位于气缸 1 的上止点位置。

⑭ 气缸 1 上止点的允许偏差为±0.01mm。

小心：

a. 在安装凸轮轴固定装置 T10171 A 之前，必须先检查工具销钉是否凸出至少 7mm。如果未凸出 7mm，则表明凸轮轴固定装置损坏，必须予以更换。

b. 不得用敲击工具敲入凸轮轴固定装置！

⑮ 在凸轮轴开口中插入凸轮轴固定装置 T10171 A，直至限位位置（图 5-6-9）。

⑯ 锁止销（箭头 1）必须嵌入孔（箭头 2）中。必须可以从上方看到 TOP 标记（箭头 3）（图 5-6-9）。

⑰ 用力将螺栓 M6 拧入相应的孔（箭头）中，以便固定凸轮轴固定装置 T10171 A，但不要拧紧（图 5-6-10）。

提示：注意凸轮轴固定装置 T10171 A 有不同的固定点。

⑱ 拆卸正时罩盖。

⑲ 从机油泵链轮上拔下盖板 1（图 5-6-11）。

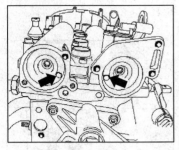
图 5-6-8

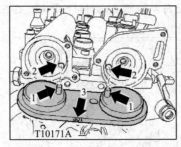
图 5-6-9

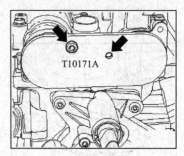
图 5-6-10

⑳ 沿箭头方向按压张紧轨并用定位销 T40011 固定链条张紧器的活塞（图 5-6-12）。
㉑ 用记号笔标记正时链 3 的运转方向（图 5-6-13）。
提示：凸轮轴调节器 2 的紧固螺栓为左旋螺纹（图 5-6-13）。
㉒ 拧出螺栓 2 和 4，并一同拆下凸轮轴调节器 1 和正时链 3。使用固定工具 T10172 进行固定（图 5-6-13）。

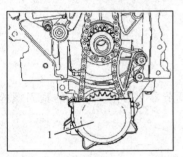
图 5-6-11

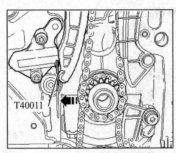
图 5-6-12

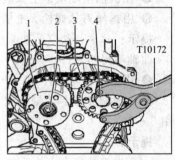
图 5-6-13

㉓ 用固定工具 T10172 固定住机油泵链轮，并松开紧固螺栓 1（图 5-6-14）。
㉔ 用螺丝刀撬出螺栓 2 上的张紧弹簧 1，并取出张紧弹簧 1（图 5-6-15）。
㉕ 拧出紧固螺栓 3，并取下链条张紧器（图 5-6-15）。
㉖ 用记号笔标记机油泵驱动链 2 的运转方向（图 5-6-15）。
㉗ 拧下链轮 1 的紧固螺栓并一同取下链轮 1 和 3 以及机油泵驱动链 2（图 5-6-16）。

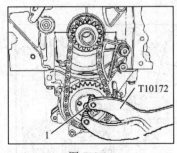
图 5-6-14

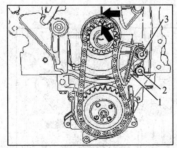
图 5-6-15

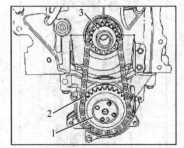
图 5-6-16

（3）安装步骤
❶ 曲轴必须位于气缸 1 的上止点位置。
❷ 沿箭头方向将链轮 1 推到曲轴轴颈的限位位置（图 5-6-17）。
小心：与链轮 1 铸在一起的凸缘 2 必须位于曲轴轴颈的凹槽 3 中（图 5-6-17）。
❸ 用记号笔标记链轮和气缸体曲轴的位置（图 5-6-18）。
❹ 机油泵驱动链 3 置于链轮 1 上，同时将链轮 2 置于机油泵驱动轴上（图 5-6-19）。
提示：
a. 注意机油泵驱动链上的运转方向标记。

b. 机油泵驱动轮只能在一个位置上与机油泵驱动轴（箭头）匹配（图5-6-19）。

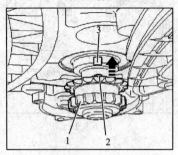
图 5-6-17

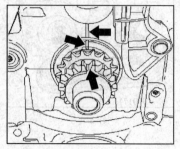
图 5-6-18

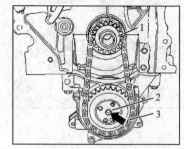
图 5-6-19

⑤ 用固定工具 T10172 固定住机油泵驱动轮（图5-6-14）。

⑥ 以 20N·m 的力矩拧上新的紧固螺栓1，并继续旋转1/4圈（90°）拧紧（图5-6-15）。

⑦ 在机油泵驱动链上安装链条张紧器，并以 8N·m 的力矩拧紧紧固螺栓3（图5-6-15）。

⑧ 用螺丝刀从螺栓2上撬出张紧弹簧1（图5-6-15）。

提示：注意标记（箭头）。（图5-6-15）

曲轴不得扭转。

⑨ 用力给链轮3拧上一个新的紧固螺栓（图5-6-15）。

⑩ 正时链1装到曲轴链轮4、排气凸轮轴链轮3上，并用力给凸轮轴调节器2拧上一个新的紧固螺栓（图5-6-20）。

提示：

a. 注意正时链1上的运转方向标记（图5-6-20）。

b. 注意，导向套应安装在进气凸轮轴和凸轮轴调节器之间。

c. 凸轮轴调节器的紧固螺栓2为左旋螺纹（图5-6-20）。

⑪ 正时链必须紧贴滑轨1和曲轴链轮（箭头）（图5-6-21）。

⑫ 安装链条张紧器1，并以 9N·m 的力矩拧紧紧固螺栓2（图5-6-22）。

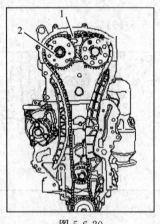
图 5-6-20

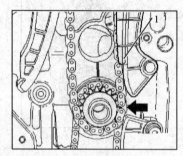
图 5-6-21

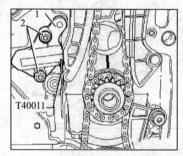
图 5-6-22

⑬ 从链条张紧器中拔出定位销 T40011，以便张紧正时链。

⑭ 检查曲轴链轮和气缸体上的记号，它们必须相对而立。

⑮ 以 40N·m 的力矩拧紧紧固螺栓2，并以 50N·m 的力矩拧紧螺栓4（使用固定工具 T10172）（图5-6-13）。

提示：

a. 检查正时后才能继续旋转（90°）来拧紧紧固螺栓2和4（图5-6-13）。

b. 凸轮轴调节器的紧固螺栓2为左旋螺纹（图5-6-13）。

⑯ 拧出螺栓（箭头），并从凸轮轴壳体上取下凸轮轴固定装置 T10171 A（图 5-6-10）。

⑰ 检查正时。

⑱ 用固定工具 T10172 固定凸轮轴齿轮并用一把刚性扳手将紧固螺栓 2（左旋螺纹）和 4 继续旋转 1/4 圈（90°）（图 5-6-13）。

提示：

a. 凸轮轴调节器 2 的紧固螺栓为左旋螺纹。

b. 在拧紧到凸轮轴上时，凸轮轴齿轮不得扭转。

⑲ 安装机油泵齿轮盖板 1（图 5-6-11）。

⑳ 安装正时罩盖。

㉑ 安装曲轴皮带轮。

㉒ 安装多楔带。

㉓ 安装发动机罩。

其他组装工作大体上与拆卸顺序相反。

机油压力开关拧紧力矩为 25N·m。

3. 检查正时

（1）必备的专用工具、检测仪器以及辅助工具

火花塞扳手（3122 B）、扭力扳手（5～50N·m）（VAG 1331）、千分表（VAS 6079）、拉拔器（T10094 A）、千分表转接头（T10170）、凸轮轴固定装置（T10171 A）如图 5-6-23 所示。

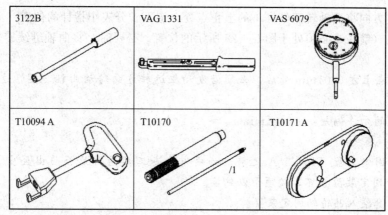

图 5-6-23

提示：用于固定凸轮轴固定装置的固定点发生了改变。现在使用一种新的专用工具，即凸轮轴固定装置 T10171 A。如下所述操作时，仍可以使用旧的凸轮轴固定装置 T10171。

❶ 如图 5-6-24 所示将模板 1 置于凸轮轴固定装置 T10171 上。

❷ 用冲头在凸轮轴固定装置 T10171 的标记 2 上做标记（图 5-6-24）。

❸ 用一个 7mm 的钻头给凸轮轴固定装置 T10171 钻孔。

❹ 除去孔两侧的毛刺。

❺ 工具名称 T10171 增加字母 A 来进行标记。

（2）检查步骤

❶ 排出冷却液。

❷ 拆下右侧轮罩板。

❸ 拆卸发动机罩。

❹ 拆卸空气滤清器。

❺ 拆卸气缸 1 的火花塞（图 5-6-25）。为此使用拉拔器 T10094 A 和火花塞扳手 3122 B。

❻ 松开并拔下插头 2（图 5-6-25）。

❼ 拆卸机油压力开关 F1（图 5-6-25 中 1）。

⑧ 拧出两个凸轮轴盖板 3 的螺栓（图 5-6-26）。

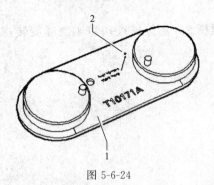

图 5-6-24

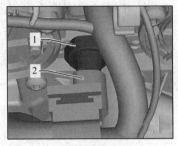

图 5-6-25

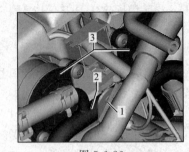

图 5-6-26

⑨ 松开发动机电缆 1（图 5-6-26 中 1）。
⑩ 从气缸盖上拔下冷却液管 2 和发动机电缆 1（图 5-6-26）。
⑪ 从气缸盖上撬出两个凸轮轴盖板 3（图 5-6-26）。

提示：使用千分表转接头 T10170 A 时，无需拧下千分表 VAS 6079 的球头。球头应置于连杆平整侧。

⑫ 拧入千分表转接头 T10170 至火花塞螺纹的限位位置（图 5-6-27）。
⑬ 用千分表转接头 T10170 中的加长件将千分表 VAS 6079 安装到限位位置，并用夹紧螺母（箭头）夹紧（图 5-6-27）。
⑭ 沿发动机运转方向将曲轴转至气缸 1 的上止点处。记下千分表小指针的位置。
⑮ 凸轮轴上的孔（箭头）必须处于图 5-6-28 所示的位置。必要时，将曲轴继续旋转一圈（360°）。

提示：
a. 曲轴转到上止点上方 0.01mm 处后，必须沿发动机运转方向转动曲轴 2 圈，这样曲轴才能位于气缸 1 的上止点位置。
b. 气缸 1 上止点的允许偏差：±0.01mm。

小心：
a. 在安装凸轮轴固定装置 T10171 A 之前，必须先检查工具销钉是否凸出至少 7mm。如果未凸出 7mm，则表明凸轮轴固定装置损坏，必须予以更换。
b. 不得用敲击工具敲入凸轮轴固定装置！

⑯ 在凸轮轴开口中插入凸轮轴固定装置 T10171 A，直至限位位置（图 5-6-29）。

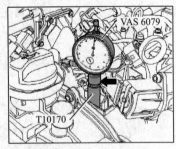

图 5-6-27

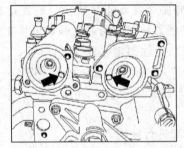

图 5-6-28

图 5-6-29

⑰ 锁止销（箭头 1）必须嵌入孔（箭头 2）中。必须可以从上方看到 TOP 标记（箭头 3）（图 5-6-29）。
⑱ 如果凸轮轴固定装置 T10171 A 无法插入到凸轮轴开口的限位位置，则表明正时不正确且必须调整。
⑲ 如果凸轮轴固定装置 T10171 A 可以推入到凸轮轴开口的限位位置，则表明正时正常。
其他组装工作大体上与拆卸顺序相反，同时请注意下列事项。
a. 更换凸轮轴密封盖的密封环，并在安装前先润滑。

b. 加注冷却液。

c. 安装发动机罩。

4. 调整正时

(1) 必备的专用工具、检测仪器以及辅助工具

千分表（VAS 6079）、拉拔器（T10094 A）、千分表转接头（T10170）、凸轮轴固定装置（T10171A）、固定工具（T10172）、定位销（T40011）如图5-6-30所示。

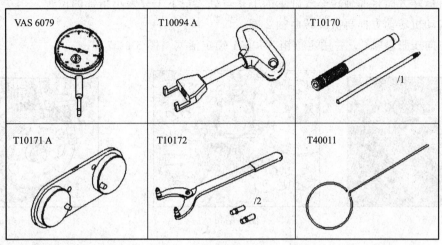

图 5-6-30

扭力扳手（VAG 1601）、固定工具（3415）、紧固销（T10340）、扭力扳手（VAG 1331）如图5-6-31所示。

火花塞扳手（3122 B）如图5-6-32所示。

(2) 操作步骤

❶ 排出冷却液。

❷ 拆卸发动机罩。

❸ 拆卸空气滤清器。

❹ 拆卸正时罩盖。

❺ 为了转动曲轴，需要装上轴承套、曲轴皮带轮1和曲轴螺栓2并拧紧曲轴螺栓（使用固定工具3415）（图5-6-33）。

❻ 拆卸气缸1的火花塞。为此使用拉拔器 T10094 A 和火花塞扳手 3122 B。

❼ 松开并拔下插头2（图5-6-34）。

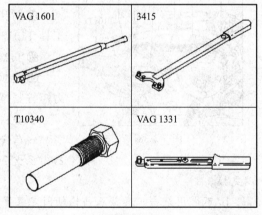

图 5-6-31

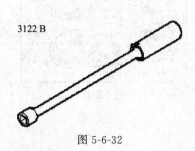

图 5-6-32

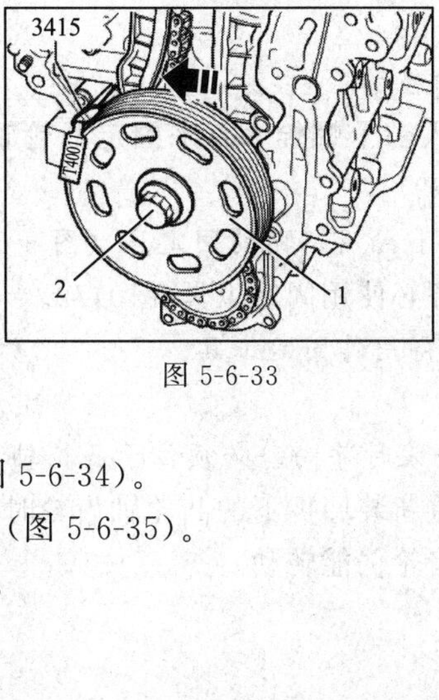

图 5-6-33

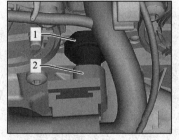

图 5-6-34

❽ 拆卸机油压力开关（F1）1（图5-6-34）。

❾ 拧出两个凸轮轴盖板3的螺栓（图5-6-35）。

❿ 松开发动机电缆1（图5-6-35）。

⑪ 从气缸盖上拔下冷却液管 2 和发动机电缆 1（图 5-6-35）。

⑫ 从气缸盖上撬出两个凸轮轴盖板 3（图 5-6-35）。

提示：使用千分表转接头 T10170 A 时，无需拧下千分表 VAS 6079 的球头。球头应置于连杆平整侧。

⑬ 拧入千分表转接头 T10170 至火花塞螺纹的限位位置（图 5-6-36）。

⑭ 用加长件 T10170/1 将千分表 VAS 6079 安装到限位位置，并用夹紧螺母（箭头）夹紧（图 5-6-36）。

⑮ 沿发动机运转方向将曲轴转至气缸 1 的上止点处。记下千分表小指针的位置。

⑯ 然后沿发动机转动方向再次旋转曲轴 2 圈。

⑰ 沿箭头方向压张紧轨 1，并用定位销 T40011 锁定活塞（图 5-6-37）。

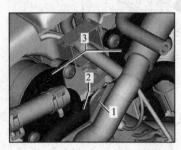
图 5-6-35

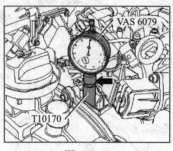
图 5-6-36

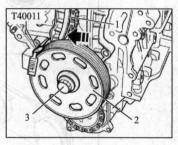
图 5-6-37

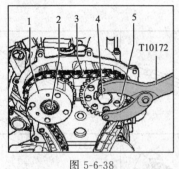
图 5-6-38

⑱ 用记号笔标记正时链 3 的运转方向（图 5-6-37）。

提示：凸轮轴调节器 2 的中央螺栓为左旋螺纹（图 5-6-37）。

⑲ 拧出螺栓 2 和 4，并一同拆下凸轮轴调节器 1 和正时链 3。使用固定工具 T10172 进行固定（图 5-6-38）。

⑳ 再次插上凸轮轴调节器 1（图 5-6-38）。

㉑ 更换螺栓 2 和 4，并以 40N·m 的力矩拧紧螺栓 2，以 50N·m 的力矩拧紧螺栓 4（使用固定工具 T10172）（图 5-6-38）。

小心：

a. 在安装凸轮轴固定装置 T10171 A 之前，必须先检查工具销钉是否凸出至少 7mm。如果未凸出 7mm，则表明凸轮轴固定装置损坏，必须予以更换。

b. 不得用敲击工具敲入凸轮轴固定装置！

㉒ 旋转进气和排气凸轮轴，直至凸轮轴固定装置 T10171 A 插入至凸轮轴开口的限位位置。

㉓ 锁止销（箭头 1）必须嵌入孔（箭头 2）中。必须可以从上方看到 TOP 标记（箭头 3）（图 5-6-39）。

提示：在转动时不允许凸轮轴轴向移动。

㉔ 在相应的孔（箭头）中用手拧入一个螺栓 M6 来固定凸轮轴固定装置 T10171 A，但不要拧紧（图 5-6-39）。

提示：注意凸轮轴固定装置 T10171 A 有不同的固定点（图 5-6-40）。

㉕ 松开凸轮轴齿轮的螺栓。为此务必使用固定工具 T10172。

提示：凸轮轴固定装置 T10171 不得用作固定工具。

㉖ 拆下凸轮轴齿轮。

小心：拆下凸轮轴调节器后，在安装时导向套必须位于凸轮轴中！

㉗ 正时链置于凸轮轴齿轮上以及重新装回拆下的凸轮轴齿轮时请注意运转方向。

㉘ 拧入凸轮轴螺栓，确保凸轮轴齿轮仍能转动。

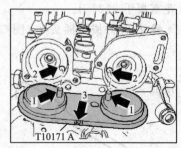
图 5-6-39

㉙ 拔出定位销 T40011，以张紧正时链。
㉚ 沿发动机转动方向将曲轴转到气缸 1 的上止点。气缸 1 上止点的允许偏差为 ±0.01mm（图 5-6-41）。

提示：曲轴转到上止点上方 0.01mm 以上后，必须沿发动机运转方向再次旋转曲轴 2 圈，以便将曲轴调节至气缸 1 的上止点位置。

㉛ 拧出曲轴箱上的螺旋塞（箭头）（图 5-6-42）。
㉜ 拧入紧固销 T10340 至曲轴箱的限位位置。
㉝ 以 30N·m 的力矩拧紧紧固销 T10340。

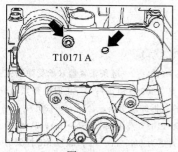

图 5-6-40

图 5-6-41

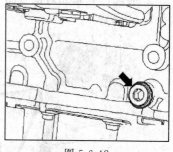

图 5-6-42

㉞ 用紧固销 T10340 沿发动机转动方向卡止曲轴（图 5-6-43）。
㉟ 用固定工具 T10172 将凸轮轴齿轮 1 和 5 固定在该位置，以 40N·m 的力矩拧紧螺栓 2（左旋螺纹），以 50N·m 的力矩拧紧螺栓 4（图 5-6-38）。

提示：在拧紧凸轮轴螺栓时曲轴不允许转动，同时正时链 3 两侧必须保持张紧状态（图 5-6-38）。

㊱ 拆卸凸轮轴固定装置 T10171 A。
㊲ 从曲轴箱中拧出紧固销 T10340（图 5-6-43）。
㊳ 沿发动机转动方向旋转曲轴 2 圈至气缸 1 的上止点。气缸 1 上止点的允许偏差为 ±0.01mm。

小心：
a. 在安装凸轮轴固定装置 T10171 A 之前，必须先检查工具销钉是否凸出至少 7mm。如果未凸出 7mm，则表明凸轮轴固定装置损坏，必须予以更换。
b. 不得用敲击工具敲入凸轮轴固定装置！

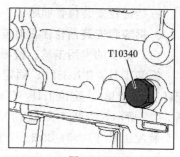

图 5-6-43

㊴ 在凸轮轴开口中插入凸轮轴固定装置 T10171 A，直至限位位置（图 5-6-39）。
如果凸轮轴固定装置 T10171 A 无法插入，则重新调整。
如果凸轮轴固定装置 T10171 A 可以插入，则拧入紧固销 T10340 至曲轴箱的限位位置。

㊵ 以 30N·m 的力矩拧紧紧固销 T10340（图 5-6-43）。
㊶ 取出凸轮轴固定装置 T10171 A，用固定工具 T10172 固定凸轮轴齿轮，并用刚性扳手将螺栓 2（左旋螺纹）和 4 继续旋转 1/4 圈（90°）（图 5-6-38）。

提示：
a. 凸轮轴调节器 2 的中央螺栓为左旋螺纹（图 5-6-38）。
b. 在拧紧到凸轮轴上时，不得扭转凸轮轴齿轮。

提示：在安装曲轴皮带轮之前，紧固销 T10340 必须保留在曲轴箱中。

㊷ 其他组装工作大体上与拆卸顺序相反，同时请注意下列事项。
a. 安装正时罩盖。
b. 安装曲轴皮带轮。
c. 安装多楔带。

d. 更换凸轮轴密封盖的密封环并在安装前先润滑。

e. 加注冷却液。

f. 安装发动机罩。

七、2.0TSI 发动机（以 CPLA 发动机为例）(2013～2016 年)

1. 适用车型

甲壳虫 2.0TSI。

2. 装配凸轮轴正时链（图 5-7-1）

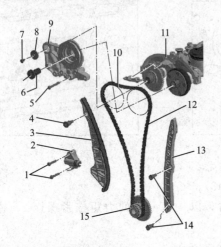

图 5-7-1
1—螺栓（拆卸后更换，4N·m+90°）；2—链条张紧器（承受弹簧张紧力，在拆卸之前先用定位工具 T40267 锁定）；3—正时链张紧轨；4—导向销（20N·m）；5—螺栓（拆卸后更换，4N·m+180°）；6—调节阀（左旋螺纹，用安装工具 T10352/2 拆卸，35N·m）；7—螺栓（拆卸后更换，螺栓 M6，拧紧力矩为 8N·m+90°；螺栓 M8 拧紧力矩 20N·m+90°）；8—垫片；9—轴承支架；10—凸轮轴正时链滑轨；11—凸轮轴壳体；12—凸轮轴正时链（拆卸前先用彩色笔标记运转方向）；13—凸轮轴正时链滑轨；14—导向销（20N·m）；15—三挡链轮（曲轴）

图 5-7-2

三挡链轮安装位置如图 5-7-2 所示，两个表面（箭头）必须相对。

3. 拆卸和安装凸轮轴正时链

(1) 必备的专用工具、检测仪器以及辅助工具

拆卸工具（T10352）、固定工具（T10355）、锁定销（T40011）、装配杆（T40243）、定位工具（T40267）、凸轮轴固定装置（T40271），如图 5-7-3 所示。安装工具为 T40266。

装配工具 T10531 如图 5-7-4 所示。

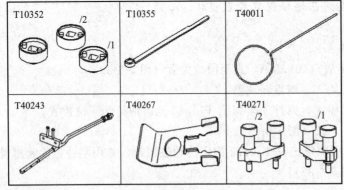

图 5-7-3

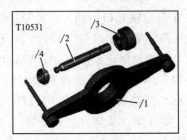

图 5-7-4

(2) 拆卸步骤

❶ 在安装位置支撑发动机。

❷ 拆卸发动机支座。

❸ 拆卸发动机支承。

❹ 拆卸正时链上部盖板。

❺ 拆卸隔音垫。

❻ 用固定工具 T10355 将减振器转到上止点位置（图 5-7-5）。

❼ 凸轮轴链轮的标记 1 必须与标记 2 和 3 相对（图 5-7-5）。

❽ 减振器切口必须与正时链下部盖板（箭头）上的标记相对（图 5-7-5）。

小心：控制阀为左旋螺纹。

❾ 用安装工具 T10352/2 沿箭头方向拆卸左右两侧控制阀（图 5-7-6）。

❿ 拧出螺栓（箭头）并取下轴承支架（图 5-7-7）。

⓫ 拆卸正时链下部盖板。

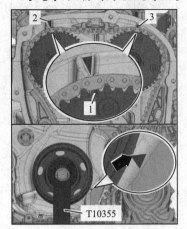

图 5-7-5

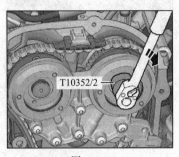

图 5-7-6

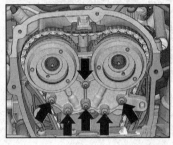

图 5-7-7

⓬ 沿箭头方向按压机油泵的链条张紧器张紧箍并用锁定销 T40011 固定（图 5-7-8）。

⓭ 拧出螺栓 1 并拆卸链条张紧器（图 5-7-8）。

⓮ 拧出螺栓（箭头）（图 5-7-9）。

⓯ 拧入装配杆 T40243（箭头）（图 5-7-10）。

⓰ 压紧链条张紧器的卡环 1 并固定住（图 5-7-10）。

⓱ 缓慢地沿箭头方向按压装配杆 T40243 并固定（图 5-7-10）。

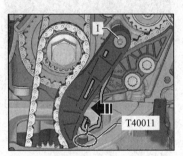

图 5-7-8

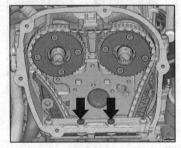

图 5-7-9

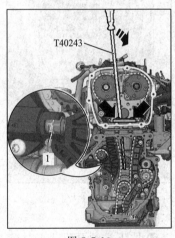

图 5-7-10

⓲ 用定位工具 T40267 固定链条张紧器（图 5-7-11）。

⓳ 拆卸装配杆 T40243。

⓴ 在气缸盖上拧上凸轮轴固定装置 T40271/2，并沿箭头方向 2 推到链轮花键中。必要时用安装工具 T40266 旋转进气凸轮轴 1（图 5-7-12）。

㉑ 拧出螺栓 1 并拆卸凸轮轴正时链的张紧轨（图 5-7-13）。

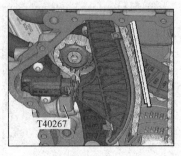

图 5-7-11

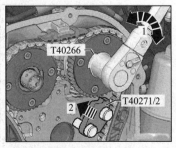

图 5-7-12

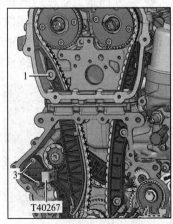

图 5-7-13

㉒ 将凸轮轴固定装置 T40271/1 拧到气缸盖上（图 5-7-14）。

㉓ 用安装工具沿箭头方向 1 旋转进气凸轮轴，直至凸轮轴固定装置 T40271/1 可以推入到链轮花键中（箭头方向 2）（图 5-7-14）。

㉔ 用螺丝刀松开卡子并向前压张紧轨，以便拆下上部滑轨（箭头）（图 5-7-15）。

㉕ 拧出螺栓 A 并拆卸凸轮轴正时链的滑轨（图 5-7-16）。

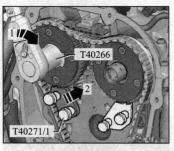

图 5-7-14

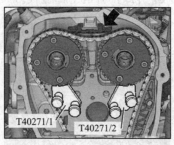

图 5-7-15

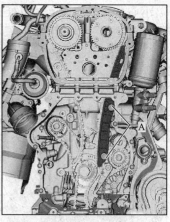

图 5-7-16

㉖ 从凸轮轴齿轮上取下凸轮轴正时链并挂到凸轮轴轴颈上（箭头）（图 5-7-17）。

㉗ 拆卸平衡轴正时链的链条张紧器 1（图 5-7-18）。

㉘ 拧出螺栓 2 并拆卸张紧轨（图 5-7-18）。

㉙ 拧出螺栓 3 并拆卸滑轨（图 5-7-18）。

㉚ 松开夹紧螺栓 A 并拧出张紧销 B（图 5-7-19）。

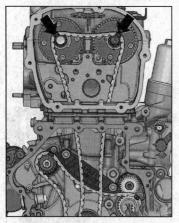

图 5-7-17

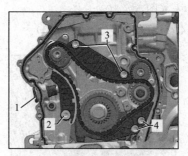

图 5-7-18

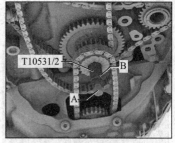

图 5-7-19

㉛ 取下机油泵驱动正时链，以便取出三挡链轮。

㉜ 取下凸轮轴正时链。

(3) 安装步骤

❶ 检查曲轴上止点，曲轴的平面（箭头）必须保持水平（图 5-7-20）。

❷ 如图 5-7-20 所示，用防水笔在气缸体 1 上做标记。

❸ 用防水笔标记三挡链轮轮齿 1 相对标记 2 的位置（图 5-7-21）。

❹ 旋转平衡轴中间齿轮至标记（箭头）处，不要松开螺栓 1（图 5-7-22）。

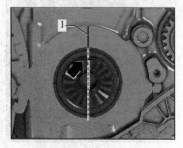

图 5-7-20

图 5-7-21

图 5-7-22

提示：传动链的彩色链环必须位于链轮标记上。

❺ 可能存在的彩色链环的位置可以忽略。

❻ 装上平衡轴传动链，彩色链环（箭头）必须位于链轮标记上（图5-7-23）。

❼ 将带标记（箭头）的凸轮轴正时链挂到凸轮轴轴颈上（图5-7-17）。

❽ 在三挡链轮上装上机油泵驱动正时链。

❾ 沿箭头方向将三挡链轮翻转至发动机并插到曲轴上。标记箭头必须相对（图5-7-24）。

图 5-7-23

❿ 在曲轴中拧入张紧销 B 并用手拧紧。用手拧紧夹紧螺栓 A（图5-7-25）。

⓫ 平衡轴传动链的彩色链环（箭头）置于三挡链轮的标记处。安装正时链张紧轨并拧紧螺栓1（图5-7-26）。

图 5-7-24

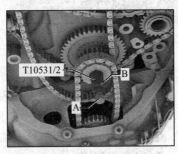

图 5-7-25

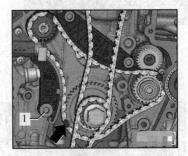

图 5-7-26

⓬ 安装平衡轴传动链滑轨并拧紧螺栓（箭头）（图5-7-27）。

⓭ 安装正时链链条张紧器1（图5-7-28）。

⓮ 再次检查调节情况，正时链的彩色链环必须位于链轮标记处（图5-7-29）。

图 5-7-27

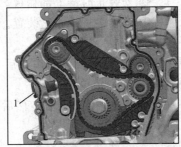

图 5-7-28

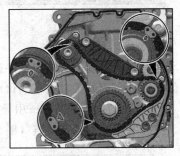

图 5-7-29

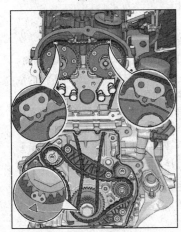

图 5-7-30

⓯ 可能存在的彩色链环的位置可以忽略（图5-7-30）。

⓰ 正时链置于进气凸轮轴上。

⓱ 正时链置于排气凸轮轴上。

⓲ 正时链置于曲轴上并固定。

⓳ 安装凸轮轴正时链的滑轨并拧紧螺栓 A（图5-7-16）。

⓴ 安装上部滑轨（箭头）（图5-7-15）。

㉑ 用安装工具 T40266 沿箭头方向1旋转排气凸轮轴。从链轮花键中推出（箭头方向2）凸轮轴固定装置 T40271/1 并松开凸轮轴（图5-7-31）。

㉒ 拆卸凸轮轴固定装置 T40271/1（图5-7-31）。

㉓ 安装正时链张紧轨并拧紧螺栓2（图5-7-13）。

㉔ 用安装工具 T40266 沿箭头方向 1 旋转进气凸轮轴。从链轮花键中推出（箭头方向 2）凸轮轴固定装置 T40271/2 并松开凸轮轴（图 5-7-32）。

㉕ 拆卸凸轮轴固定装置 T40271/2（图 5-7-32）。

㉖ 检查颜色链环相对于标记的位置（图 5-7-30）。

㉗ 安装机油泵传动链链条张紧器。拧紧螺栓 1 并取下锁定销 T40011。链条张紧器的钢丝卡箍必须紧贴油底壳上部件凹槽（图 5-7-33）。

 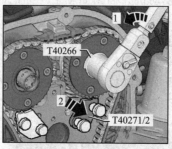 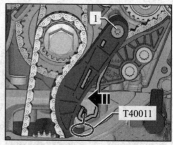

图 5-7-31　　　　　　　图 5-7-32　　　　　　　图 5-7-33

㉘ 拧入螺栓（箭头）并拧紧（图 5-7-9）。

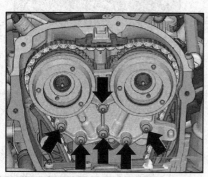

㉙ 插上轴承支架并用手拧入螺栓（箭头）（图 5-7-34）。

㉚ 取下定位工具 T40267（图 5-7-11）。

㉛ 拧紧轴承支架的螺栓（箭头）（图 5-7-34）。

㉜ 安装控制阀。

㉝ 安装正时链下部盖板。

㉞ 安装减振器。

㉟ 沿发动机运转方向旋转发动机 2 圈。

提示：受限于传动比，在旋转发动机后彩色链环不再对齐。

㊱ 安装正时链上部盖板。

㊲ 安装多楔带张紧装置。

㊳ 安装多楔带。

图 5-7-34

其他安装步骤大体以倒序进行。完成对链条传动装置的作业后，必须匹配发动机控制单元中的匹配值。打开点火开关并在车辆诊断测试仪上选择下列菜单项。

01-发动机电子装置→引导型功能→01-维修链条传动装置，然后进行匹配。

4. 装配平衡轴传动链（图 5-7-35）

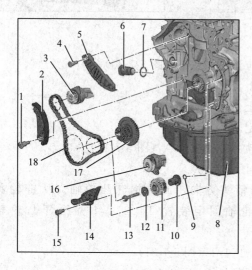

图 5-7-35

1—导向销（20N·m）；2—张紧轨（用于正时链）；3—平衡轴（排气侧，在拆卸后必须更换，用机油润滑支座）；4—导向销（拧紧力矩：20N·m）；5—滑轨（用于正时链）；6—链条张紧器（涂覆防松剂后装入，85N·m）；7—密封环；8—气缸体；9—O 形环（用机油润滑）；10—轴承销（用发动机机油润滑）；11—中间齿轮（松动后，必须更换中间齿轮）；12—垫片；13—螺栓（松动后，必须更换中间齿轮，拆卸后更换）；14—滑轨（用于平衡轴正时链）；15—导向销（20N·m）；16—平衡轴（进气侧，拆卸后必须更换，用机油润滑支座）；17—三挡链轮；18—平衡轴传动链

轴承销安装位置如图 5-7-36 所示。更换 O 形环 1 并用机油润滑。轴承销的定位销（箭头）必须卡入气缸体的孔中。用机油润滑轴承销。

小心：

a. 必须更换中间齿轮，否则无法调节齿面间隙，会导致发动机损坏。

b. 新的中间轴齿轮有一层润滑漆，运行一小段时间后会发生磨损，从而自动调节齿面间隙。

如表 5-7-1 和图 5-7-37 所示拧紧新螺栓。

图 5-7-36

表 5-7-1

步骤	螺栓	拧紧力矩/继续旋转角度
1	1	以 10N·m 的力矩预拧紧
2	1	旋转中间齿轮（中间齿轮不得留有间隙，否则需要先松开再重新拧紧）
3	1	以 25N·m 的力矩拧紧
4	1	用刚性扳手继续旋转 90°

5. 拆卸和安装平衡轴传动链

（1）拆卸步骤

❶ 拆卸凸轮轴正时链。

❷ 拧出螺栓（箭头）（图 5-7-37）。

❸ 取下凸轮轴正时链的链条张紧器 1（图 5-7-38）。

❹ 拆卸滑轨 1（图 5-7-39）。

图 5-7-37

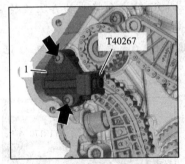

图 5-7-38

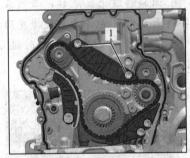

图 5-7-39

❺ 取下平衡轴传动链。

（2）安装步骤

❶ 旋转平衡轴中间齿轮至标记（箭头）处，不要松开螺栓 1（图 5-7-37）。

平衡轴传动链的彩色链环必须位于链轮标记上。

❷ 装上平衡轴传动链，链环（箭头）必须位于链轮标记上（图 5-7-40）。

❸ 安装正时链滑轨并拧紧螺栓 3（图 5-7-39）。

❹ 安装凸轮轴正时链的链条张紧器 1（图 5-7-38）。

❺ 安装凸轮轴正时链。

6. 检查正时

❶ 必备的专用工具、检测仪器以及辅助工具

a. 4 件式千分表套件 VAS 6341（图 5-7-41）；b. 千分表转接头 T10170 A（图 5-7-42）。

❷ 拆卸正时链上部盖板。

图 5-7-40

❸ 拆卸隔音垫1（图5-7-43）

图5-7-41

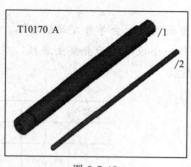
图5-7-42

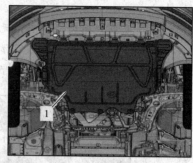
图5-7-43

❹ 用套筒扳手接头（开口宽度24）沿发动机运转方向转动曲轴，直至其与上部标记（箭头）对齐（图5-7-44）。

❺ 拆卸气缸1上的火花塞。

❻ 将千分表转接头T10170 A拧入火花塞螺纹，直至限位位置。

❼ 用加长件T10170 A/1将千分表VAS 6341装入限位位置，并用夹紧螺母（箭头）夹紧（图5-7-45）。

❽ 沿发动机运转方向缓慢地旋转曲轴，直至达到最大指针摆幅。如果达到最大指针摆幅（指针换向点），则螺栓位于上止点。

提示：

a. 使用带套筒扳手接头，开口宽度24的棘轮旋转减振器。

b. 曲轴转过上止点后，必须沿发动机运转方向将曲轴再次旋转2圈。不要逆着发动机运转方向旋转发动机。

c. 减振器切口必须与正时链下部盖板（箭头）上的箭头标记相对（图5-7-46）。

图5-7-44

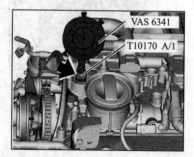
图5-7-45

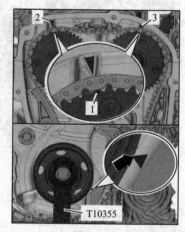
图5-7-46

凸轮轴链轮的标记1必须与气缸盖上的标记2和3相对（图5-7-46）。

第三节　辉腾

八、3.0L（以CPFA发动机为例）、3.6L（以CMVA发动机为例）直列6缸发动机（2011～2016年）

1. 适用车型

辉腾（Phaeton）3.0L。

2. 装配凸轮轴正时链（图 5-8-1）

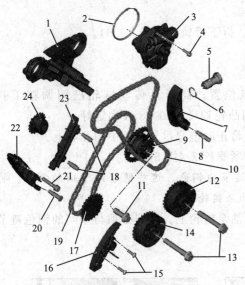

图 5-8-1
1—正时齿轮箱（安装前给密封环的接触面上油）；2—密封环（更换）；3—机油泵；4—螺栓（8N·m，涂防松剂 D 000 600 A2 后安装）；5—链条张紧器（50N·m，用于凸轮轴正时链，只旋转装有链条张紧器的发动机）；6—密封环（损坏或泄漏时更换）；7—张紧轨（用于凸轮轴正时链）；8—支承销（10N·m，用于张紧轨）；9—链轮（根据安装状态为单件式或两件式）；10—凸轮轴正时链 [用于凸轮轴传动，拆卸前标记转动方向（安装位置）]；11—螺栓（60N·m＋90°，更换）；12—排气凸轮轴调节器（标记 32A，拆卸和安装凸轮轴调节器）；13—螺栓（60N·m＋90°，更换。螺栓头上传感轮的接触面在安装时必须干燥。拆卸和安装时用开口宽度为 27mm 的开口扳手反向固定凸轮轴，拆卸和安装凸轮轴）；14—进气凸轮轴调节器（标记 24E，拆卸和安装凸轮轴调节器）；15—螺栓（10N·m）；16—带张紧轨的链条张紧器（只旋转装有链条张紧器的发动机）；17—传动链轮（已装入曲轴，磨削的齿指向轴承分开缝）；18—无肩螺栓（10N·m，用于滑轨）；19—正时链 [用于驱动机油泵，拆卸前标记转动方向（安装位置），安装机油泵传动正时链]；20—支承销（10N·m，用于滑轨）；21—螺栓（23N·m）；22—滑轨（用于凸轮轴正时链）；23—滑轨（用于正时链，与正时链一起拆卸和安装）；24—高压泵传动链轮（带滚针轴承，滚针轴承安装前应上油）

标记正时链如图 5-8-2 所示。拆下前标记正时链（例如标出指向转动方向的彩色箭头）。
提示：不要通过冲窝、切口或类似做法标记链条！

3. 拆卸和安装凸轮轴正时链
(1) 必备的专用工具、检测仪器以及辅助工具
凸轮轴尺（T10068 A）、支挡扳手（T10172）、扭矩扳手（VAG 1331）、扭矩扳手（VAG 1332）、调整工具（T10363），如图 5-8-3 所示。

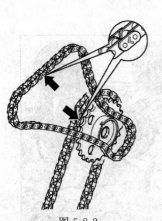

图 5-8-2

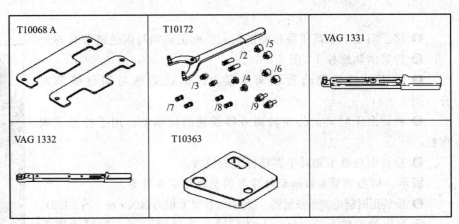

图 5-8-3

(2) 拆卸步骤

❶ 拆卸发动机。

❷ 从发动机上拆下变速箱。

❸ 拆下油底壳。

❹ 拆卸从动盘。

❺ 拆卸变速箱侧密封法兰。

❻ 拆卸气缸盖罩。

❼ 将发动机的减振器转到调整标记处。

❽ 传动链轮的磨削齿必须对准轴承分开缝（箭头 A）（图 5-8-4）。

❾ 孔的标记（箭头 B）必须对准机油泵上的标记（图 5-8-4）。

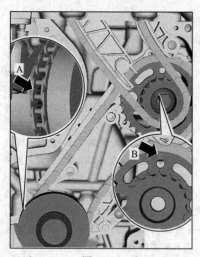

图 5-8-4

提示:每次转到第4圈时才能到这个位置。

⑩ 气缸1的凸轮（A）必须相对（图5-8-5）。

⑪ 拆下两个凸轮轴调节器。

⑫ 拧出紧固螺栓1和2。拆下滑轨A（图5-8-6）。

⑬ 向上取出正时链。

(3) 安装步骤

条件：曲轴位于上止点位置；高压泵传动链轮已用调整工具T10363固定好；凸轮轴已用凸轮轴尺T10068 A固定好。

❶ 从上方沿机油泵方向将正时链穿过气缸盖中的孔装上。

❷ 安装滑轨A，先只拧紧螺栓2（图5-8-6）。

提示：正时链上的一些链节为铜色。这些链节用于辅助装配。将3个相连的铜色链节放到机油泵链轮上。

❸ 首先将正时链装到机油泵链轮上。标记必须与中间的铜色链节A对齐（图5-8-7）。

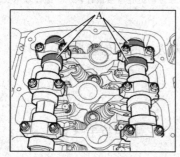

图 5-8-5

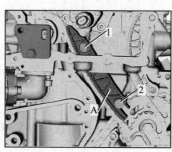

图 5-8-6

图 5-8-7

❹ 将正时链装到高压泵传动链轮上。标记必须与铜色链节对齐。

❺ 拧紧滑轨螺栓1（图5-8-6）。

❻ 将正时链装到凸轮轴调节器上。标记必须与铜色链节对齐（图5-8-8）。

❼ 将装上正时链的凸轮轴调节器插到凸轮轴上，用手拧紧紧固螺栓。

❽ 检查铜色链节相对于调整标记的位置。

提示：铜色链节在曲轴旋转后与调整标记不再对齐。

❾ 安装正时链的链条张紧器（箭头）。拧紧力矩为50N·m（图5-8-9）。

❿ 取出凸轮轴尺T10068 A并拧紧凸轮轴调节器。拧紧力矩为60N·m＋继续旋转1/4圈（90°）。

提示：用开口宽度为27mm的开口扳手反向固定凸轮轴（图5-8-10中箭头）。拧紧或松开凸轮轴调节器时不得插入凸轮轴尺T10068 A，图5-8-10中其余的组装以倒序进行。

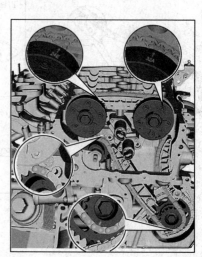

图 5-8-8

4. 拆卸和安装高压泵的传动链轮

(1) 拆卸步骤

❶ 拆卸进气凸轮轴的凸轮轴调节器1（图5-8-11）。

❷ 拧出滑轨螺栓3（图5-8-11）。

❸ 从传动链轮上取下正时链。

❹ 拔出支承轴4并取出传动链轮2（图5-8-11）。

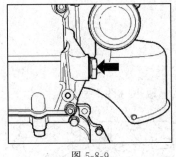 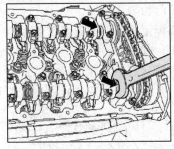 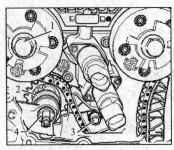

图 5-8-9　　　　　　　　　图 5-8-10　　　　　　　　　图 5-8-11

(2) 安装步骤

提示：如果已安装高压泵，必须压入高压泵的柱塞杆。在传动链轮正面和支承轴上涂抹固体润滑膏 G 052 723 A2。

❶ 装入传动链轮。切口（箭头）必须朝上（图 5-8-12）。

❷ 在支承轴上涂抹固体润滑膏 G 052 723 A2 后插入。只能在一个位置上插入支承轴。

❸ 用调整工具 T10363 固定高压泵传动链轮的位置。高压泵传动凸轮的标记 A 必须朝上（图 5-8-13）。

❹ 将正时链装到传动链轮上。注意链条在滑轨上运转时要保持绷紧。

❺ 拧紧滑轨螺栓 3（图 5-8-11）。

❻ 安装凸轮轴调节器。

5. 拆卸和安装机油泵驱动链（两件式链轮）

提示：工作步骤只能在发动机拆下后进行！

(1) 必备的专用工具、检测仪器以及辅助工具

凸轮轴尺（T10068 A）、支挡扳手（T10172）、扭矩扳手（VAG 1331）、扭矩扳手（VAG 1332）、调整工具（T10363），如图 5-8-3 所示。

(2) 拆卸步骤

❶ 拆卸发动机。

❷ 从发动机上拆下变速箱。

❸ 拆下油底壳。

❹ 拆卸从动盘。

❺ 拆卸变速箱侧密封法兰。

❻ 拆卸气缸盖罩。

❼ 将发动机的减振器转到调整标记处。

❽ 传动链轮的磨削齿必须对准轴承分开缝（箭头 A）（图 5-8-14）。

❾ 机油泵链轮的凸耳必须对准后面的标记（箭头 B）（图 5-8-14）。

提示：每次转到第 4 圈时才能到这个位置。

❿ 松开机油泵上的链轮紧固螺栓（箭头），但不要拧出。为此用固定支架 T10172 抵住减振器（图 5-8-15）。

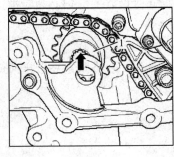 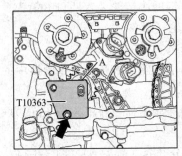 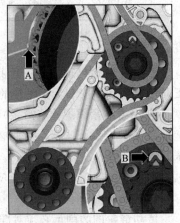

图 5-8-12　　　　　　　　　图 5-8-13　　　　　　　　　图 5-8-14

⑪ 如要更换凸轮轴正时链,应拆卸凸轮轴正时链。
⑫ 如果未更换正时链,则必须仔细标记正时链的安装位置。
⑬ 拆下正时链的链条张紧器(箭头)(图 5-8-9)。
⑭ 拆下机油泵传动链轮的链条张紧器(箭头)(图 5-8-16)。
⑮ 将链轮的紧固螺栓 1 完全拧出,并将链轮 2 及正时链 3 从机油泵上取下(图 5-8-17)。

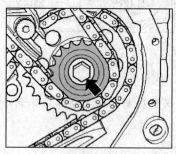
图 5-8-15

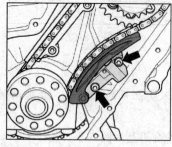
图 5-8-16

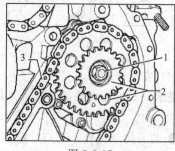
图 5-8-17

(3) 安装步骤

❶ 检查曲轴是否仍位于上止点处(图 5-8-18)。
❷ 安装无滑轨凸肩的两个螺栓并以 10N·m 的力矩拧紧。将滑轨插在螺栓上。
❸ 将机油泵轴 1 平的一面(箭头)转到水平位置,对准机油泵上的标记 2(图 5-8-19)。
提示:对于已经使用过的正时链,应注意转动方向标记。
❹ 将正时链安装到滑轨中,并套到曲轴上。
❺ 将大链轮装到正时链中,使得链轮的凸耳对准后面的标记 B(图 5-8-20)。
❻ 将链轮插到机油泵轴上。
❼ 安装时请注意,正时链在滑轨中应能笔直地从曲轴伸展至机油泵。
❽ 传动链轮的磨削齿必须对准轴承分开缝(箭头 A)(图 5-8-20)。
❾ 中间轴链轮的凸耳必须对准后面的标记(箭头 B)(图 5-8-20)。
❿ 如果大链轮无法装入,略微旋转机油泵。

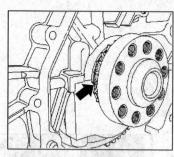
图 5-8-18

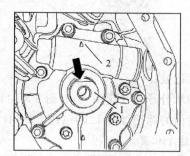
图 5-8-19

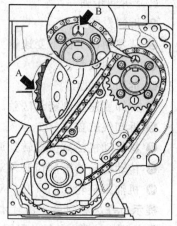
图 5-8-20

⑪ 若正时链已拆卸,将套上正时链的小链轮装入凹口(箭头)中。拆卸时做好的标记必须对准。若正时链已拆卸,安装无正时链的小链轮(图 5-8-21)。
⑫ 用力拧紧固螺栓(箭头)(图 5-8-22)。
⑬ 安装链条张紧器,为此必须用小螺丝刀松开链条张紧器中的锁止啮合齿,并将张紧导轨压向链条张紧器(图 5-8-23)。
⑭ 在图 5-8-16 所示箭头处安装链条张紧器,并用 8N·m 的力矩拧紧。
⑮ 检查调整标记。
传动链轮的磨削齿必须对准轴承分开缝(箭头 A)(图 5-8-14)。
中间轴链轮的凸耳必须对准后面的标记(箭头 B)(图 5-8-14)。

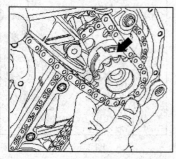 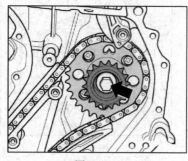 

图 5-8-21　　　　　图 5-8-22　　　　　图 5-8-23

⓰ 拧紧链轮的新紧固螺栓（箭头）（图 5-8-15）。用固定支架 T10172 抵住减振器。

提示：更换链轮紧固螺栓。

⓱ 如果已拆卸凸轮轴驱动装置正时链，则安装正时链。

6. 拆卸和安装机油泵驱动链（单件式链轮）

提示：工作步骤只能在发动机拆下后进行！

（1）必备的专用工具、检测仪器以及辅助工具

扭矩扳手（VAG 1331）、扭矩扳手（VAG 1332）、凸轮轴尺（T10068 A）、调整工具（T10363）、支挡扳手（T10172）如图 5-8-3 所示。

（2）拆卸步骤

❶ 拆卸发动机。

❷ 从发动机上拆下变速箱。

❸ 拆下油底壳。

❹ 拆卸从动盘。

❺ 拆卸变速箱侧密封法兰。

❻ 拆卸气缸盖罩。

❼ 将发动机的减振器转到调整标记处。

❽ 传动链轮的磨削齿必须对准轴承分开缝（箭头 A）（图 5-8-24）。

❾ 孔的标记（箭头 B）必须对准机油泵上的标记（图 5-8-24）。

提示：每次转到第 4 圈时才能到这个位置。

❿ 松开机油泵上的链轮紧固螺栓（箭头），但不要拧出。为此用固定支架 T10172 抵住减振器（图 5-8-15）。

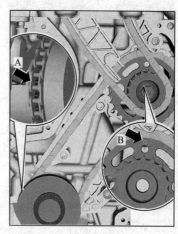

图 5-8-24

⓫ 如要更换凸轮轴正时链，应拆卸凸轮轴正时链。

⓬ 如果未更换正时链，则必须仔细标记正时链的安装位置。

⓭ 拆下正时链的链条张紧器（箭头）（图 5-8-9）。

⓮ 用 3mm 的内六角扳手 A 将链条张紧器定住（图 5-8-25）。

⓯ 拆下机油泵传动链轮的链条张紧器（箭头）（图 5-8-25）。

⓰ 将链轮的紧固螺栓 1 完全拧出，并将链轮 2 及正时链 3 从机油泵上取下（图 5-8-26）。

（3）安装步骤

❶ 检查曲轴是否仍位于上止点处（图 5-8-27）。

❷ 安装无滑轨凸肩的两个螺栓并以 10N·m 的力矩拧紧。将滑轨插在螺栓上。

❸ 将机油泵轴 1 平的一面（箭头）转到水平位置，对准机油泵上的标记 2（图 5-8-28）。

提示：对于已经使用过的正时链，应注意转动方向标记。

❹ 将正时链安装到滑轨中，并套到曲轴上。

❺ 首先将后面部分的链条套到大链轮上。同时应注意之前所做的标记。

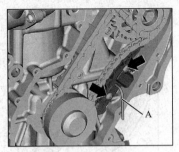
图 5-8-25

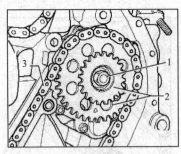
图 5-8-26

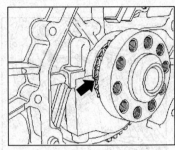
图 5-8-27

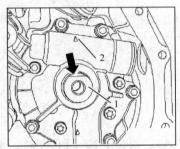
图 5-8-28

图 5-8-29

❻ 将链轮插到机油泵轴上。孔的标记（箭头）必须对准机油泵上的标记（图 5-8-29）。

❼ 如果链轮无法装入，则略微旋转机油泵轴。

❽ 仅在凸轮轴正时链已安装时将链轮从机油泵上小心拉出并向上稍微转动。在这个位置套上凸轮轴正时链。拆卸时做的标记必须对好（图 5-8-24）。

❾ 将链轮重新套到机油泵轴中并略微用力拧紧。

❿ 安装下方的链条张紧器并以 8N·m 的力矩拧紧（箭头）（图 5-8-25）。

⓫ 拔出内六角扳手 A（图 5-8-25）。

⓬ 安装凸轮轴正时链的链条张紧器（箭头）（图 5-8-9）。

⓭ 再次检查调整标记。

传动链轮的磨削齿必须对准轴承分开缝（箭头 A）（图 5-8-24）。

孔的标记（箭头 B）必须对准机油泵上的标记（图 5-8-24）。

⓮ 拧紧链轮的新紧固螺栓（箭头）。为此用固定支架 T10172 抵住减振器（图 5-8-16）。

提示：更换链轮紧固螺栓。

⓯ 如果已拆卸凸轮轴驱动装置正时链，则安装正时链。

7. 检查配气相位

（1）必备的专用工具、检测仪器以及辅助工具

凸轮轴尺 T10068 A 图 5-8-30 所示。

（2）检查流程

❶ 拆卸隔音垫。

❷ 拆卸进气管上半部分。

❸ 拆卸气缸盖罩。

❹ 曲轴沿发动机运转方向转至气缸上止点标记处（图 5-8-4）。

❺ 气缸 1 的凸轮 A 必须相对（图 5-8-5）。

❻ 将凸轮轴尺 T10068 A 插入两个轴槽中（图 5-8-31）。

提示：由于凸轮轴调节器功能的限制，凸轮轴的凹槽有可能不是完全水平。因此，如有必要，安装凸轮轴尺 T10068 A 时用开口扳手略微来回旋转凸轮轴（箭头）（图 5-8-32）。

❼ 用正时齿轮箱上的标记检查凸轮轴调节器的调整标记。

❽ 凸轮轴调节器上的箭头必须对准正时齿轮箱的右侧切口。正时齿轮箱上的标记如图 5-8-33 所示。

提示：标记 32A 和切口之间允许略微错开。不用考虑铜色链节的位置！

❾ 凸轮轴调节器标记间的距离必须刚好等于凸轮轴正时链 16 个滚子的长度（图 5-8-34）。

如果标记不符这一要求，则调整配气相位。

❿ 安装气缸盖罩。

⑪ 安装进气管上半部分。

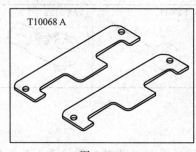
图 5-8-30

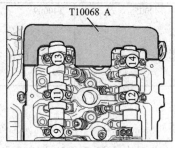
图 5-8-31

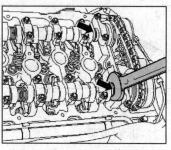
图 5-8-32

FSI 发动机正时齿轮箱上的标记如图 5-8-35 所示，A 为飞轮侧视图，B 为减振器侧视图，切口（箭头）是凸轮轴调节器上标记的参考点。

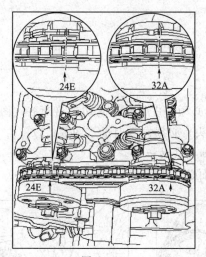
图 5-8-33

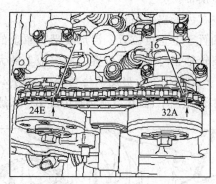
图 5-8-34

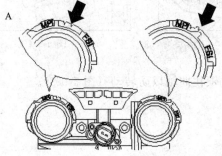

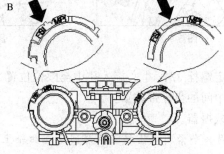

图 5-8-35

九、4.2LV8 发动机（以 BGH 发动机为例）（2012～2016 年）

1. 适用车型

辉腾（Phaeton）4.2L。

2. 拆卸和安装张紧齿形皮带

（1）必备的专用工具、检测仪器以及辅助工具

固定螺栓（3242）、双臂起拔器（T40001）、凸轮轴固定件（T40005）、张紧辊扳手（T40009）、定位销（T40011）、转换棘轮（VAS 5122），如图 5-9-1 所示。

扭矩扳手（VAG 1410）、扭矩扳手（VAG 1331）。

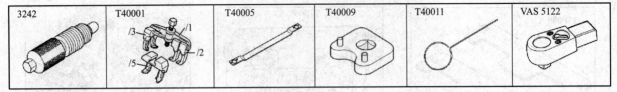

图 5-9-1

（2）拆卸步骤

小心：在进行任何装配工作时，特别是在空间紧凑的发动机舱中进行装配工作时，请注意下列事项：正确铺设所有类型的管路（例如燃油、液压、活性炭罐装置、冷却液和制冷剂、制动液、真空系统的管路）和电气导线，以便恢复原来的布线。注意与所有可移动或发热部件之间的距离是否足够。

❶ 拆卸隔音垫。

❷ 排出冷却液。

❸ 拆卸锁支架横梁。

❹ 从散热器上拔下上部冷却液软管。

❺ 拆下多楔带。

❻ 拆下左右齿形皮带护罩。

❼ 将曲轴置于上止点位置。齿形皮带护罩上的标记 A 必须与皮带轮上的切口 B 对齐（图 5-9-2）。

❽ 检查凸轮轴正时齿轮的位置。固定板上的大孔（箭头）必须向内对准（图 5-9-3）。

提示：如果大孔位于齿形皮带轮的外侧，则必须将曲轴再转动一圈。

❾ 将密封塞从左侧气缸体（箭头）中旋出。从螺塞孔后面必须可以看到或接触到曲轴上止点（图 5-9-4）。

图 5-9-2

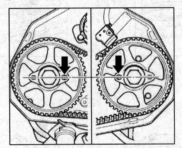
图 5-9-3

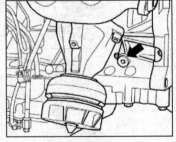
图 5-9-4

❿ 将固定螺栓 3242 小心旋入孔中至限位位置，以此锁住曲轴以防转动（图 5-9-5）。

⓫ 拆下中间的齿轮带护罩。

⓬ 拆下减振器。

提示：用 8 个紧固螺栓将减振器固定在曲轴上。

⓭ 拆下多楔带张紧件 1（图 5-9-6）。

⓮ 旋出齿形皮带张紧件的盖板螺栓 2（图 5-9-6）。

⓯ 取下盖板。

⓰ 标记齿形皮带的运转方向。

提示：齿形皮带张紧件是使用油来作为减振介质的，因此它只会被慢慢地压紧。使用定位销 T40011 固定张紧件。

⓱ 必要时在张紧前用尖嘴钳或细金属丝校准挺杆。

⓲ 用内六角扳手沿箭头方向旋转齿形皮带张紧辊 1 的张紧杆（图 5-9-7）。

⓳ 如果齿形皮带张紧辊的张紧杆 2 已压到一起，使外壳和活塞内的孔对齐，则用定位销 T40011 固定张紧件（图 5-9-7）。

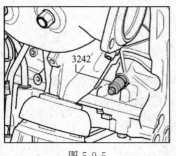
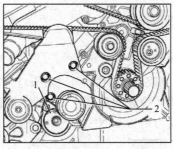
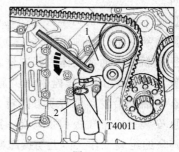

图 5-9-5　　　　　　　　　图 5-9-6　　　　　　　　　图 5-9-7

⑳ 将凸轮轴固定件 T40005 安装在凸轮轴的固定板内，并将紧固螺栓拧松大约 5 圈（图 5-9-8）。
㉑ 重新取下凸轮轴固定件 T40005。
㉒ 用双臂起拔器 T40001 和起拔钩 T40001/2 从锥齿轮上拔出凸轮轴正时齿轮（图 5-9-9）。
㉓ 松开张紧辊（箭头），并取下齿形皮带（图 5-9-10）。

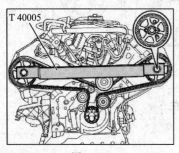
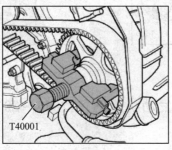
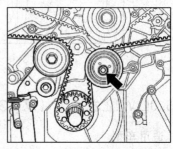

图 5-9-8　　　　　　　　　图 5-9-9　　　　　　　　　图 5-9-10

(3) 安装步骤

❶ 首先将齿形皮带装到曲轴的齿形皮带轮 1 上，然后装到齿形皮带张紧器的导向辊 2 上，再挂到张紧辊 3 上。然后如图 5-9-11 所示挂到凸轮轴正时齿轮上和冷却液泵的齿形皮带轮上。

提示：正确调整凸轮轴正时齿轮，使它在凸轮轴的锥齿轮上刚好可以转动。

❷ 重新将凸轮轴固定件 T40005 插在凸轮轴正时齿轮上（图 5-9-8）。
❸ 将一个 5mm 的钻头插入张紧杆和液压件的活塞之间（图 5-9-12 中箭头）。
❹ 用扭矩扳手 VAG 1410 预紧已松开的张紧辊，并使用张紧辊扳手 T40009 沿逆时针方向（箭头）用 4N·m 的扭矩预紧已插上的转换棘轮 VAS 5122（图 5-9-13）。
❺ 在该位置上用 45N·m 的力矩拧紧螺栓 1（图 5-9-13）。
❻ 重新取出 5mm 钻头。
❼ 用内六角扳手沿箭头方向旋转齿形皮带张紧辊 1 的张紧杆（图 5-9-13）。

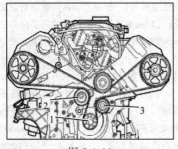
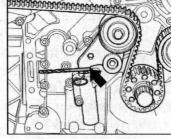
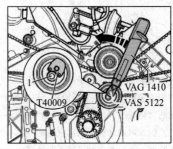

图 5-9-11　　　　　　　　　图 5-9-12　　　　　　　　　图 5-9-13

❽ 当张紧杆压紧齿形皮带张紧件 2 内的活塞时，拉出定位销 T40011（图 5-9-7）。
❾ 用内六角扳手按箭头方向旋转齿形皮带张紧辊 1（图 5-9-14）。将一个 7mm 的钻头插入壳体和张紧

杆之间。

⑩ 用55N·m的力矩拧紧凸轮正时齿轮。

⑪ 重新取下凸轮轴固定件T40005。

⑫ 重新取出插在壳体和张紧杆之间的钻头。

⑬ 从孔中旋出固定螺栓3242并旋入螺旋塞和新密封环（箭头），然后用35N·m的扭矩拧紧（图5-9-4）。

⑭ 将曲轴沿发动机转动方向转2圈并检查调整尺寸 a。额定值为5mm（图5-9-15）。

⑮ 安装多楔带盖板和张紧辊。拧紧力矩为40N·m。

其余的组装工作大体上与拆卸顺序相反。

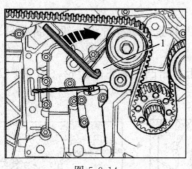

图5-9-14

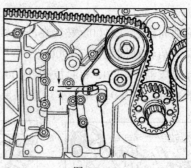

图5-9-15

十、6.0L W12发动机（以BGH发动机为例）（2011~2016年）

1. 适用车型

辉腾（Phaeton）6.0L。

2. 链条驱动装置部件——发动机型号代码BAN和BAP（图5-10-1）

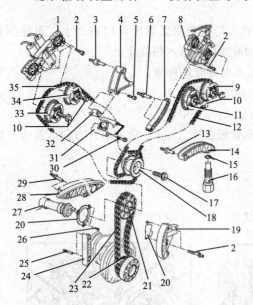

图5-10-1

1—正时齿轮箱（气缸列2，安装前给密封环的接触面略微上油）；2—螺栓（8N·m）；3—支承销（18N·m）；4—张紧轨（用于凸轮轴滚子链）；5—螺栓（20N·m）；6、29—支承销（18N·m，用于滑轨）；7—滑轨（用于凸轮轴滚子链）；8—正时齿轮箱（气缸列1，安装前给密封环的接触面略微上油）；9—排气凸轮轴调节器（气缸列1，标记B1和A9。带固定销，仅在凸轮轴的特定一个位置上才可安装。转动只安装了凸轮轴调节器的发动机）；10—螺栓[60N·m+继续旋转1/4圈（90°），更换。螺栓头上脉冲信号轮的接触面在安装时必须干燥。拆装时用开口扳手（开口宽度32mm）固定在凸轮轴上]；11—进气凸轮轴调节器（气缸列1，标记B1和A2。带固定销，仅在凸轮轴的特定一个位置上才可安装。转动只安装了凸轮轴调节器的发动机）；12—凸轮轴滚子链[气缸列1，拆卸前标记转动方向（安装位置）]；13—支承销（12N·m，用于张紧轨）；14—张紧轨（用于凸轮轴滚子链，拆卸时必须拆下后部密封法兰）；15—密封环（损坏或泄漏时更换）；16—链条张紧器（40N·m，用于凸轮轴滚子链。旋转只安装了链条张紧器的发动机）；17—螺栓[60N·m+继续旋转1/4圈（90°），更换。松开和拧紧时使用固定支架T1006]；18—链轮（用于凸轮轴滚子链）；19—带张紧轨的链条张紧器[用于滚子链，用钻头（直径为3.5mm）锁定链条张紧器。旋转只安装了链条张紧器的发动机]；20—固定板；21—链轮（用于滚子链）；22—主动齿轮（已在曲轴中磨合）；23—滚子链[拆卸前标记转动方向（安装位置）]；24—滑轨（用于滚子链）；25—无凸肩螺栓（10N·m，用于滑轨）；26—螺栓（10N·m，涂防松剂D 000 600 A2后安装）；27—中间轴；28—滑轨（用于凸轮轴滚子链，拆卸时必须拆下后部密封法兰）；30—螺栓（9N·m）；31—链条张紧器[用于凸轮轴滚子链，用钻头（直径为3.5mm）锁定链条张紧器。旋转只安装了链条张紧器的发动机]；32—挡块（用于链条张紧器）；33—排气凸轮轴调节器（气缸列2，标记B2和A9。带固定销，仅在凸轮轴的特定一个位置上才可安装。转动只安装了凸轮轴调节器的发动机）；34—进气凸轮轴调节器（气缸列2，标记B2和A2。带固定销，仅在凸轮轴的特定一个位置上才可安装。转动只安装了凸轮轴调节器的发动机）；35—凸轮轴滚子链[气缸列2，拆卸前标记转动方向（安装位置）]

3. 链条驱动装置部件——发动机型号代码 BRN、BRP 和 BTT（图 5-10-2）

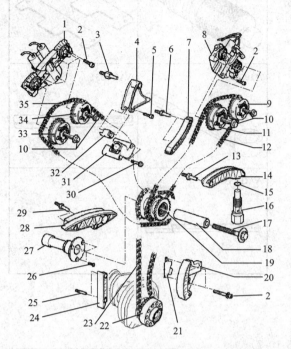

图 5-10-2

1—正时齿轮箱（气缸列 2，安装前给密封环的接触面略微上油）；2—螺栓（8N·m）；3—支承销（18N·m，用于张紧轨）；4—张紧轨（用于凸轮轴滚子链）；5—螺栓（20N·m）；6—支承销（18N·m，用于滑轨）；7—滑轨（用于凸轮轴滚子链）；8—正时齿轮箱（气缸列 1，安装前给密封环的接触面略微上油）；9—排气凸轮轴调节器（气缸列 1，标记 B1。带固定销，仅在凸轮轴的特定一个位置上才可安装。转动只安装了凸轮轴调节器的发动机）；10—螺栓［60N·m＋继续旋转 1/4 圈（90°），更换。螺栓头上脉冲信号轮的接触面在安装时必须干燥。拆卸和安装时用开口扳手（开口宽度 32mm）卡住凸轮轴，拆卸和安装凸轮轴］；11—进气凸轮轴调节器（气缸列 1，标记 B1。带固定销，仅在凸轮轴的特定一个位置上才可安装。转动只安装了凸轮轴调节器的发动机）；12—凸轮轴滚子链［气缸列 1，拆卸前标记转动方向（安装位置）］；13—支承销（12N·m，用于张紧轨）；14—张紧轨（用于凸轮轴滚子链，拆卸时必须拆下后部密封法兰）；15—密封环（损坏或泄漏时更换）；16—链条张紧器（40N·m，用于凸轮轴滚子链。旋转只安装了链条张紧器的发动机）；17—螺栓［60N·m＋继续旋转 1/4 圈（90°），带"左旋螺纹"，更换。松开和拧紧时使用固定支架 T10069，调节配气相位］；18—中间轴（安装前涂抹机油）；19—链轮（用于凸轮轴滚子链）；20—带张紧轨的链条张紧器［用于滚子链，用钻头（直径为 3.5mm）锁定链条张紧器。旋转只安装了链条张紧器的发动机］；21—固定板；22—链轮（用于滚子链，埋入曲轴中。安装链条，调整配气相位］；23—滚子链［拆卸前标记转动方向（安装位置）］；24—滑轨（用于滚子链）；25—无凸肩螺栓（10N·m，用于滑轨）；26—螺栓（10N·m，更换）；27—中间轴；28—滑轨（凸轮轴滚子链。为拆卸气缸盖，必须将上方支承轴销从气缸盖中拧出。拆卸滑轨时必须拆下后部密封法兰）；29—支承销（10N·m，用于滑轨）；30—螺栓（9N·m）；31—链条张紧器［用于凸轮轴滚子链，拆下链条张紧器前挤压并用钻头（直径为 3.5mm）进行固定。旋转只安装了链条张紧器的发动机］；32—挡块（用于链条张紧器，拧到张紧轨）；33—排气凸轮轴调节器（气缸列 2，标记 B2。带固定销，仅在凸轮轴的特定一个位置上才可安装。转动只安装了凸轮轴调节器的发动机）；34—进气凸轮轴调节器（气缸列 2，标记 B2。带固定销，仅在凸轮轴的特定一个位置上才可安装。转动只安装了凸轮轴调节器的发动机）；35—凸轮轴滚子链［气缸列 2，拆卸前标记转动方向（安装位置）］

4. 标记滚子链（图 5-10-3）

拆下前标记滚子链（例如用颜色，箭头指向转动方向）。

提示：不要通过冲窝、切口或类似做法标记链条！

5. 调整配气相位，发动机型号代码 BAN 和 BAP

小心：仅在发动机拆下后才拆卸和安装滚子链。

(1) 必备的专用工具、检测仪器以及辅助工具

固定螺栓（3242）、凸轮轴尺（T10068A）、固定支架（T10069）、扭矩扳手（5～50N·m）（VAG 1331）、扭矩扳手（40～200N·m）（VAG 1332）如图 5-10-4 所示，此外，还需要直径为 3.5mm 的钻头。

(2) 操作步骤

提示：以下步骤只能在发动机拆下后进行。可以根据发动机被分解的程度从相应的部位开始设置操作。

对于已经使用过的滚子链，应注意转动方向标记。滚子链必须笔直地在滑轨和张紧轨上运转。请注意，链轮的所有紧固螺栓都必须更换。

❶ 将曲轴置于气缸 1 的上止点。

❷ 标记 1 必须与气缸体分界缝 2 对齐（图 5-10-5）。

❸ 将气缸盖中的凸轮轴置于气缸上止点位置。

❹ 凸轮轴尺 T10068A 必须能插入两个轴槽中（图 5-10-6）。

提示：如有必要，用开口扳手（开口宽度 32mm）将凸轮轴轻轻转至正确位置。必须将凸轮轴尺

T10068 A 插入。如果没有,则将曲轴向发动机旋转方向继续旋转一圈。

小心:不要在气缸盖拆下及曲轴固定的情况下转动凸轮轴超过 1/4 圈!可以将气门装入活塞中!

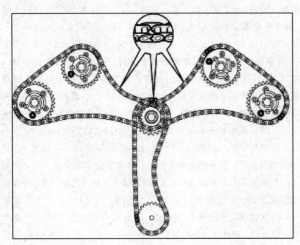

图 5-10-3

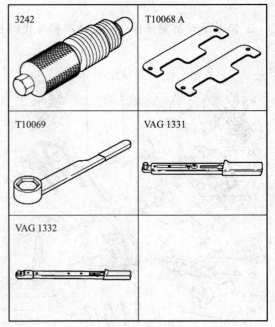

图 5-10-4

❺ 从左下气缸体中拆下螺旋塞。

❻ 将固定螺栓 3242 旋入孔中,以防曲轴转动(图 5-10-7)。

❼ 安装滚子链(曲轴/中间轴)。

❽ 安装中间轴。链轮定位销必须朝上。

❾ 与中间轴链轮 2 一起安装滚子链(曲轴/中间轴)1(图 5-10-8,下同)。

铜链节(箭头 A)必须与气缸体分界缝 3 对齐。

铜链节(箭头 B)必须位于中间轴链轮 2 上面。

❿ 将链轮(中间轴/凸轮轴调节器)4 安装到中间轴链轮 2 上。

图 5-10-5

⓫ 略微拧紧链轮的新紧固螺栓 5。

⓬ 安装滑轨 6。

⓭ 安装链条张紧器 7 与防松片。拧紧力矩为 8N·m。

⓮ 松开链条张紧器 7。

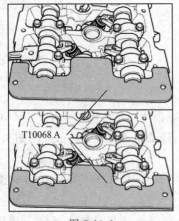

图 5-10-6

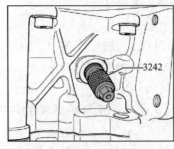

图 5-10-7

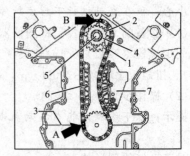

图 5-10-8

⓯ 与凸轮轴调节器一起安装滚子链(中间轴/气缸列 1 凸轮轴调节器)1(图 5-10-9)。

⓰ 在进气凸轮轴调节器 2 上标记:B1 和 A2。

⓱ 在排气凸轮轴调节器 3 上标记:B1 和 A9。

提示:

a.凸轮轴调节器可以沿两个方向转动。安装前应注意,将用于霍尔传感器的脉冲信号轮转至相应的限位位置。

b. 通过凸轮轴调节器内的定位销可以将其固定到凸轮轴上的唯一一个位置上。因此，当滚子链正确插入调节器后将其轻轻地拧紧到凸轮轴上。

⑱ 对于气缸列 1 的进气凸轮轴调节器，将用于霍尔传感器的脉冲信号轮 1 沿箭头方向转至极限位置（图 5-10-10）。

⑲ 对于气缸列 1 的排气凸轮轴调节器，将用于霍尔传感器的脉冲信号轮 1 沿箭头方向转至限位位置（图 5-10-11）。

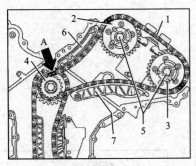
图 5-10-9

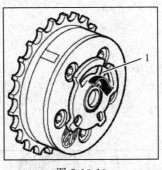
图 5-10-10

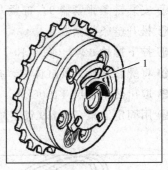
图 5-10-11

⑳ 铜链节（箭头 A）必须位于中间轴链轮 4 上面（图 5-10-9）。

㉑ 凸轮轴滚子链的铜链节（箭头）必须与进气凸轮轴调节器上的箭头 1 一致（图 5-10-12）。

㉒ 凸轮轴滚子链的铜链节（箭头）必须与排气凸轮轴调节器上的箭头 1 一致（图 5-10-13）。

㉓ 略微拧紧凸轮轴调节器的新紧固螺栓 5（图 5-10-9）。

㉔ 安装滑轨 6（图 5-10-9）。

㉕ 安装张紧轨 7（图 5-10-9）。

㉖ 与凸轮轴调节器一起安装滚子链（中间轴/气缸列 2 凸轮轴调节器）1（图 5-10-14）。

㉗ 在进气凸轮轴调节器 2 上标记：B2 和 A2（图 5-10-14）。

㉘ 在排气凸轮轴调节器 3 上标记：B2 和 A9（图 5-10-14）。

提示：

a. 凸轮轴调节器可以沿两个方向转动。安装前应注意，将用于霍尔传感器的脉冲信号轮转至相应的限位位置。

b. 通过凸轮轴调节器内的定位销可以将其固定到凸轮轴上的唯一一个位置上。因此，当滚子链正确插入调节器后将其轻轻地拧紧到凸轮轴上。

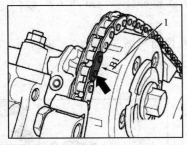
图 5-10-12

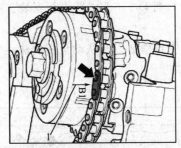
图 5-10-13

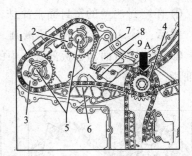
图 5-10-14

㉙ 对于气缸列 2 的进气凸轮轴调节器，将用于霍尔传感器的脉冲信号轮 1 沿箭头方向转至限位位置（图 5-10-10）。

㉚ 气缸列 2 的排气凸轮轴调节器，将用于霍尔传感器的脉冲信号轮 1 沿箭头方向转至限位位置（图 5-10-11）。

㉛ 铜链节（箭头 A）必须位于中间轴链轮（4）上面（图 5-10-14）。

提示：气缸列 2 的凸轮轴滚子链的铜链节可从后部看见。

㉜ 凸轮轴滚子链的铜链节（箭头）必须与进气凸轮轴调节器上的箭头 1 一致（图 5-10-15）。

㉝ 凸轮轴滚子链的铜链节（箭头）必须与排气凸轮轴调节器上的箭头 1 一致（图 5-10-16）。

㉞ 略微拧紧凸轮轴调节器的新紧固螺栓 5（图 5-10-14，下同）。

㉟ 安装滑轨 6。

㊱ 安装张紧轨 7。

㊲ 安装链条张紧器的限位位置 8。拧紧力矩为 20N·m。

㊳ 安装链条张紧器 9。拧紧力矩为 9N·m。

㊴ 松开链条张紧器 9。

㊵ 拧下螺栓 3242（图 5-10-7）。

㊶ 将螺旋塞旋入气缸体中。拧紧力矩为 20N·m。

㊷ 取出凸轮轴尺 T10068A。

㊸ 用固定支架 T10069 锁定减振器（图 5-10-17）。

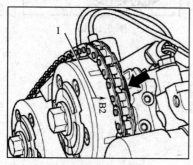
图 5-10-15

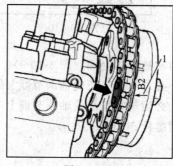
图 5-10-16

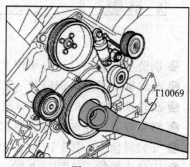
图 5-10-17

㊹ 接着将中间轴的链轮紧固螺栓 1 用 60N·m＋90°（旋转 1/4 圈）拧紧（图 5-10-18）。

提示：只能用开口扳手（开口宽度 32mm）固定凸轮轴（箭头）。拧紧或松开凸轮轴调节器时不得插入凸轮轴尺 T10068 A（图 5-10-19）。

㊺ 固定凸轮轴。

㊻ 以 60N·m 的力矩拧紧凸轮轴调节器的紧固螺栓 2 并转动 90°（1/4 圈）（继续转动可分多步进行）（图 5-10-18）。

㊼ 将密封环放入从动盘密封法兰内。

㊽ 在密封法兰的密封面上涂抹密封剂 D 176 501 并进行安装。安装盖板部件（气缸列 1 和 2）。

提示：请注意密封剂的有效期。

㊾ 清洁密封面和盖板部件 1 中的密封槽 2 以及从动盘密封法兰的密封面（图 5-10-20）。密封面上必须无油脂。

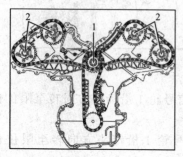
图 5-10-18

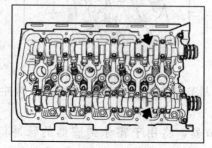
图 5-10-19

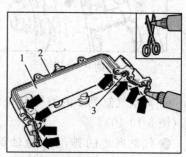
图 5-10-20

㊿ 给油道密封用O形环3（仅气缸列1）上油，然后装入盖板部件1中（图5-10-20）。

㊼ 将密封剂D176 501的管状喷嘴从前部标记处剪开（喷嘴直径约2mm）。

㊽ 如图5-10-20所示，将密封剂涂到气缸盖部件的干净密封面上以及后部密封法兰的密封面2上。密封剂条必须：大约2mm厚，走向沿着螺栓孔区域的内侧（箭头）。

提示：盖板部件必须在涂覆密封剂后5min内安装。安装所有紧固螺栓并略微拧紧。

㊾ 首先拧紧盖板部件/密封法兰紧固螺栓。拧紧力矩为8N·m。

㊿ 然后从中部向外以交叉方式拧紧覆盖件/气缸盖紧固螺栓。拧紧力矩为8N·m。

㊺ 除去多余的密封剂。

㊻ 气缸列1，安装凸轮轴滚子链的链条张紧器（箭头）。拧紧力矩为40N·m（图5-10-21）。

㊼ 气缸列1和2，安装气缸盖罩。

6. 发动机型号代码为BRN、BRP和BTT时调整配气相位

小心：仅在发动机拆下后才拆卸和安装滚子链。

（1）必备的专用工具、检测仪器以及辅助工具

固定螺栓（3242）、凸轮轴尺（T10068 A）、固定支架（T10069）、扭矩扳手（5～50N·m）、（VAG 1331）、扭矩扳手（40～200N·m）（VAG 1332）如图5-10-4所示。此外，还需要直径为3.5mm的钻头。

（2）操作步骤

提示：以下工作步骤只能在发动机拆下后进行。可以根据发动机被分解的程度从相应的部位开始设置操作。

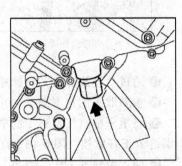

图5-10-21

❶ 对于已经使用过的滚子链，应注意转动方向标记。
❷ 滚子链必须笔直地在滑轨和张紧轨上运转。
❸ 请注意，链轮的所有紧固螺栓都必须更换。
❹ 将曲轴置于气缸1的上止点。
❺ 标记1必须与气缸体分界缝2对齐（图5-10-5）。
❻ 凸轮轴尺T10068 A必须能插入两个轴槽中（图5-10-6）。

提示：如有必要，用开口扳手（开口宽度32mm）将凸轮轴（箭头）轻轻转至正确位置（图5-10-22）。

小心：不要在气缸盖拆下及曲轴固定的情况下转动凸轮轴超过1/4圈！可以将气门装入活塞中！

❼ 如果不能将凸轮轴尺T10068 A插入，则沿发动机转动方向继续旋转曲轴一圈。将凸轮轴尺T10068 A插入。

提示：凸轮轴尺T10068 A必须在整个工作步骤中插在轴槽中。

❽ 从左下气缸体中拆下螺旋塞。
❾ 将固定螺栓3242旋入孔中，以防曲轴转动（图5-10-7）。
❿ 切口朝上安装中间轴支座（箭头），然后用新螺栓以15N·m的力矩紧固（图5-10-23）。
⓫ 安装滚子链（曲轴/中间轴）。
⓬ 铜色链节（箭头A）必须与气缸体分界缝1对齐（图5-10-24）。
⓭ 铜链节（箭头B）必须位于中间轴链轮的标记上方（图5-10-24）。

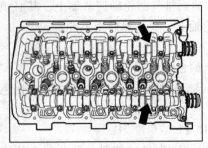

图5-10-22

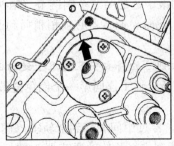

图5-10-23

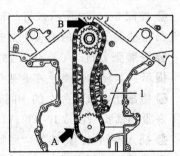

图5-10-24

⑭ 如果滚子链与滑轨平行，则必须将中间轴 2 沿箭头方向推入（图 5-10-25）。
⑮ 现在将链条张紧器 1 连同止动垫圈一起拧上。拧紧力矩为 8N·m（图 5-10-24）。
⑯ 用手紧固中间轴的新紧固螺栓（"左旋螺纹"1）（图 5-10-26）。
⑰ 用固定支架 T10069 锁定减振器，但不要转动曲轴（图 5-10-27）。

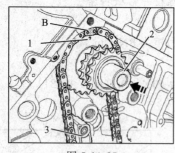
图 5-10-25

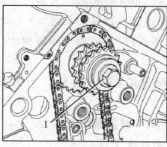
图 5-10-26

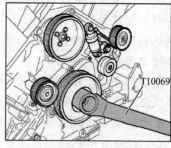
图 5-10-27

⑱ 通过"左旋螺纹"将螺栓在中间轴上以 60N·m 的力矩拧紧＋90°（1/4 圈）。
⑲ 重新取下固定支架 T10069。
⑳ 将滚子链（气缸列 1 的中间轴/凸轮轴）1 连同第一个铜色链节（箭头）安装到中间轴上，使得两个铜链节正好紧挨（图 5-10-28）。
㉑ 插入滑轨 6（图 5-10-29）。

提示：进气凸轮轴调节器可以沿两个方向转动。安装前应注意，将用于霍尔传感器的脉冲信号轮 1 转至限位位置（图 5-10-30）。

图 5-10-28

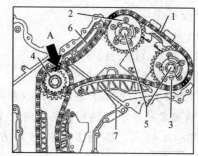
图 5-10-29

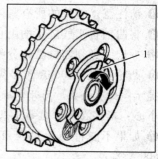
图 5-10-30

㉒ 将脉冲信号轮 1 沿箭头方向转动到限位位置，然后将其固定在此位置（图 5-10-30）。
㉓ 如图 5-10-31 所示将凸轮轴滚子链的第二个铜链节（箭头）装入调节器中。此时，进气凸轮轴调节器上的标记箭头 B1 必须要与铜链节对齐。
㉔ 此时，进气凸轮轴调节器必须稍稍插到凸轮轴上一些，然后用手拧紧。
㉕ 两个铜链节（箭头 A）必须仍正好紧挨上方的中间轴链轮 4，且链条必须"张紧"贴在滑轨 6 上（图 5-10-29）。
㉖ 如图 5-10-32 所示，将凸轮轴滚子链的第三个铜链节（箭头）插到排气凸轮轴调节器上。其必须与排气凸轮轴调节器上的箭头 1 对齐。此时，调节器必须稍稍插到凸轮轴上一些，然后用手拧紧。
㉗ 安装张紧轨 7（图 5-10-29）。

提示：只能从后侧才可看见气缸列 2 的将要安装的滚子链的三个铜色链节。

㉘ 将滚子链气缸列 2 的中间轴/凸轮轴 1 连同第一个铜色链节安装到中间轴上，使得所有三个铜色链节正好紧挨箭头（图 5-10-33）。
㉙ 插入滑轨 6。将链条"绷紧"，穿过中间轴穿到滑轨上（图 5-10-14）。
㉚ 将第二个铜色链节（箭头）插到排气凸轮轴调节器 1 的标记齿"B2"处。此时，调节器必须稍稍插到排气凸轮轴上一些，然后用手拧紧（图 5-10-34）。

第五章 进口大众车系 405

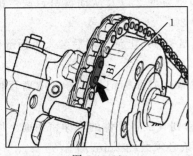
图 5-10-31

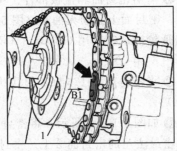
图 5-10-32

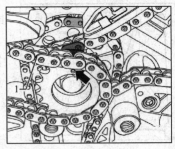
图 5-10-33

㉛ 确定滚子链 1 是绷紧地穿过滑轨 6 的，且没有任何下垂现象（图 5-10-14）。

㉜ 按以下方式安装气缸列 2 的进气凸轮轴调节器。

提示：进气凸轮轴调节器可以沿两个方向转动。安装前应注意，将用于霍尔传感器的脉冲信号轮 1 转至限位位置。

㉝ 将霍尔传感器的脉冲信号轮 1 沿箭头方向拧到限位位置，然后将其固定在此位置（图 5-10-30）。

㉞ 将铜色链节（箭头）插到进气凸轮轴调节器 1 的标记齿"B2"处。此时，调节器必须稍稍插到进气凸轮轴上一些，然后用手拧紧（图 5-10-35）。

㉟ 将铜色链节（箭头）插到进气凸轮轴调节器 1 的标记齿"B2"处。此时，调节器必须稍稍插到进气凸轮轴上一些，然后用手拧紧。将张紧杆插到其导向销上（图 5-10-35）。

㊱ 将链条张紧器的止动块安装到张紧杆内（箭头）。拧紧力矩为 20N·m（图 5-10-35）。

㊲ 紧固仍固定的链条张紧器 1。拧紧力矩为 9N·m（图 5-10-36）。

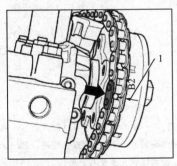
图 5-10-34

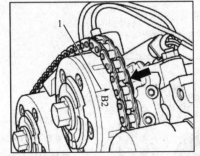
图 5-10-35

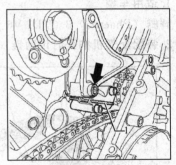
图 5-10-36

㊳ 沿箭头方向压张紧杆，然后通过向外拔钻头松开链条张紧器 1（图 5-10-37）。

㊴ 再次检查所有铜色链节的位置是否正确。

㊵ 取出凸轮轴尺 T10068 A。

㊶ 拧紧凸轮轴调节器。

提示：只能用开口扳手（开口宽度 32）固定相应的凸轮轴（箭头）。拧紧或松开凸轮轴调节器时不得插入凸轮轴尺 T10068 A（图 5-10-22）。

㊷ 以 60N·m 的力矩将凸轮轴调节器的所有紧固螺栓 2 拧 90°（1/4 圈）（继续转动可分多步进行）（图 5-10-18）。

㊸ 从气缸体上拧下固定螺栓 3242（图 5-10-38）。

㊹ 将螺旋塞旋入气缸体中。拧紧力矩为 20N·m。

㊺ 更换从动盘侧曲轴密封环。

㊻ 安装从动盘密封法兰。安装盖板部件（气缸列 1 和 2）。

提示：请注意密封剂的有效期。

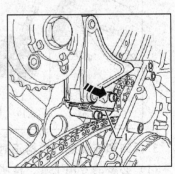
图 5-10-37

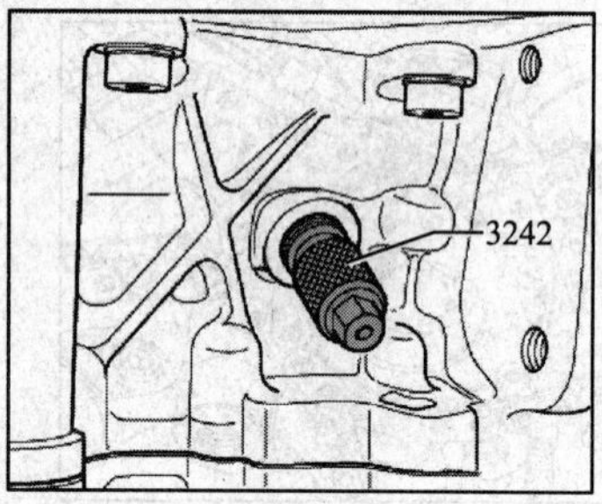

图 5-10-38

㊼ 清洁密封面和盖板部件 1 中的密封槽 2 以及从动盘密封法兰的密封面。密封面上必须无油脂（图 5-10-20）。

㊽ 给油道密封用 O 形环 3（仅气缸列 1）上油，然后装入盖板部件 1 中（图 5-10-20）。

㊾ 将密封剂 D 176 501 的管状喷嘴从前部标记处剪开（喷嘴直径约 2mm）。

㊿ 如图 5-10-20 所示，将密封剂涂到气缸盖部件的干净密封面上以及后部密封法兰的密封面 2 上。密封剂条必须大约 2mm 厚。

(51) 走向沿着螺栓孔区域的内侧（图 5-10-20 中箭头）。

提示： 盖板部件必须在涂覆密封剂后 5min 内安装；安装所有紧固螺栓并略微拧紧。

(52) 首先拧紧盖板部件/密封法兰紧固螺栓。拧紧力矩为 8N·m。

(53) 然后从中部向外以交叉方式拧紧覆盖件/气缸盖紧固螺栓。拧紧力矩为 8N·m。

(54) 除去多余的密封剂。

(55) 对于气缸列 1，安装凸轮轴滚子链的链条张紧器（箭头）。拧紧力矩为 40N·m（图 5-10-39）。

(56) 对于气缸列 1 和 2，安装气缸盖罩。

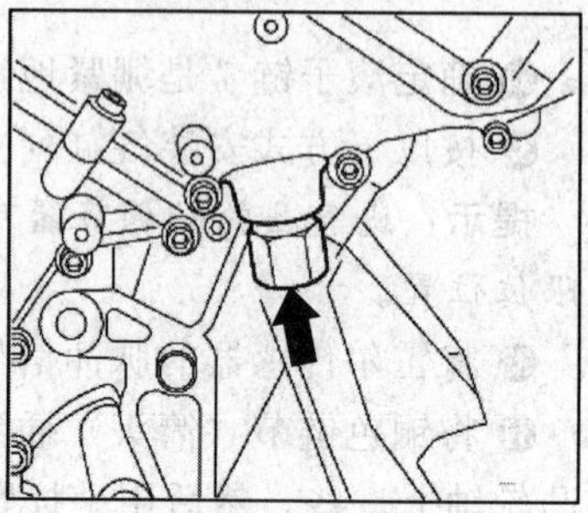
图 5-10-39

十一、3.0TDI V6 柴油发动机（以 CEXB 发动机为例）（2012～2016 年）

1. 适用车型

辉腾（Phaeton）3.0TDI V6 柴油车。

2. 装配配气机构正时传动链（图 5-11-1）

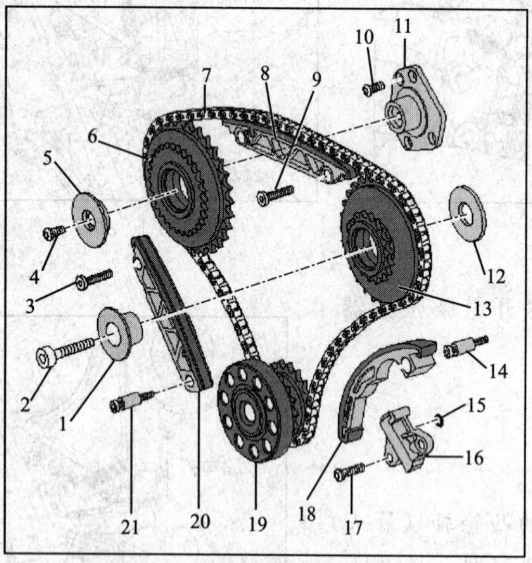

图 5-11-1

1—传动链轮支承销；2—螺栓（45N·m）；3，9，10—螺栓（更换，5N·m+继续旋转 90°）；4—螺栓（更换，5N·m+继续旋转 90°）；5—传动链轮止推垫片；6—左侧正时链传动链轮；7—配气机构正时传动链（拆卸前先用彩色标记运转方向）；8—滑轨（注意安装位置）；11—传动链轮支座；12—止推垫片；13—右侧正时链传动链轮；14—支承销（用防松剂进行安装，12N·m）；15—O 形环（更换）；16—链条张紧器；17—螺栓（12N·m）；18—张紧轨；19—曲轴（带链轮）；20—滑轨；21—支承销（用防松剂进行安装，12N·m）

3. 拆卸和安装配气机构正时传动链

（1）必备的专用工具、检测仪器以及辅助工具

定位销 T40071 如图 5-11-2 所示。直径为 3.3mm 的钻头。

（2）拆卸步骤

❶ 变速箱已拆下。

❷ 拆卸从动盘。

❸ 拆卸正时链盖板。

❹ 拆卸凸轮轴正时链。

❺ 拆卸辅助传动链。

❻ 沿箭头方向压传动链链条张紧器的张紧轨,并用定位销 T40071 锁定链条张紧器(图 5-11-3)。

小心:传动链如已用过,反向运转时可能会损坏;用彩色箭头标记传动链的运转方向,以便重新安装。

❼ 拧下螺栓 1 并取下滑轨(图 5-11-3)。

❽ 拧下螺栓 2 和 3,拆下传动链和链轮(图 5-11-3)。

(3) 安装步骤

安装以倒序进行,同时要注意以下几点。

❶ 安装辅助传动链。

❷ 安装凸轮轴正时链。

❸ 安装正时链盖板。

❹ 安装从动盘。

❺ 加注发动机机油,并检查机油油位。

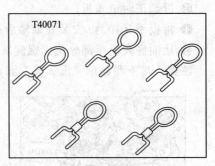

图 5-11-2

4. 装配平衡轴和机油泵链(图 5-11-4)

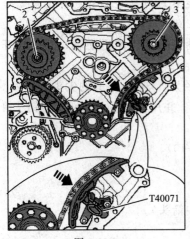

图 5-11-3

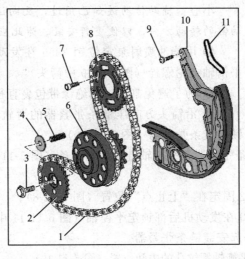

图 5-11-4

1—辅助传动链;2—机油泵传动链轮(安装位置:有标记的一侧指向发动机);3—螺栓(62N·m;如果螺栓无法拧紧到规定力矩,则要拆卸油底壳下半部分和机油防溅板,并用开口扳手反向固定机油泵传动轴);4—止推垫片;5—压簧;6—曲轴;7—螺栓(23N·m);8—平衡轴链轮(安装位置:带标记的一侧指向变速箱);9—螺栓(9N·m);10—链条张紧器(带滑轨);11—密封件(更换)

5. 拆卸和安装平衡轴和机油泵链

(1) 必备的专用工具、检测仪器以及辅助工具

固定螺栓(3242)、柴油喷射泵定位销(3359)、扳手(T40049),如图 5-11-5 所示。

直径为 3.3mm 的钻头。

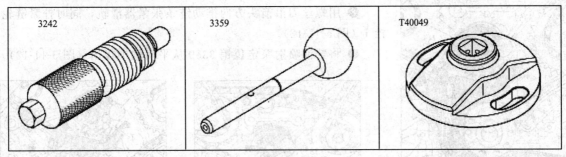

图 5-11-5

(2) 拆卸步骤

❶ 变速箱已拆下。

❷ 拆卸从动盘。

❸ 拆卸正时链盖板。
❹ 将扳手 T40049 安装在曲轴后端。为此，需使用从动盘的两个旧螺栓（箭头）（图 5-11-6）。
❺ 从油底壳上半部分旋出螺旋塞（图 5-11-7 中箭头）。
注意：用手指接触"上止点"孔时小心受伤。不要转动曲轴1（图 5-11-8）。

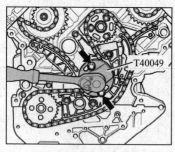
图 5-11-6

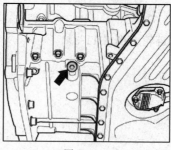
图 5-11-7

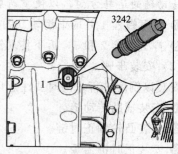
图 5-11-8

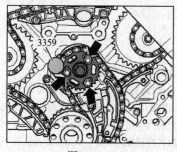
图 5-11-9

❻ 用 20N·m 的力矩将固定螺栓 3242 拧入孔中；必要时略微来回转动曲轴，以便完全对中螺栓。
小心：辅助传动链如已用过，反向运转时可能会损坏；标记辅助传动链的转动方向，以便重新安装，为此应使用颜料标记。
❼ 用柴油喷射泵定位销 3359 在发动机后部锁定平衡轴，然后松开平衡轴链轮螺栓（图 5-11-9 中箭头）。
❽ 为了避免割伤，用绝缘带包裹直径为 3.3mm 钻头的尖头和刀刃。
❾ 沿箭头方向压链条张紧器的滑轨，并用直径为 3.3mm 的钻头 4 锁定链条张紧器（图 5-11-10）。
❿ 拧下螺栓 1 和 2，拆下链条张紧器、平衡轴链轮 3 和链条（图 5-11-10）。

（3）安装步骤
❶ 将曲轴 1 用固定螺栓 3242 固定在"上止点"位置（图 5-11-8）。
❷ 用柴油喷射泵定位销 3359 在发动机后部锁定平衡轴（图 5-11-11 中箭头）。
❸ 连同链条和平衡轴链轮一起安装链条张紧器。
❹ 链轮上的长孔 3 必须位于平衡轴螺纹孔的中间位置（图 5-11-10）。
❺ 拧紧链条张紧器的螺栓 1 和 2（图 5-11-10）。
提示：无需注意图 5-11-10 中 4 和箭头。
❻ 拧入链轮的螺栓（箭头），但不要拧紧（图 5-11-9）。

链轮必须可以在平衡轴上转动，但不得倾斜。
❼ 将钻头从定位孔中拔出，从而松开链条张紧器。
❽ 用螺丝刀沿箭头方向推动链条张紧器滑轨，同时拧紧链轮的螺栓 1（图 5-11-12）。
❾ 将柴油喷射泵定位销 3359 从平衡轴中拔出（图 5-11-12）。

图 5-11-10

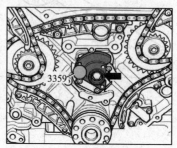
图 5-11-11

图 5-11-12

后续安装以倒序进行，同时要注意以下几点。
a. 安装正时链盖板。
b. 安装从动盘。
c. 加注发动机机油，并检查机油油位。

6. 装配左侧凸轮轴正时链（图5-11-1）

7. 装配右侧凸轮轴正时链（图5-11-13）

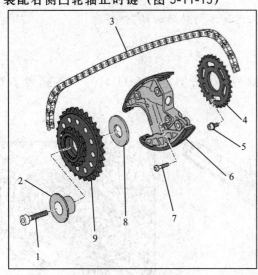

图 5-11-13

1—螺栓（45N·m）；2—支承销（用于传动链轮）；3—右侧凸轮轴正时链（从凸轮轴上取下，拆卸前先用彩色标记运转方向，拆卸和安装）；4—凸轮轴链轮（用于进气凸轮轴。安装位置：带标记的一侧指向前方）；5—螺栓（23N·m）；6—链条张紧器（用于右侧凸轮轴正时链）；7—螺栓（更换，5N·m+90°）；8—止推垫片（用于传动链轮）；9—传动链轮（用于右侧凸轮轴正时链）

8. 更换凸轮轴正时链

（1）必备的专用工具、检测仪器以及辅助工具

固定螺栓（3242）、扳手（T40049）、调整销（T40060）、适配接头（T40061）、适配接头（T40062）如图5-11-14所示。

直径为3.3mm的钻头（2个）。

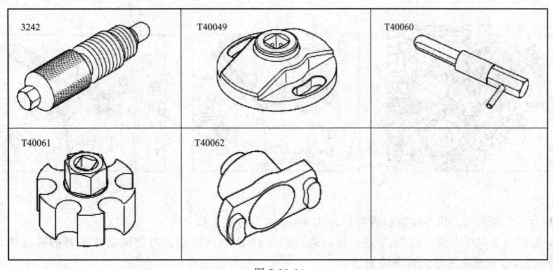

图 5-11-14

（2）拆卸步骤

❶ 拆下变速箱。

小心：不要损坏气门和活塞顶；仅在链条传动装置完整安装的情况下，才允许转动曲轴和凸轮轴。

❷ 拆卸从动盘。

❸ 拆卸正时链盖板。

❹ 用两个旧从动盘螺栓（箭头）将扳手T40049安装在曲轴后（图5-11-15）。

提示：

a. 调整销 T40060 有一处地方是扁平的（图 5-11-16 中 2），使凸轮轴和气缸盖的插孔稍微错开一点就可以轻松插入调整销。

b. 首先插入调整销，使螺栓 1 横向对着凸轮轴中轴线（图 5-11-16）。

c. 为了到达正确的"上止点"位置，螺栓 1 必须摆动 90°（箭头），使螺栓垂直于凸轮轴中轴线（图 5-11-16）。

小心：不要因凸轮轴正时链跳齿而损坏；仅沿发动机运转方向转动曲轴。

❺ 将曲轴转动至"上止点"。

a. 凸轮轴必须用调整销 T40060 锁定。

b. 调整销 T40060 的螺栓（箭头）必须垂直于气缸列 1（右侧，图 5-11-17）和气缸列 2（左侧，图 5-11-18）凸轮轴的中心轴线。

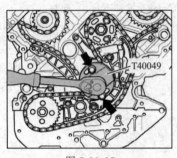
图 5-11-15

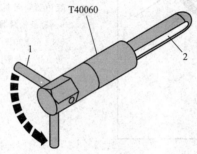
图 5-11-16

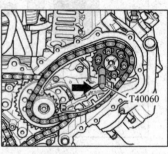
图 5-11-17

❻ 从油底壳上半部分旋出螺旋塞（图 5-11-19 中箭头）。

注意：用手指接触"上止点"孔时小心受伤；不要转动曲轴 1（图 5-11-20）。

❼ 用 20N·m 的力矩将固定螺栓 3242 拧入孔中；必要时略微来回转动曲轴，以便完全对中螺栓（图 5-11-20）。

图 5-11-18

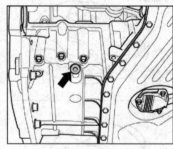
图 5-11-19

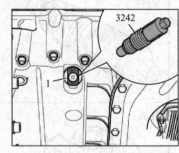
图 5-11-20

❽ 为了避免割伤，用绝缘带包裹直径为 3.3mm 钻头的尖头和刀刃。

❾ 沿箭头方向压左侧（图 5-11-21）和右侧（图 5-11-23）凸轮轴正时链链条张紧器的张紧轨，并用直径为 3.3mm 的钻头 1 锁定链条张紧器。

小心：凸轮轴正时链如已用过，反向运转时可能会损坏；用彩色箭头标记凸轮轴正时链的运转方向，以便重新安装。

❿ 取出两个凸轮轴中的调整销 T40060。

⓫ 拧下螺栓 3 并取下张紧轨（图 5-11-22）。

⓬ 拧下滑轨的螺栓 1 和凸轮轴链轮的螺栓 2（图 5-11-22）。取下左侧凸轮轴链轮、滑轨和凸轮轴正时链。

⓭ 拧出链条张紧器螺栓 1 和凸轮轴链轮螺栓 2 和 3（图 5-11-24）。取下右侧凸轮轴链轮、链条张紧器和凸轮轴正时链。

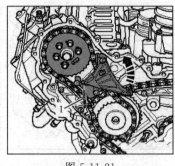
图 5-11-21

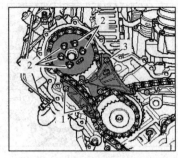
图 5-11-22

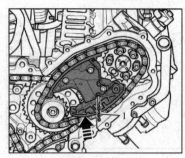
图 5-11-23

(3) 安装步骤

❶ 将曲轴 1 用固定螺栓 3242 固定在"上止点"位置（图 5-11-20）。

❷ 安装配气机构正时传动链。

提示：更换"上止点"标记处的螺旋塞密封环；更换需以一定角度拧紧的螺栓。

小心损坏气门和活塞顶。旋转凸轮轴时，曲轴上不得有任何活塞位于"上止点"位置。

❸ 检查两个气缸盖的凸轮轴是否位于"上止点"位置。

注意：凸轮轴必须用调整销 T40060 锁定；调整销 T40060 的螺栓（箭头）必须垂直于气缸列 1（右侧，图 5-11-25）和气缸列 2（左侧，图 5-11-26）凸轮轴的中心轴线。

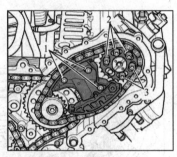
图 5-11-24

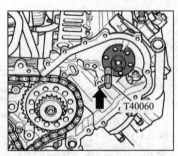
图 5-11-25

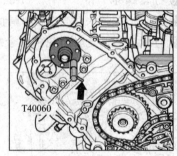
图 5-11-26

❹ 取出两个凸轮轴中的调整销 T40060。

小心：

a. 不要损坏气门和活塞顶。

b. 旋转凸轮轴时，曲轴上不得有任何活塞位于"上止点"位置。

提示：如果无法锁定凸轮轴，可以用适配接头 T40061 略微调整凸轮轴位置，为此应在凸轮轴中拧入凸轮轴链轮螺栓（图 5-11-27）。

❺ 安装左侧凸轮轴正时链及凸轮轴链轮、滑轨和张紧轨。凸轮轴链轮上的长孔必须位于凸轮轴螺纹孔的中间位置（图 5-11-28）。

❻ 拧紧张紧轨和滑轨的螺栓 1 和 3。拧入凸轮轴链轮的两个螺栓 2，但不要拧紧。凸轮轴链轮必须仍然可以在凸轮轴上转动，但不得倾斜。用调整销 T40060 锁定左侧凸轮轴，调整销 T40060 的螺栓（箭头）必须垂直于凸轮轴的中心轴线。

❼ 将钻头 4 从定位孔中拔出，从而松开左侧链条张紧器。

❽ 安装右侧凸轮轴正时链及凸轮轴链轮和链条张紧器。凸轮轴链轮上的长孔必须位于凸轮轴螺纹孔的中间位置（图 5-11-29）。

❾ 拧紧链条张紧器螺栓 1。

拧入凸轮轴链轮的两个螺栓 2，但不要拧紧。凸轮轴链轮必须仍然可以在凸轮轴上转动，但不得倾斜。用调整销 T40060 锁定右侧凸轮轴，调整销 T40060 的螺栓（箭头）必须垂直于凸轮轴的中心轴线。

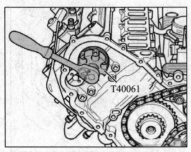 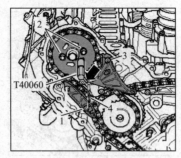 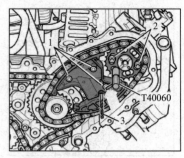

图 5-11-27　　　　　　图 5-11-28　　　　　　图 5-11-29

⑩ 将钻头 3 从定位孔中拔出，从而松开右侧链条张紧器（图 5-11-29）。

⑪ 用适配接头 T40062 和扭矩扳手以 20N·m 力矩的沿箭头方向将右侧凸轮轴链轮预张紧，并保持预紧度（图 5-11-30）。

⑫ 拧紧螺栓 1 和 2（图 5-11-30）。

⑬ 拆下适配接头 T40062 和调整销 T40060。

⑭ 拧紧右侧凸轮轴链轮的其余螺栓。

⑮ 用适配接头 T40062 和扭矩扳手以 15N·m 力矩的沿箭头方向将左侧凸轮轴链轮预张紧，并保持预紧度（图 5-11-31）。

⑯ 拧紧螺栓 1 和 2（图 5-11-31）。

⑰ 拆下适配接头 T40062 和调整销 T40060。

⑱ 拧紧左侧凸轮轴链轮的其余螺栓。

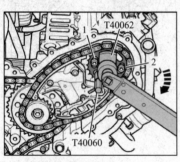 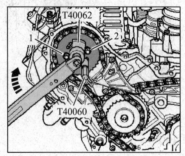 

图 5-11-30　　　　　　图 5-11-31　　　　　　图 5-11-32

⑲ 拆下固定螺栓 3242（图 5-11-20）。

（4）检查配气相位

小心：不能因凸轮轴正时链跳齿而损坏。只能沿发动机运转方向（箭头）转动曲轴（图 5-11-15）。

❶ 用扳手 T40049 转动曲轴两圈，直至曲轴即将重新位于"上止点"前（图 5-11-15）。

❷ 用 20N·m 的力矩转动固定螺栓 3242，使曲轴 1 停止转动并锁定（图 5-11-20）。

小心："上止点"位置如果不准确，则会产生调整误差；即使曲轴向外转动只是略微超出"上止点"，也必须首先往回转动曲轴约 10°，以使曲轴重新沿发动机运转方向转到"上止点"。

❸ 检查两个气缸盖的凸轮轴是否位于"上止点"位置。凸轮轴必须用调整销 T40060 锁定。调整销 T40060 的螺栓（箭头）必须垂直于气缸列 1（右侧，图 5-11-17）和气缸列 2（左侧，图 5-11-18）凸轮轴的中心轴线。

（5）修正配气相位

❶ 如果无法锁定一侧凸轮轴，将相关凸轮轴链轮的所有螺栓（箭头）松开约 1 圈（图 5-11-32）。

❷ 将适配接头 T40061 安装在螺栓松开后的螺栓头上（图 5-11-33）。

❸ 用适配接头 T40061 略微来回转动凸轮轴，直到可以装入调整销 T40060。

第五章 进口大众车系

❹ 调整销 T40060 的螺栓（箭头）必须垂直于凸轮轴的中心轴线（图 5-11-33）。

❺ 仍装有适配接头 T40061 并插入调整销 T40060 时，用约 5N·m 的力矩拧紧凸轮轴链轮螺栓。

❻ 拆下调整销 T40060 和适配接头 T40061。

❼ 最终拧紧凸轮轴链轮螺栓。

❽ 如有必要，对其他的气缸列重复此操作。

❾ 拆下固定螺栓 3242。

❿ 再次检查配气相位。

⓫ 后续安装以倒序进行，同时要注意以下几点。

a. 拧紧油底壳上半部分中"上止点"标记处的螺旋塞（图 5-11-19 中箭头）。

b. 安装正时链盖板。

c. 安装从动盘。

d. 加注发动机机油，并检查机油油位。

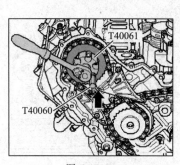

图 5-11-33

9. 从凸轮轴上拆下凸轮轴正时链

（1）必备的专用工具、检测仪器以及辅助工具

固定螺栓（3242）、适配接头（T40049）、调整销（T40060）、适配接头（T40061）、适配接头（T40062）如图 5-11-14 所示。

直径为 3.3mm 的钻头（2个）。

（2）拆卸步骤

❶ 已安装发动机和变速箱。

提示：如果只对一侧的气缸盖进行操作，仅需在待修理的气缸列调整配气相位。

❷ 排出冷却液。

❸ 拆卸前尾气催化净化器。

❹ 拆下真空泵。

❺ 拆下右后冷却液管。

❻ 拆卸左后冷却液管。

提示：为了更加直观明了，以图 5-11-34 所示为发动机拆下后从后面操作正时链的步骤。

❼ 旋出螺栓 1~4，并拆下正时链左侧盖板（图 5-11-34）。

❽ 旋出螺栓 1~4，并拆下正时链右侧盖板（图 5-11-35）。

❾ 按以下提示插入适配接头导向销 T40058（图 5-11-36）。

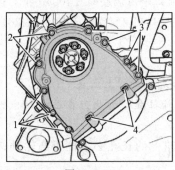

图 5-11-34

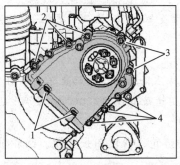

图 5-11-35

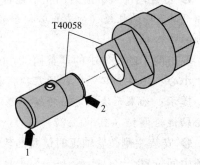

图 5-11-36

大直径侧（箭头 1）朝向发动机。小直径侧（箭头 2）朝向适配接头。

小心：不要因凸轮轴正时链跳齿而损坏；只能沿发动机运转方向（箭头）转动曲轴（图 5-11-37）。

❿ 用适配接头 T40058 转动曲轴至"上止点"位置（图 5-11-37）。

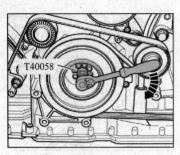

图 5-11-37

提示：

a. 调整销 T40060 有一处地方是扁平的（图 5-11-16 中 2），使凸轮轴和气缸盖的插孔稍微错开一点就可以轻松插入调整销。

b. 首先插入调整销，使螺栓 1 横向对着凸轮轴中轴线（图 5-11-16）。

c. 为了到达正确的"上止点"位置，螺栓 1 必须摆动 90°（箭头），使螺栓垂直于凸轮轴中轴线（图 5-11-16）。

⓫ 检查两个气缸盖的凸轮轴是否处于"上止点"位置。

凸轮轴必须用调整销 T40060 锁定。

调整销 T40060 的螺栓（箭头）必须垂直于气缸列 1（右侧，图 5-11-17）和气缸列 2（左侧，图 5-11-18）凸轮轴的中心轴线。

提示：将抹布置于油底壳上半部分下方，以便收集溢出的发动机机油。

⓬ 从油底壳上半部分旋出螺旋塞（箭头）（图 5-11-19）。

注意：用手指接触"上止点"孔时小心受伤；不要转动曲轴 1（图 5-11-20）。

⓭ 用 20N·m 的力矩将固定螺栓 3242 拧入孔中；必要时略微来回转动曲轴，以便完全对中螺栓。

⓮ 为了避免割伤，用绝缘带包裹直径为 3.3mm 钻头的尖头和刀刃。

⓯ 沿箭头方向压左侧凸轮轴正时链链条张紧器的张紧轨，并用直径为 3.3mm 的钻头 1 锁定链条张紧器（图 5-11-21）。

小心：可能会损坏发动机；为防止小件物体可能通过正时链箱开口而意外落入发动机，用干净的抹布盖住开口。

⓰ 拧下螺栓 3 并取下张紧轨（图 5-11-22）。

⓱ 拧下滑轨的螺栓 1 和凸轮轴链轮的螺栓 2（图 5-11-22）。

⓲ 取下凸轮轴链轮和滑轨。

⓳ 为了避免割伤，用绝缘带包裹直径为 3.3mm 钻头的尖头和刀刃。

⓴ 沿箭头方向压右侧凸轮轴正时链链条张紧器的滑轨，并用直径为 3.3mm 的钻头 1 锁定链条张紧器（图 5-11-23）。

㉑ 拧出链条张紧器螺栓 1 和凸轮轴链轮螺栓 2 和 3（图 5-11-24）。

㉒ 取下右侧凸轮轴链轮和链条张紧器。

(3) 安装步骤

❶ 将曲轴 1 用固定螺栓 3242 固定在"上止点"位置（图 5-11-20）。

提示：更换需要以一定角度拧紧的螺栓；更换"上止点"标记处的螺旋塞密封环。

小心：不要损坏气门和活塞顶；旋转凸轮轴时，曲轴上不得有任何活塞位于"上止点"位置。

❷ 检查两个气缸盖的凸轮轴是否位于"上止点"位置。注意：凸轮轴必须用调整销 T40060 锁定；调整销 T40060 的螺栓（箭头）必须垂直于气缸列 1（右侧，图 5-11-25）和气缸列 2（左侧，图 5-11-26）凸轮轴的中心轴线。

取出两个凸轮轴中的调整销 T40060。

小心：不要损坏气门和活塞顶；旋转凸轮轴时，曲轴上不得有任何活塞位于"上止点"位置。

提示：如果无法锁定凸轮轴，可以用适配接头 T40061 略微调整凸轮轴位置，为此应在凸轮轴中拧入凸轮轴链轮螺栓（图 5-11-27）。

❸ 安装左侧凸轮轴正时链及凸轮轴链轮、滑轨和张紧轨。凸轮轴链轮上的长孔必须位于凸轮轴螺纹孔的中间位置。

❹ 拧紧张紧轨和滑轨的螺栓 1 和 3（图 5-11-28）。拧入凸轮轴链轮的两个螺栓 2，但不要拧紧（图 5-11-28）。凸轮轴链轮必须仍然可以在凸轮轴上转动，但不得倾斜。

❺ 用调整销 T40060 锁定左侧凸轮轴。调整销 T40060 的螺栓（箭头）必须垂直于凸轮轴的中心轴线（图 5-11-28）。

❻ 将钻头 4 从定位孔中拔出，从而松开左侧链条张紧器（图 5-11-28）。

❼ 安装右侧凸轮轴正时链及凸轮轴链轮和链条张紧器。凸轮轴链轮上的长孔必须位于凸轮轴螺纹孔的中间位置。

❽ 拧紧链条张紧器螺栓1（图5-11-29）。拧入凸轮轴链轮的两个螺栓2，但不要拧紧（图5-11-29）。凸轮轴链轮必须仍然可以在凸轮轴上转动，但不得倾斜。

❾ 用调整销T40060锁定右侧凸轮轴。调整销T40060的螺栓（箭头）必须垂直于凸轮轴的中心轴线（图5-11-29）。

❿ 将钻头3从定位孔中拔出，从而松开右侧链条张紧器（图5-11-29）。

⓫ 用适配接头T40062和扭矩扳手以20N·m力矩的沿（箭头方向）将右侧凸轮轴链轮预张紧，并保持预紧度（图5-11-30）。

⓬ 拧紧螺栓1和2（图5-11-30）。

⓭ 拆下适配接头T40062和调整销T40060。

⓮ 拧紧右侧凸轮轴链轮的其余螺栓。

⓯ 用适配接头T40062和扭矩扳手以15N·m力矩的沿箭头方向将左侧凸轮轴链轮预张紧，并保持预紧度（图5-11-31）。

⓰ 拧紧螺栓1和2（图5-11-31）。

⓱ 拆下适配接头T40062和调整销T40060。

⓲ 拧紧左侧凸轮轴链轮的其余螺栓。

⓳ 拆下固定螺栓3242（图5-11-20）。

（4）检查配气相位

小心：不要因凸轮轴正时链跳齿而损坏。只能沿发动机运转方向（箭头）转动曲轴（图5-11-38）。

❶ 转动曲轴2圈，直至曲轴即将重新位于"上止点"前。

❷ 用20N·m的力矩转动固定螺栓3242，使曲轴1停止转动并锁定（图5-11-20）。

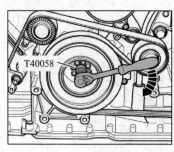

图5-11-38

小心："上止点"位置如果不准确，则会产生调整误差；即使曲轴向外转动只是略微超出"上止点"，也必须首先往回转动曲轴约10°，以使曲轴重新沿发动机运转方向转到"上止点"。

❸ 检查两个气缸盖的凸轮轴是否位于"上止点"位置。

凸轮轴必须用调整销T40060锁定。

调整销T40060的螺栓（箭头）必须垂直于气缸列1（右侧）凸轮轴的中心轴线（图5-11-17）。

❹ 调整销T40060的螺栓（箭头）必须垂直于气缸列2（左侧）凸轮轴的中心轴线（图5-11-28）。

（5）修正配气相位

❶ 如果无法锁定一侧凸轮轴，则将相关凸轮轴链轮的所有螺栓（箭头）松开约1圈（图5-11-32）。

❷ 将适配接头T40061安装在螺栓松开后的螺栓头上。

❸ 用适配接头T40061略微来回转动凸轮轴，直到可以装入调整销T40060。调整销T40060的螺栓（箭头）必须垂直于凸轮轴的中心轴线（图5-11-33）。

❹ 仍装有适配接头T40061并插入调整销T40060时，用约5N·m的力矩拧紧凸轮轴链轮螺栓。

❺ 拆下调整销T40060和适配接头T40061。

❻ 最终拧紧凸轮轴链轮螺栓。

❼ 如有必要，对其他的气缸列重复此操作。

❽ 拆下固定螺栓3242。

❾ 再次检查配气相位。

后续安装以倒序进行，同时要注意以下几点。

a. 拧紧油底壳上半部分中"上止点"标记处的螺旋塞（箭头）（图5-11-19）。

b. 安装正时链盖板。

第六章 凯迪拉克车系

一、2.0T LTG 发动机（2013～2018 年）

1. 适用车型

上海通用凯迪拉克 ATS-L、上海通用凯迪拉克 XTS、上海通用凯迪拉克 CT6、上海通用凯迪拉克 XT5、上海通用凯迪拉克 CT6 PLUG-IN（混合动力）、凯迪拉克 CTS、凯迪拉克 ATS。

2. 凸轮轴正时链和张紧器的拆卸

❶ 专用工具（EN-50837 正时链张紧器收缩工具）如图 6-1-1 所示。

❷ 拆下正时链上的导板螺栓 2、3（图 6-1-2）。

❸ 拆下正时链上的导板 1（图 6-1-2）。

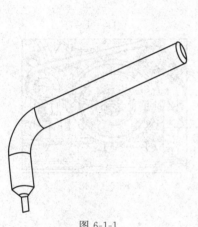
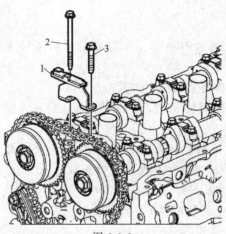
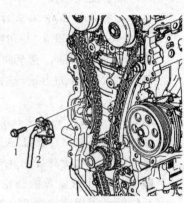

图 6-1-1　　　　图 6-1-2　　　　图 6-1-3

❹ 拆下正时链张紧器螺栓 1 和正时链张紧器 2（图 6-1-3）。

❺ 使用 EN-50837 固定工具压缩并锁定张紧器。

❻ 将 EN-50837 固定工具插入到杠杆臂中，并沿逆时针方向推动杠杆臂。

❼ 固定杠杆臂，同时压缩张紧器。

❽ 稍稍释放施加到杠杆和张紧器上的力，使张紧器伸长 3 个棘齿，然后固定到位。

❾ 使用 EN-50837 固定工具沿顺时针方向拉动杠杆，直到杠杆中的孔对准张紧器总成中的孔。推动 EN-50837 固定工具，使其尖端穿过杠杆并插入到张紧器总成中。

❿ 拆下正时链张紧器枢轴臂螺栓 1（图 6-1-4）。

⓫ 拆下正时链张紧器枢轴臂 2（图 6-1-4）。

⓬ 拆下正时链导板螺栓 1（图 6-1-5）。

⓭ 拆下正时链导板 2（图 6-1-5）。

⓮ 拆下正时链 1（图 6-1-6）。

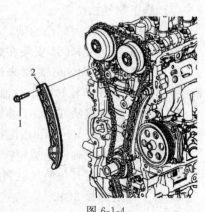

图 6-1-4

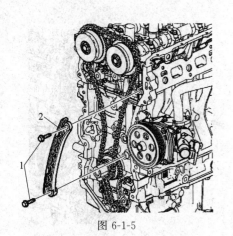
图 6-1-5

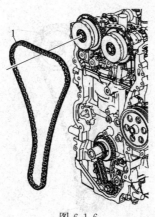
图 6-1-6

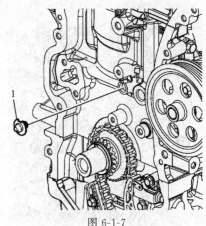
图 6-1-7

❺ 拆下正时链机油喷嘴 1（图 6-1-7）。

3. 凸轮轴正时链和张紧器的安装

❶ 专用工具。

a. EN-45059 角度测量仪（图 6-1-8）；b. EN-50837 正时链张紧器收缩工具（图 6-1-9）。

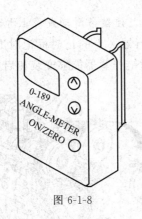
图 6-1-8

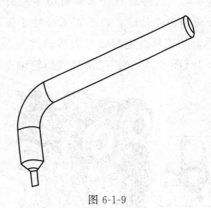
图 6-1-9

注意：确保正时链机油喷嘴转动时槽口向上，并且喷嘴对准发动机气缸体上的凸舌。

❷ 安装正时链机油喷嘴 1（图 6-1-10）。

注意：正时链条上有三节彩色链节。颜色相同的两节链节对准执行器上的正时标记。唯一颜色的正时链节对准曲轴链轮上的正时标记。定位链条，使彩色链节可见。

❸ 将正时链包绕到进气和排气凸轮轴执行器上，同时将相同颜色的其中一节正时链节 2 对准凸轮轴执行器 3 上的正时标记（图 6-1-11）。

注意：进气执行器所对应的相同颜色链节在最初时将不对准进气执行器正时标记，唯一颜色的正时链节也不对准曲轴链轮正时标记。

❹ 确保曲轴上的键处于 12 点钟位置。将曲轴链包绕到曲轴链轮上。

注意：在安装导板螺栓并进行最终紧固前进行正时。

❺ 安装正时链导板 2 和上部螺栓 1，并仅用手拧紧（图 6-1-12）。

❻ 安装正时链张紧器。

❼ 安装枢轴臂 3 并用手拧紧（图 6-1-12）。

❽ 使用适合的工具沿逆时针方向转动曲轴，使曲轴链轮 1 上的正时标记对准唯一颜色的正时链节 2（图 6-1-13）。

注意：

a. 需要连续沿逆时针方向转动曲轴，以保持正时对准。

b. 确保排气凸轮轴执行器上的标记始终对准相应的相同颜色正时标记。

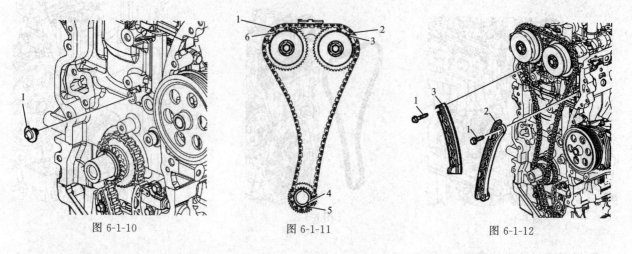

图6-1-10　　　　　　图6-1-11　　　　　　图6-1-12

❾ 将固定正时链导板的下端旋转到安装位置，并安装下部螺栓3（图6-1-13）。
❿ 将正时链导板上、下部螺栓紧固至25N·m。
注意：
a. 已完成了排气凸轮轴执行器和曲轴链轮的正时。
b. 逆时针旋转凸轮轴时，用手在正时链导板之间施加或释放压力，使链条滑动或停止滑动。
⓫ 使用适合的工具沿逆时针方向转动进气凸轮轴，直到进气执行器2上的正时标记对准相应的相同颜色正时链节1（图6-1-14）。保持进气凸轮轴上的张紧力，直到正时链张紧器能够安装和启用。

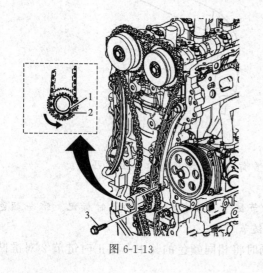
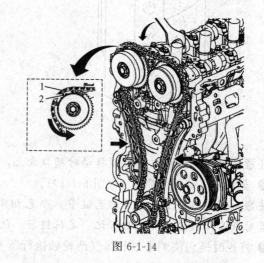

图6-1-13　　　　　　　　　　　　　图6-1-14

注意：安装前，确保安装了EN-50837收缩工具，并且张紧器锁定在压缩状态。
⓬ 保持进气凸轮轴执行器的定时对准，同时安装正时链张紧器2和螺栓1，并紧固至25N·m（图6-1-15）。
⓭ 将枢轴臂螺栓拧紧至25N·m。
⓮ 拆下EN-50837收缩工具（图6-1-9）。
⓯ 确认正时链上的正时链节正确对准正时标记。
⓰ 相同颜色的正时链节1、2对准凸轮轴执行器6、3上相应的正时标记（图6-1-11）。
⓱ 唯一颜色的正时链节5对准曲轴链轮4上的正时标记（图6-1-11）。
⓲ 否则，重复必要的部分程序以对准正时标记。
⓳ 安装正时链导板1和螺栓2、3，并用手拧紧（图6-1-16）。
⓴ 按顺序分两遍将凸轮轴前盖螺栓紧固至10N·m。
注意：转动曲轴将使张紧器啮合，使正时链收紧。

第六章　凯迪拉克车系　419

㉑ 沿顺时针方向轻微转动曲轴。如果正时链在执行器上跳齿，则重复执行程序，对准正时标记（图 6-1-17）。

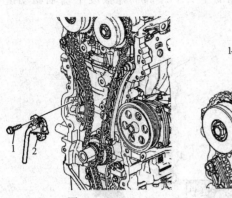
图 6-1-15

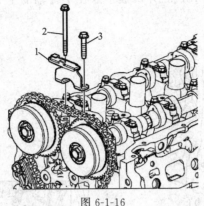
图 6-1-16

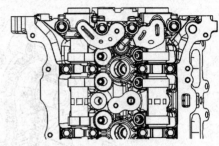
图 6-1-17

注意：由于沿顺时针方向进行了轻微旋转，所有链条标记可能都比执行器和链轮标记稍稍提前，因此也需要对准。

㉒ 确认平衡链条上的正时链节正确对准正时标记。
㉓ 正时链节 1 对准曲轴链轮 2 上的正时标记（图 6-1-18）。
㉔ 相邻正时链节 4 对准平衡轴驱动链轮上的两个正时标记 3（图 6-1-18）。
㉕ 确认正时链上的正时链节正确对准正时标记。
㉖ 相同颜色的正时链节 1、2 对准凸轮轴执行器 6、3 上相应的正时标记（图 6-1-11）。
㉗ 唯一颜色的正时链节 5 对准曲轴链轮 4 上的正时标记（图 6-1-11）。
㉘ 否则，重复必要的部分程序以对准正时标记。

4. 平衡链条、链轮和张紧器的拆卸

❶ 专用工具（EN-50837 正时链张紧器收缩工具）如图 6-1-19 所示。
❷ 拆下平衡链张紧器螺栓 1（图 6-1-20）。
❸ 拆下平衡链张紧器 2（图 6-1-20）。

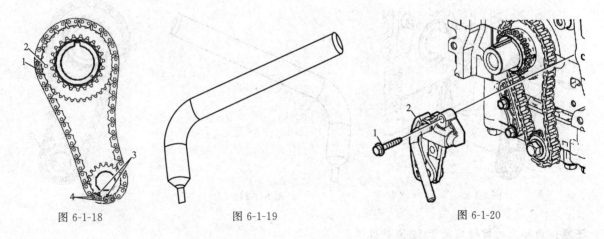

图 6-1-18　　　　　图 6-1-19　　　　　图 6-1-20

❹ 使用 EN-50837 固定工具压缩并锁定张紧器。
❺ 将 EN-50837 固定工具插入到杠杆臂中，并沿逆时针方向推动杠杆臂。
❻ 固定杠杆臂，同时压缩张紧器。
❼ 稍稍释放施加到杠杆和张紧器上的力，使张紧器伸长 3 个棘齿，然后固定到位。
❽ 使用 EN-50837 固定工具沿顺时针方向拉动杠杆，直到杠杆中的孔对准张紧器总成中的孔。推动 EN-50837 固定工具，使其尖端穿过杠杆并插入到张紧器总成中。

❾ 拆下平衡链导板螺栓1（图6-1-21）。

❿ 拆下平衡链导板2（图6-1-21）。

⓫ 在松开平衡轴链轮螺栓时，使用18mm开口扳手卡在平衡轴的平头上。拆下并报废平衡轴驱动链轮螺栓1（图6-1-22）。

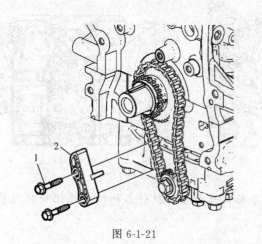
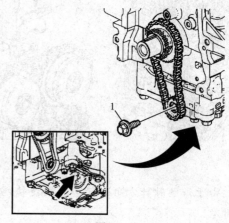

图6-1-21　　　　　　　　　　图6-1-22

⓬ 拆下曲轴键1（图6-1-23）。

⓭ 同时拆下曲轴链轮、平衡轴驱动链轮和平衡链条2（图6-1-23）。

5. 平衡链条、链轮和张紧器的安装

❶ 专用工具（EN-50837 正时链张紧器收缩工具）如图6-1-24所示。

注意：在将链轮和链条同时安装到曲轴上时，必须正确设置，以确保正确正时。正时链节为热处理蓝皮钢。

❷ 组装曲轴链轮、平衡轴驱动链轮和平衡链条。确保正时链节1对准曲轴链轮上的正时标记2。确保平衡轴驱动链轮上的两个正时齿3正对正时链节4（图6-1-25）。

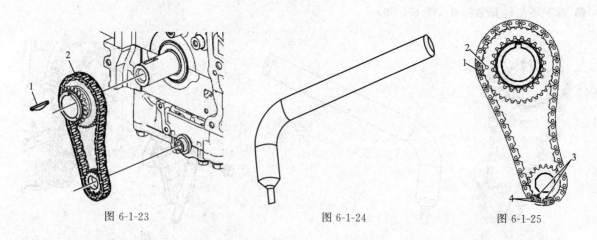

图6-1-23　　　　　　　图6-1-24　　　　　　　图6-1-25

注意：曲轴上的键槽应处于12点钟位置。

❸ 将链轮和链条2作为一个总成安装到曲轴及平衡轴总成上（图6-1-23）。

❹ 安装曲轴键1（图6-1-23）。

❺ 确保正时链节1对准曲轴链轮正时标记2，相邻正时链节4对准平衡轴驱动链轮上的两个正时标记3（图6-1-25）。

告诫：该车辆装备有屈服力矩型或一次性紧固件。安装此部件时，使用新的屈服力矩型或一次性紧固件。不更换屈服力矩型或一次性紧固件可能会导致车辆或部件损坏。

第六章 凯迪拉克车系

❻ 安装新的平衡轴驱动链轮螺栓1（图6-1-26）。在将平衡轴链轮螺栓紧固至规定值时，使用18mm开口扳手卡在平衡轴的平头上。将平衡轴驱动链轮螺栓紧固至40N·m再加50°。

注意：确保导板的安装方位正确。长端必须指向曲轴，平边必须靠近平衡链条。

❼ 安装平衡链条导板2（图6-1-27）。

❽ 安装平衡链条导板螺栓1。将螺栓紧固至10N·m（图6-1-27）。

❾ 安装平衡链条张紧器2（图6-1-28）。

❿ 安装平衡链条张紧器螺栓1。将螺栓紧固至10N·m（图6-1-28）。

⓫ 拆下EN-50837固定工具，恢复平衡链条的张紧力。

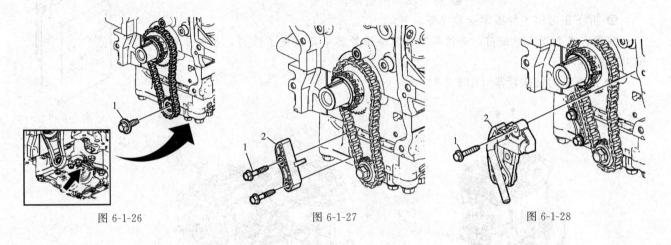

图6-1-26　　　　　图6-1-27　　　　　图6-1-28

二、2.0T LNF发动机（2011～2012年）

1. 适用车型

凯迪拉克SLS（赛威）。

2. 正时链和部件（图6-2-1）

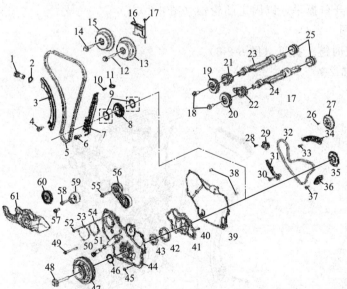

图6-2-1

1—正时链张紧器；2—正时链张紧器密封件；3—可调正时链导板；4—可调正时链导板螺栓；5—正时链；6—固定式正时链导板螺栓；7—固定式正时链导板；8—正时链传动链轮；9—摩擦垫圈（部分车型）；10—正时链机油喷嘴螺栓；11—正时链机油喷嘴；12—进气凸轮轴位置执行器螺栓；13—进气凸轮轴位置执行器；14—排气凸轮轴位置执行器螺栓；15—排气凸轮轴位置执行器；16—正时链上导板；17—正时链上导板螺栓；18—平衡轴传动链轮螺栓；19—排气平衡轴传动链轮；20—进气平衡轴传动链轮；21—排气平衡轴轴承托架；22—进气平衡轴轴承托架；23—排气平衡轴；24—进气平衡轴；25—平衡轴后轴承；26—水泵传动链轮螺栓；27—水泵传动链轮；28—平衡轴传动链条张紧器总成螺栓；29—平衡轴传动链条张紧器总成；30—可调节平衡轴传动链条导板螺栓；31—可调节平衡轴传动链条导板；32—平衡轴传动链条；33，37—平衡轴传动链条导板螺栓；34，36—平衡轴传动链条导板；35—平衡轴传动链轮；38—发动机前盖定位销；39—发动机前盖衬垫；40—机油泵盖螺栓；41—机油泵盖；42—机油泵齿轮；43—机油泵内转子；44—发动机前盖；45，49—发动机前盖螺栓；46—曲轴前油封；47—曲轴平衡器；48—曲轴平衡器螺栓；50—机油减压阀；51—机油减压阀O形圈；52—水泵链轮检修盖螺栓；53—水泵链轮检修盖；54—水泵链轮检修盖衬垫；55，57—皮带张紧器螺栓；56—皮带张紧器；58—皮带张紧器皮带轮螺栓；59—皮带张紧器皮带轮；60—动力转向泵皮带轮；61—动力转向泵支架

3. 凸轮轴正时链、链轮和张紧器的更换

(1) 专用工具

a. J-45027 张紧器工具（图 6-2-2）；b. J-45059 角度测量仪（图 6-2-3）。

(2) 拆卸步骤

❶ 拆下发动机舱盖（图 6-2-4）。

❷ 拆下气缸 1 火花塞（图 6-2-4）。

❸ 沿发动机旋转方向旋转曲轴，直至活塞 1 位于排气行程上止点（TDC）。

❹ 拆下凸轮轴盖。

❺ 拆下发动机前盖。

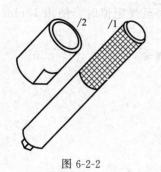

图 6-2-2

❻ 拆下正时链上导板螺栓和导板。

注意：在拆下正时链前，必须拆下正时链张紧器来释放链条张力，否则正时链将翘起且很难拆卸。

❼ 拆下正时链张紧器（图 6-2-5）。

图 6-2-3

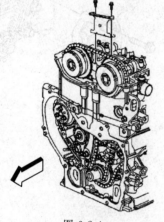

图 6-2-4

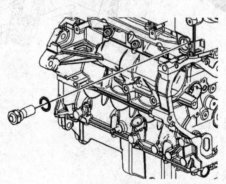

图 6-2-5

❽ 在排气凸轮轴六角头处安装一个 24mm 开口扳手，以固定凸轮轴（图 6-2-6）。

❾ 拆下并报废排气凸轮轴执行器螺栓 2（图 6-2-6）。

❿ 将排气凸轮轴执行器 1、3 从凸轮轴和正时链上拆下（图 6-2-6）。

⓫ 拆下正时链张紧器导板螺栓和导板（图 6-2-7）。

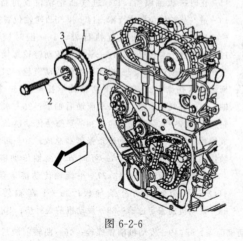

图 6-2-6

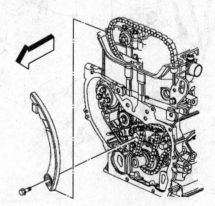

图 6-2-7

⓬ 拆下固定正时链导板检修孔塞（图 6-2-8）。

⓭ 拆下固定正时链导板螺栓和导板（图 6-2-9）。

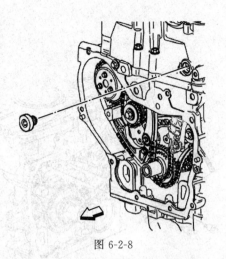

图 6-2-8

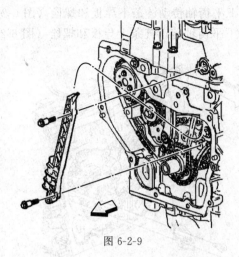

图 6-2-9

⓮ 在进气凸轮轴六角头处安装一个 24mm 开口扳手，以固定凸轮轴（图 6-2-10）。

⓯ 拆下并报废进气凸轮轴执行器螺栓 1（图 6-2-10）。

⓰ 通过气缸盖顶部，拆下进气凸轮轴执行器 2 和正时链 3（图 6-2-10）。

⓱ 拆下摩擦垫圈 1（图 6-2-11）。

⓲ 拆下曲轴链轮 2（图 6-2-11）。

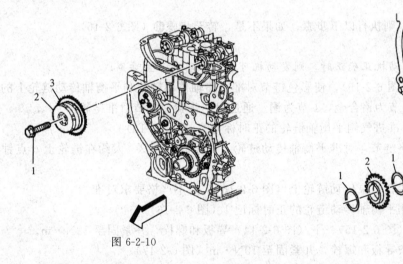

图 6-2-10

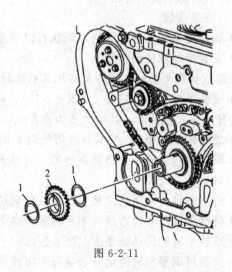

图 6-2-11

⓳ 如果是更换平衡轴正时链和链轮，则执行以下步骤；如果不是，则转至安装程序。

a. 拆下平衡轴传动链条张紧器螺栓和张紧器（图 6-2-12）。

b. 拆下可调节平衡轴链条导板螺栓和导板（图 6-2-13）。

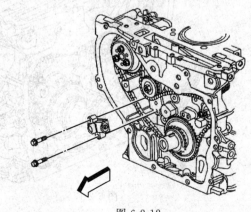

图 6-2-12

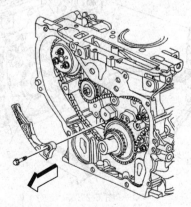

图 6-2-13

c. 拆下平衡轴传动链条下导板和螺栓（图6-2-14）。

d. 拆下平衡轴传动链条上导板和螺栓（图6-2-15）。

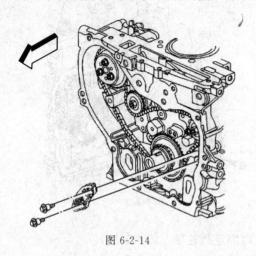

图6-2-14

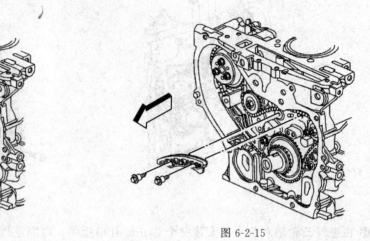

图6-2-15

注意：可以方便地拆下平衡轴传动链条，以便曲轴和水泵链轮之间的链条尽可能松弛。

e. 拆下平衡轴传动链条7（图6-2-16）。

f. 拆下平衡轴传动链轮。

（3）安装步骤

❶ 如果更换平衡轴正时链，则执行以下步骤；如果不是，转至步骤❿（图6-2-16）。

❷ 安装平衡轴传动链轮。

注意：如果平衡轴不能与发动机正确正时，则发动机可能会振动或产生噪声。

❸ 安装平衡轴传动链条7（图6-2-16），使彩色链节对准平衡轴传动链轮和平衡轴传动链轮上的标记。链条上有3节彩色链节，其中2节为铬合金，1节为铜。通过以下步骤使链节对准链轮。

❹ 放好铜制链节5，使其对准进气侧平衡轴链轮的正时标记2（图6-2-16）。

❺ 顺时针包绕链条，将镀铬链节4对准平衡轴传动链轮上的正时标记3（大约在链轮上6点钟位置）（图6-2-16）。

❻ 将平衡轴传动链条7放置在水泵传动链轮上（图6-2-16），并不严格要求对准。

❼ 将镀铬链节6对准排气侧平衡轴传动链轮的正时标记1（图6-2-16）。

❽ 安装平衡轴传动链条上（图6-2-15）、下（图6-2-14）导板和螺栓，并紧固至12N·m。

❾ 安装可调平衡轴传动链条导板和螺栓，并紧固至10N·m（图6-2-17）。

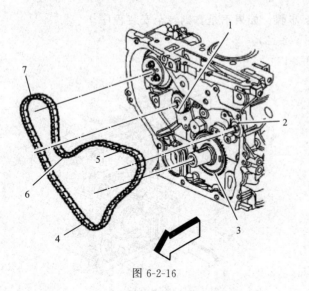

图6-2-16

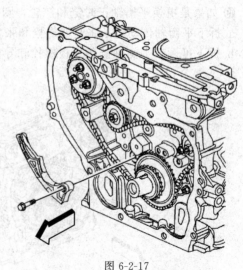

图6-2-17

⑩ 执行以下步骤,重置正时链张紧器。
  a. 在孔中将张紧器柱塞旋转90°,并压缩柱塞。
  b. 将张紧器旋转回初始的12点钟位置,并将回形针通过柱塞体中的孔插入张紧器柱塞中的孔内。
  c. 安装平衡轴传动链条张紧器和螺栓,并紧固至10N·m(图6-2-18)。
  d. 将回形针从平衡轴传动链条张紧器上拆下。
⑪ 确保进气凸轮轴槽口位于5点钟位置2,并且排气凸轮轴槽口位于7点钟位置1(图6-2-19)。活塞1应位于上止点(TDC)位置,曲轴键位于12点钟位置。

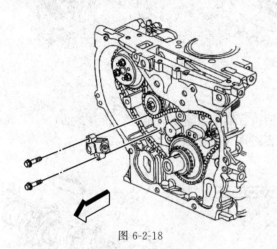
图 6-2-18

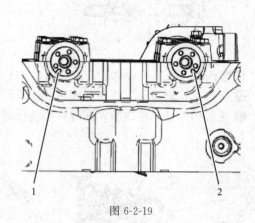
图 6-2-19

⑫ 安装摩擦垫圈(如装备)。
⑬ 将正时链传动链轮安装至曲轴,使正时标记在5点钟位置,且链轮前部朝外(图6-2-20)。
注意:正时链上有3节彩色链节,其中2节链节为匹配色,1节链节是特殊颜色。执行以下程序使链节对准执行器。定位链条,使彩色链节可见。务必使用新的执行器螺栓。
⑭ 正时标记对准有特殊颜色的链节1,将进气凸轮轴执行器装配到正时链上(图6-2-21)。

图 6-2-20

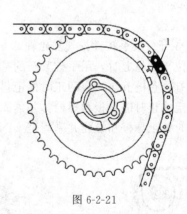
图 6-2-21

⑮ 降下正时链,穿过气缸盖的开口。小心并确保链条围绕在气缸体凸台1、2的两侧(图6-2-22)。
⑯ 定位销对准凸轮轴槽,同时将进气凸轮轴执行器安装在进气凸轮轴上。
⑰ 用手拧紧新的进气凸轮轴执行器螺栓。
⑱ 将正时链包绕在曲轴链轮上,将第一节相同颜色的链节对准曲轴链轮上的正时标记,大约在5点钟位置(图6-2-23),并安装摩擦垫圈(如装备)。
⑲ 顺时针转动曲轴以消除所有链条间隙。切勿转动进气凸轮轴。
⑳ 将可调正时链导板向下安装穿过气缸盖的开口,并安装可调正时链螺栓。将螺栓紧固至10N·m(图6-2-24)。

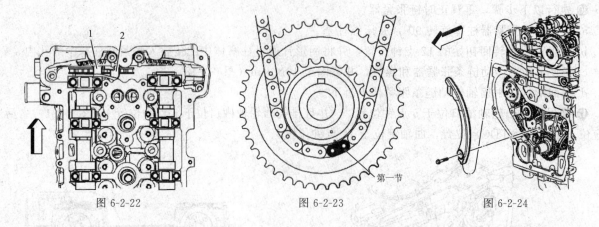

图 6-2-22　　　　　　　图 6-2-23　　　　　　　图 6-2-24

注意： 务必安装新的执行器螺栓（图 6-2-25）。

㉑ 正时标记对准第二节相同颜色的链节，将排气凸轮轴执行器安装至正时链上（图 6-2-26）。

㉒ 定位销对准凸轮轴槽，同时将排气凸轮轴执行器安装到排气凸轮轴上（图 6-2-27）。

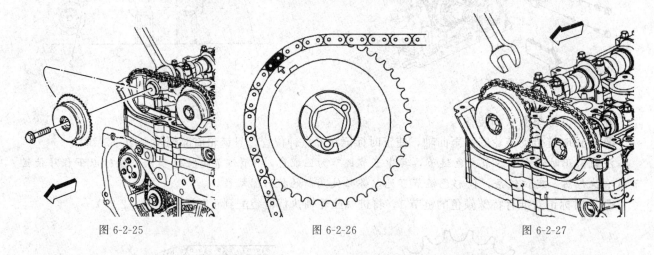

图 6-2-25　　　　　　　图 6-2-26　　　　　　　图 6-2-27

㉓ 用 23mm 开口扳手转动排气凸轮轴约 45°，直至凸轮轴执行器中的定位销进入凸轮轴槽。

㉔ 执行器位于凸轮上时，用手拧紧新的排气凸轮轴执行器螺栓（图 6-2-28）。

㉕ 确认所有彩色链节与相应的正时标记仍对准。否则，应重复该部分程序以对准正时标记。

㉖ 安装固定式正时链导板和螺栓，并紧固至 12N·m（图 6-2-29）。

㉗ 安装正时链上导板和螺栓并紧固至 10N·m（图 6-2-30）。

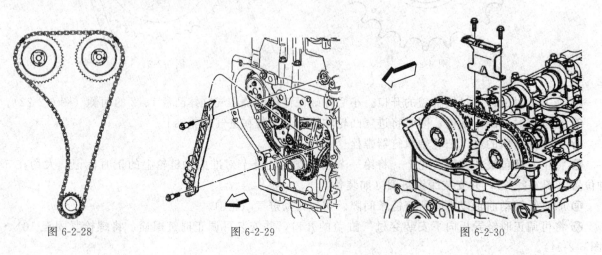

图 6-2-28　　　　　　　图 6-2-29　　　　　　　图 6-2-30

㉘ 执行以下步骤，重置正时链张紧器（图 6-2-31）。

a. 拆下卡环。

b. 将活塞总成从正时链张紧器主体上拆下。

c. 将 J 45027/2（2）安装到台钳中。

d. 将活塞总成的缺口端安装至 J 45027/2（2）。

e. 使用 J 45027/1（1）将棘爪气缸转入活塞内。

f. 将活塞总成重新安装至张紧器主体内。

g. 安装卡环。

㉙ 检查正时链张紧器密封件是否损坏。如有损坏，则更换密封件。

㉚ 检查并确保所有的污物和碎屑都已从气缸盖的正时链张紧器螺纹孔中清除。

注意：在整个拧紧过程中，确保正时链张紧器密封件居中，以避免机油泄漏。

㉛ 安装正时链张紧器总成。

㉜ 将正时链张紧器紧固至 75N·m（图 6-2-32）。

㉝ 压缩 2mm 以松开正时链张紧器，这将释放棘爪中的锁紧机构。使用端部带有橡胶的合适工具，松开正时链张紧器。将工具向下穿入凸轮传动腔并置于凸轮链条上，然后对角向下剧烈晃动，以松开张紧器。

㉞ 使用 23mm 扳手夹紧进气和排气凸轮轴上的六角头（图 6-2-33），并用扭矩扳手将凸轮轴执行器螺栓紧固至 30N·m，用 J 45059 再继续紧固 100°。

㉟ 安装正时链机油喷嘴，并将正时链机油喷嘴螺栓紧固至 10N·m（图 6-2-34）。

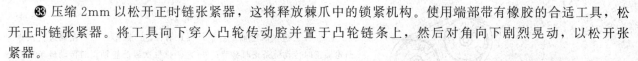

图 6-2-31

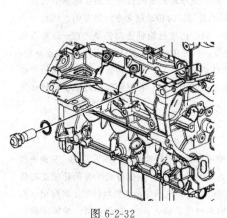

图 6-2-32

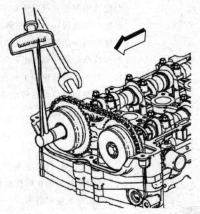

图 6-2-33

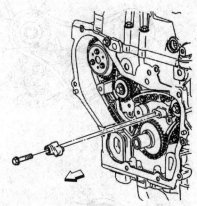

图 6-2-34

㊱ 将密封胶涂抹在正时链导板螺栓检修孔塞的螺纹上。

㊲ 安装正时链导板螺栓检修孔塞并紧固至 90N·m（图 6-2-35）。

㊳ 安装发动机前盖。

㊴ 安装凸轮轴盖。

㊵ 安装气缸 1 火花塞。

㊶ 安装发动机舱盖。

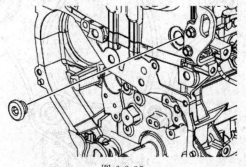

图 6-2-35

三、3.0L LFW V6 发动机（2012～2015 年）

1. 适用车型

凯迪拉克 SRX、凯迪拉克 CTS。

2. 正时链定位图（图6-3-1～图6-3-3）

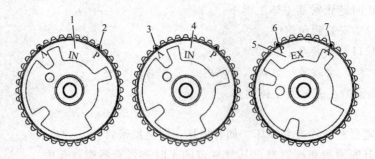

图6-3-1

1—右侧进气凸轮轴位置执行器识别符；2—右侧（R）进气凸轮轴位置执行器正时标记（三角形）；3—左侧（L）进气凸轮轴位置执行器正时标记（圆形）；4—左侧进气凸轮轴位置执行器识别符；5—排气凸轮轴位置执行器识别符；6—右侧（R）排气凸轮轴位置执行器正时标记（三角形）；7—左侧（L）排气凸轮轴位置执行器正时标记（圆形）

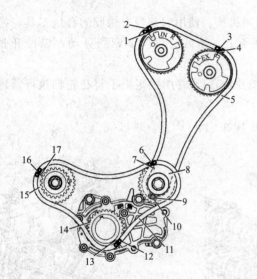

图6-3-2

1—左侧（L）进气凸轮轴位置执行器正时标记（圆形）；2—左侧进气次级凸轮轴正时传动链条正时链节；3—左侧排气次级凸轮轴正时传动链条正时链节；4—左侧（L）排气凸轮轴位置执行器正时标记（圆形）；5—左侧次级凸轮轴正时传动链条；6—左侧初级凸轮轴中间传动链条链轮的初级凸轮轴传动链条正时链节；7—初级凸轮轴传动链条的左侧初级凸轮轴中间传动链条链轮正时标记；8—左侧初级凸轮轴中间传动链条链轮；9—左侧初级凸轮轴中间传动链条链轮的左侧次级凸轮轴正时传动链条正时链节（位于链轮中的孔后）；10—左侧次级凸轮轴正时传动链条正时链节的左侧初级凸轮轴中间传动链条链轮正时窗；11—初级凸轮轴传动链条；12—曲轴链轮的初级凸轮轴传动链条正时链节；13—曲轴链轮正时标记；14—曲轴链轮；15—右侧初级凸轮轴中间传动链条链轮；16—右侧初级凸轮轴中间传动链条链轮的初级凸轮轴传动链条正时链节；17—右侧初级凸轮轴中间传动链条链轮正时标记

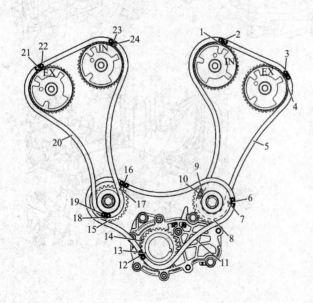

图6-3-3

1—左侧（L）进气凸轮轴位置执行器正时标记（圆形）；2—左侧进气次级凸轮轴正时传动链条正时链节；3—左侧排气次级凸轮轴正时传动链条正时链节；4—左侧（L）排气凸轮轴位置执行器正时标记（圆形）；5—左侧次级凸轮轴正时传动链条；6—左侧初级凸轮轴中间传动链条链轮的初级凸轮轴传动链条正时链节；7—初级凸轮轴传动链条的左侧初级凸轮轴中间传动链条链轮正时标记；8—左侧初级凸轮轴中间传动链条链轮；9—左侧初级凸轮轴中间传动链条链轮的左侧次级凸轮轴正时传动链条正时链节（位于链轮中的孔后）；10—左侧初级凸轮轴中间传动链条链轮正时窗；11—初级凸轮轴传动链条；12—曲轴链轮的初级凸轮轴传动链条正时链节；13—曲轴链轮正时标记；14—曲轴链轮；15—右侧初级凸轮轴中间传动链条链轮；16—右侧初级凸轮轴中间传动链条链轮的初级凸轮轴传动链条正时链节；17—初级凸轮轴传动链条的右侧初级凸轮轴中间传动链条链轮正时标记；18—右侧次级凸轮轴正时传动链条的右侧初级凸轮轴中间传动链条链轮正时窗；19—右侧初级凸轮轴中间传动链条链轮的右侧次级凸轮轴正时传动链条正时链节；20—右侧次级凸轮轴正时传动链条；21—右侧（R）排气凸轮轴位置执行器正时标记（三角形）；22—右侧排气次级凸轮轴正时传动链条正时链节；23—右侧进气次级凸轮轴正时传动链条正时链节；24—右侧（R）进气凸轮轴位置执行器正时标记（三角形）

3. 凸轮轴正时链部件的拆卸

（1）左侧次级凸轮轴传动链条部件的拆卸（图6-3-4）

（2）初级凸轮轴传动链条部件的拆卸（图6-3-5）

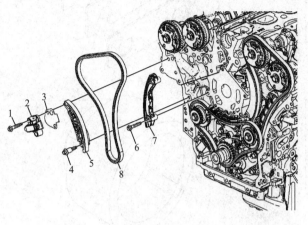 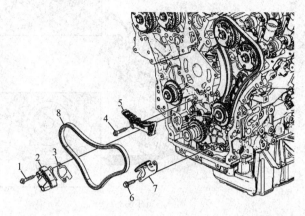

图6-3-4

1—右侧次级凸轮轴传动链条张紧器螺栓；2—右侧次级凸轮轴传动链条张紧器；3—右侧次级凸轮轴传动链条张紧器衬垫（注意：废弃衬垫）；4—右侧次级凸轮轴传动链条支撑板螺栓；5—右侧次级凸轮轴传动链条支撑板；6—右侧次级凸轮轴传动链条导板螺栓；7—右侧次级凸轮轴传动链条导板；8—右侧次级凸轮轴传动链条

图6-3-5

1—初级凸轮轴传动链条张紧器螺栓；2—初级凸轮轴传动链条张紧器；3—初级凸轮轴传动链条张紧器衬垫（注意：废弃衬垫）；4—初级凸轮轴传动链条上导板螺栓；5—初级凸轮轴传动链条上导板；6—初级凸轮轴传动链条下导板螺栓；7—初级凸轮轴传动链条下导板；8—初级凸轮轴传动链条

（3）左侧次级凸轮轴传动链条部件的拆卸（图6-3-6）

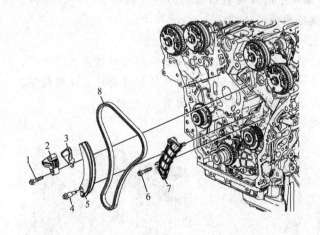

图6-3-6

1—左侧次级凸轮轴传动链条张紧器螺栓；2—左侧次级凸轮轴传动链条张紧器；3—左侧次级凸轮轴传动链条张紧器衬垫（注意：废弃衬垫）；4—左侧次级凸轮轴传动链条支撑板螺栓；5—左侧次级凸轮轴传动链条支撑板；6—左侧次级凸轮轴传动链条导板螺栓；7—左侧次级凸轮轴传动链条导板；8—左侧次级凸轮轴传动链条

4. 凸轮轴正时链部件的安装

（1）左侧次级凸轮轴中间传动链条的安装（图6-3-7）

专用工具：凸轮轴固定工具EN-48383（图6-3-8）；曲轴旋转座EN-48589（图6-3-9）。

注意：

❶ 凸轮轴的转动应该无需超过10°。利用凸轮轴中的六角头铸件转动凸轮轴，以安装凸轮轴固定工具EN-48383。

❷ 在安装任何凸轮轴传动链条前，所有的凸轮轴都必须锁定到位。

❸ 将凸轮轴固定工具EN-48383安装到左侧凸轮轴的后部。

❹ 确保凸轮轴固定工具EN-48383完全就位于凸轮轴上。

❺ 使用曲轴旋转座EN-48589，确保曲轴在第一阶段正时位置时，曲轴链轮正时标记3对准机油泵盖上的第一阶段正时标记4（图6-3-7）。

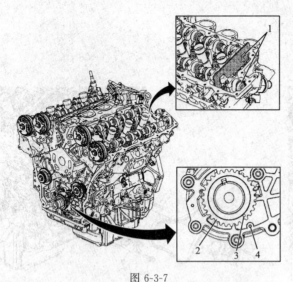

图 6-3-7

1—左侧进气和排气凸轮轴；2—曲轴链轮；3—曲轴链轮正时标记；4—机油泵盖上的第一阶段正时标记

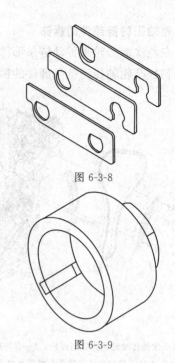

图 6-3-8

图 6-3-9

(2) 左侧次级凸轮轴中间传动链条的安装（图 6-3-10）

注意：确保在执行该步骤时使用了左侧（L）凸轮轴位置执行器链轮的圆形定位标记。

注意：

❶ 一旦将下部正时链节对准后，可以使用一个小平口起子穿过惰轮链轮的对准检修孔，这有助于使传动链条保持到位。

❷ 将左侧次级凸轮轴传动链条套在左侧凸轮轴中间传动链条惰轮的内侧链轮上，使凸轮轴传动链条正时 2 对准左侧凸轮轴中间传动链条惰轮外侧链轮中的检修孔 3。

❸ 将次级凸轮轴传动链条套在两个左侧（L）执行器传动链轮上。

❹ 将左侧（L）进气凸轮轴位置执行器链轮的圆形定位标记 5 对准凸轮轴传动链条正时链节。

❺ 将左侧（L）排气凸轮轴位置执行器链轮的圆形定位标记 6 对准凸轮轴传动链条正时链节。

❻ 对准后，确保左侧（L）凸轮轴位置执行器链轮的正时标记之间有 10 个链节 4。

(3) 左侧次级凸轮轴传动链条导板和支撑板的安装（图 6-3-11）

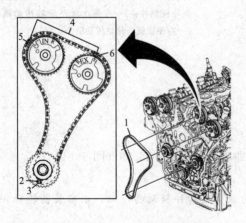

图 6-3-10

1—左侧次级凸轮轴传动链条；2—凸轮轴传动链条正时；3—对准检修孔；4—左侧（L）凸轮轴位置执行器链轮正时标记之间的 10 个链节；5—左侧（L）进气凸轮轴位置执行器链轮的圆形定位标记；6—左侧（L）排气凸轮轴位置执行器链轮的圆形定位标记

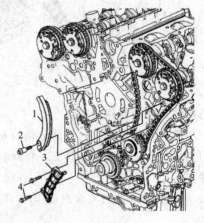

图 6-3-11

1—左侧次级凸轮轴传动链条支撑板；2—左侧次级凸轮轴传动链条支撑板螺栓（紧固 25N·m）；3—左侧次级凸轮轴传动链条导板；4—左侧次级凸轮轴传动链条导板螺栓（紧固 25N·m）

(4) 左侧次级凸轮轴传动链条张紧器的安装（图6-3-12）

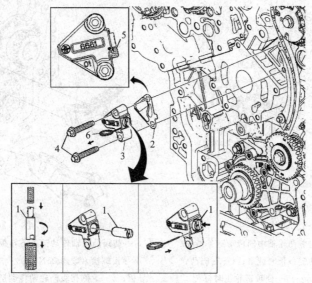

图 6-3-12

1—左侧次级凸轮轴传动链条张紧器柱塞；2—左侧次级凸轮轴传动链条张紧器衬垫；3—左侧次级凸轮轴传动链条张紧器；
4—左侧次级凸轮轴传动链条张紧器螺栓；5—传动链条张紧器衬垫凸舌；6—EN-46112活塞销

专用工具：张紧器工具EN-45027（图6-3-13）；张紧器收紧销EN-46112（图6-3-14）。

❶ 使用张紧器工具EN-45027重新设置左侧次级凸轮轴传动链条张紧器柱塞。

❷ 将左侧次级凸轮轴传动链条张紧器柱塞安装到张紧器体中。

❸ 将柱塞压进张紧器体，把张紧器收紧销EN-46112插入左侧次级凸轮轴传动链条张紧器体侧面的检修孔中，使左侧次级凸轮轴传动链条张紧器锁止。

❹ 缓慢地卸去左侧次级凸轮轴传动链条张紧器的压力。左侧次级凸轮轴传动链条张紧器应保持压缩状态。

注意：确保左气缸盖上的左侧次级凸轮轴传动链条张紧器安装面上没有毛刺或瑕疵，否则可能会降低新的左侧次级凸轮轴传动链条张紧器衬垫的密封性能。

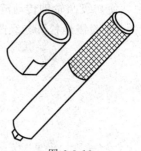

图 6-3-13

❺ 将链条张紧器放置到位，然后松弛地将螺栓安装到气缸体上。

❻ 确认传动链条张紧器衬垫凸舌位置正确。

❼ 分两遍紧固传动链条张紧器螺栓。

❽ 在释放传动链条张紧器之前，确认正时标记处于正确位置。

❾ 拉出张紧器收紧销EN-46112并松开张紧器柱塞，使传动链条张紧器释放。

❿ 确认左侧次级凸轮轴传动链条正时标记对准。

紧固：第一遍紧固至5N·m；第二遍紧固至25N·m。

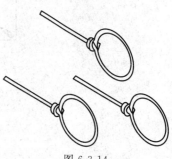

图 6-3-14

(5) 初级凸轮轴中间传动链条的安装（图6-3-15）

❶ 将初级凸轮轴传动链条套在各凸轮轴中间传动链条惰轮的大链轮和曲轴链轮上。

❷ 左侧凸轮轴中间传动链条惰轮正时标记2应对准凸轮轴传动链条正时链节3。

❸ 右侧凸轮轴中间传动链条惰轮正时标记4应对准凸轮轴传动链条正时链节5。

❹ 曲轴链轮正时标记7应对准凸轮轴传动链条正时链节6。

(6) 下侧和上侧初级正时链导板的安装（图6-3-16）

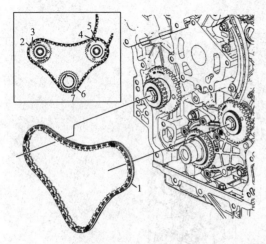

图 6-3-15

1—初级凸轮轴传动链条；2—左侧凸轮轴中间传动链条惰轮正时标记；3,5,6—凸轮轴传动链条正时节；4—右侧凸轮轴中间传动链条惰轮正时标记；7—曲轴链轮正时标记

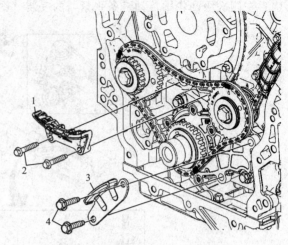

图 6-3-16

1—初级凸轮轴传动链条下导板；2—初级凸轮轴传动链条下导板螺栓（紧固25N·m）；3—上侧初级凸轮轴传动链条导板；4—上侧初级凸轮轴传动链条导板螺栓（紧固25N·m）

（7）初级凸轮轴中间传动链条张紧器的安装（图6-3-17）

专用工具：张紧器工具 EN-45027（图6-3-13）；张紧器收紧销 EN-46112（图6-3-14）。

❶ 使用张紧器工具 EN-45027 重新设置初级凸轮轴传动链条张紧器柱塞。

❷ 将初级凸轮轴传动链条张紧器柱塞安装到张紧器体中。

❸ 将柱塞压进张紧器体，把张紧器收紧销 EN-46112 插入初级凸轮轴传动链条张紧器体侧面的检修孔中，使初级凸轮轴传动链条张紧器锁止。

❹ 缓慢地松开初级凸轮轴传动链条张紧器。初级凸轮轴传动链条张紧器应保持压缩状态。

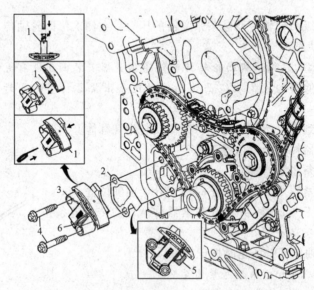

图 6-3-17

1—初级凸轮轴传动链条张紧器柱塞；2—初级凸轮轴传动链条张紧器衬垫；3—初级凸轮轴传动链条张紧器；4—初级凸轮轴传动链条张紧器螺栓；5—传动链条张紧器衬垫凸舌；6—张紧器收紧销 EN-46112

注意：确保发动机气缸体上的初级凸轮轴传动链条张紧器安装面上没有毛刺或瑕疵，否则可能会降低新的初级凸轮轴传动链条张紧器衬垫的密封性能。

❺ 将传动链条张紧器放置到位，然后松弛地将螺栓安装到气缸体上。

❻ 确认传动链条张紧器衬垫凸舌位置正确。

❼ 分两遍紧固传动链条张紧器螺栓。

❽ 在释放传动链条张紧器之前，确认正时标记处于正确位置。

❾ 拉出张紧器收紧销 EN-46112 并松开张紧器柱塞，使传动链条张紧器释放。

❿ 确认初级和左侧次级凸轮轴传动链条正时标记是否对准。

紧固：第一遍紧固至 5N·m；第二遍紧固至 25N·m。

(8) 第一阶段定位位置至第二阶段定位位置（图 6-3-18）。

专用工具：曲轴旋转工具 EN-48383。

专用工具：曲轴旋转座 EN-48589（图 6-3-19）。

将 EN-48383 从左侧凸轮轴的后部拆下。

使用曲轴旋转座 EN-48589，将曲轴和曲轴链轮从第一阶段定位位置 4 向第二阶段定位位置 5 旋转 115°曲轴转角，以便安装右侧次级凸轮轴传动链条部件。

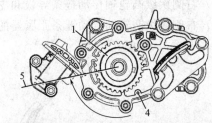

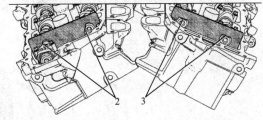

图 6-3-18
1—曲轴链轮；2—左侧进气和排气凸轮轴；
3—右侧进气和排气凸轮轴；4—第一阶段定位位置；5—第二阶段定位位置

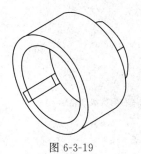

图 6-3-19

注意：

a. 凸轮轴的转动应该无需超过 10°。利用六角头铸件转动凸轮轴，以安装曲轴旋转工具 EN-48383。

b. 在安装任何凸轮轴传动链条前，所有的凸轮轴都必须锁定到位。

c. 将曲轴旋转工具 EN-48383 安装到左侧凸轮轴的后部。

d. 确保曲轴旋转工具 EN-48383 完全就位于凸轮轴上。

(9) 右侧次级凸轮轴中间传动链条的安装（图 6-3-20）

专用工具：张紧器工具 EN-45027（图 6-3-13）；张紧器收紧销 EN-46112（图 6-3-14）。

注意：

a. 确保在执行该步骤时使用了右侧（R）凸轮轴位置执行器链轮的三角形定位标记。

b. 确保曲轴在第二阶段正时传动装配的位置。

c. 将次级凸轮轴中间传动链条套在右侧凸轮轴中间传动链条惰轮的外侧链轮上，使凸轮轴传动链条正时链节 2 对准右侧凸轮轴中间传动链条惰轮内侧链轮上的对准检修孔 3。

d. 将次级凸轮轴中间传动链条套在两个右侧（R）执行器传动链轮上。

e. 将右侧（R）进气凸轮轴位置执行器链轮的三角形定位标记 5 对准凸轮轴传动链条正时链节。

f. 将右侧（R）排气凸轮轴位置执行器链轮的三角形定位标记 6 对准凸轮轴传动链条正时链节。

g. 对准后，确保右侧（R）凸轮轴位置执行器链轮的正时标记之间有 10 个链节 4。

h. 在右侧凸轮轴中间传动链条惰轮上的凸轮轴传动链条正时链节与各个右侧凸轮轴位置执行器链轮上的凸轮轴传动链条正时链节之间应有 22 个链节。

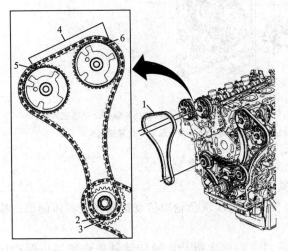

图 6-3-20
1—右侧次级凸轮轴中间传动链条；2—凸轮轴传动链条正时链节；3—对准检修孔；4—右侧（R）凸轮轴位置执行器链轮正时标记之间的 10 个链节；5—右侧（R）进气凸轮轴位置执行器链轮的三角形定位标记；6—右侧（R）排气凸轮轴位置执行器链轮的三角形定位标记

(10) 右侧次级凸轮轴传动链条导板和支撑板的安装（图6-3-21）

(11) 右侧次级凸轮轴传动链条张紧器的安装（图6-3-22）

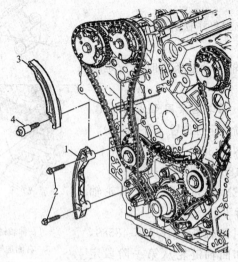

图6-3-21
1—右侧次级凸轮轴传动链条导板；2—右侧次级凸轮轴传动链条导板螺栓（紧固25N·m）；3—右侧次级凸轮轴传动链条支撑板；4—右侧次级凸轮轴传动链条支撑板螺栓（紧固25N·m）

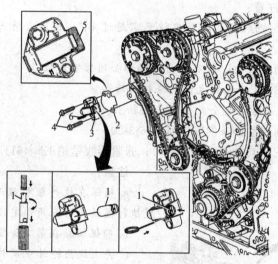

图6-3-22
1—右侧次级凸轮轴传动链条张紧器柱塞；2—右侧次级凸轮轴传动链条张紧器衬垫；3—右侧次级凸轮轴传动链条张紧器；4—右侧次级凸轮轴传动链条张紧器螺栓；5—右侧次级传动链条张紧器衬垫凸舌；6—张紧器收紧销EN-46112

❶ 使用张紧器工具EN-45027重新设置右侧次级凸轮轴传动链条张紧器柱塞。

❷ 将右侧次级凸轮轴传动链条张紧器柱塞安装到张紧器体中。

❸ 将柱塞压进张紧器体，把张紧器收紧销EN-46112插入右侧次级凸轮轴传动链条张紧器体侧面的检修孔中，使右侧次级凸轮轴传动链条张紧器锁止。

❹ 缓慢地卸去右侧次级凸轮轴传动链条张紧器上的压力。右侧次级凸轮轴传动链条张紧器应保持压缩状态。

注意：

确保右侧气缸盖上的右侧次级凸轮轴传动链条张紧器安装面上没有毛刺或瑕疵，否则会降低新的右侧次级凸轮轴传动链条张紧器衬垫的密封性能。

❺ 将右侧次级传动链条张紧器放置到位，然后松弛地将螺栓安装到气缸体上。

❻ 确认右侧次级传动链条张紧器衬垫凸舌位置正确。

⑦ 分两遍紧固传动链条张紧器螺栓。
⑧ 在释放传动链条张紧器之前，确认正时标记处于正确位置。
⑨ 拉出张紧器收紧销 EN-46112 并松开张紧器柱塞，使右侧次级传动链条张紧器释放。
⑩ 确认所有初级和次级凸轮轴传动链条正时标记是否对准。
紧固：第一遍紧固至 5N·m；第二遍紧固至 25N·m。

四、3.6L LFX V6 发动机（2013～2015 年）

1. 适用车型
凯迪拉克 SRX 3.6（3.6L LFX）。

2. 拆卸步骤
（1）右侧正时链惰轮链轮的拆卸（图 6-4-1）
❶ 拆下右侧凸轮轴中间传动链条惰轮螺栓。
❷ 拆下右侧凸轮轴中间传动链条惰轮。
（2）左侧正时链惰轮链轮的拆卸（图 6-4-2）
❶ 拆下左侧凸轮轴中间传动链条惰轮螺栓。
❷ 拆下左侧凸轮轴中间传动链条惰轮。
（3）曲轴链轮的拆卸（图 6-4-3）

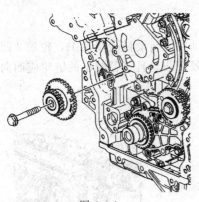
图 6-4-1

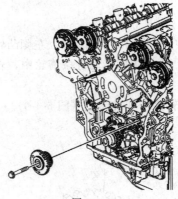
图 6-4-2

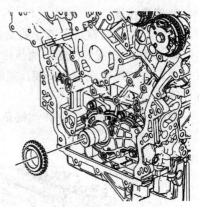
图 6-4-3

将曲轴链轮从曲轴前端拆下。
（4）左侧排气凸轮轴位置执行器的拆卸（图 6-4-4）
❶ 将开口扳手置于凸轮轴的六角头上，以防止在松开凸轮轴位置执行器螺栓时发动机转动。
❷ 拆下左侧排气凸轮轴位置执行器螺栓 1。
❸ 拆下左侧排气凸轮轴位置执行器 2。
❹ 拆下凸轮轴止推垫圈 3（若适用）。
（5）左侧进气凸轮轴位置执行器的拆卸（图 6-4-5）
❶ 将开口扳手置于凸轮轴的六角头上，以防止在松开凸轮轴位置执行器螺栓时发动机转动。
❷ 拆下左侧进气凸轮轴位置执行器螺栓 1。
❸ 拆下左侧进气凸轮轴位置执行器 2。
❹ 拆下凸轮轴止推垫圈 3（若适用）。
（6）右侧排气凸轮轴位置执行器的拆卸（图 6-4-6）
❶ 将开口扳手置于凸轮轴的六角头上，以防止在松开凸轮轴位置执行器螺栓时发动机转动。
❷ 拆下右侧排气凸轮轴位置执行器螺栓 1。
❸ 拆下右侧排气凸轮轴位置执行器 2。
❹ 拆下凸轮轴止推垫圈 3（若适用）。

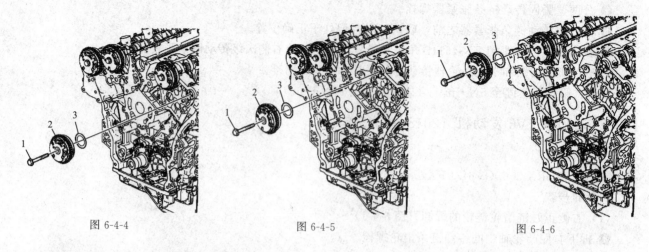

图 6-4-4　　　　　图 6-4-5　　　　　图 6-4-6

(7) 右侧进气凸轮轴位置执行器的拆卸（图 6-4-7）

❶ 将开口扳手置于凸轮轴的六角头上，以防止在松开凸轮轴位置执行器螺栓时发动机转动。
❷ 拆下右侧进气凸轮轴位置执行器螺栓 1。
❸ 拆下右侧进气凸轮轴位置执行器 2。
❹ 拆下凸轮轴止推垫圈 3（若适用）。

3. 安装步骤

(1) 左侧正时链惰轮链轮的安装（图 6-4-8）

❶ 确保正在安装的是左侧凸轮轴中间传动链条惰轮 1。左侧凸轮轴中间传动链条惰轮中，轮毂 2 凹进且直径较大的链轮应朝外安装。左侧凸轮轴中间传动链条惰轮中，轮毂 2 凸起且直径较小的链轮应面向气缸体安装。

❷ 将左侧凸轮轴中间传动链条惰轮置于气缸体上（图 6-4-9）。

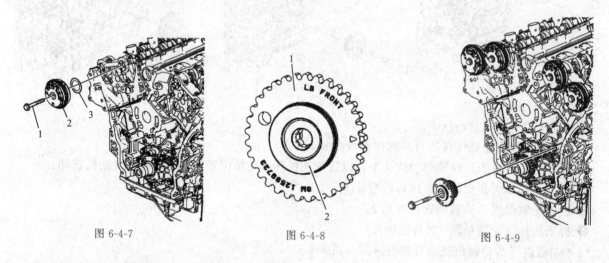

图 6-4-7　　　　　图 6-4-8　　　　　图 6-4-9

❸ 安装凸轮轴中间传动链条惰轮螺栓并紧固至 58N·m。

(2) 右侧正时链惰轮链轮的安装（图 6-4-10）

❶ 确保正在安装的是右侧凸轮轴中间传动链条惰轮 1。右侧凸轮轴中间传动链条惰轮中，轮毂 2 凹进且直径较小的链轮应朝外安装。右侧凸轮轴中间传动链条惰轮中，轮毂 2 凸起且直径较大的链轮应面向气缸体安装。

❷ 安装右侧凸轮轴中间传动链条惰轮（图 6-4-11）。
❸ 安装凸轮轴中间传动链条惰轮螺栓并紧固至 58N·m。

(3) 曲轴链轮的安装

专用工具：曲轴旋转座 EN-48589（图 6-4-12）。

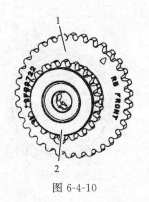 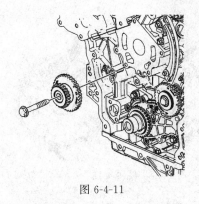 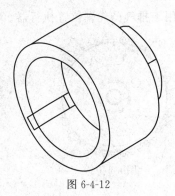

图 6-4-10　　　　　　　图 6-4-11　　　　　　　图 6-4-12

❶ 确保安装带有可见正时标记 1 的曲轴链轮（图 6-4-13）。
❷ 安装曲轴链轮到曲轴前端（图 6-4-14）。
❸ 将曲轴链轮上的槽口对准曲轴上的销。
❹ 将曲轴链轮滑套至曲轴端部，直至曲轴链轮接触曲轴上的台阶。
❺ 使用曲轴旋转座 EN-48589，确保曲轴在第一阶段正时位置时，曲轴链轮正时标记 1 对准机油泵盖 2 上的第一阶段正时标记（图 6-4-15）。链条安装正时标记如图 6-4-16 中 1 和 2 所示。

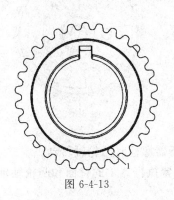  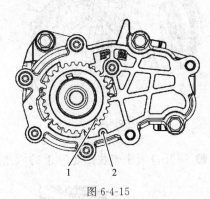

图 6-4-13　　　　　　　图 6-4-14　　　　　　　图 6-4-15

（4）右侧进气凸轮轴位置执行器的安装

❶ 确保安装正确的凸轮轴位置执行器。观察凸轮轴位置执行器体是否有"IN"标记 3，此标记用于进气凸轮轴位置执行器（图 6-4-17）。

告诫：确保在正确位置安装正确的凸轮轴位置执行器。如果未安装正确的凸轮轴位置执行器，会影响发动机性能和设置发动机故障码。

❷ 与左进气凸轮轴位置执行器 2 相比，位于右进气凸轮轴位置执行器 1 上的磁阻轮，安装在不同的位置上（图 6-4-18）。

❸ 右侧进气凸轮轴执行器上的磁阻轮 1 边缘与链条链节的凹槽 2 对齐（图 6-4-19）。

❹ 确保使用正确的正时标记。观察凸轮轴位置执行器外圈是否有三角形标记 2（图 6-4-17），此三角形标记用于对准发动机右侧高亮的正时链链节。

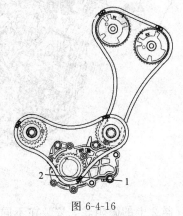

图 6-4-16

❺ 用开口扳手卡住凸轮轴上的六角头，以防止在紧固凸轮轴位置执行器螺栓时凸轮轴转动。
❻ 使用适量润滑剂涂抹凸轮轴位置执行器 1 的背面和凸轮轴轴承盖 2 的前面（图 6-4-20）。
❼ 安装右侧进气凸轮轴位置执行器 2（图 6-4-21）。
❽ 安装凸轮轴位置执行器螺栓 1（图 6-4-21）并将其紧固至 58N·m。

（5）右侧排气凸轮轴位置执行器的安装

❶ 确保安装正确的凸轮轴位置执行器。观察凸轮轴位置执行器体是否有"EX"标记 1（图 6-4-22），

此标记用于排气凸轮轴位置执行器。

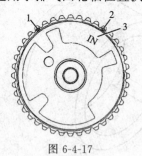
图 6-4-17

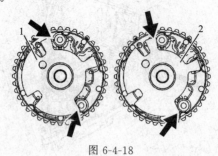
图 6-4-18

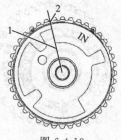
图 6-4-19

❷ 确保使用正确的正时标记。观察凸轮轴位置执行器外圈是否有三角形标记 2（图 6-4-22），此标记用于对准发动机右侧高亮的正时链链节。

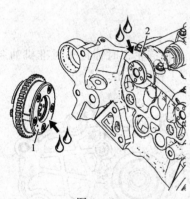
图 6-4-20

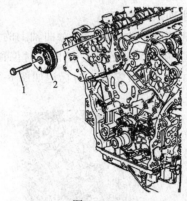
图 6-4-21

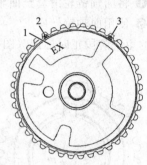
图 6-4-22

❸ 用开口扳手卡住凸轮轴上的六角头，以防止在紧固凸轮轴位置执行器螺栓时凸轮轴转动。

❹ 使用适量润滑剂涂抹凸轮轴位置执行器 1 的背面和凸轮轴轴承盖 2 的前面（图 6-4-20）。

❺ 安装右侧排气凸轮轴位置执行器 2（图 6-4-23）。

❻ 安装凸轮轴位置执行器螺栓 1（图 6-4-23）并将其紧固至 58N·m。

（6）左侧进气凸轮轴位置执行器的安装

❶ 确保安装正确的凸轮轴位置执行器。观察凸轮轴位置执行器体是否有"IN"标记 3（图 6-4-17），此标记用于进气凸轮轴位置执行器。

告诫：确保在正确位置安装正确的凸轮轴位置执行器。如果未安装正确的凸轮轴位置执行器，会影响发动机性能和设置发动机故障码。

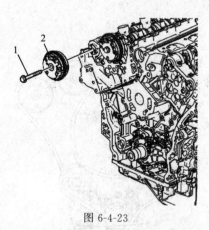
图 6-4-23

❷ 与右进气凸轮轴位置执行器 1 相比，位于左进气凸轮轴位置执行器 2 上的磁阻轮，安装在不同的位置上（图 6-4-18）。

❸ 左侧进气凸轮轴执行器上的磁阻轮 1 边缘与链条链节的顶点 2 对齐（图 6-4-19）。

❹ 确保使用正确的正时标记。观察凸轮轴位置执行器外圈是否有基圆标记 1（图 6-4-17），此基圆标记用于对准发动机左侧高亮的正时链链节。

❺ 用开口扳手卡住凸轮轴上的六角头，以防止在紧固凸轮轴位置执行器螺栓时凸轮轴转动。

❻ 使用适量润滑剂涂抹凸轮轴位置执行器 1 的背面和凸轮轴轴承盖 2 的前面（图 6-4-20）。

❼ 安装左进气凸轮轴位置执行器 2（图 6-4-24）。

❽ 安装凸轮轴位置执行器螺栓 1（图 6-4-24）并将其紧固至 58N·m。

（7）左侧排气凸轮轴位置执行器的安装

❶ 确保安装正确的凸轮轴位置执行器。观察凸轮轴位置执行器体是否有"EX"标记1（图6-4-22）。此标记用于排气凸轮轴位置执行器。

❷ 确保使用正确的正时标记。观察凸轮轴位置执行器外圈是否有基圆标记3（图6-4-22）。此标记用于对准发动机左侧高亮的正时链链节。

❸ 用开口扳手卡住凸轮轴上的六角头，以防止在紧固凸轮轴位置执行器螺栓时凸轮轴转动。

❹ 使用适量润滑剂涂抹凸轮轴位置执行器1的背面和凸轮轴轴承盖2的前面（图6-4-20）。

❺ 安装左侧排气凸轮轴位置执行器2（图6-4-24）。

❻ 安装凸轮轴位置执行器螺栓1（图6-4-24）并将其紧固至58N·m。

图6-4-24

（8）初级凸轮轴中间传动链条张紧器的更换

❶ 正时链第一阶段定位图（图6-4-25）。

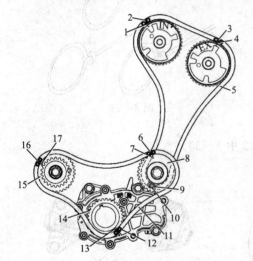

图6-4-25

1—左侧（L）进气凸轮轴位置执行器正时标记（圆形）；2—左侧进气次级凸轮轴正时传动链条正时链节；3—左侧排气次级凸轮轴正时传动链条正时链节；4—左侧（L）排气凸轮轴位置执行器正时标记（圆形）；5—左侧次级凸轮轴正时传动链条；6—左侧初级凸轮轴中间传动链条链轮的初级凸轮轴传动链条正时链节；7—初级凸轮轴传动链条的左侧初级凸轮轴中间传动链条链轮正时标记；8—左侧初级凸轮轴中间传动链条链轮；9—左侧初级凸轮轴中间传动链条链轮的左侧次级凸轮轴正时传动链条正时链节（位于链轮中的孔后）；10—左侧次级凸轮轴正时传动链条正时链节的左侧初级凸轮轴中间传动链条链轮正时窗；11—初级凸轮轴传动链条；12—曲轴链轮的初级凸轮轴传动链条正时链节；13—曲轴链轮正时标记；14—曲轴链轮；15—右侧初级凸轮轴中间传动链条链轮；16—右侧初级凸轮轴中间传动链条链轮的初级凸轮轴传动链条正时链节；17—右侧初级凸轮轴中间传动链条链轮正时标记

❷ 正时链第二阶段定位图（图6-4-26）。

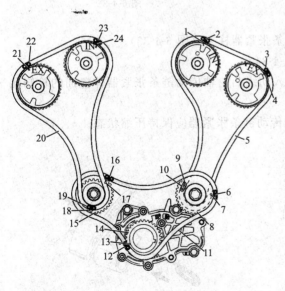

图6-4-26

1—左侧（L）进气凸轮轴位置执行器正时标记（圆形）；2—左侧进气次级凸轮轴正时传动链条正时链节；3—左侧排气次级凸轮轴正时传动链条正时链节；4—左侧（L）排气凸轮轴位置执行器正时标记（圆形）；5—左侧次级凸轮轴正时传动链条；6—左侧初级凸轮轴中间传动链条链轮的初级凸轮轴传动链条正时链节；7—初级凸轮轴传动链条的左侧初级凸轮轴中间传动链条链轮正时标记；8—左侧初级凸轮轴中间传动链条链轮；9—左侧初级凸轮轴中间传动链条链轮的左侧次级凸轮轴正时传动链条正时链节（位于链轮中的孔后）；10—左侧初级凸轮轴中间传动链条链轮正时窗；11—初级凸轮轴传动链条；12—曲轴链轮的初级凸轮轴传动链条正时链节；13—曲轴链轮正时标记；14—曲轴链轮；15—右侧初级凸轮轴中间传动链条链轮；16—右侧初级凸轮轴中间传动链条链轮的初级凸轮轴传动链条正时链节；17—初级凸轮轴传动链条的右侧初级凸轮轴中间传动链条链轮正时标记；18—右侧次级凸轮轴正时传动链条的右侧初级凸轮轴中间传动链条链轮正时窗；19—右侧初级凸轮轴中间传动链条链轮的右侧次级凸轮轴正时传动链条正时链节；20—右侧次级凸轮轴正时传动链条；21—右侧（R）排气凸轮轴位置执行器正时标记（三角形）；22—右侧排气次级凸轮轴正时传动链条正时链节；23—右侧进气次级凸轮轴正时传动链条正时链节；24—右侧（R）进气凸轮轴位置执行器正时标记（三角形）

❸ 拆卸

a. 拆下发动机前盖（图6-4-27）。

注意：如果整个凸轮轴正时系统不处于第二阶段，在正时链和链轮上做标记以确保重新装配正确。

b. 拆下初级凸轮轴传动链条张紧器。

❹ 安装

a. 专用工具。

张紧器工具 EN-45027（图6-4-28）；张紧器收紧销 EN-46112（图6-4-29）；凸轮轴固定工具 EN-48383（图6-4-30）；曲轴旋转座 EN-48589（图6-4-31）。

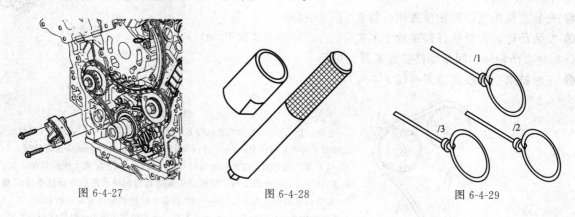

图6-4-27　　　　　　　图6-4-28　　　　　　　图6-4-29

b. 确保正在安装的是初级凸轮轴传动链条张紧器3（图6-4-32中1～3）。

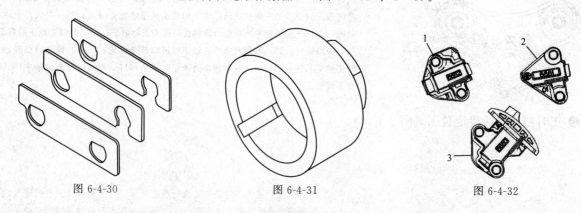

图6-4-30　　　　　　　图6-4-31　　　　　　　图6-4-32

c. 使用张紧器工具 EN-45027 重新设置主凸轮轴传动链条张紧器柱塞（图6-4-33）。

d. 将柱塞安装到初级凸轮轴传动链条张紧器体上（图6-4-34）。

e. 将柱塞压进张紧器体，把张紧器收紧销 EN-46112 插入初级凸轮轴传动链条张紧器体侧面的检修孔中，使初级凸轮轴传动链条张紧器锁止（图6-4-35）。

f. 缓慢地松开初级凸轮轴传动链条张紧器。初级凸轮轴传动链条张紧器应保持压缩状态。

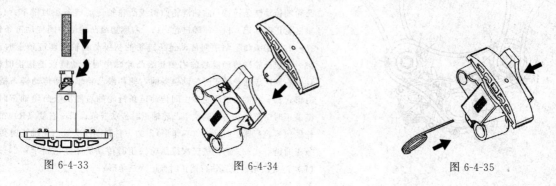

图6-4-33　　　　　　　图6-4-34　　　　　　　图6-4-35

g. 将新的初级凸轮轴传动链条张紧器衬垫安装到初级凸轮轴传动链条张紧器上（图6-4-36）。

h. 安装初级凸轮轴传动链条张紧器螺栓，使其穿过初级凸轮轴传动链条张紧器和衬垫。

i. 确保发动机气缸体上的初级凸轮轴传动链条张紧器安装面上没有毛刺或瑕疵，否则可能会降低新的初级凸轮轴传动链条张紧器衬垫的密封性能。

j. 将初级凸轮轴传动链条张紧器放置到位，然后松弛地将螺栓安装至气缸体（图6-4-37）。

k. 检查并确认初级凸轮轴传动链条张紧器衬垫的凸舌1位置正确（图6-4-38）。

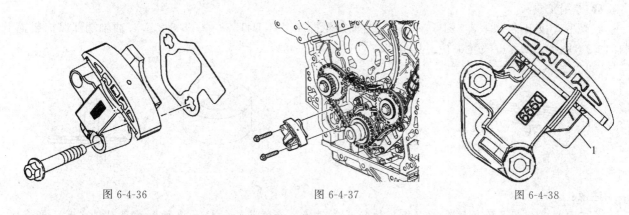

图 6-4-36　　　　　　　图 6-4-37　　　　　　　图 6-4-38

第一遍：将初级凸轮轴传动链条张紧器螺栓紧固至5N·m。

最后一遍：将初级凸轮轴传动链条张紧器螺栓紧固至25N·m。

l. 拉出张紧器收紧销EN-46112并松开张紧器柱塞，使主凸轮轴传动链条张紧器释放（图6-4-39）。

m. 确认初级和左侧次级凸轮轴传动链条正时标记对准，参见图6-4-25。

n. 将凸轮轴固定工具EN 48383/1从左侧凸轮轴的后部拆下（图6-4-40）。

o. 使用曲轴旋转座EN-48589将曲轴和曲轴链轮从第一阶段定位位置1向第二阶段定位位置2旋转115°曲轴转角，以便安装右侧次级凸轮轴传动链条部件（图6-4-41）。

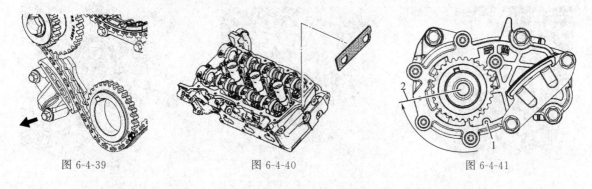

图 6-4-39　　　　　　　图 6-4-40　　　　　　　图 6-4-41

p. 将凸轮轴固定工具EN 48383/2安装到左侧凸轮轴的后部（图6-4-42）。

q. 将凸轮轴固定工具EN 48383/3安装到右侧凸轮轴的后部（图6-4-43）。

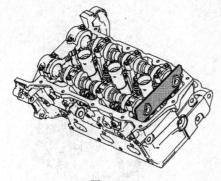
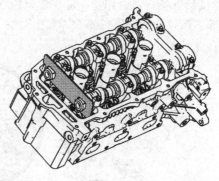

图 6-4-42　　　　　　　　　　　　　图 6-4-43

五、6.2L L94 V8 发动机（2011～2017 年）

1. 适用车型

凯迪拉克凯雷德。

2. 正时链、曲轴链轮、凸轮轴位置执行器和电磁阀的拆卸

❶ 专用工具。

a. 双爪式拔出器 J 8433（图 6-5-1）；b. 曲轴链轮拆卸工具 J 41558（图 6-5-2）；c. 曲轴端部保护装置 J 41816-2（图 6-5-3）；d. 飞轮夹持工具 J 42386-A（图 6-5-4）。

图 6-5-1

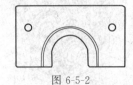
图 6-5-2

图 6-5-3

图 6-5-4

注意：

a. 不要重复使用凸轮轴位置（CMP）执行器电磁阀。安装凸轮轴位置执行器和正时链之后，即安装新的电磁阀。

b. 此时不要将螺纹锁固剂涂抹至挠性盘螺栓。

❷ 临时安装自动变速器挠性盘和螺栓（图 6-5-5）。

❸ 安装 J 42386-A 工具 1 和螺栓（图 6-5-6）。使用正确的工具进行操作，即一个 1.5mm×120mm 的 M10 螺栓和一个 1.5mm×45mm 的 M10 螺栓。将 J 42386-A 工具螺栓紧固至 50N·m。

❹ 拆下凸轮轴位置执行器电磁阀 234（图 6-5-7）。

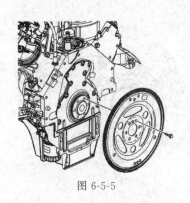
图 6-5-5

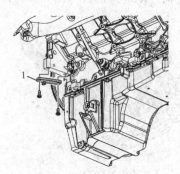
图 6-5-6

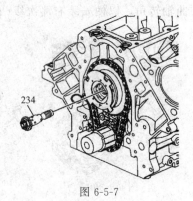
图 6-5-7

❺ 报废电磁阀。

❻ 从凸轮轴处松开并分离凸轮轴位置执行器和正时链。从执行器链轮后面将执行器从凸轮轴前侧拉下。在尝试拆下执行器时切勿拉动变磁阻轮（图 6-5-8）。

❼ 拆下凸轮轴位置执行器 235 和正时链 208（图 6-5-9）。

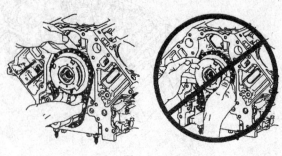
图 6-5-8

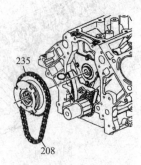
图 6-5-9

第六章 凯迪拉克车系

⑧ 将捆扎带 1 穿过执行器中心和变磁阻轮（图 6-5-10）。

⑨ 拆下螺栓 231 和正时链张紧器 232（图 6-5-11）。

⑩ 使用 J 41816-2 保护装置 1、J 41558 拆卸工具 2、螺栓 3 和 J 8433 拔出器 4 以拆下曲轴链轮（图 6-5-12）。

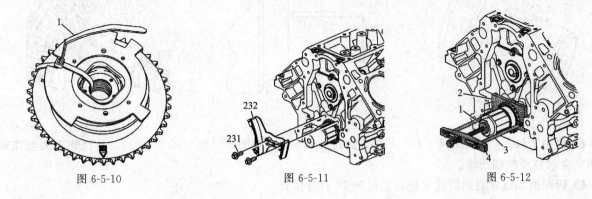

图 6-5-10　　　　　图 6-5-11　　　　　图 6-5-12

⑪ 拆下曲轴链轮 207（图 6-5-13）。

⑫ 必要时，拆下曲轴链轮键（图 6-5-14）。

⑬ 拆下挠性盘和螺栓。

⑭ 拆下 J 42386-A 工具和螺栓。

3. 正时链、曲轴链轮、凸轮轴位置执行器和电磁阀的安装

❶ 专用工具。

a. 正时皮带张紧器固定销 EN 46330（图 6-5-15）；b. 曲轴前油封安装工具 J 41478（图 6-5-16）；c. 曲轴平衡器和链轮安装工具 J 41665（图 6-5-17）；d. 飞轮夹持工具 J 42386-A（图 6-5-18）；e. 角度测量仪 J 45059（图 6-5-19）。

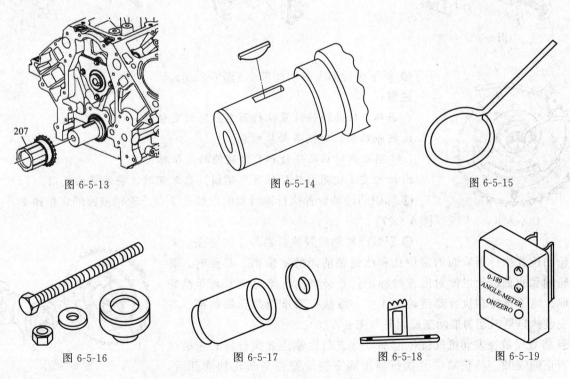

图 6-5-13　　　　　图 6-5-14　　　　　图 6-5-15

图 6-5-16　　　图 6-5-17　　　图 6-5-18　　　图 6-5-19

❷ 将链轮键安装至曲轴链轮键槽（若之前拆下）（图 6-5-20）。

❸ 将链轮键 122 敲入键槽直到其两端到达曲轴底部（图 6-5-21）。

❹ 将曲轴链轮 207 安装至曲轴前端。对正曲轴键和曲轴链轮键槽（图 6-5-22）。

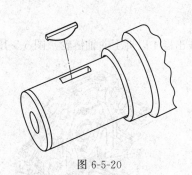 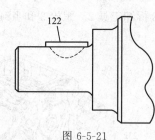 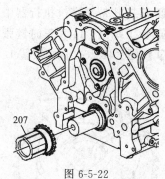

图 6-5-20　　　　　　　　　图 6-5-21　　　　　　　　　图 6-5-22

❺ 使用 J 41478 安装工具 1 和 J 41665 安装工具 2 来安装曲轴链轮（图 6-5-23）。将链轮安装至曲轴，直到完全就位至曲轴凸缘。

❻ 转动曲轴链轮直到链轮定位标记位于 12 点钟位置。

❼ 压住正时链条张紧器导板并安装 EN 46330 销（图 6-5-24）。

❽ 安装正时链条张紧器 232 和左侧螺栓 231（图 6-5-25）。此时切勿安装右侧螺栓。安装右侧螺栓之前，必须先将凸轮轴位置（CMP）执行器和链条安装至发动机。

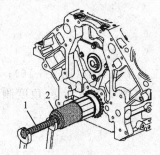 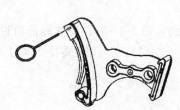 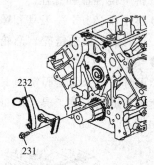

图 6-5-23　　　　　　　　　图 6-5-24　　　　　　　　　图 6-5-25

❾ 拆下执行器上的捆扎带 1（图 6-5-26）。

注意：

a. 正确定位凸轮轴位置执行器至凸轮轴定位销。

b. 链轮齿和正时链条必须啮合。

c. 必须正确对正凸轮轴和曲轴链轮的定位标记。

d. 切勿重复使用凸轮轴位置电磁阀。在装配时，安装新的气门。

❿ 标识凸轮轴位置执行器后面的定位孔 1 和凸轮轴前面的定位销 2

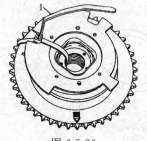

图 6-5-26

（图 6-5-27）。

⓫ 安装凸轮轴位置执行器和正时链条。对准凸轮轴位置执行器后面的定位孔和凸轮轴前面的定位销。必要时，转动凸轮轴和曲轴链轮以便对准正时标记。务必将执行器完全安装至凸轮轴前侧。将手指放在执行器链轮的正面，将执行器推至凸轮轴前部。在尝试安装执行器时切勿推动变磁阻轮（图 6-5-28）。

⓬ 将直尺放在发动机气缸体前部以检查凸轮轴位置执行器和正时链条是否正确安装。凸轮轴位置执行器正确完整地安装至凸轮轴前部后，正时链条不会从发动机气缸体的前部突出来（图 6-5-29）。

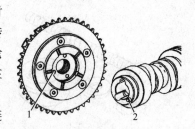

图 6-5-27

⓭ 安装新的凸轮轴位置执行器电磁阀 234。凸轮轴位置执行器正确定位至凸轮轴时，可以用手将凸轮轴位置执行器电磁阀完全旋入凸轮轴。用手紧固直到密合（图 6-5-30）。

⓮ 检查链轮是否正确定位。CMP 执行器链轮 1 上的标记应位于 6 点钟位置，并且曲轴链轮 2 上的标记应位于 12 点钟位置（图 6-5-31）。

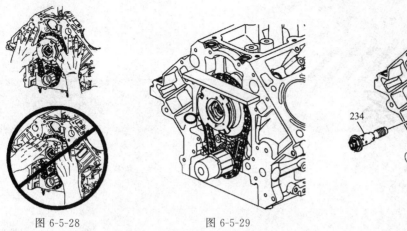
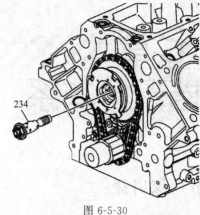

图 6-5-28　　　　　图 6-5-29　　　　　图 6-5-30

⓯ 将右侧螺栓 231 安装至正时链条张紧器并将螺栓紧固至 30N·m（图 6-5-32）。
⓰ 拆下 EN 46330 针脚（图 6-5-33）。

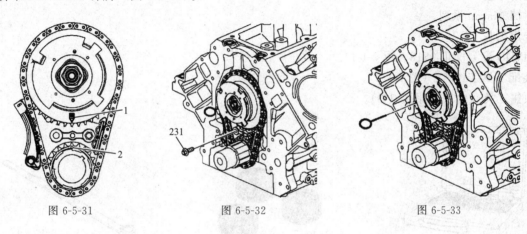

图 6-5-31　　　　　图 6-5-32　　　　　图 6-5-33

注意：此时不要将螺纹锁止胶涂抹至挠性盘螺栓。
⓱ 临时安装自动变速器挠性盘和螺栓（图 6-5-34）。
⓲ 安装 J 42386-A 工具 1 和螺栓。使用正确的工具进行操作，即一个 1.5×120mm 的 M10 螺栓和一个 1.5×45mm 的 M10 螺栓。将 J 42386-A 工具螺栓紧固至 50N·m（图 6-5-35）。

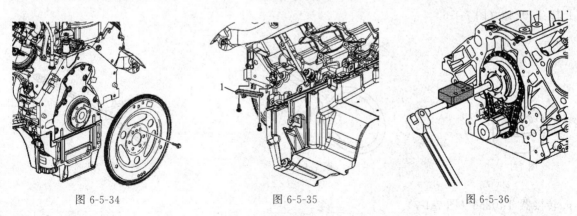

图 6-5-34　　　　　图 6-5-35　　　　　图 6-5-36

⓳ 紧固凸轮轴位置执行器电磁阀（图 6-5-36）。
⓴ 第一遍紧固凸轮轴位置执行器电磁阀至 65N·m。
㉑ 使用 J 45059 角度测量仪，最后一遍将凸轮轴位置执行器电磁阀紧固至 90°。
㉒ 拆下 J 42386-A 工具和螺栓。
㉓ 拆下自动变速器挠性盘和螺栓。

第七章 高档豪华车系

第一节 保时捷

一、2.0T 发动机（2014～2017 年）

1. 适用车型

保时捷 Macan 系列。

2. 专用工具

a. PIWIS 检测仪 Ⅱ 9818（图 7-1-1）。

b. 装配工具 T10352（图 7-1-2）。

c. 顶住工具 T10355（图 7-1-3）。

图 7-1-1

图 7-1-2

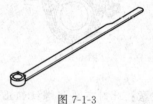

图 7-1-3

d. 压力件 T10368（图 7-1-4）。

e. 锁销 T40011（图 7-1-5）。

f. 杆 T40243（图 7-1-6）。

图 7-1-4

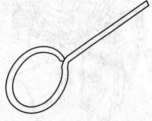

图 7-1-5

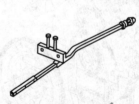

图 7-1-6

g. 转接器 T40266（图 7-1-7）。

h. 锁止工具 T40267（图 7-1-8）。

i. 凸轮轴卡箍 T40271（图 7-1-9）。

3. 准备工作

拆下上部正时箱。

图 7-1-7

图 7-1-8

图 7-1-9

4. 拆卸与安装正时链

（1）拆卸步骤

信息：控制阀是左旋螺纹。

❶ 使用装配工具 T10352/2 按箭头方向拆下左、右两侧的控制阀（图 7-1-10）。

❷ 拧下紧固螺栓并拆卸轴承鞍座（图 7-1-11）。

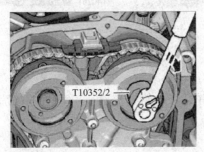
图 7-1-10

图 7-1-11

❸ 使用顶住工具 T10355 将皮带轮转动到上止点位置 1（图 7-1-12）。

❹ 凸轮轴上的标记朝上。

❺ 对齐皮带轮上的切口和正时箱盖上的标记（图 7-1-12 中箭头）。

❻ 拆卸下部正时箱盖。

❼ 拆卸机油泵的链条张紧器。

❽ 沿箭头方向压卡箍，并且使用锁销 T40011 将其锁止（图 7-1-13）。

❾ 拧下导销 1 并拆下链条张紧器（图 7-1-13）。

❿ 拆卸固定螺栓（图 7-1-14）。

⓫ 拧紧链条张紧器。

⓬（现在必须）拧入杆 T40243（图 7-1-15）。

⓭ 按住挡圈 1（图 7-1-15）。

图 7-1-12

⓮ 杆 T40243 现在必须沿箭头方向慢慢按下并且牢固握住（图 7-1-15）。

⓯ 使用锁止工具 T40267 锁止链条张紧器（图 7-1-16），并且拆下杆 T40243。

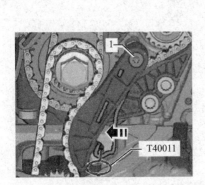
图 7-1-13

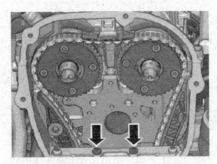
图 7-1-14

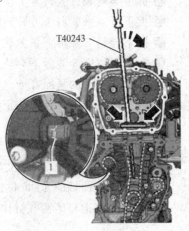
图 7-1-15

⓰ 凸轮轴卡箍 T40271/2 必须拧到气缸盖上，然后沿箭头方向 2 推到链轮的齿上。如有必要，使用转接器 T40266 沿箭头方向 1 转动进气凸轮轴（图 7-1-17）。

⓱ 拧下导销 1 并拆下张紧轨（图 7-1-18）。

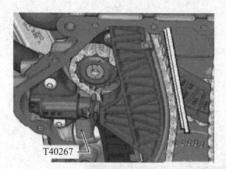
图 7-1-16

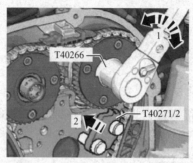
图 7-1-17

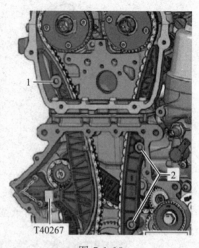
图 7-1-18
1,2—导销

⓲ 固定排气凸轮轴。

⓳ 凸轮轴卡箍 T40271/1 必须拧到气缸盖上（图 7-1-19）。

⓴ 使用转接器 T40266 沿箭头方向 1 转动排气凸轮轴，并且将凸轮轴卡箍 T40271/1 沿箭头方向 2 推到齿上（图 7-1-19）。

㉑ 松开锁销并且将导轨向前（箭头）压出（图 7-1-20）。

㉒ 拧下定位销并拆下导轨。

㉓ 从凸轮轴正时齿轮上拆下正时链，将其挂到凸轮轴的锁销上（箭头）（图 7-1-21）。

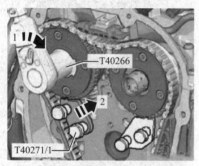
图 7-1-19

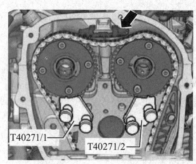
图 7-1-20

图 7-1-21

㉔ 拆下导轨和张紧轨。

㉕ 拆下链条张紧器 1（图 7-1-22）。

㉖ 拆下导销 2 并拆下张紧轨（图 7-1-22）。

㉗ 拆下定位销 3 并拆下导轨（图 7-1-22）。

㉘ 拆下皮带轮的紧固螺栓（箭头）（图 7-1-23）。

㉙ 拆下机油泵驱动装置的正时链，并拆下 3 阶段链轮。

㉚ 拆卸正时链。

（2）安装步骤

❶ 在气缸体上标记 TDC 位置。

❷ 必须对齐曲轴的 TDC 位置的标记（箭头）（图 7-1-24）。

❸ 使用防水记号笔在气缸体上做上标记 1（图 7-1-24）。

 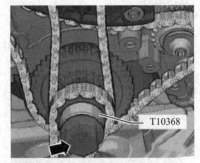 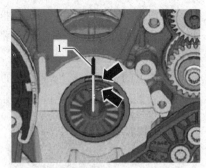

图 7-1-22　　　　　　　图 7-1-23　　　　　　　图 7-1-24

❹ 使用防水记号笔将记号 2 复制到链轮的齿上 1（图 7-1-25）。
❺ 将中间齿轮和平衡轴旋转到标记（图 7-1-26 中箭头）。请勿松开紧固螺钉。
❻ 安装平衡轴链条。
❼ 将彩色链节（箭头）放到链轮上的标记处（图 7-1-27）。

  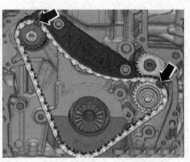

图 7-1-25　　　　　　　图 7-1-26　　　　　　　图 7-1-27

❽ 使用标记（箭头）在凸轮轴的销上接合正时链（图 7-1-21）。
❾ 安装 3 阶段链轮。
❿ 在 3 阶段链轮上安装机油泵驱动装置的正时链。
⓫ 按箭头方向向发动机旋转链轮，并固定到曲轴上（图 7-1-28）。标记（箭头）必须互相对着。
⓬ 压力件 T10368 必须使用紧固螺钉旋入（图 7-1-29）。
⓭ 在平衡轴上安装正时链的张紧轨。
⓮ 将正时链中的彩色链节（箭头）放到链轮上的标记处（图 7-1-30）。
⓯ 安装正时链的张紧轨。
⓰ 安装并拧紧导轨 1（图 7-1-30）。

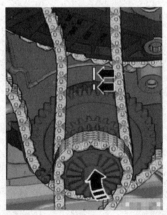 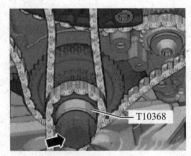 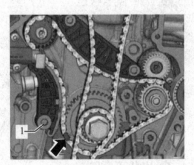

图 7-1-28　　　　　　　图 7-1-29　　　　　　　图 7-1-30

⑰ 放置导轨，然后安装并且拧紧导销（图7-1-31中箭头）。
⑱ 使用螺钉固定器安装链条张紧器1（图7-1-22）。
⑲ 检查正时链的安装位置。
链轮上的标记和彩色链节上的标记必须相对应（图7-1-32）。
⑳ 安装正时链。彩色链节必须放到链轮上的标记处（图7-1-33）。

图7-1-31

图7-1-32

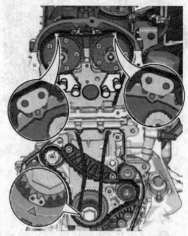
图7-1-33

㉑ 在进气凸轮轴上放置正时链。
㉒ 在排气凸轮轴上放置正时链。
㉓ 将正时链置于曲轴上并牢固固定。
㉔ 安装导轨，然后安装并且拧紧导销2（图7-1-18）。
㉕ 安装上部导轨（图7-1-20中箭头）。
㉖ 凸轮轴卡箍T40271/1此时可以拆下（图7-1-20）。
㉗ 使用转接器T40266沿箭头方向1转动排气凸轮轴（图7-1-19）。
㉘ 利用凸轮轴卡箍T40271/1沿箭头方向2推出链轮的齿（图7-1-19）。
㉙ 释放凸轮轴并且拆下凸轮轴卡箍T40271/1。
㉚ 安装张紧轨，然后安装拧紧导销1（图7-1-18）。
㉛ 凸轮轴卡箍T40271/2此时可以拆下。
㉜ 使用转接器T40266沿箭头方向1转动进气凸轮轴（图7-1-34）。
㉝ 利用凸轮轴卡箍T40271/2沿箭头方向2推出链轮的齿（图7-1-34）。
㉞ 释放凸轮轴并且拆下凸轮轴卡箍T40271/2。
㉟ 检查彩色链节相对于这些标记的位置（图7-1-33）。
㊱ 安装机油泵的传动链。
㊲ 安装传动链并安装链条张紧器。
㊳ 安装并拧紧导轨1（图7-1-35）。
㊴ 必须拆下锁销T40011（图7-1-35）。
㊵ 安装并拧紧新紧固螺栓（图7-1-14）。
㊶ 安装轴承鞍座。
㊷ 用手拧紧新的紧固螺栓（图7-1-11）。
㊸ 锁止工具T40267必须从链条张紧器上拆下。
㊹ 拧紧新的固定螺栓。
㊺ 使用装配工具T10352安装控制阀（图7-1-36）。
信息：控制阀是左旋螺纹。
后续工作如下。
❶ 设置凸轮轴。
❷ 安装正时箱盖。
❸ 在对链条驱动装置进行操作后，必须使用PIWIS检测仪Ⅱ 9818对链条延伸长度进行调整。

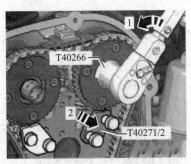
图 7-1-34

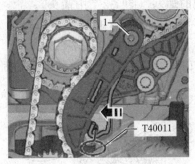
图 7-1-35

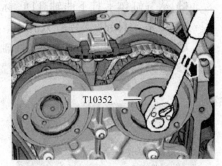
图 7-1-36

二、3.0T M06EC 发动机（2011~2017年）

1. 适用车型

保时捷卡宴（Cayenne）系列，2011~2016年；保时捷帕纳美拉（Panamera）系列，2012~2017年；保时捷 Macan 系列，2014~2017年。

2. 检查正时

（1）专用工具

a. 转接器 T40058（图 7-2-1）；b. 锁销 T40069（图 7-2-2）；c. 凸轮轴固定装置 T40133（图 7-2-3）。

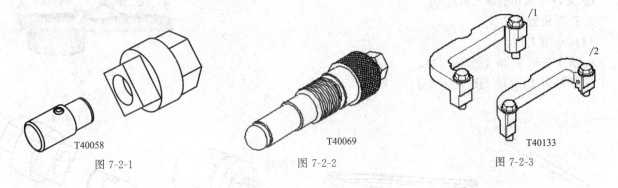

图 7-2-1　　　　　　　　图 7-2-2　　　　　　　　图 7-2-3

（2）紧固力矩

锁销 T40069 紧固力矩为 25N·m。

（3）准备工作

拆下左侧和右侧气缸盖罩。

（4）检查步骤

❶ 用转换器 T40058 和弯头梅花扳手沿发动机转动方向将曲轴转至 TDC。只能沿发动机运转方向（箭头）转动曲轴（图 7-2-4）。

❷ 切口 A 必须与接头（箭头）对齐（图 7-2-5）。

信息：如果无意中转动曲轴超过 TDC，则将其回转约 30° 并再次设置 TDC。

❸ 凸轮轴中的螺纹孔（箭头）必须朝上（图 7-2-6）。

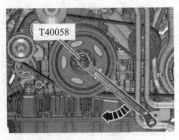
图 7-2-4

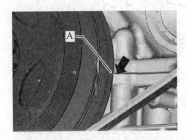
图 7-2-5

图 7-2-6

❹ 从气缸体上拧下曲轴TDC标记的螺塞（图7-2-7中箭头）。
❺ 锁销T40069必须拧入孔中，并拧紧至紧固力矩为25N·m。
❻ 锁销T40069必须接到曲轴上的固定孔1中（图7-2-8）。
❼ 必须能够使用凸轮轴固定装置T40133/1将气缸列1的凸轮轴固定在TDC位置（图7-2-9）。

图7-2-7

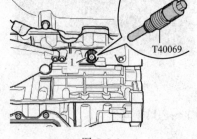
图7-2-8

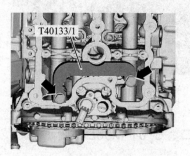
图7-2-9

❽ 必须能够使用凸轮轴固定装置T40133/2将气缸列2的凸轮轴固定在TDC位置（图7-2-10）。
❾ 如果无法固定凸轮轴，则必须设置气门正时。
后续工作如下。
❿ 安装左侧和右侧气缸盖罩。

3. 正时设置
（1）专用工具
a. 顶住工具3036（图7-2-11）。
b. 带销扳手3212（图7-2-12）。

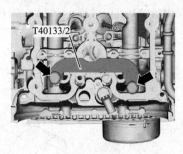
图7-2-10

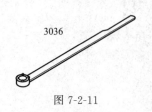
图7-2-11

图7-2-12

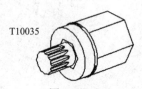
图7-2-13

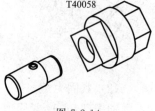
图7-2-14

c. 专用扳手T10035（图7-2-13）。
d. 转接器T40058（图7-2-14）。
e. 锁销T40069（图7-2-15）。
f. 凸轮轴固定装置T40133（图7-2-16）。
g. 锁销T40071（图7-2-17）。

图7-2-15

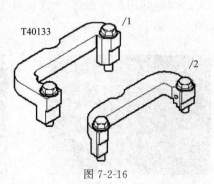
图7-2-16

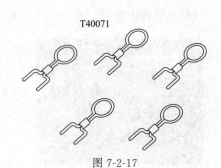
图7-2-17

(2) 准备工作

a. 拆下左侧和右侧正时链盖。

b. 拆下左侧和右侧气缸盖罩。

(3) 左侧凸轮轴正时链（图7-2-18）

(4) 右侧凸轮轴正时链（图7-2-19）

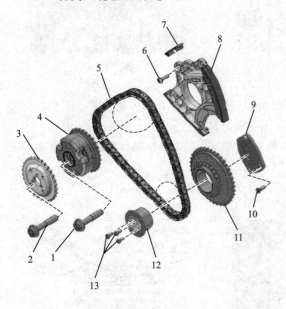
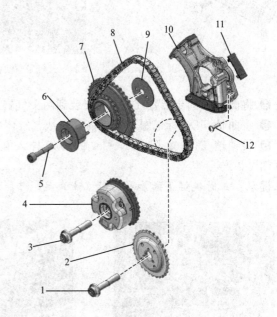

图7-2-18

1, 2—螺栓（更换，80N·m+90°）；3—凸轮轴链轮（用于排气凸轮轴）；4—凸轮轴调节器（用于进气凸轮轴，标记"进气"）；5—左侧凸轮轴正时链（为了能够重新安装，要用颜色标出转动方向）；6—螺栓（9N·m）；7—滑块；8—链条张紧器（用于左侧凸轮轴正时链）；9—轴承板（用于驱动链轮）；10—螺栓；11—驱动链轮（用于左侧凸轮轴正时链）；12—轴承螺栓（用于左侧凸轮轴正时链的驱动链轮）；13—螺栓（更换后紧固6N·m，再紧固60N·m）

图7-2-19

1, 3—螺栓（更换，80N·m+90°）；2—凸轮轴链轮（用于排气凸轮轴）；4—凸轮轴调节器（用于进气凸轮轴，标记"进气"）；5—螺栓；6—轴承螺栓（用于右侧凸轮轴正时链的驱动链轮，结构不对称）；7—驱动链轮（用于右侧凸轮轴正时链）；8—右侧凸轮轴正时链（为了能够重新安装，要用颜色标出转动方向，从凸轮轴上取下）；9—止推垫片（用于右侧凸轮轴正时链的驱动链轮，结构不对称）；10—链条张紧器（用于右侧凸轮轴正时链）；11—滑块；12—螺栓（9N·m）

(5) 注意事项

❶ 正时设置不正确。

a. 当心损坏发动机。

b. 发动机运转不平稳。

c. 发动机动力不足。

❷ 安装锁紧工具时不要用力。

a. 请确保两侧的间隙相等。

b. 插入锁紧工具时，如果转动凸轮轴时遇到阻力，请勿用力强行转动。

c. 相对侧气缸必须位于点火上止点处。

(6) 设置步骤

❶ 按如下说明插入转接器T40058的定位销（图7-2-20）。

a. 大直径一端（箭头1）指向发动机。

b. 小直径一端（箭头2）指向适配接头。

❷ 用转接器T40058和弯头梅花扳手顶住曲轴。只能沿发动机运转方向转动曲轴（图7-2-21中箭头方向）。

❸ 凸轮轴中的螺纹孔必须朝上。如图7-2-22所示为气缸列2的气缸盖（左侧）。

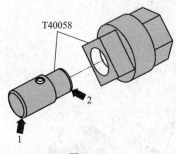

图 7-2-20

图 7-2-21

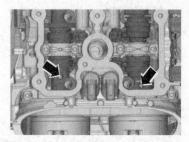

图 7-2-22

❹ 将凸轮轴固定装置 T40133 安装到两个气缸盖上（箭头），并用 25N·m 的力矩拧紧（图 7-2-23）。

❺ 将曲轴 TDC 标记螺旋塞（箭头）从气缸体中拧出（图 7-2-24）。

❻ 将锁销 T40069 用 25N·m 的力矩拧入孔中；必要时稍微来回转动曲轴 1，以便完全对准螺栓（图 7-2-25）。

提示：正时链链条张紧器已用机油润湿，只能缓慢均匀地用力压紧。

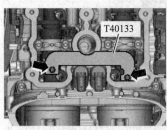

图 7-2-23

图 7-2-24

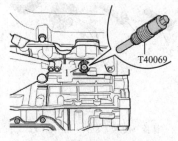

图 7-2-25

❼ 用螺丝刀 1 向内按压左侧凸轮轴正时链链条张紧器的滑轨到极限位置，用锁销 T40071 卡住链条张紧器（图 7-2-26）。

❽ 用螺丝刀 1 向内按压右侧凸轮轴正时链链条张紧器的滑轨到极限位置，用锁销 T40071 卡住链条张紧器（图 7-2-27）。

❾ 用顶住工具 3036 顶住相关凸轮轴控制器，然后用专用扳手 T10035 松开螺栓（图 7-2-28）。

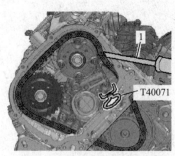

图 7-2-26

图 7-2-27

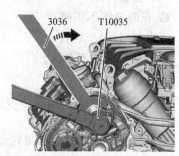

图 7-2-28

❿ 用带销扳手 3212 顶住相关凸轮轴链轮，然后用专用扳手 T10035 松开螺栓（图 7-2-29）。

⓫ 为便于重新安装，用油漆标记凸轮轴控制器和凸轮轴链轮的安装位置。拧下左侧（图 7-2-30）和右侧（图 7-2-31）气缸盖上的螺钉 1 及 2，然后拆下凸轮轴控制器和凸轮轴链轮。

⓬ 将曲轴 1 固定在 TDC 位置（用锁销 T40069 紧固，力矩为 25N·m），如图 7-2-25 所示。

⓭ 用凸轮轴固定装置 T40133 将 2 个气缸盖上的凸轮轴固定在 TDC 位置（图 7-2-23 中箭头）。

⓮ 根据拆卸期间所做的标记安装凸轮轴链轮。安装凸轮轴链轮时，应确保凸轮轴链轮的销接合在凸轮轴上的孔中（图 7-2-32 中箭头）。

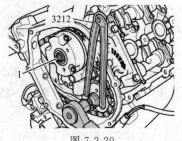

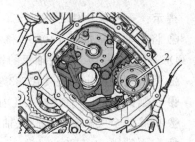

图 7-2-29　　　　　　　　　图 7-2-30　　　　　　　　　图 7-2-31

⑮ 逆时针转动凸轮轴上的凸轮轴链轮，直到转不动为止（图 7-2-33 中箭头）。

图 7-2-32　　　　　　　　　图 7-2-33　　　　　　　　　图 7-2-34

⑯ 标记点 1 必须正对设置窗口 2（图 7-2-34）。
⑰ 根据拆卸期间所做的标记重新安装凸轮轴控制器。
⑱ 凸轮轴控制器上的凹槽 1 必须正对设置窗口 2（图 7-2-35）。
⑲ 将左侧（图 7-2-30）和右侧（图 7-2-31）正时链安装到传动链轮上，安装凸轮轴控制器和凸轮轴链轮，然后松松地拧入螺钉 1 和 2。应在不倾斜的情况下仍能转动凸轮轴上的凸轮轴控制器和凸轮轴链轮。
⑳ 拆下锁销 T40071。
㉑ 根据拆卸期间所做的标记将凸轮轴控制器重新安装到右侧气缸盖上。
㉒ 将带销扳手 3212 安装到右侧排气凸轮轴的凸轮轴正时齿轮上。
㉓ 请另一位技师沿箭头方向按压凸轮轴链轮，以保持正时链预张紧（图 7-2-29）。在仍保持凸轮轴链轮预张紧的情况下按照以下力矩拧紧螺钉：排气凸轮轴 80N·m；进气凸轮轴 80N·m。
㉔ 用顶住工具 3036 顶住相关凸轮轴控制器，然后用专用扳手 T10035 松开螺栓（图 7-2-28）。

图 7-2-35

㉕ 请另一位技师按压顶住工具，以保持正时链预张紧。在仍保持凸轮轴控制器预张紧的情况下按照以下力矩拧紧螺钉：排气凸轮轴 80N·m；进气凸轮轴 80N·m。
㉖ 按表 7-2-1 所示方式拧紧左侧（图 7-2-30）和右侧（图 7-2-31）气缸盖上的凸轮轴调节器和凸轮轴链轮的螺栓（1 和 2）。

表 7-2-1

挡	螺栓	拧紧力矩
2	1	排气凸轮轴上，80N·m+90°
2	2	进气凸轮轴上，80N·m+90°

㉗ 将凸轮轴固定装置 T40133 从两个气缸盖上取下（图 7-2-32 中箭头）。
提示：图 7-2-32 中标出的是气缸列 2（左侧）的气缸盖。
㉘ 取下锁销 T40069（图 7-2-25）。

提示：如果意外转过了TDC，则必须将曲轴再次转回约30°，重新转到TDC。

㉙ 将曲轴用转接器T40058和弯曲的环形扳手沿发动机运转方向转动2圈（箭头），直至曲轴重新到达TDC（图7-2-21）。凸轮轴里的螺纹孔（箭头）必须指向上面（图7-2-22）。

㉚ 将凸轮轴固定装置T40133安装到两个气缸盖上（箭头），并用25N·m的力矩拧紧（图7-2-23）。

㉛ 将锁销T40069直接拧入孔内。锁销T40069必须卡入曲轴1的固定孔里，否则再次调整（图7-2-25）。

㉜ 拆除两个气缸盖上的凸轮轴固定装置。

㉝ 取下锁销T40069。

㉞ 安装曲轴上TDC标记的螺塞。

㉟ 按照与拆卸相反的顺序继续进行安装。

后续工作如下。

a. 安装气缸盖罩。

b. 安装正时链盖。

三、2.7L、3.4L、3.8L、3.8T发动机（2011~2016年）

1. 适用车型

a. 保时捷博克斯特（Boxstrr）系列2.7L、3.4L发动机，2013~2016年。

b. 保时捷卡曼（Cayman）系列2.7L、3.4L发动机，2013~2016年。

c. 保时捷卡雷拉系列3.4L、3.8L发动机，2011~2015年。

d. 保时捷911系列3.4L、3.8L、3.8T发动机，2013~2016年。

2. 专用工具

a. 定位销9595/1（图7-3-1）；b. 锁紧工具9772（图7-3-2）；c. 转动装置9773（图7-3-3）；d. 固定扳手9775（图7-3-4）。

3. 部件标记和区别特征

凸轮轴标记在与二面体相邻的表面上（图7-3-5）。

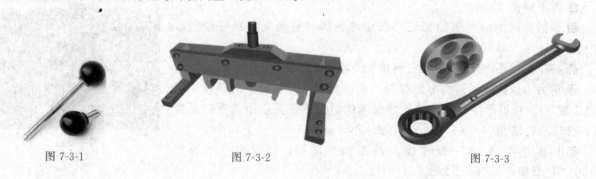

图7-3-1　　　　图7-3-2　　　　图7-3-3

图7-3-4

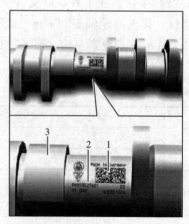

图7-3-5

零件号和数据矩阵编码标记（在插入凸轮轴时可起到帮助作用）：如图 7-3-5 所示，1 表示数据矩阵编码；2 表示零件号；3 表示用于设置正时的圆锥二面体。

（1）凸轮轴上的零件号

❶ 进气侧。

进气凸轮轴如图 7-3-6 所示（1 表示气缸 4~6，2 表示气缸 1~3）。

2.7L 发动机 MA1.22：气缸列 4~6 上的进气凸轮轴（短），标记 9A1.105.280.02。

2.7L 发动机 MA1.22：气缸列 1~3 上的进气凸轮轴，标记 9A1.105.279.02。

3.4L 发动机 MA1.23：气缸列 4~6 上的进气凸轮轴（短），标记 9A1.105.284.01。

3.4L 发动机 MA1.23：气缸列 1~3 上的进气凸轮轴，标记 9A1.105.280.01。

❷ 排气侧。

排气凸轮轴如图 7-3-7 所示（1 表示气缸 4~6，2 表示气缸 1~3）。

2.7L 发动机 MA1.22：气缸列 4~6 上的排气凸轮轴（短），标记 9A1.105.282.01。

2.7L 发动机 MA1.22：气缸列 1~3 上的排气凸轮轴，标记 9A1.105.281.01。

3.4L 发动机 MA1.23：气缸列 4~6 上的排气凸轮轴（短），标记 9A1.105.286.01。

3.4L 发动机 MA1.23：气缸列 1~3 上的排气凸轮轴，标记 9A1.105.285.01。

（2）排气链轮的区别特征

1~3：气缸 1~3 上的排气凸轮轴链轮，高压燃油泵驱动器，凹槽为 13.5mm 和 11.6mm 深（图 7-3-8）。

4~6：气缸 4~6 上的排气凸轮轴链轮，真空泵驱动器，两个凹槽深度均为 11.6mm（图 7-3-8）。

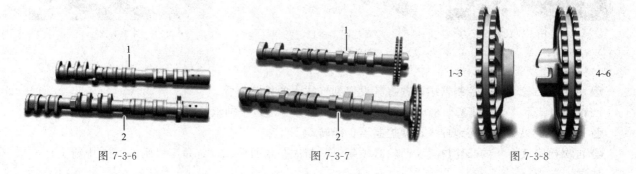

图 7-3-6　　　　　　　图 7-3-7　　　　　　　图 7-3-8

（3）凸轮轴支座

轴承鞍座：气缸盖上部和下部的匹配号码，位于前部（链条箱侧）。

轴承盖：气缸盖的匹配号码以及向气缸进气侧和排气侧分配的匹配号码（例如，A1 对应气缸 1 的排气侧）。

4. 安装凸轮轴并设置正时（气缸 4~6）

注意：防止部件沾染灰尘和脏污。清洁或更换脏污部件。

❶ 将曲轴顺时针（发动机的旋转方向）转至减振器处 TDC 前 60°的位置。此位置在表面上标记为 U3/6，用定位销 9595/1 加以固定（图 7-3-9）。

❷ 在装配支架处转动发动机，以使要安装的气缸列位于顶部。

❸ 检查匹配号码，检查机油孔的位置，然后在定位销套筒上放置并安装该部件（图 7-3-10）。

❹ 用新机油涂抹凸轮轴的轴承表面。改造发动机时，在轴承上涂一层薄薄的润滑脂（零件号 000.043.204.17）。检查所有的液压挺杆是否安装正确。

❺ 检查排气链轮中是否安装有新摩擦片 1（图 7-3-11）。

❻ 安装排气凸轮轴 1 和链轮 2（图 7-3-12）。

❼ 仅稍稍拧紧中央螺钉，使链轮仍能转动。

图 7-3-9　　　　　　　　　图 7-3-10　　　　　　　　　图 7-3-11

❽ 提起正时链并将凸轮轴和链轮安放在气缸 4 的重叠位置。凸轮必须朝下,与火花塞凹槽成一定角度,且凸轮轴必须位于轴承位置,不用拧紧。

❾ 检查是否有新摩擦片 1 安装在凸轮轴控制器 2 中(图 7-3-13)。

❿ 插入进气凸轮轴。

⓫ 提起正时链并将其接合,然后固定凸轮轴控制器(图 7-3-14)。

 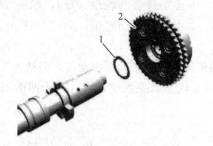 

图 7-3-12　　　　　　　　　图 7-3-13　　　　　　　　　图 7-3-14

1—摩擦片;2—控制器

⓬ 将进气凸轮轴导入控制器中,并将其设置到气缸 4 的重叠位置。凸轮必须朝下,与火花塞凹槽成一定角度,且凸轮轴必须位于轴承位置,不用拧紧。

⓭ 用手将中央螺钉松松地拧入,使控制器仍能转动。

⓮ 再次检查气缸 4 的凸轮位置。凸轮必须朝下,与火花塞凹槽成一定角度(图 7-3-15 中箭头)。

注意:

a. 另一项特征是数据矩阵编码标记(在二面体旁重新修复的表面上),这些标记必须在重叠位置处正对操作人员。

b. 如果正时链定位不当,则表明链轮和正时链磨损过多,会导致发动机损坏。执行目视检查张紧轨和导轨上正时链的位置(图 7-3-16)。

⓯ 使用手电筒检查正时链 1 是否位于张紧轨和导轨上的导向销之间(图 7-3-17 中箭头)。

⓰ 用新机油涂抹凸轮轴的轴承表面。改造发动机时,在轴承上涂一层薄薄的润滑脂(零件号 000.043.204.17)。

图 7-3-15　　　　　　　　　图 7-3-16　　　　　　　　　图 7-3-17

1—数据矩阵编码;2—零件号;
3—用于设置正时的圆锥二面体

⑰ 安装轴承鞍座和轴承盖。安装时请遵循标记，将 4 个外 Torx 螺钉（M6×55）安装在轴承鞍座上。在每个轴承盖上安装 2 个外 Torx 螺钉（M6×37）。安装螺钉并按照紧固顺序将其拧紧，如图 7-3-18 所示。

推荐工具：电子扭矩扳手，100N·m。初拧紧 5N·m，后续拧紧 5N·m，最终旋转 50°。

⑱ 通过拉动和按压凸轮轴控制器及链轮检查轴向轴承间隙。必须存在可明显感觉到的间隙，否则必须重新安装轴。

⑲ 拧入带有新密封件的链条张紧器并将其拧紧，紧固力矩为 80N·m。

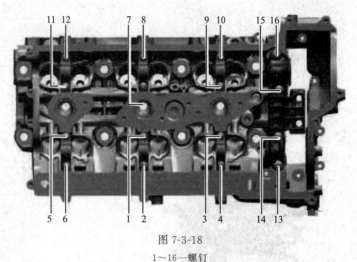

图 7-3-18
1～16—螺钉

⑳ 将锁紧工具 9772 放置在凸轮轴重新修复的二面体 1 上。检查进气侧 A 和排气侧 E 的位置（图 7-3-19）。

㉑ 将锁紧工具 9772 安装在气缸盖和凸轮轴上，用 4 个螺钉 1 固定到气缸盖上（使用气缸盖罩的 M6×25 螺钉），仅稍稍拧紧螺钉（图 7-3-20）。

㉒ 拧紧调节螺钉（箭头位置），方法是使用扭矩扳手 1，紧固力矩为 10N·m（图 7-3-21）。

图 7-3-19

图 7-3-20

图 7-3-21

㉓ 将曲轴顺时针（发动机的旋转方向）转至减振器处的 TDC 标记位置。此位置在表面上标记为 OT1/4（图 7-3-22）。用定位销 9595/1 加以固定。

图 7-3-22

㉔ 预拧紧链轮和凸轮轴控制器的中央螺钉。对链轮上的中央螺钉进行初拧，执行此操作时，用固定扳手 9775 顶住。紧固力矩为 30N·m。对凸轮轴控制器上的中央螺钉进行初拧，执行此操作时，用一个长开口扳手（a/f32）顶住驱动器。紧固力矩为 30N·m。在对中央螺钉执行最终拧紧（扭矩角）之前，必须拆下锁紧工具 9772（图 7-3-23 和图 7-3-24）。

㉕ 拆下锁紧工具 9772，松开调节螺钉。由于工具中存在张力，出现噪声完全正常。拧下气缸盖上的紧固螺钉并拆下工具。

㉖ 用扭矩角度扳手将链轮和凸轮轴控制器上的中央螺钉拧紧至规定的最终紧固扭矩。拧紧链轮上的中央螺钉，执行此操作时，用固定扳手 9775 顶住。扭矩角度为 60°+5°，拧紧凸轮轴控制器上的中央螺钉，执行此操作时，用长开口扳手（a/r32）顶住，扭矩角度为 90°。

图 7-3-23

1—固定扳手；2—扭矩角度扳手

图 7-3-24

1—长开口扳手；2—扭矩角度扳手

5. 安装凸轮轴并设置正时（气缸1~3）

注意：防止部件沾染灰尘和脏污。清洁或更换脏污部件。在对中央螺钉执行最终拧紧（扭矩角）之前，必须拆下锁紧工具9772。

❶ 继续将曲轴顺时针（发动机的旋转方向）转至减振器处TDC前60°的位置。

❷ 此位置在表面上标记为U3/6，用定位销9595/1加以固定（图7-3-9）。

❸ 在装配支架上转动发动机，直到气缸1~3位于上部。

❹ 检查匹配号码，检查机油孔的位置，然后在定位销套筒上放置并安装该部件。

❺ 用新机油涂抹凸轮轴的轴承表面。改造发动机时，在轴承上涂一层薄薄的润滑脂（零件号000.043.204.17）。检查所有的液压挺杆是否安装正确。

❻ 检查链轮中是否安装有新摩擦片1（图7-3-11）。

❼ 安装排气凸轮轴和链轮。仅稍稍拧紧中央螺钉，使链轮仍能转动。提起正时链并将凸轮轴和链轮放置在气缸1的重叠位置。凸轮必须朝外，与气缸盖壁成一定角度，且凸轮轴必须位于轴承位置，注意不要太紧。另一个特征是二面体旁重新修复的表面上的数据矩阵编码标记，这些标记必须在重叠位置处正对操作人员。

❽ 为了在启动发动机时使用高压泵形成正确的压力，必须将排气链轮放置在正确的位置。

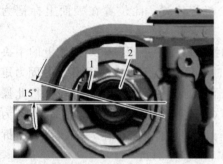

图 7-3-25

❾ 安装排气凸轮轴后，必须将链轮2与高压燃油泵驱动器1对齐。垂直放置气缸盖。放置链轮时，必须通过驱动器上较深的凹槽（13.5mm）使链轮朝向左上方，并与气缸盖的密封面约成15°角（图7-3-25）。

❿ 检查是否有新摩擦片安装在凸轮轴控制器中。

⓫ 插入进气凸轮轴。

⓬ 提起正时链并将其接合，然后固定凸轮轴控制器。将进气凸轮轴导入控制器中，并将其设置到气缸1的重叠位置。凸轮必须朝外，与气缸盖壁成一定角度，且凸轮轴必须位于轴承位置，注意不要太紧。凸轮轴上的数据矩阵编码标记必须正对操作人员。用手稍稍拧紧中央螺钉，使凸轮轴控制器仍能转动。

⓭ 安装轴承鞍座和轴承盖之前，请检查气缸1的凸轮位置。凸轮必须朝外并与气缸盖壁成一定角度

（图 7-3-26 中箭头）。再次检查排气链轮的位置（高压燃油泵驱动器的位置）。

⑭ 使用手电筒检查正时链是否位于张紧轨和导轨上的导向销之间（图 7-3-17 中箭头）。

⑮ 用新机油涂抹凸轮轴的轴承表面。改造发动机时，在轴承上涂一层薄薄的润滑脂（零件号 000.043.204.17）。

⑯ 安装轴承鞍座和轴承盖。安装时请遵循标记，将 4 个外螺钉（M6×55）安装在轴承鞍座上。在每个轴承盖上安装 2 个外 Torx 螺钉（M6×37）。按照规定的紧固顺序，安装并拧紧轴承盖和轴承鞍座的螺钉（与气缸 4~6 的操作一样）。

⑰ 通过拉动和按压凸轮轴控制器及链轮检查轴向轴承的间隙。

⑱ 必须存在可明显感觉到的间隙，否则必须重新安装轴！

⑲ 拧入带有新密封件的链条张紧器并将其拧紧，紧固力矩为 80N·m。

⑳ 调节装置位于凸轮轴重新修复的二面体上。检查进气侧和排气侧的位置。

㉑ 锁紧工具 9772 必须安装在气缸盖和凸轮轴上。用 4 个螺钉固定到气缸盖上（气缸盖的 M6×25 螺钉）。用手稍稍拧紧螺钉。

㉒ 拧紧锁紧工具 9772 上的调节螺钉。调节螺钉的紧固力矩为 10N·m。

㉓ 将曲轴顺时针（发动机的旋转方向）转至减振器处气缸 1 和 4 的 TDC 标记位置。此位置在减振器上标记为 TDC1/4。用定位销 9595/1 加以固定。

㉔ 检查排气链轮的位置。必须通过驱动器上较深的凹槽 1（13.5mm）将链轮朝左上方放置，并与气缸盖的密封面约成 45°。如果与上述情况不符，则必须将排气凸轮轴与链轮重新对齐（图 7-3-27）。

图 7-3-26

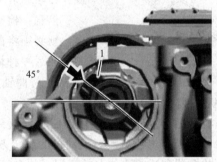

图 7-3-27

㉕ 预拧紧链轮和凸轮轴控制器的中央螺钉。对链轮上的中央螺钉进行初拧，执行此操作时，用固定扳手 9775 顶住。紧固力矩为 30N·m。对凸轮轴控制器上的中央螺钉进行初拧，执行此操作时，用一个长开口扳手（a/f32）顶住驱动器。紧固力矩为 30N·m。

㉖ 锁紧工具 9772 必须拆下，松开调节螺钉。由于工具中存在张力，出现噪声完全正常。拧下气缸盖上的紧固螺钉并拆下工具。

㉗ 用扭矩角度扳手将链轮和凸轮轴控制器上的中央螺钉拧紧至规定的最终紧固扭矩。拧紧链轮上的中央螺钉，执行此操作时，用固定扳手 9775 顶住。扭矩角度为 60°+5°。拧紧凸轮轴控制器上的中央螺钉，执行此操作时，用一个长开口扳手（a/f32）顶住。扭矩角度为 90°。

㉘ 再次检查两侧的凸轮轴位置（注意重叠位置）。在锁紧工具 9772 处，必须能够用手拧入调节螺钉。取出工具，完成发动机的安装。

6. 后续安装

❶ 安装气缸盖罩。

❷ 使用新密封件安装曲轴箱强制通风装置盖。在密封件上涂抹润滑脂。拧紧 M6 紧固螺钉。紧固力矩为 13N·m。

❸ 安装曲轴箱强制通风管路。

❹ 气缸 1~3：安装高压燃油泵。

❺ 气缸 4~6：安装真空泵。

❻ 安装火花塞。
❼ 安装点火线圈。
❽ 用新的密封件安装排气歧管
❾ 安装发动机。

四、3.6L 发动机（2010～2013 年）

1. 适用车型
保时捷帕纳美拉（Panamera）系列。

2. 检查发动机正时
（1）准备工作
a. 拆下进气分配器。
b. 拆下杆式点火模块。
c. 拆下缸盖罩。

（2）专用工具
凸轮轴杆 T10068 A 如图 7-4-1 所示。

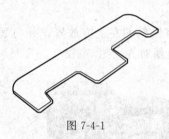

图 7-4-1

（3）检查步骤

注意：曲轴操作不正确，可能导致正时系统损坏。在链条张紧器拆除的情况下，切勿逆方向转动曲轴。应谨慎执行操作，仅在曲轴处转动发动机。操作凸轮轴后应重置正时，遵守一般警告注释和操作规定的要求。

信息：检查正时时不必拆下发动机！如果无法将凸轮轴杆插入凸轮轴槽内，则必须将曲轴沿发动机旋转方向再转动一周，或者必须考虑正时链的公差。在后一种情况中，必须将曲轴转动至标记上方约 5mm 处。

❶ 将曲轴定位在气缸 1 的 TDC 处。不按发动机的旋转方向转动可能会使发动机受到不可修复的损坏。

❷ 在减振器紧固螺钉处转动曲轴，直到曲轴位于气缸 1 的 TDC 处为止（从顶部/减振器看，发动机的旋转方向为逆时针方向）。

❸ 减振器和连接法兰上的标记必须对齐（图 7-4-2 中箭头）。

❹ 气缸 1 上的 4 个凸轮必须同时全部朝上（压缩 TDC）。

❺ 插入凸轮轴杆。凸轮轴杆 A 必须同时安装在进气和排气凸轮轴的凹槽内（图 7-4-3）。

❻ 正时链罩上有两个标记 MPI 和 FSI。机油控制壳上的标记（后视图）如图 7-4-4 所示。机油控制壳上的标记（前视图）如图 7-4-5 所示。该 FSI 标记必须用于此发动机。

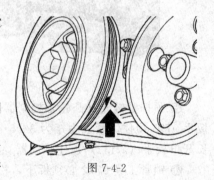

图 7-4-2

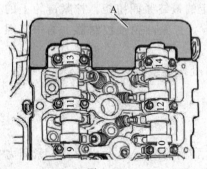

图 7-4-3

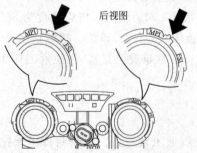

图 7-4-4

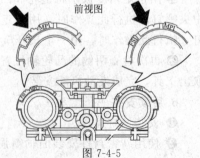

图 7-4-5

❼ 压印在进气凸轮轴控制器上的箭头 1 必须与正时链罩上的 FSI 标记 2 对齐（图 7-4-6）。

❽ 排气凸轮轴控制器上的切口 1 必须与正时链罩上的 FSI 标记 2 对齐（图 7-4-7）。

❾ 如果凸轮轴控制器上的 FSI 标记与正时链罩上的标记匹配，则正时设置正确。
❿ 如果标记不匹配，则必须重新设置正时。

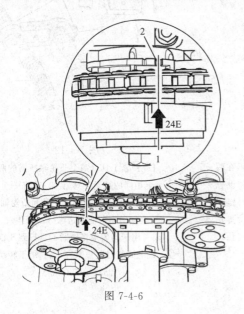

图 7-4-6

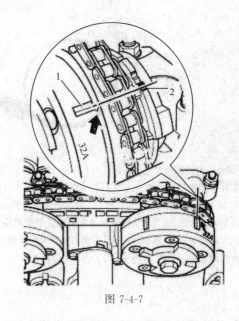

图 7-4-7

⓫ 后续工作如下。
a. 安装气缸盖罩。
b. 安装杆式点火模块。
c. 安装进气分配器。

3. 设置凸轮轴的正时

❶ 专用工具。
a. 定位销 9595/1（图 7-4-8）；
b. 锁紧工具 9678/1（图 7-4-9）；
c. 辅助链条张紧器 9683/1（图 7-4-10）。

图 7-4-8

图 7-4-9

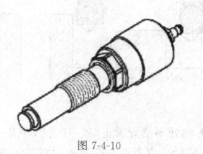

图 7-4-10

❷ 准备工作。
a. 拆下两个气缸列上的气缸盖罩（气门室盖）。
b. 应拆下火花塞以使曲轴更易于转动。
❸ 凸轮轴的正时如图 7-4-11 所示。
信息：正确的设置和可能出现的错误。
❹ 设置正时。如图 7-4-12 所示，锁紧工具安装在 3/4 缸和 7/8 缸之间。通过在六角体处前后移动凸轮轴将锁紧工具小心且均匀地（用手拧紧）拧到气缸盖上。
❺ 通过在六角体处前后移动凸轮轴，小心且均匀地将锁紧工具放置到气缸盖上（用手拧紧）。不要用力，而是轻轻且小心地转动（图 7-4-13）。

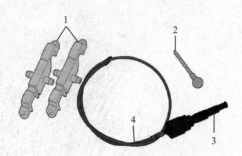

图 7-4-11

1—需要一对凸轮轴的锁紧工具以用于调节凸轮轴（锁紧工具 9678/1，必须在两个气缸盖的镜像中使用此工具）；2—定位销 9595/1（用于振动平衡器和设置 TDC 的正时箱盖之间的锁紧孔）；3—辅助链条张紧器 9683/1［因为长正时链存在公差，所以在 V8 发动机中需要装配辅助链条张紧器 9683/1 用于准确设置正时。不适用于 4.5L 发动机。用几滴商用气动油润滑连接（以防止内活塞卡住）。操作压力为 $(5.0\sim5.5)\times10^5 Pa$］；4—压缩空气软管

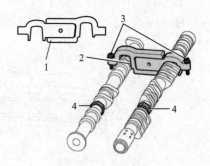

图 7-4-12

1—锁紧工具（四个凸轮轴所需的两个相同的锁紧工具）；2—仅在一个位置中安装作为锁紧工具和凸轮轴之间固定点的侧边缘（二面体）；3—用于均匀地将锁紧工具拧到气缸盖上的气门室盖螺钉；4—用于转动凸轮轴的六角体

❻ 此处不能设置正时，这是因为侧边缘（二面体）的宽部朝上。转动凸轮轴，直至窄部朝上。

位于错误位置的两个凸轮轴如图 7-4-14 所示。

❼ 此处不能设置正时，这是因为有一个凸轮轴侧边缘（二面体）的宽部朝上。转动相关凸轮轴，直至窄部朝上。

一个凸轮轴正确、一个凸轮轴不正确如图 7-4-15 所示。

图 7-4-13　　　　　图 7-4-14　　　　　图 7-4-15

❽ 此处不能设置正时，这是因为有一个凸轮轴侧边缘（二面体）的宽部朝上，一个凸轮轴稍稍弯曲。转动凸轮轴，直至两个凸轮轴的窄部正确朝上。

两个凸轮轴放置的角度不同且都不正确如图 7-4-16 所示。

❾ 此处不能设置正时，这是因为一个凸轮轴稍稍弯曲。稍稍转动相关凸轮轴，直至窄部朝上。

一个位于正确位置的凸轮轴以及一个位于位置稍稍有误的凸轮轴如图 7-4-17 所示。

❿ 此处不能设置正时，这是因为扭转了锁紧工具。转动锁紧工具，请注意工具的高度差异，以及气缸盖中凸轮轴的位置。

已扭转的锁紧工具（凸轮轴高度的结构差异）如图 7-4-18 所示。

⓫ 正确放置凸轮轴（凸轮轴的两个侧边缘都具有均匀朝上的窄部）时，能够很容易地放置该工具。

在凸轮轴上均匀安装如图 7-4-19 所示。

⓬ 用气门室盖螺钉连接锁紧工具，以便能够将锁紧工具均匀地拧到气缸盖上。可以将工具直接固定在气缸盖上，也可以使其离气缸盖有一小段距离，具体取决于凸轮轴或气缸盖处的部件公差（图 7-4-20）。

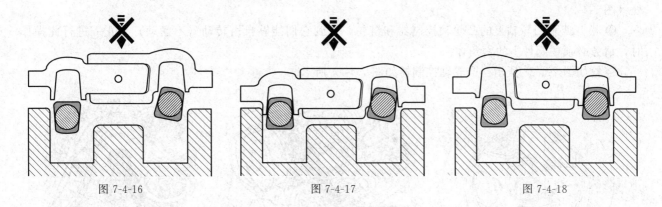

图 7-4-16　　　　　　　　图 7-4-17　　　　　　　　图 7-4-18

⑬ 如有必要，只需用手电筒进行目视检查。主要因素是两侧的距离应相等。必须通过用手拧紧来安装气门室盖螺钉。

在气缸盖上均匀拧入的锁紧工具如图 7-4-20 所示。

⑭ 锁紧工具在气缸盖上弯曲如图 7-4-21 所示。主要因素是两侧的距离应相等，这是一个可能容易忽视的错误设置。

若已弯曲，则表明气缸盖上的工具位置不均匀。

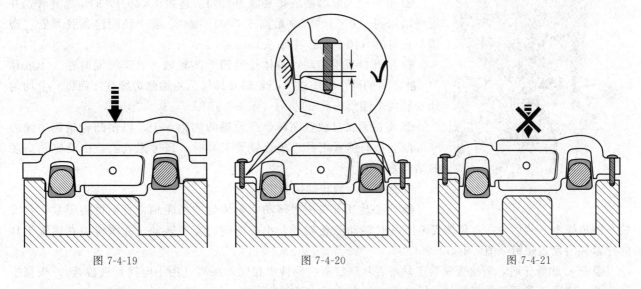

图 7-4-19　　　　　　　　图 7-4-20　　　　　　　　图 7-4-21

注意：

a. 曲轴操作不正确，可能导致正时系统损坏。

b. 在链条张紧器拆除的情况下，切勿逆转动方向转动曲轴。

c. 应谨慎执行操作。

d. 仅在曲轴处转动发动机。

e. 操作凸轮轴后应重置正时。

f. 遵守一般警告注释和操作规定的要求。

g. 正时设置不正确：当心损坏发动机；发动机运转不平稳；发动机动力不足。

⑮ 安装锁紧工具时不要用力。

⑯ 请确保两侧的间隙相等。

⑰ 插入锁紧工具时，如果转动凸轮轴时遇到阻力，请勿用力强行转动。

⑱ 发动机必须位于上止点。

⑲ 相对侧气缸必须位于点火 TDC 处。

⑳ 在振动平衡器处转动曲轴，以使振动平衡器的锁紧孔 2 位于正时箱盖上的下部锁紧点 1 前方约 45°

处（图 7-4-22）。

㉑ 松开四个凸轮轴上的凸轮轴控制器和链轮，直到它们能够自由转动（不摆动）为止。进行此操作时，请务必顶住部件上的六角体。

链轮如图 7-4-23 所示。凸轮轴控制器如图 7-4-24 所示。

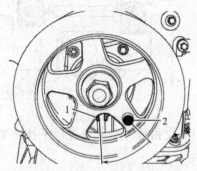
图 7-4-22

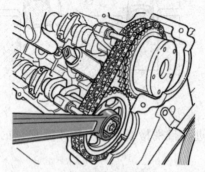
图 7-4-23

图 7-4-24

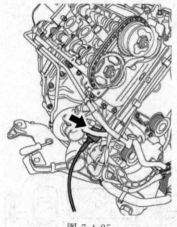
图 7-4-25

㉒ 拧下发动机传动链张紧装置。

㉓ 在下面放置布片以接住油滴。

㉔ 用手拧入辅助链条张紧器 9683/1。连接 1×10^5 Pa 的压缩空气，并缓慢增加到 5.0×10^5 Pa（最高 5.5×10^5 Pa），防止装配链条张紧器"碰撞"正时链（图 7-4-25 中箭头）。

㉕ 用开口扳手转动六角体处的四个凸轮轴，直至可同时在 3/4 缸和 7/8 缸之间的两个相关进气凸轮轴及排气凸轮轴侧边缘（二面体）上均匀地安装两个锁紧工具 9678/1（图 7-4-26）。

㉖ 将锁紧工具放置在两个凸轮轴的侧边缘上，以便凸轮轴侧边缘的窄端向上指向锁紧工具。放置锁紧工具时，请考虑气缸盖中凸轮轴高度的结构差异。

如有必要，请转动锁紧工具。

㉗ 小心地用开口扳手转动六角体处的凸轮轴，直至可将锁紧工具安装在侧边缘上。然后，在六角体安装工具时转动凸轮轴处，小心地前后交替转动，并缓慢地在锁紧工具处拧紧气门室盖螺钉（图 7-4-27）。

㉘ 进行此操作时，请检查锁紧工具是否从气缸盖两侧伸出相同的距离（用手电筒目视检查）。根据生产公差，锁紧工具可能会直接位于气缸盖上，也可能会存在小间隙。

㉙ 均匀地安装锁紧工具时，应正确固定每个部件，并且在转动六角体时凸轮轴上不再有任何间隙。

安装工具时转动凸轮轴。

a. 在凸轮轴上均匀安装如图 7-4-28 所示。

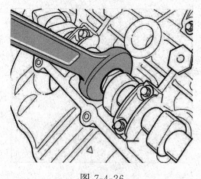
图 7-4-26

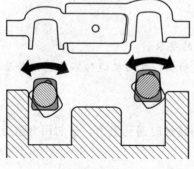
图 7-4-27

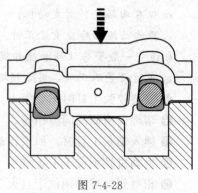
图 7-4-28

b. 在气缸盖上均匀拧入的锁紧工具如图 7-4-29 所示。

㉚ 以相同方式（安装凸轮轴）来设置其他气缸列。

㉛ 现在，已使用两个锁紧工具均匀地安装了全部四个凸轮轴，且不存在间隙。用手电筒检查凸轮轴时，可以看到凸轮轴的侧调整边缘和锁紧工具之间没有明显的间隙。

㉜ 将定位销 9595/1 插入振动平衡器的锁紧孔 2（图 7-4-30）。振动平衡器中的锁紧孔。

㉝ 转动振动平衡器处的曲轴 3，以便振动平衡器中的锁紧销滑入正时箱盖的下锁紧点 1。转动的同时，对锁紧销轻轻施加压力（图 7-4-30）。

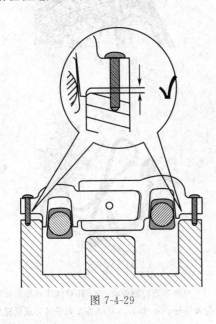

图 7-4-29

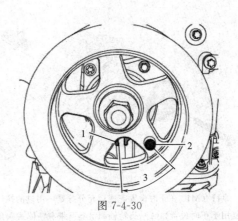

图 7-4-30

正时箱盖中的锁紧位置。

注意：如果不小心将振动平衡器转过了头，请勿尝试将其再次转回！

㉞ 必须将锁紧工具拆下且必须以只能对准气门（图 7-4-31）。

㉟ 以弹簧施加最小压力的方式转动凸轮轴。将曲轴转动一次并重新开始设置过程。

㊱ 正确安装凸轮轴和曲轴。

㊲ 按照说明拧紧四个凸轮轴上的凸轮轴控制器和链轮。

㊳ 进行此操作时，请务必顶住部件上的六角体。

请按照以下顺序操作链轮、凸轮轴控制器。

a. 排气凸轮轴 1～4 缸上的链轮。

b. 进气凸轮轴 1～4 缸上的凸轮轴控制器。

c. 进气凸轮轴 5～8 缸上的凸轮轴控制器。

d. 排气凸轮轴 5～8 缸上的链轮。

链轮如图 7-4-32 所示。凸轮轴控制器如图 7-4-33 所示。

㊴ 凸轮轴调整如图 7-4-34 所示。

㊵ 正时链和链轮如图 7-4-35 所示。

㊶ 拆下工具。

㊷ 安装传动链张紧装置。

后续工作如下。

a. 安装火花塞。

b. 在两个气缸列上安装气缸盖罩（气门室盖）。

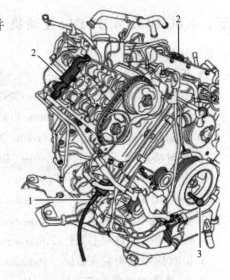

图 7-4-31

1—使用 $(5.0～5.5)\times10^5$ Pa 压力拧入的装配链条张紧器；2—凸轮轴上的两个固定锁紧工具；3—锁紧销将曲轴固定在 1 缸的 TDC 中

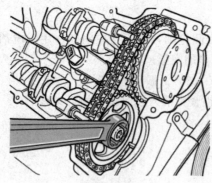

图 7-4-32

图 7-4-33

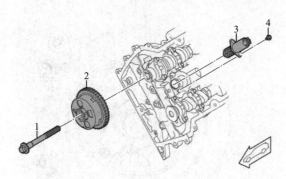

图 7-4-34

1—螺钉（M12 在正时设置完成后充分拧紧，用过的螺钉不得重复用于正时设置）；2—凸轮轴调整器（带有整体式六角工具，用于回顶）；3—凸轮轴控制的液压阀；4—螺钉（M5×12）

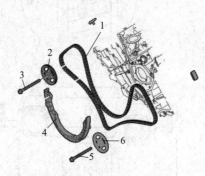

图 7-4-35

1—双链条凸轮轴传动；2—用整体式六角工具顶住凸轮轴链轮；3—螺钉（M12 在正时设置完成后充分拧紧，用过的螺钉不得重复用于正时设置）；4—偏转轨；5—螺钉（M8×35）；6—凸轮轴到凸轮轴导轨垫

五、4.8L DFI、4.8T DFI 发动机（2011～2016 年）

1. 适用车型

a. 保时捷卡宴 S（CayenneS）（4.8L DFI 发动机），2011～2014 年。
b. 保时捷卡宴 GTS（CayenneGTS）（4.8LDR DFI 发动机），2012～2014 年。
c. 保时捷卡宴 Turbo（CayenneTurbo）（4.8T DFI 发动机），2011～2014 年。
d. 保时捷卡宴 Turbo S（Cayenne Turbo S）（4.8T DFI 发动机），2013～2014 年。
e. 保时捷卡宴 Turbo（Cayenne Turbo）（4.8T DFI 发动机），2015～2016 年。
f. 保时捷卡宴 Turbo S（Cayenne Turbo S）（4.8T DFI 发动机），2015～2016 年。
g. 保时捷帕纳美拉 S（Panamera S）（4.8L DFI 发动机），2010～2013 年。
h. 保时捷帕纳美拉 4S（Panamera 4S）（4.8L DFI 发动机），2010～2013 年。
i. 保时捷帕纳美拉 GTS（Panamera GTS）（4.8L DFI 发动机），2012～2015 年。
j. 保时捷帕纳美拉 Turbo（Panamera Turbo）（4.8T DFI 发动机），2010～2015 年。
k. 保时捷帕纳美拉 Turbo S（Panamera Turbo S）（4.8T DFI 发动机），2012～2015 年。

2. 设置凸轮轴的正时

（1）专用工具

a. 定位销 9595/1（图 7-5-1）；b. 锁紧工具 9678/1（图 7-5-2）；c. 辅助链条张紧器 9683/1（图 7-5-3）。

（2）设置凸轮轴的正时

❶ 准备工作。

a. 拆下两个气缸列上的气缸盖罩（气门室盖）。

b. 应拆下火花塞以使曲轴更易于转动。

图 7-5-1　　　　　图 7-5-2　　　　　图 7-5-3

❷ 凸轮轴正时如图 7-5-4 所示。

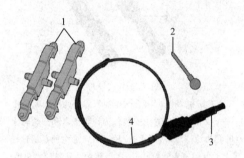

图 7-5-4

1—锁紧工具 9678/1（需要一对凸轮轴的锁紧工具以用于调节凸轮轴。必须在两个气缸盖的镜像中使用此工具）；2—定位销 9595/1（用于振动平衡器和设置 TDC 的正时箱盖之间的锁紧孔）；3—辅助链条张紧器 9683/1 [因为长正时链存在公差，所以在 V8 发动机中需要装配辅助链条张紧器 9683/1 用于准确设置正时。不适用于 4L 发动机。用几滴商用气动油润滑连接（以防止内活塞卡住）。操作压力为 $(5.0\sim5.5)\times10^5$ Pa]；4—压缩空气软管

❸ 气门正时 V6 发动机。

信息：对于 V6 发动机，请按以下说明操作。

a. V6 发动机的维修概念与 V8 发动机的维修概念相同。

b. 更多的重要偏差可参见单独说明。

c. 如果没有特别强调特殊装备，则可以使用 V8 发动机的装配和调节说明。

d. 凸轮轴相对于曲轴的气门正时的设置与 V8 发动机相同。

e. 根据曲轴对带有平衡轴的机油泵所做的调节必须正确无误。

f. 根据曲轴来正确调节平衡轴是进行凸轮轴气门正时的前提条件。

g. 如果 V6 发动机的曲柄传动出现振动，则还应检查平衡轴的设置是否正确。

h. 机油泵的锁紧位置如图 7-5-5 所示。

i. 视图 A 如图 7-5-6 所示（平衡轴上平衡块的顶视图），其为使用 6mm 钻头或锁紧销的锁紧位置。

j. 对边宽度（SW）为 36mm；用开口扳手顶住（图 7-5-7）。

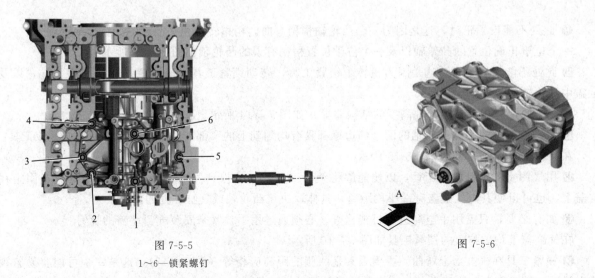

图 7-5-5　　　　　　　　　　　图 7-5-6

1～6—锁紧螺钉

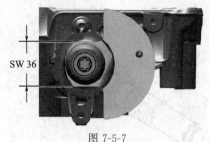

图 7-5-7

信息：正确的设置和可能出现的错误。

❹ 设置正时概图。如图 7-5-8 所示，锁紧工具和凸轮轴安装在 3/4 缸及 7/8 缸之间。通过在六角体处前后移动凸轮轴将锁紧工具小心且均匀地（用手拧紧）拧到气缸盖上。

❺ 通过在六角体处前后移动凸轮轴，小心且均匀地将锁紧工具放置到气缸盖上（用手拧紧）。不要用力，而是轻轻且小心地转动（图 7-5-9）。

❻ 此处不能设置正时，这是因为侧边缘（二面体）的宽部朝上。转动凸轮轴，直至窄部朝上。

位于错误位置的两个凸轮轴如图 7-5-10 所示。

❼ 此处不能设置正时，这是因为有一个凸轮轴侧边缘（二面体）的宽部朝上。转动相关凸轮轴，直至窄部朝上。

一个凸轮轴正确、一个凸轮轴不正确如图 7-5-11 所示。

❽ 此处不能设置正时，这是因为有一个凸轮轴侧边缘（二面体）的宽部朝上，一个凸轮轴稍稍弯曲。转动凸轮轴，直至两个凸轮轴的窄部正确朝上。

两个凸轮轴放置的角度不同且都不正确如图 7-5-12 所示。

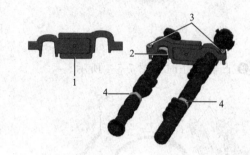

图 7-5-8

1—锁紧工具工具 9678/1（四个凸轮轴所需的两个相同的锁紧工具）；2—仅在一个位置中安装作为锁紧工具和凸轮轴之间固定点的侧边缘（二面体）；3—用于均匀地将锁紧工具拧到气缸盖上的气门室盖螺钉；4—用于转动凸轮轴的六角体

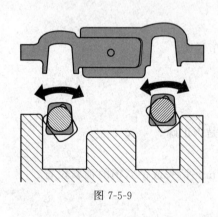

图 7-5-9

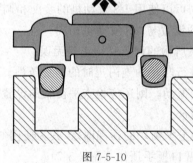

图 7-5-10

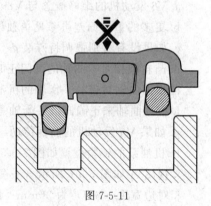

图 7-5-11

❾ 此处不能设置正时，这是因为一个凸轮轴稍稍弯曲。稍稍转动相关凸轮轴，直至窄部朝上。

一个位于正确位置的凸轮轴以及一个位于位置稍稍有误的凸轮轴如图 7-5-13 所示。

❿ 此处不能设置正时，这是因为扭转了锁紧工具，转动锁紧工具，请注意工具的高度差异，以及气缸盖中凸轮轴的位置。

已扭转的锁紧工具（凸轮轴高度的结构差异）如图 7-5-14 所示。

⓫ 正确放置凸轮轴（凸轮轴的两个侧边缘都具有均匀朝上的窄部）时，能够很容易地放置该工具。

在凸轮轴上均匀安装如图 7-5-15 所示。

⓬ 用气门室盖螺钉放置工具，以便能够将锁紧工具均匀地拧到气缸盖上。可以将工具直接固定在气缸盖上，也可以使其离气缸盖有一小段距离，具体取决于凸轮轴或气缸盖处的部件公差。

⓭ 如有必要，只需用手电筒进行目视检查。必须通过用手拧紧来安装气门室盖的螺钉。

在气缸盖上均匀拧入的锁紧工具如图 7-5-16 所示。

⓮ 锁紧工具在气缸盖上弯曲。主要因素是两侧的距离应相等（图 7-5-17），这是一个可能容易忽视的错误设置。若已弯曲，则表明气缸盖上的工具位置不正确。

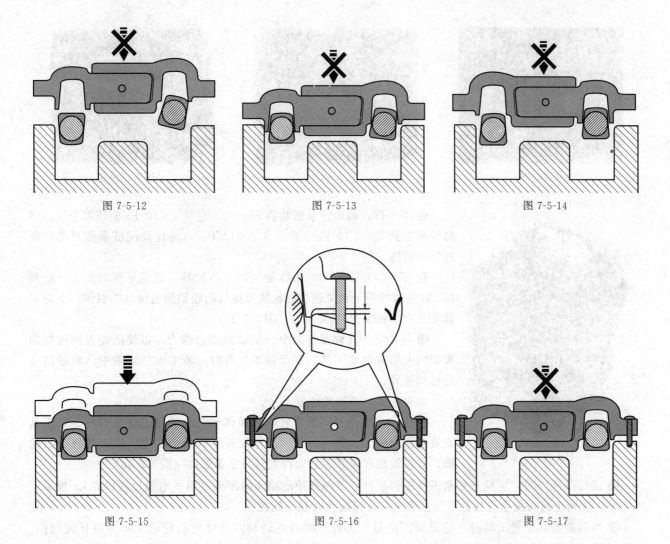

图 7-5-12　　　　　　　　图 7-5-13　　　　　　　　图 7-5-14

图 7-5-15　　　　　　　　图 7-5-16　　　　　　　　图 7-5-17

注意：

a. 曲轴操作不正确可能导致正时系统损坏。

b. 在链条张紧器拆除的情况下，切勿逆转动方向转动曲轴，应谨慎执行操作。

c. 仅在曲轴处转动发动机。

d. 操作凸轮轴后应重置正时。

e. 遵守一般警告注释和操作规定的要求。

f. 正时设置不正确：当心损坏发动机；发动机运转不平稳；发动机动力不足。

❺ 安装锁紧工具时不要用力。

❻ 应确保两侧的间隙相等。

❼ 插入锁紧工具时，如果转动凸轮轴时遇到阻力，请勿用力强行转动。

❽ 发动机必须位于上止点。

❾ 相对侧气缸必须位于点火 TDC 处。

❿ 在振动平衡器处转动曲轴，以使振动平衡器的锁紧孔 2 位于正时箱盖上的下部锁紧点 1 前方约 45°处（图 7-5-18）。

⓫ 松开四个凸轮轴上的凸轮轴控制器和链轮，直到它们能够自由转动（不摆动）为止。进行此操作时，请务必顶住部件上的六角体（图 7-5-19）。

⓬ 凸轮轴控制器如图 7-5-20 所示。

⓭ 拧下发动机传动链张紧装置。

⓮ 在下面放置布片以接住油滴。

图 7-5-18

图 7-5-19

图 7-5-20

图 7-5-21

㉕ 用手拧入辅助链条张紧器 9683/1。连接 $1×10^5$Pa 的压缩空气，并缓慢增加到 $5.0×10^5$Pa（最高 $5.5×10^5$Pa），防止装配链条张紧器"碰撞"正时链（图 7-5-21）。

㉖ 用开口扳手转动六角体处的四个凸轮轴，直至可同时在 3/4 缸和 7/8 缸之间的两个相关进气凸轮轴及排气凸轮轴侧边缘（二面体）上均匀地安装两个锁紧工具 9678/1（图 7-5-22）。

㉗ 将锁紧工具放置在两个凸轮轴的侧边缘上，以便凸轮轴侧边缘的窄端向上指向锁紧工具。放置锁紧工具时，请考虑气缸盖中凸轮轴高度的结构差异。

如有必要，可转动锁紧工具。

㉘ 应小心地用开口扳手转动六角体处的凸轮轴，直至可将锁紧工具安装在侧边缘上。然后，在六角体安装工具处小心地前后交替转动凸轮轴，并缓慢地在锁紧工具处拧紧气门室盖螺钉（图 7-5-23）。

㉙ 进行此操作时，应检查锁紧工具是否从气缸盖两侧伸出相同的距离（用手电筒目视检查）。根据生产公差，锁紧工具可能会直接位于气缸盖上，也可能会存在小间隙。

㉚ 均匀地安装锁紧工具时，应正确固定每个部件，并且在转动六角体时凸轮轴上不再有任何间隙。安装工具时应转动凸轮轴，并在凸轮轴上均匀安装，如图 7-5-24 所示。

图 7-5-22

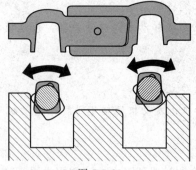
图 7-5-23

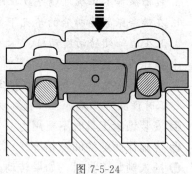
图 7-5-24

在气缸盖上均匀拧入锁紧工具，如图 7-5-25 所示。

㉛ 以相同方式（安装凸轮轴）设置其他气缸列。

㉜ 现在，已使用两个锁紧工具均匀地安装了全部四个凸轮轴，且不存在间隙。用手电筒检查凸轮轴时，可以看到凸轮轴的侧调整边缘和锁紧工具之间没有明显的间隙。

㉝ 将定位销 9595/1 插入振动平衡器的锁紧孔 2（图 7-5-18）。

㉞ 转动振动平衡器处的曲轴 3，以便振动平衡器中的锁紧销滑入正时箱盖的下锁紧点 1。转动的同时，对锁紧销轻轻施加压力（图 7-5-18）。

注意：如果不小心将振动平衡器转过了头，请勿尝试将其再次转回！

㉟ 必须将锁紧工具拆下且必须指对气门（图 7-5-26）。
㊱ 以弹簧施加最小压力的方式转动凸轮轴。将曲轴转动一次并重新开始设置过程。
㊲ 正确安装凸轮轴和曲轴。

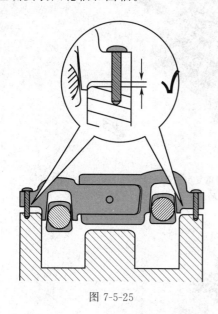

图 7-5-25

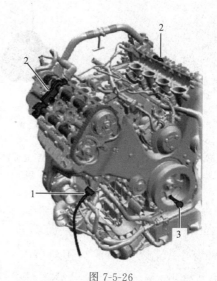

图 7-5-26

1—使用 $(5.0\sim5.5)\times10^5$ Pa 压力拧入的装配链条张紧器；2—凸轮轴上的两个固定锁紧工具；3—锁紧销将曲轴固定在 1 缸的 TDC 中

㊳ 按照说明拧紧四个凸轮轴上的凸轮轴控制器和链轮（图 7-5-27）。
㊴ 进行此操作时，务必顶住部件上的六角体。

对于链轮、凸轮轴控制器，应按照以下顺序操作。

a. 排气凸轮轴 1～4 缸上的链轮。
b. 进气凸轮轴 1～4 缸上的凸轮轴控制器。
c. 进气凸轮轴 5～8 缸上的凸轮轴控制器。
d. 排气凸轮轴 5～8 缸上的链轮。

凸轮轴控制器如图 7-5-28 所示。

图 7-5-27

图 7-5-28

㊵ 凸轮轴调整（图 7-5-29）。
㊶ 正时链和链轮（图 7-5-30）。
㊷ 拆下工具。
㊸ 安装传动链张紧装置。

后续工作：安装火花塞；在两个气缸列上安装气缸盖罩（气门室盖）。

图 7-5-29

1—螺钉（M12 在正时设置完成后充分拧紧，用过的螺钉不得重复用于正时设置）；2—凸轮轴调整器（带有整体式六角工具，用于回顶）；3—凸轮轴控制的液压阀；4—螺钉（M5×12）

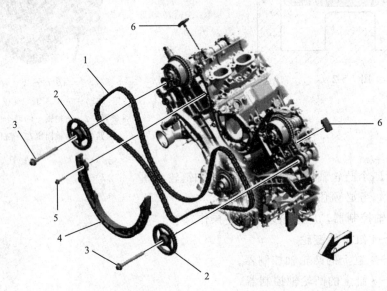

图 7-5-30

1—双链条凸轮轴传动；2—用整体式六角工具顶住凸轮轴链轮；3—螺钉（M12 在正时设置完成后充分拧紧，用过的螺钉不得重复用于正时设置）；4—偏转轨；5—螺钉（M8×35）；6—凸轮轴到凸轮轴导轨垫

3. 拆卸和安装凸轮轴

（1）准备工作

❶ 拆卸气门室盖。拆解横板以进行此操作。拆卸和安装横板（拆解通风腔挡板），然后拆卸和安装气缸盖罩。

❷ 拆卸凸轮轴控制器。拆卸和安装凸轮轴的执行器（凸轮轴控制器）。

❸ 拆卸凸轮轴正时齿轮。拆卸和安装凸轮轴正时齿轮。

❹ 必须先拆下高压泵，然后才能拆卸气缸列 5～8 的进气凸轮轴。拆卸和安装高压泵的驱动联轴器会妨碍凸轮轴的拆卸。

（2）拆卸步骤

注意：

a. 拆卸时，应在一张纸上记下凸轮轴和轴承盖的安装位置及配置，以免将两者混淆。

b. 为防止弄脏凸轮轴和轴承盖，应按照安装位置将部件放到干净的表面上。

❶ 缓慢而均匀地松开并拧下所有 M6 螺钉（依据气缸列）1 和 6（位于凸轮轴轴承盖 2、4 和 5 上）。

❷ 进气凸轮轴的轴承盖标记为 E，排气凸轮轴的轴承盖标记为 A。轴承盖按气缸依次编号。

❸ 轴承盖在气缸盖中固定得非常牢固，原因是使用了定位销套筒 3。必要时，用钳子钳住它轻轻晃动，将其松开。放在做过标记的干净表面上。

凸轮轴支座（气缸列 1～4）如图 7-5-31 所示，轴承表面 7 应用机油润滑。

凸轮轴支座（气缸列 5～8）如图 7-5-32 所示。

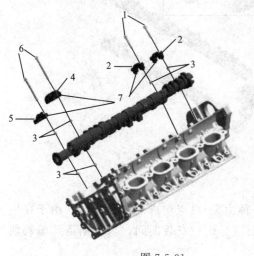

图 7-5-31

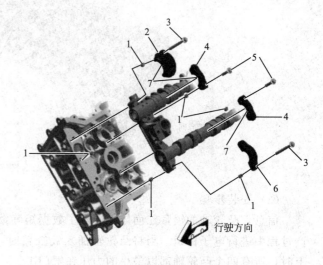

图 7-5-32

1—定位销套筒；2—轴承盖（进气）；3—螺钉（M6×70）；
4—轴承盖；5—螺钉（M6×35）；6—轴承盖
（排气）；7—轴承表面（请用机油润滑）

信息：

a. 气缸列 5～8 的进气凸轮轴带有一个塑料防失器，可防止高压泵的驱动管接头脱落。

b. 如果出于某种原因没有安装塑料防失器，则在拆卸凸轮轴时驱动管接头将脱落。即使在没有塑料防失器的情况下，高压泵及其传动机构仍可工作。

❹ 拆下凸轮轴（依据气缸列）并放在做过标记的干净表面上。

❺ 转动气缸列 1～4 的进气凸轮轴，以使其可以抬起并与真空泵的驱动联轴器分离。

凸轮轴（气缸列 1～4）如图 7-5-33 所示。

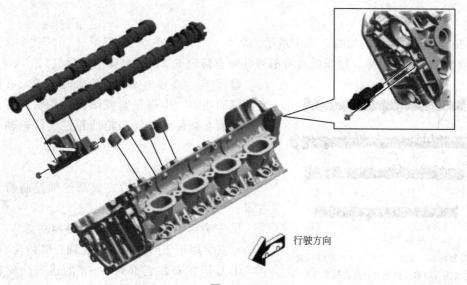

图 7-5-33

凸轮轴（气缸列 5～8）如图 7-5-34 所示。

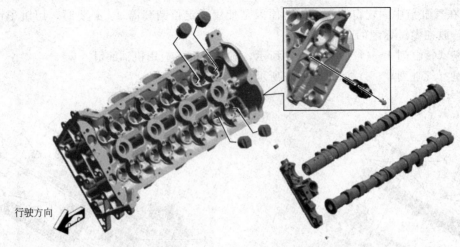

图 7-5-34

(3) 安装步骤

信息：凸轮轴的锁紧二面体上显示了数据矩阵编码。这是一种由黑/白点组成的方形标记，用于在生产过程中进行电子标识。当将凸轮轴插入气缸盖时，可辅助使用该标记。安装期间，当数据矩阵编码朝上时，所有四个凸轮轴都以最小的力压在气门上。

❶ 插入凸轮轴，以使施加在气门弹簧上的压力最小，并用普通多用途润滑脂或机油润滑轴承位置。

气缸 1～4 的凸轮轴位置如图 7-5-35 所示。

气缸 5～8 的凸轮轴位置（显示已安装高压泵）如图 7-5-36 所示。

图 7-5-35

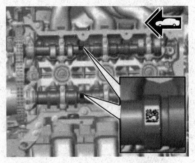

图 7-5-36

V8 发动机上的凸轮轴标识如图 7-5-37 所示。

❷ 正确放置轴承盖并拧紧。轴承盖具有编号并带有标记 E（进气）或 A（排气）。

❸ 均衡、逐步地安装凸轮轴轴承盖，并慢慢拧紧至规定的紧固扭矩。不得张紧或倾斜凸轮轴。不得因轴承位置和长度而互换使用排气凸轮轴和进气凸轮轴（同样特定于气缸列）。

后续工作如下。

a. 先设置正时，然后完成凸轮轴控制器和链轮的最后拧紧。

b. 安装用于正时调整的凸轮轴控制器。

c. 安装用于正时调整的凸轮轴正时齿轮。

d. 必须在安装气缸列 5～8 的进气凸轮轴后再安装高压泵。

e. 安装气门室盖。

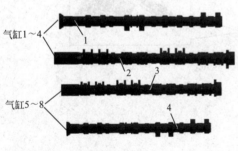

图 7-5-37

1—排气凸轮轴标识（绿色）；2—进气凸轮轴标识（蓝色为涡轮增压发动机，白色为自然进气发动机）；3—进气凸轮轴标识（蓝色为涡轮增压发动机，白色为自然进气发动机）；4—排气凸轮轴标识（绿色）

第二节 劳斯莱斯

六、6.7L N73B68A（2004~2016 年）

1. 适用车型

劳斯莱斯-幻影（RR1/RR2/RR3）

2. 检查右侧凸轮轴的配气相位（气缸 1~6）

（1）需要的专用工具

a. 11 9 190；b. 11 9 461；c. 11 9 462；d. 11 9 463。

（2）检查步骤

❶ 需要的准备工作：拆下进气集气箱；拆卸右侧气缸盖罩；拆卸所有火花塞。

❷ 在中心螺栓处沿旋转方向转动发动机直至气缸 1 点火上止点位置。

❸ 用专用工具 11 9 190 将减振器固定到气缸 1 点火上止点位置（图 7-6-1）。

❹ 气缸 1 进气和排气凸轮轴凸轮互相倾斜指向对方，如图 7-6-2 所示。

注意：

螺栓①（图 7-6-3）不得混淆为螺栓 M8（专用螺栓）。

❺ 松开螺栓①（图 7-6-3）。

❻ 拧紧力矩为 21.4N·m。

❼ 将油管③从夹子②中松脱和拆下（图 7-6-3）。

图 7-6-1

图 7-6-2

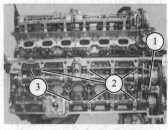
图 7-6-3

注意：

a. 关闭发动机时调整装置锁止在原位置。

b. 少数情况下，无法达到起始位置，而凸轮轴仍可在调整装置的调整范围内旋转。

c. 为了避免错误调节配气相位，必须检查调整装置的锁止件，如有必要，通过扭转凸轮轴上锁。

❽ 检查锁止件（进气）。

a. 利用前部凸轮轴六角段，小心地逆旋转方向旋转进气凸轮轴（图 7-6-4 中箭头）。

b. 如果进气凸轮轴和进气调整装置间不存在固定连接，则逆旋转方向旋转进气凸轮轴至限位。

c. 如果进气凸轮轴与进气调整装置正时连接，则进气调整装置联锁在起始位置。

❾ 检查锁止件（排气）。

a. 利用前部凸轮轴六角段，小心地沿旋转方向旋转排气凸轮轴（图 7-6-5 中箭头）。

b. 如果排气凸轮轴和排气调整装置之间不存在固定连接，则沿旋转方向旋转排气凸轮轴至限位。

c. 如果排气凸轮轴与排气调整装置正时连接，则排气调整装置联锁在起始位置。

注意：如果凸轮轴进气和排气调整装置不能像描述的那样上锁，则表明调整装置损坏，必须更换。

❿ 固定进气凸轮轴的专用工具 11 9 461（图 7-6-6）。

⓫ 固定排气凸轮轴的专用工具 11 9 462（图 7-6-6）。

⓬ 专用工具 11 9 463 支架及螺栓如图 7-6-6 所示。

图 7-6-4

图 7-6-5

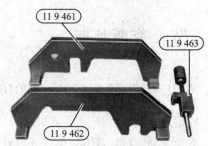
图 7-6-6

提示：图 7-6-6 没有示出正时齿轮壳盖。

⑬ 将专用工具 11 9 461 安放到进气凸轮轴上。

⑭ 将专用工具 11 9 463 装入油管螺纹，然后使用螺栓①手动拧紧（图 7-6-7）。

提示：插图没有示出正时齿轮壳盖。

⑮ 将专用工具 11 9 462 安放到排气凸轮轴上。

⑯ 将专用工具 11 9 463 装入油管螺纹，然后使用螺栓①手动拧紧（图 7-6-8）。

提示：当专用工具 11 9 461 和 11 9 462 无间隙地安放到气缸盖上或离排气侧最多 0.5mm 时，表明配气相位调整正确。

⑰ 拆卸所有专用工具。

⑱ 以相反顺序装配发动机。

3. 检查左侧凸轮轴的配气相位（气缸 7～12）

（1）需要的专用工具

a. 11 9 190；b. 11 9 461；c. 11 9 462；d. 11 9 463。

（2）检查步骤

❶ 需要的准备工作：拆下进气集气箱；拆卸左侧气缸盖罩；拆卸所有火花塞。

❷ 在中心螺栓处沿旋转方向转动发动机直至气缸 1 点火上止点位置。

❸ 用专用工具 11 9 190 将减振器固定到气缸 1 点火上止点位置（图 7-6-9）。

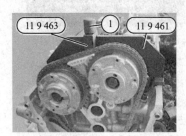
图 7-6-7

图 7-6-8

图 7-6-9

❹ 气缸 7 进气和排气凸轮轴凸轮倾斜指向上方，如图 7-6-10 所示。

注意：螺栓①（图 7-6-11）不得混淆为螺栓 M8（专用螺栓）。

❺ 松开螺栓①（图 7-6-11）。

❻ 拧紧力矩为 21.4N·m。

❼ 将油管③从夹子②中松脱和拆下（图 7-6-11）。

注意：

a. 关闭发动机时调整装置锁止在原位置。

b. 少数情况下，无法达到起始位置，而凸轮轴仍可在调整装置的调整范围内旋转。

c. 为了避免错误调节配气相位，必须检查调整装置的锁止件。如有必要，可通过扭转凸轮轴上锁。

❽ 检查锁止件（进气）

a. 利用前部凸轮轴六角段，小心地逆旋转方向旋转进气凸轮轴（图 7-6-12 中箭头）。

b. 如果进气凸轮轴和进气调整装置间不存在固定连接，则逆旋转方向旋转进气凸轮轴至限位。

c. 如果进气凸轮轴与进气调整装置正时连接，则进气调整装置联锁在起始位置。

图 7-6-10

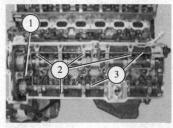
图 7-6-11

图 7-6-12

❾ 检查锁止件（排气）。

a. 利用前部凸轮轴六角段，小心地沿旋转方向旋转排气凸轮轴（图 7-6-13 中箭头）。

b. 如果排气凸轮轴和排气调整装置之间不存在固定连接，则沿旋转方向旋转排气凸轮轴至限位。

c. 如果排气凸轮轴与排气调整装置正时连接，则排气调整装置联锁在起始位置。

注意：如果凸轮轴进气和排气调整装置不能像描述的那样上锁，则表明调整装置损坏，必须更换。

❿ 固定进气凸轮轴的专用工具 11 9 461（图 7-6-14）。

⓫ 固定排气凸轮轴的专用工具 11 9 462（图 7-6-14）。

⓬ 专用工具 11 9 463 支架及螺栓如图 7-6-14 所示。

提示：插图没有示出正时齿轮壳盖。

⓭ 将专用工具 11 9 461 安放到进气凸轮轴上。

⓮ 将专用工具 11 9 463 装入油管螺纹，然后使用螺栓①手动拧紧（图 7-6-15）。

提示：图 7-6-15 没有示出正时齿轮壳盖。

图 7-6-13

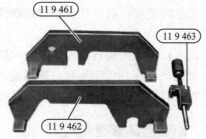
图 7-6-14

图 7-6-15

⓯ 将专用工具 11 9 462 安放到排气凸轮轴上。

⓰ 将专用工具 11 9 463 装入油管螺纹，然后使用螺栓①手动拧紧（图 7-6-16）。

提示：

a. 当专用工具 11 9 461 和 11 9 462 无间隙地安放到气缸盖上或离排气侧最多 0.5mm 时，表明配气相位调整正确。

b. 如有必要，调整配气相位。

⓱ 拆卸所有专用工具。

⓲ 装配好发动机。

4. 调整右侧凸轮轴的配气相位（气缸 1~6）

(1) 需要的专用工具

a. 11 9 190；b. 11 9 461；c. 11 9 462；d. 11 9 463。

(2) 调整步骤

❶ 需要的准备工作：拆下进气集气箱；拆卸右侧气缸盖罩；拆卸所有火花塞；拆卸右侧正时齿轮

箱盖。

❷ 在中心螺栓处沿旋转方向转动发动机直至气缸1点火上止点位置。

❸ 用专用工具11 9 190将减振器固定到气缸1点火上止点位置（图7-6-17）。

❹ 气缸1进气和排气凸轮轴凸轮互相倾斜指向对方（图7-6-18中箭头）。

图7-6-16　　　　　　　　　　图7-6-17　　　　　　　　　　图7-6-18

注意：螺栓①（图7-6-19）不得混淆为螺栓M8（专用螺栓）。

❺ 松开螺栓①（图7-6-19）。

❻ 拧紧力矩为21.4N·m。

❼ 将油管③从夹子②中松脱和拆下（图7-6-19）。

注意：

a. 关闭发动机时调整装置锁止在原位置。

b. 少数情况下，无法达到起始位置，而凸轮轴仍可在调整装置的调整范围内旋转。

c. 为了避免错误调节配气相位，必须检查调整装置的锁止件。如有必要，可通过扭转凸轮轴上锁。

❽ 检查锁止件（进气）。

a. 利用前部凸轮轴六角段，小心地逆旋转方向旋转进气凸轮轴（图7-6-20中箭头）。

b. 如果进气凸轮轴和进气调整装置间不存在固定连接，则逆旋转方向旋转进气凸轮轴至限位。

c. 如果进气凸轮轴与进气调整装置正时连接，则进气调整装置联锁在起始位置。

❾ 检查锁止件（排气）。

a. 利用前部凸轮轴六角段，小心地沿旋转方向旋转排气凸轮轴（图7-6-21）。

b. 如果排气凸轮轴和排气调整装置之间不存在固定连接，则沿旋转方向旋转排气凸轮轴至限位。

c. 如果排气凸轮轴与排气调整装置正时连接，则排气调整装置联锁在起始位置。

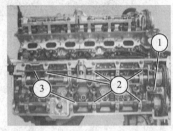　　　　　　　　　　

图7-6-19　　　　　　　　　　图7-6-20　　　　　　　　　　图7-6-21

注意：如果凸轮轴进气和排气调整装置不能像描述的那样上锁，则调整装置损坏，必须更换。

提示：松开螺栓时在六角段上固定住凸轮轴。

❿ 松开进气和排气调整装置的螺栓（图7-6-22）。

⓫ 固定进气凸轮轴的专用工具11 9 461（图7-6-23）。

⓬ 固定排气凸轮轴的专用工具11 9 462（图7-6-23）。

⓭ 专用工具11 9 463支架及螺栓如图7-6-23所示。

⓮ 将专用工具11 9 461安放到进气凸轮轴上并校正进气凸轮轴，使专用工具11 9 461无间隙地平放在气缸盖上（图7-6-24）。

⑮ 将专用工具 11 9 463 装入油管螺纹，然后使用螺栓①手动拧紧（图 7-6-24）。

图 7-6-22

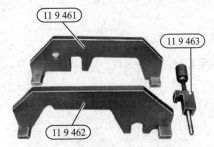
图 7-6-23

图 7-6-24

⑯ 拧紧进气调整装置螺栓①（图 7-6-25）。拧紧力矩为 80N·m。

提示：拧紧螺栓①时在六角段上固定住凸轮轴（图 7-6-25）。

⑰ 拆下专用工具 11 9 461（图 7-6-25）。

⑱ 将专用工具 11 9 462 安放到排气凸轮轴上并校正排气凸轮轴，使专用工具 11 9 462 无间隙地平放在气缸盖上（图 7-6-26）。

⑲ 将专用工具 11 9 463 装入油管螺纹，然后使用螺栓①手动拧紧（图 7-6-26）。

提示：拧紧螺栓①时在六角段上固定住凸轮轴（图 7-6-27）。

⑳ 拧紧排气调整装置螺栓①（图 7-6-27）。

安装说明：拧紧力矩为 80N·m。

㉑ 拆下专用工具 11 9 462（图 7-6-27）。

㉒ 拆卸专用工具 11 9 190（图 7-6-28）。

图 7-6-25

图 7-6-26

图 7-6-27

㉓ 在中心螺栓处两次沿旋转方向转动发动机，直至发动机重新处于气缸 1 点火上止点位置。

㉔ 重新用专用工具 11 9 190 固定发动机。

㉕ 检查凸轮轴调整，如有必要，进行校正。

提示：当专用工具 11 9 461 和 11 9 462 无间隙地安放到气缸盖上或离排气侧最多 0.5mm 时，表明配气相位调整正确。

㉖ 拆卸所有专用工具。

㉗ 以相反顺序装配发动机。

5. 调整左侧凸轮轴的配气相位（气缸 7～12）

(1) 需要的专用工具

a. 11 9 190；b. 11 9 461；c. 11 9 462；d. 11 9 463。

(2) 调整步骤

❶ 需要的准备工作：拆下进气集气箱；拆卸左侧气缸盖罩；拆卸所有火花塞；拆卸左侧正时齿轮箱盖。

❷ 在中心螺栓处沿旋转方向转动发动机直至气缸 1 点火上止点位置。

❸ 用专用工具 11 9 190 将减振器固定到气缸 1 点火上止点位置（图 7-6-28）。

❹ 气缸7进气和排气凸轮轴凸轮倾斜指向上方（图7-6-29）。

注意：螺栓①不得混淆为螺栓M8（专用螺栓）（图7-6-30）。

❺ 松开螺栓①（图7-6-30）。

❻ 拧紧力矩为21.4N·m。

❼ 将油管③从夹子②中松脱和拆下（图7-6-30）。

图7-6-28

图7-6-29

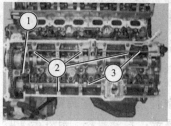
图7-6-30

注意：
a.关闭发动机时调整装置锁止在原位置。
b.少数情况下，无法达到起始位置，而凸轮轴仍可在调整装置的调整范围内旋转。
c.为了避免错误调节配气相位，必须检查调整装置的锁止件，如有必要通过扭转凸轮轴上锁。

❽ 检查锁止件（进气）。

利用前部凸轮轴六角段，小心地逆旋转方向旋转进气凸轮轴（图7-6-31中箭头）。如果进气凸轮轴和进气调整装置间不存在固定连接，则逆旋转方向旋转进气凸轮轴至限位；如果进气凸轮轴与进气调整装置正时连接，则进气调整装置联锁在起始位置。

❾ 检查锁止件（排气）。

利用前部凸轮轴六角段，小心地沿旋转方向旋转排气凸轮轴（图7-6-32中箭头）。如果排气凸轮轴和排气调整装置之间不存在固定连接，则沿旋转方向旋转排气凸轮轴至限位；如果排气凸轮轴与排气调整装置正时连接，则排气调整装置联锁在起始位置。

注意：如果凸轮轴进气和排气调整装置不能像描述的那样上锁，则调整装置损坏，必须更换。

提示：松开螺栓时在六角段上固定住凸轮轴。

❿ 松开进气和排气调整装置的螺栓（图7-6-33中箭头）。

图7-6-31

图7-6-32

图7-6-33

⓫ 固定进气凸轮轴的专用工具11 9 461（图7-6-34）。

⓬ 固定排气凸轮轴的专用工具11 9 462（图7-6-34）。

⓭ 专用工具11 9 463支架及螺栓（图7-6-34）。

⓮ 将专用工具11 9 461安放到进气凸轮轴上并校正进气凸轮轴，使专用工具11 9 461无间隙地平放在气缸盖上（图7-6-35）。

⓯ 将专用工具11 9 463装入油管螺纹，然后使用螺栓①手动拧紧（图7-6-35）。

提示：拧紧螺栓①时在六角段上固定住凸轮轴（图7-6-36）。

⓰ 拧紧进气调整装置螺栓①，拧紧力矩为21.4N·m（图7-6-37）。

❶ 拆下专用工具 11 9 461（图 7-6-37）。

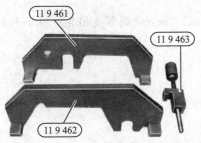
图 7-6-34

图 7-6-35

图 7-6-36

❶ 将专用工具 11 9 462 安放到排气凸轮轴上并校正排气凸轮轴，使专用工具 11 9 462 无间隙地平放在气缸盖上（图 7-6-36）。

❶ 将专用工具 11 9 463 装入油管螺纹，然后使用螺栓①手动拧紧（图 7-6-36）。

提示：拧紧螺栓①时在六角段上固定住凸轮轴（图 7-6-38）。

❷ 拧紧排气调整装置螺栓①（图 7-6-38）。拧紧力矩为 21.4N·m。

❷ 拆下专用工具 11 9 462（图 7-6-38）。

❷ 拆卸专用工具 11 9 190（图 7-6-39）。

❷ 在中心螺栓处两次沿发动机旋转方向转动发动机，直至发动机重新处于气缸 1 点火上止点位置。

❷ 重新用专用工具 11 9 190 固定发动机。

❷ 检查凸轮轴调整。

图 7-6-37

图 7-6-38

图 7-6-39

提示：当专用工具 11 9 461 和 11 9 462 无间隙地安放到气缸盖上或离排气侧最多 0.5mm 时，表明配气相位调整正确。

❷ 拆卸所有专用工具。

❷ 装配好发动机。

七、6.6T N74B66（2008～2017 年）

1. 适用车型

a. 劳斯莱斯-古斯特 RR4（GHOST），2008～2017 年。

b. 劳斯莱斯-古斯特加长版 RR4（GHOST EXTENDED WHEELBASE），2011～2017 年。

c. 劳斯莱斯-魅影 RR5（WRAITH），2012～2017 年。

d. 劳斯莱斯-黎明 RR6（DAWN），2014～2017 年。

2. 检查右侧凸轮轴的配气相位（气缸 1～6）

(1) 需要的专用工具

a. 00 9 250；b. 11 8 570；c. 11 9 190；d. 11 9 893；e. 11 9 900。

注意：

a. 配气相位只能用专用工具 11 9 900 检查。

b. 如果不使用专用工具 11 9 900 检查配气相位，可能导致配气相位的错误解释。

（2）检查步骤

❶ 需要的准备工作：拆下右侧气缸盖罩；拆下风扇罩及电动风扇；拆下空调器皮带轮；拆下右侧链条张紧器。

❷ 安装专用工具 11 9 900 代替链条张紧器（图 7-7-1）；

❸ 用专用工具 00 9 250 以 0.6N·m 的力矩预紧内六角螺栓。

注意：

a. 关闭发动机时，进气和排气调整装置一般都锁定在起始位置。

b. 少数情况下，无法达到起始位置，而凸轮轴仍可在调整装置的调整范围内旋转。

c. 为避免配气相位的调整有误，必须检查调整装置的锁止件。如有必要，可旋转凸轮轴进行联锁。

❹ 检查进气和排气调整装置在起始位置上的锁定情况。

安装在凸轮轴的六角段②上，并尝试用一把开口扳手①小心地逆旋转方向转动凸轮轴（图 7-7-2）。如果凸轮轴与调整装置动力传递连接，则进气和排气调整装置锁定起始位置。

提示：图 7-7-2 对应气缸 7~12。

图 7-7-1　　　　　　　图 7-7-2　　　　　　　图 7-7-3

A—排气凸轮轴；16—气缸 1~6

注意：如果凸轮轴的进气或排气调整装置无法如上所述进行联锁，则调整装置肯定损坏，必须更换。

提示：假设凸轮轴位于点火上止点位置气缸 1 上，就可以从上读取排气凸轮轴的说明（图 7-7-3 中）。

❺ 在点火上止点位置，气缸 1 中倾斜向内显示第一气缸排气凸轮轴①的凸轮（图 7-7-4 中箭头）。

提示：假设凸轮轴位于点火上止点位置气缸 1 上，就可以从上读取进气凸轮轴的说明（图 7-7-5 中）。

❻ 在点火上止点位置气缸 1 中倾斜向内显示第一气缸进气凸轮轴①的凸轮（图 7-7-6 中箭头）。

图 7-7-4　　　　　　　图 7-7-5　　　　　　　图 7-7-6

E—进气凸轮轴；16—气缸 1~6

❼ 松开螺栓①（图 7-7-7）。

❽ 将辅助水泵的支架置于一侧。

❾ 用减振器双平面定位专用工具 11 8 570 在 OT 标记位置（图 7-7-8）。

❿ 用一个螺栓①固定专用工具 11 8 570（图 7-7-9）。

⓫ 在中心螺栓上沿发动机转动方向转动发动机（图 7-7-9）。

⓬ 用专用工具 11 8 570 和 11 9 190 将减振器推入到上孔内（图 7-7-10）。

⓭ 正确定位曲轴，当将专用工具 11 8 570 用 11 9 190 固定在凹槽里时（图 7-7-10 中箭头）。

第七章　高档豪华车系　485

图 7-7-7

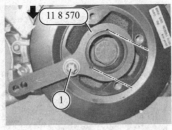

图 7-7-8

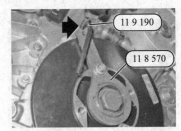

图 7-7-9

⑭ 将曲轴固定在点火上止点位置气缸 1 内。
⑮ 将专用工具 11 9 893 安装在进气凸轮轴上，检查配气相位调整（图 7-7-11）。
⑯ 将专用工具 11 9 893 安装在排气凸轮轴上，检查配气相位调整（图 7-7-12）。

图 7-7-10

图 7-7-11

图 7-7-12

提示：当专用工具 11 9 893 无间隙地安装在气缸盖上时，说明配气相位已正确调整好；如有必要，调整右侧凸轮轴的配气相位。

⑰ 拆下所有专用工具。
⑱ 装配好发动机。

3. 检查左侧凸轮轴的配气相位（气缸 7~12）

(1) 需要的专用工具

a. 00 9 250；b. 11 8 570；c. 11 9 190；d. 11 9 893；e. 11 9 900。

注意：配气相位只能用专用工具 11 9 900 检查；如果不使用专用工具 11 9 900 检查配气相位，可能导致配气相位的错误解释。

(2) 检查步骤

❶ 需要的准备工作：拆下左侧气缸盖罩；拆下集风罩及电动风扇；拆下空调器皮带轮；拆下左侧链条张紧器。

❷ 安装专用工具 11 9 900 代替链条张紧器（图 7-7-13）。

❸ 用专用工具 00 9 250 以 0.6N·m 的力矩预紧内六角螺栓。

注意：

a. 关闭发动机时，进气和排气调整装置一般都锁定在起始位置。
b. 少数情况下，无法达到起始位置，而凸轮轴仍可在调整装置的调整范围内旋转。
c. 为避免配气相位的调整有误，必须检查调整装置的锁止件。如有必要，可旋转凸轮轴进行联锁。

❹ 检查进气和排气调整装置在起始位置上的锁定情况。

安装在凸轮轴的六角段②上，并尝试用一把开口扳手①小心地逆旋转方向转动凸轮轴（图 7-7-14）。如果凸轮轴与调整装置动力传递连接，则进气和排气调整装置锁定起始位置。

注意：如果凸轮轴的进气或排气调整装置无法如上所述进行联锁，则调整装置肯定损坏，必须更换。
提示：假设凸轮轴位于点火上止点位置气缸 1 上，就可以从其上读取排气凸轮轴的说明（图 7-7-15）。

❺ 在气缸 1 点火上止点位置，第一气缸排气凸轮轴①的凸轮向内倾斜（图 7-7-16 中箭头）。

提示：假设凸轮轴位于点火上止点位置气缸 1 上，就可以从上读取进气凸轮轴的说明（图 7-7-17）。

图 7-7-13

图 7-7-14

图 7-7-15

A—排气凸轮轴；712—气缸 7～12

❻ 在点火上止点位置，气缸 1 中倾斜向内显示第一气缸进气凸轮轴①的凸轮（图 7-7-18 中箭头）。

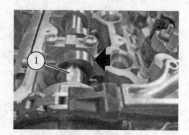
图 7-7-16

图 7-7-17

E—进气凸轮轴；712—气缸 7～12

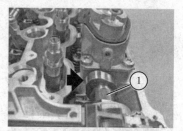
图 7-7-18

❼ 松开螺栓①（图 7-7-7）。
❽ 将辅助水泵的支架②置于一侧（图 7-7-7）。
❾ 用减振器双平面定位专用工具 11 8 570 在 OT 处进行标记（图 7-7-8）。
❿ 用螺栓①固定专用工具 11 8 570（图 7-7-8）。
⓫ 在中心螺栓上沿发动机转动方向转动发动机。
⓬ 用专用工具 11 8 570 和 11 9 190 将减振器推入到上孔内（图 7-7-9）。
⓭ 当专用工具 11 8 570 与 11 9 190 固定在凹槽内时，曲轴定位正确（图 7-7-10 中箭头）。
⓮ 将曲轴固定在点火上止点位置气缸 1 内。
⓯ 将专用工具 11 9 893 安装在进气凸轮轴上，检查配气相位调整（图 7-7-11）。
⓰ 将专用工具 11 9 893 安装在排气凸轮轴上，检查配气相位调整（图 7-7-12）。
提示：
a. 当专用工具 11 9 893 无间隙地安装在气缸盖上时，说明配气相位已正确调整好。
b. 如有必要，调整左侧凸轮轴的配气相位。
⓱ 拆卸所有专用工具。
⓲ 装配好发动机。

4. 调整右侧凸轮轴的配气相位（气缸 1～6）

（1）需要的专用工具

a. 00 9 120；b. 11 8 570；c. 11 9 190；d. 11 9 890；e. 11 9 891（滚花螺栓）；f. 11 9 892（压板）；g. 11 9 893（进气和排气凸轮轴的卡规）；h. 11 9 895（定距支架）

注意：
a. 调整装置上的中心螺栓只可用专用工具 11 9 890 松开。
b. 正时机构有损坏危险。
c. 如果无法安装专用工具 11 9 890，则在松开中心螺栓时必须固定相应凸轮轴的六角段。

（2）调整步骤

❶ 需要的准备工作：拆下右正时齿轮箱盖；检查右侧凸轮轴的配气相位。

❷ 准备用于固定凸轮轴的专用工具组（图7-7-19）。
❸ 松开排气和进气调整装置的中心螺栓①和②（图7-7-20）。
安装说明：
a. 松开后更新中心螺栓。
b. 为新的中心螺栓①在接触面涂上铜涂料（图7-7-21）。

图7-7-19　　　　　　　　　图7-7-20　　　　　　　　　图7-7-21

注意：VANOS调整装置电磁阀必须拆下。
❹ 将专用工具11 9 895旋入气缸盖中（图7-7-22）。
❺ 将专用工具11 9 893定位在进气和排气凸轮轴的双平面段上（图7-7-23）。
❻ 将专用工具11 9 892定位到专用工具11 9 893上（图7-7-24）。
❼ 用专用工具11 9 891固定两个专用工具11 9 893（图7-7-24）。
提示：手动拧紧专用工具11 9 891。

图7-7-22　　　　　　　　　图7-7-23　　　　　　　　　图7-7-24

❽ 装配进气调整装置②的中心螺栓①（图7-7-25）。拧紧力矩：紧固30N·m。
❾ 装配排气调整装置②的中心螺栓①（图7-7-26）。拧紧力矩：紧固30N·m。
❿ 用专用工具00 9 120固定排气调整装置②的中心螺栓①（图7-7-27）。拧紧力矩：旋转90°。

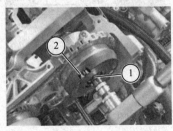 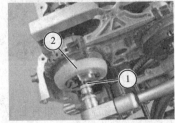 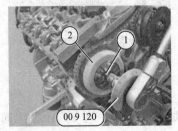

图7-7-25　　　　　　　　　图7-7-26　　　　　　　　　图7-7-27

⓫ 用专用工具00 9 120固定进气调整装置②的中心螺栓①（图7-7-28）。拧紧力矩：旋转90°。
⓬ 拆卸专用工具11 9 890。
⓭ 拆卸专用工具11 9 190和11 8 570（图7-7-29）。
⓮ 在中心螺栓上沿发动机旋转方向转动发动机两次，直至发动机重新达到气缸1点火上止点位置处。
⓯ 用专用工具11 9 190将减振器固定在气缸1点火上止点位置处。

⓰ 将专用工具 11 9 893 安装在进气凸轮轴上，检查配气相位调整（图 7-7-30）。

提示：当专用工具 11 9 893 无间隙地安装在气缸盖上时，说明配气相位已正确调整好。

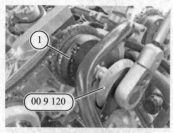
图 7-7-28

图 7-7-29

图 7-7-30

⓱ 将专用工具 11 9 893 安装在排气凸轮轴上，检查配气相位调整（图 7-7-31）。

提示：当专用工具 11 9 893 无间隙地安装在气缸盖上时，说明配气相位已正确调整好。

⓲ 拆下所有专用工具。

⓳ 装配好发动机。

5. 调整左侧凸轮轴的配气相位（气缸 7～12）

（1）需要的专用工具

a. 00 9 120；b. 11 8 570；c. 11 9 190；d. 11 9 890；e. 11 9 891；f. 11 9 892；g. 11 9 893；h. 11 9 895。

注意：

a. 调整装置上的中心螺栓只可用专用工具 11 9 890 松开。

b. 正时机构有损坏危险。

c. 如果无法安装专用工具 11 9 890，则在松开中心螺栓时必须固定相应凸轮轴的六角段。

（2）调整步骤

❶ 需要的准备工作　拆下左正时齿轮箱盖；检查左侧凸轮轴的配气相位。

❷ 准备用于固定凸轮轴的专用工具组 11 9 890（图 7-7-19）。

注意：如果无法安装专用工具 11 9 890，则在松开中心螺栓时必须固定相应凸轮轴的六角段。

❸ 松开进气和排气调整装置的中心螺栓①和②（图 7-7-20）。

❹ 将专用工具 11 9 895 旋入气缸盖中（图 7-7-32）。

❺ 将专用工具 11 9 893 安装到进气凸轮轴上和排气凸轮轴上（图 7-7-33）。

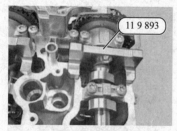
图 7-7-31

图 7-7-32

图 7-7-33

❻ 专用工具 11 9 893 必须无间隙地安装在气缸盖上，如有必要，在六角段上调整凸轮轴。

❼ 将专用工具 11 9 892 定位到专用工具 11 9 893 上（图 7-7-34）。

❽ 用专用工具 11 9 891 固定两个专用工具 11 9 893（图 7-7-34）。

提示：手动拧紧专用工具 11 9 891。

❾ 装配进气调整装置②的中心螺栓①（图 7-7-35）。拧紧力矩：紧固 30N·m。

❿ 装配排气调整装置②的中心螺栓①（图 7-7-36）。拧紧力矩：紧固 30N·m。

⓫ 用专用工具 00 9 120 固定进气调整装置②的中心螺栓①（图 7-7-37）。拧紧力矩：旋转 90°。

⓬ 用专用工具 00 9 120 固定排气调整装置②的中心螺栓①（图 7-7-38）。拧紧力矩：旋转 90°。

第七章 高档豪华车系 489

⑬ 拆卸专用工具11 9 890。

图7-7-34

图7-7-35

图7-7-36

⑭ 拆卸专用工具11 9 190 和11 8 570（图7-7-39）。

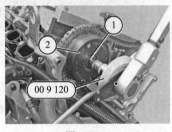
图7-7-37

图7-7-38

图7-7-39

⑮ 在中心螺栓上沿发动机旋转方向转动发动机两次，直至发动机重新达到气缸1点火上止点位置处。
⑯ 用专用工具11 9 190将减振器固定在气缸1点火上止点位置处。
⑰ 将专用工具11 9 893安装在进气凸轮轴上，检查配气相位调整（图7-7-40）。
⑱ 将专用工具11 9 893安装在进气凸轮轴上，检查配气相位调整（图7-7-41）。

图7-7-40

图7-7-41

提示：当专用工具11 9 893无间隙地安装在气缸盖上时，说明配气相位已正确调整好。
⑲ 拆下所有专用工具。
⑳ 装配好发动机。

第三节　玛莎拉蒂

八、3.0T（2013～2017年）

1. 适用车型

吉博力（Ghibli）、总裁（Quattropoite）、Levante。

2. 检查发动机正时

（1）所需设备

a. 凸轮轴锁定工具（V6）900028363（图7-8-1）；b. V6-V6 AWD曲轴（图7-8-2）；c. 锁定工具（套

件 900028273、900028263)。

(2) 检查步骤

注意：仅按此步骤消除曲轴与凸轮轴正时位置之间的小偏差；当出现严重的正时偏差时，建议执行特定检查。如有必要，可拆解受到影响的发动机缸盖。

❶ 检查发动机正时。

❷ 拆除正时前盖。

❸ 使用专用工具松开 3 个固螺栓 1（图 7-8-3）

图 7-8-1

图 7-8-2

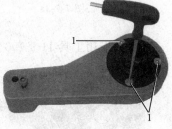
图 7-8-3

❹ 参照曲轴上的钥匙（图 7-8-4）将销 1 插入衬套 2（图 7-8-5）的部件底座 3（图 7-8-6）中，从而将专用工具定位在发动机上，将它完全安装在发动机组上。

图 7-8-4

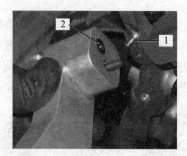
图 7-8-5

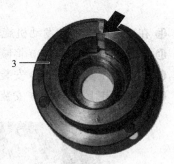
图 7-8-6

如图 7-8-7 所示，当钥匙 4 向上时，即表示曲轴完成正时。

❺ 使用合适的扳手，沿箭头方向转动曲轴（图 7-8-8），直到部件 1 孔与部件 2 上的前头对齐（图 7-8-9）。

图 7-8-7

图 7-8-8

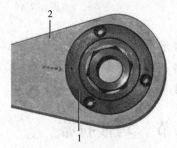
图 7-8-9

❻ 完全拧紧 3 个螺栓 1 和螺栓 2（图 7-8-10 和图 7-8-11）。

❼ 将 2 个凸轮轴锁定工具安装地左排和右排上，使用 2 个螺栓 1 将其固定（图 7-8-12）。

❽ 确定正时工具，将凹槽正面朝上面向变速器侧（图 7-8-13 中箭头）。

❾ 如果无法将正时工具安装到凸轮轴上，可使用可调节扳手，略微转动两个凸轮轴中的一个，从而将工具上的两个螺栓拧紧到凸轮轴上的相应孔中（图 7-8-14 中箭头）。

❿ 正确安装工具后，工具和两个凸轮轴的轴承表面之间不应存在间隙。

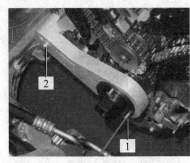  

图 7-8-10　　　　　　　　　图 7-8-11　　　　　　　　　图 7-8-12

⑪ 使用合适的扳手，拧松正时变速器螺栓 1（图 7-8-15）。

图 7-8-13　　　　　　　　　图 7-8-14　　　　　　　　　图 7-8-15

⑫ 将可调节扳手安装在合适的底座上，非常小心地略微转动两个凸轮轴中的一个，从而将工具上的两个螺栓拧紧在凸轮轴上的专用底座内（图 7-8-16 中箭头）。

只需转动一点即可，否则，请检查并确保阀未粘住活塞头。

⑬ 然后，完全拧紧所有工具螺栓。

⑭ 如果已松开正时变速器螺栓，请务必更换其密封圈（图 7-8-17）。

⑮ 如果已松开正时变速器螺栓，请更换正时变速器螺栓 1 并将其手动放置在发动机上的相应底座内，将其完全拧紧（图 7-8-15）。使正时变速器与凸轮轴保持对齐。检查并确保链条未从正时变速器上的相应底座和变速器链轮中滑出。适当张紧的链条可将齿轮保持在正确的位置，张紧的链条填补了正时变速器上的空隙。

⑯ 使用合适的扳手，用 150N·m 扭矩拧紧正时变速器螺栓 1。

⑰ 拆除阻挡曲轴和凸轮轴的专用工具。

⑱ 至少旋转曲轴 2 圈以填补任何空隙。

⑲ 重新检查发动机正时。

⑳ 执行剩余的装配步骤。

3. 发动机正时设置检查

(1) 所需设备

a. 正时/凸轮升降器检查套件 V6-V6 AWD（套件 900028273 的组件）（900028262）包含在 V6 发动机正时套件（9000282273）中。

b. 凸轮轴偏心升降/相位检查工具（00.30.003）如图 7-8-18 所示。

(2) 检验步骤

❶ 分别拆卸左右侧 2 个气缸盖罩。

❷ 拆下右列气缸 2 的火花塞和左列气缸 5 的火花塞。

❸ 将专用工具放置在气缸 2 上以检查右列气缸组，放置在气缸 5 以上检查左列气缸组（图 7-8-19）。

图 7-8-16

图 7-8-17

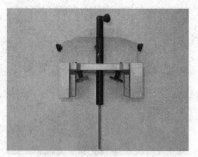
图 7-8-18

❹ 使用 3 个 M6×45 螺栓，将工具固定在曲轴箱上（图 7-8-20 和图 7-8-21）。

图 7-8-19

图 7-8-20

图 7-8-21

❺ 将 3 个千分表放置在工具的 3 个支座上（图 7-8-22）。定位千分表时，采用至少为 0.10mm 的预紧力。

❻ 用扳手适当扳动缓冲块螺钉，让曲轴可以转动（图 7-8-23 中箭头）。以汽车行驶方向为参照，曲轴将沿逆时针方向转动。

❼ 转动曲轴，直至到达千分表中指示的上止点位置，然后，重置相应火花塞座上的千分表（图 7-8-24）。

图 7-8-22

图 7-8-23

图 7-8-24

图 7-8-25

❽ 重置相应基本凸轮轴型线附近位于进气凸轮和排气凸轮上的 2 个千分表（图 7-8-22）。

转动凸轮一整圈，以确认千分表已正确重置。

❾ 转动曲轴，直至火花塞底座上的千分表呈现千分表上所示的 X 值（图 7-8-25）。

❿ 使用相应凸轮上正确定位的千分表，检查表中规定的 Z 值（图 7-8-26、图 7-8-27 和表 7-8-1）。

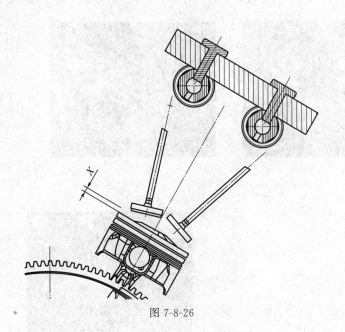

图 7-8-26

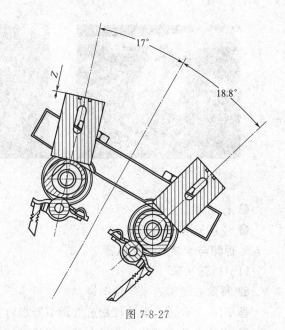

图 7-8-27

表 7-8-1

典型凸轮轴	用于安装千分表的火花塞底座	重置角度位置	上止点类型	BMO与上止点之间的距离①	活塞行程	发动机参考角度值(Y值)	气缸上千分表的读数(X值)	轴上千分表的读数(Z值)
进气口-右侧	气缸2号	气缸上止点2号	功率	+690°发动机	远离	发动机距上止点+20°	3.22±0.05	1.14±0.18
进气口-左侧	气缸5号	气缸上止点5号	功率	+690°发动机	远离	发动机距上止点+20°	3.22±0.05	1.75±0.17
排气口-右侧	气缸2号	气缸上止点2号	功率	+690°发动机	接近	发动机距上止点-20°	3.22±0.05	1.17±0.16
排气口-左侧	气缸5号	气缸上止点5号	功率	+690°发动机	接近	发动机距上止点-20°	3.22±0.05	2.24±0.14

① BMO和上止点之间的距离相当于沿发动机旋转方向从BMO开始到上止点所涵盖的角距离。

⓫ 检查完左列气缸组后，检查右列气缸组，并从头开始重复上述程序（图7-8-28）。

4. 拆卸和安装传动齿轮

（1）拆卸步骤

❶ 移除右调速系统传动链条。

❷ 移除左调速系统传动链条。

❸ 移除传动链的液压张紧器。

❹ 移除传动链的定块。

❺ 摘掉滤油泵链条。

❻ 重新安装发动机轴固定工具1（图7-8-29）。

❼ 用合适的扳手拆下螺钉1（图7-8-30）。

❽ 移除发动机轴间固定工具1（图7-8-29）。

❾ 移除如图7-8-31所示的零件

（2）安装步骤

❶ 按照与拆卸相反的顺序重新组装。

❷ 更换其垫片（图7-8-32）。

图 7-8-28　　　　　图 7-8-29　　　　　图 7-8-30

❸ 拧紧螺钉1（图7-8-30）。

❹ 继续安装其余步骤。

5.拆卸与安装右侧变速器

（1）拆卸步骤

❶ 移除右侧调速系统传动链。

❷ 用一个合适的扳手拧松进气调节器螺钉1（图7-8-33、图7-8-34）。

❸ 将进气调节器从发动机上其原位移除（图7-8-35）。

（2）安装步骤

❶ 按照与拆卸相反的顺序重新组装。

❷ 更换其垫片（图7-8-32）。

❸ 将进气调节器定位，用手拧上螺钉1（图7-8-33）。

❹ 重新安装上右侧调速系统传动链条。

❺ 释放液压张紧器。

❻ 用一个合适的扳手，以力矩150N·m拧紧进气调节器螺钉1（图7-8-33）。使用新的螺钉。

❼ 在两个调节器都断开的情况下，再重新安装时，不要将进气调节器与排气调节器混淆。

❽ 继续其余安装步骤。

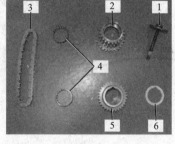

图 7-8-31

1—传动齿轮台中肩螺钉；2—传动齿轮；3—传动链条；4—传动齿轮滚珠支架；5—发动机轴的齿轮；6—传动齿轮支撑垫片

图 7-8-32　　　　　图 7-8-33　　　　　图 7-8-34

图 7-8-35

6.拆卸与安装左侧变速器

（1）拆卸步骤

❶ 移除上液压张紧器。

❷ 用一个合适的扳手拧松进气调节器螺钉1（图7-8-36）。

❸ 以箭头方向抬起调速系统传动链条1（图7-8-37），将调节器1从其原位移除（图7-8-38）。

（2）安装步骤

❶ 按照与拆卸相反的顺序重新组装。

❷ 更换其垫片（图7-8-32）。

第七章　高档豪华车系　495

图 7-8-36

图 7-8-37

图 7-8-38

❸ 将进气调节器定位，用手拧上螺钉1（图7-8-36）。
❹ 安装左调速系统传动链条。
❺ 释放上液压张紧器。
❻ 用一个合适的扳手，以力矩150N·m拧紧进气调节器螺钉1（图7-8-36）。使用新螺钉。
❼ 在两个调节器都断开的情况下，再重新安装时，不要将进气调节器与排气调节器混淆。
❽ 继续其余安装步骤。

九、3.8T（2013～2017年）

1. 适用车型

总裁（Quattropoite）。

2. 发动机正时

（1）必要装置

a. V8发动机相位检测工装套件（900028147）（图7-9-1）；b. V8曲轴锁定工具（900028268）（图7-9-2）。

（2）相位调节

以发动机右气缸进气门凸轮轴相位错误时进行校正为例。

❶ 进行发动机相位检查。如果检查结果不好，那么根据下面说明进行发动机相位调整。

❷ 考虑到只有发动机右气缸进气门凸轮轴相位错误，应将凸轮轴定位销固定到其他凸轮轴上（图7-9-3～图7-9-5）。

注意：
a. 由于发动机右气缸上的定位销无法旋拧导致相位错误。
b. 由于凸轮轴上一个凸轮相位错误，只能拧3个凸轮轴上的凸轮定位销。

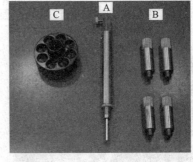
图 7-9-1
A—百分表支撑工具；B—凸轮轴定位销；
C—减振器转动辅助工具包

图 7-9-2

图 7-9-3

图 7-9-4

❸ 移除配气相位系统后罩。
❹ 对于之前已经拧紧的3个凸轮轴定位销，仍保留其紧固状态（图7-9-6）。
❺ 以顺时针方向旋松3个位于定位销的凸轮轴相位调节器紧固螺栓（图7-9-6）。

图 7-9-5　　　　　　　　　　　　　　　　图 7-9-6

注意：将这些螺栓拧松两圈，使相位调节器能够独立于其相关的凸轮轴而旋转（图 7-9-7）。

❻ 用 V8 发动机相位检测工装套件（900028147）中所包含的减振器转动工具包（C）顺时针旋转曲轴，直到在气缸盖罩的观察孔能够看到发动机右气缸进气门凸轮上的螺纹孔（图 7-9-8）。

注意：

a. 应非常缓慢地旋转曲轴。

b. 如果孔有稍许的偏离，则可以逆时针旋转曲轴，使得曲轴处于正确的位置，从而使活塞顶不能接触到各个气门。如果活塞顶接触到气门，则旋松相位不正常的曲轴相位调节器紧固螺栓。随即逆时针旋转曲轴，拧紧相位不正常的曲轴相位调节器紧固螺栓，并重新旋转曲轴。

❼ 将凸轮轴定位销拧入其底座，直到拧紧（图 7-9-9）。

图 7-9-7　　　　　　　　　　图 7-9-8　　　　　　　　　　图 7-9-9

❽ 所有 4 个凸轮轴定位销都已经拧紧到凸轮轴对应的 4 个底座上［图 7-9-4（左侧）和图 7-9-5（右侧）］。

❾ 旋松将要调整相位的凸轮轴相位调节器紧固螺栓（图 7-9-10）。

注意：检查确保 4 个相位调节器的全部 4 个紧固螺栓均已拧紧。

❿ 取专用工具 V8 曲轴锁定工具（900028268），并将此工具的 2 个螺栓插入减振器上的 2 个孔中（图 7-9-11）。

⓫ 拧紧工具的 2 个固定螺栓，同时将双头螺栓 A 拧入此工具孔中（图 7-9-12）。

图 7-9-10　　　　　　　　　　图 7-9-11　　　　　　　　　　图 7-9-12

⑫ 检查确保工具上的定位孔1与发动机法兰上的定位销2相对应（图7-9-13和图7-9-14）。

⑬ 拧紧图7-9-15所示的2个螺栓，将螺母1（不包含在工具中）手动拧紧到发动机法兰销柱上。

图7-9-13

图7-9-14

图7-9-15

⑭ 曲轴和凸轮轴均按规定相位进行定位。

⑮ 移除相位调节器的紧固螺栓（图7-9-16中箭头）。

⑯ 脱离并移除相位调节器，使之与正时链条分开放置（图7-9-17）。

⑰ 移除并替换4个金刚石垫圈（图7-9-18）。

图7-9-16

图7-9-17

图7-9-18

⑱ 重新正确放置相位调节器和正时链条。

注意：请勿混淆进气相位调节器与排气相位调节器。

⑲ 以力矩120±20N·m拧紧相位调节器紧固螺栓。

注意：在拧紧螺栓之前需进行涂油！

⑳ 继续其他安装步骤。

3. 发动机正时设置检查

（1）必要装置

a. V8发动机相位检测工装套件（900028147）（图7-9-19）；b. 数字或模态百分表（最大直径55mm，最小直径10mm）（图7-9-20）；c. V8凸轮轴升降器检查套件（900028264）（图7-9-21）。d. V8凸轮轴升降器检查套件（900028264）（图7-9-22）。

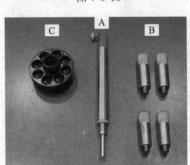
图7-9-19
A—百分表支撑工具；B—凸轮轴定位销；C—减振器转动辅助工具包

（2）检查步骤

❶ 断开电池连接。

❷ 拆卸发动机舱的外罩。

❸ 去除附加空气泵。

❹ 打开右前第1号气缸线圈的保险，然后按压黑色键，并把接头从点火线圈上断开（图7-9-23）。

❺ 拆卸如图7-9-24所示的点火线圈。

图7-9-20

图 7-9-21　　　　　　　　　　　　　　　图 7-9-22

1—角度百分表支座工具（代号 900028303）；2—竖直百分表支座工具（代号 900028305）；3—百分表延长杆；4—百分表末端

1—角度百分表支座工具（代号 900028304）；2—竖直百分表支座工具（代号 900028305）；3—百分表延长杆；4—百分表末端

❻ 拆卸火花塞（图 7-9-25）。

图 7-9-23　　　　　　　　图 7-9-24　　　　　　　　图 7-9-25

❼ 拧下左气缸列盖罩的发动机相位，查看火花塞上的这 2 个螺栓（进气凸轮轴）（图 7-9-26）。

❽ 拧下右气缸列盖罩的发动机相位，查看塞上的这 2 个螺栓（进气凸轮轴）（图 7-9-27）。

❾ 取出 2 个发动机相位查看塞（图 7-9-28 和图 7-9-29）。

图 7-9-26　　　　　　　　图 7-9-27　　　　　　　　图 7-9-28

❿ 把百分表归零（图 7-9-30）。

⓫ 把百分表插入到百分表支座工具 A 中，插到尽头，检查并注意百分表在使用中所实际有效的行程值（图 7-9-31）。

⓬ 把百分表从支座工具 A 上拆卸。

⓭ 把百分表支座工具 A 拧到 1 号气缸火花塞槽中，直到行程尽头（图 7-9-32）。

⓮ 把百分表从插入百分表支座工具 A 中，直到尽头，然后检查行程值是否与之前检测到的值相同（图 7-9-33）。

⓯ 如果所检测到的行程值比较小，则说明百分表支座工具 A 的探头接触了活塞顶，然后用减振器转动工具包 C（图 7-9-34），顺时针旋转曲轴，以降低活塞并获得之前在百分表上测得的数值。

图 7-9-29

图 7-9-30

图 7-9-31

图 7-9-32

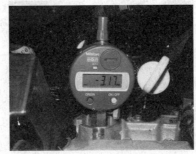
图 7-9-33

图 7-9-34

⑯ 顺时针旋转曲轴（图 7-9-35）。

⑰ 把百分表预紧到显示数值-0.10mm，然后用专用螺母把百分表固定在支座工具 A 上（图 7-9-36）。

⑱ 用减振器转动工具包 C 顺时针旋转曲轴，直到显示出更高的数值，这样就对应了上止点 PMS（图 7-9-37）。

⑲ 把百分表归零（图 7-9-38）。

图 7-9-35

图 7-9-36

图 7-9-37

⑳ 顺时针旋转曲轴，直到百分表上显示 5.00mm（图 7-9-39）。

㉑ 从气缸盖罩上的发动机相位查看孔检查凸轮轴的位置。

㉒ 凸轮轴上存在螺纹孔是检查发动机相位的必要条件（图 7-9-40）。

㉓ 如果没有这个螺纹孔，需旋转曲轴一整圈（360°），从而带动凸轮轴旋转半圈（180°）（图 7-9-41）。

㉔ 把各凸轮轴定向螺柱 B 拧到各发动机相位查看孔中。如果这些螺柱不能很好地进入相应的槽，那么顺时针或逆时针旋转曲轴，可以获得配气链条所产生的间隙。然后把各凸轮轴定向螺柱（B）拧到头（图 7-9-42）。

㉕ 把各凸轮轴定向螺柱 B 拧到头（图 7-9-43）。

注意：正确的发动机相位调节的检查是依据螺柱 B 是否充分拧入相应的凸轮车上。如果没有，则必须进行发动机的相位调节，这种调节属于同一台发动机的质保范围。

  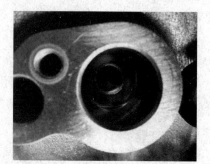

图 7-9-38　　　　　　　　图 7-9-39　　　　　　　　图 7-9-40

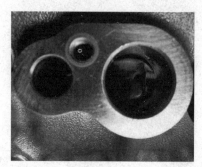  

图 7-9-41　　　　　　　　图 7-9-42　　　　　　　　图 7-9-43

(3) 检查凸轮轴升程

❶ 拆卸火花塞。

❷ 把左前 Lambda 探针线缆从固定夹中解脱（图 7-9-44）。

❸ 松开 3 个保险装置并把接头 1 从高压汽油泵 2 和线圈上断开（图 7-9-45）。

❹ 脱开保险装置，把接头 1 从相位传感器断开（图 7-9-46）。

图 7-9-44　　　　　　　　图 7-9-45　　　　　　　　图 7-9-46

❺ 拧下如图 7-9-47 所示的 2 个螺栓，然后把塞子从其发动机缸体上的槽中取出。

❻ 把左角度百分表支座 A 放置在排气凸轮轴上，把竖直百分表支座 B 放在进气凸轮轴上。拧紧如图 7-9-48 所示的 2 个螺栓，使它们牢固地固定在发动机缸体上。拧掉那些用于固定百分表 1 的螺栓。

❼ 放置百分表，然后拧紧如图 7-9-49 所示的螺栓。

注意：

a. 应置于竖直百分表支座上的百分表必须安装合适的延长杆 1，延长杆包含在其工具包中（图 7-9-50）。

b. 在这两个百分表上使用工具包中所提供的末端。

❽ 把 2 个百分表在凸轮上对应于相关的凸轮基圆半径归零。

注意：凸轮基圆半径是凸轮的最小半径，在凸轮旋转的一个小范围内，其数值保持不变。

❾ 把百分表支座工具 A 拧到正确的气缸火花塞槽中，直到行程尽头。

第七章 高档豪华车系 501

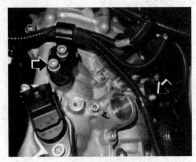

图 7-9-47

图 7-9-48

图 7-9-49

注意：火花塞槽列在表 7-9-1 中。

⑩ 置于表 7-9-1 所示的 PMS 位置。

⑪ 旋转曲轴直到在百分表上显示火花塞槽具有表 7-9-1 所示的数值 X（图 7-9-51）。

注意：

a. 一定要以顺时针旋转曲轴，其目的是避免所检测到的数据含有由于链条间隙所产生的误差。

b. 如图 7-9-51 所示为发动机后视图。

⑫ 当百分表处于所考察的凸轮上时，检查表 7-9-1 所示的尺寸 Z（图 7-9-52）。

图 7-9-50

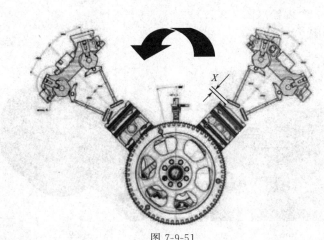

图 7-9-51

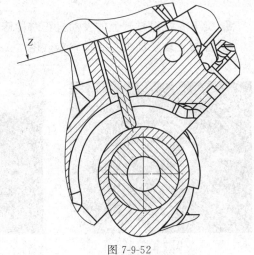

图 7-9-52

注意：

如果所对比的数值显著不同于表 7-9-1 所示的额定数值，则使发动机旋转一整圈，检查燃烧膨胀阶段的"上止点"是否与排气阶段的上止点混淆。

表 7-9-1

凸轮轴类型	安装百分表的 火花塞槽	PMS 类型	活塞冲程	气缸上的百分表 读数（X）/mm	气缸上的百分表 读数（Z）/mm
"右"进气	气缸第 2 号	排气	远离	0.201±0.050	2.581±0.200
"左"进气	气缸第 8 号	燃烧膨胀	远离	0.130±0.050	2.057±0.200
"右"排气	气缸第 1 号	排气	远离	0.391±0.050	2.953±0.200
"左"排气	气缸第 8 号	排气	远离	0.391±0.050	2.394±0.200

⑬ 检查完整性，必要时更换如图 7-9-53 所示的垫片。
⑭ 继续其余安装步骤。

4. 拆卸与安装右侧正时变速器

（1）必要装置

a. V8 发动机相位检测工装套件（900028147）（图 7-9-54） b. V8 曲轴锁定工具（900028268）（图 7-9-55）。

（2）拆卸步骤

❶ 拆卸后正时盖。

图 7-9-53

❷ 旋下左缸组缸盖上的发动机正时检修盖的 2 个螺栓（图 7-9-56）。

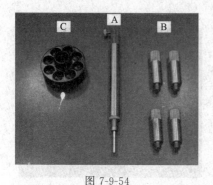

图 7-9-54

图 7-9-55

图 7-9-56

A—百分表支撑工具；B—凸轮轴定位销；
C—减振器转动辅助工具包

❸ 旋下右缸组缸盖上的发动机正时检修盖的 2 个螺栓（图 7-9-57）。

❹ 拆卸 4 块发动机正时检查盖（图 7-9-58 和图 7-9-59）。

图 7-9-57

图 7-9-58

图 7-9-59

❺ 使用阻尼器旋转工具 C 和 V8 发动机相位检测工装套件（900028147）顺时针转动曲轴，直至从缸盖上的发动机正时检修孔中看见曲轴螺纹孔（图 7-9-60）。

注意：凸轮轴上的螺纹孔出现，是发动机置于正时条件的必要条件。

❻ 如果螺纹孔没有出现，需转动曲轴一整圈（360°），从而带动凸轮轴旋转半圈（180°）（图 7-9-61）。

❼ 在发动机正时检修孔内插入凸轮轴定位销（B）。如果定位销没有正确坐落在底座内，需顺时针或逆时针旋转曲轴，以收紧由正时链条产生的间隙（图 7-9-62）。

❽ 将凸轮轴定位销 B 完全旋到底（图 7-9-63）。

左侧定位销如图 7-9-64 所示。

右侧定位销如图 7-9-65 所示。

❾ 使用专用工具 V8 曲轴锁定工具（900028268），将工具的 2 个螺钉插入阻尼器上指示的 2 个孔中（图 7-9-66）。

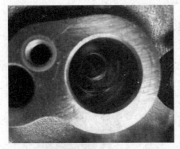
图 7-9-60

图 7-9-61

图 7-9-62

图 7-9-63

图 7-9-64

图 7-9-65

⑩ 拧工具的 2 个螺栓，同时将双头螺栓 A 接合至工具孔（图 7-9-67）。

⑪ 确保工具定心孔 1 与发动机法兰定心销 2 对齐（图 7-9-68 和图 7-9-69）。

图 7-9-66

图 7-9-67

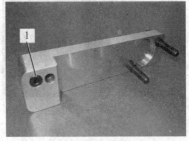
图 7-9-68

⑫ 紧固 2 个图示螺钉，然后用手拧并紧固发动机法兰双头螺栓上的螺母 1（图 7-9-70）。

⑬ 压紧上部液压张紧器并用合适的销 1 使其固定（图 7-9-71）。

图 7-9-69

图 7-9-70

图 7-9-71

⑭ 顺时针转动以松开正时调节器固定螺栓（图 7-9-72）。

⑮ 拆卸固定螺栓（图 7-9-73）。

⑯ 滑出，然后将正时调节器从正时链条上松开已将其拆下（图 7-9-74）。

图 7-9-72　　　　　图 7-9-73　　　　　图 7-9-74

❶ 拆下金刚石垫圈（图7-9-75）。
❸ 拆卸链条（图7-9-76）。
（3）安装步骤
❶ 按照与拆卸的相反顺序进行安装。
❷ 始终更换钻石抛光垫圈（图7-9-75）。
❸ 以力矩（120±20）N·m拧紧相位调节器紧固螺栓（图7-9-76）。
注意：在拧紧螺栓之前需进行涂油！
❹ 检查如图7-9-77所示的密封圈是否有损坏，必要时进行更换。

 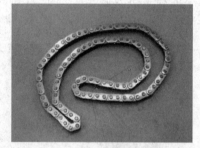 

图 7-9-75　　　　　图 7-9-76　　　　　图 7-9-77

❺ 继续其他安装步骤。
5. 拆卸与安装左侧正时变速器
可参见右侧正时变速器拆卸和安装方法。
6. 拆卸与安装传动链
（1）拆卸步骤
❶ 拆下左侧正时链条。
❷ 拆下变速箱链条固定蹄。
❸ 拆下变速箱链条张紧器蹄。
❹ 拆下油泵链条。
❺ 旋下固定螺钉1和2（图7-9-78）。

图 7-9-78

❻ 将变速箱链条与变速箱链轮和曲轴链轮一起松开，然后拆下（图7-9-79）。
变速箱链条与变速箱链轮和曲轴链轮如图7-9-80所示。
（2）安装方法
❶ 按照与拆卸的相反顺序重新安装。
❷ 紧固固定螺钉1至扭矩为17N·m；紧固固定螺钉2至扭矩为8N·m（图7-9-81）。
❸ 执行其余安装步骤。

图 7-9-79

图 7-9-80

图 7-9-81

十、4.7L（2010～2016 年）

1. 适用车型

总裁、Granturismo、Grancabrio。

2. 拆卸与安装空气压缩机传动带

（1）拆卸步骤

❶ 将车辆放置在举升机上。

❷ 拆除发动机下端的防护装置。

❸ 拆卸水泵传动带。

❹ 使用扳手，顺时针转动自动张紧装置，拆除发动机辅助装置控制皮带（图 7-10-1）。

（2）安装步骤

❶ 将发动机辅助装置控制皮带安装到皮带轮上，逆时针转动自动张紧装置，将皮带塞到装置皮带轮下，慢慢松开装置（图 7-10-1）。

❷ 张紧装置是全自动的，通过预载弹簧，在安装过程中能够正确张紧控制带。另外，正常操作过程中，会自动缩小空隙，因而无需检查张紧情况。

注意：切勿让皮带接触油液或任何能够改变其橡胶材料弹性的溶剂，否则可能降低其紧扣性能。也要检查传送带上是否有裂痕或者断痕，如果有，则更换传送带。

❸ 重装水泵传动带。

❹ 启动发动机，将其保持几秒钟的怠速状态，关闭发动机，检查皮带是否已经对称放置在皮带张紧装置的中间皮带轮上，即目测一边的测量数据 X 应该与另一边的测量数据一样（图 7-10-2 和图 7-10-3）。

图 7-10-1

图 7-10-2

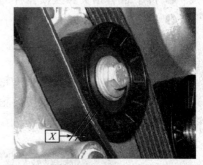
图 7-10-3

❺ 重新安装时，应当按与拆卸相反的顺序完成安装。

3. 拆卸与安装水泵传动带

（1）拆卸步骤

❶ 将车辆放置在举升机上。

❷ 拆卸整套空气滤清器箱。

❸ 断开水泵传动带，并将其拆除（图 7-10-4）。

图 7-10-4

❹ 水泵传动带不得重复使用。

❺ 每次拆下水泵传动带后,即使皮带上没有切口,也必须更换。

(2) 安装步骤

❶ 使用专用工具安装新的水泵传动带(图 7-10-5)。

注意:切勿让传送皮带接触油液或任何会改变其橡胶材料弹性的溶剂,否则可能降低其紧扣性能。

❷ 将新的皮带安装在水泵皮节轮上。

❸ 将专用工具 900027671 放置在曲轴上,并将水泵传动带安装到上面(图 7-10-6)。

❹ 按发动机正常转动方向转动曲轴,从而使皮带在皮带轮上安装到位(图 7-10-7)。

图 7-10-5

图 7-10-6

图 7-10-7

❺ 无需检测皮带张力,但必须定期更换皮带,详情参见《保养及保修手册》中的相关章节。

❻ 拆除工具 900027671。

❼ 安装整套空气滤清器箱。

4. 拆卸与安装扭转振动减振器

(1) 拆卸步骤

❶ 将车辆放在起重机上。

❷ 拆下发动机下保护装置。

❸ 拆下带有相关加强横拉杆的前加强保护装置。

❹ 拆下起动机

❺ 拆下水泵传动带。

❻ 拆下空调压缩机传动带。

❼ 必须将用于锁住发动机飞轮的 900027693 工具安装在起动机的底座内(图 7-10-8)。

❽ 轻轻地旋转曲轴,以使飞轮锁止工具停留并与发动机的某个齿完全啮合在一起。使用相同的螺钉,将起动机固定在发动机上(图 7-10-9)。

图 7-10-8

图 7-10-9

❾ 使用合适的扳手（必须能够承受至少450N·m的松动扭矩），并且能够克服螺钉上的反作用力，松开扭转振动减振器的固定螺钉（图7-10-10）。

❿ 从其底座内拆下扭转振动减振器。

（2）安装步骤

❶ 将扭转振动减振器安装在曲轴上的底座内（图7-10-11）。

❷ 将美国乐泰公司242型产品施加在扭转振动减振器的螺纹上。

❸ 将固定螺栓拧紧至450N·m（图7-10-10）。

❹ 拆下所安装的曲轴旋转锁止工具。

❺ 安装发动机起动机。

❻ 安装空调压缩机传动带。

❼ 安装水泵传动带。

❽ 安装发动机下保护装置。

❾ 安装带有相关加强横拉杆的前加强保护装置。

图7-10-10

图7-10-11

❿ 将车辆从起重机上卸下。

5. 拆卸与安装右侧正时控制链的活动滑槽

❶ 拆下右侧气缸护盖。

❷ 拆下左侧气缸护盖。

❸ 拆下前部正时系统护罩。

❹ 拆下两个排气传动装置和两个正时变换器。

❺ 拧下紧固螺钉1，拆下衬套2和右侧链活动滑槽3（图7-10-12）。

❻ 重新安装时，按照与拆卸相反的顺序完成上述操作，紧固螺钉至扭矩值为10N·m。

拆卸与安装左侧正时控制链的活动滑槽可参照右侧移动滑槽的拆卸和安装程序。

6. 右侧正时控制链的下部固定滑槽

❶ 拆下右侧气缸护盖。

❷ 拆下左侧气缸护盖。

❸ 拆下前部正时系统护罩。

❹ 拆下两个排气传动装置和两个正时变换器。

❺ 拧下紧固螺钉1，拆下右侧链的固定滑槽2（图7-10-13）。

图7-10-12

图7-10-13

❻ 重新安装时，按照与拆卸相反的顺序完成上述操作，紧固螺钉至扭矩值 10N·m。

7. 拆卸与安装左侧正时控制链的下部固定滑槽

参见右侧正时传动链的下部固定滑槽操作步骤。

8. 拆卸与安装右侧正时控制链

❶ 拆下右侧气缸护盖。

❷ 拆下左侧气缸护盖。

❸ 拆下前部正时系统护罩。

❹ 拆下两个排气传动装置和两个正时变换器。

❺ 拆下左侧正时控制链 1（图 7-10-14 和图 7-10-15）。

❻ 拆卸右侧正时控制器。

❼ 重新安装时，按照与拆卸相反的顺序完成上述操作。

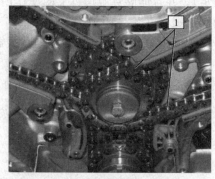

图 7-10-14

9. 拆卸与安装左侧正时控制链

（1）拆卸步骤

❶ 拆下右侧气缸护盖。

❷ 拆下左侧气缸护盖。

❸ 拆下前部正时系统护罩。

❹ 拆下两个排气传动装置和两个正时变换器。

❺ 拆下左侧正时控制链 1（图 7-10-14）。

（2）安装步骤　重新安装时，按照与拆卸相反的顺序完成上述操作。

图 7-10-15

10. 拆卸与安装右侧正时变换器

（1）拆卸步骤

❶ 拆下右侧气缸护盖。

❷ 拆下左侧气缸护盖。

❸ 拆下前部正时系统护罩。

❹ 如果拆除了正时变换器，则必须调整发动机正时系统的正时。

❺ 进行这项操作时必须采取要求的防范措施。与用于此发动机的正时数值见表 7-10-1。

表 7-10-1

进气	
进气正时变换器	60
解除的正时变换器	－25
启动的正时变换器	＋35
从上止点之后开始	25～1
活塞冲程等值 25～1 上止点之后	5.09mm
进气阀开启或推杆下降(刻度表读数)	0.60～0.08mm
排气	
下止点之前开始	41～1
排气终点(上止点)	0～1
刻度表读数(阀门关闭)	0.60～0.08mm

注意：拆除正时系统前盖之后，为防止损坏气缸盖密封件的密封性，执行以下预防措施。

❻ 请勿碰触或刮伤表面 1，因为两个缸盖垫圈和曲轴箱间的密封十分容易剥落，而且只用密封胶粘贴（图 7-10-16）。

❼ 请勿清洗，以免清除密封胶粘贴。

❽ 将千分表安装到右侧缸组第一个气缸的火花塞的支座上（车辆点火顺序）（图 7-10-17）。

❾ 工具 900026590 上面有用螺钉紧固的适配工具 900027680，并且能并排放一个 1/2in（1in＝2.54cm）的方头扳手，顺时针转动曲轴直到读取上止点位置。然后在找到的上止点位置，重设千分表（图 7-10-18）。

⑩ 重新安装新的或原来的组件时,在拆卸阶段把发动机置于上止点上,将对之后的安装有帮助。

图 7-10-16

图 7-10-17

图 7-10-18

⑪ 把发动机置于上止点,检查前帽的刻度是否与排气和进凸轮轴上的刻度相匹配(图 7-10-19)。
⑫ 使用适当的工具,锁住右侧缸组进气凸轮轴并保持住。
⑬ 取一个30mm的扳手,整个外边缘大小约为60mm,必须去掉任何多余部分,缩短至50mm(图 7-10-20 中 1)。
⑭ 为了能够使用扳手转动凸轮轴,必要的话锁住凸轮轴,此操作是必需的。
⑮ 将之前削减好尺寸的扳手放在凸轮轴下面六边形的支座上。
⑯ 锁紧凸轮轴,并拧松固定正时变换器的螺钉。
⑰ 检查凸轮轴和曲轴是否移动,即使是丝毫的移动(图 7-10-21)。

图 7-10-19

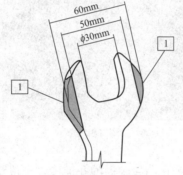
图 7-10-20

图 7-10-21

⑱ 拧下两个紧固螺钉,并拆下右侧缸组的上部固定滑槽(图 7-10-22)。
⑲ 拧松张紧装置1,直到活动滑槽2与气缸盖齐平(图 7-10-23)。
⑳ 拧下将凸轮轴传动装置固定在右侧排气凸轮轴上的螺钉(图 7-10-24)。

图 7-10-22

图 7-10-23

图 7-10-24

㉑ 松开传动链,并卸下排气凸轮轴传动装置(图 7-10-25)。
㉒ 将右侧正时系统的链条从正时变换器啮合上取下。
㉓ 将之前削减好尺寸的扳手放在凸轮轴下面六边形的支座上。

㉔ 然后锁定凸轮轴，拧下紧固正时变换器的螺钉（图7-10-26）。
㉕ 检查千分表和凸轮轴上的参考标记是否移动。
㉖ 从支座上拆下右侧正时变换器（图7-10-27）。

图7-10-25

图7-10-26

图7-10-27

(2) 安装步骤

❶ 检查正时变换器与相关进气凸轮轴之间的连接表面是否被彻底清洁（图7-10-28）。
❷ 将链条插入正时变换器，安装正时变换器到变速器轴的基座上，松散地拧上紧固螺钉（图7-10-29）。
❸ 将排气传动装置安装在变速器轴的支座上，同时将正时链插入到同一个传动装置上（图7-10-30）。

图7-10-28

图7-10-29

图7-10-30

❹ 安装传动装置和链条时，必须确保凸轮轴上的孔准确置于传动装置槽的中心线上。
❺ 这个位置可以让排气传动装置达到最佳和最大的调节位置。
❻ 安装法兰，并拧紧至少两个固定齿轮变速器轴的螺钉（图7-10-31）。
❼ 将螺钉完全拧紧，并拧紧液压正时链张紧器，紧固到扭矩值为40N·m（图7-10-32）。
❽ 拧紧两个固定排气传动装置的螺钉（图7-10-33）。

图7-10-31

图7-10-32

图7-10-33

❾ 使用合适的扳手，锁住凸轮由并拧紧正时变换器螺钉，紧固到扭矩值为50N·m（图7-10-34）。
❿ 检查凸轮轴和曲轴是否移动，即使是丝毫的移动。
⓫ 拆下用来锁住凸轮轴的工具。

⑫ 工具900026590上面有用螺钉紧固的适配工具900027680，并且能并排放一个1/2in（1in＝2.54cm）方头扳手，顺时针转动曲轴（一整圈），检查有没有卡住（图7-10-35）。

⑬ 读取上止点位置。然在找到的上止点位置并重设千分表（图7-10-35）。

⑭ 用长杆百进制千分表安置一个磁性座（图7-10-36）。

图7-10-34

图7-10-35

图7-10-36

⑮ 千分表杆必须尽可能与进气推杆表面保持垂直（图7-10-37）。

⑯ 继续操作进气正时。

⑰ 顺时针转动发动机，在开启阶段前安置进气凸轮。推杆必须处于等待位置（图7-10-38中A）。

⑱ 重新设置测量进气推杆活动的千分表。

⑲ 转动曲轴直到超过上止点25°，该角度对应于5.09mm活塞冲程。

⑳ 检查推杆底部（在上止点前开始并对应于进气阀上行冲程）是否等于(0.60±0.08)mm。

㉑ 如果在这些条件下测量的值超过公差，则保持曲轴不动，拧松正时变换器紧固螺钉，转动进气曲轴直到转到图7-11-39中进气阀上行冲程值[(0.60±0.08)mm]。

图7-10-37

图7-10-38

图7-10-39

㉒ 再次检查进气曲轴正时。

㉓ 完成右侧缸组进气曲轴的进气正时程序之后，即转到值为(0.60±0.08)mm后，拧紧正时变换器螺钉，紧固到扭矩值50N·m＋85°（图7-10-40）。

㉔ 拧紧时，用之前削减过尺寸的扳手将曲轴固定在位置上。

㉕ 再次检查正时。必须重复正时程序直到获得的值为(0.60±0.08)mm。

㉖ 继续操作排气正时。

㉗ 工具900026590，上面有用螺钉紧固的适配工具900027680，并且能并排放一个1/2in（1in＝2.54cm）方头扳手，顺时转动曲轴，并将第一活塞置于上止点，曲轴置于平衡位置。

㉘ 确保千分表被设置为零（图7-10-37）。

㉙ 拆卸磁性座、磁棒和测量进气曲轴的千分表，然后将其置于排气一侧（图7-10-41）。

㉚ 千分表杆必须尽可能与排气推杆表面保持垂直。重新设置测量排气推杆位移的千分表（图7-10-42）。

图 7-10-40　　　　　　图 7-10-41　　　　　　图 7-10-42

㉛ 顺时针转动曲轴直到排气阀关闭。检查千分表上推杆底部以及排气阀上行冲程是否为 (0.60±0.08)mm (图 7-10-43)。

㉜ 如果在这些条件下测量的值超过公差，则转动曲轴并将其置于上止点。

㉝ 使用之前削减过尺寸的扳手，保持排气曲轴不动，拧松紧固螺钉，并通过调节槽调节正时位置。

㉞ 调节程序完成后，锁紧排气传动装置的两个紧固螺钉 (图 7-10-44)。

㉟ 再次检查排曲轴正时。

㊱ 完成右侧缸组排气曲轴的排气正时程序之后，即转到值为 (0.60±0.08)mm 后，拧紧排气装置螺钉，紧固到扭矩值为 5N·m+5N·m。

㊲ 旋进紧固螺栓前，将乐泰胶 242 粘贴于螺纹整个表面。

㊳ 拧紧时，用之前削减过尺寸的扳手将曲轴固定在位置上 (图 7-10-45)。

图 7-10-43　　　　　　图 7-10-44　　　　　　图 7-10-45

㊴ 再次检查排曲轴正时 (图 7-10-46)。

㊵ 拆下两个千分表和带支撑杆的磁性座 (图 7-10-47)。

㊶ 将相同的工具粘贴在左侧气缸盖上，把千分表置于 8 号气缸上。

㊷ 读取左侧缸组 8 号气缸活塞的上止点位置。

㊸ 千分表必须尽可能与进气推杆表面保持垂直 (图 7-10-48)。

图 7-10-46　　　　　　图 7-10-47　　　　　　图 7-10-48

㊹ 重新设置测量进气推杆活动的千分表。
㊺ 左侧缸组的进气曲轴和排气曲轴正时程序与右侧缸组正时程序相同。
㊻ 必须在右侧缸组上设置相同的值,即进气为(0.60±0.08)mm;排气为(0.60±0.08)mm。
㊼ 安装前部正时护罩。
㊽ 在右侧安装气缸护垫。
㊾ 在左侧安装气缸护垫。

第四节 宾利

十一、4.0T V8 发动机(以 CYCB 发动机为例)(2014~2017 年)

1. 适用车型
宾利飞驰、宾利欧陆。

2. 一般信息
只有在将完整的发动机和自动变速器从汽车上拆下来以后,才能拆卸正时齿轮。带有集成式凸轮定相器的正时齿轮是不可维修的部件,因此不得拆解。提示:在此程序中,有一些一次性零件,必须予以更换且不能重复使用。开始执行此程序之前,确保准备好用于更换的新零件。

3. 更换凸轮轴正时链
(1) 所需要的专用工具和维修设备
a. 扭矩扳手 VAG 1332(图 7-11-1)。
b. 工具头 VAG 1332/9(图 7-11-2)。
c. 定位销 T40071(图 7-11-3)。

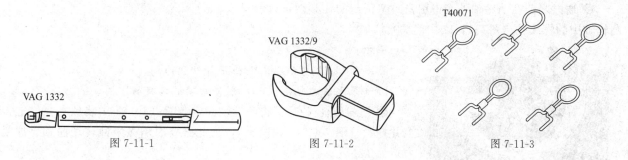

图 7-11-1　　　　　图 7-11-2　　　　　图 7-11-3

d. 扳手 SW 21(T40263)(图 7-11-4)。
e. 凸轮轴固定装置 T40264(图 7-11-5)。
f. 钥匙 T40269(图 7-11-6)。

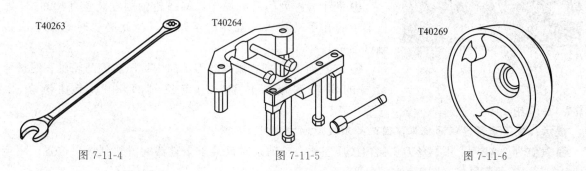

图 7-11-4　　　　　图 7-11-5　　　　　图 7-11-6

g. 旋转工具 T40272(图 7-11-7)。
(2) 拆卸步骤
❶ 分开电插头 1、2,并将电导线束压向一侧(图 7-11-8)。

提示：不必理会图7-11-8中位置3、4。

❷气缸列1（右）：拆卸高压管；在右侧凸轮轴外壳上通过向左旋转松开并取下密封塞（图7-11-9中箭头）。

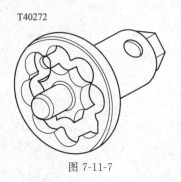

图7-11-7

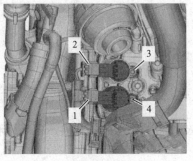

图7-11-8

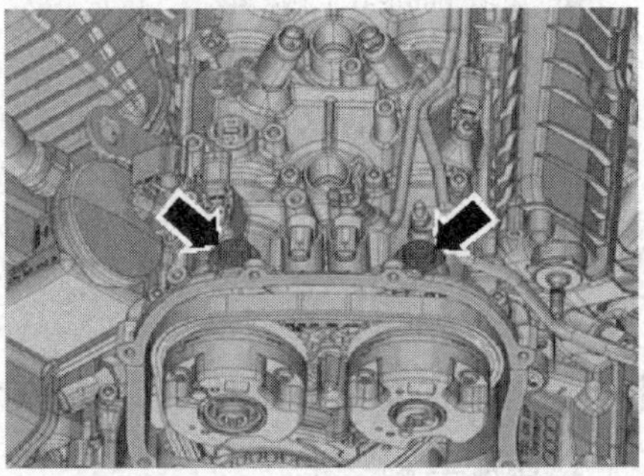

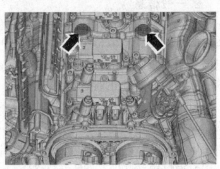

图7-11-9

❸气缸列2（左）：拆卸气缸7的点火线圈；在左侧凸轮轴外壳上通过向左旋转松开并取下密封塞（图7-11-10中箭头）。

❹将旋转工具T40272插到扳手SW 21（T40263）上。

❺将适配接头插到减振器螺栓上。

❻旋转工具T40272上的半圆形铣槽（箭头A），必须指向减振器半圆形的铣槽（箭头B）（图7-11-11）。

提示：无需注意旋转工具T40272上的缺口。

❼将曲轴沿发动机运转方向转动到"上止点"（图7-11-11中箭头）。

图7-11-10

❽通过之前在凸轮轴外壳中用密封塞密封的孔必须可以看见凸轮轴中的螺纹孔（图7-11-12中箭头）。

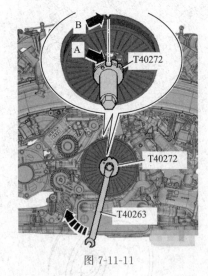

图7-11-11

提示：

a. 图7-11-12所示以右侧凸轮轴外壳为例。

b. 如果无法看见螺纹孔，则将曲轴继续旋转一圈。

❾气缸列1（右）：将凸轮轴固定装置T40264/1装到右侧气缸盖上并拧紧（图7-11-13中箭头），为此必要时略微来回转动曲轴。拧紧力矩为12N·m。

❿气缸列2（左）：将凸轮轴固定装置T40264/2装到左侧气缸盖上并拧紧（图7-11-14中箭头），为此必要时略微来回转动曲轴。拧紧力矩为12N·m。

⓫两个气缸列的后续操作：将凸轮轴固定装置T40264/3通过减振器中的孔手动拧入气缸体中至贴紧，为此必要时略微来回转动曲轴（图7-11-15）。

⓬气缸列1（右）：用螺丝刀1向内按压右侧凸轮轴正时链链条张紧器的滑轨到极限位置，用定位销T40071卡住链条张紧器（图7-11-16中1）。

提示：链条张紧器以油减振，因此必须缓慢地均匀用力压紧。

⓭气缸列2（左）：用螺丝刀1向内按压左侧凸轮轴正时链链条张紧器的滑轨到极限位置，用定位销T40071卡住链条张紧器（图7-11-17中1）。

提示：链条张紧器以油减振，因此必须缓慢地均匀用力压紧。

⓮两个气缸列的后续操作：将扳手T40269插在相关的凸轮轴调节器上，然后松开螺栓1（图7-11-18）；用颜色标记凸轮轴调节器的安装位置，以便重新安装。

图 7-11-12

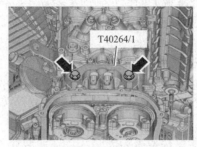
图 7-11-13

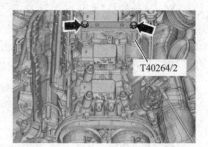
图 7-11-14

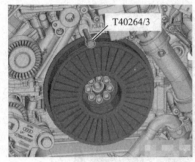
图 7-11-15

图 7-11-16

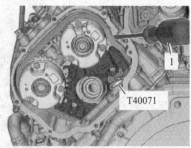
图 7-11-17

当心：

a. 凸轮轴有损坏的危险。

b. 松开凸轮轴调节器或凸轮轴链轮的螺栓时，绝对不允许将凸轮轴固定装置 T40264/1 和 T40264/2 作为固定支架使用。

c. 发动机有损坏的危险。

d. 为了避免小零件通过正时链箱开口意外落入发动机内，请用干净的抹布遮住开口。

⑮ 气缸列 1（右）：拧出螺栓 1、2，取下两个凸轮轴调节器（图 7-11-19）。将凸轮轴正时链放到滑块上。

⑯ 气缸列 2（左）：拧出螺栓 1、2，取下两个凸轮轴调节器（图 7-11-20）。将凸轮轴正时链放到滑块上。

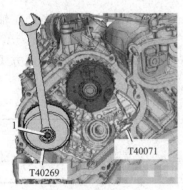
图 7-11-18

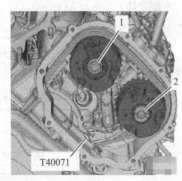
图 7-11-19

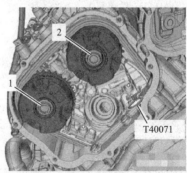
图 7-11-20

（3）安装步骤

提示：更新时需要继续旋转一个角度拧紧的螺栓。用标准型软管卡箍固定所有软管连接。控制机构驱动链已安装。

❶ 曲轴已用凸轮轴固定装置 T40264/3 卡止在"上止点"位置（图 7-11-15）。

❷ 用 12N·m 的力矩拧紧左侧气缸盖上的凸轮轴固定装置 T40264/2（图 7-11-14 中箭头）。

❸ 用 12N·m 的力矩拧紧右侧气缸盖上的凸轮轴固定装置 T40264/1（图 7-11-13 中箭头）。

❹ 气缸列 1（右）：按照拆卸时所做标记重新安装凸轮轴调节器。凸轮轴调节器内的凹槽 1 或 4 必须正对着所涉及的调节窗口 2 或 3（图 7-11-21）。

❺ 按照拆卸时所做标记重新安装凸轮轴调节器。

❻ 将凸轮轴正时链放到驱动链轮和凸轮轴调节器上，并松松地拧入螺栓 1、2（图 7-11-19）。

❼ 两个凸轮轴调节器必须在凸轮轴上能旋转，并且不得翻转。

❽ 拆除定位销 T40071。

❾ 气缸列 2（左）：按照拆卸时所做标记重新安装凸轮轴调节器。凸轮轴调节器内的凹槽 1 或 4 必须正对着所涉及的调节窗口 2 或 3（图 7-11-22）。

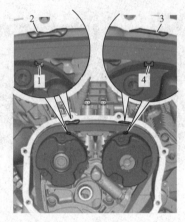

图 7-11-21

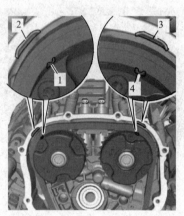

图 7-11-22

❿ 按照拆卸时所做标记重新安装凸轮轴调节器。

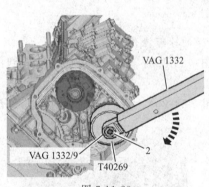

图 7-11-23

⓫ 将凸轮轴正时链放到驱动链轮和凸轮轴调节器上，并松松地拧入螺栓 1、2（图 7-11-20）。

⓬ 两个凸轮轴调节器必须在凸轮轴上能旋转，并且不得翻转。

⓭ 拆除定位销 T40071。

⓮ 气缸列 1（右）：将扳手 T40269 装到进气凸轮轴调节器上。将扭矩扳手 VAG 1332 用插入工具 VAG 1332/9 安装到扳手 T40269 上。

⓯ 让另一位机械师用 40N·m 的力矩沿箭头方向预紧凸轮轴调节器（图 7-11-23 中箭头）。

⓰ 在凸轮轴调节器仍旧保持预紧期间，按表 7-11-1 所示方式拧紧螺栓。

表 7-11-1

挡	螺栓	拧紧力矩
1	1	在凸轮轴 60N·m 上
1	2	在凸轮轴 60N·m 上

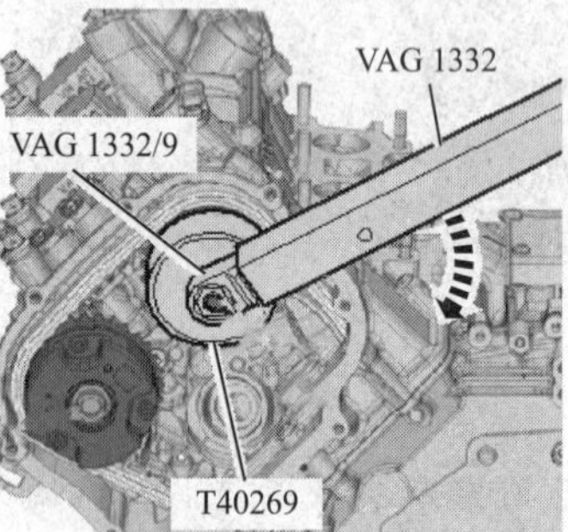

⓱ 取下扳手 T40269。

⓲ 拆除凸轮轴固定装置 T40264/1（图 7-11-13 中箭头）。

⓳ 气缸列 2（左）：将扳手 T40269 装到排气凸轮轴调节器上。将扭矩扳手 VAG 1332 用插入工具 VAG 1332/9 安装到扳手 T40269 上。

⓴ 让另一位机械师用 40N·m 的力矩沿箭头方向预紧凸轮轴调节器（图 7-11-24 中箭头）。

图 7-11-24

第七章　高档豪华车系　517

㉑ 在凸轮轴调节器仍旧保持预紧期间，按表 7-12-1 所示方式拧紧螺栓。
㉒ 取下扳手 T40269。
㉓ 拆除凸轮轴固定装置 T40264/2（图 7-11-14 中箭头）。
㉔ 气缸列 1（右）：按表 7-11-2 所示方式拧紧右侧气缸盖上的凸轮轴调节器螺栓（图 7-11-19 中 1 和 2）。

表 7-11-2

挡	螺栓	拧紧力矩
2	1	凸轮轴上的拧紧力矩：80N·m+90°
2	2	凸轮轴上的拧紧力矩：80N·m+90°

㉕ 气缸列 2（左）：按表 7-11-2 所示方式拧紧左侧气缸盖上的凸轮轴调节器螺栓（图 7-11-20 中 1 和 2）。
㉖ 两个气缸列的后续操作：拆除凸轮轴固定装置 T40264/3（图 7-11-15）。将曲轴用扳手 SW 21（T40263）和旋转工具 T40272 沿发动机转动方向（箭头）转动两圈，直至曲轴重新转动至"上止点"（图 7-11-11 中箭头方向）。

提示：如果意外转过了"上止点"，则必须将曲轴再次转回约 30°，重新转到"上止点"。

㉗ 凸轮轴里的螺纹孔（箭头）必须指向上面（图 7-11-12）。

提示：图 7-11-12 以右侧凸轮轴外壳为例。

㉘ 气缸列 1（右）：将凸轮轴固定装置 T40264/1 装到右侧气缸盖上并拧紧（图 7-11-13 中箭头）。拧紧力矩为 12N·m。
㉙ 气缸列 2（左）：将凸轮轴固定装置 T40264/2 装到左侧气缸盖上并拧紧（图 7-11-14 中箭头）。拧紧力矩为 12N·m。
㉚ 两个气缸列的后续操作：将凸轮轴固定装置 T40264/3 通过减振器中的孔手动拧入气缸体中至贴紧。凸轮轴固定装置 T40264/3 必须卡入气缸体的固定孔内，否则要重新调整。
㉛ 拆除凸轮轴固定装置 T40264/1 和 T40264/2。
㉜ 拆除凸轮轴固定装置 T40264/3（图 7-11-15）。
㉝ 其他安装以相反顺序进行。

十二、6.8T V8 发动机（以 CKBB 发动机为例）（2004～2017 年）

1. 适用车型
宾利慕尚，2011～2017 年；宾利-雅致，2004～2009 年。

2. 一般信息
只有在将完整的发动机和自动变速器从汽车上拆下来以后，才能拆卸正时齿轮。带有集成式凸轮定相器的正时齿轮是不可维修的部件，因此不得拆解。

提示：在此程序中，有一些一次性零件，必须予以更换且不能重复使用。开始执行此程序之前，确保准备好用于更换的新零件。

3. 更换正时齿轮
（1）所需要的专用工具和维修设备
a. 凸轮轴锁定工具 WT 10272（图 7-12-1）；b. 凸轮轴锁定工具 WT 10230（图 7-12-2）；c. 发动机分度工具 WT 10253（图 7-12-3）。

（2）拧紧扭矩值
除非另有说明，否则应用标准扭矩值。

（3）拆卸步骤
❶ 从车上拆下发动机和自动变速器总成。
❷ 从发动机上分离自动变速器。
❸ 从发动机上拆下火花塞，以方便对发动机分度。
❹ 使用凸轮轴锁定工具 WT 10230 将飞轮锁定到位（图 7-12-4）。

❺ 拆下减振器滑轮。

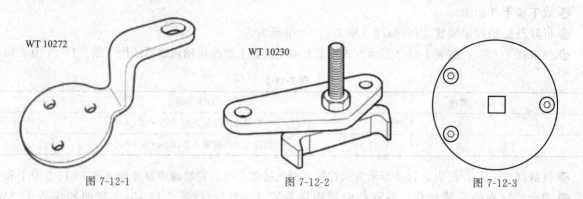

图 7-12-1　　　　　　　　　图 7-12-2　　　　　　　　　图 7-12-3

❻ 拆下挠性板和启动机环。

拆下3个螺钉1并小心地从凸轮轴上撬起凸轮轴正时盘2（图7-12-5）。

❼ 拆下凸轮轴锁定工具 WT 10230。

❽ 拆下蜗壳水泵外壳。

❾ 在发动机前部，将减振器皮带轮和固定螺钉重新装回到凸轮轴上，但不要拧紧。

提示：

a. 图 7-12-6 中显示的是装配蜗壳水泵外壳的情况，仅用于说明。

b. 将发动机分度工具 WT 10253 固定到减振器皮带轮上，并将3个固定螺栓拧紧至10N·m。为发动机分度工具1加上一根短的传动延长杆2（图7-12-6）。

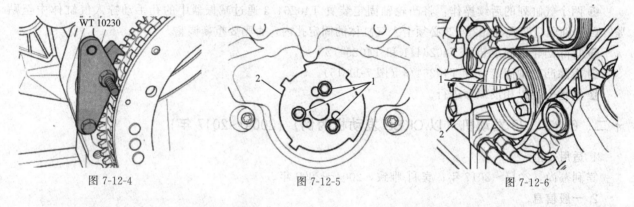

图 7-12-4　　　　　　　　　图 7-12-5　　　　　　　　　图 7-12-6

❿ 对发动机进行分度操作（顺时针方向），使其处于可以在发动机后部安装凸轮轴锁定工具 WT 10272 的位置。

⓫ 使用三颗凸轮轴正时盘安装螺钉（箭头）将凸轮轴锁定工具固定到凸轮轴上。用其中一个自动变速器安装螺栓1反向固定凸轮轴锁定工具的另一端（图7-12-7）。

⓬ 松开但不拆下凸轮轴正时齿轮固定螺栓（图7-12-8中箭头）。

提示：图 7-12-8 中显示的是装配减振器皮带轮的情况，仅用于说明。从凸轮轴后部拆下凸轮轴锁定工具 WT 10272。

⓭ 对曲轴进行分度，直到减振器滑轮上的 TDC 1A 标记与曲轴箱上的指针对齐（图7-12-9）。

⓮ 检查确认2个齿轮上的正时标记是否已对准（图7-12-10）。

提示：如果在凸轮轴正时齿轮顶部看不到凸轮轴正时标记，该标记一定在齿轮底部，与凸轮轴正时标记对齐。另请注意，小凸轮轴齿轮上的对齐标记会被外侧油泵传动齿轮遮住，不过近距离检查会看到对齐标记。如果在顶部能够看到凸轮轴正时标记，则将发动机进一步旋转360°至"TDC"位置（凸轮轴旋转一整圈），重新检查确认凸轮轴正时标记已不在顶部。这样就可以确认齿轮已对齐。一旦确认齿轮对齐，就可以拆下发动机分度工具WT10253和减振器皮带轮。

⓯ 拆下并丢弃固定正时齿轮的螺栓（图7-12-11中箭头）。

第七章　高档豪华车系

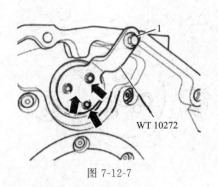

图 7-12-7

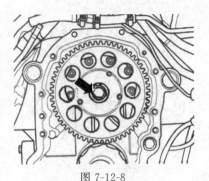

图 7-12-8

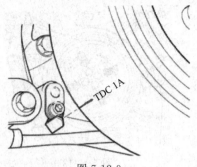

图 7-12-9

⑯ 将正时齿轮从凸轮轴中抽出来。确保销钉 1 与正时齿轮 2 一起从凸轮轴上拆下来。如果销钉仍然在凸轮轴中，则必须将其拆下并丢弃。拆下正时齿轮后，切勿对曲轴进行分度，否则，可能导致阀门机构和活塞损坏。带有集成式凸轮定相器的正时齿轮是不可维修的部件，因此不得拆解（图 7-12-12）。

（4）安装步骤

❶ 新正时齿轮更换件 2 附带装有新销钉 1（图 7-12-12）。

❷ 安装正时齿轮，并使 2 个齿轮上的正时标记对齐（图 7-12-10）。

提示：请注意，较小曲轴齿轮上的对齐标记被外侧油泵传动齿轮遮住了。

❸ 在发动机前部，将减振器皮带轮和固定螺钉（箭头）重新装回到凸轮轴上，但不拧紧（图 7-12-13）。

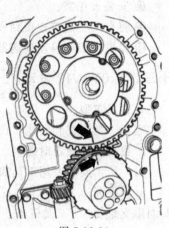

图 7-12-10

提示：图 7-12-13 中显示的是装配蜗壳水泵外壳的情况，仅用于说明。

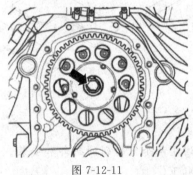

图 7-12-11

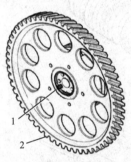

图 7-12-12

❹ 检查确认 2 个齿轮上的正时标记是否已对准（图 7-12-9）。

❺ 使用新螺栓（箭头）将正时齿轮固定到位，但不将螺栓拧紧（图 7-12-11）。

❻ 将发动机分度工具 WT 10253 1 固定到减振器皮带轮上，并将 3 个固定螺栓拧紧至 10N·m。为发动机分度工具 1 加上一根短的传动延长杆 2（图 7-12-14）。

❼ 对发动机进行分度操作（顺时针方向），使其处于可以在发动机后部安装凸轮轴锁定工具 WT 10272 的位置。使用 3 个凸轮轴正时盘安装螺钉（箭头）将凸轮轴锁定工具固定到凸轮轴上。用其中一个自动变速器安装螺栓 1 反向固定凸轮轴锁定工具的另一端（图 7-12-7）。

❽ 将正时齿轮固定螺栓拧紧至 60N·m，然后再旋转 90°。拆下发动机分度工具 WT 10253 和减振器皮带轮。安装蜗壳水泵外壳。安装减振器皮带轮。从凸轮轴后部拆下凸轮轴锁定工具 WT 10272（图 7-12-11）。

❾ 使用新螺钉 1 安装凸轮轴正时盘 2，将螺钉拧紧至 9N·m（图 7-12-15）。

❿ 完成后，确保正确执行凸轮轴相位调整。

⓫ 安装挠性板和起动机环。

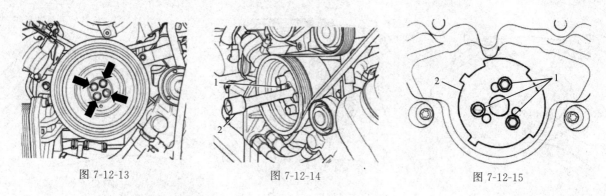

图 7-12-13　　　　　　图 7-12-14　　　　　　图 7-12-15

⑫ 安装火花塞。
⑬ 将自动变速器连接到发动机上。
⑭ 将发动机和自动变速器安装到汽车上。

十三、6.0T W12 发动机（2010～2017 年）

1. 适用车型
宾利飞驰、宾利欧陆、宾利添越。

2. 更换凸轮轴正时链

（1）所需要的专用工具和维修设备
a. 固定螺栓 3242（图 7-13-1）；b. 定位销 T03006（图 7-13-2）；c. 凸轮轴尺 T10068 A（图 7-13-3）；
d. 固定支架 T10172 及销子 T10172/1（图 7-13-4）。

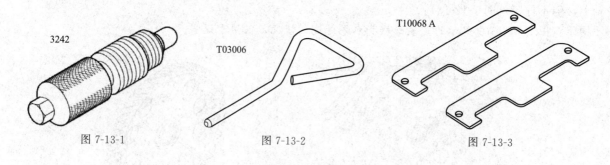

图 7-13-1　　　　　　图 7-13-2　　　　　　图 7-13-3

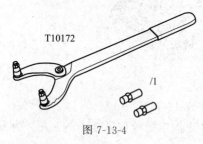

图 7-13-4

（2）拆卸步骤

提示：下面描述了两个气缸列的拆卸和安装。凸轮轴正时链也只能从一个气缸列上取下。

❶ 拆卸左右侧气缸盖罩。
❷ 将曲轴用固定支架 T10172 和销子 T10172/1 沿发动机转动方向（箭头）转到"上止点"（图 7-13-5）。
❸ 减振器上的标记 2 必须位于壳体接缝 1 的对面（图 7-13-6）。
❹ 凸轮轴尺 T10068 A 在两个气缸盖上必须能同时插入两个轴槽内（图 7-13-7）。

当心：
a. 凸轮轴有损坏的危险。
b. 凸轮轴尺 T10068 A 仅用于将凸轮轴固定在"上止点"。必须将开口扳手 SW 24 作为固定支架卡在凸轮轴的六角段上。

❺ 必要时将曲轴继续转动 1 圈。

提示：如有必要，用开口扳手 SW 24 略微来回转动凸轮轴。此时凸轮轴尺 T10068 A 不允许处于插入状态（图 7-13-8）。

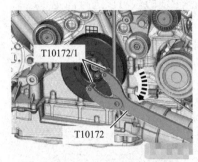
图 7-13-5

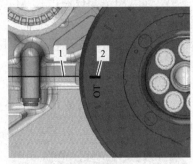
图 7-13-6

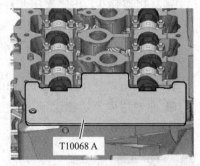
图 7-13-7

❻ 将"上止点"标记螺旋塞（箭头）从气缸体上拧出（图 7-13-9）。

❼ 以 20N·m 的力矩把固定螺栓 3242 拧入孔内（图 7-13-10）。

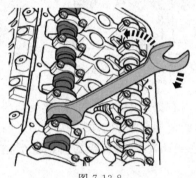
图 7-13-8

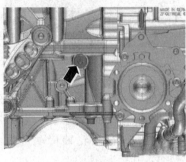
图 7-13-9

图 7-13-10

❽ 拆卸正时链左侧和右侧盖板。

❾ 松开气缸列 2（左侧）的凸轮轴正时链时，将张紧杠杆沿箭头方向转动（图 7-13-11）。

❿ 用定位销 T03006 锁定链条张紧器的活塞（图 7-13-11）。

⓫ 旋出螺栓 1，为此要用开口扳手 SW 24（图 7-13-12 中 2）对进气凸轮轴的六角段进行固定。

⓬ 拆下进气凸轮轴调节器 3（图 7-13-12）。

⓭ 将气缸列 2（左侧）的凸轮轴正时链置于一侧，并进行固定以防滑落。

⓮ 松开气缸列 1（右侧）的凸轮轴正时链时，将张紧杠杆沿箭头方向转动（图 7-13-13）。

⓯ 用定位销 T03006 锁定链条张紧器的活塞，为此要将滑轨略微抬起。

⓰ 旋出螺栓 1 并取下滑轨（图 7-13-13）。

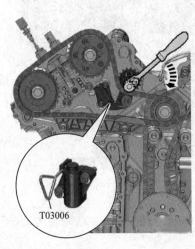
图 7-13-11

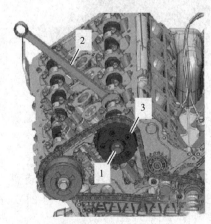
图 7-13-12

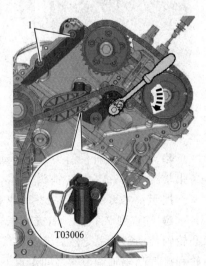
图 7-13-13

⑰ 旋出螺栓1，为此要用开口扳手SW 24（图7-13-14中2）对排气凸轮轴的六角段进行固定。

⑱ 拆下排气凸轮轴调节器3（图7-13-14）。

⑲ 将气缸列1（右侧）的凸轮轴正时链置于一侧，并进行固定以防滑落。

(3) 安装步骤

❶ 两根凸轮轴用凸轮轴尺T10068 A固定在"上止点"位置（图7-13-15）。

❷ 曲轴用固定螺栓3242固定在"上止点"位置（图7-13-16）。

提示：更新时需要继续旋转一个角度拧紧的螺栓。

图7-13-14

图7-13-15

图7-13-16

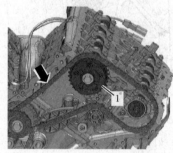
图7-13-17

❸ 气缸列1（右）：首先将气缸列1（右侧）的凸轮轴正时链装到凸轮轴传动链轮上，然后通过进气凸轮轴调节器1拉紧（图7-13-17）。凸轮轴正时链不得在凸轮轴传动链轮和进气凸轮轴调节器之间出现下垂（图7-13-17中箭头）。

❹ 将排气凸轮轴调节器1装入凸轮轴正时链，并套到排气凸轮轴2上（图7-13-18）。

❺ 排气凸轮轴调节器中的固定销必须嵌入排气凸轮轴的配合孔内（箭头）。

❻ 凸轮轴正时链不得在凸轮轴调节器之间出现下垂。

❼ 拧紧排气凸轮轴调节器3的螺栓1，为此要用开口扳手SW 24（图7-13-19中2）对排气凸轮轴的六角段进行固定（图7-13-19）。

图7-13-18

图7-13-19

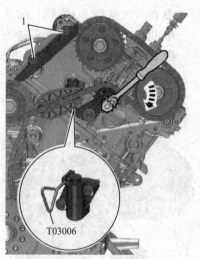
图7-13-20

❽ 将张紧杠杆沿箭头方向转动，并拔出定位销T03006，以松脱链条张紧器（图7-13-20中箭头方向）。

提示：不需注意图7-13-20中位置1。

❾ 气缸列2（左）：首先将气缸列2（左侧）的凸轮轴正时链装到凸轮轴传动链轮上，然后通过排气凸轮轴调节器1拉紧（图7-13-21）。凸轮轴正时链不得在凸轮轴传动链轮和排气凸轮轴调节器之间出现下垂（图7-13-21中箭头）。

⑩ 将进气凸轮轴调节器 1 装入凸轮轴正时链，并套到进气凸轮轴 2 上（图 7-13-22）。

⑪ 进气凸轮轴调节器中的固定销必须嵌入进气凸轮轴的配合孔内。

⑫ 凸轮轴正时链不得在凸轮轴调节器之间出现下垂。

⑬ 拧紧进气凸轮轴调节器 3 的螺栓 1，为此要用开口扳手 SW 24（图 7-14-23 中 2）对进气凸轮轴的六角段进行固定。

图 7-13-21

图 7-13-22

图 7-13-23

⑭ 将张紧杠杆沿箭头方向转动，并拔出定位销 T03006，以松脱链条张紧器（图 7-13-24）。

⑮ 两个气缸列的后续操作：拆除两个气缸盖上的凸轮轴尺 T10068 A（图 7-13-15）。取下固定螺栓 3242（图 7-13-16）。

⑯ 将曲轴沿发动机转动方向（箭头）转动 2 圈（图 7-13-25）。

⑰ 减振器上的标记 2 必须位于壳体接缝 1 的对面（图 7-13-26）。

⑱ 以 20N·m 的力矩把固定螺栓 3242 拧入孔内（图 7-13-27）。

⑲ 凸轮轴尺 T10068 A 必须能插入两个凸轮轴的两个轴槽内（图 7-13-15）。

⑳ 如有必要，用开口扳手 SW 24 略微来回转动凸轮轴。此时凸轮轴尺 T10068 A 不允许处于插入状态。

㉑ 拆除两个气缸盖上的凸轮轴尺 T10068 A。

㉒ 取下固定螺栓 3242。

㉓ 拧紧"上止点"标记螺旋塞。

㉔ 其他按与拆卸相反的顺序进行安装。

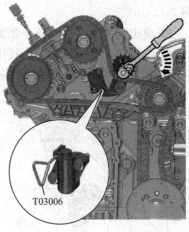
图 7-13-24

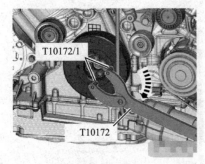
图 7-13-25

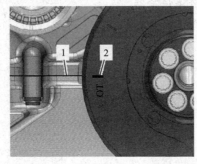
图 7-13-26

图 7-13-27

3. 更换控制机构驱动链

(1) 所需要的专用工具和维修设备

定位销 T03006 如图 7-13-28 所示。

(2) 拆卸步骤

❶ 拆卸变速箱。

❷ 拆卸左右侧凸轮轴正时链。

❸ 拧出螺栓（箭头）（图 7-13-29）。

当心：对于用过的驱动链，转动方向相反时有损坏的危险；为重新安装用颜色通过箭头标记驱动链的转动方向。

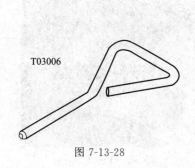

图 7-13-28

图 7-13-29

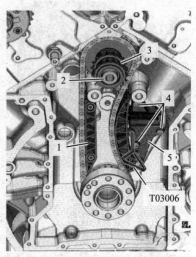

图 7-13-30

❹ 压下驱动链的链条张紧器 5，并用定位销 T03006 锁定（图 7-13-30）。

❺ 旋出螺栓 4 并取下链条张紧器及其后方的密封件。

❻ 将滑轨 1 从轴承螺栓上拔出。

❼ 拉出轴承螺栓 2，取下凸轮轴传动链轮 3（图 7-13-30）。

(3) 安装步骤

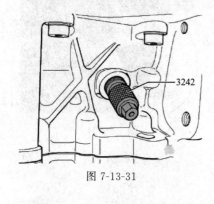

图 7-13-31

❶ 曲轴用固定螺栓 3242 固定在"上止点"位置（图 7-13-31）。

提示：更新密封。

❷ 按照拆卸时所做的标记，将驱动链装到曲轴链轮以及凸轮轴传动链轮上。

提示：不必理会紫铜色链节位置。

❸ 在插上凸轮轴传动链轮 3 时，应将轴承螺栓 2 推入链轮和气缸体中（图 7-13-30）。

❹ 将滑轨 1 装到轴承螺栓上。

❺ 装入链条张紧器 5 的密封件。

❻ 拧紧链条张紧器的螺栓 4。

❼ 拔下定位销 T03006，以松开链条张紧器。

其他按与拆卸相反的顺序进行安装。